Das Vereinigte Königreich

Christian Schnee

Das Vereinigte Königreich

Viel mehr als Boris und Brexit – Was die Briten wirklich umtreibt

Christian Schnee
London, Großbritannien

ISBN 978-3-658-37387-0   ISBN 978-3-658-37388-7 (eBook)
https://doi.org/10.1007/978-3-658-37388-7

Die Deutsche Nationalbibliothek verzeichnet diese Publikation in der Deutschen Nationalbibliografie; detaillierte bibliografische Daten sind im Internet über http://dnb.d-nb.de abrufbar.

Springer
© Der/die Herausgeber bzw. der/die Autor(en), exklusiv lizenziert an Springer Fachmedien Wiesbaden GmbH, ein Teil von Springer Nature 2022
Das Werk einschließlich aller seiner Teile ist urheberrechtlich geschützt. Jede Verwertung, die nicht ausdrücklich vom Urheberrechtsgesetz zugelassen ist, bedarf der vorherigen Zustimmung des Verlags. Das gilt insbesondere für Vervielfältigungen, Bearbeitungen, Übersetzungen, Mikroverfilmungen und die Einspeicherung und Verarbeitung in elektronischen Systemen.
Die Wiedergabe von allgemein beschreibenden Bezeichnungen, Marken, Unternehmensnamen etc. in diesem Werk bedeutet nicht, dass diese frei durch jedermann benutzt werden dürfen. Die Berechtigung zur Benutzung unterliegt, auch ohne gesonderten Hinweis hierzu, den Regeln des Markenrechts. Die Rechte des jeweiligen Zeicheninhabers sind zu beachten.
Der Verlag, die Autoren und die Herausgeber gehen davon aus, dass die Angaben und Informationen in diesem Werk zum Zeitpunkt der Veröffentlichung vollständig und korrekt sind. Weder der Verlag, noch die Autoren oder die Herausgeber übernehmen, ausdrücklich oder implizit, Gewähr für den Inhalt des Werkes, etwaige Fehler oder Äußerungen. Der Verlag bleibt im Hinblick auf geografische Zuordnungen und Gebietsbezeichnungen in veröffentlichten Karten und Institutionsadressen neutral.

Einbandabbildung: © cegli / stock.adobe.com

Planung/Lektorat: Irene Buttkus
Springer ist ein Imprint der eingetragenen Gesellschaft Springer Fachmedien Wiesbaden GmbH und ist ein Teil von Springer Nature.
Die Anschrift der Gesellschaft ist: Abraham-Lincoln-Str. 46, 65189 Wiesbaden, Germany

Wenn es in London regnet – ein Vorwort

Von einem „lost cause" sprechen Briten, wenn sie die Hoffnung auf etwas aufgegeben haben. So sahen sich etwa die Engländer bei Welt- und Europameisterschaften jahrelang als sichere Verlierer, sobald es zum Elfmeterschießen kam. 22 Jahre lang ging das so und unter Fußballfans sprach man über Englands Elfmeterqualitäten als „lost cause." Es scheint, als gelte ganz Großbritannien seit dem Brexit bei uns Deutschen als „lost cause", als ein Land, das nach dem Referendum vom 23. Juni 2016 seine Orientierung verloren hat und nichts mehr richtig machen kann. Mit der EU zu brechen und sich von Europa und seinem deutschen Nachbarn abzuwenden galt als Fehler der Wähler und unerklärliches Versagen des politischen Führungspersonals. Nach so qualvollem wie erfolglosem parlamentarischem Ringen um die Details des Brexit-Vertrages hatten die Briten im Dezember 2019 bei den Wahlen zum Unterhaus eine zweite Chance, eine Gelegenheit, den Fehler wettzumachen. Doch erneut ignorierte eine Mehrheit die guten Argumente und inständigen Bitten der Freunde auf dem Kontinent und votierte stattdessen ausgerechnet für Premierminister Johnson, der durch den Wahlkampf mit einem zentralen Versprechen gereist war: „Get Brexit done" – „Lasst uns den Brexit machen." Das Resultat bestätigte in den Hauptstädten Europas den Eindruck, den Wählern zwischen Bournemouth und den Scottish Borders und ihrem politischen Establishment in Westminster sei der Verstand dauerhaft abhandengekommen. Als wäre das erste Votum, sich aus

Binnenmarkt und der gemeinsamen Union zu verabschieden, nicht schon schlimm genug, schien die Bestätigung dieses Fehlers dann drei Jahre später als Beleg eines nagenden Verdachts: Die Briten waren aus europäischer Sicht zu einem hoffnungslosen Fall geworden, einem „lost cause", den zu verstehen die Mühe nicht mehr lohnte. Ein Schluss, der aber so traurig wie voreilig und töricht wäre. Für uns Deutsche gibt es an Großbritannien auch weiterhin ein handfestes ökonomisches und politisches, kulturelles und ja sogar ein meteorologisches Interesse: Wenn es in London regnet, spannen die Hamburger die Regenschirme auf, sagen die Menschen an Bille und Elbe und denken dabei nur nebenbei an die Regenfront über der britischen Hauptstadt, die bei Westwind tags darauf auch den Norddeutschen den Tag vermiest. Das Wetter wird der Erste Bürgermeister Ole von Beust denn auch nicht im Sinne gehabt haben, als er 2005 in einem Brief an Außenminister Jack Straw Hamburg als die „britischste Stadt" Deutschlands bezeichnete und dafür warb, das Konsulat in Hamburg nicht zu schließen. Die hanseatischen Kaufleute und Bänker erinnerten den Mann im Rathaus daran, wie wichtig den Unternehmen in der Stadt der brummende Markt und die gut betuchte Kundschaft auf der Insel in Europas Nordwesten sind. Derweil beneiden Berliner Außenpolitiker London um seine traditionelle Sonderstellung in Washington DC und die vertrauensvolle Zusammenarbeit zwischen den politischen Führungen beider Länder. Für Europas Verteidigungspolitiker steht außer Frage, dass die britischen Streitkräfte schlagkräftiger sind als alles, was die EU-Mitglieder zur weltweiten Konfliktbewältigung aufzubieten haben. Auch Bildungspolitiker schauen interessiert nach England und Schottland, wo Privatschulen und Universitäten Maßstäbe setzen und das nicht erst, seit deutsche Hochschulen angelsächsische Bachelor- und Master-Abschlüsse übernommen haben. Zudem zweifelt kaum ein Beobachter daran, dass London noch lange der Fixstern für Europas Finanzindustrie bleiben wird, weit vor Frankfurt, Zürich und Amsterdam. Nicht zuletzt sind die Briten neben den Amerikanern auch weiterhin die führende kulturelle Weltmacht, deren Sprache und Literatur, Bildung und Musik, Design und Kunst begehrt sind und auf allen Kontinenten ihre Fans und Kunden finden. Deshalb ist nichts daran an der Vermutung, das Vereinigte Königreich sei ein „lost cause". Das Land ist wohl eher ein schwieriger Fall, den zu verstehen es sich lohnt. Dieses Buch hilft dabei mit Betrachtungen zur britischen Politik, Wirtschaft und Gesellschaft.

London, UK Christian Schnee
21. März 2022

Inhaltsverzeichnis

1 **Non, merci beaucoup – Immer Ärger mit Europa**   1
   Die Wahl zwischen Europa und der offenen See   8
   Die tausendjährige Geschichte steht auf dem Spiel   11
   Margaret Thatcher will ihr Geld zurück   16
   Literatur   22

2 **„Sie sind ja immer noch da!" – Der Streit um die Fremden**   25
   Angst vor ausländischer Konkurrenz am Arbeitsmarkt   29
   Wen Götter zerstören wollen, den machen sie verrückt   34
   Von der Diskussion um Migranten nicht stören lassen   38
   Literatur   43

3 **Nigel Farage – Volkstribun und Paradox**   49
   „Jetzt lacht ihr nicht mehr!"   51
   „Irre, Idioten und heimliche Rassisten"   56
   Wer interessiert sich noch für Experten?   63
   „Das britische Volk hat gesprochen: Wir sind draußen!"   68
   Literatur   71

4 Sieger und Besiegte – Brexit und kein Ende 77
Eine unbeholfene Wahlkämpferin ohne Charisma 83
Großbritannien als permanente Kolonie der EU? 87
Der joviale Blonde soll die Partei wieder motivieren 94
Der Premierminister schließt das unliebsame Parlament 97
Feiglinge und Verräter verspielen ihr moralisches Recht 103
Literatur 106

5 Konstruierte Erinnerung – Wie britisch ist Chicken Tikka Masala? 115
Klassendünkel und Chauvinismus 118
Das fantastischste Land auf Erden 123
Das Geburtszertifikat der Freiheit für 21 Millionen Dollar 128
Literatur 131

6 Von John Bull bis Mr. Bean – Gefeierte Verlierer 135
Stoisch im Angesicht der Niederlage 138
Ein kolossales militärisches Desaster 141
Literatur 146

7 Magna Charta – Warum die Verfassung anständige Kerle braucht? 149
Der Monarch sammelt Briefmarken und schießt Fasane 153
Der Revolution in Russland nacheifern 158
Literatur 163

8 Wortgefechte und Rufduelle – Von ehrenwerten Mitgliedern 165
Brandanschläge, Briefbomben und Mordanschläge 169
Zar Nikolaus und der Traum aus Stein 174
Literatur 177

9 House of Lords – „Ich bin mir nicht sicher, warum ich hier bin" — 179
Der Anblick von Knien könnte die noblen Lords ablenken — 182
„Ich bin nicht ‚mein Lord', ich bin nur ich" — 188
Literatur — 191

10 „Das Herz und Mark eines Königs" – Zuständig für Schwäne, Wale und Störe — 195
„Alles Mögliche tun, um Prinz Harry zu eliminieren" — 200
Die Monarchie in einer aus den Fugen geratenen Welt — 204
Literatur — 208

11 Rollensuche – Charles und die Dienstleistungsmonarchie — 211
„Wer sind die blöden Affen und wer die Journalisten?" — 214
Feinsinn und Gelehrsamkeit wurden nicht geschätzt — 219
Literatur — 226

12 Walpoles Erben in Downing Street – „Die meisten Dinge sind völlig unwichtig!" — 229
„Ich hatte Angst, wie ich sie noch nie empfunden hatte" — 233
Eine Kluft, die nicht geschlossen werden kann — 238
Fasziniert von militärischen Konflikten — 243
„Die meisten Dinge sind völlig unwichtig" — 248
Ich weiß nicht, warum einer diesen Job haben will — 255
Literatur — 260

13 BoJo – König der Welt und Chamäleon — 265
Insider halten Johnson für charakterlich ungeeignet — 271
„Wir alle wissen, dass er immer pleite ist" — 277
Ein satirischer Gentleman und Müßiggänger — 282
Literatur — 287

14 Covid-19 – Zwischen Shakespeare und rauchenden Ruinen 293
„Das Virus ist eine Armee gefährlicher Invasoren" 297
So viele Fehler wie seit 30 Jahren nicht mehr 303
Literatur 306

15 Die Tories: „Eine garstige Partei" 309
Cricketplätze und alte Jungfern, die zum Gottesdienst radeln 313
Die plötzliche Sympathie der Tories für die Sozialfürsorge 316
„Ich gehe nur vor zwei Menschen auf die Knie" 320
Literatur 324

16 Labour – Marks & Spencer statt Marx und Engels 329
Der Einfluss der pragmatischen Gewerkschaftsbosse 334
Labour fordert Verschrottung britischer Nuklearwaffen 339
Literatur 341

17 Die Liberaldemokraten – Hoffen auf bessere Zeiten 345
Die liberale Partei weigert sich zu sterben 349
„Die Tories werden euch zerstören" 353
Literatur 356

18 Der NHS – „Das größte sozialstaatliche Experiment der Welt" 359
„Wir haben nur 24 Stunden, um den NHS zu retten" 362
Der NHS überlebt, solange Menschen für ihn kämpfen 366
Literatur 370

19 Privatschulen – Von traurigen kleinen Männern 373
„Jede dieser verfluchten Grammar Schools zerstören" 377
Die „toxische Maskulinität" an den Internaten 383
Literatur 386

20	**Oxbridge – Lernen mit Kaisern und Gottessöhnen**	389
	Um berufsbezogenes Wissen geht es nicht	392
	Generöse Benotung als Werbung für die Uni	397
	Literatur	400
21	**Rupert Murdoch – Wenn Zeitungen in den Krieg ziehen**	403
	Ein Lord für die Kriegsproduktion	405
	Anstand, Ehrlichkeit und Verantwortungsgefühl	411
	Abwegige Skandalgeschichten über politische Gegner	415
	Literatur	421
22	**Geliebt und geschmäht – die BBC**	425
	Die BBC als „Boring Bonkers Corporation"	429
	Ein strenger schottischer Calvinist am Sender	432
	„Abgeschnitten von Schnee, Wüsten oder dem Meer"	439
	Literatur	441
23	**Reicher Süden, armer Norden – Die geteilte Nation**	445
	„Inseln des Wohlstandes in einem Meer der Armut"	449
	Mit Xi Jinping zu Besuch bei Manchester United	453
	Das Medici-Modell für Wohlstand im Norden	456
	Literatur	459
24	**Die Sorgen der City – Als Lloyd's noch ein Caféhaus war**	463
	Das älteste demokratische Amt der Welt	465
	Die Rückkehr von Unzen und Pfund	472
	Literatur	475
25	**Scheidung nach 300 Jahren – Schottland will raus**	479
	Ein Schaulaufen der beiden Protagonisten	482
	Johnson als „größte Gefahr für die Einheit des Landes"	486
	Soundbites lösen keine politischen Probleme	489
	Literatur	493

26 Die arme Verwandtschaft – Wales und Nordirland ... 497
Der Drache soll auf seinen eigenen Beinen stehen ... 500
Auswanderung als Weg aus der Misere ... 505
Das Vereinigte Königreich ist ökonomisch geteilt ... 508
Literatur ... 511

27 The Wind of Changes – Was bleibt vom Empire? ... 515
„Ein Wind des Wandels weht durch diesen Kontinent" ... 519
„Europa ist am Ende – es geht unter" ... 522
Literatur ... 525

28 Die Obsession mit den Deutschen – Zwischen Nazis und Currywurst ... 529
Infanteristen der Wehrmacht in Plauderrunde ... 531
Sympathie für Wagner und die duale Berufsbildung ... 535
Literatur ... 538

29 Die amerikanischen Freunde – Ein ganz spezielles Verhältnis ... 541
Die unverzichtbare Rolle an der Seite der Supermacht ... 544
Die Freundschaft des mächtigsten Mannes der Welt ... 547
Eine Elite, der es an Weitblick und Klugheit mangelt ... 550
Literatur ... 553

30 Global Britain – Außenpolitik ohne Kanonenboote ... 557
Ein roter Teppich für Xi Jinping ... 559
Die weiche Macht von James Bond und Adele ... 565
Literatur ... 568

Nachwort. So geht es weiter – Wetten auf Great Britain ... 571

1

Non, merci beaucoup – Immer Ärger mit Europa

Für Denis Healey, immerhin Schatzkanzler in den 1970er-Jahren und später stellvertretender Vorsitzender der Labour-Partei, war die Europäische Wirtschaftsgemeinschaft (EWG) – wie die EU seinerzeit hieß – eine Konspiration, hinter der die Katholiken auf dem Kontinent steckten. Sein Parteifreund, Premierminister James Callaghan, sah den europäischen Staatenbund als Gefahr für die Identität seines Landes, weil er Großbritannien zwinge, seine politischen und wirtschaftlichen Verbindungen zum Commonwealth und Amerika einzutauschen für etwas, was er „kontinentale Klaustrophobie" nannte (Grob-Fitzgibbon 2016, S. 359). Auf dem Kontinent „sprechen die Menschen fremde Sprachen, besonders die Franzosen – die sprechen französisch", raunte er besorgt und fügte warnend hinzu: Das bedrohe „die Sprache von Chaucer, Milton und Shakespeare. Wenn wir unsere europäische Gesinnung dadurch beweisen müssen, dass wir das Französische als dominante Sprache in der Gemeinschaft akzeptieren, dann ist meine Antwort klar und ich gebe sie auf Französisch, um Missverständnisse zu vermeiden. Non, merci beaucoup!", ließ der Regierungschef seine erstaunten Kollegen in den europäischen Hauptstädten wissen (MacShane 2016, S. 51). Und Callaghan war nicht allein mit seinen Vorbehalten gegenüber dem Kontinent und der Ablehnung britischer Mitgliedschaft in einem europäischen Staatenbund. Für die Monarchen, Politiker, Künstler und Historiker, die vom 16. bis ins 20. Jahrhundert die britische Nation geschaffen und geprägt haben, war Teilung oder gar Aufgabe der nationalen Souveränität – wie es die EU von ihren Mitgliedern verlangt – undenkbar. Ihr Traum war es, einen unabhängigen, stolzen und freien Nationalstaat entstehen zu lassen. Eine Vision, die in Teilen Westeuropas im 21. Jahrhundert als überholt und deplatziert erscheint. Wer aber noch weiter zurückblickt in der Geschichte des Landes, dem begegnen Persönlichkeiten, die eine andere Sicht auf Nation, Grenzen und Englands Verhältnis mit Kontinentaleuropa hatten. Als am 19. Dezember 1154 Heinrich Plantagenet an der Seite seiner Frau Eleonore in der Abtei von Westminster gekrönt wurde, hatte England einen multikulturellen, polyglotten, in jeder Hinsicht europäischen Herrscher, dem enger englischer Nationalismus völlig fremd war. Schließlich verstand Englands neuer König Heinrich II. kaum die Sprache seines Landes und verbrachte die meiste Zeit seines Lebens in Frankreich. Der frankophone Herrscher verständigte sich zudem problemlos auf Latein, verstand aber auch provenzalisch und italienisch. Heinrichs Mutter Mathilde war in erster Ehe mit dem römisch-deutschen Kaiser Heinrich V. verheiratet. Englands neuer König hielt zudem die Titel eines Grafen von Anjou und Nantes, war zudem Herzog der Normandie und regierte über Aquitanien, dem Besitz seiner Ehefrau Eleonore, die aus Poitou stammte (Warren 1973). Auch bei Wilhelm dem Eroberer, der ein Jahrhundert zuvor mit dem Sieg bei Hastings die englische Krone erlangte, ist kein Verständnis für die nationalstaatlichen Empfindlichkeiten seiner Nachfahren zu vermuten. Selbst Englands erster Monarch, Alfred der Große, der immerhin im Jahr 2002 in einer landesweiten BBC-Abstimmung auf Platz 14 der 100 größten Briten gewählt wurde, kannte nur eine Insel, auf der die Grenzen verwischten zwischen keltischen Bewohnern im Westen und Norden, christlich-germanischen Angelsachsen, romanisierten Briten und heidnischen Wikingern aus Skandinavien. Der Gedanke, England sei kulturell getrennt vom Kontinent und könne sich Europa politisch und wirtschaftlich entziehen, muss jenem Alfred, aber auch Wilhelm und Heinrich gleichermaßen unrealistisch, wenn nicht absurd erschienen sein. Regionale Grenzen gab es wohl, doch waren die flexibel und verrutschten, wenn Herrscher Allianzen schmiedeten, Territorien erbten, in andere Dynastien einheirateten oder Schlachten gewannen oder verloren. Kulturkreise und Sprachräume transzendierten politische Abgrenzungen und England war durch Geschichte und Erfahrung eng mit seinen Nachbarn auf dem Kontinent verbunden. So war Londinium, das heutige London, für fast 400 Jahre die lokale Verwaltungsstelle eines multikulturellen Imperiums, seit im Jahr 43 der Senator und Feldherr Aulus Plautius seine Legionäre am Strand der heutigen Grafschaft Kent an Land setzte. Fortan waren in England wie anderswo im römischen Reich Religionen, Gebräuche und Moden aus Asien, Afrika und Europa zu Hause: Amphitheater, Bibliotheken, Villen, Stadthäuser aus Stein, Bäder, Wagenrennen und die viel gerühmte Kanalisation hatte Britannien mit so vielen anderen Provinzen Roms gemein. Und auch nach Abzug der Legionen und dem Ende der weströmischen Herrschaft im Jahr 410 hielten die romanisierten Briten an ihren europäischen Sitten fest (De la Bédoyère 2013).

Rom blieb noch lange der Fixpunkt britischer Gesellschaft. Zweihundert Jahre nach dem Rückzug römischer Soldaten schickte Papst Gregor der Große den Benediktinermönch Augustinus von Canterbury auf Missionsreise in den Norden, um mit der Christianisierung der Angelsachsen zu beginnen. Zur Jahrtausendwende erinnerte Knut der Große die Bewohner der britischen Inseln daran, dass ihr Schicksal unweigerlich aufs Engste mit den Entscheidungen der Mächtigen und Mächte in Nord- und Westeuropa verknüpft ist. Der Wikinger erkämpfte sich zu Beginn des 11. Jahrhunderts ein Großreich, zu dem Südschweden, Dänemark, Norwegen und die Landschaften des heutigen Englands gehörten. Nur Jahrzehnte später sprach man französisch auf der Insel, zumindest am Hofe, in der Verwaltung und an den Gerichten. Wie es dazu kam, dass französische Adelige die alteingesessenen angelsächsischen Barone enteigneten und sich zu Lehnsherren englischer Bauern machten, erzählt bis heute der Teppich von Bayeux, eine 68 Meter lange Stickarbeit über die Ereignisse, die 1066 zur Niederlage des englischen Königs Harald Godwinson führten gegen den Herzog der Normandie Wilhelm in einer Schlacht nahe der Küstenstadt Hastings. Nach dem Sieg brachte Wilhelm seinen Hofstaat auf die Insel, dessen Usancen und Sprache und zur Sicherung seiner Herrschaft baute er Burgen (Morris 2013). Eine davon steht im Südosten Londons, der Tower, um die aufmüpfige Bevölkerung in der Hauptstadt zu kontrollieren. Adel und Kaufleute gingen ihren Geschäften in ganz Europa nach, parlierten in verschiedenen Sprachen und kannten keine nationale Loyalität zu einem bestimmten engen politischen Territorium. Von Richard Löwenherz, immerhin ihr König für ein Jahrzehnt, bekamen die Engländer nicht viel zu sehen. Wie auch, schließlich verbrachte der aus den Geschichten um Robin Hood bekannte Herrscher von seiner zehnjährigen Regierungszeit kaum sechs Monate in England. Beim Turnierreiten in Nordspanien lernte er Berengaria kennen, die Tochter König Sancho VI. von Navarra, die er einige Monate später im zyprischen Limassol heiratete, bevor er sich zum Kreuzzug nach Palästina einschiffte. Richard hatte sich aufgemacht, für europäisch-christliche Interessen zu kämpfen gegen muslimische Besetzer des Nahen Ostens. Ob Europa und England womöglich unterschiedliche Ansprüche haben könnten, bestimmte Richards Entscheidungen offenbar nicht. Nicht lange nach Richards Tod im Jahr 1299 verwickelten seine Nachfolger das Land in einen militärischen Konflikt mit dem Ziel, ein multinationales europäisches Reich zu errichten, in dem Westeuropa und England eine politische Einheit bildeten. Eine „England allein"- oder „England zuerst"-Strategie ist in dem Konflikt nicht erkennbar, der als Hundertjähriger Krieg in die Geschichtsbücher eingehen würde (Ballard 2020).

Der politische und kulturelle Bruch mit dem Kontinent, der bis in unsere Tage das distanzierte Verhältnis Großbritanniens mit Festlandeuropa bestimmen sollte, hatte viel mit machtpolitischem Kalkül, einiges mit den romantischen Neigungen eines Ehemanns und ein wenig auch mit unglücklichen Umständen zu tun. Aber der Reihe nach: Im 15. Jahrhundert versank England im Bürgerkrieg zweier Familien, die im Ringen um die Königskrone ihre Armeen durchs Land marschieren ließen. Der ihrer jeweiligen Familienwappen wegen als Rosenkrieg bekannte Konflikt zwischen den zwei Stämmen der Plantagenets – York und Lancaster – war 1485 zu Ende gegangen, als Heinrich Tudor seinen Rivalen Richard III. in der Schlacht von Bosworth in Leicestershire besiegte. Weitere Rivalen um den Thron ließ Heinrich in den kommenden Jahren exekutieren. Eine effektive Strategie der Machterhaltung, die sein Sohn Heinrich VIII. fortführte. Die Legitimität ihres Thronanspruchs mussten die Tudors mit allen Mitteln verteidigen. Zweifel an der Rechtmäßigkeit ihrer Herrschaft waren seinerzeit nicht nur ein Schönheitsfehler oder eine

Unannehmlichkeit, sondern galten Gegnern als Ermunterung zur Rebellion und konnten das Land jederzeit wieder in blutige Konflikte stürzen. Deshalb war ein legitimer männlicher Thronfolger ganz oben auf der politischen Agenda, die Heinrich VIII. verfolgte. Als ihm Zweifel kamen, ob aus seiner Ehe mit der spanischen Prinzessin Katharina von Aragon ein männlicher Erbe hervorgehen würde, waren es pragmatische und machtpolitische Erwägungen, die den König davon überzeugten, sich um die Auflösung der Ehe zu bemühen. Zum anderen hatte er sich in der Zwischenzeit frisch verliebt und seine Neue, Anne Boleyn, machte eine Formalisierung ihrer Beziehung zur Bedingung. Annullierungen von ehelichen Verbindungen, die aus politischen oder romantischen Gründen nicht mehr gewünscht waren, genehmigten Päpste gewöhnlich ohne viel Aufhebens. Doch diesmal kam es anders, womit wir bei den oben erwähnten unglücklichen Umständen dieser Geschichte wären. Heinrichs Ehefrau Katharina war nämlich die Tante des römisch-deutschen Kaisers Karl V., der die geforderte Annullierung verhindern wollte. Ein Jahr zuvor hatten Karls Landsknechte Rom besetzt und nur um ein Haar konnte sich Papst Clemens VII. dank eines schmalen Fluchtwegs über den Dächern der Stadt in seine Festung, die Engelsburg, retten. Dieser Schrecken steckte dem Heiligen Vater noch in den Knochen als Kardinal Wolsey, Heinrichs Vertrauter und Minister, im Vatikan vorsprach. Der Papst aus der Familie Medici wollte den Kaiser auf keinen Fall provozieren und lehnte daher den Londoner Antrag auf Annullierung der Ehe ab. Es war diese Wendung, die Anlass gab für die vielleicht folgenschwerste politische Entscheidung britischer Politik: Heinrich wendete sich verbittert von Rom ab und erklärte sich im Jahr 1534 zum Oberhaupt der Kirche in England. Die Folgen waren dramatisch und nachhaltiger als die Auflösung von Klöstern und Konventen in England, Wales und Irland. Von nun an gab es keine europäische Macht mehr mit dem Anspruch, sich in britische Angelegenheiten einzumischen. Nicht einmal in spirituellen und ideellen Fragen durfte sich der Blick der Untertanen von nun an ins Ausland richten. Heinrich als König und Herr der Kirche war fortan die höchste Autorität – jeder Zweifel daran stand nach dem Gesetz unter Strafe (Loades 2007).

Seither galt Papsttreue als fremd, kontinentaleuropäisch und feindselig. Das traf besonders auf den katholischen König Spaniens Philipp

II. zu, der 1588 die berüchtigte Armada entsandte, eine Flotte von 130 Schiffen, 8000 Seeleuten und 18.000 Soldaten, zur Invasion und Unterwerfung Englands. Dafür hatte er den Segen und die finanzielle Unterstützung von Papst Sixtus V. Der hielt die Expedition gegen die Abtrünnigen seiner Kirche für so wichtig, dass er zur Finanzierung sogar die Ersparnisse des Vatikans angezapft hatte, die für den nächsten Kreuzzug vorgesehen waren. Dass die Freunde der fremden Macht in Rom auch auf den britischen Inseln ihren gefährlichen Machenschaften nachgingen, war spätestens am 5. November 1605 nicht mehr zu übersehen. Zur feierlichen Eröffnung des Parlaments durch König James I. wollten Verschwörer um Robert Catesby den Palast von Westminster just in dem Moment in die Luft sprengen, als der Monarch dort eintraf. Das Sprengpulver im Keller wurde rechtzeitig gefunden, das Komplott im letzten Moment gestoppt und Abgeordnete sowie König gerettet. Seither ziehen in Städten und Dörfern am Jahrestag des vereitelten Anschlages Menschengruppen durch die Straßen mit dem mahnenden Ruf „Remember, remember the 5th of November." Auf Lagerfeuern wird dann die Figur des Guy Fawkes verbrannt, ein Mitverschwörer, der mit Catesby und den anderen gemein hatte, dass er nach dem Tod des protestantischen Monarchen den Katholizismus, die Religion der Feinde auf dem Kontinent, auf der Insel wiederherstellen wollte (Holland 2017).

Der Kontinent war den Briten nicht mehr geheuer: Katholizismus galt als die Religion absolutistischer Herrscher. Umso bedenklicher, dass Englands Thronfolger James Stuart ausgerechnet diesen bedrohlichen Einflüssen ausgesetzt war während seiner Jahre im französischen Exil, als der Lordprotektor Oliver Cromwell nach seinem Sieg im Bürgerkrieg gegen die Stuarts in den 1650er-Jahren die Monarchie vorübergehend von der Insel verbannt hatte. Die Ehe zwischen James und der italienischen Prinzessin Maria Beatrice aus dem Hause der d'Este in Modena gab weiteren Anlass zur Sorge. Dreißig Jahre später sollte sich der Verdacht bestätigen, als James – mittlerweile als James II. zum König gekrönt – das Parlament auflöste und drei Jahre lang keine Anstalten machte, die Parlamentarier wieder zu versammeln. Seine Autorität stützte er stattdessen nach kontinentaleuropäischem Vorbild auf den Willen Gottes und – für alle Fälle – eine stehende Armee, die er großzügig alimentierte. Es verwunderte nicht, dass in jenen Jahren katholische Vertraute und ausländische Einflüsterer am Hof Schlüsselrollen übernahmen. Als James dann noch von anglikanischen Priestern verlangte, auf der Kanzel Toleranz gegenüber Katholiken zu verkünden, rebellierten die Bischöfe der englischen Nationalkirche, verweigerten anglikanische Untertanen katholischen Regierungsbeamten den Gehorsam und machten in London königskritische Flugschriften die Runde. Selbst die monarchischen Tories gingen dem Herrscher von der Fahne. Das Parlament zwang James 1688 ins Exil und bestimmte als Nachfolger zwei Protestanten: Maria II. Stuart und ihren Ehemann Wilhelm von Nasssau-Oranien, den Statthalter der Niederlande. Auf Verlangen der Abgeordneten unterschrieben die neuen englischen Monarchen 1689 ein Gesetz, in dem sie sich verpflichteten, Entscheidungen über Steuern und Abgaben sowie die Finanzierung einer Armee in Friedenszeiten dem Parlament zu überlassen, dessen Mitgliedern sie das Recht auf freie Debatte zusicherten (Vallance 2007). Den Kontrast mit der politischen Realität auf dem Kontinent versinnbildlichte zur gleichen Zeit in Paris Ludwig XIV., der Sonnenkönig, dem nachgesagt wird, er habe sein Verständnis von politischer Macht auf den Punkt gebracht mit den Worten: „Der Staat, das bin ich."

Um ganz sicher allen künftigen katholischen und absolutistischen, also kontinentaleuropäischen Tendenzen auf der Insel vorzubeugen, stimmte das Parlament 1701 für eine Art Grundgesetz, in dem Katholiken von der Thronfolge ausgeschlossen wurden. Dieser „Act of Settlement" traf besonders die Nachkommen Jakob II., die im französischen Exil lebend mit Englands Feinden gemeinsame Sache machten mit dem Ziel, den Thron zurückzugewinnen und auf der Insel ihre Idee einer allmächtigen Monarchie doch noch Wahrheit werden zu lassen. In den nächsten Jahren versuchten Spanien und Frankreich mehrmals, in Großbritannien einen Umsturz zu inszenieren und bereiteten eine Invasionsflotte vor, die von Dünkirchen aus in die Themsemündung segeln sollte. Im Sommer 1745 machte Frankreich ernst und half Charles Edward Stuart, dem Enkel James II., mit zwei Schiffen in Schottland zu landen. Die Unternehmung bereitete dem Londoner Hof König George II. vor allem deshalb Sorgen, weil es den Feinden Englands kurz darauf gelang, mit dem seines Aussehens wegen Bonnie (hübscher) Prinz Charly genannten Prätendenten an der Spitze einer Armee bis nach Derby in den östlichen Midlands vorzustoßen. Das spätere Scheitern des Prinzen und seine

Flucht nach der Niederlage in der Schlacht von Culloden gegen die Regierungsarmee des Herzogs von Cumberland rettete George II. die Krone (Lenman 1984). Doch schon sein Enkel, der ihm 1760 als König Georg III. auf dem Thron folgte, sah eine ungleich größere Bedrohung über dem Kontinent aufziehen. Napoleon Bonaparte wollte alte Pläne der Bourbonen zur Invasion Großbritanniens aus den Jahren 1759 und 1779 jetzt Wirklichkeit werden lassen. Zum Beginn des dritten Koalitionskrieges zog er eine riesige Streitmacht von 180.000 Soldaten in Boulogne-sur-Mer zusammen, ließ Landungsschiffe bauen und beauftragte die kaiserliche Aeronautin Sophie Blanchard mit den Planungen für eine Invasion der Insel mit Luftschiffen. Napoleons Plan, die Royal Navy in die Karibik zu locken, um im Ärmelkanal freie Hand zu haben, scheiterte und schließlich war es Horatio Nelsons Sieg gegen die vereinigte spanisch-französische Flotte bei Trafalgar, die den Europäern vorführte, dass eine Invasion Großbritanniens ein verwegener Traum bleiben würde (Philp 2006).

Die Wahl zwischen Europa und der offenen See

Auf britischer Seite hatte sich die Vorstellung festgesetzt, dass die katholischen europäischen Mächte darauf aus seien, Großbritannien zu schwächen – in Europa selbst, aber auch im Wettkampf um Handelsrouten in Asien und Lateinamerika und natürlich im Ringen um koloniale Expansion. Zu Beginn des 19. Jahrhunderts stellte Außenminister George Canning frustriert fest: „Französische Politik verfolgt zwei Absichten: Unsere Ziele zu vereiteln. Und wenn sie unsere Ziele nicht kennen, erfinden sie welche, nur um sie durchkreuzen zu können" (Colvile 2021). Großbritanniens Haltung zur Politik des Kontinents war geprägt von zwei fundamentalen Prinzipien. Zum einen war das die Erhaltung des Friedens, weil Krieg dem Handel schadete, mit dem das Land auf allen Kontinenten viel Geld verdiente. Das zweite Prinzip war Selbstschutz und setzte voraus, dass die Kontrolle über die Häfen Belgiens und der Niederlande keiner kontinentaleuropäischen Großmacht zugestanden werden konnte, die sonst zur Bedrohung würde für Englands Südküste. Der 3. Viscount Palmerston erklärte daher im Unterhaus, dass Großbritannien nie auf Dauer einem Bündnispartner loyal sein könne, weil es dauerhaft nur eben jenen nationalen Interessen verpflichtet sei. Für Außenminister Lord Derby war die geografische Lage am Rande Europas ein Grund dafür, sich zwar um gute nachbarschaftliche Beziehungen zu bemühen, sich aber nicht auf einen Partner festzulegen. In London galt es daher als ratsam, sich soweit es ging aus dem Geflecht europäischer Allianzen herauszuhalten. Die Rede war von der Splendid Isolation oder etwas bemüht übersetzt: Wunderbare Isolation. Mit dem Begriff umschrieben in der zweiten Hälfte des 19. Jahrhunderts Regierungschefs Benjamin Disraeli und Lord Salisbury ihre grundsätzliche Haltung, wonach vom Kontinent nichts Gutes ausgehe und der Ärmelkanal sowie die Royal Navy, die ihn patrouillierte, die beste Versicherung britischer Sicherheit seien. Diese Skepsis des politischen Establishments gegenüber den europäischen Nachbarn erfuhr 1856 der französische Ingenieur Aimé Thomé de Gamond, als er den Bau eines Tunnels von Gris-Nez in der Region Hauts-de-France nach Folkstone vorschlug. Premierminister Palmerston hielt wenig von der Idee und ließ ausrichten: „Sie wollen eine Distanz verkürzen, die wir schon jetzt für zu kurz halten!" (Kidd 2020). Selbst die einstmals so internationalen und multikulturellen Royals machten sich mit der Zeit den engen Horizont ihrer Untertanen zu eigen und als George V., ein Enkel Königin Victorias, den Thron bestieg, erzählte er einem Besucher: „Ausland ist scheußlich. Ich weiß das. Ich war da!" (Bogdanor 2017). Zur Vorbereitung einer Reise des Monarchen nach Südfrankreich erhielt der Botschafter Anweisung, George V. den persönlichen Kontakt mit Franzosen ersparen. Die Geringschätzung gegenüber den Nachbarn jenseits des Ärmelkanals verriet sich oft schon in Formulierung und Wortwahl, etwa als Premierminister Neville Chamberlain in der Diskussion über Hitlers Pläne zur Besetzung des Sudetenlandes die Tschechoslowakei beschrieb als „weitentferntes Land, von dem wir wenig wissen" (Tallis 2016).

Nach zwei Weltkriegen wollte der Kontinent Frieden und den Dauerkonflikt zwischen Deutschland und Frankreich langfristig entschärfen. Zu diesem Zweck rief 1946 Winston Churchill auf zur Gründung einer Föderation der europäischen Nationen, eine Idee, für die der eminente

Außenpolitiker und Premierminister Robert Gascoyne-Cecil, 3. Marquess of Salisbury, bereits 1897 geworben hatte. Es war der Beginn dessen, was wir heute Europäische Union nennen. Auf dem Weg dahin entstanden in den folgenden Jahren supranationale gesetzgebende und exekutive Institutionen, verankert in einem Netzwerk multilateraler Verträge für eine europäische Kohle- und Stahlwirtschaft, sowie gemeinsame Regeln im Freihandel und zur friedlichen Nutzung der Kernenergie. Für einige Zeit stellte man auch Planungen zur Integration der Verteidigungspolitik an als weithin akzeptiertes Mittel, künftig militärische Konflikte zwischen Franzosen und Deutschen zu unterbinden. Die ersten konkreten Ideen fanden sich auf der Tagesordnung, als im Juni 1955 Italiens Außenminister Gaetano Martino seinen deutschen Kollegen Walter Hallstein und Frankreichs Chefdiplomaten Antoine Pinay gemeinsam mit Delegationen aus Belgien, den Niederlanden und Luxemburg in die Villa Zanca nach Messina einlud. Großbritannien – seiner traditionellen Politik treu bleibend – sagte seine Teilnahme ab. Im Auftrag Premierminister Anthony Edens ließ ein nachgeordneter Beamter der Runde in Sizilien ausrichten: „Gentlemen, Sie werden sich hier nie einigen. Und wenn Sie sich einigen, werden ihre Parlamente dem Vorhaben nie zustimmen. Und wenn sie dem Projekt zustimmen, wird es nie funktionieren." (MacShane 2016, S. 58). Die Vorlagen der Konferenz von Messina wurden beschlossen und ihre Unterzeichnung zwei Jahre später durch die Regierungschefs im Festsaal des Konservatorenpalastes auf dem Kapitol in Rom nannte Amerikas Präsident Dwight D. Eisenhower „einen der größten Momente der freien Welt, vielleicht noch bedeutender als der Sieg im Zweiten Weltkrieg" (MacShane 2016, S. 32). Der Gründungsakt dieser Europäischen Wirtschaftsgemeinschaft fand ohne die Briten statt und oft wurde spekuliert, ob Edens Vorgänger Churchill sein Land in die Gemeinschaft geführt hätte. Schließlich war die Idee der Vereinigten Staaten von Europa, einem grenzenlosen Kontinent, in dem Menschen sich frei bewegen konnten, Thema einer Rede, die er 1946 in Zürich gehalten hatte. Darin mahnte er an, dass die „europäische Familie wiedererstehen" müsse mit einer gemeinsamen Struktur, die für Frieden auf dem Kontinent sorge (Churchill 1946). So ernst es Churchill mit seiner Vision eines geeinten Europas war, so sehr vertrat er die Meinung, dass Großbritannien seiner außenpolitischen Tradition der Splendid Isolation treu bleiben sollte. Dem französischen General und späteren Präsidenten Charles de Gaulles, der die Kriegsjahre im Londoner Exil verbracht hatte, vertraute Churchill an: „Wann immer Großbritannien vor die Wahl gestellt wird zwischen Europa und der offenen See, wird es sich für die offene See entscheiden" (MacShane 2016, S. 33). Nach seiner Wiederwahl zum Premierminister 1951 versicherte Churchill seinem deutschen Amtskollegen, Großbritannien werde immer „an der Seite Europas stehen." Konrad Adenauer, irritiert, entgegnete prompt: „Premierminister, Sie enttäuschen mich, England ist Teil Europas" (Kielinger 2015). Den belgischen Sozialisten Paul Henric Spaak konnte die Zurückweisung durch den britischen Regierungschef nicht überraschen. Für den Mitautor der Verträge von Rom war schon früh deutlich, dass der Hausherr in 10 Downing Street zwar regelmäßig warb für einen europäischen Staatenbund unter deutscher und französischer Führung, Großbritannien aber ähnlich wie die USA als freundlichen Unterstützer des europäischen Projektes sah – sicher nicht als Mitglied.

Die tausendjährige Geschichte steht auf dem Spiel

Die Ablehnung der Mitgliedschaft in einem Staatenbund durch die Konservativen Churchill und Eden wurde in den 1950er-Jahren von den Abgeordneten auf den Bänken der Labour-Partei geteilt. Die linken Visionäre fürchteten, ihre Pläne für ein sozialistisches Großbritannien könne durchkreuzt werden von einem Veto einer europäischen Zentralbehörde, in der sie eine Stimmenmehrheit der Gegner linker Politik argwöhnten. Deshalb wäre ein Beitritt zu den Verträgen von Rom aus Sicht des Labour-Politikers und späteren Schatzkanzlers Denis Healey einer Kapitulation gleichgekommen und dem Verzicht auf politische Selbstbestimmung. Ähnliche Skepsis trieb seinen Parteifreund Ernest Bevin um, immerhin Außenminister in der ersten Nachkriegsregierung, der die Aussicht auf Teilung nationaler Souveränität innerhalb der Europäischen Wirtschaftsgemeinschaft mit dem warnenden Ausruf quittierte: „Wenn wir diese Büchse der Pandora öffnen, finden wir sie gefüllt mit Trojanischen Pferden!" (Rentoul 2017). Besonders die europäische Regulierung der Kohle- und Stahlindustrie galt ihm als politisch nicht durchsetzbar. Mit Verweis auf die Stimmung in den Kohlerevieren im Norden Englands raunte Bevin: „Die Kumpels in Durham machen nicht mit!" (MacShane 2016, S. 45). Aber es war mehr als nur die Gemütslage ihrer Klientel, die den Abgeordneten der Labour-Partei Sorgen bereitete. Die Rhetorik der Tage verrät, dass es bei der Haltung zur europäischen Integration um Grundsätzliches ging: „Ein Beitritt zum gemeinsamen europäischen Wirtschaftsraum wäre das Ende Britanniens als unabhängiger Nationalstaat, das Ende unserer tausendjährigen Geschichte. Und es wäre das Ende des Commonwealth, wenn das Mutterland eine Provinz Europas würde!" (Gaitskell 1962/1998), raunte Labours Parteivorsitzender Hugh Gaitskell. Die Skepsis in London nährte sich nicht nur aus imperialer Nostalgie und Erinnerung an vergangene Größe. Auch aktuelle strategische Entscheidungen trennten die Briten von ihren Nachbarn auf dem Kontinent. So hatten aus ihrem Konflikt mit dem amerikanischen Präsidenten während der Suez-Krise 1956 Franzosen und Briten unterschiedliche Konsequenzen gezogen: Die Franzosen wandten sich vom NATO-Partner USA ab, während die Einsicht in die eigene militärische und politische Schwäche Downing Street veranlasste, sich eng mit Washington zu verbünden und amerikanische Polaris-Nuklearraketen auf den Schiffen seiner U-Boot-Flotte zu installieren.

Umso mehr überraschte im Sommer 1961 in den Hauptstädten Europas die Nachricht Premierminister Harold Macmillans, sein Land werde einen Antrag zur Aufnahme in die Europäische Wirtschaftsgemeinschaft stellen. Der Premierminister war seit Kriegstagen ein alter Bekannter des Franzosen Jean Monnet, dem Spiritus Rektor der Idee eines vereinten Europas. Gemeinsam bereiteten sie den Beitritt vor, noch bevor das Parlament in Westminster davon erfuhr. Macmillan teilte die Vision einiger Intellektueller, die regionale Staatenbünde als Voraussetzung für eine Weltregierung sahen. Zudem hoffte er, die deutsch-französische Allianz in der EWG zu überwinden und die Gemeinschaft zu einem engen Partner der USA zu machen, Großbritanniens wichtigstem Partner. Präsident Charles De Gaulles war kein Freund der britischen Pläne und auch Bundeskanzler Konrad Adenauer traute Macmillan nicht (Taylor 2015). Außerdem hatten die Regierungen in London zu lange und zu überzeugend ihre Rolle als Skeptiker gespielt, dessen Loyalität und Sympathie Amerika und den verbliebenen Kolonien galt. „Die Briten hegen eine tief sitzende Feindschaft für das europäische Projekt," raunte Charles de Gaulles (Pylas 2020). Der Nachbar im Norden „ist insular und maritim und durch Handel und Märkte mit den entferntesten Ländern der Welt verbunden", begründete der Mann im Élysée-Palast, wieso er das britische Aufnahmegesuch 1963 ablehnte und auch einen zweiten Versuch 1967 an seinem Veto scheitern ließ (The Economist 2021). Er hegte zudem begründete Bedenken, dass die Anliegen der britischen Landwirte sich so wenig mit denen der Agrarwirtschaft auf dem Kontinent vereinbaren ließen wie die Regeln des angelsächsischen Arbeitsrechts mit den Vorgaben zum Schutz von Mitarbeitern, die in Frankreich und Deutschland galten.

Ein Jahr später war de Gaulles Geschichte und sein Nachfolger Georges Pompidou gab den Widerstand auf, als Edward Heath, der proeuropäischste Premierminister der Nachkriegszeit, den dritten britischen Antrag stellte. Jetzt fanden sich die Warnungen de Gaulles bestätigt. So sahen etwa die Verteilungsmechanismen der EWG großzügige Subventionen für die Viehzucht sowie Gemüse- und Getreideanbau in Frankreich, Deutschland und Italien vor, an denen Großbritannien seines vergleichsweise kleinen landwirtschaftlichen Sektors wegen kaum partizipierte (The Economist 2021). Auch die Verbraucher auf der Insel gehörten zu den Verlierern. Bisher hatten sie Lebensmittel zu günstigen Preisen aus den Staaten des Commonwealth bezogen: Weizen aus Kanada, Butter und Lamm aus Neuseeland, Früchte aus Australien, Kartoffeln und Käse kamen aus Zypern. Mit dem Beitritt zur Europäischen Wirtschaftsgemeinschaft würden die Briten sich zwar einen Zugang zu europäischen Absatzmärkten sichern, mussten aber auf der Insel die hohen Zölle akzeptieren, mit denen die Gemeinschaft ihre Landwirte vor Importen aus Übersee schützte. Gleichzeitig wuchs im Regierungsviertel Whitehall bald die Einsicht, dass die Gesetze im Königreich von nun an nicht mehr allein im Parlament von Westminster gemacht würden. Nicht nur bei der Festlegung der Handelszölle und in der Landwirtschaftspolitik würde künftig Brüssel den Ton angeben, auch in Fragen von Arbeitgeberfreizügigkeit und Sozialpolitik sowie in Angelegenheiten des Dienstleistungssektors, der Finanz- und Transportwirtschaft würden

Bürokraten in Brüssel künftig den gewählten Politikern in London ins Handwerk pfuschen und die Entscheidungsfreiheit der Abgeordneten beschneiden können, lautete die Analyse des Außenministeriums. Heath akzeptierte, was ihm die Verhandlungspartner in Brüssel vorlegten, denn inmitten von Streiks und steigender Arbeitslosigkeit wackelte seine Regierung und er wollte in der Zeit, die ihm in 10 Downing Street noch blieb, die Verhandlungen unbedingt abschließen. Die Eile der Gespräche – nach 18 Monaten war man sich einig – hatte ihren Preis: Der Bedingung der Europäer, die Fischbestände vor den Küsten Englands und Schottlands für die Flotten der anderen EWG-Mitglieder zu öffnen, erwehrte sich der Verhandlungsführer aus London so wenig wie der Forderung, britische Steuerzahler sollten ein Fünftel des Gemeinschaftshaushalts finanzieren (O'Donoghue 2020). Als das Parlament am 17. Oktober 1972 dem Beitritt zur Europäischen Wirtschaftsgemeinschaft zustimmte, waren dennoch viele Abgeordnete in Partystimmung. Edward Heath aber, der eigenbrötlerische Junggeselle und Parteichef der Konservativen, ging im Moment seines größten politischen Triumphs zurück in seine Wohnung im Obergeschoss von 10 Downing Street. Dort setzte er sich ans Klavier und spielte Johann Sebastian Bachs Präludien und Fugen aus der Sammlung Das Wohltemperierte Klavier (The Economist 2021). Keine drei Monate später war es so weit. In der Nacht zum 1. Januar 1973 waren die Briten offiziell Teil des Clubs und feierten ihren Beitritt mit einem mehrtägigen Festival, einer Gala im königlichen Opernhaus, einem Schönheitswettbewerb und einem Konzert der Berliner Philharmoniker sowie einem Fußballspiel im Wembley-Stadion, in dem die Mannschaft aus Spielern der Neumitglieder – Vereinigtes Königreich, Irland und Dänemark – auf die Teams der sechs EWG-Gründer traf (Seddon 2020). Die Ministerin für Erziehung und Wissenschaft, Margaret Thatcher, war sich sicher: „Niemand wird uns jemals wieder aus Europa herausbekommen!" (Kidd 2021).

In all dem Enthusiasmus waren die Gegner niemals verstummt. Sie sahen sich bestätigt, als britische Hoffnungen zerplatzten, nach dem Beitritt verschiedene Klauseln im Vertrag nachverhandeln zu können (Adam und Mertens 2020). Nationalisten unter den Tories scharrten sich um den charismatischen Enoch Powell und wollten keinen Frieden mit der EWG-Mitgliedschaft schließen. Sie bekamen Unterstützung von den Sozialisten aus den Reihen der Labour-Partei, die in der Europäischen Wirtschaftsgemeinschaft ein Projekt der Kapitalisten zu erkennen glaubten. Labour-Chef Harold Wilson fürchtete gar, der Streit um Europa könne seine Partei zerreißen. Zwei Drittel seiner Mitglieder folgten seinem pro-europäischen Kurs nicht, als er die Frage auf dem Labour-Parteitag zur Abstimmung stellte. Einen Burgfrieden erkaufte sich Wilson mit der Zusage, den Bürgern in einem Referendum das letzte Wort über die Mitgliedschaft zu geben, sollte er bei den nächsten Wahlen eine Mehrheit erhalten und Premierminister werden. Ein geschickter Schachzug Wilsons, denn so brachte er nicht nur die Gegner und Freunde Europas in der eigenen Partei hinter sich, auch der abtrünnige Konservative Powell warb im anstehenden Wahlkampf für den Labour-Vorsitzenden. Am Ende war das Risiko, das Land nach nur Monaten wieder aus der EWG herauszuführen und damit in eine ausgewachsene Staatskrise zu katapultieren, für Wilson, mittlerweile zum Regierungschef gewählt, überschaubar. Schließlich konnte er auf die gesamte Londoner Presse zählen, die ihren Lesern ein proeuropäisches Votum empfahl. Zudem zeigte sich während der Kampagne in den Wochen vor dem Referendum auch die künftige Vorsitzende der Konservativen Margaret Thatcher erneut als Freundin Europas, als sie sich in einem Pullover fotografieren ließ, der die Wappen aller EWG-Mitgliedstaaten zeigte. Die Skeptiker gegenüber dem europäischen Projekt konnten sich seinerzeit nicht durchsetzen. Am 5. Juni 1975 stimmten 67,2 Prozent der Briten mit JA auf die Frage, „Glauben Sie, dass das Vereinigte Königreich in der Europäischen Wirtschaftsgemeinschaft (Gemeinsamer Markt) verbleiben sollte?" Nur die Wähler der Shetland Inseln und Äußeren Hebriden votierten mehrheitlich mit Nein. Wilsons Rechnung war aufgegangen. Die Risse in seiner Partei waren vorübergehend gekittet und Großbritanniens neuer Platz in der Europäischen Wirtschaftsgemeinschaft war eindrucksvoll bestätigt (Pimlott und Hennessy 2016). Nur zwei Jahre später wurde Roy Jenkins, Wilsons ehemaliger Innenminister, zum Präsidenten der Europäischen Kommission berufen. Es war die Bestätigung, dass Großbritannien eine wichtige Rolle in der Gemeinschaft und ihren Institutionen in Brüssel spielen konnte – wenn es wollte.

Wer aber gehoffte hatte, die Gegner würden verstummen und ihren Frieden schließen mit der EWG, wurde bitter enttäuscht. Michael Foot, ein Anführer des linken Parteiflügels, setzte als neuer Parteivorsitzender Labours Anfang der 1980er-Jahre die gleiche Rhetorik fort, mit der er schon während der Referendumskampagne 1975 aufgefallen war. Das britische Parlament sei zur Farce geworden, zürnte er, gänzlich arbeitsunfähig, seit ihm Vorschriften aus den Amtszimmern Brüsseler Bürokraten oktroyiert würden. Foot sah darin einen Anschlag auf die Demokratie, den er verglich mit dem Reichstagsbrand von 1933. Für den Fall eines Wahlsieges Labours 1983 versprach er, würde das Land die EWG sofort verlassen ohne Verzug und neuerliches Referendum (O'Rourke 2019). Eine Forderung, die auch unter den jungen Abgeordneten bei Labour Anhänger fand. Jack Straw, damals gerade Mitte dreißig und Parlamentsneuling, beklagte in einer Debatte des Unterhauses, dass die Europäische Wirtschaftsgemeinschaft mit dem Geld britischer Steuerzahler Portugal, Spanien und Griechenland finanziere. Der Mann, der später in den Regierungen von Tony Blair als Innen- und Außenminister Verantwortung tragen sollte, verwies nicht zu Unrecht darauf, dass London inzwischen den zweithöchsten Beitrag aller Mitglieder nach Brüssel überwies, eine Summe, die zwischen 1984 und 1990 um beachtliche 400 Prozent angestiegen war (MacShane 2016). Der Grund dafür war der größte und am schnellsten wachsende Posten des EWG-Haushaltes: Die Subventionen der Landwirtschaft, die an große Agrarunternehmen in Deutschland und Frankreich flossen, nicht aber die kleineren Farmen im Vereinigten Königreich.

Margaret Thatcher will ihr Geld zurück

In der Zwischenzeit erlebte die Öffentlichkeit eine rasante Wandlung Margaret Thatchers von der Fähnchen-wedelnden Anhängerin der pro-europäischen Kampagne in den 1970er-Jahren und Förderin eines freien Binnenmarktes, den sie mit ihrer Zustimmung zur Gemeinsamen Europäischen Akte 1986 zu etablieren half, zu einer erbitterten Gegnerin der europäischen Integration. Von ihrem Kampf gegen ihre widerstrebenden Kollegen im Europäischen Rat um einen Rabatt auf den britischen Mitgliedsbeitrag ist der Ausruf „Ich will mein Geld zurück!" in Erinnerung geblieben (BBC News 2013). Den größten Anteil an Thatchers Metamorphose hatte der französische Sozialist Jacques Delors. Als Kommissionspräsident weitete er die Kompetenzen seiner Behörde systematisch aus und teilte im Juli 1988 dem europäischen Parlament mit, dass schon in zehn Jahren 80 Prozent der gesamten Sozial- und Wirtschaftsgesetzgebung der Mitgliedstaaten in Brüssel entschieden werde. Als er einige Tage später nachlegte und eine europäische Zentralregierung forderte, fürchtete Thatcher um die Souveränität ihres Landes. Doch es kam noch schlimmer. Die britischen Gewerkschaften hatten Delors als Gastredner zu ihrem Jahreskongress nach Bournemouth geladen. Bei der Gelegenheit machte er klar, dass die Europäische Wirtschaftsgemeinschaft der natürliche Bündnispartner der Gewerkschaften sei und sie unterstütze in ihrem Kampf für Arbeitnehmerrechte, den Schutz von Lebens- und Arbeitsbedingungen und im Ringen um Mitbestimmung in den Unternehmen. Sogar die Forderung nach europaweiten Tarifverträgen standen im Manuskript des Gastes aus Brüssel (Delors 1988). Für Thatcher war Delors Rede unverzeihlich, eine politische Kriegserklärung. Schließlich hatte sie ihr politisches Leben hindurch regelrecht einen Krieg geführt gegen einflussreiche Gewerkschaften und mit eisernem Willen die Macht der Arbeitnehmervertretungen gebrochen. Immer wieder hatten die Funktionäre der Kohle- und Stahlarbeiter versucht, mit Streiks die Energieversorgung des Landes lahmzulegen und die Regierung der Konservativen zu stürzen. Gegen die Barrikaden und Wurfgeschosse streikender Druckereiarbeiter ließ die Premierministerin Hundertschaften berittener Polizei Attacken reiten. Sie erinnerte sich daran, wie ihre Vorgänger in Downing Street immer wieder zurückgewichen waren vor politischen Erpressungsversuchen der Gewerkschafter, die sich anmaßten, den politischen Kurs von Regierungen zu bestimmen. Nie mehr, hatte sich Thatcher geschworen, sollte das Land zurückfallen in jene Zeiten. Einen Monat nach Delors Rede schlug die Premierministerin rhetorisch zurück. „Ich habe nicht all die Jahre gearbeitet, Großbritannien von der Lähmung des Sozialismus zu befreien, nur um ihn jetzt durch die Hintertür einer zentralistischen europäischen Bürokratie wieder hereinkriechen zu sehen!" (Thatcher 1988a), rief sie unter begeistertem Applaus der Tories, die sich zum Parteitag in Brighton versammelt hatten. Nicholas Ridley, Minister in Thatchers Regierung, ergänzte die Diskussion um eine Formulierung, der fortan öfter zu hören sein sollte unter den Tories: Bei der EWG, argwöhnte er, handele es sich um „eine deutsche Gaunerei!" (Jones 2011). Für internationales Aufsehen hatte schon Tage zuvor Thatchers Rede im belgischen Brügge gesorgt, in der sie den Fürsprechern europäischer Integration die Gefolgschaft aufkündigte: „Ich sage es deutlich im Namen Großbritanniens: Wir haben uns nicht daran gemacht, die Rolle des Staates zu begrenzen, um nun einen europäischen Superstaat zu akzeptieren, der uns von Brüssel aus dominiert" (Thatcher 1988b). Außenminister Geoffrey Howe war erstaunt über die Wandlung seiner Chefin, die sich mittlerweile davon überzeugt hatte, dass „die EWG ein Denkmal geworden ist für die Eitelkeit von Intellektuellen und zum Scheitern verurteilt" sei (Grob-Fitzgibbon 2016, S. 461). Es fühle sich an, erzählte Howe später über die Erfahrung jener Jahre, als sei man seit Jahren mit einem Priester verheiratet und erfahre nun plötzlich, dass der überhaupt nicht an Gott glaube.

John Major, Thatchers Nachfolger im Amt des konservativen Partei- und Regierungschefs und bis heute ein Befürworter der britischen EU-Mitgliedschaft, versprach zu Beginn seiner Amtszeit, „Großbritannien bleibe im Herzen Europas" (MacShane 2016, S. 81). Seine Partei und Fraktion waren in der Frage bereits gespalten. Das machte das Regieren schwierig, als seine Mehrheit nach den Wahlen im Jahr 1992 auf 18 Abgeordnete geschrumpft war. Kaum genug, um sich gegen die Rebellen in den eigenen Reihen durchzusetzen, die alles daransetzten, die Abstimmungen im Parlament über den Vertrag von Maastricht zu blockieren. „Bastarde", entfuhr es dem Premierminister in einem unachtsamen Moment, als er sich mit einem Journalisten über die Ränke der Maastricht-Gegner in seinem Kabinett beklagte (Routledge und Hoggart 1993). Einen Abgeordneten in Rekonvaleszenz nach einem Herzinfarkt, einen anderen auf einer Bahre ließen die überzeugten Europagegner der Tories per Krankenwagen zur Abstimmung ins Parlament transportieren, um die Mehrheit zu organisieren gegen den Vertrag, mit dem die anderen Mitgliedstaaten nicht nur eine gemeinsame europäische Außen- und Verteidigungspolitik, sondern auch die Wirtschafts- und Währungsunion vorbereiten wollten. Drohungen, die Parteiführung werde ihre erneute Kandidatur bei den nächsten Wahlen blockieren, schreckten die Maastricht-Rebellen in der konservativen Partei nicht ab. Nicholas Budgen, der Abgeordnete der Tories für den Wahlkreis Wolverhampton, hielt

Widerstand gegen jede Partei oder Institution für gerechtfertigt, die es erwägt, weitere politische Entscheidungskompetenz an die Kommission in Brüssel zu übertragen. Budgen und seine Verbündeten in der Partei gaben selbst dann noch nicht nach, als John Major mit Rücktritt und Neuwahlen drohte. Erst als sich der Premierminister in Brüssel durchgesetzt hatte mit seiner Forderung, die Paragrafen zu einer gemeinsamen Außen- und Sicherheitspolitik genauso aus dem Vertragsentwurf zu streichen wie Hinweise auf ein bundesstaatliches Europa, ließen seine Gegner in Westminster mit sich reden. Als ihm schließlich noch zugestanden wurde, dass Großbritannien von der neuen Sozialcharta der Gemeinschaft zum Schutz von Arbeitnehmerrechten ausgenommen sei, erhielt Major im Parlament eine knappe Mehrheit in der entscheidenden Abstimmung über den Vertrag von Maastricht. „Spiel, Satz und Sieg", verkündete der Hausherr von 10 Downing Street nicht ohne Stolz auf die Konzessionen, die er zur Befriedung der Europa-Gegner herausverhandelt hatte. Der Innenminister, der Tory-Abgeordnete Ken Clarke, ein Befürworter des Maastricht-Vertrages mit Sympathie für europäische Integration, sah Majors Zugeständnisse mit Sorge. „Wenn du Krokodile mit Brötchen fütterst, geht das nur so lange gut, bis dir die Brötchen ausgehen", warnte der Politiker (Menon und Salter 2016). Major hätte der Ärger mit Fraktion und Kabinett über seine Europapolitik gereicht. Doch im Herbst 1992 kam es für ihn noch viel schlimmer, als er nach Spekulationen auf den Finanzmärkten das Ausscheiden des Pfunds aus dem Europäischen Währungssystem (EWS) bekannt geben musste. Noch als Schatzkanzler zwei Jahre zuvor hatte er seine skeptische Vorgängerin Margaret Thatcher zu einer Mitgliedschaft des Landes im EWS überredet mit der Absicht, das schwächelnde Pfund Sterling in einem festen Wechselkurs an die stabile Deutsche Mark zu binden und damit Kursschwankungen zu reduzieren sowie die Inflationsrate auf der Insel zu senken. Weil der Einstiegskurs des Pfund Sterlings viel zu hoch festgeschrieben worden war, musste bald die Zentralbank in London den Leitzins auf 12 Prozent erhöhen und mit Stützkäufen den Kurs der Währung zu stabilisieren, während Spekulanten auf eine Abwertung wetteten. Am Abend des 16. September 1992 gaben die britischen Währungshüter ihren Widerstand gegen die Abwertung des Pfundes auf, was dem Rauswurf aus dem Europäischen Währungssystem gleichkam. Seinerzeit etablierte der Investor George Soros seinen Ruf als der Mann, der die Englische Zentralbank besiegte (Beattie und Munichiello 2021). Der Tag, der als Schwarzer Mittwoch seinen Platz in Geschichtsbüchern fand, kostete Großbritannien 3,3 Milliarden Pfund und zerstörte den Ruf der Konservativen, kompetente Sachwalter der Volkswirtschaft zu sein. Vor allem aber bestätigte er Euroskeptiker darin, dass die starren Regeln der europäischen Institutionen dem Land ebenso schadeten wie seiner Währung (Tempest 2005). Das Verhältnis der Regierung in London gegenüber den Entscheidern der Europäischen Gemeinschaft (EG) erreichte einen neuen Tiefpunkt, als John Major sein Veto gegen den belgischen Kandidaten für die Präsidentschaft der Kommission Jean-Luc Dehaene einlegte, dessen Pläne für einen europäischen Bundesstaat euroskeptischen Tories unerträglich waren. Dem Alternativkandidaten Jacques Santer mussten die Briten am Ende zustimmen, auch wenn dessen politische Ziele sich kaum von denen Dehaenes unterschieden. Als Major schließlich mit seiner Forderung scheiterte, die Aufnahme neuer Mitglieder in die Gemeinschaft zu erschweren, ging bei den Konservativen die Geduld zu Ende. Tony Marlow, Abgeordneter der Tories für den Wahlkreis Northampton, sprach für viele Kollegen in der Fraktion, als er im Parlament den Rücktritt seines Parteichefs vom Amt des Premierministers forderte. Major blieb und litt weiter, als 1996 die EG ein Importverbot für britisches Rind verhängte, um Verbraucher zu schützen vor der in den Medien als Rinderwahn bezeichnete Seuche BSE. Ein verheerender Schlag für die Viehzüchter. Die konservativen Abgeordneten waren außer sich vor Zorn, aufgehetzt von furiosen Medienberichten, in denen der Einfuhrstopp beschrieben wurde als infamer Schachzug der Franzosen und Deutschen, die darauf aus seien, britische Konkurrenz auszuschalten. Landwirtschaftsminister John Gummer versuchte unterdessen, die Warnungen europäischer Gesundheitsbehörden auf eine ganz eigene Art zu entkräften, indem er Journalisten einlud zu einem Fototermin, bei dem er seine vierjährige Tochter mit britischen Beefburgern fütterte.

Die anhaltende Kritik der Rebellen in den eigenen Reihen an seiner Europapolitik und der blamable Austritt aus dem EWS waren sicher nicht die einzigen Gründe für die Niederlage John Majors bei den Wahlen 1997. Aber sie hatten den Premierminister über Jahre ebenso schwach wie überfordert und seine Regierungsarbeit chaotisch erscheinen lassen.

Ein Nachwuchspolitiker der Tories verfolgte damals den Niedergang Majors mit besonderem Interesse. Als Berater in Downing Street, Mitarbeiter im Schatzamt und später im Innenministerium war David Cameron dem bitteren Konflikt des Premierministers mit den Euroskeptikern der Tories so nah wie sonst nur wenige. Als Cameron 13 Jahre nach Majors Abgang selbst zum Premierminister gewählt wurde, gab er an seinen Abgeordneten die Parole aus: „Lasst uns nicht immer über Europa reden" (Wheeler 2016). Dass sich in der Zwischenzeit das Verhältnis mit der Kommission in Brüssel entspannte, war vor allem Tony Blair zu verdanken, Majors Nachfolger in 10 Downing Street, dem an einer engen Zusammenarbeit mit der EG gelegen war. Zwar begegnete auch Blair Euroskeptikern in seiner Partei und teilweise überwogen die kritischen Stimmen zur europäischen Integration sogar in seinem Kabinett. Dennoch war der Ton in Downing Street gegenüber den Partnern auf dem Kontinent ein anderer: Blair war konstruktiv, verabredete mit seinem französischen Kollegen Jacques Chirac bei einem Treffen in St. Malo eine gemeinsame europäische Außen- und Sicherheitspolitik, warb an der Seite Gerhard Schröders für die Aufnahme mittel- und osteuropäischer Staaten in die Gemeinschaft und ermöglichte es der Türkei, Beitrittsverhandlungen zu beginnen. Auch die Sozialcharta, die Major noch abgelehnt hatte, übernahm Blair in britisches Recht (Berlaymont 2007). Der einzige Schatten auf seiner europapolitischen Bilanz war die Entscheidung gegen die Übernahme des Euro als Landeswährung. Das Versäumnis ist vor allem Schatzkanzler Gordon Brown geschuldet, der das Vorhaben kritisch sah und fachliche Bedenken äußerte. Brown verwies darauf, dass Industrieproduktion und die Geschäfte der Dienstleister auf der Insel florierten, während die Volkswirtschaften auf dem Kontinent stagnierten (Dolan 2011). Vor diesem Hintergrund ließ kaum vermitteln, wie eine gemeinsame Währung mit kränkelnden Nachbarn für Großbritannien finanziell attraktiv sein könnte. Für den Wert einer Gemeinschaft von Ländern mit gleichen Werten und geteilter Kultur, um ein Friedensprojekt gar oder einen Zusammenschluss europäischer Staaten zur Verteidigung gemeinsamer Anliegen im Wettbewerb mit den Weltmächten USA und China interessierte sich die Mehrheit der britischen Wähler und Politiker nicht.

Literatur

Adam R, Mertens G (2020) Brexit-revolution. Springer, Wiesbaden

Ballard R (2020) England, France and Acquitaine. From victory to defeat in the 100 years war. Pen & Sward, Barnsley

BBC News (2013) Thatcher and her tussles with Europe, 8. April. https://www.bbc.co.uk/news/uk-politics-11598879. Zugegriffen am 09.06.2021

Beattie A, Munichiello K (2021) How did George Soros break the bank of England. 2. Juni. Investopedia. https://www.investopedia.com/ask/answers/08/george-soros-bank-of-england.asp. Zugegriffen am 18.10.2021

Berlaymont S (2007) Tony Blair and Europe. 30. Mai. openDemocracy. https://www.opendemocracy.net/en/tony_blair_and_europejsp/. Zugegriffen am 09.01.2021

Bogdanor V (2017) King George V. 17. Januar. Gresham College. https://www.gresham.ac.uk/lectures-and-events/king-george-v. Zugegriffen am 19.11.2021

Churchill W (1946) Churchill's speech in Zurich. 19. September. Churchill in Zurich. https://www.churchill-in-zurich.ch/en/churchill/en-churchills-zurcher-rede/. Zugegriffen am 22.11.2020

Colvile R (2021) Finally we see the real price of Brexit – we can't afford to bash the French anymore. The Times, 7. November. https://www.thetimes.co.uk/article/finally-we-see-the-real-price-of-brexit-we-cant-afford-to-bash-the-french-any-more-t2rln95g6. Zugegriffen am 09.12.2021

De la Bédoyère G (2013) Roman Britain. A new history. Thames and Hudson, London

Delors J (1988/1992) The social dimension. Address by President Delors at the Trade Union Congress. 8. September. The European Commission. https://ec.europa.eu/commission/presscorner/detail/en/SPEECH_88_66. Zugegriffen am 22.12.2020

Dolan E (2011) How Gordon Brown saved Britain and why that makes him a hero. 3. October. Business Insider. https://www.businessinsider.com/how-gordon-brown-saved-britain-from-the-euro-and-why-that-makes-him-a-hero-2011-10?r=US&IR=T. Zugegriffen am 09.01.2021

Gaitskell H (1962/1998) Classic podium. The end of 1000 years of history. Independent, 12. Dezember. https://www.independent.co.uk/arts-entertainment/classic-podium-the-end-of-1-000-years-of-history-1190761.html. Zugegriffen am 08.01.2021

Grob-Fitzgibbon B (2016) Continental drift. Cambridge University Press, Cambridge

Holland N (2017) The real Guy Fawkes. Pen & Sword, Barnsley

Jones J (2011) From the archives. Ridley was right. The Spectator, 22. September. https://www.spectator.co.uk/article/from-the-archives-ridley-was-right. Zugegriffen am 28.04.2021

Kidd P (2020) A Victorian's Channel folly. The Times, 7. Juli. https://www.thetimes.co.uk/article/a-victorians-channel-folly-ldm20b8vq. Zugegriffen am 30.06.2021

Kidd P (2021) Ups and downs of EU relationship shaped British politics for decades. The Times, 1. Januar. S 16

Kielinger T (2015) Why Britain keeps it distance. 27. Dezember. Politico. https://www.politico.eu/article/britain-has-always-been-an-island-david-cameron-compatibility-europe/. Zugegriffen am 09.08.2021

Lenman B (1984) The Jacobite risings in Britain. 1689–1746. Methuen, London

Loades D (2007) Henry VIII. Church, court, conflict. The National Archives, London

MacShane D (2016) Brexit. How Britain left Europe. I. B. Tauris, London

Menon A, Salter JP (2016) Brexit. Initial reflections. Int Aff 92(6):1297–1318

Morris M (2013) The Norman conquest. Windmill Books, London

O'Donoghue D (2020) Analysis. Boris faces Ted Heath moment on fisheries. 7. Dezember. Press and Journal. https://www.pressandjournal.co.uk/fp/politics/uk-politics/2713714/ted-heath-boris-johnson/. Zugegriffen am 18.09.2021

O'Rourke K (2019) A short history of Brexit. Penguin, London

Philp M (2006) Resisting Napoleon. The British response to the threat of invasion. Routledge, London

Pimlott B, Hennessy P (2016) Harold Wilson. William Collins, Glasgow

Pylas P (2020) Britain's EU journey. When De Gaulle said „non" twice. 21. Januar. Associated Press. https://abcnews.go.com/Business/wireStory/britains-eu-journey-de-gaulle-68422102. Zugegriffen am 09.06.2021

Rentoul J (2017) Mea culpa: driving the horses out of Pandorra's box. Independent, 2. Juni. https://www.independent.co.uk/voices/mea-culpa-driving-the-horses-out-of-pandora-s-box-a7767881.html. Zugegriffen am 09.11.2021

Routledge P, Hoggart S (1993) Major hits out at Cabinet. The Guardian, 25. Juli. https://www.theguardian.com/politics/1993/jul/25/politicalnews.uk. Zugegriffen am 07.10.2021

Seddon P (2020) Sweets and football. How the UK celebrated joining Europe. BBC News, 30. Januar. https://www.bbc.co.uk/news/uk-politics-51212714. Zugegriffen am 08.04.2021

Tallis B (2016) A faraway country of which we know little. Reporter, 7. Juni. https://reportermagazin.cz/a/iAWm6/a-faraway-country-of-which-we-know-little. Zugegriffen am 15.06.2021

Taylor R (2015) Why Britain really joined the EEC. LSE, 26 November. https://blogs.lse.ac.uk/brexit/2015/11/26/why-britain-really-joined-the-eec-and-why-it-had-nothing-to-do-with-helping-our-economy/. Zugegriffen am 13.02.2021

Tempest M (2005) Treasury papers reveal cost of Black Wednesday. The Guardian, 9. Februar. https://www.theguardian.com/politics/2005/feb/09/freedomofinformation.uk1. Zugegriffen am 09.02.2021

Thatcher M (1988a) Speech to Conservative party conference. 14. Oktober. Margaret Thatcher Foundation. https://www.margaretthatcher.org/document/107352. Zugegriffen am 15.08.2021

Thatcher M (1988b) Speech to the College of Europe. 20. September. Margaret Thatcher Foundation. https://www.margaretthatcher.org/document/107332. Zugegriffen am 09.09.2021

The Economist (2021) 2nd January 2021, when the music stopped, 2. Januar, London, S 19–20

Vallance E (2007) The Glorious Revolution 1688. Britain's fight for liberty. Abacus, London

Warren WL (1973) Henry II. Eyre Methuen, London

Wheeler B (2016) The David Cameron story. BBC News, 12. September. https://www.bbc.co.uk/news/uk-politics-eu-referendum-36540101. Zugegriffen am 02.01.2021

2

„Sie sind ja immer noch da!" – Der Streit um die Fremden

Januar 2020: Die Seniorin mit den Einkaufstüten der Supermarktkette ASDA bemüht sich kaum, ihren Unmut zu verbergen: „Sie sind ja immer noch da. Dabei haben wir doch nun abgestimmt!", empört sie sich und richtet böse Blicke in Richtung zweier junger Polen, die auf den hinteren Plätzen der Buslinie 388 in Richtung London Bridge Platz genommen haben und sich seit einiger Zeit vergnügt, aber ziemlich laut unterhalten. Die Abstimmung, von der hier die Rede ist, war das Referendum über Großbritanniens Verbleib in der EU. Einige Wahlkämpfer versprachen seinerzeit, nach einem Austritt würden die Briten wieder Herr im eigenen Haus werden und könnten die Zuwanderung von Ausländern vom Kontinent drastisch reduzieren. Doch auch nach dem Votum 2016 blieb die Insel für viele Europäer populär. Sehr zum Ärger der Frau mit den Tüten hatte sich daran auch fast drei Jahre später nur wenig geändert. Der Exodus der Fremden kam dann trotzdem, wenn auch mit Verspätung: Im Frühjahr 2020 schloss die Regierung die britische Volkswirtschaft im Kampf gegen den Corona Virus. Vom sogenannten Lockdown war vor allem das Gastgewerbe betroffen. Pubs und Bars, Restaurants und Hotels, in denen viele Ausländer beschäftigt sind, erlebten ein katastrophales Geschäftsjahr. Bis Ende 2020 verließen 1,3 Millionen Menschen das

Land. Das war der dramatischste Bevölkerungsrückgang seit dem Zweiten Weltkrieg. Das Economic Statistics Centre of Excellence vermeldete, 700.000 Menschen mit ausländischen Wurzeln hätten sich im Krisenjahr aus London verabschiedet, acht Prozent gemessen an der Einwohnerzahl. (Giles 2020)

In den Jahren vor der Virus-Pandemie lebten vier Millionen EU-Ausländer in Großbritannien. Viele kamen des Studiums wegen, einige als Sprachschüler und nicht wenige auf der Suche nach Jobs und einem besseren Leben. Und nicht selten wurden aus einem Jahr 20 und mehr. Bis Ende 2019 stieg die Zahl der Zuwanderer vom Kontinent auf vier Millionen an. Zwischen 2008 und 2019 hatten 730.000 Neugeborene in England und Wales Mütter mit EU-Staatsbürgerschaft, die meisten davon aus Polen. Jeder britische Verwaltungsbezirk hat seine europäische Diaspora und sogar auf den Scilly-Inseln, einer windgepeitschten Inselgruppe vor der Westküste Cornwalls haben Polen und Ungarn ein neues Zuhause gefunden (The Economist 2021). Besonderer Anziehungspunkt für den Zuzug vom Kontinent ist natürlich London. Den vornehmen Stadtteil South Kensington haben die Franzosen zu ihrer Heimat in der Fremde gemacht. Wer das beste Croissant diesseits des Ärmelkanals sucht, sollte es hier in den Bäckereien versuchen, die natürlich auch frische Baguettes für ihre Kundschaft bieten. In der Nachbarschaft unterhält der französische Staat ein Institute Francais und an der Cromwell Road, gleich gegenüber dem Naturkundemuseum, bereitet seit 1920 das elitäre Lycee Francais seine Eleven auf das Baccalaureat vor. Am anderen Ende des Häuserblocks, in der Harrington Street, bezog in den 80er-Jahren die französische Grundschule ihr Quartier in den Räumen, von denen aus während des Zweiten Weltkrieges Charles De Gaulles Frankreichs Exilregierung leitete. Nur wenige Schritte von hier zeigt das Cine Lumiere die neuesten frankophonen Filme und Literatur aus der Heimat gibt es nebenan in der Buchhandlung Librairie La Page. 300.000 Franzosen sollen in London leben, das sind mehr als in Nancy oder Orleans, und auch Emmanuel Macron trat im Präsidentschaftswahlkampf in der britischen Hauptstadt auf, um unter seinen Landsleuten um Stimmen zu werben (France24 2017). Nicht ohne Grund halten die Londoner ihre Stadt für die multikulturellste der Welt. Die Chinesen haben seit den 1970er-Jahren ein Quartier im Stadtteil Soho zu ihrem Treffpunkt gemacht, wo ein monumentales Tor im Stil der Quing Dynastie den Eingang zu China Town bildet. Unter Deutschen ist der vornehme westliche Stadtteil Richmond besonders beliebt, wo die Bundesrepublik eine Schule unterhält. Auch für griechische Kinder gibt es im Norden der Stadt eine allgemeinbildende Schule mit Unterricht in der Muttersprache. Die Geschichte der Polen, deren Anteil an der internationalen Gemeinde Londons immerhin knapp fünf Prozent ausmacht, geht zurück zum Zweiten Weltkrieg (Noble 2016). Seinerzeit kämpften tausende polnische Soldaten unter britischem Kommando für die Befreiung Europas. Heute erinnert das Rot-Weiß der Landesflagge in den Schaufenstern vieler Lebensmittelgeschäfte an die Landsmannschaft in der Stadt. Im östlichen Stadtteil Redbridge liegt der Anteil von Menschen pakistanischen Ursprungs bei mehr als zehn Prozent, indische Wurzeln hingegen hat eine halbe Million Londoner. In Peckham, wo 60 Prozent der Einwohner aus Afrika und der Karibik stammen, leben mehr Auslandsnigerianer als in irgendeinem anderen Ort auf der Welt. In den Kirchen und Moscheen wird neben Englisch vor allem das westafrikanische Idiom Yaruba gesprochen (BBC 2005).

Besonders viel Aufmerksamkeit haben in den vergangenen Jahren prominente Exilrussen in London auf sich gezogen, die nicht ohne Grund verdächtigt werden, in London Geld aus illegalen Quellen anzulegen. Geldwäsche trug in den vergangenen drei Jahrzehnten nicht wenig zu Londons Reichtum bei und brachte ihm in den Gazetten den wenig schmeichelhaften Beinamen Londongrad ein. Jedes Jahr wurden hier nach Schätzungen des Zentrums für Wirtschaftskriminalität beim Kauf von Villen in den Vororten, Penthäusern in der Innenstadt und ganzen Firmen 100 Milliarden Pfund pakistanischer, nigerianischer, ostasiatischer und vor allem russischer Provenienz investiert (Transparency international 2020; Wilson 2020). Grame Biggar, der Generaldirektor des Zentrums, sagte in einer Parlamentsanhörung, nach seiner Schätzung lief die Hälfte der russischen Geldwäsche über London (Boscia 2021). Die Anreize waren beachtlich. Wer zehn Millionen Pfund in Aktien, Fonds oder Firmen investierte, verkürzte die übliche Wartezeit zur Erlangung der britischen Staatsangehörigkeit von sechs auf zwei Jahre. Der erste Schritt auf diesem Weg war ein „Goldenes Visum," das seit 1994 reiche Investoren nach London lockte mit dem Versprechen einer unbegrenzten Aufenthaltsgenehmigung. Zwischen 2008 und 2015 wurden knapp 1800 Anträge auf Aufenthalt genehmigt, davon stammten 705 von Russen (Bedingfield 2020). Der Bekannteste unter ihnen war Roman Abramowitsch. Der Besitzer des Fußballclubs Chelsea galt zwar nicht als Wirtschaftskrimineller, doch ganz legal kam in Russland in den vergangenen Jahrzehnten kaum jemand zu seinem Reichtum. Daran wurde erinnert, als sich die britischen Behörden 2018 näher für die Herkunft von Abramowitschs Vermögen zu interessieren begannen. Der Milliardär verkürzte die Untersuchung, indem er seinen Antrag auf ein britisches Visum zurückzog und sich stattdessen die israelische Staatsbürgerschaft sicherte (Bedingfield 2020). Längst mischten russische Oligarchen in der britischen Politik mit. Evgeny Lebedew, der Sohn eines KGB-Agenten, wurde zur wichtigen Figur in der Hauptstadt, seit er im Jahr 2009 Londons größte Tageszeitung, den Evening Standard, erwarb und im Jahr darauf auch den Independent (Brook und Sweney 2009). Die Blätter gelten als konservativ bis liberal und niemand erhebt den Vorwurf, der Verleger Lebedew vertrete russische Anliegen im öffentlichen Diskurs. Weniger gelassen wurden Bemühungen reicher Russen gesehen, sich das Wohlwollen von Politikern zu kaufen. Vor allem die Konservativen haben sich seit Jahren ihre Wahlkämpfe von Oligarchen finanzieren lassen, die – solange sie britische Staatsbürger sind – auch ganz legal spenden dürfen. Die Absichten der Finanziers sind oft so unklar wie ihre Nähe zum Kreml und die Quelle ihres Reichtums. Von dem früheren Mitarbeiter des russischen Verteidigungsministeriums Alexander Temerko weiß man immerhin, dass er sein Geld als Direktor des Energieunternehmens Yukos gemacht hat. Heute ist er britischer Staatsbürger, nennt Boris Johnson seinen Freund und hat den Konservativen mit 1,2 Millionen Pfund in mehreren Wahlkämpfen geholfen. Für mehr Wirbel sorgte Lubov Chernukhin, die Ehefrau des ehemaligen stellvertretenden russischen Finanzministers. Die 1,7 Millionen Pfund, die sie innerhalb von acht Jahren an die Tories überwies, machen sie zum großzügigsten Parteienfinanzier der britischen Geschichte. Parteichefs Johnson und Cameron luden ihre Gönnerin gelegentlich auf eine Partie Tennis ein. Ihre Generosität wurde zum Skandal, als bekannt wurde, dass Lubovs Ehemann Wladimir zur gleichen Zeit mehr als sechs Millionen Pfund erhalten hatte von einem russischen Geschäftsmann, den die amerikanische Regierung für einen Zuträger Putins hielt und dafür mit Sanktionen belegte (Woodcock

2020). Findige Public Relations Agenturen, hoch bezahlte Rechtsanwälte und ehemalige britische Politiker im Dienst der Oligarchen sorgten seit dem Ende der Sowjetunion dafür, dass ihre russische Klientel in London weitgehend unbehelligt ihren Reichtum genießen konnte und sich nur selten zu ärgern brauchte über Geschichten zu dunklen Machenschaften auf den Titelseiten der Zeitungen (Hollingsworth und Lansley 2010). All das änderte sich, als Russland am 24. Februar 2022 seinen Angriffskrieg gegen die Ukraine begann. Nun ist die Schonzeit für reiche Auslandsrussen in der britischen Hauptstadt vorüber. Zuerst stoppte das Innenministerium die Vergabe Goldener Visa, dann passierte ein Gesetz gegen Wirtschaftskriminalität und Geldwäsche im Schnellverfahren beide Häuser des Parlaments (Willems 2022). Wenn Oligarchen künftig ihre Identität bei Investitionen in Großbritannien zu verschleiern und den Ursprung ihres Reichtums den Behörden zu verbergen versuchen, sperrt der Fiskus ihrer Majestät Zugang zu Immobilien und Bankkonten.

Angst vor ausländischer Konkurrenz am Arbeitsmarkt

Das komfortable Leben und die jüngsten Sorgen reicher Russen in ihrer Hauptstadt ist für die meisten Briten von wenig Belang. Auch die Boulevard-Medien empören sich über dubiose Geschäfte reicher Migranten nur sporadisch. Ironischerweise sind es der bulgarische Bauarbeiter, polnische Handwerker und rumänische Erntehelfer, die in den vergangenen Jahren viel mehr Missgunst auf sich zogen. Nicht so sehr bei den traditionell kosmopolitischen und liberalen Hauptstädtern, aber jenseits der Londoner Ringautobahn M 25, wo Sorge vor ausländischer Konkurrenz auf dem Arbeitsmarkt nationalistisch gesinnten Tageszeitungen und rechten Populisten Anlass gibt, vor einer Invasion zu warnen, die eine sorglose britische Regierung geflissentlich ignoriere. „Invasion", das muss man wissen, ist ein mythologisierter Kampfbegriff in der politischen Auseinandersetzung, gerade in einem Land, dessen Kinder über Generationen hinweg gelernt haben, dass sich britische Helden dadurch auszeichneten, der Bedrohung vom europäischen Kontinent zu begegnen und Invasoren von Dovers Klippen fernzuhalten. Wer heute von „Invasion" redet, will Ängste wecken unter Menschen, zu deren kollektiven Identität und nationalem Selbstverständnis es gehört, seit dem Jahr 1066 durch mutige und kluge Politik feindliche Übernahme durch Fremde noch immer gestoppt zu haben. Umso aufgeregter ist die Reaktion jetzt, wenn ausgerechnet die Warnung vor einer Invasion als Schreckgespenst in die Überschriften zurückkehrt. Nicht zufällig wählte die Redaktion der rechtspopulistischen Zeitung Daily Express denn auch ausgerechnet diesen Begriff als Überschrift für ein Interview mit dem vormaligen australischen Regierungschef Tony Abbott (Osborne 2020). Die Ansichten des Australiers stehen in Westminster hoch im Kurs, seit ihn Boris Johnson mit der prominenten Aufgabe eines Beraters für internationale Handelsbeziehungen betraute (Parker 2020). In dem Interview warnt Abbott vor einer Flüchtlingsinvasion und schürt damit eine Diskussion, nachdem 2021 28.000 Migranten die Fahrt über den Ärmelkanal gelungen war und laut Prognosen im Jahr 2022 sogar 60.000 Menschen die 35 Kilometer lange Durchquerung der Nordsee in überladenen Schlauchbooten glücken könnte (BBC News 2022). Glück ist auf der Route nötig der tückischen Strömungen und Gezeitenwechsel wegen. Fällt der Außenbordmotor aus, wird gerudert, mit Schaufeln und Händen – quer über eine der belebtesten Seewege der Welt. Kommunalpolitiker an der Südküste sind seit Jahren alarmiert, die Boulevardpresse warnt vor Schlimmerem und das Innenministerium bittet die Royal Navy um Amtshilfe (The Economist 2020). Eine Gruppe von 25 Parlamentsabgeordneten sahen in den durchnässten Menschen in Not „Eindringlinge" und Natalie Elphicke, die Abgeordnete für den Wahlkreis Dover, warf den Flüchtlingen vor, „in unser Land einzubrechen" (The Economist 2020). Das Gerede in Großbritannien von einer Krise kann Laura Padoan vom UN-Büro für Menschenrechte nicht verstehen. Doch ihr Vergleich, wonach im Jahr 2015 die griechischen Inseln in nur einer Woche zum Ziel von mehr Flüchtlingen wurden als England im Verlauf eines ganzen Jahrs, beruhigt die Gemüter so wenig wie ein anderer Hinweis: In Großbritannien wurden im Jahr 2021 etwa 48.000 Asylanträge gestellt, während in einem vergleichbaren Zeitraum in Frankreich 96.000 und in Deutschland 127.000 eingingen. (UNHCR 2022; The Economist 2020; Grierson 2020). Die Berufung Dan O'Mahoneys passt ins Bild. Der ehemalige Soldat bei den Royal Marines hat von Innenministerin Priti Patel das Kommando bekommen über eine Einheit zur Bekämpfung der „geheimen Gefahr im Ärmelkanal". So lautet der offizielle Titel des „Clandestine Channel Threat Commander." In der Rolle soll O'Mahoney die drohende Invasion mit den Mitteln stoppen, die er in Einsätzen im Irak und im Kosovo und zuletzt als Beamter in Behörden zur Verbrechensbekämpfung gelernt hat (Wallis 2020).

Die Sorge, von Fremden überrannt zu werden, ist so alt wie die Zuständigkeit des Innenministers für den Grenzschutz und den Umgang mit Migranten. Das erste Ausländergesetz 1905 war die Reaktion der Regierung auf die Zuwanderung von rund 150.000 Juden, die aus Russland flohen, wo sie ihrer Religion wegen verfolgt wurden. Viele der Neuankömmlinge siedelten im Osten Londons zum Ärger der eingesessenen Bevölkerung. Londons Zeitung Evening Standard bediente Vorurteile und Stereotype von dürren Galiziern, listigen Litauern und unsteten Polen. Und selbst der Serienmörder Jack the Ripper, der seinerzeit im Stadtteil Whitechapel seine Opfer suchte, wurde unter den jüdischen Migranten vermutet. Die pseudo-faschistische Liga Britischer Bürger und der Tory-Abgeordnete William Evans-Gordon sammelten Unterschriften gegen die neuen Nachbarn und organisierten Versammlungen, deren Redner Juden als „Abschaum der Gesellschaft" bezeichneten (Winder 2004). Für Evans-Gordon und seine Mitstreiter waren Migranten eine Gefahr und Mitbewerber im Verteilungskampf um knappe Ressourcen: „Kein Tag vergeht, an dem nicht englische Familien rücksichtslos vertrieben werden, um den ausländischen Invasoren Platz zu machen." Engpässe in der Gesundheitsversorgung, Mangel an Wohnungen und überfüllte Schulklassen galten als Folgen der jüdischen Migration (Heffernan 2005). Ausländern für dieses und jenes die Schuld zu geben, war nicht neu. Für das Große Feuer, das 1666 die Londoner Innenstadt verwüstete, hielt man die Katholiken für verantwortlich. Die retteten sich im Haus des spanischen Botschafters vor dem wütenden Mob, der durch die Straßen zog.

Mit dem Zweiten Weltkrieg änderte sich vieles. Bis 1943 stieg die Zahl der Schwarzen auf der Insel auf 150.000, viele von ihnen amerikanische

Soldaten, die sich auf die Landung in der Normandie vorbereiteten. Sie trafen auf eine Bevölkerung, die ihnen gegenüber mehr Toleranz zeigte, als sie es aus ihrer amerikanischen Heimat gewohnt waren. Der amerikanische General Dwight D. Eisenhower bemerkte in jenen Tagen: „Für die meisten Engländer, auch die Mädels in den Dörfern, auch solche von hochanständigem Charakter … ist der Negersoldat einfach nur ein ganz normaler Mann" (Abell 2018, S. 249). Nach dem Krieg stand Großbritannien vor der Pleite, die Volkswirtschaft lag am Boden. Arbeitskräfte aus dem Ausland hieß die Regierung willkommen. Diese pragmatische Haltung vermischte sich bei Labours Premierminister Clement Attlee mit moralischer Verantwortung gegenüber Asylsuchenden aus Osteuropa, die Krieg und das Vorrücken der Kommunisten heimatlos gemacht hatten. So wurden aus Asylsuchenden Arbeitsmigranten. Die Polen, Balten und andere Osteuropäer verursachten bei ihren Gastgebern zunächst einen Kulturschock. Nicht selten hatten die Neuankömmlinge unverhohlene Feindseligkeit zu ertragen. Etwa las man in der Tageszeitung Daily Mirror unter dem Titel „Überlasst die Vertriebenen sich selbst": „Die Entscheidung, Flüchtlinge aufzunehmen war ein schlechtes Geschäft. Zu viele haben fragwürdige Arbeit und einen anrüchigen Lebenswandel. Viele handeln zweifelsohne am Schwarzmarkt. Sie lassen es sich gut gehen auf unsere Kosten und sind die Ursache einer anschwellenden Verbrechenswelle. Das können wir nicht weiter tolerieren. Sie müssen festgenommen und zurückgeschickt werden" (Abell 2018, S. 294).

Angesichts dieser Stimmung in der Bevölkerung waren die Klauseln, mit denen die Labour-Regierung 1948 im Britischen Nationalitätengesetz (BNG) Zuwanderung regelte, umso erstaunlicher. Das BNG gestand britische Staatsbürgerschaft mit gleichen Rechten jedem zu, der in Territorien des Empire oder der vormaligen Kolonien lebte. Damit hatten 800 Millionen Menschen auf dem gesamten Erdball das Recht, ihre Sachen zu packen und sich auf den Weg zu machen ins Mutterland ihres Weltreiches, wo sie laut Gesetz ohne Einschränkungen leben und arbeiten durften. Auf dem Papier handelt es sich um die wohl großzügigste Regelung, die sich ein irgendeiner westlichen Demokratie finden lässt. Der Labour-Regierung ging es seinerzeit allerdings nicht darum, die Migration zu fördern. In den parlamentarischen Beratungen zeigte sich, dass niemand die Zuwanderung einer großen Zahl von Bewohnern aus dem Empire auch nur für möglich hielt (Hansen 2000). Mit dem BNG wurden eher geopolitische Ziele verfolgt. Es ging um den Zusammenhalt aller Teile des Empire und des Commonwealth mit dem Mittel einer gemeinsamen Staatsbürgerschaft. Die Politiker in Westminster dachten dabei vor allem an die Bande der weißen Siedler mit ihrer europäischen Heimat. Die liberalen Autoren des Gesetzestextes wollten gerade mal drei Jahre nach dem Sieg im Krieg gegen einen rassistischen Diktator unbedingt einen Absatz vermeiden, in dem Schwarze und Asiaten ausdrücklich von den Rechten der gemeinsamen Staatsbürgerschaft ausgeschlossen würden (Cannadine 2017, Kapitel 10). Nur Wochen waren vergangen seit der Verabschiedung des Gesetzes, als das Personenschiff Empire Windrush an einem Quai der Tilbury Docks nahe der Themsemündung festmachte. An Bord hatte das vor dem Weltkrieg in der Hamburger Werft Blohm & Voss gebaute Schiff keine Urlauber, sondern die erste Generation von Migranten aus den Westindischen Inseln, vor allem Jamaika, auf der Suche nach besseren Jobs und höheren Löhnen (Wills 2018). Ihnen folgten bald Inder und Pakistanis. Die Regierung hatte wenig Sympathie für die Fremden, wusste aber auch, dass die Unternehmen der Nachkriegswirtschaft dringend Arbeitskräfte benötigten (Hansen 2000, S. 97; Abell 2018, S. 294). Vorsichtshalber empfahl das Arbeitsministerium, die Gastarbeiter mit schwarzer Hautfarbe nicht im Freien einzusetzen, weil sie als besonders anfällig für Erkältungskrankheiten galten (Abell 2018, S. 295). Dass die Rhetorik der Regierung Attlee aus heutiger Sicht unbeholfen und sogar peinlich erscheinen kann, ist unbestritten. Dem Kabinett deshalb Rassismus vorzuwerfen, würde der Sache vermutlich aber nicht gerecht. „Einige Leute sind der Ansicht, es sei schlecht, den Schwarzen im Empire auf die eine oder andere Weise die Idee zu vermitteln, sie seien gleichwertig mit den Menschen in diesem Land", berichtete Innenminister James Chuter Ede, um dann klarzustellen: „Die Regierung teilt diese Auffassung nicht" (Abell 2018, S. 296).

Wen Götter zerstören wollen, den machen sie verrückt

Die Mehrheit der Wähler taten sich mit neuen Nachbarn schwer. Der Wunsch nach einer globalisierten Staatsbürgerschaft als Klammer für die Teile des Commonwealth, wie sie die politische Elite in Westminster anstrebte, stand bei ihnen nicht hoch im Kurs. Sie fühlten sich weder dem Empire noch seinen Bewohnern verpflichtet und ökonomische Argumente verfingen bei ihnen nicht. Nach ihrer nationalen Identität gefragt, nutzten die Briten in den 1950er- und 1960er-Jahren das Pronomen „Wir" für die Weißen, die auf den britischen Inseln wohnten. Die Ablehnung von Migranten hatte mit deren Herkunft und Hautfarbe zu tun und wenn es sich nicht vermeiden ließ, akzeptierte man Weiße lieber als Schwarze (Seyd et al. 1996) – selbst wenn es sich bei den Neuankömmlingen um die traditionell wenig geschätzten Iren handelte, deren Zahl in den 1960er-Jahren der gesamten Zuwanderung aus Afrika, Asien und der Karibik entsprach. Sechzig Prozent der Befragten gab an, die neuen Mitbürger aus den Kolonien und ehemaligen Territorien schadeten dem Land, nur 20 Prozent vermuteten bei irischen Zuwanderern ähnlich negative Auswirkungen (Sobolewska und Ford 2020, S. 92–93). Wer über diese Ressentiments urteilt, sollte nicht vergessen, dass die Massenmigration aus den Überseegebieten des Empires in den 1950er-Jahren beispiellos war. Zugegeben, das Aufeinandertreffen unterschiedlicher Kulturen, das Nebeneinander von Menschen verschiedener ethnischer Herkunft und die Akzeptanz religiöser Minderheiten waren längst kein neues Phänomen mehr (Colley 1992; Clemens 2015). Aber diesmal erfuhr die Gesellschaft eine so rasche und radikale Transformation wie nie zuvor. Ein Rentner der 2022 seinen 80. Geburtstag feiert, wuchs auf in einer Gesellschaft, in der gerade mal eine Person von hundert außerhalb Europas geboren wurde oder einer ethnischen Minderheit angehörte. Es ist gut möglich, dass seine Enkelin heute eine Schule in London oder Birmingham besucht, in der sie zu einer winzigen Minderheit weißer Kinder gehört.

Ängste vor und Ärger über diese dynamische gesellschaftliche Veränderung veranlasste das Innenministerium schon 1953 zu prüfen, ob weiterer Zuzug auf Arbeitssuchende reduziert werden könne. Zwei Jahre später heizte sich die Stimmung weiter auf, als Mitglieder der Transportarbeitergewerkschaft in den West Midlands streikten, nachdem bekannt geworden war, dass ein Mann indischer Herkunft von den Verkehrsbetrieben als Busfahrer eingestellt worden war. Im Londoner Stadtteil Notting Hill berichtete die Polizei von gaffenden Mengen, die dabei zuschauten, wie die Teddy-Boys genannte Mitglieder einer jugendlichen Protestbewegung Schwarze durch die Straßen jagten (Abell 2018, S. 296). Premierminister Harold Macmillan reagierte mit einem neuen Migrationsgesetz für das Commonwealth, das die Zuwanderung auf diejenigen beschränkte, die bereits eine Arbeitsgenehmigung vorzuweisen hatten. High Gaitskell von der Labour-Opposition nannte die Restriktion „grausam und brutal" und einen Affront gegen Menschen mit anderer Hautfarbe (Abell 2018, S. 296). Auf jeden Fall hatte sich die Wortwahl der Regierung geändert: Die Ankömmlinge in den 50er-Jahren galten seinerzeit den Autoren des Gesetzes als „Bürger." In den 60er-Jahren war in der Vorlage der neuen Vorschriften von „Migranten" die Rede. Die Stimmung im Land kippte spürbar und erstmals in der Nachkriegszeit trauten sich Politiker, mit rassistischen Tönen auf Wählerfang zu gehen. Wer offen über die Vorzüge von Migration sprach, hatte hingegen immer öfter einen schweren Stand. Beim Wahlkampf 1964 verlor Gordon Walker, der prominente außenpolitische Sprecher der Labour-Fraktion im Unterhaus, seinen Wahlkreis Smethwick, nachdem er dafür geworben hatte, die Grenzen für Migranten aus den vormaligen Territorien und verbliebenen Kolonien des Empire auch weiterhin offen zu halten. Die Wähler entschieden sich für seinen konservativen Herausforderer Peter Griffith, der mit dem Spruch „Willst Du als Nachbarn einen Nigger – wähl Labour" erfolgreich Stimmen gesammelt hatte. Als am Wahlabend Walker nach der Verkündigung des Ergebnisses in der Stadthalle zum Ausgang ging, riefen ihm enthusiastische Anhänger Griffiths nach: „Nimm deine Nigger mit, Walker!" (Geffries 2014). Die größten Schlagzeilen sollte aber ein anderer machen: Enoch Powell, Cambridge Absolvent mit Bestnote, fließend in Griechisch, Latein, Walisisch, Urdu, Russisch und Portugiesisch, Lehrstuhlinhaber für Altgriechisch mit 25 Jahren, während des Weltkrieges in der Spionageaufklärung und mit Anfang 30 zum Brigadegeneral befördert, später Minister für

Wohnungsbau, Staatssekretär im Finanzministerium und als Chef des Gesundheitsressorts Mitglied im Kabinett von Premierminister Macmillan. Powell galt als blitzgescheit, sicher nicht als Mann für Stammtischparolen. Ihm trauten viele den Parteivorsitz zu, andere sahen ihn als nächsten Regierungschef – bis zum jenem 20. April 1968 (Shepherd 1997). Auf einer Versammlung in Birmingham warnte Powell eindringlich vor den dramatischen Folgen der Massenzuwanderung. Nicht nur das, mit Pathos verkündete er: „Wen die Götter zerstören wollen, den machen sie verrückt. Und verrückt müssen wir geworden sein, wenn wir Migranten jährlichen Nachzug von 50.000 Familienmitgliedern erlauben. Es ist, als beobachte man eine Nation dabei, wie sie eifrig ihren eigenen Scheiterhaufen baut." Diese Politik führe zu schweren Konflikten, war er sich sicher. Und in Anspielung auf den römischen Dichter Vergil und künftige Rassenkonflikte prophezeite Powell, „die Flüsse werden sich rot färben." Er ließ wissen, er habe eine moralische Pflicht gesehen, öffentlich zu machen, was Tausende Menschen in seinem Wahlkreis sagen und denken (Powell 1968/2007). Powell hätte ahnen können, dass ihm nach dieser Rede keine Rechtfertigung die Karriere rettete. Offenen Rassismus verzieh der Chef der Tories, Edward Heath, niemandem – auch dem gefeierten Liebling der Parteibasis nicht. Heath verurteilte Powell öffentlich, warf ihn aus der Parteiführung und sprach nie mehr ein Wort mit ihm (Hansen 2000). Die Tageszeitung The Times, seinerzeit Pflichtlektüre des konservativen Establishments, konstatierte empört, dass Powell ein Tabu gebrochen habe. Er sei der erste führende Politiker der Nachkriegszeit, der zum Rassenhass aufgerufen habe (The Times 1968). Die öffentliche Meinung sah die Dinge anders als Heath. Zwei Drittel der Wähler stimmten mit Powell überein und wünschten sich, er könnte auch weiterhin eine führende Rolle bei den Konservativen spielen (Schoen 1977, S. 37). Tausende Unterstützer schickten ihm Briefe und Glückwunschkarten, in denen sie sich bedankten, dass sich endlich jemand öffentlich zu ihren Anliegen bekannt habe (Esteves 2019).

Powell wurde von seiner Partei zwar nie rehabilitiert. Der öffentlichen Sympathie für seine Thesen konnten sich die Konservativen aber nicht auf Dauer verschließen. Im Jahr 1971, Heath war mittlerweile Premierminister, stimmten die Konservativen im Unterhaus für ein neues Migrationsgesetz, das den Zuzug von Nicht-Weißen aus den vormaligen

Kolonien stoppen sollte. Um sich die Peinlichkeit zu ersparen, ethnische Minderheiten ausdrücklich zu unerwünschten Personen zu erklären, behalf man sich mit einem Trick. Einwanderung war nur noch möglich, wenn Eltern oder Großeltern im Vereinigten Königreich geboren waren. Das qualifizierte viele weiße Australier, Kanadier und Südafrikaner sowie Großgrundbesitzer etwa in Kenia und Rhodesien, disqualifizierte aber die indigene Bevölkerung. Das war der Plan. Doch dann wurden die parlamentarischen Beratungen unerwartet überholt wurde von der politischen Realität: Idi Amin, Ugandas Diktator, stellte seiner asiatischen Gemeinde ein Ultimatum, innerhalb von 90 Tagen das Land zu verlassen. Zehntausende Menschen vom indischen Subkontinent hatten die Briten als Arbeiter in ihren afrikanischen Kolonien angesiedelt, auch in Uganda, wo sie nach Entlassung des Territoriums in die Unabhängigkeit Anfeindungen durch den neuen Machthaber ausgesetzt waren. Heath fühlte sich jetzt verantwortlich für ihr Schicksal und erklärte es zu einer Frage des Prinzips, dass Großbritannien den Menschen in den vormaligen Kolonien in Not beistand. Er wies an, die 30.000 Flüchtlinge per Luftbrücke abzuholen (Hansen 2000, S. 197–200). Die Wähler der Konservativen waren außer sich, und Powell tobte, der Generalstaatsanwalt mache sich zum Handlanger der Migranten, wenn er deren Forderungen gewähre. Trotz der Gesetzesverschärfung 1971 galt Heath von nun an als unfähig und unwillig, die Zuwanderung ins Land zu bremsen. Gleichzeitig setzte sich die Auffassung durch, dass Begrenzung längst nicht mehr ausreiche. „Rückführung" der Afrikaner und Asiaten war der erklärte Wille unter vielen Wählern (Schoen 1977). Heath war für solche Wünsche der falsche Mann. Im Februar 1974 verloren seine Konservativen knapp die Wahlen. Heath großzügige Hilfe für die Ugander und Powells beißende Kritik haben sicherlich zu der Niederlage beigetragen (Sobolewska und Ford 2020, S. 107). Vier Jahre später waren die Konservativen wieder an der Regierung und ihre Parteichefin Margaret Thatcher in Downing Street 10. In ihrer Einwanderungspolitik war der Einfluss Powells zu erkennen, als sie dem liberalen Establishment Heuchelei vorwarf (Schofield 2013): Die elitären Befürworter asiatischer und afrikanischer Zuwanderung konnten sich Häuser in Vororten leisten, in denen ihnen nur weiße Briten begegneten. Unter den sozialen und kulturellen Konflikten, die sie für eine zwingende Folge von Migration hielt, hätten andere zu leiden. In einem Interview mit dem Fernsehsender Granada drückte es die Regierungschefin so aus: Sie habe Sympathie mit dem britischen Wähler, „der sich davor fürchte, dass sein Land überschwemmt werde von Menschen mit einer anderen Kultur" (Thatcher 1978). Was folgte, war ein radikaler politischer Kurswechsel und ein neues Staatsbürgerschaftsgesetz, der mit der Tradition brach. Seit 1914 besaß jedes in Großbritannien geborene Kind von Geburt an die Staatsbürgerschaft. Diese Ius Solis genannte Regelung beendete Thatchers Regierung 1981. Fortan galt, mit dem achtzehnten Geburtstag würden Kinder von Migranten sich um die Staatsbürgerschaft bewerben müssen (Bulman 2018). Was diese Entscheidung bedeutete, wurde vielen erste Jahre später bewusst – mit dramatischen Folgen, über die im Zusammenhang mit dem Windrush-Skandal fast drei Jahrzehnte später zu reden sein wird. In den folgenden Jahren ging die Zahl der Zuwanderer aus den vormaligen Kolonien zurück. Mit der Ära Thatcher endete die erste Migrationswelle, die in den 1950er-Jahren begonnen hatte.

Von der Diskussion um Migranten nicht stören lassen

Als 1997 Tony Blair als neuer Premierminister sein Büro in Downing Street bezog, war Migration zunächst kein Thema, das die Wähler besonders zu interessieren schien. Der amerikanische Politikwissenschaftler Elmer Schattschneider bemerkte einmal, dass Regierungen die Neigungen und Vorurteile ihrer Wähler manipulierten, um Themen auf die politische Agenda zu bringen und andere von ihr fernzuhalten (Schattschneider 1961). Blair wollte dafür sorgen, dass Diskussionen um Migration ihn nicht bei der Arbeit störten. Seine Regierung sollte sich um solides Wirtschaftswachstum und die Reform öffentlicher Dienstleistungen, die Schulen und das Gesundheitswesen kümmern (Adams et al. 2012). Zudem wünschte er sich für sein Land eine führende Rolle innerhalb der Europäischen Gemeinschaft (Consterdine 2017, S. 124–127). Als die sich 2004 um Mitgliedsstaaten in Mittel- und Osteuropa erweiterte, zeigte Blair sich als guter Europäer und öffnete für Arbeitsmigranten aus

Polen, dem Baltikum und der Tschechischen Republik den Arbeitsmarkt sofort und bedingungslos. Britische Unternehmen dankten es ihm, konnten sie doch nun in ganz Europa günstige und qualifizierte Arbeitskräfte rekrutieren. Er verstand Migration als Motor wirtschaftlichen Wachstums und hatte wenig Verständnis für Wähler, die darin eine Bedrohung ihrer nationalen Identität sahen (Jennings 2009). Erstaunlicherweise stimmte das Kabinett der Öffnung des Arbeitsmarktes ohne kritische Diskussion zu und eine Anhörung im Parlament hielten Blairs Berater auch nicht für nötig (Consterdine 2017, S.138–140 und 177–180). Eine Abschätzung der sozialen und politischen Folgen starker Zuwanderung war der regierenden Labour-Partei kaum ein Gedanke wert (Consterdine 2017, S. 180). Der liberalen Elite seiner Partei fiel es schwer sich vorzustellen, wie sehr ihre Wähler unter der neuen Konkurrenz am Arbeitsmarkt leiden würden und welche kulturellen Herausforderungen die neue Migrationswelle mit sich bringe. Die Entscheidung in Whitehall basierte zudem auf der Annahme, die Arbeitskräfte aus dem Osten verteilten sich auf alle Staaten der Europäischen Gemeinschaft, von denen Downing Street vermutete, sie würden ebenso ihre Grenzen öffnen (Dunstmann et al. 2003). Eine Fehlprognose: Deutschland und die meisten übrigen Mitgliedsländer beschränkten in den ersten Jahren mit Quoten die Zuwanderung die osteuropäischen Arbeitskräfte und nur Schweden und Irland folgten dem britischen Beispiel. Ähnlich wie sein Vorgänger Attlee 1948 ahnte Blair 2004 nicht, wie viele Menschen seiner Einladung folgen würden. Das Innenministerium zählte Jahr für Jahr eine halbe Million Zuwanderer (Vargas-Silva and Sumption 2020). Als die Zahlen stiegen, war Migration, für zwei Jahrzehnte ein Randthema, wieder die ernste Sorge für viele Menschen (Ford et al. 2015). In nur einem Jahrzehnt wurden die Polen zur größten Migrantengruppe, noch vor den Asiaten, Afrikanern und Zuwanderern aus der Karibik (BBC 2016). Sie waren nicht zu übersehen, auch deshalb, weil sie sich im ganzen Land verteilten, während sich die Fremden in den 50er- und 60er-Jahren noch vor allem in den Großstädten und dort besonders in den Quartieren ihrer Landsleute niedergelassen hatten (Sabater 2015). Eine Umfrage im Jahr 2007 ermittelte, dass 40 Prozent der Befragten Zuwanderung für das wichtigste politische Thema hielten (Blinder und Richads 2020). Es dauerte, bis Labour den Groll der Wähler ernst zu nehmen begann und das Innenministerium eine Punkte-Regelung für die Auswahl von Migranten einführte. Hochqualifizierte und Interessenten mit beachtlichem Vermögen waren auch weiterhin willkommen. Kandidaten ohne formale Qualifikation und kein überdurchschnittliches Einkommen, waren nicht mehr gelitten. Diese Regelung scheiterte am Ende an den Regeln der Europäischen Union, die ihren Bürgern garantierte, in allen Mitgliedsstaaten leben und arbeiten zu dürfen. Für Polen, Rumänen, Bulgaren und die anderen galt die Punkteregelung demnach nicht. Von nun an assoziierten Wähler Großbritanniens Mitgliedschaft in der Europäischen Gemeinschaft mit unkontrollierter Massenzuwanderung (Evans and Mellon 2019). Ohne es zu wollen, hatte Blair eine Gegenreaktion provoziert, die zwei Jahrzehnte später zum Austritt aus der Europäischen Union führen würde (Consterdine 2017, Kapitel 3). Die Konservativen witterten in den wachsenden Ressentiments gegenüber Fremden – vor allem unter ihren eigenen Wählerschaft – unterdessen ihre Chance (Sobolewska und Ford 2020). Jetzt variierten die Tories Powells Melodie und sahen sich in Meinungsumfragen bestätigt. Das Versprechen, Migration zu begrenzen, war für nicht weniger Wähler der wichtigste Grund, Labour den Rücken zu kehren und stattdessen den Kandidaten der Konservativen zu unterstützen. Im Wahlkampf 2001 beschrieb Parteichef William Hague Szenario, wonach das Land verschlungen werde in einer Flut von Asylbetrügern (Saggar 2001). Vier Jahre später stellten die Tories den Streit um Migration sogar noch mehr ins Zentrum ihrer Kampagne (Green and Hobolt 2008). Hagues Nachfolger im Parteivorsitz, Michael Howard, ließ Plakate drucken mit der Aufschrift „Migration zu begrenzen, ist nicht rassistisch" und der vielsagenden Unterschrift „Denken Sie auch, was wir denken?" (Norris 2006). Die Beteuerung, das Thema sei nicht rassistisch, suggeriert, die Regierenden bringen Bürger zum Schweigen, indem sie deren Kritik gleichsetzen mit Rassismus (Blair 2005). Dass Howards Eltern Bernat Hecht und Hilda Kershion, aus Rumänien stammten, ist eher eine ironische Fußnote in der Geschichte, ohne spürbare Auswirkung auf die Kampagne der Konservativen, von der sich die Regierung so sehr unter Druck gesetzt fühlte, dass Blair dann doch noch versprach, die Zuwanderung strenger zu kontrollieren und Menschen ohne Aufenthaltsgenehmigung abzuschieben. Geholfen hat es Labour nicht. Für die Wahlentscheidung sollte das Thema noch wichtiger werden als das Ringen der Partien um die richtige Wirtschafts- und Finanzpolitik (Evans and Chzhen 2013). In den nächsten Wahlkampf führte David Cameron die Konservativen. Seine Meinungsforscher wussten, dass es auf die Stimmen derer ankam, die von Labours liberaler Migrationspolitik enttäuscht waren und nun ungeduldig von Cameron klare Zusagen erwarteten. Der lieferte und versprach, die Zahl der Zuwanderer von Hunderttausenden auf Zehntausende im Jahr zu reduzieren (Cameron 2010).

Im Amt sorgte Cameron für ein neues Regelwerk, mit dem er die Zuwanderung besser kontrollieren wollte. Visa wurden nur noch an Bewerber ausgestellt, die ein festes Stellenangebot vorweisen konnten. Hochschulen konnte nicht mehr unbegrenzt international rekrutieren, Familiennachzug wurde an finanzielle Auflagen geknüpft, die sprachlichen und finanziellen Hürden für ausländische Studenten – die das Innenministerium in seiner Statistik mitzählte – erhöht und Absolventen die Integration in den Arbeitsmarkt erschwert (Hampshire und Bale 2016). Vermieter und Gesundheitsversorger sahen sich verpflichtet, den Aufenthaltsstatus ihrer Klientel zu kontrollieren und an die Ausländerbehörden weiterzuleiten. Innenministerin Theresa May bemühte sich, für Ausländer ein – wie sie es nannte – „feindseliges Umfeld" zu schaffen, in der Hoffnung, einige verließen das Land dann freiwillig (Hill 2017). Diese politische Vorgabe gilt auch als Ursache für den sogenannten Windrush-Skandal, als eifrige Beamte die Deportation von Menschen anordneten, die in den 1950er-Jahren aus der Karibik als Staatsbürger des britischen Empires eingereist waren. Dokumente zur Genehmigung ihres Aufenthalts für sie und ihre Kinder waren seinerzeit nicht nötig – ein Abschiebegrund aus Sicht des Innenministeriums (Rawlingson 2018). Härte und Restriktionen halfen Cameron nicht, sein Ziel zu erreichen. Zwar fiel die Zahl der Zuwanderer in den ersten zwei Jahren seiner Regierung leicht, doch stieg sie schon in seinem dritten Jahr wieder an. Grund dafür war der freie Personenverkehr innerhalb der EU ebenso wie die boomende britische Volkswirtschaft, die nicht nur für Osteuropäer auf Arbeitssuche, sondern auch für Südeuropäer in den Jahren nach der Schuldenkrise immer attraktiver wurde (Sumpton and Altorjai 2016). Um die Statistik zu verbessern und ihr Wahlversprechen einzuhalten, überlegte die Regierung Cameron, die Visavergabe für internationale

Studenten zu reduzieren. Das hätte allerdings ein Loch gerissen im Budget der Hochschulen und kam deshalb nicht in Frage (Blinder und Fernando-Reino 2018). Camerons Versprechen an die Wähler war endgültig nicht mehr einzuhalten, als die Regierung auf Druck der Unternehmens-Lobbyisten die Restriktionen für Arbeitssuchende aus Staaten außerhalb der EU lockerte, um Arbeitgebern und dem Gesundheitsdienst bei der Rekrutierung qualifizierter und kostengünstiger Mitarbeiter zu helfen (Hampshire und Bale 2016). In der Regierung war eine Mehrheit der Meinung, ökonomische Klugheit verlange offene Grenzen und Personenfreizügigkeit und die Absicht, die Migrationszahlen zu reduzieren, müsse dahinter zurücktreten. Wirtschafts- und fiskalpolitisch spricht viel für Camerons Haltung. Nach Auskunft des Amtes für Steuerschätzung zahlten Migranten so viel Steuern, dass nach einer geschätzten Reduktion der Neuankömmlinge auf 80.000 im Jahr der Schatzkanzler vermutlich 16 Milliarden Pfund zusätzlicher Schulden aufzunehmen habe, um den Einnahmeausfall auszugleichen (Abell 2018, S. 39). Außerdem galten frische Neuankömmlinge und gerade die jüngeren Jahrgänge nach Meinung der Experten als ökonomisch noch produktiver als langeingesessene ältere (Abell 2018, S. 38). Wer sich von Experten leiten ließ, würde die Massenmigration von Hunderttausenden im Jahr nicht stoppen können und musste somit die Erwartungen der Wähler enttäuschen – mit dramatischen Folgen. Hatte 2010 noch die Hälfte der Bürger den Konservativen eine Wende in der Migrationspolitik zugetraut, waren es schon zwei Jahre später nur noch rund 25 Prozent. Derweilen konnte die oppositionelle Labour-Partei kein Vertrauen bei dem Thema zurückgewinnen, sodass zum ersten Mal seit den 60er-Jahren die Mehrheit der Wähler sich von keiner der großen Parteien eine zufriedenstellende Zuwanderungspolitik erwartete (Dennison und Goodwin 2015). Die brennende Sorge der Menschen um Migration präsentierte sich in neuer Gestalt: Diesmal waren die Briten der Ansicht, dass die Schuld für die hartnäckig hohen Zahlen nicht bei der Regierung in Westminster lag, sondern bei der Europäischen Union, deren Prinzip der Personenfreizügigkeit effektive Kontrollen und Quoten unmöglich machte (Evans und Mellon 2019). Die Gegner der EU in Großbritannien hatten ein

Thema gefunden, das sie in den Mittelpunkt ihrer Kampagne zum Referendum über den Austritt aus der Gemeinschaft stellen würden (Adam und Mertens 2020, S. 255).

Literatur

Abell S (2018) How Britain really works. Murray Publishers, London
Adam R, Mertens G (2020) Brexit-revolution. Springer, Wiesbaden
Adams J, Green J, Milazzo C (2012) Has the British public depolarized along with political elites? An American perspective on British public opinion. Comp Pol Stud 45(4):507–530
BBC News (2005) Little Lagos in South London. 25. Januar. http://news.bbc.co.uk/1/hi/world/africa/4182341.stm. Zugegriffen am 28.10.2020
BBC News (2016) Poland overtakes India as country of origin. UK Migration statistics show. 25. August. www.bbc.co.uk/news/uk-politics-37183733. Zugegriffen am 02.11.2020
BBC News (2022) Channel migrants. Crossing numbers in 2021 triple 2020's figures. 4. Januar. https://www.bbc.com/news/uk-england-kent-59861376. Zugegriffen am 05.01.2022
Bedingfield W (2020) How the golden visa scheme let Russian money pour into the UK. Wired UK, 23. Juni. https://www.wired.co.uk/article/russia-report-golden-visas. Zugegriffen am 23.10.2020
Blair T (2005) Speech on asylum and immigration. The Guardian, 22. April. www.theguardian.com/politics/2005/apr/22/election2005.immigrationand-publicservices. Zugegriffen am 04.01.2021
Blinder S, Fernando-Reino M (2018) Non-European student migration to the UK. 5. Oktober. The Migration Observatory. https://migrationobservatory.ox.ac.uk/wp-content/uploads/2016/04/Briefing-2019-Non-European-Student-Migration-to-the-UK.pdf. Zugegriffen am 21.01.2021
Blinder S, Richads L (2020) UK public opinion towards immigration. Overall attitudes and levels of concern. Migration observatory briefing paper. 20. Januar. The Migration Observatory. https://migrationobservatory.ox.ac.uk/resources/briefings/uk-public-opinion-toward-immigration-overall-attitudes-and-level-of-concern/. Zugegriffen am 22.11.2021
Boscia S (2021) Top official warns of disturbing amount of money laundering in UK. City FM, 25 Januar. https://www.cityam.com/top-official-warns-of-

disturbing-amount-of-russian-money-laundering-in-uk/. Zugegriffen am 02.02.2021

Brook S, Sweney M (2009) Alexander Lebedev talks with London Evening Standard continue. The Guardian. 19. Januar https://www.theguardian.com/media/2009/jan/19/alexander-lebedev-times-independent. Zugegriffen am 29.05.2022

Bulman M (2018) Home office accused of using children of immigrants as cash cow with extortionate citizenship fees. The Independent, 1. Juli. https://www.independent.co.uk/news/uk/home-news/child-immigrants-uk-home-office-citizenship-fees-immigration-amnesty-a8423491.html. Zugegriffen am 18.11.2020

Cameron D (2010) Tories would limit immigration to tens of thousands a year. The Guardian, 10 Januar. www.theguardian.com/uk/2010/jan/11/david-cameron-limit-immigration. Zugegriffen am 22.11.2020

Cannadine D (2017) Victorious century. Penguin, London

Clemens B (2015) Religion and public opinion in Britain. Continuity and change. Palgrave Macmillan, Basingstoke

Colley L (1992) Britons forging the nation. Yale University Press, New Haven

Consterdine E (2017) Labour's immigration policy. The making of the migration state. Palgrave Macmillan, Basingstoke

Dennison J, Goodwin M (2015) Immigration, issue ownership and the rise of UKIP. Parliam Aff 68(1):168–187

Dunstmann C, Casanova M, Fertig M, Preston I, Schmidt C (2003) The impact of EU enlargement on migration flows. 25. März. Home Office report. https://www.ucl.ac.uk/~uctpb21/reports/HomeOffice25_03.pdf. Zugegriffen am 18.12.2020

Editorial (1968) An eveil speech. 22 April. The Times, S 11

Esteves O (2019) Wrathful rememberers: harnessing the memory of world war II in letters of support to powell. In: Esteves O, Poiron S (Hrsg) The lives and afterlives of Enoch Powell. The undying political animal. Routledge, Abingdon, S 32–46

Evans G, Chzhen K (2013) Explaining votes defection from Labour in the 2005–2010 electoral cycle. Leadership, economics and the rising importance of immigration. Polit Stud 61(1):138–157

Evans G, Mellon J (2019) Immigration Euroscepticism and the rise and fall of UKIP. Party Polit 25(1):76–87

Ford R, Jennings W, Somerville W (2015) Public opinion, responsiveness and constraint. Britian's three immigration policy regimes. J Ethn Migr Stud 41(9):1391–1411

France24 (2017) 22. Februar. https://www.france24.com/en/20170222-france-uk-macron-takes-presidential-campaign-london-meets-theresa-may. Zugegriffen am 20.11.2020

Giles C (2020) Lost millions. Crisis triggers UK exodus. 15. Januar. The Financial Times. S 2

Green J, Hobolt S (2008) Owning the issue agenda. Party strategies and vote choices in British elections. Elect Stud 27(3):460–476

Grierson J (2020) Number of migrants crossing the Channel in boats passes 5.000. The Guardian, 21. August. https://www.theguardian.com/uk-news/2020/aug/21/number-of-migrants-crossing-channel-in-boats-passes-5000. Zugegriffen am 09.11.2020

Hampshire J, Bale T (2016) New administration. New immigration regime: do parties matter after all? A UK case study. West Eur Polit 38(1):145–166

Hansen R (2000) Citizenship and immigration in postwar Britain. Oxford University Press, Oxford

Heffernan E (2005) The same racist lies about immigrants and disease. A century on. Socialist Worker, 26 February. https://socialistworker.co.uk/art/5813/The+same+old+racist+lies+about+immigrants+and+disease%2C+a+century+on. Zugegriffen am 02.01.2021

Hill A (2017) Hostile environment. The hardline Home Office policy tearing families apart. The Guardian, 28 November. https://www.theguardian.com/uk-news/2017/nov/28/hostile-environment-the-hardline-home-office-policy-tearing-families-apart. Zugegriffen am 08.01.2021

Hollingsworth M, Lansley S (2010) Londongrad. From Russia with cash. Fourth Estate, London

Jennings W (2009) The public thermostat. Political responsiveness and error correction. Border control and asylum in Britain 1994–2007. Br J Polit Sci 39(4):847–870

Noble W (2016) What do London's Poles feel about Brexit. The Londonist, 29. Juni. https://londonist.com/2016/06/what-do-london-s-poles-feel-about-brexit. Zugegriffen am 02.11.2020

Norris P (2006) Did the media matter? Agenda setting, persuasion and mobilization efforts in the British general election campaign. Br Polit 1:195–221

Osborne S (2020) UK migrant crisis: Ex-Australian PM issues warning to Boris Johnson over Channel crossings. Daily Express, 2. Juni. https://www.express.

co.uk/news/uk/1290219/uk-migrant-crossings-channel-boris-johnson-australia-migrants-tony-abbott. Zugegriffen am 23.01.2021

Parker J (2020) Tony Abbott, Ex-Australian PM appointed UK trade adviser. BBC News, 4. September. https://www.bbc.co.uk/news/uk-politics-54027762. Zugegriffen am 26.12.2020

Powell E (1968/2007) Enoch Powell's rivers of blood speech. The Daily Telegraph, 6 November. https://www.telegraph.co.uk/news/0/enoch-powells-rivers-blood-speech/. Zugegriffen am 19.01.2021

Rawlingson K (2018) Windrush. 11 people wrongly deported from the UK have died. The Guardian, 12 November. https://www.theguardian.com/uk-news/2018/nov/12/windrush-11-people-wrongly-deported-from-uk-have-died-sajid-javid. Zugegriffen am 20.01.2021

Sabater A (2015) Between flows and places. Using geodemographics to explore EU migration across neighbourhoods in Britain. Eur J Popul 31(2):207–230

Saggar S (2001) The race card and party strategy. The 2001 general election. In: Norris P (Hrsg) Britian votes 2001. Oxford University Press, Oxford, S 195–210

Schattschneider EE (1961) The semi-sovereign people. A realist's view of democracy in America. Holt Rinehart and Winston, New York

Schoen D (1977) Enoch Powell and the Powellites. Macmillan, London

Schofield C (2013) Enoch Powell and the making of postcolonial Britian. Cambridge University Press, Cambridge

Seyd P, Whitley P, Parry J (1996) Labour and Conservative party members 1990–1992. Social characteristics, political attitudes and activities. Dartmouth Publisher and Co., London

Shepherd R (1997) Enoch Powell. Pimlico Publishers, London

Sobolewska M, Ford R (2020) Brexitland. Identity, diversity and the reshaping of British politics. Cambridge University Press, Cambridge

Sumpton M, Altorjai S (2016) EU migration, welfare benefits and EU membership. 4. Mai. The Migration Observatory. https://migrationobservatory.ox.ac.uk/wp-content/uploads/2016/05/Report-EU_Migration_Welfare_Benefits.pdf. Zugegriffen am 21.01.2021

Thatcher M (1978) TV interview for Granada World in action. Full transcript. 27. Januar. Margaret Thatcher Foundation. http://www.margaretthatcher.org/document/103485. Zugegriffen am 17.01.2021

The Economist (2020) A rather small invasion. 5 August, S 21 und 22

The European (2021) European Remainers will continue to shape Britain 9. Januar https://www.economist.com/britain/2021/01/09/european-remainers-will-continue-toshape-britain. Zugegriffen am 29.05.2022

Transparency International (2020). https://www.transparency.org.uk/russia%20report%20money%20laundering%20professional%20enablers%20national%20security. Zugegriffen am 05.11.2020

UNHCR (2022) UNHCR asylum in the UK. https://www.unhcr.org/uk/asylum-in-the-uk.html. Zugegriffen am 20.03.2022

Vargas-Silva C, Sumption M (2020) Net Migration to the UK. 29. Juli. The Migration Observatory. https://migrationobservatory.ox.ac.uk/resources/briefings/long-term-international-migration-flows-to-and-from-the-uk/. Zugegriffen am 03.01.2021

Wallis E (2020) UK appoints „Clandestine Channel Threat Commander" to tackle migration by sea. InfoMigrants, 13. Oktober. https://www.infomigrants.net/en/post/26535/uk-appoints-clandestine-channel-threat-commander-to-tackle-migration-by-sea. Zugegriffen am 18.12.2020

Willems M (2022) Disbelief Home Office is scrapping „Golden Visas". CityAM, 21. Februar. https://www.cityam.com/disbelief-home-office-is-scrapping-golden-visas-for-wealthy-foreign-as-scheme-raked-in-17bn/. Zugegriffen am 18.03.2022

Wills C (2018) Love and strangers. An immigrant history of postwar Britain. Penguin, London

Wilson S (2020) How Russia's dirty money sullies Britian. Money Week, 1. August. https://moneyweek.com/economy/uk-economy/601755/how-russias-dirty-money-sullies-britain. Zugegriffen am 03.02.2021

Winder R (2004) Alien Antion. Books. The Guardian, 10. May. https://www.theguardian.com/books/2004/may/10/immigration.immigrationandpublicservices. Zugegriffen am 09.12.2020

Woodcock A (2020) Lubov Chernukhin: Tories urged to return £ 1.7 in gifts from donor over "ties to Putin ally". The Independent, 21. September. https://www.independent.co.uk/news/uk/politics/lubov-chernukhin-tory-donor-putin-russia-leak-boris-johnson-david-cameron-b511856.html. Zugegriffen am 15.12.2020

3

Nigel Farage – Volkstribun und Paradox

Ein Montagmorgen Anfang Mai 2020. Die graue Nordsee liegt still, darüber ein bleierner Himmel. Auf den Klippen läuft ein Mann hin und her, macht Fotos, gestikuliert vor einer Kamera und zeigt immer wieder hinunter zum Hafen von Dover, wo Grenzschützer und Sanitäter sich um rund 20 Flüchtlinge kümmern. Nigel Farage, Mitte 50, grau melierte Haare, grüne Barbour-Jacke und braune Cordhose, ist als Reporter unterwegs, produziert neues Material für seine Social-Media-Kanäle. Der Politiker, der als Vorsitzender der UK-Unabhängigkeitspartei, kurz UKIP, der Regierung seit Jahren das Fürchten lehrt, ist außer sich, wieder einmal. Aufgeregt ruft er ins Mikrofon. Er habe jetzt den Beweis für die „Flüchtlingsinvasion" gefunden, der zudem Unfähigkeit und Unwilligkeit des Innenministeriums belege, den Bootsverkehr von Migranten über den Ärmelkanal zu stoppen und das Geschäft der Menschenschmuggler zu beenden (Farage 2020). Der erhobene Zeigefinger und die bebende Empörung hält Farage heute für seinen journalistischen Auftrag, zu dem es offenbar gehört, als Zeitungskolumnist und Moderator einer Radiosendung seine Anhänger in Rage zu bringen. So erklärt er auch, warum er vor ein paar Tagen mit seiner Kamera bei Pett Level in den Dünen im östlichen Teil der Grafschaft Sussex auf Pirsch gegangen war nach Bildern von anlandenden Migranten. Die Rechtfertigung war nötig, als zwei Polizisten an seiner Haustür vorstellig wurden, um daran zu erinnern, dass nach den Covid-19-Regeln „nicht essentielle" Besuche und Reisen, und sei es nur eine Fahrt ans Meer, zu unterbleiben hatten (Chantler-Hicks 2020). Nicht akzeptabel sei dieser Versuch, ihn bei seiner journalistischen Arbeit zu stören, zürnt Farage und verspricht seinem Publikum auf YouTube, er bleibe dran an der Geschichte. Keine leere Ankündigung von einem, der ein ganzes politisches Leben lang nicht ablässt von seinen Themen: Dem Ausverkauf britischer Interessen, der Gängelung durch Brüsseler Bürokraten, zu laxe Grenzkontrolle und nun eben die Zuwanderung von Menschen, die im Vereinigen Königreich nichts zu suchen hätten. Fremd im eigenen Land fühle er sich, sagt Farage im Abendfernsehen, besonders, wenn er bei der Bahnfahrt oder im öffentlichen Bus in den Gesprächen um ihn herum keine englischen Stimmen mehr höre (Sparrow 2014; Demianyk 2017). Der Ausverkauf der eigenen Heimat ist das Mantra des Manns, der als Ein-Mann-Show ohne Mandat im britischen Parlament und ohne Stimme in der Regierung mehr als irgendein anderer dazu beigetragen hat, sein Land aus der Europäischen Union zu führen. „Mr Brexit" nennt die BBC den Politiker, der ein ausgeprägtes Gespür dafür hat, wie mit Ängsten Mehrheiten zu gewinnen sind (D'Arcy 2019). Für Jahre kombiniert er scheinbar ohne Skrupel seine persönliche Ablehnung der Europäischen Union mit den alten, tief sitzenden Ressentiments gegenüber Fremden. „Breaking Point" – Grenze der Belastbarkeit – betitelt er das Plakat, mit dem er 2016 die heiße Phase der Kampagne startet, an deren Ende am 23. Juni das Votum über den Austritt aus der EU stehen würde. Eine Karawane von Menschen mit schwarzen Haaren und dunkler Hautfarbe ist das Plakatmotiv, das jemand in Slowenien in den Monaten der Flüchtlingszüge über den Balkan 2015 aufgenommen hatte. Die journalistische und politische Resonanz schwankt zwischen Empörung und Entsetzen. Schatzkanzler George Osborne sieht sich an Kampagnenmaterial der 1930er-Jahre erinnert, Justizminister Michael Gove erzählt, Motiv und Überschrift hätten ihn „erzittern" lassen, Unison, die Gewerkschaft des öffentlichen Dienstes, stellt Strafanzeige wegen Volksverhetzung und der Vergleich mit Enoch Powell machte die Runde (Stewart und Mason 2016; Wright 2016a). Das liberale Establishment in London bebt vor

Wut. Und Farage? Der lacht, reckt den Daumen nach oben und gibt sich keine Mühe, seine Selbstzufriedenheit zu verbergen. Er braucht jede Aufmerksamkeit, um Anhänger zu motivieren für seinen Kampf gegen die von ihm abgrundtief verachtete Europäische Union. Deshalb lässt er den Text auf seinem Plakat, direkt unterhalb der Überschrift, um die Behauptung zu ergänzen, dass die EU „uns alle im Stich lässt." Nur Monate, nachdem Bilder von riesigen Flüchtlingstrecks in Europa für hitzige Diskussionen gesorgt hatten, überlässt es Farage seinem Publikum, aus diesen Zeilen die passenden Schlüsse zu ziehen. Bis heute ist er sich sicher, dass es diese Botschaft war, mit der er für Großbritanniens Austritt aus der EU – kurz Brexit – eine Mehrheit gewann (The Newsroom 2018). Das klingt plausibel, schließlich ist die EU in den Jahren zuvor längst zum Synonym für hohe Zuwanderung geworden und im Eifer der Auseinandersetzung scheren sich Farages Unterstützer wenig um die Unterscheidung zwischen Binnenzuwanderung aus Rumänien oder Polen auf der einen Seite und den Flüchtlingen aus dem Mittleren Osten und Afrika, die sich auf den Weg machen, weil sie sich Sicherheit oder ein besseres Leben in Europa erhoffen. So oder so, Farages Argument, dass sichere Grenzen für Mitglieder der EU nicht zu haben sind, findet Resonanz bei vielen Wählern, die jetzt einen kennen, der sich nicht fürchtet, den Konsens der politischen Debatte aufzubrechen und ihre Anliegen gegenüber den Eliten in London und Brüssel zu vertreten (BBC 2016a).

„Jetzt lacht ihr nicht mehr!"

Farage ist kein Stratege, aber ein Mann mit Instinkt, der eine Gelegenheit erkennt und sie ergreift, wenn sie sich bietet. Am politischen Meinungsmarkt erkannte er eine Lücke im rechtspopulistischen Spektrum, als immer mehr Menschen darüber klagten, sie würden weder von Labour noch den Konservativen ernst genommen. Douglas Carswell, der einzige Abgeordnete, der unter dem Logo von UKIP je ins Unterhaus gewählt wurde, sagt über seinen damaligen Parteichef: „Wenn sie David Cameron, Gordon Brown und Theresa May fragen, warum sie Premierminister werden wollten, bekommen sie die vage Antwort, es gehe darum, einen guten Job zu machen. Bei Nigel ist das anders. Er ist Politiker geworden mit der tiefen und ehrlichen Absicht, uns aus der EU zu führen. Er ist die einzige politische Führungsfigur, von Margaret Thatcher abgesehen, die besessen ist davon, für ein Ziel zu arbeiten, das größer ist als sie selbst" (D'Arcy 2019). Sein Kampf gegen die EU war seit Jahren Projektionsfläche und Mittel zur Eigenwerbung für den Politiker Farage. Zu Anfang erschien er wie ein Don Quixote des Politikbetriebs, ein seltsamer Typ, einsamer Rufer am schmuddeligen rechten Rand des politischen Spektrums. „Als ich vor 17 Jahren hierherkam und sagte, ich wolle eine Kampagne anführen für Britanniens Austritt aus der EU, habt ihr alle über mich gelacht", rief der EU-Abgeordnete Farage nur Tage nach dem gewonnenen Brexit-Referendum ins Plenum des Parlaments in Brüssel, um dann mit sarkastisch und unüberhörbarer Genugtuung hinzuzufügen: „Nun, jetzt lacht ihr nicht mehr" (BBC 2016b). Auf einmal war da ein Politiker, der die Probleme im Land – von schlecht bezahlten Jobs, baufälliger Infrastruktur bis zu überfüllten Wartezimmern beim Arzt und dem erbärmlichen öffentlichen Nahverkehr – nicht nur ein ums andere Mal beschrieb und beklagte, sondern auch eine so simple wie eingängige Erklärung für die Leiden seiner Landsleute parat hielt. Egal, welches Problem, Farages Antwort lautete stets: Die Europäische Union – ohne das Joch der europäischen Bürokraten würde Britannien wieder zu alter Form auflaufen. Vom Volkstribun wurde er zum Celebrity-Politiker mit einem stetig wachsenden Anhängerkreis, der sich ergötzte an den polternden Auftritten im Europaparlament, dem Farage von 1999 bis 2019 angehörte. Dort suchte er in Manier eines derben Stammtischpolitikers die Konfrontation mit den Spitzen von Kommission und Rat. „Ich will nicht unhöflich sein", begann er handzahm seine Rede nach der Wahl des Belgiers Herman van Rompuy ins Amt des Ratspräsidenten, um dann in Richtung des Belgiers zu ätzen: „…aber, mal ehrlich, Sie haben das Charisma eines nassen Putzlappens und das Aussehen eines nachgeordneten Sparkassenangestellten. Wer sind Sie? Ich habe nie von Ihnen gehört. Niemand in Europa hat je von Ihnen gehört." Die Fangemeinde der Euroskeptiker tobte. Endlich sprach einer in der Höhle des Löwen, was sie schon lange gedacht hatten. Und Farage, van Rompuy im Blick, setzte noch einen drauf: „Sie scheinen Nationalstaaten zu verachten. Vielleicht liegt das daran, dass Sie aus Belgien kommen, also eigentlich einem Nicht-Staat" (Charter 2010).

Historiker streiten darüber, ob unsere Geschichte von Umständen geprägt oder von Einzelpersonen bestimmt wird. Sicher ist, dass es kaum einen zweiten prominenten Politiker gibt, der sich so sehr dem Austritt aus der EU verschrieben hat wie Farage. Er war der Lautsprecher und das Gesicht einer Bewegung, die von Jahr zu Jahr stärker wurde, bis die Regierung es für unausweichlich hielt, dem Druck nachzugeben und die Frage klären zu lassen in einem Referendum, das sie dann verlor. Wer das historische Ereignis an einer Person festmachen will, stößt immer wieder auf seinen Namen. Es lohnt sich also, genauer hinzuschauen und zu fragen: Wer ist dieser Nigel Farage? Der langjährige Anführer von UKIP gilt als ein begnadeter Populist und mitreißender Redner. Gefeiert von seinen Anhängern, tief verachtet von seinen Gegnern. Er versteht es, sich als überzeugendes Abziehbild eines englischen Stereotypen zu inszenieren, das es so bestenfalls in den landeskundlichen Faltblättern der Tourismusbüros gibt. Tweed, Cord, kariertes Hemd und Strickkrawatte sind ihm nicht nur Kleidung. Sie sind mit den Jahren zum Ausdruck seiner Marke geworden, zur kulturellen Botschaft des Mannes, der zur Verteidigung des englischen „Way of life" aufruft. Seine Sprache, das laute Lachen, die Sprüche über den Zweiten Weltkrieg, die Zigarette in der einen, das Glas Bier in der anderen Hand, lässig an die Zapfhähne des Pubs gelehnt – all das macht ihn zur Stilisierung dessen, was viele enttäuschte Wähler in den Kleinstädten und Dörfern ohne Sympathie für die Londoner Elite und die orthodoxen Riten ihres Politikbetriebs für „typisch englisch" halten, was immer das auch für den Einzelnen genau bedeuten mag (BBC 2016e).

Farage hatte gleich zu Beginn seiner politischen Karriere die bedrohlichen Erfahrungen vieler Menschen mit den Auswirkungen der Globalisierung als entscheidendes Thema für sich erkannt. Er sah, dass eine offene Gesellschaft mit dynamischem Arbeitsmarkt und zunehmender Migration von Menschen Bereitschaft zur Veränderung abverlangt, sowie flexiblen Umgang mit neuen Herausforderungen und die Fähigkeit, gegen internationale Konkurrenz zu bestehen. Gerade Arbeitnehmer mit geringer beruflicher Qualifikation – so seine Analyse – fühlen sich von diesem Wandel überfordert, sind frustriert und scheitern (The Herald 2020). Englands Küstenstädte sind zum sichtbarsten Symbol geworden für Gegenden, die den Anschluss verpasst haben – und mit ihnen die

Menschen. Auf den weißen Klippen in den Seebadeorten stehen heute noch die Grandhotels aus viktorianischer Zeit. Die Zimmer gibt es zu Ramschpreisen, um mit der B&B-Pension nebenan zu konkurrieren. Zahlungskräftige Touristen zieht es für ihren Jahresurlaub lange schon eher ans Mittelmeer, in die Karibik oder nach Ostasien. Der abblätternde Verputz der alten Luxushotels ist mit Rostschlieren überzogen, an der Rezeption wird Englisch mit osteuropäischem Tonfall gesprochen, Küchenpersonal und Bedienung sind ebenfalls nicht von hier. Die meisten Engländer in der Nachbarschaft können sich nicht mehr erinnern an die Zeit, als ihre Städte florierten. Margate und Ramsgate im Verwaltungsbezirk Thanet in der südöstlichen Grafschaft Kent sind solche Orte. UKIP gewann in der Bezirksversammlung 2015 bereits zum zweiten Mal die absolute Mehrheit der Sitze. Im Wahlkreis trat darauf Farage bei den Parlamentswahlen an. Thanet ist Brexitland. Der Journalist David Goodhart beschreibt in seinem Buch „The Road to Somewhere" die Gefühlswelt von Menschen, die Farage in Thanet und anderswo ihre Stimme geben. Goodhart unterteilt die Gesellschaft in zwei Gruppen. Da sind die einen, die ihrer persönlichen Fähigkeiten und hoher Qualifikation wegen darauf vertrauen, ihr Leben zu meisten in jedem Umfeld. Die Gruppe, die er „Anywheres" nennt, finden sich auch in neuem, rasant sich wandelnden Umfeld zurecht. Im Kontrast dazu stehen die „Somewheres", denen es an Wissen und Qualifikation mangelt und deren materielle Existenz und psychisches Wohlbefinden daher viel mehr von dem gewohnten Umfeld und der vertrauten Gemeinschaft abhängen. Diese zweite Gruppe Goodharts fürchtet nichts mehr als die entfesselten Kräfte von Globalisierung, die Wettbewerb, rasant sich ändernde berufliche Anforderungen und den Zuzug von Fremden mit sich bringen. Wer diesem Teil der Gesellschaft angehört, so der Autor, wird empfänglich für die Thesen Farages, wonach die homogene, traditionelle Gemeinschaft sich schützen lasse vor den Veränderungen im Rest der Welt und der Austritt aus der Europäischen Union ein wichtiger Schritt auf dem Weg zu diesem Ziel sei. Was für Goodhart die Somewheres sind für Sobolewska und Ford (Ford und Sobolewska 2020) die Ethnozentriker, also Menschen, die alles staatliche Handeln an den Anliegen der eigenen nationalen Gruppe ausgerichtet sehen wollen (Sumner 1906/2008). Ethnozentriker, erläutern Sobolewska und Ford, seien meist älter und weiß mit niedrigerem Schulabschluss. Ihnen stünden junge Menschen gegenüber mit Universitätsbildung, viele von ihnen Angehörige ethnischer Minderheiten, die oft in den großen Städten wohnten (Alwin und Krosnick 1991). Die Autoren nennen diese zweite Gruppe Identitätsliberale, bei denen Farages politische Slogans nicht verfingen. In der Tat sind die Profile der Ethnozentriker und Identitätsliberalen präzise Indikatoren dafür gewesen, wie groß oder gering die Unterstützung für die Brexit-Slogans von UKIP waren. Mit den Stimmen der Ethnozentriker gewannen übrigens auch Wahlkämpfer der Konservativen ebenso wie die Kandidaten der Referendum Partei, eine Gründung des Millionärs Sir James Goldsmith, die bereits zwischen 1994 und 1997 mit bescheidenem Erfolg dafür warb, mit einer Volksabstimmung die britische Mitgliedschaft in der Europäischen Gemeinschaft zu beenden. Um die Stimmen der Ethnozentriker buhlte auch noch die Britische Nationalpartei (BNP), eine Nachfolgerin der offen rassistischen Nationalen Front (Ford et al. 2012). Als ihr Vorsitzender Nick Griffin erkannte, dass Rassisten keine Mandate gewinnen würden, mäßigte er seinen Ton und beende gewalttätige Übergriffe gegen politische Gegner, die seine Vorgänger im Amt des Parteivorsitzes noch geduldet hatten (Copsey und Macklin 2011). Nach dem Angriff auf das World Trade Centre in New York im Jahr 2001 nutzte die BNP die Furcht vor islamistischem Terrorismus und den Ärger über laxe Migrationspolitik bei Kommunal- und Europawahlen zu ihren Gunsten. Als sich Griffin 2014 zurückzog, hinterließ er im rechten Lager die Einsicht um die Stärke ethnozentrischer Gefühle und die Überzeugung, dass ausdrücklicher Rassismus den Wahlchancen einer Partei mehr schadeten als nutzten (Wilks-Heeg 2009). Anti-Rassismus gilt als eine etablierte gesellschaftliche Norm und nur wenige Wähler wagen es, sich ihr bewusst zu widersetzen (Ford und Goodwin 2014). Zeitgleich scheint diese Norm Wähler nicht davon abzuhalten, mit ihrer Stimme für Parteien zu votieren, die versprechen, nationale Identität zu schützen (Blinder et al. 2013).

„Irre, Idioten und heimliche Rassisten"

Als Farage 2006 den Vorsitz der Splitterpartei UKIP übernahm, lehnte er Rassismus kategorisch ab. Stattdessen suchte er sich als Ziel seiner Tiraden die EU aus, was längst in weiten Kreisen zum guten Ton gehörte. Als Ziel gab er aus, UKIP solle die stärkste Partei auf der Rechten werden und die Konservativen ersetzen. Dort nahm man den Herausforderer lange nicht ernst, begegnete ihm mit dem überheblichen Ton, dem beißenden Spott und der tiefen Verachtung, die Farage bis heute von Bildungsbürgern, Gewerkschaftsfunktionären, den Spitzen der Unternehmensverbände und Journalisten des öffentlich-rechtlichen Fernsehens erfährt. Und der blasierte David Cameron ließ kurz nach seiner Wahl zum Tory-Vorsitzenden 2006 wissen, in Farages Partei seien „Irre, Idioten und heimliche Rassisten" versammelt. Einen ähnlich schwierigen Stand hatte der UKIP-Chef, wenn ihn die BBC zu Diskussionsrunden bat. Der Sender lade immerzu ein liberales Studiopublikum, klagte Farage regelmäßig, dass ihn mit feindseligen Fragen bedränge und seine Gegner mit Applaus bestärke. Doch in der Außenseiterrolle schien der Rebell zu großer Form aufzulaufen und als Wahlkämpfer ist er ohnehin kaum zu übertreffen. Bei den Europawahlen 1999 gewann UKIP erstmals drei Mandate. Die Sitzungen im Plenum dienten Farage und Kollegen als Bühne für Schmähreden gegen Kommission und Parlament. In Brüssel verachtet, wurden die Abgeordneten zuhause von ihren Anhängern gefeiert als rücksichtslose Streiter für nationale Interessen. Eine Taktik, die sich bei den Europawahlen 2004 auszahlte, als UKIP mit 12 Mandaten nach den Konservativen und Labour schon drittstärkste Partei wurde. Im Jahr 2014 reichte es dank des Medienrummels um ihren charismatischen Vorsitzenden zu einem Ergebnis, das die Medien als historisch bezeichneten (Vasilopoulou 2016). Beachtliche 27,5 Prozent der Stimmen und 24 Mandate erzielte UKIP bei den EU-Wahlen, ein besseres Ergebnis als jede andere Partei. Zum ersten Mal seit einem Jahrhundert hatten weder die Tories oder Labour den größten Stimmenanteil in einer landesweiten Abstimmung. Bei den Wahlen zum Parlament von Westminster stieg die Unterstützung für Farages Kandidaten rasant von rund einer Million Stimmen 2010 auf knapp vier Millionen beim Urnengang 2015.

Zwischenzeitlich liefen zwei abtrünnige Tories zu UKIP über, die ersten Abgeordneten der Partei im Unterhaus. Würde in England nach dem Verhältniswahlrecht die Sitzverteilung bestimmt, bedeutete das für UKIP mehr als 80 Parlamentsmandate (BBC News 2015). Das Mehrheitswahlrecht aber diskriminiert stark gegen kleine Parteien und nur einer der Überläufer, Douges Carswell, verteidigte seinen Wahlkreis. Er war fortan die einzige Stimme UKIPs unter 650 Abgeordneten im Unterhaus.

Nigel Farage verkörpert besser als die Konkurrenz eine eigentümliche englische Tradition: Während Deutsche, Franzosen oder auch Spanier die Gründe innenpolitischer Probleme nicht typischerweise in Brüssel sehen und ihren Ärger nicht vorrangig auf die EU projizieren, werden Richtung und Ton der Diskussion in Großbritannien seit Jahren von Meinungsführern gelenkt, die sich ausgerechnet die europäischen Institutionen als Brutstätte vieler Übel ausgeguckt haben. So begründen sie ihre Forderung, politische Entscheidungsbefugnisse zu repatriieren, also gesetzgeberische Gewalt aus Brüssel zurückzuholen nach London, kurz gesagt: Sie wollen die nationale Souveränität ihres Landes wiederherstellen. Habe man die erst einmal zurückgewonnen, lasse sich schon richten, was im Land seit Jahren falsch laufe. Camerons Vertrauter, der Schatzkanzler George Osborne, titulierte Farage und die Anhänger des Brexits deshalb vor Jahren einmal „Sovereignists" (Osborne 2020). Damit meinte er Menschen, die von der Idee uneingeschränkter nationaler Selbstbestimmung besessen sind. Ihre Debatte schnurrt auf eine einfache Frage zusammen: Wer regiert das Land – die Bürokraten in Brüssel oder gewählte Volksvertreter in London? Einen Europhilen wie etwa Lord Heseltine, den ehemaligen Vize-Premierminister aus den Tagen der Regierung von John Major, erinnert solche Rhetorik an den Wunsch, einsam durch die Wüste zu irren. Da sei man völlig frei, sagt Heseltine nicht ohne Ironie, zu tun, was man wolle. Ein Szenario, bei dem weder gesellschaftliche Regeln noch vertragliche Verpflichtungen die eigene Souveränität zu handeln ein einschränkten. Ob uns das zufriedener mache? Heseltine glaubt es nicht (Watt 2020). Sein früherer Chef, John, heute Sir John Major, disqualifizierte Farages politisches Streben nach nationaler Autonomie außerhalb der EU mit dem Hinweis, dass nur Mauretanien und Nord-Korea den Status völliger staatlicher Ungebundenheit für sich reklamieren können (Neilan 2016). Als Major im

Jahr 1992 als Premierminister den Vertrag von Maastricht unterzeichnet, hielt Farage das für den Ausverkauf britischer Interessen, eine unverzeihliche Aufgabe britischer Souveränität und verließ daraufhin die konservative Partei in Richtung UKIP (McCafrey und Murphy 2020). Im polemischen Schlagabtausch wird oft vergessen, dass Farage nicht völlig falsch liegt, wenn er darauf hinweist, dass die politische Freiheit des Parlaments in Westminster spätestens seit dem Beitritt zum Maastricht-Abkommen Stück um Stück von Europäischer Kommission und EU-Parlament in Brüssel beschnitten wurde. Helen Thompson, Professorin für Nationalökonomie an der Universität Cambridge erinnert daran, dass die Mitgliedschaft in der Gemeinschaft spätestens seit den 1990er-Jahren eine Verlagerung von gesetzgeberischer Kompetenz bedeutete. Seither habe der Oberste Gerichtshof immer wieder die Gesetzgeber in Westminster überstimmt mit dem Hinweis, ihre Vorhaben seien nicht vereinbar mit EU-Recht. Für Thompson ist die EU daher nicht mit anderen internationalen Organisationen vergleichbar, deren Regeln und Statuten ein Mitglied bewusst mit seinem Beitritt akzeptiert. Die EU im Gegensatz dazu sei ein dynamischer Organismus, der fortlaufend mehr Zuständigkeiten absorbiere und Intervention in nationale Politik beanspruche (Conway 2020). So sieht es auch Farage. Seine Gegner halten dagegen, dass unser Verständnis von nationaler Souveränität sich gewandelt habe. Heute hänge die Fähigkeit von Staaten, über ihr eigenes Schicksal zu entscheiden, davon ab, ob sie gemeinsam mit anderen einen Platz haben an dem Tisch, wo die großen politischen Herausforderungen geregelt werden (Verovsek 2020).

Die Diskussion um nationale Souveränität verstummte seit den Jahren Margaret Thatchers auch in der Partei der Konservativen nicht. Gleichzeitig wuchs bei den Tories die Sorge über immer umfassendere Einmischung durch ungewählte Brüsseler Institutionen. Als die Euroskeptiker auf den hinteren Bänken der Fraktion 1992 ihre Zustimmung zum Vertrag von Maastricht verweigerten, nannte sie der Parteichef und Premierminister John Major „Bastarde." In jenen Jahren bestimmten unter den führenden Konservativen die Freunde der Europäischen Gemeinschaft noch den Ton. Neben dem Premierminister John Major und seinem Stellvertreter Michael Heseltine gehörten auch der letzte Generalgouverneur Hongkongs, Chris Patten, und Leon Brittan, immerhin Vize-Präsident der Kommission in Brüssel, der Runde an. Europa-Gegner verließen in jenen Jahren frustriert die Partei, neben Farage unter anderem Jeremy Titford, Roger Knapman und Malcom Pearson, die es in den folgenden Jahren allesamt bei UKIP bis zum Parteivorsitz bringen sollten. Finanziers der Tories folgten ihnen (Ford und Goodwin 2014). Andere blieben und bildeten in der Fraktion eine lautstarke Minderheit, auf deren Voten bald kein Regierungschef mehr bei Abstimmungen verzichten konnte. Als sie gegen Premierminister Major opponierten, verlor der seine Mehrheit im Parlament und wenig später sein Amt. 2005 wollte der frisch gewählte konservative Parteichef David Cameron sich diesen toxischen innerparteilichen Zwist ersparen und empfahl seiner Partei daher, „nicht immerzu über Europa zu reden", um keine Wähler zu verschrecken (Evans 1998). Der gute Rat half nicht, als UKIP auf der politischen Bildfläche erschien, in England bald zweistellige Wahlergebnisse erzielte und Camerons Abgeordnete fürchteten, die Kandidaten Farages könnten ihnen die Wahlkreise streitig machen. Zudem waren die Konservativen zwischen 2010 und 2015 gefangen in einer gemeinsamen Regierung mit den Liberaldemokraten, einem Koalitionspartner, der für offene Grenzen streitet und auf Harmonie mit der EU bedacht ist. Das nahmen die ethnozentrischen Wähler den Tories übel und liefen bei den Kommunalwahlen über zu UKIP, die im Mai 2013 mehr als 100 neue Sitze in den Stadträten gewann. Je gefährlicher Farages Partei den Konservativen wurde, umso mehr interessierten sich die Medien für den Herausforderer, womit sie UKIP seinerzeit unabsichtlich dabei halfen, die Werbetrommel zu rühren (Murphy und Devine 2018). Ein fulminantes Ergebnis bei den Europawahlen 2014 und die Nachricht von Überläufern der konservativen Fraktion galten den Analysten als sichere Belege für den stetigen Aufstieg von UKIP in jenen Jahren, deren Wählerschaft sich aus den Reihen der Liberaldemokraten, aus enttäuschten Labour-Anhängern, vor allem aber frustrierten Konservativen rekrutierte (Evans und Mellon 2019). Demographische Analysen stellten die Gemeinsamkeiten der UKIP Anhänger heraus: Überwiegend weiß mit eher wenig schulischer Bildung, dafür aber tiefe Ablehnung gegenüber der EU und Migranten (Ford und Goodwin 2014). Diese Klientel fühlte sich verraten von der Regierung und sah ihre Vermutung bestätigt, als 2014 die Koalition Camerons mitteilte, dass die Beschränkungen für Arbeitsmigranten aus Rumänien und Bulgarien entsprechend einer Vereinbarung mit der Europäischen Union beendet würden. Farage hätte sich von seinem Rivalen Cameron keine bessere Wahlkampfhilfe wünschen können. Seine Gleichung war wieder einmal bestätigt: Ungeliebte Migranten ließen sich nur stoppen, wenn das Land die EU verlasse. Dieser Schritt aber, schwadronierte er, sei nicht im Interesse der elitären politischen Klasse, die sich nicht schere darum, was die Menschen im Land wollten. Die Zustimmung zu diesen Thesen unter ethnozentrischen Wählern erklärte den Erfolg Farages in den Jahren besser als der weit verbreitete Ärger über die rigiden Sparmaßnahmen, etwa die Kürzung von Sozialleistungen, die nach der Bankenkrise von 2008 das Haushaltsdefizit reduzieren sollten (Fetzer 2019). Die Euroskeptiker in den Reihen der konservativen Fraktion in Westminster verwiesen auf Farage als Beweis dafür, dass ihre Wähler keine Lust mehr hatten auf EU-Mitgliedschaft und die offenen Grenzen, die das mit sich brachte. Zudem zeigten die Umfragewerte der pro-europäischen Liberaldemokraten nach unten. Ein weiterer Hinweis darauf, orakelten sie, welchen Kurs David Cameron nicht einschlagen dürfe. Bei Appellen an die Parteiführung beließen sie es nicht. Camerons Regierung erlitt bei Abstimmungen im Parlament über EU-Angelegenheiten 49 Niederlagen, weil seine eigenen Abgeordneten ihm von der Fahne gingen (Cowley und Stuart 2013).

Im Jahr 2010 war von den prominenten Freunden Europas in der ersten Reihe der Konservativen nur noch Kenneth Clarke geblieben. Clarke, schon Minister bei Thatcher in den 80er-Jahren, mehrmals erfolgloser Kandidat um den Parteivorsitz und inzwischen nach mehr als 40jähriger Parlamentsarbeit Alterspräsident des Unterhauses, war zu einem einsamen Rufer geworden in einer Fraktion, die fast ausschließlich aus Euroskeptikern unterschiedlicher Schattierungen bestand. Die einen wollten die Union unbedingt verlassen, andere – wie etwa David Cameron – wünschten sich ein neues Verhältnis, das es Großbritannien freistellte, sich nicht an der fortschreitenden politischen Integration der Gemeinschaft zu beteiligen. Er solle den radikalen Strömungen in der Partei nicht nachgeben, riet Clarke seinem Parteichef und warnte vielsagend: „Wenn du Krokodile fütterst, dürfen dir die Brötchen nicht ausgehen" (The Economist 2016). Doch der Druck der EU-Gegner war mittlerweile zu groß und Cameron versuchte weiter mit Zugeständnissen, ihre

Loyalität zu erkaufen. Bereits bei seiner Wahl zum Parteichef hatte er sich auf ein Gegengeschäft mit ihnen eingelassen und versprochen, seine Abgeordneten im EU-Parlament aus der Fraktionsgemeinschaft der Europäischen Volkspartei abzuziehen, der sie wie auch die Vertreter von CDU und CSU seit Jahren angehört hatten. Später ließ er sich ein unumstößliches Versprechen abringen, über jede weitere Änderung der EU-Verträge in einem Referendum abstimmen zu lassen. 2011 schließlich zwangen sie ihn, ein britisches Veto auszusprechen in der Abstimmung über den EU-Fiskalpakt, mit dem sich die Staaten der EU zum Schuldenabbau verpflichten wollten. Dann – um im Bild Clarkes zu bleiben – gingen Cameron die Brötchen aus, ohne dass der interne Streit über das Verhältnis zur EU hätte beigelegt werden können. „Vergiftet", nannte Cameron die Stimmung in den eigenen Reihen (Parker 2016). Es gab bereits Stimmen, die ein Auseinanderbrechen der Tories im Zwist über Europa vorhersagten, wenn die Anti-EU-Fraktion nicht rasch mit einem letzten großen Zugeständnis besänftigt würde (Lynch 2015). In Nummer 10 Downing Street rieten die Berater Cameron zur Eile. Er müsse sich noch vor den Wahlen zum Europaparlament 2014 zu dem nächsten Schritt, einer großen Entscheidung durchringen. Jede Ankündigung nach den Wahlen, bei denen zurecht ein sensationeller UKIP-Sieg erwartet wurde, sähe aus wie eine Panikreaktion und Nachgeben gegenüber Farage (Bale 2018). Am 23. Januar 2013 war Cameron soweit. Für den Tag war er angekündigt als Redner im Bloomberg-House in der Queen Victoria Street, dem Londoner Hauptquartier der Medien- und Software-Firma des ehemaligen New Yorker Bürgermeisters Michael Bloomberg. Es sollte eine parteipolitische Rede werden – nicht abgestimmt mit dem liberaldemokratischen Koalitionspartner – über das Verhältnis des Landes mit Europa. Es ging um Großbritanniens Verbundenheit mit dem Kontinent, Konflikten und Handel, eine historische Tour d'Horizon von Napoleon, über die Weltkriege und bis zum gemeinsamen Wiederaufbau und die Entstehung des Binnenmarktes. Zuletzt sprach Cameron über Bedarf, die EU zu reformieren, seinen Wunsch, den Mitgliedern flexible Regeln zuzugestehen, statt sie dem Diktat aus Brüssel zu unterwerfen. Darum wolle er sich bemühen in Verhandlungen mit den Partnern auf dem Kontinent. Und dann die große Nachricht, auf die sein Publikum gewartet hatte: Über das Ergebnis der Neuverhandlung werde er abstimmen lassen in einem Referendum, das ein für alle Mal die Frage über Mitgliedschaft und Austritt Großbritanniens aus der EU entscheide (Wright und Cooper 2016). Die Nachrichtensender hatten ihre Breaking News, die Korrespondenten den Aufmacher und die EU-Gegner in der Fraktion das letzte und größte Zugeständnis, das ihnen ein Premierminister machen konnte. Es wurde lange darüber gerätselt, wieso sich Cameron auf dieses riskante Manöver einließ. Von dem Versprechen, im Falle seiner Bestätigung als Premierminister bei den Parlamentswahlen 2015 die Menschen über einen Austritt aus der EU abstimmen zu lassen, erhoffte er sich natürlich, UKIP-Anhänger zurückzugewinnen. Denn nur er hatte die Macht, ein Referendum anzusetzen – nicht Farage. Zudem war er der festen Überzeugung, dass das Votum in seinem Sinne ausgehen werde. „70 zu 30 Prozent werden wir gewinnen", prognostizierte er im Kreis der Staats- und Regierungschefs auf dem G20 Gipfel in Brisbane 2014 (Parker 2016). Zudem glaubte 2013 im Hauptquartier der Konservativen niemand ernsthaft daran, die Partei könne bei den nächsten Wahlen 2015 eine Mehrheit gewinnen und die Liberaldemokraten, so lautete das Kalkül, hätten einer Neuauflage der Koalition nur zugestimmt, wenn das Referendum abgeblasen würde. So hätte Cameron das Thema abräumen und den Liberaldemokraten zudem noch vorwerfen können, den Menschen eine demokratische Entscheidung über die Zukunft ihres Landes vorzuenthalten (Wright and Cooper 2016). Diese Rechnung wäre vermutlich aufgegangen, wenn der Labour-Vorsitzende Ed Miliband nicht öffentlich ein Referendum ausgeschlossen hätte für den Fall seiner Wahl zum Regierungschef. Diese Ansage kostete Labour rund vier Millionen Stimmen von Euroskeptikern, die jetzt zu UKIP überliefen. Die Folge war ein Wahlsieg Camerons, der nun sein Versprechen halten musste (D'Arcy 2019). Ex-Regierungschef John Major, der Referenda aus Prinzip ablehnte, konnte der Sache jetzt doch Gutes abgewinnen. Das Votum über die Zukunft des Landes habe womöglich reinigende Wirkung, meinte er, und heile die Wunden, die unendliche Reibereien in den vergangenen Jahren aufgerissen hatten. Majors Idee: Sobald sich eine Mehrheit in demokratischer Abstimmung zur Mitgliedschaft bekannt hat, könnten die verschiedenen Meinungsführer und rivalisierenden Gruppen das Thema hinter sich lassen. Er sah in dem Referendum nichts

Leichtsinniges, sondern im Gegenteil ein Mittel, den Kulturkrieg über die passende Rolle in Europa verbindlich beizulegen.

Wer interessiert sich noch für Experten?

Sehr wahrscheinlich hätte das Referendum gewonnen und der Brexit abgewendet werden können. Dass es so nicht kam, hatte auch mit Umständen zu tun, die nicht von London aus beeinflusst wurden. Die Öffnung der Grenzen etwa für die Massenzuwanderung nach Europa und vor allem nach Deutschland im Jahr 2015 war ein Schreckensszenario für Wähler, die EU-Mitgliedschaft, offene Grenzen und ungeregelte Migration gleichermaßen für ein Übel hielten. Auch Camerons Plan, in den Monaten vor dem Referendum einen neuen, besseren Deal für sein Land mit der EU auszuhandeln, stand und fiel mit dem guten Willen seiner Partner in Brüssel, Paris und Berlin. Dort kam man den Londoner Forderungen nur widerwillig ein paar Schritte entgegen. So wurde Großbritannien etwa befreit von der Verpflichtung, auf eine immer engere Union hinzuarbeiten, wie es in der Präambel der EU-Gründungsakte geschrieben steht. Ein symbolisches Zugeständnis ohne formale Konsequenz. Cameron wurde außerdem zugesagt, Staaten der Eurozone träfen keine Absprachen zu Lasten von Mitgliedern außerhalb der Gemeinschaftswährung – also Großbritannien und Dänemark. Zudem vereinbarte Camerons Verhandlungsteam, die Zahlung von Arbeitslosen- und Kindergeld an Migranten aus der EU einmalig für sieben Jahre auszusetzen, um Anreize für Zuwanderung vom Kontinent zu reduzieren (Wright 2016b). Mit seiner ursprünglichen Forderung, einseitig über eine Schließung der Grenzen für EU-Arbeitsmigranten entscheiden zu dürfen, scheiterte Cameron zunächst am Widerstand der osteuropäischen Regierungschefs und dann an der deutschen Kanzlerin Merkel, die das Prinzip der Personenfreizügigkeit nicht ihres britischen Kollegen zuliebe aufgeben wollte. Für Daniel Hannan, einen wortstarken Anführer der euroskeptischen Tories im EU-Parlament, war das eine große Enttäuschung und der Moment, als Stimmung im Land zugunsten der Brexiteers kippte (Parker 2016). Während Cameron und sein Schatzkanzler Osborne überall für den neuen Deal mit der EU warben, ging ihm ein großer Teil der Parteibasis von der Fahne. Auch 138 Abgeordnete seiner Parlamentsfraktion hielten die neuen Verabredungen mit Brüssel für so ungenügend, dass sie ankündigten, für den Brexit zu werben. Sogar auf die ungeteilte Unterstützung seines Kabinetts konnte der Regierungschef nicht mehr hoffen. Sechs Minister scherten aus, darunter auch Michael Gove, Justizminister und enger Freund der Camerons (BBC 2016c). Zu normalen Zeiten müssen Minister zurücktreten, wollen sie öffentlich dem Regierungschef widersprechen. Doch die Zeiten waren nicht normal und Cameron sah ein, dass er diese Konsensregel für den Verlauf der Kampagne würde aussetzen müssen bis zum Tag des Referendums, das er inzwischen für den 23. Juni 2016 terminiert hatte. Doch auch mit gespaltenem Kabinett hätte er vermutlich noch gewinnen können, wenn der Liebling der konservativen Parteibasis, Boris Johnson, auf seiner Seite gestritten hätte. Doch teilte der im Februar den vor seinem Haus im Londoner Stadtteil Islington versammelten Fernsehteams mit, sein Gewicht als TV-Celebrity und vormaliger Bürgermeister von London zur Unterstützung der Brexit-Kampagne einsetzen zu wollen. Die Nachricht ließ im Finanzzentrum der City die Händler nervös werden, die ahnten, dass ohne ihn Camerons Kampf um einen Verbleib in der EU noch schwieriger würde und der Ausgang nunmehr offen war. Innerhalb von Stunden sank das Pfund auf den tiefsten Stand seit 2009 (Wearden und Fletcher 2016). Auch die Rolle der oppositionellen Labour-Partei war aus Sicht des Regierungschefs enttäuschend. Deren Abgeordnete warben zwar bis auf wenige Ausnahmen für eine EU-Mitgliedschaft, viele ihrer Wähler galten hingegen als anfällig für die Unterstellung der Brexiteers, die Bürokraten in Brüssel seien schuld an Arbeitslosigkeit, schlechten Löhnen und osteuropäischer Konkurrenz auf dem Arbeitsmarkt. Besonders schwer wog es, dass ausgerechnet Labour Parteichef Jeremy Corbyn alles andere war als ein verlässlicher Proeuropäer. Im Gegenteil. Premierminister Tony Blair hatte seinerzeit an der Spitze von Labour noch darauf gedrungen, das Land zum Teil des Euroraums zu machen. Corbyns Ziele waren andere: Der radikale Umbau der Volkswirtschaft und der Gesellschaft, den er in sein Programm geschrieben hatte, sah Verstaatlichungen, Subventionen und umfassende materielle Umverteilung vor, die ihm Brüssel mit Verweis auf eine Verzerrung des Wettbewerbs nicht genehmigt hätte. Die gleichen Gründe, die Margaret Thatcher seinerzeit von den Vorteilen des europäischen Binnenmarktes überzeugten, machten Corbyn nun zu seinem Gegner. Die Eiserne Lady hatte darin eine Chance gesehen, neue Absatzmärkte für britische Unternehmen zu erschließen und den Arbeitsmarkt mit Konkurrenz zu beleben. Für Corbyn war die EU ein kapitalistisches Projekt, weshalb er auch seine Lustlosigkeit kaum verbergen konnte, wenn er über das Verhältnis zwischen Großbritannien und den Staaten des gemeinsamen Marktes sprechen sollte. In einem Interview aufgefordert, auf einer Skala von 0 bis 10 auszudrücken, wie sehr er sich einen Verbleib in der EU wünsche, antwortete er zögerlich: „Siebeneinhalb von zehn." Mehr europäischer Enthusiasmus war von ihm nicht zu erwarten. Schlimmer noch: Als die Kampagne für das Referendum ihre heiße Phase erreichte, meldete Corbyn sich ab und ging in den Urlaub. Die Freunde des Brexits dankten es ihm (BBC 2016d; Shipman 2017).

Die Liberaldemokraten und die Grünen warben uneingeschränkt für den Verbleib in der EU, ebenso wie die Abgeordneten der nordirischen Sozialdemokraten und der Partei Sinn Fein, sowie die Volksvertreter der walisischen Nationalisten von Playd Cymru und der Schottische Nationalpartei. Die Kampagne dieser „Remainer" genannten Anhänger der EU-Mitgliedschaft basierte auf einer Prämisse – die sich als fataler Fehler erweisen sollte – wonach Wahlen immer gewonnen werden mit dem Versprechen ökonomischer Prosperität und materieller Sicherheit. Bis zu den Parlamentswahlen 2015 war das auch so (Ford und Sobolewska 2020). Die Konfrontation zwischen Arbeitgebern und Arbeitnehmern, die ideologische Präferenz für Staat oder Märkte, die klassische Umverteilung zwischen Reichen und Bedürftigen – das waren für viele Jahre die Indikatoren, die Wahlverhalten vorhersagten. Die Leiter der Remain-Kampagne konzentrierten folglich ihre Strategie auf ökonomische Argumente und vertrauten darauf, dass die materiellen Vorteile einer Zollunion und des Zugangs zum reichsten Binnenmarkt der Welt die Wähler schon überzeugen würden. Doch 2016 war alles anders. Die Brexit-Frage teilte die Bevölkerung neu auf: Die Verteidiger britischer Identität, Streiter für nationale Souveränität und Gegner offener Grenzen gaben an, dass sie für ihre Ziele auch materielle Einbußen in Kauf zu nehmen bereit waren (McKay 2019). Sechzig Prozent der Wahlberechtigten hielten „signifikanten volkswirtschaftlichen Schaden" für einen vertretbaren Preis für den Brexit (Smith 2017). Mit ökonomischer Vernunft konnten die Kampagnenmanager der Brexiteers nicht antworten, selbst wenn sie es gewollt hätten. Patrick Minford, vormaliger Professor für angewandte Ökonomie in Liverpool und seit zwei Jahrzehnten emeritiert, war einer der wenigen Experten mit ökonomischem Sachverstand, der seinem Publikum in jenen Monaten versprach, ein Leben außerhalb der EU zahle sich volkswirtschaftlich aus. Aber die Meinung von Wirtschaftsexperten war auch gar nicht nötig in einer Diskussion, die sich vor allem um die Wiedererlangung nationaler Freiheit drehte und die Beendigung des Jochs „europäischer Bürokratie", wie es Boris Johnson formulierte (Kay 2016). Dessen Verbündeter Michael Gove brachte die Empfindungen auf den Punkt, als er sagte, die Menschen hätten genug von Experten. Deshalb verfingen auch die Szenarien nicht, die von Wirtschafsweisen im Amt von Schatzkanzler Osborne in den Wochen vor dem Abstimmungstermin erstellt worden waren mit der Hoffnung, ihre Verbreitung öffne den Menschen die Augen für die Risiken ihrer Entscheidung. Sie prognostizierten einen Anstieg der Arbeitslosigkeit um 800.000, einen Rückgang der Reallöhne, einen Verfall der Hauspreise, eine Abwertung des Pfundes und steigende Inflation, wenn sich die Wähler für den Brexit entschieden (Demianyk 2016). Osborne war eine Stimme im Chor derjenigen, die vor Rezession, Arbeitslosigkeit und sinkendem Lebensstandard warnten, wenn sich das Land verabschiede aus der Union. Die Organisation für ökonomische Entwicklung und Zusammenarbeit (OECD) stimmte mit der düsteren Prognose des Schatzamtes überein, ebenso Ökonomen der Weltbank, der Präsident der japanischen Zentralbank und 1285 britische Unternehmensführer – darunter auch der Self-Made-Milliardär Richard Branson -, die ihre Sorgen in einem Brandbrief an die Tageszeitung The Times formuliert hatten. Unterdessen drohten die Manager der Autohersteller Toyota und Ford, der Investmentbank JPMorgan und des Flugzeugbauers Airbus mit der Verlagerung von Arbeitsplätzen ins Ausland (ITV News 2016). Selbst der amerikanische Präsident Barack Obama ließ wissen, dass er den Remainern Erfolg wünschte. Den Brexiteers um Boris Johnson und Michael Gove, die sich in der offiziellen „Vote Leave"-Kampagne zusammengefunden hatten, fiel es nun nicht mehr schwer, ihre pro-europäischen Gegner als abgehobene, internationale Geldelite darzustellen, die aus Sorge um ihre finanziellen Pfründe und freien Zugang zu Absatzmärkten auf dem Kontinent bereit sei, die Unabhängigkeit ihres Landes aufzugeben. Mit solchen Unterstellungen gegenüber ungeliebten Großunternehmern in Nadelstreifen brachten sie die Gefühle ihrer Anhänger in Wallung. Dem gleichen Zweck diente die Warnung von „Vote Leave", die Türkei stehe unmittelbar vor einem Beitritt zur EU mit absehbaren Folgen, wenn sich 80 Millionen Türken alsbald auf den Weg machten über den Kontinent mit Ziel Dover (De Vries 2018). Der innereuropäischen offenen Grenzen wegen gebe es keinen Schutz vor Kriminellen und Extremisten aus der Türkei, erinnerte das „Vote Leave"-Team seine Wähler. Derweil tourte Boris Johnson in einem roten Bus durchs Land, auf dem in großen weißen Buchstaben geschrieben stand, dass Großbritannien jede Woche 350 Millionen Pfund zusätzlich für den nationalen Gesundheitsdienst ausgeben könne, sobald es sich den Mitgliedsbeitrag an die EU spare. Farage und seine Geldgeber betrieben unterdessen ihre eigene Kampagne unter dem Namen „Leave.EU", die nicht weniger mit Halbwahrheiten und Ressentiments spielte, etwa als sie das Plakat „Breaking Point" drucken ließ, von dem bereits die Rede war (BBC 2016). Als am 16. Juni 2016 per Eilmeldung die Ermordung der proeuropäischen Labour-Abgeordneten Jo Cox durch einen Neofaschisten bekannt wurde, schien es nicht wenigen, als habe der unterschwellige Hass, mit dem der Kreis um Farage das Land aufmischte, ein tragisches Opfer gefunden. Dieser Demagogie stand die Kampagne für den Verbleib in der EU gegenüber – „Britain stronger in Europe" mit offiziellem Namen –, die vergleichsweise pragmatisch, wenn nicht gar dröge an die Vorzüge des Binnenmarktes für Lieferketten, Verkehrswege, Marktzugang und Absatzmöglichkeiten erinnerte. Ein nicht untypisches Plädoyer auf ihrer offiziellen Website stammte von dem Journalisten und Finanzberater Martin Lewis, der wissen ließ, dass er unabwägbare Risiken grundsätzlich gerne vermeide und aus diesem Grund für „In" stimme, um die riskantere Alternative zu verhindern (Qureshi 2016). Das Erstaunliche während der Kampagne war vermutlich, dass selbst viele Remainer über die EU als „das kleinere Übel" sprachen nach sorgfältiger Abwägung der Argumente – mit dem Herzen schien kaum jemand dabei zu sein.

„Das britische Volk hat gesprochen: Wir sind draußen!"

Wer der Frage nachgeht, ob der Brexit hätte verhindert werden können, wird sich über erstaunliche politische Nachlässigkeit und Ideenlosigkeit bei der Vorbereitung des Referendums wundern. Hätte Cameron das Risiko einer Niederlage realistisch eingeschätzt, könnte er eine qualifizierte Mehrheit von 55 % oder 60 % Prozent der abgegebenen Stimmen für einen Austritt zur Bedingung gemacht haben. In anderen Demokratien sind gar Zweidrittelmehrheiten nötig für Änderungen der Verfassung und nichts anderes ist das Brexit-Votum. Denkbar war auch eine Klausel, wonach ein Austritt nur vollzogen wird, wenn er in jedem Landesteil – England, Schottland, Wales und Nordirland – von einer Mehrheit der Wähler unterstützt wird. Cameron hätte ebenso nach dem Vorbild des Referendums zur schottischen Unabhängigkeit 2014 den 16- und 17jährigen das Stimmrecht zubilligen können. Seinerzeit waren auch alle EU-Bürger mit Wohnsitz in Schottland wahlberechtigt. Jedes einzelne dieser formalen Arrangements hätte ausgereicht, den Brexit zu verhindern. Junge Wähler und EU-Bürger hätten die Mehrheit gekippt, Widerstand aus Schottland und Nordirland das Ergebnis blockiert und die Anforderung einer qualifizierten Mehrheit wurde nicht erreicht. Aber selbst die einfache Mehrheit für den Brexit hätte es nie geben dürfen, wenn die jungen Wähler, die 18 bis 24jährigen, an deren proeuropäischer Haltung die Demoskopen keinen Zweifel ließen, ihre Stimme abgegeben hätten. Von dieser Altersgruppe enthielten sich 64 Prozent. Mit anderen Worten, von den wahlberechtigten Jungwählern stimmten 10 Prozent für den Brexit, nur 26 Prozent votierten für den Verbleib in der Union. Ausgerechnet diejenigen, die in allen Umfragen ausgeprägte Sympathie für die EU erkennen ließen, lieferten nicht, als es auf sie ankam (Ashcroft 2016). Ähnlich wie in den Monaten der Kampagne zuvor waren die Euroskeptiker am Tag der Abstimmung stärker motiviert als ihre Gegner. In London, Schottland und Nordirland, wo die pro-europäische Seite jeweils ihre besten Ergebnisse und deutliche Mehrheiten errang, fiel die Wahlbeteiligung besonders niedrig aus. Unter den sieben Millionen Wahlberechtigten, die sich nicht hatten registrieren lassen, waren viele

Angehörige ethnischer Minderheiten und junge Leute, geschätzte 250.000 von ihnen sogenannte „sofa surfers", die sich die hohen Mieten in London nicht leisten können und bei Freunden auf dem Sofa unterkommen. Auch unter diesen Nichtwählern vermuten Demoskopen eine proeuropäische Mehrheit (Fransham und Dorling 2018). Viele von ihnen werden ihre Wahlenthaltsamkeit bitter bereut haben, als um 4.40 Uhr in der Frühe an jenem 24. Juni 2016 nach elfstündiger Live-Übertragung der BBC-Präsentator David Dimbleby seinem erschöpften Publikum verkündete: „Das britische Volk hat gesprochen. Und die Antwort ist: Wir sind draußen." Mit knapp 52 zu gut 48 Prozent.

Schon eine Stunde zuvor war der Mann vor seine frenetischen Anhänger getreten, der ein politisches Leben lang auf diesen Moment hingearbeitet hatte. Auf einer Wahlparty in der Londoner Innenstadt rief Nigel Farage seinen johlenden Fans zu: „Ein neuer Morgen bricht an in einem unabhängigen Vereinigten Königreich. Lasst dies unser Unabhängigkeitstag sein." Es sei, ruft er, „ein Sieg für echte, ein Sieg für einfache, ein Sieg für ehrliche Bürger." Farages Plan war aufgegangen. Im Konflikt zwischen den „einfachen Bürgern" und der Londoner Elite aus Bänkern und Berufspolitikern hatte seine Seite gewonnen (O'Grady 2021). Der Mann mit der direkten Sprache und dem derben Humor, der sich so gerne am Tresen im Pub fotografieren lässt, wo ihm übergewichtige Männer auf die Schulter klopfen und ihn Frauen mit Dauerwelle herzen, erscheint so volkstümlich, dass kaum jemand auf den Gedanken käme, dass Farage ein Produkt eben jener internationalen Elite ist, die er so erfolgreich herausfordert. Der Name von französischen Hugenotten, die Vorfahren aus Frankfurt am Main, der Vater ein Börsenmakler, die Ausbildung an der Londoner Privatschule Dulwich College, dann ebenfalls eine Karriere an der Börse, gefolgt von 20 Jahren als Abgeordneter in Brüssel, finanziell wohlhabend und verheiratet mit einer Deutschen. Das macht ihn zu einem Paradox und sein öffentliches Image zum Ergebnis geschickter Public Relations. „Farage war ein frustrierender Gegner", erzählt John Woodcock, ehemaliger Abgeordneter für Labour für den Wahlkreis Barrow-in-Furness nahe des Lake Districts im Nordwesten. Denn Labours Versuche, Farages lange und lukrative Karriere in Brüssel bloßzustellen, blieben ohne Erfolg. Unterdessen verfingen „seine Attacken gegen die Privilegierten, die Reibach machen dank ihrer Karrieren bei der EU". Trotz aller unserer Bemühungen, klagt Woodcock, schätzten die Menschen den UKIP-Chef als einen, „der den Mächtigen die Meinung geigt" (D'Acry 2019). Für andere ist seine Karriere Inspiration und gar Vorbild. Statt ihm seiner privilegierten Erziehung wegen Scheinheiligkeit vorzuwerfen, hoffen sie, dass auch ihre Kinder wie Farage dereinst eine private Schule besuchen können. Für diese Klientel ist Farage ein Star, auf den sie nichts kommen lassen. So erklärt sich, wieso Verdächtigungen und Gerüchte an ihm abtropfen. Selbst für Berichte, Farage habe mit dem Brexit-Referendum Geld verdient, weil er auf einen Wertverfall des Pfund Sterling gewettet habe, schienen sich seine Anhänger nicht zu interessieren. Nach Jahren der Anfeindungen, des Spotts und der Verachtung war er nun, am 24. Juni 2016, am Ziel. Der Austritt aus der EU beschlossen, der proeuropäische Konsens im britischen Establishment endgültig gebrochen. Farage galt als „der einflussreichste Politiker" seiner Zeit (D'Arcy 2019). Sein Widersacher David Cameron, der ihn all die Jahre herablassend, oft mit Verachtung behandelt hatte, trat nur drei Wochen nach der bittersten Niederlage seiner Amtszeit gedemütigt zurück. Doch die Vermutung, das Verhältnis zwischen Großbritannien und Europa sei mit dem Votum vom 23. ein für alle Mal geklärt, war voreilig. Entschieden und besiegelt war schon bald gar nichts mehr. Im Gegenteil: Der Pulverdampf der Referendums-Kampagne zwischen Freunden und Gegnern der EU war kaum verweht, da hatte der zweite Akt der Gegner im Brexit-Streit längst begonnen. Es war, als hätte Shakespeare seinem Theaterstück über die Schlacht von Agincourt noch ein viel blutigeres Gemetzel folgen lassen. Das Ergebnis des Referendums hing wie ein böser Fluch über dem Land und seiner Regierung, die sich nun dreieinhalb Jahre mit den Konsequenzen des Votums quälte, mit der öffentlichen Meinung rang, mit den Verhandlungspartnern in Brüssel stritt und in Zeitungen, im Rundfunk und den sozialen Medien mit Kritikern des Brexit immer neue Scharmützel ausfocht. Derweil erstarkte eine politische Allianz aus EU-Freunden, je mehr sich die Konservativen in den eigenen Reihen darüber zerstritten, was eigentlich mit Brexit gemeint war und welches Verhältnis mit Europa sie anstrebten. Von Monat zu Monat wurden diejenigen hörbarer, denen eine Schwäche der Regierungspartei zupasskam, um für eine Wiederholung der Entscheidung zu werben mit dem Ziel, das ursprüngliche Votum zu kippen. Es folgte eine Zeit, wie sie die britische Politik in Jahrzehnten nicht erlebt hatte.

Literatur

Alwin D, Krosnick J (1991) Aging, cohorts and the stability of sociopolitical orienations over the life span. Am J Sociol 97(1):169–195

Ashcroft M (2016) How the United Kingdom voted on Thursday and why. 24 Juni. Lord Ashcroft Polls. https://lordashcroftpolls.com/2016/06/how-the-united-kingdom-voted-and-why/. Zugegriffen am 03.03.2021

Bale T (2018) Who leads and who follows? The symbiotic relationship between UKIP and the Conservatives and populism and Euroscepticism. Politics 38(3):263–277

BBC News (2015) Election 2015. What difference would proportional representation have made? 9. Mai. www.bbc.co.uk/news/election-2015-32601281. Zugegriffen am 23.02.2021

BBC News (2016a) Michael Gove „shuddered" at UKIP's migrant poster. 19. Juni. www.bbc.co.uk/news/uk-politics-eu-referendum-36570759. Zugegriffen am 12.01.2021

BBC News (2016b) Farage tells EU parliament: „You are not laughing now." 28. Juni. www.bbc.co.uk/news/av/world-europe-36650014. Zugegriffen am 25.01.2021

BBC News (2016c) EU Vote. Where the Cabinet and other MPs stand. 22. Juni. https://www.bbc.co.uk/news/uk-politics-eu-referendum-35616946. Zugegriffen am 18.12.2020

BBC News (2016d) Corbyn: I am seven out of ten on EU. 10. Juni. www.bbc.co.uk/news/av/uk-politics-eu-referendum-36506163. Zugegriffen am 22.10.2020

BBC News (2016e) The Nigel Farage Story. 4. Juli. www.bbc.co.uk/news/uk-politics-36701855. Zugegriffen am 28.12.2020

Blinder S, Ford R, Ivarsflaten E (2013) The better angels of our nature. How the antiprejudice norm affects policy and party preferences in Great Britain and Germany. Am J Polit Sci 57(4):841–857

Chantler-Hicks L (2020) Police visit Nigel Farage after he visits Dover to see border force bringing migrants ashore. 5. Mai. Kentonline. www.kentonline.co.uk/dover/news/police-visit-farage-over-unnecessary-travel-to-film-migrants-226712/. Zugegriffen am 23.02.2021

Charter D (2010) Farage fined for calling the EU president Herman Van Rompuy a „damp rag". The Times, 3. März. www.thetimes.co.uk/article/nigel-farage-fined-for-calling-eu-president-herman-van-rompuy-a-damp-rag-kq6wbpmtdhz. Zugegrifen am 23.02.2021

Conway E (2020) What does sovereignty mean? The Sunday Times, 2. Dezember. www.thetimes.co.uk/article/what-does-sovereignty-mean-jwmqwtvhj. Zugegriffen am 27.11.2020

Copsey N, Macklin G (2011) The British National Party. Contemporary perspectives. Routledge, Abingdon

Cowley P, Stuart M (2013) Cambo chained or, dissension amongst the coalition's parliamentary parties, 2012–2013. A data handbook. Univerisity of Nottingham, Nottingham

D'Arcy M (2019) Nigel Farage. The story of „Mr Brexit." BBC, 29. November. www.bbc.co.uk/news/election-2019-50565543. Zugegriffen am 20.02.2021

De Vries CE (2018) Euroscepticism and the future of European integration. Oxford University Press, Oxford

Demianyk G (2016) Treasury Brexit Dossier of doom warns of 820.000 job losses and recession. Huffpost, 23. Mai. www.huffingtonpost.co.uk/entry/brexit-treasury-jobs-recession_uk_5742d2dde4b00006e9aed9f1. Zugegriffen am 05.03.2021

Demianyk G. (2017) Nigel Farage tells LBC caller he has not once suggested he dislikes foreigners. Huffpost, 12. Januar. www.huffingtonpost.co.uk/entry/nigel-farage-lbc-caller-foreigners_uk_5877da47e4b0647826f44206. Zugegriffen am 27.02.2021

Evans G (1998) Euroscepticism and Conservative electoral support. How an asset became a liability. Br J Polit Sci 28(4):573–590

Evans G, Mellon J (2019) Immigration, Euroscepticism and the rise and fall of UKIP. Party Polit 25(1):76–87

Farage N (2020) Saving two migrants in the Channel has only confirmed to me the folly of the government's approach. The Telegraph, 1. Dezember. www.telegraph.co.uk/news/2020/12/01/saving-two-migrants-channel-has-confirmed-folly-governments/. Zugegriffen am 26.02.2021

Ford F, Sobolewska M (2020) Brexitland. Identity, diversity and the reshaping of British politics. Cambridge University Press, Cambridge

Fetzer T (2019) Did austerity cause Brexit? Am Econ Rev 109(11):3849–3886

Ford R, Goodwin M (2014) Revolt on the right. Explaining support for the radical right in Britain. Routledge, Abingdon

Ford R, Goodwin M, Cutts D (2012) Strategic eurosceptics and polite xenophobes. Support for the United Kingdom Independence Party, UKIP in the 2009 European parliamentary elections. Eur J Polit Res 51(2):204–234

Fransham M, Dorling D (2018) Homelessness and public health, British medical journal. 30 Januar. https://doi.org/10.1136/bmj.k214

ITV News (2016) Don't risk jobs with a Brexit, warn 1,300 business leaders. 22. Juni. www.itv.com/news/update/2016-06-22/dont-risk-jobs-with-a-brexit-warn-1-300-business-leaders/. Zugegriffen am 23.02.2021

Kay K (2016) Five reasons Brexit could signal Trump winning the White House. BBC News, 20. Juni. www.bbc.co.uk/news/election-us-2016-36564808. Zugegriffen am 15.01.2021

Lynch P (2015) Conservative modernisation and European integration. From silence to salience and schism. Br Polit 10(2):185–203

McCafrey D, Murphy R (2020) Brexit stage left. Nigel Farage on leaving Brussels. Euronews, 19. Januar. www.euronews.com/2020/01/29/brexit-architect-nigel-farage-on-leaving-brussels-i-ll-miss-being-the-pantomime-villain. Zugegriffen am 22.02.2021

McKay L (2019) Left behind people or places? The role of local economies in perceived community representation. Elect Stud 60:102046

Murphy J, Devine D (2018) Does media coverge drive public support for UKIP or does public support for UKIP drive media coverage? Br J Polit Sci 45(3):707–723

Neilan C (2016) EU referendum. John Major tells Brexiteers to go to North Korea if they want undiluted sovereignty. CityFM, 29 April. www.cityam.com/eu-referendum-john-major-tells-brexiteers-to-go-to-north-korea-if-they-want-undiluted-sovereignty/. Zugegriffen am 18.12.2020

O'Grady S (2021) Making plans for Nigel. Independent, 4. Januar. S 17

Osborne G (2020) The Brexit frog has been truly boiled. Evening Standard, 9. Dezember. www.standard.co.uk/comment/brexit-no-deal-brussels-eu-customs-union-b219100.html. Zugegriffen am 16.12.2020

Parker G (2016) How David Cameron lost his battle for Britain. Financial Times, 18. Dezember. www.ft.com/content/3482b434-c37d-11e6-81c2-f57d90f6741a. Zugegriffen am 15.12.2020

Qureshi Y (2016) Money saving expert Martin Lewis on how to vote in the EU referendum. Manchester Evening News, 8. Juni. https://www.manchestereveningnews.co.uk/news/greater-manchester-news/money-saving-expert-martin-lewis-11442053. Zugegriffen am 04.03.2021

Shipman T (2017) All out war. The full story of Brexit. William Collins, London

Smith M (2017) The extremists on both sides of the Brexit debate. YouGov, 1 August. https://yougov.co.uk/topics/politics/articles-reports/2017/08/01/britain-nation-brexit-extremists. Zugegriffen am 03.03.2021

Sparrow A (2014) Nigel Farage: parts of Britain are like a foreign land. The Guardian, 28. Februar. www.theguardian.com/politics/2014/feb/28/nigel-farage-ukip-immigration-speech. Zugegriffen am 02.03.2021

Stewart H, Mason R (2016) Nigel Farage's anti-migrant poster reported to police. The Guardian, 16. Juni. www.theguardian.com/politics/2016/jun/16/nigel-farage-defends-ukip-breaking-point-poster-queue-of-migrants. Zugegriffen am 04.01.2021

Sumner WG (1906/2008) Folkways. The study of the sociological importance of usages, manners, customs, mores. Cosimo Classics, New York

The Economist (2016) Britain's new ambassadors. 13 Februar. www.economist.com/britain/2016/02/11/britains-new-ambassadors. Zugegriffen am 20.11.2020

The Herald (2020) Herald view: the poisonous legacy of Nigel Farage. 5. Juli. www.heraldscotland.com/opinion/14597896.herald-view-the-poisonous-legacy-of-nigel-farage/. Zugegriffen am 05.01.2021

The Newsroom (2018) Nigel Farage says controversial anti-migrant poster „won the referendum for Brexit". Yorkshire Post, 19. October. www.yorkshirepost.co.uk/news/nigel-farage-says-controversial-anti-migrant-poster-won-referendum-brexit-556699. Zugegriffen am 08.01.2021

Vasilopoulou S (2016) British eurosceptic voting in 2014. Anti EU or Anti Government? In: Nielsen J, Franklin M (Hrsg) The Euroscpetic 2014 European parliamentary elections. Routledge, Abingdon, S 57–81

Verovsek P (2020) Brexit and the misunderstanding of sovereignty. Social Europe, 9. Dezember. www.socialeurope.eu/brexitand-the-misunderstanding-of-sovereignty. Zugegriffen am 02.03.2021

Watt N (2020) Heseltine scorns Tory leader's Euro policy as barking mad. The Guardian, 3 März. www.theguardian.com/business/2000/mar/03/emu.theeuro. Zugegriffen am 05.03.2021

Wearden G, Fletcher N (2016) Pound hits seven year low after Boris Johnson's Brexit decision. The Guardian, 22. Februar. https://www.theguardian.com/business/live/2016/feb/22/pound-falls-city-gets-brexit-jitters-business-live. Zugegriffen am 04.01.2021

Wilks-Heeg S (2009) The Canary in the Coalmine. Exploring the emergence of the BNP in English local politics. Parliam Aff 62(2):377–398

Wright O (2016a) EU referendum. Nigel Farage's anti-migrant poster like 1930s fascist propaganda, says George Osborne. Independent, 19. Juni. www.independent.co.uk/news/uk/politics/eu-referendum-poster-nigel-farage-polls-michael-gove-a7089946.html. Zugegriffen am 02.01.2021

Wright O (2016b) EU renegotiation. What David Cameron wanted – and what he really got. Independent, 20. Februar. www.independent.co.uk/news/uk/politics/eu-renegotiation-what-david-cameron-wanted-and-what-he-really-got-a6885761.html. Zugegriffen am 22.12.2021

Wright O, Cooper C (2016) The speech that was the start of the end of Cameron. Independent, 24. Juni. www.independent.co.uk/news/uk/politics/brexit-eu-referendum-david-cameron-resignation-announcement-2013-a7101281.html. Zugegriffen am 23.12.2020

4

Sieger und Besiegte – Brexit und kein Ende

Der 24. Juni 2016 ist ein milder Sommertag. Die Sonne scheint, das tiefe Blau am Londoner Himmel wird allenfalls durchzogen von ein paar Schönwetterwolken, die Abendvorstellung des Dramas Henry V. von William Shakespeare im Open Air Theater am Regent's Park ist ausverkauft. Auf den hinteren Rängen hat Mark Carney Platz genommen, der Gouverneur der britischen Zentralbank. Nach der Pause bleibt sein Stuhl leer. Der Bänker, der wie wenige andere Verantwortung trägt für die Stabilität des Pfund Sterling, die Entwicklung der britischen Volkswirtschaft und die Zukunft des Finanzplatzes London, gehört an jenem Tag zu den wichtigsten Protagonisten eines tragischen Bühnenstücks in zwei Akten, das sich mit den Epen Shakespeares vergleichen kann. Der erste Akt war an diesem Morgen um 4.40 Uhr zu Ende gegangen, als die BBC in ein paar knappen Sätzen das Ergebnis des Referendums über die Mitgliedschaft in der EU mitteilte: „Das britische Volk hat gesprochen. Und die Antwort ist: Wir sind draußen." Für Carney und die Experten des Finanzministeriums war das Schreckensszenario eingetreten, gegen das sie sich so lange gestemmt hatten. Ihre Prognosen sahen den Fall des britischen Pfunds ins Bodenlose vorher, eine Implosion des Bankenstandorts obendrein und den ökonomischen Kollaps, dem die Beamten in Whitehall mit einem Nothaushalt vorzubeugen versuchten. Die Londoner Tageszeitung Times verglich das Votum für den Ausstieg aus der EU, den sogenannten „Brexit", mit einem Erdbeben. Eine Karikatur in der New York Times zeigte, wie eine Figur mit den Gesichtszügen des Komikers John Cleese, einer Ikone verschrobener Britishness, von einer Felsklippe springt. „England ist kollabiert – politisch, finanziell, konstitutionell und wirtschaftlich", kommentierte der niederländische Ministerpräsident Mark Rutte, als er von den Ereignissen in London hörte. Den Remainern, die für den Verbleib in der Europäischen Union gekämpft hatten, schien die Lage düster und hoffnungslos, die Entscheidung endgültig. Die Boulevardzeitung Daily Mail hingegen feierte das Ergebnis als Beleg dafür, dass „das leise Volk der Briten aufgestanden ist gegen die arrogante, realitätsfremde politische Klasse" (Snoddy 2016). Unterdessen sammelte Marc Blakewill Rezepte für das „Brexit Kochbuch", das der Verlag Summerdale in den kommenden Monaten augenzwinkernd mit dem Slogan bewarb: „British Food for British people." Die britische Küche, schrieben die Autoren darin, sei die Grundlage gewesen für das größte Reich, das die Welt je gesehen habe, „bis die Europäische Union uns dänisches Plundergebäck und Pizza aufgezwungen hat. Aber jetzt haben sich die Spieße in der Küche gedreht und wir können essen, wozu wir verflixt noch mal Lust haben. Schluss mit Croissant und Ciabatta. Lasst uns zur Abwechslung etwas wahrhaft Patriotisches kochen – mit dem Brexit Kochbuch," texteten die Autoren nicht ohne Selbstironie (Sewage 2017). Aber um den sprichwörtlichen Humor ihrer Landsleute war es schlecht bestellt. Das Verhältnis zwischen Remainern und Brexiteers – den Gegnern und Befürwortern des EU-Austritts – hatte sich längst in eine erbitterte Feindschaft ausgewachsen. Wer mit Nachbarn und Freunden sprach und die Nachrichten verfolgte, fand sich in einem geteilten Land, in dem der Zwist über die Rolle in Europa Freunde entzweite, Familien zerriss und Ehen bersten ließ. Die Koordinaten der politischen Diskussion und die Gewichte des Meinungsstreits waren 2016 für jeden sichtbar verrutscht. In den Jahren vor dem Referendum sahen sich Konservative mit ethnozentrischem Weltbild als Protestler am Rande der politischen Debatte, oft verächtlich belächelt und ohne Einfluss auf die wichtigen Entscheidungen in Westminster (McKenzie 2017).

Über Nacht und zum ersten Mal überhaupt erhielten sie nun ein starkes Mandat, das sie nutzen wollten, um die politische Agenda zu diktieren. Ihre Gegner, die Remainer, verloren die Kontrolle über die wichtigste politische Entscheidung seit Jahrzehnten und bekamen den Frust und die Verbitterung zu spüren, die sich bei den neuen Siegern über so viele Jahre angesammelt hatten. Als abgehobene Elite wurden die Verteidiger der EU-Mitgliedschaft jetzt geschmäht, ihre angeblichen Privilegien angeprangert, ihr kosmopoliter Lebensstil verspottet und ihr Patriotismus in Frage gestellt. Saboteure des demokratischen Mehrheitswillens seien sie, gifteten populistische Stimmen nicht nur in den Boulevard-Zeitungen (Kavanagh 2016). Wer sich Zweifel an der Klugheit des Brexit auch jetzt noch nicht verkneifen und mit Warnungen Schaden für das Land minimieren wollte, wurde als „Bemoaner" verlacht, einem verächtlichen Kompositum, bei dem der Remainer mit „bemoan" (jammern) verschmilzt. Die so Drangsalierten verteidigten sich mit dem Vorwurf, die Gewinner seien einfältig und unfähig zu verstehen, wofür sie am 23. Juni gestimmt hätten. Wie lasse sich sonst erklären, ätzten sie, dass ausgerechnet am Tag nach dem Referendum die bei Google am zweithäufigsten aufgerufene Frage lautete: „Was eigentlich ist die EU?", gefolgt von „Was passiert, wenn wir die EU verlassen?" (Cooney 2016). Die Mehrheit der Wähler sei ganz offensichtlich einer Clique von Extremisten auf den Leim gegangen, die darauf aus seien, der Volkswirtschaft zu schaden und die demokratischen Institutionen zu untergraben (Ditum 2016). Erstmals in der Geschichte teilte sich das Land in zwei Lager, deren Konflikt nicht unterschiedlicher ökonomischer Umstände, der Zugehörigkeit zu sozialer Klasse oder dem Streit über die Rolle des Staates als Anbieter öffentlicher Dienstleistungen geschuldet war. Das Erbe der Referendums-Kampagne war ein völlig neuer Diskurs, geprägt von dem Bekenntnis über die Zugehörigkeit zu einer politischen Identität. Das Votum am 23. Juni war nicht der Schlusspunkt eines Konfliktes, sondern der Auftakt einer Periode, in der Politiker und Wähler sich zu entscheiden hatten zwischen zwei gesellschaftlichen Gruppen, die vom Streit um das Verhältnis des Landes zur EU geprägt waren. Die beiden kontrastierenden Identitäten waren unvereinbar, ihre jeweiligen Anhänger unversöhnlich und kompromisslos. Hinter ihrer Konfrontation trat in den kommenden Jahren jedes andere Thema zurück.

David Cameron sah voraus, dass er diesen Spalt, der sich in der Gesellschaft und seiner eigenen Partei öffnete, nicht würde überwinden können. Und die anstehenden Verhandlungen mit der EU über den Austritt hätten ihm die Brexiteers in seiner Fraktion ohnehin nicht anvertraut. Noch viel grundsätzlicher bei der Entscheidung zurückzutreten wird die Erkenntnis gewesen sein, dass ein Partei- und Regierungschef nur so lange geeignet ist zu führen, wie ihm die Menschen folgen. Sein parteiinterner Rivale Boris Johnson hätte nur zu gerne beide Jobs übernommen und es war kein Geheimnis, dass er seit Jahren darauf hingearbeitet hatte. Im Feld der Kandidaten galten seine Chancen als gut. Kurz vor dem geplanten Pressetermin, auf dem er in einer Rede seine Kandidatur erklären und sein Programm vorstellen wollte, machten erste Gerüchte in Westminster die Runde: In Johnsons Team gebe es ein Problem. Zehn Minuten später bei der Live-Übertragung war im Programm der TV-Sender noch die Unterschrift „Boris Johnson kündigt seine Kandidatur an" eingeblendet, als der Kandidat zur Konsternation seines Publikums feststellte: Ich werde nicht die Person sein, die dieses Land führt. Erstaunte Blicke, Rätselraten: War das ein willkürlicher Sinneswandel, Angst vor der Aufgabe, Unentschlossenheit? Nichts davon. Die Wahrheit ist ein Eklat, den die konservative Zeitung Daily Telegraph als den „spektakulärsten politischen Mord seit einer Generation" beschreibt (Swinford 2016). Die dramatische Wendung erinnert an eine Vorlage zu Shakespeares Dramen. In der Nacht zuvor hatte Michael Gove, enger Vertrauter Johnsons in der Brexit-Kampagne und nun Leiter seines parteiinternen Wahlkampfes für die Spitzenjobs, seinen Chef verraten. Ohne Vorwarnung kündigte er Johnson die Gefolgschaft und teilte nur Stunden später seine eigene Kandidatur gegen den Verbündeten an. Eben noch führte Gove als Juniorpartner an Johnson Seite den Brexit zum Sieg, schmiedeten die beiden Pläne für die Reform des Landes. Jetzt richtete er Journalisten aus: „Boris ist ungeeignet für die Aufgabe des Premierministers" (Bulman 2016). Tage später scheiterte auch Gove. Ihm wurde zum Verhängnis, dass die Konservativen Verräter nicht mit dem Vorsitz belohnen. Am Ende ging eine Frau aus dem Wettkampf hervor. Theresa May, die am 13. Juli David Cameron als Parteichefin und Premierministerin folgte, galt in den Monaten vor dem Referendum als Befürworterin eines Verbleibs in der EU. Ihre Reden aber

4 Sieger und Besiegte – Brexit und kein Ende

waren von Zweifeln, Vorbehalten und hörbarer Euroskeptik geprägt, sodass ihr Publikum am Ende nicht recht wusste, ob am Pult nun eine Freundin oder Gegnerin der EU stand. Das machte die bisherige Innenministerin zu dem geeigneten Kompromisskandidaten, mit der sich sowohl Remainer als auch Brexiteers arrangieren konnten. Die Pfarrerstochter May gehörte dem Parlament seit 1997 an, wo sie den Wahlkreis Maidenhead in der Grafschaft Berkshire westlich von London vertrat. Ihren Ehemann Philip hatte sie schon als Studentin in Oxford auf einer Party bei ihrer Kommilitonin Benazir Bhutto kennengelernt, der späteren pakistanischen Premierministerin. Ihre „größte Liebe", vertraute sie einer Journalistin an, galten ihren extravaganten Schuhen, die in den kommenden drei Jahren bevorzugte Motive für Pressefotografen in der Hauptstadt wurden. Davon abgesehen war May sachorientiert, pragmatisch und effektiv, für Smalltalk nahm sie sich keine Zeit und auch das Netzwerken mit Abgeordneten in den Cafeterien des Parlamentsgebäudes lag ihr nicht. Ihr Terminkalender war von nun an von den Vorbereitungen für den Austritt aus der EU geprägt. „Brexit means Brexit" war die Formel, die sie früh prägte, um möglichst lange der Beantwortung einer Frage auszuweichen, zu der es nicht einmal unter den Brexiteers Einigkeit gab: Welches Verhältnis zur EU würde auf die Mitgliedschaft folgen? Sollte das Land Teil des Binnenmarktes bleiben wie etwa die Schweiz, sich nach dem Vorbild der Türkei der Zollunion anschließen oder war das Ziel größtmögliche politische Freiheit für den Preis, dem ungehinderten Verkehr von Waren und Dienstleistungen im schrankenlosen europäischen Wirtschaftsraum zu entsagen? Mit dem absichtlich inhaltsarmen Mantra Brexit means Brexit sollte möglichst lange die fragile Unterstützung innerhalb der konservativen Mehrheitsfraktion erhalten bleiben, auf deren Unterstützung Theresa May während der Verhandlungen mit der EU angewiesen war. Wer aber die unterschiedlichen Präferenzen innerhalb der eigenen Partei und Regierung ausblendet, der versäumt es, eine gemeinsame Verhandlungsposition zu verabreden. Das rächte sich, als May am 17. Januar 2017 ans Podium im Lancaster House trat und ihren lange erwarteten Plan für die Brexit-Verhandlungen vorstellte. Den pompösen Rahmen der Stadtvilla nur wenige Schritte entfernt vom St.-James's-Palast hatten die Mitarbeiter der Regierungschefin mit Bedacht ausgewählt. Hier im Lancaster Haus unterhielten dereinst die Schriftstellerin Harriet Beecher-Stowe, der Revolutionsheld Giuseppe Garibaldi und der Musiker Frederic Chopin ihr Publikum und als Königin Victoria bei ihrem ersten Besuch das Rokoko-Interieur sah, drehte sich die Monarchin zur Hausherrin, der Herzogin von Sutherland, mit den Worten: „Ich komme von meinem Haus und betrete ihren Palast." Mays Team wusste um die Macht der Bilder zu Beginn eines Jahres, in dem die EU Feiern zur Unterzeichnung ihrer Gründungsakte sechzig Jahre zuvor auf dem Kapitol in Rom angekündigt hatte. So gut die Inszenierung im Lancaster Haus auch war, so unbefriedigend blieb der Inhalt der Rede. Raus aus dem Binnenmarkt und der Zollunion wolle man, kündigte May an, um nicht mehr in die Jurisdiktion des Europäischen Gerichtshofs zu fallen und endlich die Grenzen für europäische Arbeitsmigranten schließen zu können. Aber dennoch eine enge Assoziation mit dem Binnenmarkt zum Wohl britischer Exporteure: Das sei schon ihre Absicht, beteuerte die Premierministerin (Henley 2017). Hier tauchte erstmals das Dilemma auf, das den Meinungsstreit in Westminster und die wachsende Frustration bei den Verhandlungspartnern der EU in den kommenden Jahren prägen sollte. Die Regierung versuchte sich an der Quadratur eines Kreises, indem sie sich einerseits von den Verpflichtungen der EU-Mitgliedschaft befreien, gleichzeitig aber Zugang zu Privilegien bewahren wollte, die nur Mitgliedern vorbehalten sind. Die Einsicht, dass in der Gemeinschaft Privilegien nicht ohne Pflichten zu haben sind, sollte in der britischen Regierung bis zum Ende der Verhandlungen stark unterentwickelt bleiben. Zur Veranschaulichung dieser Balance zwischen Geben und Nehmen erinnerten Kommentatoren an die Schweiz, die für ihren barrierefreien Handel mit dem EU-Binnenmarkt ihre Grenzen für Arbeitnehmer aus EU-Staaten öffnen muss und sich zudem in Streitfällen den Urteilen des Europäischen Gerichtshofs unterwirft. Das Beispiel der Eidgenossen ließen Brexiteers nicht gelten und verwiesen darauf, dass die Londoner Regierung für die sechstgrößte Volkswirtschaft spreche und ein gewichtiger militärischer sowie sicherheitspolitischer Partner sei mit Sitz im UN-Sicherheitsrat. Daher könne man von Brüssel mehr Entgegenkommen erwarten als die Provinzpolitiker in Bern.

Eine unbeholfene Wahlkämpferin ohne Charisma

Neun Monate nach dem Referendum, war das Londoner Verhandlungsteam instruiert und bereit, den Scheidungsprozess zu beginnen. Am 29. März 2017 überreichte Tim Barrow, Großbritanniens Repräsentant bei dem EU Ratspräsidenten Donald Tusk den formalen Austrittswunsch nach Artikel 50 des EU-Vertrages. Damit begann eine Frist von zwei Jahren, in der eine Einigung über die künftigen Beziehungen gefunden werden sollte. Fachleute hielten das für einen ehrgeizigen Zeitplan und verwiesen darauf, dass die Verhandlung eines Handelsabkommens der EU mit Kanada sich über zehn Jahr erstreckt hatte. Es hätte also nun dringend losgehen müssen. Doch dann kommt alles anders. Nur drei Wochen später verkündet Theresa May Neuwahlen des Parlaments. Die Regierungschefin kann der Versuchung hervorragender Umfrageergebnisse nicht mehr widerstehen, die den Konservativen bestätigen, mit bis zu 24 Prozent vor der größten Oppositionspartei zu rangieren. Seit neun Jahren ist der Abstand nicht mehr so groß gewesen (Smith 2017). Zudem hat May eine recht dünne Mehrheit von nur 12 Stimmen im Parlament von ihrem Vorgänger geerbt und spürt, dass sie für die anstehenden großen Entscheidungen eine eigene Legitimation nach gewonnenen Wahlen benötigte. Ein überzeugender Wahlsieg hätte zudem Mays Hand gestärkt im Umgang mit Brüssel und eine deutliche Sitzmehrheit könnte sie schützen vor Erpressungsversuchen radikaler Brexiteers in den eigenen Reihen, auf deren Loyalität sie bei Abstimmungen dann nicht mehr angewiesen sein würde. Die Analysten sagen ihr den größten Wahlsieg für ihre Partei seit den Jahren Margaret Thatchers voraus (Watts und Rentoul 2017). Fast die Hälfte der Wähler gibt an, für die Tories stimmen zu wollen. Alles deutet auf ein Traumergebnis hin, das die Partei nicht mehr erreicht hat, seit Winston Churchill 1955 noch am Schreibtisch in Downing Street saß (Electoral Calculus 2019). In Berlin zeigt Bundesaußenminister Sigmar Gabriel Verständnis für Mays überraschende Entscheidung. Er erzählt Journalisten, für die Brexit-Verhandlungen wäre es gut, wenn die Wahlen in mehr „Klarheit und Berechenbarkeit" in London resultierten. Mehr Sinn für die Risiken des Manövers zeigt der Belgier Tom Vandenkendelaere, Mitglied des Europarlaments, der eine dunkle Vorahnung gehabt haben mag und die Konservativen warnt, sich nicht auf ein riskantes Glücksspiel einzulassen, das „womöglich noch größere Instabilität" bringe (BBC News 2017a). Doch da ist es schon zu spät. Die Kampagne der Konservativen ist stümperhaft, Theresa May in der Rolle der Wahlkämpferin unbeholfen und ohne Charisma und das Programm der Partei wenig attraktiv für junge Wähler, die empört sind über die Ankündigung der Tories, nach gewonnener Wahl im Parlament über die Legalisierung von Treibjagden auf Füchse abstimmen zu wollen. Auch loyale Tory-Wähler sind verwirrt von einer Parteichefin, die dem Land „starke und stabile Führung" verspricht und im nächsten Moment Fernseh-Interviews und Diskussionen mit den anderen Kandidaten absagt aus Sorge, ihr Image könnte Schaden nehmen (Dathan 2017). Gerade solche Widersprüche beschädigen das Ansehen der Spitzenkandidatin, während ihr Herausforderer Jeremy Corbyn sichtlich Freude daran hat, durchs Land zu touren, auf Marktplätzen Stimmung zu machen und sich mit ungezählten jugendlichen Fans fotografieren zu lassen (Hunt und Wheeler 2017). Am 9. Juni 2017, dem Morgen nach der Wahl, ist Mays Mehrheit dahin, die Fraktion um 13 Abgeordnete geschrumpft. Von dem prognostizierten riesigen Vorsprung der Konservativen sind nur 2,4 Prozent geblieben. Labour hingegen wird belohnt mit einem Zugewinn von 30 Sitzen (The Guardian 2017). Statt gleich nach der Wahl mit einem starken Mandat in die Brexitverhandlungen zu gehen, muss Theresa May sich nun erst einmal den parlamentarischen Beistand der Demokratischen Unionisten (DUP) sichern. Die Fraktion der englandtreuen nordirischen Protestanten verhilft May zu einer Mehrheit bei wichtigen Abstimmungen im Unterhaus, lässt sich ihre Unterstützung aber bezahlen mit einer Milliarde Pfund, die das Londoner Schatzamt zusätzlich in Schulen, die Infrastruktur und den Gesundheitsdienst in der Provinz Nordirland investieren muss (BBC News 2017b).

Ohne eigene Mehrheit war May bei parlamentarischen Entscheidungen nun auf einen Partner angewiesen, der sich als schwierig erweisen sollte. Die DUP ist eine erzkonservative Partei, deren Existenz dem übergeordneten und alles bestimmenden Ziel gewidmet ist, die enge politische und wirtschaftliche Bindung Nordirlands an Großbritannien zu bewahren. Bald würde sich das als zusätzliches Handicap erweisen in den ohnehin schwierigen Verhandlungen mit dem Ziel, die Konditionen des britischen Austritts aus der EU vertraglich zu fixieren. Auch in der eigenen Fraktion erwuchs May ein gewichtiger Kritiker in Form der „European Research Group" oder ERG, die trotz ihres Namens mit Research, also Forschung, nichts zu tun hat. Den 25 Mitgliedern, die sich als Fraktion in der Fraktion schon 1993 zusammengefunden hatten, war an Kenntniserweiterung nicht gelegen. Sie verstanden sich als interner Interessenverband zur Verwirklichung des Brexit. Für Kompromisse oder Pragmatismus auf dem Weg dahin hatte der Kreis der ERG weder Verständnis noch Geduld. Der Gruppe gehörten unter anderem Michael Gove und Priti Patel an, die später Innenministerin werden sollte. Zudem zählte der ehemalige Parteichef der Konservativen Ian Duncan-Smith zur ERG und auch Douglas Carswell galt vor seinem Wechsel zu UKIP als Mitglied.

Auf 70 stieg nach dem Referendum die Zahl der ERG-Anhänger, die einen Brexit-Vertrag nur dann mitzutragen bereit waren, wenn darin bestimmt war, dass ihr Land nicht mehr nach der Melodie der Kommission und des Europäischen Gerichtshofs zu tanzen habe (Spence 2018). Freiheit und Souveränität war ihnen so viel wert, dass sie für einen Ausstiegsvertrag warben, der den totalen Bruch mit der EU vorsah, selbst wenn dies die Einführung von Zöllen für britische Exporte in die EU bedeutete. „Fuck Business", entfuhr es Boris Johnson, einem Sympathisanten der ERG und inzwischen zum Außenminister in Theresa Mays Kabinett berufen, als ihn der belgische Botschafter bei der EU, Rudolf Huygelen, zu Warnungen der Firmen Airbus, Siemens und BMW vor wirtschaftlichen Kollateralschäden im Zusammenhang mit neuen Handelsschranken nach dem Brexit befragte (BBC News 2018). Weniger nassforsch, aber ähnlich arrogant war die Wortwahl des so skurrilen wie schillernden Jacob Rees-Mogg, den die ERG in den Monaten nach Mays Wahlschlappe zu ihrem Vorsitzenden bestimmte. Der Sohn eines Chefredakteurs der Times, erzogen in Eton und am Trinity College in Oxford sowie Autor eines umstrittenen Buches über die viktorianische Ära, machte als Chef einer Investmentfirma sein Vermögen (Fletcher 2018). Jetzt hörten rund zehn Prozent der Tory-Abgeordneten auf sein Kommando und die Regierungschefin wusste, dass nur mit den Stimmen er ERG ein Brexit-Vertrag Aussicht auf eine Mehrheit haben würde. Ohne

Rees-Mogg, der für den Wahlkreis Nordost-Somerset ins Unterhaus gewählt worden war, ging nicht mehr im Parlament (Sabbagh 2018). Anna Soubry, eine Pragmatikerin in den Reihen der Konservativen, erkundigte sich sarkastisch während einer Parlamentsdebatte: „Wer regiert dieses Land eigentlich, die Premierministerin oder der Abgeordnete für Nordost-Somerset?" (Sabbagh et al. 2018). Ihren Vorwurf, die Konservativen seien übernommen worden von „Mächten der Finsternis" war ein Seitenhieb auf Rees-Mogg, der seinem Ruf gerecht wurde, als er diabolisch wissen ließ, dass er die Regierungschefin so lange im Amt belasse, wie die seine Wünsche zum Brexit befolgte. Daran wird May gedacht haben, als sie in den kommenden Monaten mit dem EU-Verhandlungsführer Michel Barnier eine Vereinbarung zu formulieren versuchte, die den unterschiedlichen Interessen innerhalb ihrer Regierung gerecht werden sollte und gleichzeitig den Bedingungen der EU entsprach. Beobachtern war rasch klar, dass sie es dabei mit Gegensätzen zu tun hatte, die sich nicht auflösen ließen. Der Unternehmenslobby ihrer Partei musste sie eine Neuauflage von Zollunion mit der EU versprechen und signalisieren, dass Exporteure freien Zugang zum Binnenmarkt haben würden. Beides war nach den Grundprinzipien der EU zu haben, wenn das Land sich weiterhin der Rechtsprechung des Europäischen Gerichtshofes unterwarf und die Grenzen offen ließ für Arbeitnehmer aus der EU. Bedingungen auf die sich Rees-Moggs ERG nie einlassen würde. Die Sache verkomplizierte sich weiter wegen der sensiblen Lage der zu Großbritannien gehörenden Provinz Ulster im Norden Irlands. Dort war nach Jahrzehnten des Bürgerkriegs zwischen pro-britischen Unionisten und pro-irischen Nationalisten 1998 Frieden geschlossen worden. Die Bedingungen für die Demilitarisierung ihrer Kämpfer hatten die beiden Konfliktparteien im sogenannten Karfreitagsabkommen festgeschrieben, das eine offene Grenze zwischen dem britischen Nordirland und der Republik Irland, die Beendigung von Grenzkontrollen und den freien Personenverkehr vorsah (Fenton 2018). Diese Vereinbarung stellte der Brexit nun in Frage. Sollte das Vereinigte Königreich die Zollunion verlassen, würde die im Karfreitagsabkommen garantierte offene Grenze auf der Insel zur Außengrenze des EU-Wirtschaftsraumes und somit Zollkontrollen zur Überwachung des Warenverkehrs nötig werden. Uniformierte Beamte, Kontrollhäuser und Schranken inmitten der Insel empfänden irische Nationalisten und die Veteranen des paramilitärischen Kampfes als Provokation mit unabsehbaren Folgen für den Frieden.

Großbritannien als permanente Kolonie der EU?

Das Austritts-Dokument, das Theresa May am 14. November 2018 dem Parlament zur Beratung vorlegte, erhielt Klauseln zu Großbritanniens finanziellen Verbindlichkeiten gegenüber der EU, definierte die künftige rechtliche Stellung der britischen und EU-Staatsangehörigen im jeweils anderen Gebiet, erläuterte Übergangsvereinbarungen und präsentierte eine Regelung zur vertrackten Lage in Nordirland, die als „Backstop" die Nachrichten in den kommenden Monaten bestimmen sollte. Backstop lässt sich übersetzen als Auffangnetz, das nur dann benötigt wird, wenn sich eine bessere Lösung – ein umfassendes Wirtschaftsabkommen zwischen der EU und dem Vereinigten Königreich, das Grenzkontrollen überflüssig macht – nicht vereinbaren lässt. Ein derart umfassendes Abkommen ging Rees-Mogg und der ERG zu weit. Deshalb drehten sich von nun an Aufmerksamkeit und Streit um die Backstop-Regelung. Den Anfang machte Michel Barnier, als er seine britischen Gesprächspartner darauf hinwies, dass Grenzkontrollen anderswo organisiert werden müssten, um Kontrollen auf der Insel zu vermeiden. Andernfalls könne die EU ihren Wirtschaftsraum nicht vor Schmuggel schützen. Bald zeichnete sich ein Modell ab, wonach das britische Nordirland als Teil eines gesamtirischen Marktes der europäischen Zollunion angehören sollte. Die Kontrollen für den Warenhandel zwischen Großbritannien und Nordirland würde dann an den Häfen zur Irischen See stattfinden. Ausgeschlossen sei das, ließ eine empörte Theresa May wissen. Gemeinsam mit ihren Bündnispartnern von der DUP sah sie in dem Vorschlag eine Abtrennung des nordirischen Wirtschaftsraums von Großbritannien und fürchtete den Anfang vom Ende der Union und den Beginn einer Integration der britischen Provinz in die katholische Republik Irland. In der Not schlug die Premierministerin daher vor, der Backstop solle im gesamten Vereinigten Königreich angewandt werden. Außer Nordirland würden also auch Schottland, Wales und England in der Zollunion mit der EU bleiben. So ließen sich Grenzkontrollen sowohl auf der irischen Insel als auch entlang der Irischen See vermeiden. Im Gegenzug musste May sich mit dem Vertragsentwurf verpflichten, auch künftig in Brüssel gemachte Regeln für die Staaten der Zollunion im gesamten Vereinigten Königreich anzuwenden, ohne allerdings mitentscheiden zu können. Wie allen anderen Mitgliedern des gemeinsamen europäischen Zollgebietes war damit auch ihr eine eigenständige Handelspolitik und das Abschließen separater Freihandelsabkommen untersagt. Die Brexiteers in der konservativen Fraktion waren empört, die ERG drohte, UKIP tobte. Boris Johnson fasste den Groll in den Reihen seiner Partei zusammen, als er beklagte, der Backstop mache aus Großbritannien eine „permanente Kolonie der EU", weil er das Land an die Vorschriften und Gesetze der EU binde, nachdem die britischen Abgeordneten und Kommissare Parlament und Kommission längst verlassen hätten (Reuters 2018). Die Gegner des Vertragsentwurfs sahen in einem derart erweiterten Backstop einen Trick, das Land auf Dauer in der EU-Zollunion zu halten und damit auf nicht absehbare Zeit den Entscheidungen der verhassten Institutionen in Brüssel zu unterwerfen, denn – so war es mit Michel Barnier vereinbart – diese Auffangnetz-Regelung konnte nur mit Zustimmung beider Vertragspartner gekündigt werden. Das Kabinett drohte mit Rebellion, ein halbes Dutzend Minister trat zurück und selbst der für den Brexit zuständige Minister Dominic Raab teilte seiner Regierungschefin mit, dass sie auf ihn nicht mehr zählen könne (Buchan 2018). Damit folgte er dem Beispiel seines Vorgängers in diesem Ressort, David Davis, der ebenso wie Außenminister Boris Johnson zurückgetreten war aus Ärger über Zugeständnisse, auf die sich seine Chefin bei den Brexit-Verhandlungen mit der EU eingelassen hatte. Die Premierministerin vernachlässige britische Anliegen und lasse sich von dem Team Michel Barniers über den Tisch ziehen, argwöhnte die ERG und beantragte eine Misstrauensabstimmung in der Fraktion. Zwar gewann May das Votum und blieb vorerst im Amt, weil sie aber auf eine Mehrheit bei der Abstimmung um ihren Brexit-Deal derzeit hoffen konnte, verschob sie die Entscheidung im Parlament vom 11. Dezember 2018 auf den 15. Januar 2019. Das gab ihrer Fraktionsführung zwei Monate Zeit, für den Brexitplan mitsamt dem Backstop zu werben. Ohne Erfolg. May erlebte die gewaltigste parlamentarische

Niederlage, die ein Premierminister jemals erfahren hat (Stewart 2019a). 432 Abgeordnete votierten gegen ihren Brexit-Plan, nur 202 Mitglieder des Unterhauses waren auf ihrer Seite. Mehr als ein Drittel ihrer eigenen Abgeordneten votierte gegen die Regierungschefin, die in der wichtigsten politischen Frage in Jahrzehnten von allen Fraktionen alleine gelassen wurde. Von einer Verfassungskrise sprachen Kommentatoren. „Das Verfassungsmagma" sei ins „Brodeln" geraten und habe sich in „mehreren Erdbeben gelöst" (Adam und Mertens 2020). Wenn eine Regierung so offensichtlich keine Unterstützung im Parlament mehr hat, tritt sie normalerweise sofort zurück. Aber May blieb. Aus Pflichtbewusstsein, sagen ihre Freunde. Aus Verkennung von Lage und Stimmung, Arroganz und Halsstarrigkeit, meinen ihre Gegner. In der Not wandte sich ihr Generalstaatsanwalt Geoffrey Cox im Februar an die EU mit der Bitte um Nachbesserungen am Backstop, um den Wünschen der ERG nachzukommen (Boffey und Helm 2019). Das Gesuch lehnte Verhandlungsführer Michel Barnier kategorisch ab. Unterdessen drängte die Zeit. In wenigen Wochen, am 29. März 2019, würde die Frist ablaufen, die nach Artikel 50 des Vertrags über die Europäische Union für Austrittsverhandlungen vorgesehen war. Dass ihre Minister in den verbleibenden Wochen in der Fraktion noch einmal für ihren Vertragsentwurf warben, darauf konnte May sich längst nicht mehr verlassen. Stattdessen äußersten Mitglieder des Kabinetts öffentlich Zweifel an ihrer Verhandlungsführung. May hatte längst ihre Autorität verloren und konnte Disziplin in ihrer Regierung nicht mehr durchsetzen. Dem sonst üblichen Prinzip kollektiver Verantwortung für gemeinsame Entscheidungen fühlte sich kaum noch ein Minister verpflichtet. Womöglich hoffte sie auf ein Wunder, sicher aber verdrängte sie die Realität, als sie anwies, ihren Entwurf für einen Brexit-Deal dem Parlament erneut zur Abstimmung vorzulegen: 391 Nein-Stimmen, 242 Ja-Stimmen lautete das ernüchternde Ergebnis diesmal (Stewart 2019b). Mays Kommunikation mit der Öffentlichkeit und den Fraktionen war eintönig geworden: Man solle doch einsehen, dass es zu ihrem Vertragstext keine Alternative gebe, mahnte sie. Verbesserungen seien ausgeschlossen, weil es in Brüssel keine Bereitschaft gebe, den Text noch einmal zu überarbeiten. Mit dem Rücken zur Wand spielte May ihre letzte Trumpfkarte: Zustimmung sei zwingend, andernfalls gingen am Morgen nach Fristende am 29. März

Zollschranken an den Grenzen hoch und Großbritannien werde über Nacht gegenüber der EU den gleichen Status bekommen wie Peru oder die Mongolei. Das vernichte Absatzmärkte, zerreiße Lieferketten mit katastrophalen Folgen für Wirtschaft und Wohlstand. May wiederholte diese Botschaft roboterhaft mit wenigen Variationen, was ihr in den Medien den wenig charmanten Beinamen „Maybot" einbrachte. Die Drohkulisse zeigte Wirkung, aber ein andere, als die Strategen in 10 Downing Street es sich erhofft hatten. Statt den Brexit-Deal nun doch durchzuwinken, votierte das Parlament für einen Antrag, der das geschilderte Schreckensszenario eines Brexit ohne Vertrag – in den Medien hieß das No-Deal-Brexit – kategorisch ausschloss (BBC 2019a). Mays Ermahnung verhallte, wonach man einen No-Deal-Brexit zum 29. März nicht per Beschluss, sondern nur mit einem Votum für ihren Austritts-Vertrag verhindern könne. Es war als habe die Mannschaft der Titanic mehrheitlich beschlossen, dass der Eisberg dem Schiff aus dem Weg zu gehen habe. Am Ergebnis hätte es nichts geändert, bemerkte ein Journalist sarkastisch.

Empört über die Unwilligkeit oder Unfähigkeit der Abgeordneten sich zu einigen, forderten am 23. März rund 400.000 Demonstranten in London, die verschiedenen Varianten für einen Austritt aus der EU ebenso wie die Option einer kompletten Absage des Brexit den Bürgern in einer Volksabstimmung vorzulegen (Stokel-Walker 2019). Ein solches zweites Referendum abzuhalten war tatsächlich einer der Vorschläge, über den nun auch zunehmend ratlose Parlamentarier nachdachten in einer Initiative des gemäßigten Konservativen Oliver Letwin. Der hatte Mitglieder aus allen Fraktionen, darunter auch 29 Tories, überzeugt von der Idee, das Parlament solle der Regierung die Initiative entreißen und über Alternativen zu Mays Brexit-Plan abstimmen lassen, um einen Weg zu finden aus der Sackgasse, in die sich die glücklose Regierungschefin manövriert hatte (Reid 2019). Neben einem zweiten Referendum standen den Abgeordneten dauerhafte Mitgliedschaft in der Zollunion sowie Assoziationen mit der EU nach dem Vorbild von Norwegen oder der Schweiz als Optionen zur Auswahl. Als abgestimmt wurde am 27. März erhielt keiner der acht Vorschläge eine absolute Mehrheit. Dass Letwins Hoffnung, seine Kollegen könnten sich doch noch zusammenraufen, nicht aufging, hatte nicht zuletzt mit der politischen Stimmung in Westminster zu tun, die sich seit Jahresbeginn 2019 gewandelt hatte. Theresa

Mays Rücktritt schien nun unmittelbar bevorzustehen und ihre potenziellen Nachfolger brachten sich in Position für den parteiinternen Wahlkampf. Dabei durften sie ihre jeweiligen Unterstützer nicht enttäuschen, indem sie sich in den emotionalen Debatten um den Brexit auf pragmatische Kompromisse mit der Gegenseite einließen. Deshalb galt nun mehr denn je sture Prinzipientreue in der wichtigsten politischen Frage seit Jahrzehnten. Nach Letwins Scheitern richtete sich die Aufmerksamkeit wieder auf die Regierung, wo selbst Parteifreunde ungläubig und fassungslos die Nachricht kommentierten, Theresa May wolle ihren Entwurf des Brexit-Vertrags erneut, nun zum dritten Mal, dem Parlament vorlegen. Dem Wunsch teilte zunächst der Sprecher des Unterhauses eine Absage (Sparrow und Rawlinson 2019). Sprecher John Bercow, der für seine launige Sitzungsleitung und dröhnenden Ordnungsrufe auch jenseits der politischen Zirkel bekannt und beliebt war, begründete sein Veto gemäß der britischen Rechtstradition mit jahrhundertealten Konventionen und politischen Präzedenzfällen, aus denen sich die Regeln des Hauses herleiteten. In diesem Fall ließ Bercow, selbst ein Gegner des Brexit, das Büro der Premierministerin wissen, dass bereits im Jahr 1604 einer Regierung der Wunsch abgeschlagen worden war, über denselben Text dreimal abstimmen zu lassen. Daraus begründete die Rechtsabteilung des Parlaments eine Tradition, die auch 2019 noch galt. Jetzt verlor die sonst so beherrschte Theresa May die Fassung und klagte in einer geradezu verzweifelten Rede das Parlament der Widerborstigkeit und Untätigkeit an, mit dem die Politiker ihre Glaubwürdigkeit verspielten. An das Fernsehpublikum gewandt, rief sie: „Gebt nicht mir die Schuld. Schuld trägt das Parlament" (Barry 2019). Dies sei eine Auseinandersetzung, in der sie auf der Seite des Volkes stehe, entfuhr es ihr in Manier eines geübten Populisten.

Mitarbeiter in Downing Street hatten inzwischen einen Trick ersonnen, um John Bercows formale Einwände gegen eine neuerliche Abstimmung zu umgehen. Den Abgeordneten würde zwar derselbe Brexit-Vertragsentwurf vorgelegt. Aus der Drucksache hatte man aber eine Absichtserklärung gestrichen, in der beide Seiten unverbindlich das zukünftige Verhältnis zwischen Großbritannien und der EU beschrieben. Damit war Bercows Bedingung, den identischen Text nicht ein drittes Mal für ein Votum auf die Tagesordnung zu setzen, zumindest pro forma erfüllt (Blitz 2019). Kurz vor der Abstimmung machte die Premierministerin den Abgeordneten noch ein verlockendes Angebot, indem sie ihren Rücktritt versprach für den Fall, dass ihre Vorlage diesmal eine Mehrheit erhalte. Nicht nur die Oppositionsabgeordneten, auch viele Tories waren verführt, die Frau in 10 Downing Street loszuwerden. Besonders hin- und hergerissen waren die Mitglieder der ERG, die May längst für ein Problem hielten und fürchteten, ihr erfolgloses Agieren führe noch zu einem zweiten Referendum und gefährde damit den Brexit. Am Ende stimmten sie und viele andere dennoch gegen den Brexit-Plan der Regierung, den sie für so ungenießbar hielten. Mays Entwurf verlor am 29. März erneut, diesmal mit 286 zu 344 Stimmen, just an dem Tag, der zwei Jahre zuvor gemeinsam mit der EU als Stichtag für den EU-Austritt fixiert worden war. Ohne Deal wäre das Land jetzt über Nacht zu einem Drittstaat geworden ohne freien Zugang zum europäischen Markt. Vorsorglich hatte Theresa May schon am 20. März beim Präsidenten des Europäischen Rates Donald Tusk in Brüssel um Fristverlängerung gebeten. Nach Beratungen mit den Staats- und Regierungschefs der Union offerierte der den Briten gleich zwei neue Termine: Für den Fall, dass sie sich doch noch über den Vertrag einigten, würde man ihnen bis zum 22. Mai Zeit lassen. Fände die Vereinbarung mit der EU aber keine Mehrheit, laufe die Zeit – und wohl auch die Geduld – schon zum 12. April ab. Spätestens dann sei Großbritannien draußen. Für die Abgeordneten der ERG war jede Verlängerung Anathema. Sie witterten Versuche den Brexit systematisch zu verschieben, um ihn schließlich zu vereiteln. Ein frustrierter Jacob Rees-Mogg twitterte: "Wenn es einen langen Aufschub unseres Austritts gibt, sollten wir uns so widerborstig wie möglich verhalten. Wir könnten unser britisches Veto gegen einen Anstieg des EU-Haushalts einlegen, gegen eine geplante EU-Armee opponieren und Macrons Integrationspläne blockieren" (Rees-Mogg 2019). Der konservative Abgeordnete Nick Bowles war über diese Radikalisierung seiner Fraktion so frustriert, dass er unter Tränen seinen Austritt aus der Partei bekanntgab (Mason 2019). In den kommenden Monaten würden andere seinem Beispiel folgen. Unterdessen suchten seine Fraktionskollegen frenetisch nach einer Alternative zu Mays Plan. Der ehemalige Schatzkanzler der Konservativen, Kenneth Clarke, ein Pragmatiker und Zentrist, brachte eine permanente Zollunion ins Spiel und auch eine zweite Volksabstimmung stand erneut zur Diskussion. Aber der gute Wille einiger half nichts, weil die Arithmetik einfach nicht aufging. Die Gruppe um die ERG wollte den sogenannten harten Brexit, also am liebsten überhaupt keinen Deal über künftige Beziehungen mit der EU. Andere hofften, den Brexit zu verhindern, und die dritte Gruppe war sich nicht einig über verschiedene Mittelwege und Kompromissideen, um das traurige Schauspiel endlich zu beenden. Als klar wurde, dass erneut keine Mehrheit zustande kam und aus Angst vor drastischen volkswirtschaftlichen Folgen eines harten Brexit, verschob der Europäische Rat die Austrittsfrist noch einmal bis zum 31. Oktober 2019 unter der Bedingung, die Briten mischten sich in die anstehenden Haushaltsberatungen der Union nicht ein. Dank der neuen Frist war der Druck von allen Beteiligten genommen und es gab eine Chance, noch einmal neu über einen Ausweg nachzudenken. Theresa May hatte noch immer nicht aufgegeben und versuchte es am 2. April mit einem gewagten Manöver, als sie erstmals den Oppositionsführer Jeremy Corbyn einlud, sich mit ihr auf eine Brexit-Vereinbarung zu einigen, der beide große Parteien im Parlament würden zustimmen können (Mason et al. 2019). In der Hoffnung auf ein Gegengeschäft versprach ihre Regierung zudem einigen Labour- Abgeordneten staatliche Investitionen in ihren jeweiligen Wahlkreisen. Ein riskantes Spiel, bei dem May Gefahr lief, einen Deal mit Hilfe der Opposition gegen den Widerstand großer Teile der eigenen Fraktion im Parlament ratifizieren zu lassen. Die Partei der Konservativen wäre darüber zerbrochen. Doch soweit sollte es nicht kommen und auch die Frage, ob ein neuer, mit Labour ausgehandelter Entwurf dann auch noch die Zustimmung des Teams um Michael Barnier fände, stellte sich nicht mehr. Denn Corbyn sah keinen Grund, einer Regierungschefin, die von ihren eigenen Abgeordneten im Stich gelassen worden war, die rettende Hand auszustrecken. Beobachter fragten derweil, ob es nicht besser gewesen wäre, hätte May gleich zu Beginn ihrer Amtszeit, als ihre Reputation noch intakt war, im Konsens mit anderen Parteien eine gemeinsame Verhandlungslinie für die Gespräche mit Barnier vereinbart.

Der joviale Blonde soll die Partei wieder motivieren

May musste spätestens im März klar geworden sein, dass ihr nichts als der Rücktritt blieb. Doch noch zögerte sie. Selbst am 27. März noch, als sie dem 1922 Komitee, der mächtigsten Interessengruppe aller Tory-Abgeordneten ohne Regierungsamt, lediglich zusagte, ihre Partei nicht in die nächste Wahl zu führen (Heffer 2019). Das Zugeständnis reichte längst nicht mehr aus, um dem Protest die Spitze zu nehmen, der in den eigenen Reihen brodelte. Am 22. April richteten 70 Kreisverbände der Londoner Parteizentrale aus, May müsse weg. Als schließlich noch die Labour-Führung um Jeremy Corbyn ihre Bitte um Zusammenarbeit ausschlug, fügte sich Thera May in das Unausweichliche: Am 24. Mai ließ ihr Büro in 10 Downing Street mitteilen, dass sie am 7. Juni 2019 als Vorsitzende der konservativen Partei zurücktreten werde. Das war der Startschuss zur Wahl eines neuen Parteichefs, der ihr dann auch ins Amt des Premierministers folgen sollte. Bei seinem zweiten Anlauf galt Boris Johnson als aussichtsreichster Anwärter auf die Spitzenposition. Liebling der Mitglieder war er schon seit Jahren, gefeierter Star jedes Parteitages ohnehin und nun auch noch Hoffnungsträger der Brexiteers. Der joviale Blonde mit seiner unverwüstlich optimistischen und hemdsärmeligen Art sollte die Partei wieder motivieren, mit flammender Rhetorik mitreißen und mit skurrilen Wortschöpfungen unterhalten. Seine Provokationen in Richtung Brüssel, aber mehr noch der eiserne, geradezu rücksichtslose Wille, gegen alle Widerstände und Bedenken einen neuen, besseren Brexit-Deal nach den Wünschen Großbritanniens nicht nur zu verfassen, sondern auch von beiden Seiten ratifizieren zu lassen, galt den stimmberechtigten Mitgliedern als stärkstes Argument für Londons früheren Bürgermeister. Eine Stimme für ihn sahen sie als die beste Versicherung der Konservativen gegen einen Nigel Farage, der bisher so erfolgreich unter ihren Wählern gewildert hatte. Das erklärt, warum Johnson sich in der Abstimmung der Parteimitglieder so klar durchsetzen konnte mit 97.000 Stimmen gegen 47.000, die für seinen sympathischen, fachlich kundigen, aber vergleichsweise langweiligen Gegenkandidaten, Jeremy Hunt – Johnsons Nachfolger im Außenministerium –

abgegeben wurden (Merrick und Woodcock 2019). Am 24. Juli 2019 ernannte ihn die Königin zum 77. Premierminister des Vereinigten Königreiches. Der Gegensatz zwischen Johnson und seiner Vorgängerin konnte kaum größer sein. Der neue Mann in der Downing Street ist „ein perfekter, bisweilen frivoler Schauspieler, stets auf Außenwirkung bedacht, selten aufrichtig und immer kalkulierend. Er liebt beides: Die Show und das Spiel" (Adam und Mertens 2020, S. 44). Was nun begann, war seine Show und das Programm, dessen Hauptdarsteller er sein sollte, hieß: „Get Brexit done", also „Lasst uns den Brexit machen." Dabei beharrte er darauf, bis zum 31. Oktober zu erreichen, woran seine Vorgängerin so kläglich gescheitert war. Er würde einen neuen Deal verhandeln, den so verhassten Backstop mit etwas anderem ersetzen, weitere Klauseln nachbessern und das alles in den verbleibenden 99 Tagen, wenn nicht sogar noch schneller.

Für diesen politischen Parforce-Ritt brauchte Johnson loyale Leute um sich. Für Zögerer und Zweifler hatte er keinen Platz. Deshalb entließ er mit einem Schlag 18 Minister. Eine so große Regierungsumbildung ohne vorangegangene Wahlen hatte das Land seit dem Zweiten Weltkrieg nicht erlebt (Stewart und Mason 2019). Mehr Spitzenpersonal hatte nicht einmal Harold Macmillan 1962 ausgewechselt in einem Manöver, das von den Korrespondenten in Westminster seinerzeit als Nacht der langen Messer bezeichnet wurde. Jetzt musste gehen, wer nicht unbedingt den Brexit zu Johnsons Konditionen wollte. Der Klassizist Johnson sah sich als Octavian Augustus, der seinerzeit politische Widersacher in einem grausamen Bürgerkrieg ausschaltete, bevor er sich um Aufbau und Prosperität des Römischen Reiches kümmern konnte und eine Epoche begründete, die als Pax Augusta zumindest in Johnsons Erinnerung weiterlebte. Nun also war Zeit für Bürgerkrieg in der Zeitrechnung des neuen Mannes in 10 Downing Street. Als Feinde und Verräter galten neben der Opposition und den Remainern auch die liberalen Medien, vor allem die BBC, sowie mahnende Unternehmer, Zweifler in der eigenen Partei und zuletzt auch die Gerichte, die ihm auf dem Weg zum Brexit Probleme bereiten konnten. Radikalität und Schnelligkeit waren die Rezepte zum Erfolg von Revolutionen und Johnson erkannte, dass Brexit nichts anderes war als eine Revolution, die das politische System transformierte und eine politische Klasse hinwegfegte. Am Ende würde die Seite gewinnen, so sein Kalkül, die ihr Anliegen mit größerer Rücksichtslosigkeit betrieb. An seiner Seite in 10 Downing Street standen jetzt wieder die Kampagnenmanager aus den Zeiten des Brexit-Referendums. Den Chefstrategen aus jenen Tagen, Dominic Cummings, machte er zu seiner rechten Hand. Cummings war die Bestbesetzung für ein Revolutionsdrama, war doch seine Verachtung für Institutionen, sein Spott über Konventionen und seine Geringschätzung traditioneller Eliten legendär und in der Regierung wie auch unter den Abgeordneten der konservativen Fraktion gefürchtet. Wie Steve Bannon in Donald Trumps Weißem Haus so schätzte Cummings als Chefberater Johnsons die reinigende Kraft von Disruption und nahm dafür die Beschädigung demokratischer Werte und Prozesse in Kauf (Cadwalladr 2019). Cummings und Johnson dachten nicht daran, sich wie Theresa May aufhalten zu lassen von der Opposition in der eigenen Partei, von Konventionen des Parlamentsbetriebs oder gar Gesetzen. Vom Scheitern Theresa Mays hatten sie gelernt, wie gefährlich es war für die Autorität eines Premierministers, wenn Widerspruch und Zweifler in den eigenen Reihen geduldet wurden. Den Fehler wiederholten sie nicht. Wer unter Johnson etwa eine enge wirtschaftliche und politische Bindung an die EU forderte und Kompromissbereitschaft gegenüber Brüssel anmahnte, der galt als Verräter und war zu bestrafen. Wer sich ganz und gar öffentlich gegen die politische Linie und den Stil des neuen Regierungschefs wandte, dem wurde mit dem Parteiausschluss gedroht. Und es blieb nicht bei der Drohung. Am 3. September 2019 traf der Bannstrahl der Partei- und Fraktionsführung gleich 21 Abgeordnete, die gemeinsam mit Parlamentariern der Opposition versuchten, gegen den Willen Johnsons einen Brexit ohne Deal zu verhindern. Unter ihnen war jener Oliver Letwin, der sich seit Monaten um einen parlamentarischen Ausweg im Brexit-Dilemma bemüht hatte, ebenso der Alterspräsident des Unterhauses Kenneth Clarke, der vormalige Generalstaatsanwalt Dominic Grieve, Theresa Mays frühere Bildungsministerin Justine Greening und ihr Schatzkanzler Philip Hammond sowie Sir Nicholas Soames, der Enkel Winston Churchills (BBC News 2019d). Rory Stewart, dem Wochen zuvor ein Achtungserfolg gegen Johnson bei den Wahlen um den Parteivorsitz gelungen war, erhielt auf Einladung des Magazins GQ gerade die Auszeichnung zum „Politiker des Jahres", als ihm die Parteileitung per

Textnachricht den Rauswurf mitteilte. Zu ihrer Rechtfertigung verwiesen die derart gemaßregelten Abgeordneten auf einen Bericht, den der Chef des öffentlichen Dienstes, Sir Mark Sedwill, im April an Theresa May gesandt hatte. Darin warnte der oberste Beamte eindringlich vor einem Brexit, ohne zuvor vertraglich offene und zollfreie Handelswege mit der EU zu vereinbart zu haben. Die Folge eines No-Deal-Szenario wäre Sedwill zufolge nicht nur ein zehnprozentiger Anstieg der Preise in den Supermärkten und ein ebenso dramatischer Verfall des Immobilienwertes. Sedwill prognostizierte zudem, dass die Medikamente knapp würden und das Benzin an den Tankstellen ausgehen könne. Die Folge wären landesweite Proteste frustrierter Bürger und Straßenschlachten in den Städten, in denen die Polizei die Kontrolle verlöre. Auch Zentralbankpräsident Mark Carney appellierte an die Vernunft und warnte, ein Brexit ohne Deal werde nach seiner Einschätzung den Konflikt in Nordirland wieder aufleben lassen. Ebendiese Warnungen in den Wind zu schlagen und ohne sichtbaren Skrupel auf dieses Schreckensszenario zuzusteuern, war der Plan von Johnson und Cummings. Nur wenn in den europäischen Hauptstädten kein Zweifel mehr bestand, dass Johnson zu einem No-Deal-Brexit bereit war mit allen Konsequenzen – so die zynische Kalkulation in Downing Street- würden die Regierungen in Berlin und Paris einlenken aus Sorge, ihre eigenen Volkswirtschaften könnten Kollateralschäden erleiden. Um Lieferketten zu schützen und ihren heimischen Exporteuren den britischen Markt offenzuhalten, würden Merkel und Macron dann ihren EU-Verhandlungsführer Barnier anweisen, den von Theresa May verhandelten Deal nach den Wünschen Johnsons zu verändern.

Der Premierminister schließt das unliebsame Parlament

Johnsons skrupellose Methoden im Umgang mit Brüssel und die brachialen Mittel, mit denen er Kritiker in der eigenen Partei ausschaltete, erschütterten die Tories. Die Arbeitsministerin Amber Rudd trat aus Protest zurück und Jo Johnson, der Bruder des Regierungschefs, gab sein

Amt als Wissenschaftsminister auf mit der Begründung, seine Loyalität zur Familie sei nicht vereinbar mit seiner Verantwortung für das Wohl des Landes. Die Regierungspartei schien zu zerbersten. Nach dem Rauswurf der 21 Rebellen hatte die Regierung endgültig keine Mehrheit mehr im Unterhaus und verlor immer wieder die Kontrolle über die Tagesordnung des Parlaments, die üblicherweise von der Exekutiven diktiert wird. Zweimal versuchte Johnson nun, mit der Hilfe seiner Rumpffraktion und Stimmen der Opposition Neuwahlen anzusetzen. Ohne Erfolg. Stattdessen regierte die Kammer nun gegen die Exekutive und durchkreuzte die Verhandlungsstrategie der Regierung, als eine Mehrheit der Abgeordneten für das Benn-Gesetz votierte, benannt nach seinem Autor, dem Labour-Abgeordneten Hilary Benn. Damit verpflichtete das Parlament die Regierung – sollte bis zum 31. Oktober kein Austritts-Deal mit der EU beschlossen sein –, noch einmal in Brüssel um Aufschub zu bitten, um einen harten Brexit zu vermeiden. Johnson, der in Benns Initiative eine Gefahr sah für seinen Plan, mit einer No-Deal-Drohung Brüssel unter Druck zu setzen, sprach von einem „Kapitulationsgesetz", durch das er sich nicht gebunden fühle (Mason und Walker 2019). Bei der brutalen Durchsetzung seines erklärten Ziels nahm er in Kauf, die Akzeptanz demokratischer Institutionen zu untergraben. Die Ironie lag darin, dass er damit den Willen eines Parlaments umging, dessen uneingeschränkte Autorität die Brexiteers gerade durch den Bruch mit den Brüsseler Institutionen wiederherzustellen vorgaben. Empört prüfte die Opposition ein Amtsenthebungsverfahren, ein zuletzt 1806 gegen den Ersten Lord der Admiralität, Viscount Melville, wegen Veruntreuung angewendetes aus Zeiten des Hochmittelalters stammendes Instrument, bei dem der Premierminister während der Sitzung vom Ordnungsdienst des Unterhauses in Gewahrsam hätte genommen werden können (Hutchison 2017). Um sich Konfrontationen dieser Art zu ersparen und kritische Debatten über seine Bemühungen um einen neuen Brexit-Deal zu verhindern, entschied sich Johnson gemeinsam mit seinem Chefberater Cummings, die Abgeordneten nach Hause zu schicken. Das Prorogation genannte Verfahren bedeutete de facto eine Schließung des Parlaments auf Zeit, verkündet durch den Monarchen auf Anraten seines Regierungschefs. Im Namen Johnsons traf am 28. August 2019 Jacob Rees-Mogg, mittlerweile zum Minister aufgestiegen, die Königin im schottischen

Schloss Balmoral und bat darum, die Abgeordneten zwischen dem 9. September und dem 14. Oktober zu beurlauben. Elizabeth II. stimmte dem zu, entsprechend der Konvention, die vorsieht, dass das Staatsoberhaupt immer den Empfehlungen des gewählten Premierministers zu folgen hat. In Westminster schlug die Empörung hohe Wellen. Abgeordnete drohten, die Prorogation zu umgehen, und sich an einem anderen Ort zu versammeln, um die Regierung zur Rechenschaft zu ziehen. Demonstranten erinnerten schon an König Charles I., ein absolutistischer Herrscher im 17. Jahrhundert, der ebenfalls mit einer erzwungenen Schließung des Parlaments die Abgeordneten zum Schweigen bringen wollte. Seinerzeit erklärten die Parlamentarier dem Herrscher den Krieg, der damit endete, dass Charles im Regierungsviertel Whitehall öffentlich geköpft wurde. Sein Nachfolger, Oliver Cromwell, folgte dem Beispiel und ließ ebenfalls das Parlament schließen, um kritische Debatten zu unterbinden. Zwei Gestalten, mit denen sich seither kein demokratisch gewählter Politiker gerne verglichen sah. 350 Jahre später wollte Johnson mit einem neuen Vertragstext die Parlamentarier überrumpeln und ihnen – anders als May – keine Zeit lassen, den Inhalt seines Brexit-Vertrags zu analysieren und zu zerpflücken.

Prorogation des Parlaments ist Sache des Ermessens, ihre Dauer eine Frage der Konvention. Kurze Parlamentspausen von einer oder zwei Wochen sind üblich, gerade im Herbst, um Abgeordneten Zeit zu geben, an den jährlichen Parteitagen teilzunehmen. Johnsons lange Pause dehnte die Konvention zum Bersten und diente augenscheinlich dem Ziel, sich der Kontrolle durch die Abgeordneten zu entziehen. Seine Gegner warfen ihm daher einen Staatsstreich vor. Seine Anhänger klagten, das Parlament usurpiere Macht, die der Exekutive vorbehalten sei. Zunächst stellte sich ein schottisches Gericht auf die Seite des Parlaments, dann ein englisches auf die Seite Johnsons. Letztinstanzlich verkündete Lady Hale of Richmond, die Vorsitzende am Obersten Gerichtshof, die elf Richter ihrer Kammer hätten einstimmig befunden, dass die Prorogation unrechtmäßig sei (Bowcott et al. 2019). Damit war Johnson einmal mehr als skrupelloser Hasardeur bloßgestellt, als gewissenloser Politikabenteurer, der sich über Gesetze und demokratische Institutionen hinwegsetzt und sogar die Königin für seine Machtpolitik missbrauchte. Der ertappte Täter zeigte keine Einsicht, im Gegenteil. Er würde sich weder von einem Obersten Gerichtshof noch von einem Parlament von seinem Vorhaben abbringen lassen: Mit oder ohne Deal, es bleibe beim EU-Austritt bis zum 31. Oktober. Er liege lieber tot in einem Graben, als in Brüssel um einen weiteren Aufschub zu bitten, ließ er Journalisten wissen. Und mit Verweis auf Hulk, den Superhelden einer amerikanischen Comicserie, ergänzte der Regierungschef: „Umso wütender Hulk wird, umso stärker wird Hulk. Hulk entkommt immer, egal, wie sehr man ihn fesselt. Und das trifft auf unser Land auch zu. Am 31. Oktober kommen wir raus" (Owen 2019). Johnsons Wortwahl ähnelte der eines Heerführers im Krieg, etwa, wenn er davon sprach, den „Sieg" zu erkämpfen in der „Brexit-Schlacht", seine „Gegner" aufforderte, ihre Niederlage endlich anzuerkennen, oder „Verräter" davor warnte, das Referendumsergebnis zu „sabotieren", mit dem Ziel, dass Großbritannien sich auch weiterhin „der EU unterwerfe". Seine aufgehetzten Anhänger wüteten und drohten in den sozialen Medien, ihre proeuropäischen Gegner schrien zurück, oft auf der Straße bei Massendemonstrationen. Boris Schwester Rachel war empört: „Mein Bruder redet, als wolle er die Verlierer des Referendums gehängt, geviertelt, geteert und gefedert sehen. Solche Sprache ist sträflich" (Taylor 2019). Aufforderungen, seine Worte zu mäßigen, hielt der Premierminister für „Humbug" und rechtfertigte in der Andrew Marr Show, eine Politik-Sendung der BBC, „der Gebrauch von militärischen Metaphern gehört seit jeher zu parlamentarischen Umgangsformen. Wenn wir Begriffe wie Kapitulation nicht mehr gebrauchen dürften, wäre das eine Einschränkung parlamentarischer Debatte", um dann in der für Johnson typisch unverfrorenen Art und mit einem dreisten Augenzwinkern nachzusetzen: „Übrigens glaube ich, ein Vorbild an Zurückhaltung zu sein" (Ashford 2019). Natürlich war es ihm mit der Zurückhaltung nicht ernst. Als das Parlament der pro-europäischen Labour-Abgeordneten Jo Cox gedachte, die in 2016 in der Referendums-Kampagne von einem Rechtsextremen in ihrem Wahlkreis in West Yorkshire ermordet worden war, sorgte Johnson für einen Eklat: Dem Andenken der Toten sei am besten gedient, rief er seinen politischen Gegnern zu, wenn man Brexit endlich über die Ziellinie bringe. Seine Schwester nannte die Wortmeldung „geschmacklos." (Johnson 2019). Kurz darauf beklagte sich der Labour-Abgeordnete Karl Turner bei Dominic Cummings über die Morddrohungen, die er und andere Parlamentarier von aufgebrachten Brexit-Anhängern erhielten. Worauf ihm der Chefberater des Premierministers zynisch entgegnete: „Dann sollten Sie mal besser für den Brexit-Deal stimmen." (Mason und Perraudin 2019).

Nun gab es zu diesem Zeitpunkt allerdings keinen neuen Vertragsentwurf, für den Turner und andere Abgeordnete hätten stimmen können. Mays Deal war natürlich vom Tisch und in Brüssel glaubte kaum jemand, Michel Barnier und seine Londoner Verhandlungspartner könnten sich bis zum nächsten Treffen der EU-Staats- und Regierungschefs am 17. Oktober 2019 auf ein neues Dokument einigen. Derweil tickte die Uhr und es blieben nur noch Tage für eine Arbeit, die Theresa May in 18 Monaten nicht gelungen war. Ratspräsident Tusk, Barnier und der Brexit-Beauftragte des europäischen Parlaments, der Belgier Guy Verhofstadt, hatten in den zurückliegenden Wochen ungläubig das dramatische Schauspiel in Westminster verfolgt und fürchteten nun, Boris Johnson sei es ernst mit der Drohung, sein Land zum 31. Oktober ohne Vertrag aus Zollunion und gemeinsamem Wirtschaftsraum zu reißen. Sie hielten den Mann in Downing Street für unberechenbar, gefährlich, womöglich verrückt, aber in jedem Fall zu allem bereit. Besonders Dublin wuchs die Angst, bei einem No-Deal-Brexit die Rückkehr von Zollschranken zwischen der Republik und der britischen Provinz im Norden zu erleben. Eine Horrorvorstellung und Provokation für die irischen Nationalisten und die mit ihnen verbündeten Veteranen des bewaffneten Kampfes, die eine Teilung der Insel durch eine harte Grenze nie akzeptiert hatten. In Brüssel überließ man es daher der irischen Regierung, einen Kompromiss mit den Briten über die bei den Brexiteers so verhasste Backstop-Klausel in Mays ursprünglichem Vertragsentwurf zu finden, solange nur der Binnenmarkt geschützt und der Frieden auf der Insel gewahrt blieben. Am 10. Oktober machte die Nachricht die Runde von einem Treffen Johnsons mit seinem irischen Amtskollegen Leo Varadkar zu einem Vier-Augen-Gespräch auf dem Landsitz Thornton Manor bei Liverpool. Drei Stunden später war klar, der Knoten war durchschlagen, Johnson hatte sich mit der europäischen Seite auf einen neuen Deal geeinigt, der auf 600 Seiten verblüffend wie der alte Vertrag Mays aussah – mit einem großen Unterschied. Die 13 Seiten zum Backstop waren in Johnsons Neufassung herausgestrichen, um die Brexiteers zu befrieden, die den Begriff längst für toxisch hielten und nie dafür gestimmt hätten, das gesamte Vereinigte Königreich auf Dauer und unbefristet in der EU-Zollunion zu belassen. Stattdessen wird das Nordirland-Protokoll eingefügt, wonach nur Nordirland im britischen Zollgebiet verbleibt und somit partizipieren kann an allen Handelsabkommen, die das Vereinigte Königreich mit Drittstaaten abzuschließen beabsichtigte. Eine Befreiung von Zollschranken sollte für Produkte gelten, die für Nordirland bestimmt waren, nicht aber solche, die von Nordirland aus in die EU weitertransportiert würden. In der Praxis hieße das für Waren, die aus Drittländern nach Nordirland geliefert werden, dass die EU bei der Anlandung am Hafen kontrollieren und Zoll erheben darf, der – wenn das Produkt in Nordirland verbleibt – dann zurückerstattet werden kann. In wenigen Worten auf den Punkt gebracht: Johnsons Brexit-Deal teilt das Vereinigte Königreich in zwei Wirtschaftszonen mit unterschiedlichen Regeln und Kontrolleuren in der Mitte, also entlang der Irischen See (BBC News 2019c). Dieses Arrangement kann zwar ausgesetzt und ersetzt werden durch eine geschmeidigere und effizientere Nachfolgeregelung (während der zweijährigen Verhandlungen hatte niemand eine gute Idee, wie diese Alternative aussehen könnte), wenn sowohl Nationalisten als auch Unionisten in Nordirlands Regierung und dem Regionalparlament in Belfast das beschließen. Ein unwahrscheinliches Szenario, denn während die Unionisten das Nordirland-Protokoll von Anfang an für einen Verrat an der britischen Einheit hielten, sahen die Nationalisten ihr Anliegen, Nordirland in den irischen Wirtschaftsraum zu integrieren, erfüllt (Casalicchio 2019). Um für seinen vergifteten Vertragsentwurf sowohl bei den Konservativen als auch den wenigen Brexiteers auf den Bänken der Labour-Opposition Zustimmung zu gewinnen, versuchte es Johnson wie schon so oft zuvor mit geschmeidiger Rhetorik und kreativem Umgang mit der Realität. Sollte die EU ihnen Formulare zur Kontrolle von Waren auf dem Weg nach Nordirland schicken, ermunterte Johnson besorgte Geschäftsleute in der Provinz, sollten sie diesen Papierkram einfach wegwerfen (Daly und Baynes 2019). Eine Zollgrenze entlang der Irischen See, versicherte er entgegen besseren Wissens denen, die es hören wollten, werde es nicht geben. Unterdessen beteuerten seine Mitarbeiter gegenüber der EU das Gegenteil und versicherten Vertragstreue (Jenkins 2021). Ein akrobatischer Umgang mit der Wahrheit, der sich auszahlte. Selbst die sonst skeptische ERG in der

Fraktion der Konservativen vergaß überraschend schnell ihre so oft beschworene Solidarität mit den britischen Unionisten in Nordirland und stimmte für den neuen Plan. Ihr Grund war machtpolitisch, hielt die ERG Boris Johnson doch für einen Garanten ihrer Interessen und wollte ihn deshalb jetzt auf keinen Fall scheitern sehen (Phil Burton-Cartledge 2019). Es schien, als habe Johnson sich erneut mit Dreistigkeit, Brutalität und Lüge aus einer scheinbar unmöglichen Situationen befreit.

Feiglinge und Verräter verspielen ihr moralisches Recht

Und diese Fähigkeit war nur Tage später erneut gefordert. Weil die Ausführungsgesetze zum neuen Brexit-Vertrag nicht mehr rechtzeitig zum 31. Oktober beraten und beschlossen werden konnten und somit erneut ein No-Deal-Brexit-Szenario drohte, galt nun für den Premierminister die im Parlament beschlossene Verpflichtung, in Brüssel um eine weitere Verschiebung des Brexit-Datums zu bitten. Ein Ansinnen, das die Brexiteers rasen ließ vor Zorn. Johnsons Generalstaatsanwalt Geoffrey Cox hatte schon Tage zuvor bezweifelt, ob ein „totes Parlament" aus „Feiglingen und Verrätern", wie er es nannte, das moralische Rechte habe, den Regierungschef zu verpflichten (Cox 2019). „Das Parlament verachtet die Menschen", die für den Brexit gestimmt hatten, befand Jacob Rees-Mogg und verglich das britische Volk mit der Sagengestalt Gulliver, gefesselt und geknebelt von „schwachen und nutzlosen Politikern." Den Höhepunkt erreichte die Konfrontation am 19. Oktober, der Stichtag, an dem Johnson seine Bitte um Verlängerung der Austrittsfrist entsprechend dem Beschluss des Unterhauses in Brüssel hätte vorlegen müssen. Ohne Gesichts- und Autoritätsverlust konnte er nun nicht einknicken und dem Parlament nachgeben. Andererseits war eine Weigerung Gesetzesbruch und hätte ihm nicht nur einen Gerichtsprozess, sondern vermutlich auch eine Freiheitsstrafe eingebrockt. In äußerster Not fand Johnson einen so cleveren wie dreisten Weg aus der Zwickmühle. Er ließ in Brüssel drei Briefe abgeben von seinem Botschafter bei der EU. In einem, einer Kopie und ohne Unterschrift, bat er im Namen des Parlaments um Fristverschiebung. Im Zweiten, ein Original und unterschrieben, sagte er, dass seine Regierung keinen Aufschub wolle. Und der dritte Brief erklärte das Verhältnis des ersten zum zweiten (Herszenhorn und Brown 2019). Ratspräsident Donald Tusk ignorierte Briefe zwei und drei und bemerkte, man habe die Bitte um Aufschub aus London erhalten. Wenige Tage später meldete Brüssel, man verschiebe den Austrittstermin auf den 31. Januar 2020.

Alles gut, könnte man meinen. Doch weit gefehlt. Das Verhältnis zwischen Regierung und Parlament war an einem historischen Tiefpunkt angelangt und galt als irreparabel. Statt zügig zu beraten und abschließend über den neuen Vertrag abzustimmen, drohte die Kammer erneut mit Verzögerung, als sie den Zeitplan der Regierung für die Debatte des Brexit-Deals ablehnte. Johnson beharrte jetzt auf Neuwahlen. Mit seinem fulminanten Verhandlungserfolg gegen die EU im Rücken rechnete er sich Chancen bei einem Urnengang aus. Seine Gegner hingegen witterten einen Trick und fürchteten, der Regierungschef könnte doch noch den Einflüsterern der ERG nachgeben und einen No-Deal-Brexit inszenieren in den Wochen des Wahlkampfes, für dessen Dauer traditionell das Parlament suspendiert wird. Erst als die Fraktionen feste Zusagen erhalten hatten, die Regierung werde Entscheidungen bis zur Konstituierung eines neuen Parlaments aufschieben, beschloss eine Mehrheit der Abgeordneten den zweiten Urnengang in zweieinhalb Jahren. Die Liberaldemokraten und die schottischen Nationalisten sahen in diesen Neuwahlen die letzte Gelegenheit, den Brexit womöglich doch noch zu stoppen. Labour-Chef Jeremy Corbyn wollte unter den Wählern vor allem Interesse an seinen Vorschlägen zu umfassenden Verstaatlichungen von Eisenbahn, Energie- und Wasserversorgern sowie seiner Ankündigungen einer radikalen Umverteilungspolitik erkannt haben (James 2019). Und der Chef der Konservativen? Der galt als Regenmacher, dem alles gelang – zumindest vieles von dem, woran seine Vorgängerin gescheitert war. Darüber hinaus versprach er im Wahlkampf 40 neue Krankenhäuser, 20.000 zusätzliche Polizisten, Gigabit-Breitband für alle und Steuersenkungen (Hutchinson und Murray 2019). Was die Wähler aber vor allem elektrisierte war sein Mantra. „Get Brexit done", die Gewinnerformel, mit der Johnson in den Hochburgen der Labour-Partei erfolgreich Stimmen wilderte. Dem hatte die wichtigste Oppositionspartei nichts entgegenzusetzen, deren Vorsitzender Corbyn die Wähler verschreckte mit der Ankündigung, im Falle eines Wahlsieges den Brexit-Deal zunächst noch einmal von vorne zu verhandeln, für den neuen Vertragsentwurf bei einem neuen Referendum aber nicht werben zu wollen (Allegretti 2019). Was wie eine Chance für die konsequent pro-europäischen Liberaldemokraten aussah, brachte der zweiten Oppositionspartei aber kein Glück. Ihr klares Versprechen, den Brexit zu stoppen, hätten sie bestenfalls in einer Koalition mit der Labour-Partei wahr machen können. Jeremy Corbyns radikalen Manifests wegen schloss die Vorsitzende der Liberaldemokraten, Jo Swinson, aber jede Zusammenarbeit aus (Kentish 2019). Eine Stimme für die LibDems, die auf den weiteren Verlauf des Brexit vermutlich ohnehin keinen Einfluss würden nehmen können, erschien vielen Wählern daher verloren. Und UKIP? Farage hatte den UKIP-Vorsitz nach dem Referendum aufgegeben, später die Partei verlassen, deren Wähler sich jetzt Farages neuer Formation zuwandten, der Brexit-Partei. Brexiteers fürchteten, Farage könnte den Konservativen so viele Stimmen abnehmen, dass Johnson am Ende die parlamentarische Mehrheit zur Ratifizierung seines Deals und zum endgültigen EU-Austritt bis Januar 2020 fehlte. Die Gefahr schien real. Nur Monate zuvor, im Mai 2019, hatte die Brexit-Partei bei den Wahlen zum europäischen Parlament 30 Prozent der Stimmen gewonnen dank der Unterstützung vieler frustrierter Konservativer, deren Partei – damals noch mit der glücklosen Theresa May – hinter den LibDems und den Grünen nur Fünfte wurde (BBC News 2019b). Farage wollte Johnson nicht scheitern und damit den Brexit gefährdet sehen. Daher ordnete er den Verzicht seiner Kandidaten an in Wahlkreisen, in denen die Tories als Favoriten galten (Proctor und Wearden 2019). Das Manöver war nur möglich, weil Farage mehr Gewalt über seine Partei hat als andere Vorsitzende. Die Kalkulation ging auf und Johnsons Konservative bekamen mehr Stimmen als bei irgendeiner Wahl seit Thatchers erstem Sieg 40 Jahre zuvor. Die Regierung stützte sich nun auf 365 der 650 Abgeordneten im Unterhaus. Das Parlament war endlich wieder arbeitsfähig und stimmte für Johnsons Brexit-Deal. Am 31. Januar 2020 um 23 Uhr verließ Großbritannien endgültig die Europäische Union. Über Nacht verlor die Union 20 Prozent ihrer Wirtschaftskraft, 13 Prozent ihrer Bevölkerung, 25 Prozent ihrer operativen militärischen Fähigkeiten und einen jährlichen Mitgliedsbeitrag von zehn Milliarden Euro (Adam und Mertens 2020, S. 291). Nach einer zwölfmonatigen Übergangszeit, in der weiter die Regeln der EU gelten sollten, würde Großbritannien am ersten Januar 2021 – in den Worten Boris Johnsons – seine Freiheit und Unabhängigkeit endlich wiedererlangt haben. Wenige Wochen zuvor erzählte ein 80jähriger Umweltaktivist, Autor und pensionierter Beamter aus Pencanze in Cornwall bei einem Interview mit dem französischen Radiosender RTL, dass er gerade einen französischen Pass beantragt habe. „Ich bin Europäer und die Verbindung mit der Europäischen Union ist mir wichtig," versicherte Stanley Johnson, der Vater des Premierministers. Er war einer von 350.000 Briten, die in den dreieinhalb Jahren seit dem Brexit-Referendum die Staatsbürgerschaft eines EU-Landes beantragt hatten (Taylor 2020).

Aus den Überschriften und hitzigen Diskussionen im Parlament war der Brexit aber noch lange nicht verschwunden. Während der zwölfmonatigen Übergangszeit wurde weitergestritten, diesmal über einen Vertrag, der die Wirtschaftsbeziehungen Großbritanniens mit der EU regeln sollte. Die Fronten im Land blieben die gleichen. Da waren diejenigen, die sich einen offenen Zugang zum europäischen Markt wünschten und bereit waren, dafür auch künftig die in Brüssel beschlossenen Regeln und Standards für Produkte und Unternehmen zu akzeptieren. Andere kritisierten diese Idee als BRINO (Brexit In Name Only), also Brexit nur auf dem Papier und nicht die volle Abkehr von den Vorgaben der Union, für die sie gekämpft hatten.

Literatur

Adam RG, Mertens G (2020) Brexit-Revolution. Das Vereinigte Königreich in der Verfassungskrise. Springer, Wiesbaden

Allegretti A (2019) Jeremy Corbyn won't say how he would vote in his own referendum. Sky News, 18. September. https://news.sky.com/story/jeremy-corbyn-refuses-to-say-if-he-will-back-remain-or-new-brexit-deal-in-referendum-11813020. Zugegriffen am 27.12.2020

Ashford J (2019) Boris Johnson says he was ‚model of restraint' in language row. The Week, 30. September. https://www.theweek.co.uk/103526/boris-johnson-model-of-restraint-over-language-row. Zugegriffen am 21.12.2020

Barry E (2019) Theresa May's message to Britain at a perilous moment: it is parliament's fault. The New York Times, 21 März. https://www.nytimes.com/2019/03/21/world/europe/brexit-theresa-may-parliament.html. Zugegriffen am 18.02.2021

BBC NEWS (2017a) EU's Brexit plans ‚unchanged' by snap election announcement. 18. April. https://www.bbc.co.uk/news/world-europe-39630969. Zugegriffen am 20.03.2021

BBC News (2017b) Conservatives agree pact with DUP to support May government. 26. Juni. https://www.bbc.co.uk/news/uk-politics-40403434. Zugegriffen am 18.03.2021

BBC News (2018) Boris Johnson challenged over Brexit business „expletive." 26. Juni. https://www.bbc.co.uk/news/uk-politics-44618154. Zugegriffen am 27.03.2021

BBC News (2019a) MPs vote to reject No-Deal-Brexit. 14. März. https://www.bbc.co.uk/news/uk-politics-47562995. Zugegriffen am 28.03.2021

BBC News (2019b) European elections 2019: Brexit party dominates as Tories and Labour suffer. 27. Mai. https://www.bbc.co.uk/news/uk-politics-48417228. Zugegriffen am 29.03.2021

BBC News (2019c) Brexit: what is in Boris Johnson's new deal with the EU? 21. Oktober. https://www.bbc.co.uk/news/uk-50083026. Zugegriffen am 21.11.2020

BBC News (2019d) Brexit showdown: who were Tory rebels who defied Boris Johnson? 5. September. https://www.bbc.co.uk/news/uk-politics-49563357. Zugegriffen am 15.11.2020

Blitz J (2019) Is the UK heading towards a customs union? Financial Times, 28. März. https://www.ft.com/content/e3dad77a-5158-11e9-b401-8d9ef1626294. Zugegriffen am 22.03.2021

Boffey D, Helm T (2019) Bluster, rhetoric – but no results: last desperate chance to save the deal. The Guardian, 9. März. https://www.theguardian.com/politics/2019/mar/09/geoffrey-cox-irish-backstop-last-desperate-chance-to-change-brexit-deal. Zugegriffen am 08.03.2021

Bowcott O, Quinn B, Carrell S (2019) Johnson's suspension of parliament unlawful Supreme Court rules. The Guardian, 24. September. https://www.theguardian.com/law/2019/sep/24/boris-johnsons-suspension-of-parliament-unlawful-supreme-court-rules-prorogue. Zugegriffen am 22.11.2020

Buchan L (2018) Dominic Raab resigns: Brexit secretary quits Theresa May's government in protest over deal. The Independent, 15. November. https://www.independent.co.uk/news/uk/politics/dominic-raab-resigns-brexit-deal-theresa-may-cabinet-quitsdraft-agreement-eu-a8634581.html. Zugegriffen am 08.12.2020

Bulman M (2016) Gove never thought Johnson was ‚remotely qualified' to be Prime Minister, says David Laws. Independent, 4. Juli. https://www.independent.co.uk/news/uk/politics/michael-gove-boris-johnson-conservative-leadership-election-next-tory-leader-brexit-a7118721.html. Zugegriffen am 24.02.2021

Burton-Cartledge P (2019) How did the ERG go from hating any Brexit deal to loving Boris Johnson's? The Guardian, 23. Oktober. https://www.theguardian.com/commentisfree/2019/oct/23/erg-brexit-deal-boris-johnson-financial-interests. Zugegriffen am 03.12.2020

Cadwalladr C (2019) The real reason why we should fear the work of Domonic Cummings. The Guardian, 7. September. https://www.theguardian.com/politics/2019/sep/07/smash-and-grab-dominic-cummings-democracy. Zugegriffen am 08.12.2020

Casalicchio E (2019) DUP manifesto vows to oppose Brexit deal struck by Boris Johnson. Politico, 28. November. https://www.politico.eu/article/northern-ireland-dup-manifesto-vows-to-oppose-brexit-deal-struck-by-boris-johnson/. Zugegriffen am 28.11.2020

Cooney, S (2016) UK voters are googling ‚What is the EU?' – right after voting to leave the EU. Insider, 24. Juni. https://www.businessinsider.com/what-is-the-eu-is-top-google-search-in-uk-after-brexit-2016-6?r=US&IR=T. Zugegriffen am 18.11.2020

Cox G (2019) Geoffrey Cox: furious attorney general lays into MPs. Sky News, 25. September. https://news.sky.com/video/this-parliament-is-a-disgrace-geoffrey-cox-admonishes-cowardly-parliament-11819190. Zugegriffen am 04.03.2021

Daly P, Baynes M (2019) Johnson tells Northern Ireland businesses to ‚bin' customs forms. Belfast Telegraph, 8. November. https://www.belfasttelegraph.co.uk/news/northern-ireland/johnson-tells-northern-ireland-businesses-to-bin-customs-forms-38674258.html. Zugegriffen am 03.11.2020

Dathan M (2017) Channel 4 becomes latest broadcaster threatening to ‚empty chair' Theresa May during TV election dabates. The Sun, 21. April. https://www.thesun.co.uk/news/3378856/channel-4-becomes-latest-broadcaster-threatening-to-empty-chair-theresa-may-during-tv-election-debates/. Zugegriffen am 02.01.2021

Ditum S (2016) Let's be alarmist: Brexit could take us back to the very worst of Eurpe's intolerant past. New Statesman, 1. Juli. https://www.newstatesman.com/politics/uk/2016/07/let-s-be-alarmist-brexit-could-take-us-back-very-worst-europe-s-intolerant-past. Zugegriffen am 02.03.2021

Electoral Calculus (2019) Election history since 1900. 19. Dezember. https://www.electoralcalculus.co.uk/commentary.html. Zugegriffen am 05.02.2021

Fenton S (2018) The Good Friday Agreement. Biteback, London

Fletcher M (2018) The polite extremist: Jacob Rees-Mogg's seemingly unstoppable rise. New Statesman, 20. Februar. https://www.newstatesman.com/politics/uk/2018/02/polite-extremist-jacob-rees-mogg-s-seemingly-unstoppable-rise. Zugegriffen am 08.03.2021

Heffer G (2019) Theresa May promises to quit if Brexit Deal passes. Sky News, 27 März. https://news.sky.com/story/theresa-may-agrees-to-quit-once-brexit-deal-is-delivered-sky-sources-11676664. Zugegriffen am 18.03.2021

Henley J. (2017) Key points from May's speech: what have we learnt? The Guardian, 17. Januar. https://www.theguardian.com/politics/2017/jan/17/key-points-from-mays-what-have-we-learned. Zugegriffen am 21.11.2020

Herszenhorn D, Brown S (2019) Johnson sends Tusk extension request. Politico, 19. October. https://www.politico.eu/article/johnson-tells-tusk-to-expect-extension-request-saturday-night/. Zugegriffen am 19.11.2020

Hunt A, Wheeler B (2017) Theresa May: ten reasons why the PM blew her majority. BBC News, 14. Juni. https://www.bbc.co.uk/news/election-2017-40237833. Zugegriffen am 08.02.2021

Hutchinson S, Murray A (2019) General elections 2019: how many ‚new' hospitals are Conservative building? BBC News, 4. Dezember. https://www.bbc.co.uk/news/50579557?intlink_from_url=&link_location=live-reporting-story. Zugegriffen am 05.01.2021

Hutchison GD (2017) The manager in distress. Reaction to the impeachment of Henry Dundas. Parliam Hist 36(2):198–217

James W (2019) Factbox: what would a Labour government nationalise and how? Reuters, 21. Mai. https://www.reuters.com/article/uk-britain-politics-labour-nationalisati-idUKKCN1SR0ZC. Zugegriffen am 03.03.2021

Jenkins S (2021) Boris Johnson's Brexit shenanigans have met their reckoning in Northern Ireland. The Guardian, 8. März. https://www.theguardian.com/commentisfree/2021/mar/08/boris-johnsons-brexit-northern-ireland-customs-union-border. Zugegriffen am 02.12.2020

Johnson R (2019) Boris Johnson's sister says his Jo Cox remarks were tasteless. The Guardian, 26. September. https://www.theguardian.com/media/video/2019/sep/26/boris-johnson-sister-says-jo-cox-remarks-tasteless-video. Zugegriffen am 03.01.2021

Kavanagh T (2016) Unstoppable march of Theresa May could foil the bitter Romoaners' commons plot to ambish the government over Brexit. The Sun, 17. Oktober. https://www.thesun.co.uk/news/1989691/trevor-kavanagh-theresa-may-march-could-foil-the-bitter-remoaners-commons-plot/. Zugegriffen am 22.11.2020

Kentish B (2019) Jo Swinson „absolutely categorically" rules out working with Corbyn even to deliver new Brexit referendum. Independent, 5. November. https://www.independent.co.uk/news/uk/politics/jo-swinson-corbyn-general-election-brexitreferendum-coalition-a9185896.html. Zugegriffen am 20.03.2021

Mason R (2019) Conservative MP Nick Bowles quits party after his soft Brexit plan fails. The Guardian, 1. April. https://www.theguardian.com/politics/2019/apr/01/conservative-mp-nick-boles-quits-party-after-his-soft-brexit-plan-fails. Zugegriffen am 29.03.2021

Mason R, Perraudin F (2019) Boris Johnson refuses to apologise for language about Jo Cox. The Guardian, 26. September. https://www.theguardian.com/politics/2019/sep/26/boris-johnson-refuses-to-apologise-for-language-about-jo-cox. Zugegriffen am 21.03.2021

Mason R, Walker P (2019) ‚Surrender act': Johnson ignores calls to restrain his language. The Guardian, 29. September. https://www.theguardian.com/politics/2019/sep/29/ex-minister-rejects-allegations-rebels-colluded-with-eu-to-stop-no-deal. Zugegriffen am 22.11.2020

Mason R, Walker P, Syal R, Stewart H (2019) Theresa May calls for talks with Corbyn in attempt to save Brexit. The Guardian, 3. April. https://www.theguardian.com/politics/2019/apr/02/theresa-may-calls-for-talks-with-jeremy-corbyn-in-bid-to-save-brexit. Zugegriffen am 02.04.2021

McKenzie L (2017) It is not ideal. Reconsidering anger and apathy in the Brexit vote among an invisible working class. Compet Change 21(3):199–210

Merrick R, Woodcock A (2019) Boris Johnson wins Tory leadership election to be next Prime Minister, part announces. Independent, 23. Juli. https://www.independent.co.uk/news/uk/politics/boris-johnson-prime-minister-tory-leadership-result-votejeremy-hunt-brexit-a9016956.html. Zugegriffen am 01.04.2021

Owen G (2019) Britain will break free of its menacles from the EU like the incredible Hulk, Boris Johnson tells Brussels ahead of crunch meeting with Jean-Claude Juncker. 14. September. Mail online. https://www.dailymail.co.uk/news/article-7464505/Boris-Johnson-says-Britain-break-free-manacles-EU-like-Incredible-Hulk.html. Zugegriffen am 03.03.2021

Proctor K, Wearden G (2019) Brexit party will not contest 317 Tory-won seats, says Farage. The Guardian, 11. November. https://www.theguardian.com/politics/2019/nov/11/brexit-party-will-not-contest-317-tory-seats-nigel-farage-says. Zugegriffen am 29.03.2021

Rees-Mogg J (2019) 5. April. Twitter

Reid D (2019) Theresa May's future in doubt as UK lawmakers seize control of Brexit process. CNBC, 25. März. https://www.cnbc.com/2019/03/25/may-loses-letwin-vote-as-parliament-takes-brexit-control.html. Zugegriffen am 02.03.2021

Reuters (2018) Brexit Backstop proposal would make UK an EU colony – Boris Johnson. 10. Oktober. https://www.reuters.com/article/uk-britain-eu-johnson-idUSKCN1MK234. Zugegriffen am 17.02.2021

Sabbagh D (2018) ‚Forces of darkness have taken over': Soubry accuses May of capitulating to hardline Brexiteers. The Guardian, 20. Juli. https://www.theguardian.com/politics/2018/jul/20/anna-soubry-accuses-theresa-may-of-capitulating-to-tory-forces-of-darkness. Zugegriffen am 27.03.2021

Sabbagh D, Stewart H, Elgot J (2018) May narrowl heads off defeat after caving in to Brexit hardliners. The Guardian, 16. Juli. https://www.theguardian.com/politics/2018/jul/16/theresa-may-narrowly-avoids-defeat-after-caving-in-to-rees-mogg. Zugegriffen am 25.03.2021

Sewage N (2017) The Brexit cookbook. British food for British people. Summerdale, Chichester

Smith M (2017) Voting intention: Conservatives 48%, Labour 24%. YouGov, 20. April. https://yougov.co.uk/topics/politics/articles-reports/2017/04/20/voting-intention-conservatives-48-labour-24-18-19-. Zugegriffen am 24.03.2021

Snoddy R (2016) Brexit and the British press: which reality to believe? Mediatel News, 29. Juni. https://mediatel.co.uk/news/2016/06/29/brexit-and-the-british-press-which-reality-to-believe. Zugegriffen am 22.02.2021

Sparrow A, Rawlinson K (2019) Bercow suggests he will not allow another Brexit deal vote. The Guardian, 18. März. https://www.theguardian.com/politics/blog/live/2019/mar/18/brexit-latest-news-theresa-may-vote-deal-boris-johnson-tells-may-to-try-again-to-get-eu-to-change-backstop-politics-live. Zugegriffen am 02.03.2021

Spence, A (2018) Revealed: these 70 Tory MPs support the hard Brexit group led by Jacob Rees-Mogg. BuzzFeed, 2. Februar. https://www.buzzfeed.com/alexspence/revealed-these-70-tory-mps-support-the-hard-brexit-group. Zugegriffen am 19.03.2021

Stewart H (2019a) May suffers heaviest parliamentary defeat of a Prime Minister in the democratic era. The Guardian, 16. Januar. https://www.theguardian.com/politics/2019/jan/15/theresa-may-loses-brexit-deal-vote-by-majority-of-230. Zugegriffen am 18.11.2020

Stewart H (2019b) MPs ignore May's pleas and defeat her Brexit deal by 149 votes. 12. März. The Guardian. https://www.theguardian.com/politics/2019/mar/12/mps-ignore-mays-pleas-and-defeat-her-brexit-deal-by-149-votes. Zugegriffen am 28.03.2021

Stewart H, Mason R (2019) Boirs Johnson: New PM takes his revenge and sacks over half his cabinet. The Guardian, 25. Juli. https://www.theguardian.com/politics/2019/jul/24/boris-johnson-takes-his-revenge-and-sacks-over-half-the-cabinet. Zugegriffen am 03.12.2020

Stokel-Walker C (2019) We counted the people on the Brexit march so you don't have to do. Wired, 25. März. https://www.wired.co.uk/article/brexit-march-peoples-vote-crowd-size. Zugegriffen am 19.11.2020

Swinford S (2016) Boris Johnson's allies accuse of ‚systematic and calculated plot' to destroy his leadership hopes. The Telegraph, 1. Juli. https://web.archive.org/web/20160819030551/http://www.msn.com/en-gb/news/uknews/boris-johnsons-allies-accuse-michael-gove-of-systematic-and-calculated-plot-to-destroy-his-leadership-hopes/ar-AAhPpwa?ocid=spartandhp. Zugegriffen am 15.02.2021

Taylor H (2020) Stanley Johnson confirms application for French passport on eve of Brexit. The Guardian, 31. Dezember. https://www.theguardian.com/politics/2020/dec/31/stanley-johnson-confirms-application-for-french-passport-on-eve-of-brexit. Zugegriffen am 16.11.2020

Taylor R (2019) PMs call for tempers to cool after attack by his own sister on TV for using „reprehensible" language. Sky News, 27. September. https://news.sky.com/story/pm-attacked-by-his-own-sister-on-tv-after-using-reprehensible-language-11819940. Zugegriffen am 02.12.2020

The Guardian (2017) UK election 2017: full results. 9. Juni. https://www.theguardian.com/politics/ng-interactive/2017/jun/08/live-uk-election-results-in-full-2017. Zugegriffen am 14.03.2021

Watts J, Rentoul J (2017) Election poll latest: Theresa May will win biggest Tory landslide since Thatcher, final survey predicts. Independent, 8. Juni. https://www.independent.co.uk/news/uk/politics/election-poll-latest-tory-win-results-corbyn-theresa-may-a7777781.html. Zugegriffen am 28.11.2020

5

Konstruierte Erinnerung – Wie britisch ist Chicken Tikka Masala?

Die erste Wettervorhersage war ein Wendepunkt der Weltgeschichte. Über jene meteorologische Prognose beugten sich seinerzeit die Leser der Tageszeitung The Times in der Ausgabe vom ersten August 1861: Im Norden gutes Wetter bei leichtem Westwind, im Süden eine frische Brise ebenfalls aus westlicher Richtung. Solche Formulierungen, wenn auch für heutige Ansprüche enttäuschend vage, würden schon bald das Leben von ungezählten Seeleuten retten. Die Idee, die Seefahrer vor der britischen Küste vor nahendem Sturm zu warnen, stammte von Robert FitzRoy, dem Kapitän des Segelschiffes Beagle, auf dem er den Forscher Charles Darwin nach Südamerika gebracht hatte, um die Evolution zu entdecken. FitzRoy nutzte die Gelegenheit, sich mit den Wetterphänomenen am Kap Horn und der Küste der Tierra del Fuego zu beschäftigen. Als im Oktober 1859 die Royal Charter, ein Dampfschiff auf dem Rückweg von Australien nach Liverpool, von den gewaltigen Böen eines Sturms in der Irischen See auf die Klippen vor der Küste von Anglesey geschleudert wurde und 400 Menschen starben, schrieb FitzRoy einen Brief an The Times. Darin erläuterte er, wie mit Telegrafen, damals eine neue Technologie, Schlechtwetterfronten gemeldet werden konnten, bevor sie die Seefahrtwege vor der Küste erreichten. Würden die Informationen der Telegraphenstationen in einem Bericht zusammengefasst und veröffentlicht, könnte das Schiffe und Leben retten (Gribbin und Gribbin 2004) 1861 folgte die Admiralität FitzRoys Vorschlägen und richtete den ersten Wetterdienst ein, der Karten erstellte mit Daten von Barometern, die im ganzen Land aufgestellt worden waren. Wurde ein aufziehender Sturm gemeldet, zündeten die Küstenwachen Leuchtfeuer an und warnten die Schiffe in der Region. Bis dahin hatten Versuche, das Wetter vorherzusagen, auf folkloristischer Interpretation der Himmelsfarbe, Glaube an Sternbilder und die Beobachtung des Lerchenflugs beruht (Macintyre 2021). Dass der erste systematische Wetterdienst mit wissenschaftlichem Anspruch seinen Ursprung ausgerechnet auf einer Insel in Nordeuropa hatte, ist keine Überraschung. Nichts ist so englisch wie das Gespräch über das Wetter, das dort mehrmals am Tag wechselt und Hoffnung auf Besserung immer wieder enttäuscht. Aber nicht das unstete Wetter erklärt Erfindungen und Innovationen, die das England des 18. Jahrhunderts zum Ursprungsort technischen Fortschritts und zum Herzland der industriellen Revolution machten. Diese Dynamik hat mit der Neigung zum Experimentieren und den vielen Tüftlern zu tun, die sich praktischen Erfindungen verschrieben mit dem Ziel, das Leben der Menschen zu verbessern. Originelles Denken, wissenschaftliche Autodidaktik, Ausdauer und Geduld waren und sind die Eigenschaften derjenigen, die seit 1754 in die Königliche Gesellschaft der Künste berufen wurden. Aber nicht etwa ihrer Affinität zu den Bildenden Künsten wegen, wie es der Name der Vereinigung suggeriert hätte, wurden Edmund Burke, Adam Smith und Benjamin Franklin, Charles Dickens, William Wilberforce, Karl Marx oder Marie Curie Mitglieder. Bei den Treffen der Königlichen Vereinigung der Künste ging es vielmehr um den Austausch zwischen denen, deren Interesse der angewandten Wissenschaft galt, gepaart mit einer philanthropischen Mission. Sie entwickelten Pläne für moderne Luftventilation in feuchten viktorianischen Gefängnissen, erdachten Vorrichtungen zur Reduktion des Qualmes aus Dampfmaschinen, stellten ein Gerät zur Erkennung von Falschgeld vor und wollten mit einer mechanischen Reinigungsvorrichtung für Kamine die gefährliche Kinderarbeit in den Schloten beenden (Khan 2016).

Die Geschichte Robert FitzRoys und die Errungenschaften der Royal Society sind anekdotisches Material, das aber nützliche Details liefert bei dem Versuch zu definieren, was als typisch englisch gelten darf. Das Interesse an praktischer Anwendung neuer Ideen gehört ebenso dazu wie der stoische und zugleich erfinderische Umgang mit der Unbill des Klimas zwischen Atlantik und Nordsee. Aber auch die gedrängte Nähe eines Volkes, das immer wieder gepackt wird von der Sorge, der beschränkte Platz auf einem dicht besiedelten Eiland reiche schon bald nicht mehr für jeden aus, bleibt nicht ohne Auswirkungen auf den englischen Nationalcharakter. Das zumindest sieht Kate Fox so, die Autorin eines Buches über das Wesen der Engländer, die argumentiert, dass die geografische Enge der Grund sei für eine negative Höflichkeitskultur, die sich gerade in England entwickelt habe, wo es zum guten Ton gehöre, sich um ein paar Quadratmeter Privatsphäre zu bemühen, sozialen Kontakt nicht für selbstverständlich zu halten und dem Nachbarn nicht zu nahe zu rücken (Fox 2014). Was sich wie die bemühte Interpretation eines gekünstelten soziologischen Paradigmas liest, entspricht der täglichen Erfahrung in einem Land, in dem selbst 35 Quadratmeter kleine Gartenparzellen hinter dem Reihenhaus mit mannshohen Backsteinmauern vor den Nachbarn geschützt werden. Dazu passt auch die Beobachtung der Pendler in Bus und Bahn, die sich hörbar entschuldigen, wenn sie auf der Suche nach einem freien Sitzplatz durch den Korridor huschend die als angenehm empfundene räumliche Distanz zu anderen Passagieren merklich unterschreiten. Fox sieht ein Land bewohnt von skeptischen Menschen auf der Hut im Umgang mit anderen. Der Blick auf die Klingelschilder der Reihenhäuser verrät, wie richtig sie liegt. Häuser haben Nummern, Villen werden von ihren Besitzern auch schon mal mit Eigennamen bedacht, aber den Familiennamen des Bewohners sucht man vergebens am Briefkasten. Wie selbstverständlich erklärt der Postbote auf Nachfrage, dass ein Name am Türschild neugierigen Nachbarn und Fremden verriete, wer dort Zuhause ist – und das könne doch niemand wollen! Selbst im Chaos bleibt das Bemühen der Engländer um Konventionen und Distanz sichtbar, lassen sie Drängler ihre Missgunst spüren, schrieb George Orwell in der ersten Hälfte des 20. Jahrhunderts (Robson 2017). Eine Beobachtung, die Kate Fox im August 2011 auf erstaunliche Weise bestätigt sah, als Hackney, Brixton, Barking, Woolich und andere Stadtteile Londons für Tage zum Schauplatz von Ausschreitungen und Plünderungen wurden. Vor den zerborstenen Fensterscheiben der Geschäfte drängelten und rangelten nicht etwa Horden von Plünderern. Vor den

Auslagen der Läden formten sich stattdessen, als wären es Bushaltestellen, geregelte Schlangen. Die Diebe reihten sich ein und warteten darauf, dass sie an der Reihe waren (Fox 2014).

Klassendünkel und Chauvinismus

Schlangestehen, Grenzen aufzeigen und Demarkationslinien respektieren gehört neben Klassenbewusstsein und Statusdenken ebenso zur individuellen kulturellen Grundausstattung des Engländers ebenso wie eine Skepsis gegenüber Intimität, Emotionen und Jammerei. Hier ist das zu Hause von Menschen, die nicht ohne Grund als unbeholfen gelten, sich vor peinlichen Wendungen fürchten und verblümte Formulierungen dem Vorziehen, was auf dem Kontinent als Tacheles bezeichnet wird. Die Nachbarn in Europa haben während der Brexit-Verhandlungen über Großbritanniens Ausstieg aus der EU in Lord David Frost auf der britischen Seite einen Delegationsleiter erlebt, der dem Ruf seiner Landsleute als zugeknöpft, ausnehmend höflich und immer wieder aggressiv kriegerisch entsprach (Fox 2014). Die Aufmerksamkeit und Sorgfalt, mit der Journalisten diese Charakterisierung verfassten, erinnert an die gleichzeitig irritierte wie sympathisierende Betrachtung, die Ethnologen fremdländischen Objekten und exotischen Kulturen widmen. Es scheint, als habe England einen ähnlichen Status in den Augen seiner europäischen Partner seit jeher beibehalten oder in jüngster Zeit erneut erlangt. Das Gerede auf der Insel von Freiheit und Widerstand gegen die Unterjochung durch das europäische Establishment in Brüssel wird deshalb auch von außen nicht vor allem mit Empörung und Unverständnis wahrgenommen, sondern eher als ein weiteres Element in der fortschreitenden Musealisierung des Landes, das beim deutschen Publikum mit den skurrilen Charakteren der TV-Produktionen Downton Abbey und The Crown assoziiert wird (Sprang 2020). Die Serien bieten Bühnen für gesellschaftliche Sonderlinge, die nicht bloß Schöpfungen kreativer Drehbuchautoren und Kreationen findiger Regisseure mit Hang zum Originellen sind. Vielmehr ist die hier zelebrierte Exzentrik auch diesseits der Geschichtsbücher auszumachen, wie etwa im Parlament, wo in einer Debatte über die Vorzüge des Brexits für die britische Fischerei der konservative Abgeordnete Jacob Rees-Mogg resümierte, dass es den Fischen in den Küstengewässern vor der Insel nun wieder besser gehe und sie ebenfalls erleichtert seien darüber, dass Großbritannien die EU verlassen habe (Osborne 2021). Auch Sir David Amess, bis zu seinem Tod 2021 ein Abgeordneter der Konservativen im Unterhaus, zelebrierte seinen Spleen, als er in der Parlamentsdebatte dem Premierminister seine unerschütterliche Treue versicherte, vorausgesetzt der gebe ihm als Gegenleistungen drei Versprechen. Zunächst war das die Zusicherung über die Verwirklichung des Brexit – für einen Tory wie Amess keine außergewöhnliche Forderung. Der zweite Punkt war schon ambitionierter: Southend-on-Sea, ein überschaubarer Ort im Wahlkreis des Abgeordneten in der Grafschaft Essex, müsse das Stadtrecht erhalten. Schließlich holte Aimess zu seiner dritten Bedingung aus und forderte – den Blick auf den Regierungschef fixiert – zu einem Herzog ernannt zu werden. Das, so der Abgeordnete, sei ihm deshalb wichtig, weil seine Ehefrau so gerne Herzogin wäre. Wer dieser Albernheit inmitten einer Parlamentsdebatte wegen empörte Reaktionen erwartet hätte, wurde überrascht. Dem Exzentriker wird Provinzialismus, Klassendünkel und Chauvinismus von seinen englischen Landsleuten nicht nur verziehen. Man schätzt und würdigt die Haltung sogar mit „Lachen von beiden Seiten" des Hauses, wie die Korrespondenten von der Sitzung berichteten (Sprang 2020). Spätestens jetzt ist die Formulierung von den englischen Landsleuten natürlich fehl am Platz. Denn auf den langen Bänken im Unterhaus sitzen auch Abgeordnete aus Schottland, Wales und Nordirland, die Wert darauf legen, sich von ihren englischen Kollegen wenigstens politisch, wenn nicht auch kulturell zu unterscheiden. Die Wurzeln dieser Trennlinien reichen in Zeiten zurück, als sich keltische Stämme im Westen und Norden der Insel gegen die Romanisierung stemmten, die das Leben in den anderen Landesteilen mit kulturellen Innovationen der klassischen mediterranen Zivilisation wie Städten, Theatern, Rennbahnen, Bibliotheken und öffentlichen Badeanstalten dauerhaft veränderte. Später verteidigten die Nachkommen dieser Kelten in Schottland, Wales und Irland ihre Tradition und Sprache gegen die Angeln und Sachsen, die bald jene Regionen dominierten, aus denen sich die englische Nation zusammensetzt. Wie scharf die Trennung noch heute verläuft zwischen den vier Nationen innerhalb des Vereinigten Königreichs, ist in anderen Kapiteln ausgeführt. An dieser Stelle soll der Hinweis ausreichen, dass ausgerechnet im Fußball, der so viel zählt auf der Insel, die Sportfunktionäre der vier Nationen nie auf den Gedanken kämen, mit einer gemeinsamen britischen Mannschaft bei Welt- oder Europameisterschaften anzutreten. Stattdessen gehen bei den internationalen Turnieren aus Großbritannien vier Nationalmannschaften an den Start. Wer sich also an einer Betrachtung des Vereinigten Königreiches versucht, der muss auf die Suche gehen nach dem, was die Landesteile verbindet, muss die kulturellen Schnittstellen aufspüren, um das zu definieren, was den kollektiven Charakter ausmacht, also das, was britisch ist.

Das Brainstorming zu dem Thema ergibt eine Flut von Stichwörtern aus Nachrichten, persönlichen Eindrücken, ausgewählter Lektüre und natürlich den Erinnerungen an rote Doppeldeckerbusse und schwarze Taxen, Burgen und Spukschlösser, Chaucer, Shakespeare und die Beatles. Wer sich zu der Essenz aus dieser unübersichtlichen Mixtur vorarbeitet, dem entgeht die politische Dimension der Übung nicht. Denn wer weiß, was Britishness bedeutet, der kann es den Kindern lehren, den Nachbarn vermitteln und Neuankömmlingen erklären. So taugen die Prinzipien der Britishness als Leitkultur, die Zusammenhalt offeriert in einer Nation, die gespalten und zerrissen ist und deren Teile längst nicht mehr an eine gemeinsame Zukunft glauben. Britishness ist die Definition dessen, was Menschen gemeinsam haben, was sie von Dritten unterscheidet. Für den Journalisten, Buchautor und Radiomoderator Stig Abell muss diese Definition die Idee der Toleranz umfassen, Humor und Bescheidenheit beinhalten, aber auch Stoizismus, Diversität und Tierliebe ebenso wie Übellaunigkeit, Hang zur Hierarchie, Ungleichheit, Trunkenheit und Nationalismus (Abell 2019). Über die Aufzählung und die einzelnen Nennungen lässt sich streiten. Viel wichtiger als die Details der Charakterisierung ist der Zweck, den sie erfüllt, heute und in Zukunft wie schon in der Vergangenheit, als Calgacus, der Kommandeur der Briten, an die gemeinsame Identität seiner Krieger appellierte, bevor er im Jahr 83 am Mons Graupius gegen die römische Invasionsarmee des Gnaeus Julius Agricola in die Schlacht zog. Der Historiker Tacitus berichtete, wie der britische Anführer die gemeinsame Kultur der Heimat hervorhob, die sein Volk vereine, während die Legionäre und Hilfstruppen des Imperiums aus der ganzen bekannten Welt zusammengewürfelt waren. Der

Vergleich unterstreicht die Wichtigkeit einer britischen Leitkultur, die Politiker in der Neuzeit thematisieren, wenn sie sich als Streiter für nationale Anliegen präsentieren wie zum Beispiel John Whittingdale, der für Medien zuständige Minister. Er beauftragte 2021 die BBC damit, künftig mehr Platz im Programm zu finden für solche Inhalte, die als britisch gelten. Anstatt sich daran zu versuchen, den Begriff und seine Assoziationen näher zu erläutern, beließ es Whittingdale mit Beispielen, die ebenfalls eine Antwort bieten auf die Frage nach dem Wesen von Britishness. Für den Minister scheinen demnach die TV-Sendungen Dr. Who, Downton Abbey, Great British Bake Off, Top Gear, The Bodyguard und Planet Earth das zu verkörpern, was typisch für die Nation und ihre Menschen ist (gov.uk 2014). Was wie entspanntes Familienprogramm und gute, wenn auch ein wenig altbackene Unterhaltung erscheint, ist der Ausdruck eines Ringens um Deutungshoheit und damit ein weiterer Versuch von Politikern, die Symbole der nationalen Identität zu definieren. Das ist nötig für die Kontrolle des öffentlichen Diskurses und zielt auf noch mehr – wie der Wissenschaftler und Autor Michael Ignatieff betont: Es ist die Voraussetzung dafür, die Macht zu erlangen (Austen 1999). Nicht zufällig wies Michael Gove als ehemaliger Kultusminister die Schulen an, der Vermittlung von „britischen Werten" besondere Prominenz im Unterricht einzuräumen. Um ein krudes Schema zur Beurteilung von Britishness machte sich Norman Tebitt in einem Interview mit der Los Angeles Times verdient. Der ehemalige Minister im Kabinett Margaret Thatchers erklärte, dass sich als britisch jemand erst dann beschreiben könne, wenn er die englische Mannschaft im Cricket unterstütze. An diesem Cricket-Test scheiterten aus Sicht Tebitts viele britische Staatsbürger indischer und pakistanischer Abstammung, die, wenn es darauf ankomme, asiatischen Teams die Daumen drückten (Johnson 2014). Um mehr Differenzierung bemühte sich William Hague, der als Vorsitzender der Tories um die Jahrtausendwende seine Vorstellungen so formulierte, dass sie sich für eine progressive städtische Wählerschaft einladend lasen. Er pries „das Großbritannien der großen Industriestädte und Siedlungen, das ebenso stolz ist auf seine Designer der Spitzenklasse wie auf seine guten Restaurants; das Großbritannien, wo Hunderttausende den Notting Hill Carnival feiern und den Eisteddfod (ein Festival walisischer Musik und Literatur); das Großbritannien, wo man

MTV schaut und (die Heimwerkersendung) Changing Rooms; das Großbritannien, das fasziniert ist von den Höhen und Tiefen von Ricky und Bianca (in der TV-Serie EastEnders); das Britannien, das die Sportseiten liest, bevor es nach den politischen Nachrichten schaut, wo mehr Menschen sich für einen Urlaub in Florida als bei Butlins (Kette englischer Ferienclubs) entscheiden; mit anderen Worten, das Britannien, das es ebenfalls immer gab: urban, ambitioniert, sportlich, modebewusst, multi-ethnisch, glitzernd, selbstsicher und international" (White 1999). Nicht jedem Tory war es recht, seiner nationalen Identität eine multikulturelle und progressive Note zu geben. John Major, Premierminister bis 1997, beharrte darauf, dass das Vereinigte Königreich auch noch in 50 Jahren das Land sein werde, in dem „die langen Schatten auf Cricketfelder fielen, das Land des warmen Biers und wundervoller grüner Vororte, das Land der Hundeliebhaber und Planschbecken im Garten, wo – wie George Orwell sagte – alte Jungfern auf dem Fahrrad durch den Morgennebel zur Heiligen Kommunion radeln" (Major 1993). Offenbar versuchte hier ein Konservativer, der seine Amtszeit mit dem Motto „Zurück zu den alten Werten" überschrieben hatte, einen Mythos des Landes zu beschwören, der in der öffentlichen Auseinandersetzung die eigene politische Agenda bestätigte. Ein Trugbild sei das, fand man in den Reihen der Opposition. Halb in ernster Empörung, halb sich der Absurdität ihrer Rivalität um die Deutungshoheit bewusst, entgegnete Robin Cook von der Labour-Partei und offerierte seine Version des britischen Mythos. Großbritannien war längst, wie Cook erläuterte, nicht mehr das Land, dessen Mittagstisch sich auszeichnete durch Steak, Erbsen und Karotten. „Chicken Tikka Masala ist heutzutage das wahre Nationalgericht, nicht nur, weil es so bliebt ist, sondern auch deshalb, weil es perfekt illustriert, wie Großbritannien externe Einflüsse aufnimmt und adaptiert", erläuterte Cook, der nach Majors Niederlage 1997 von dessen Nachfolger Tony Blair zum Außenminister berufen wurde (Cook 2001).

Das fantastischste Land auf Erden

Derweil demonstriert Boris Johnson auf der Suche nach der britischen Identität, die seine Kollegen mit heiligem Ernst betreiben, seine Schwäche für skurrile Ideen und bewirbt den OBON-Tag an Schulen. Das Akronym steht für One Britain One Nation und soll Schülern britische Werte nahebringen, verraten die Initiatoren. Johnson lässt sich auch von dem Spott nicht irritieren, den der OBON-Song auslöst, der Höflichkeit, Stolz und Gleichheit preist. Die Strophen für das Stück aus der Feder von Kash Singh, einem vormaligen Polizisten, der im Alter von sechs Jahren mit seinen Eltern nach England kam, finden Kritiker übertrieben nationalistisch und die Betonung von Einigkeit erinnere an die Propagandalyrik kommunistischer Diktaturen (Woolcock et al. 2021). Tatsächlich beruft sich die Regierung nach dem Vorbild autoritärer Regime auf Versatzstücke nationaler Mythologie, um ihre eher banalen tagespolitischen Ziele zu rechtfertigen. So erklärt es sich, weshalb der Premierminister auf dem Parteitag der Tories 2020 davon sprach, nach Überwindung der Covid-19-Pandemie Volkswirtschaft und Gesellschaft erneuern und dabei ein „neues Jerusalem" bauen zu wollen (Rayner 2020). Die Wortwahl erinnert an ein Gedicht von William Blake aus dem Jahr 1804, das Jerusalem mit dem himmlischen Paradies gleichsetzt. Den Text vertonten Sir Hubert Parry und Sir Edward Elgar zur Hymne nicht zufällig während des Ersten Weltkrieges, als mit patriotischer Symbolik das Volk zum Durchhalten angetrieben wurde. Von dem Schwert, das nicht schlafen wird, wie es in Blakes Gedicht heißt, bis Jerusalem erstanden ist auf den grünen Wiesen Englands, singt heute ein enthusiastisches Publikum am letzten Abend der Promenadenkonzerte, des patriotischen Höhe- und Schlusspunkts einer Konzertreihe in der Royal Albert Hall, in dessen Kanon Elgars und Parrys Stück vor Jahrzehnten aufgenommen wurde. Diese Art der mythischen Überhöhung verleiht dem Premierminister Autorität im politischen Tagesgeschäft, wenn er verkündet, Großbritannien sei bereits und werde auch künftig „das fantastischste Land auf Erden" sein (Elgot und Stewart 2020). Die Regierung der Konservativen hat sich dieses Mantra zu eigen gemacht und versieht nationale Leistungen regelmäßig mit der recht willkürlichen Behauptung, „weltspitze" zu sein (The Economist 2021b). Damit webt vor allem Boris Johnson an einem neuen und modernen Mythos für ein breites Publikum, wonach Großbritannien seinen Nachbarn so weit überlegen sei, dass es sich nicht lohne, mit ihnen in einer Europäischen Union verbunden zu sein. Es ist das Leitmotiv der Brexit-Saga, das hilft, in den Niederungen der Tagespolitik zu erklären, warum der EU-Austritt nötig war und es keinen Grund gibt, sich Sorgen über die Zukunft zu machen. Schließlich, und das ist der vermeintliche historische Unterbau der politischen Mythologie, sei Großbritannien immer dann am stärksten, wenn es alleine stand gegen übergroße Gegner. Es ist kaum verwunderlich, dass Churchill-Fan Johnson sich ausgerechnet diese Version der Vergangenheit zur Rechtfertigung seines politischen Kurses ausgesucht hat. Die Parallelen in der Geschichte, auf die sich Politiker berufen, sind grundsätzlich und auch in diesem speziellen Fall keine historischen Tatsachenberichte, sondern eine strategisch konstruierte Szenerie, die zur Seite drängt, was nicht ins gewünschte Narrativ passt. Dass der Herzog von Wellington bei seinem Sieg über Kaiser Napoleon bei Waterloo auf die Hilfe der Truppen des preußischen Marschalls Blücher angewiesen war, lässt sich ins patriotische britische Leitmotiv so wenig einfügen, wie die Erinnerung daran, dass Winston Churchill um die finanzielle und militärische Hilfe der USA flehte, deren Kriegseintritt den Sieg in Europa am Ende möglich machte.

Deutschland, Italien, Spanien, Portugal, Frankreich, Österreich und natürlich die Staaten Mittel- und Osteuropas wurden Mitglieder der EU, um ihre schwierige Vergangenheit oder zumindest die unglücklichen Kapitel darin zu überwinden und die Welt ihrer demokratischen und freiheitlichen Läuterung zu versichern. Mit Großbritannien verhält es sich anders. Das Land liebt seine Geschichte, suhlt sich in den Fabeln über Heroen mit Heldenmut auf eine Weise, wie es den Deutschen nicht (mehr) in den Sinn käme (The Economist 2021a). Bei der Auswahl der Helden, Idole und Symbolfiguren, die das nationale Selbstbewusstsein inspirieren, geht es schon mal beliebig zu. Britannia, die mythologische Schutzpatronin der Insel, erscheint in allen Abbildungen ganz ohne Zweifel als griechisch-römische Göttin, ausstaffiert mit Tunika und attischem Helm. Dabei berufen sich Briten, vor allem die Protagonisten strammer nationalistischer Überzeugungen, auf das Erbe der Angelsachsen. Henry Bolton, der ehemalige Vorsitzende der antieuropäischen Partei UKIP, beklagte beispielsweise im Oktober 2017, dass in einigen Teilen des Landes der angelsächsische Bevölkerungsanteil in den Straßen nicht mehr sichtbar sei. Es war das Lamento über das Ende dessen, was die Rechte als einstmals homogene britische Gesellschaft verstanden wissen wollte. Was bei dieser Auslegung nationaler Identität nicht ins Konzept passt, ist der Hinweis von Duncan Sayer, der daran erinnert, dass vor allem England stets das Zuhause war für eine Mischung unterschiedlicher Völker und Kulturen und die Stämme des Mittelalters so divers waren, dass sie sich selbst nicht als Volk der Angelsachsen beschrieben hätten. Laut Archäologieprofessor Sayer ist die Bezeichnung denn auch ein Kunstbegriff aus der frühen Neuzeit, mit dem sich im 20. Jahrhundert ein nützlicher Mythos des kulturell geeinten Staatsvolkes etablieren ließ, das vor Massenmigration zu schützen sei (Sayer 2017). Es drängt sich zurecht der Eindruck auf, dass das, was als britisch gilt, geprägt wird von sorgfältiger Inszenierung, die Aufmerksamkeit lenken und Inhalte für das Publikum selektieren soll.

So erklärt sich zum Beispiel, wieso 82 Prozent der Schüler im Unterricht über die Dynastie der Tudors lernen, denen das Land seine eigene Staatskirche, bedeutende Seefahrer wie Sir Francis Drake und Sir Walter Raleigh sowie den Sieg gegen die spanische Armada verdankt. Dafür geben nur acht Prozent der Schüler an, im Unterricht werde auch über die Kolonisierung Afrikas gesprochen, die vor allem von Frankreich und Großbritannien vorangetrieben wurde (Sanghera 2021). Ein heikles Kapitel in der Geschichte, das nach dem Willen der Regierung nicht das positive Verhältnis junger Menschen zu ihrer Nation beschädigen darf. Um den Schaden zu minimieren, wies Michael Gove, ein führender Minister in Boris Johnsons Kabinett und seinerzeit zuständig für das Bildungsressort, Schullehrer schriftlich an, nicht nur über die Sklaverei, sondern ebenso über Großbritanniens führende Rolle bei der Beendigung des Sklavenhandels zu sprechen (Garner 2013). Eine allzu kritische Beschäftigung mit der kolonialen Vergangenheit kann sich das Land schon alleine deshalb nicht erlauben, weil das den in jeder Hinsicht größten Mythos der Nation ins Wanken brächte. Winston Churchills Worte werden genüsslich und mit Ehrfurcht überall zitiert, sein Mut und Draufgängertum, seine Willensstärke und Entschlossenheit sind bis heute sprichwörtlich und ganz konkret Eigenschaften, die mit einer kollektiven Leitkultur assoziiert werden. Um den Kriegshelden hat sich seit jeher eine Phalanx nachgeborener Politiker schützend gestellt, die ahnen, dass die Reputation des Heroen auf einem tönernen Sockel steht, dessen Standhaftigkeit aus Gründen patriotischer Selbstbehauptung nicht getestet werden darf. Für das Selbstwertgefühl der Nation soll die Erinnerung der Schulkinder gefüttert werden mit der Choreografie eines Giganten mit Hut und Zigarre, missmutigem Blick oder verschmitztem Lächeln, über dessen Lippen bedeutungsschwere Zeilen gingen, die für die Ewigkeit ersonnen wurden: „Gebt niemals auf, nie, nie nie, in nichts, bedeutend oder unerheblich, groß oder klein, gebt niemals auf, es sei denn im Namen praktischer Vernunft und Ehre!", ermahnte Churchill in einer Rede die Schüler am Privatinternat Harrow on the Hill, das er selbst Jahrzehnte zuvor besucht hatte (Churchill 1941). Dass der Mann, dem aus britischer Sicht Europa seine Befreiung von den Nazis verdankt, während seiner Karriere als Journalist in der Welt ein Ringen zwischen barbarischen und zivilisierten Mächten sah, bei dem „die arische Abstammung triumphieren" werde, findet sich wohlweislich nicht in den Anekdotensammlungen. Dort ist auch nicht Churchills Unterstützung erwähnt für die Kampagne „England muss weiß bleiben", die sich gegen die Zuwanderung von Bewohnern des Empires mit schwarzer Hautfarbe wandte (Addison 2005, S. 233).

Churchill, der heute zum kulturellen Rückgrat dessen gehört, was im Umkreis von Boris Johnson gerne für britisch gehalten wird, instrumentalisierte seinerzeit ebenfalls die Geschichte, um die Menschen in den Bunkern während der Angriffe der deutschen Luftwaffe in ihrem Glauben zu bestärken, dass sie mit ihrem Premierminister auf der richtigen und, mehr noch, auf der siegreichen Seite des Konflikts stehen. Als 1944 in den Kinos mit Laurence Olivier in der Hauptrolle ein Film über die Schlacht von Agincourt erschien, jenes schicksalhaften Momentes während des 100jährigen Krieges, als 8000 Soldaten König Henry V. 20.000 Franzosen gegenüberstanden, entgingen dem Publikum die Parallelen nicht zwischen der mittelalterlichen Bedrohung und dem Konflikt, den Churchill gegen Hitler zu gewinnen hoffte. Vierzig Jahre später überhöhte Margaret Thatcher ihren Krieg gegen Argentinien in eine Prüfung britischen Charakters: „Die Lehre des Falklandkrieges ist es, dass Großbritannien sich nicht verändert hat und die Nation immer noch über ihre bewährten Qualitäten verfügt, die sie durch die Zeiten auszeichnete!" (Thatcher 1982). Thatcher ließ ihr Publikum rätseln, welche diese bewährten Qualitäten gewesen sein mögen. Vielleicht dachte sie an die Hartnäckigkeit und Unbeugsamkeit eines kleinen Volkes am Rande Europas, das all denen entschlossen entgegentritt, die ihm Unrecht tun. Natürlich ist auch das ein Mythos, aber einer, der sich für das kollektive Selbstbild und die Moral der Bevölkerung oft als nützlich erwies und schon David zum Widerstand gegen Goliath inspirierte, ihm zusätzlichen Mut sowie ungeahnte Fähigkeiten verlieh. In Großbritannien gehört zu dem Mythos, der bis heute die patriotische Identität der Nation bestimmt, die Royal Navy, der – auch das ein Teil des nationalen Narratives – es zu verdanken ist, dass seit 1000 Jahren keinem Feind mehr die Invasion der britischen Inseln gelang. Eine Tradition der die Brexit-Anhänger unter den Konservativen viel abgewinnen können. Für sie richtet sich der Blick der Seefahrernation auf das Meer, das dem Land physisches Überleben und strategische Möglichkeiten bietet. Auf der Suche nach einem passenden Symbol für diese Haltung schlug schon 2012 Schulminister Michael Gove vor, der königlichen Familie eine neue Staatsyacht zu schenken als Ersatz für HMY Britannia, die im Jahr 1997 außer Dienst gestellt wurde (Wintour 2012). Wer in der jüngeren britischen Geschichte weniger elitäre nationale Identifikationspunkte sucht als die Yacht der Royals, dem liefert die Labour-Partei eine Geschichte von Integrität und Mut, beides Eigenschaften, die sie verkörpert sieht in dem Ethos der Arbeiter im Kohlebergbau, denen ähnlich wie die Navy in der Hochzeit der industriellen Revolution und in den besten Jahren des Empire eine mythische Rolle in der britischen Gesellschaft zukam. Als die Regierung Margaret Thatchers die unrentablen Minen in den 1980er-Jahren schloss, wurde das nicht nur als Schlag gegen die industrielle Tradition gewertet und Bedrohung für das ökonomische Überleben von Dörfern, Städten und ganzen Regionen, sondern auch als ein Abschied von einem wichtigen Teil des nationalen Erbes, dessen Identität die Städte mit den Gruben und den Kumpels in den Zechen prägten.

Das Geburtszertifikat der Freiheit für 21 Millionen Dollar

Historische Episoden wie diese, an denen sich der Brite die Seele labt, sind für den Historiker Thomas Babington Macaulay mehr als willkürliche Versatzstücke, sondern vielmehr schlüssige Erklärung für den nationalen Charakter. Sie helfen etwa zu verstehen, weshalb Großbritannien den Extremen von Kommunismus und Faschismus im 20. Jahrhundert nicht verfallen ist, die andere Nationen auf der ganzen Welt erschütterten und quälten. Für Macaulay hat das zu tun mit der „erhaltenden Revolution" im 17. Jahrhundert, in der die Macht des Monarchen beschnitten und die Freiheit der Bürger etabliert wurde. Diese bürgerliche und politische Freiheit, die seither zu einem Leitmotiv des britischen Mythos geworden ist, habe den Briten den Grund und die Motivation genommen, sich wie ihre europäischen Nachbarn an radikalen konstitutionellen Umwälzungen in nachfolgenden Jahrhunderten zu beteiligen (Zahedieh 2010). Das Symbol dieser Freiheit war schon früh die Magna Charta, resümierte im 18. Jahrhundert der Staatsphilosoph und Politiker Edmund Burke, also jenes Dokument, in dem 1215 König John anerkannte, dass auch der Monarch sich den Regeln und Gesetzen des Landes zu unterwerfen hat. Wie prominent und wertvoll dieses Sinnbild bis heute ist als Manifestation fundamentaler Prinzipien britischer Demokratie verriet eine Auktion von Sotheby`s in New York im Jahr 2007, bei der David Rubenstein, der Mitbegründer des Vermögensmanagers Carlyle Group, eine frühe Abschrift des Dokuments aus dem Jahr 1297 für 21 Millionen Dollar ersteigerte. Er habe soeben das „Geburtszertifikat der Freiheit" erworben, gratulierte David Redden, der stellvertretende Leiter des Auktionshauses, dem Käufer (Weaver 2007). Das Konzept britischer Freiheit findet sich nicht nur in Dokumenten und den Analysen historischer Betrachter. Es ist vielmehr tief verwurzelt in der Kultur und im täglichen Umgang spürbar. Davon erzählte Desmond Tutu, der als junger Priester zu Beginn der 1960er-Jahre am King's College Theologie studierte und für vier Jahre in Großbritannien lebte. Während eines Radiogesprächs mit der BBC erinnerte sich der spätere Erzbischof von Kapstadt an jene Jahre, als er gemeinsam mit seiner Ehefrau abends durch die

Straßen Londons schlenderte. Ein Vergnügen, das in seiner südafrikanischen Heimat undenkbar war, wo für Schwarze wie ihn nach Sonnenuntergang Ausgangssperre galt. Hin und wieder habe er unter dem Vorwand, orientierungslos in der britischen Hauptstadt zu sein, Polizisten nach dem Weg gefragt, um dann ungläubig, aber mit Genugtuung zu hören, wie die das Ehepaar Tutu mit Sir und Madam ansprachen, ihnen höflich und mit Respekt antworteten und als ebenbürtige Mitbürger behandelten. Es sei schwierig gewesen, diese Erfahrung in Worte zu fassen (Tutu 1994). Dieser Mythos der Freiheit lässt sich nicht immer so gut in den Konflikten und Wendungen der Tagespolitik erkennen wie in der Schilderung Desmond Tutus. Aber er ist da und lässt sich nachzeichnen über die Jahrhunderte hinweg von den Schriften des Moralphilosophen Adam Smith, in denen der Begründer der englischen Nationalökonomie den freien Markt als Grundlage gesellschaftlichen Reichtums bezeichnet, bis zum parlamentarischen Ringen der Tory-Abgeordneten gegen einen verpflichtenden Personalausweis, der dem Staat noch mehr Kontrolle über seine Bürger eingeräumt hätte. Das gleiche Motiv machte sich Margaret Thatcher zu eigen in ihrem Kampf gegen bürokratische Gängelung und staatliche Einmischung und in jüngster Zeit machte Premierminister Boris Johnsons kein Geheimnis aus seinem Widerwillen, persönliche Freiheiten einzuschränken im Kampf gegen die Covid-19-Pandemie.

Schon die Aufstellung einer Berufspolizei in der Mitte des 19. Jahrhunderts schien den Londonern als Versuch, ihre Freiheit zu beschneiden und ihr Leben staatlicher Aufsicht und autoritärer Gängelung zu unterstellen. Dem entgegnete Innenminister Robert Peel mit dem Argument, dass Freiheit auch darin bestehe, ohne Furcht zu sein, das eigene Hab und Gut an Diebesbanden zu verlieren, und in Städten zu leben, deren Straßen nicht des nachts „von Vagabunden und betrunkenen Frauen" unsicher gemacht würden (Grieve 2007). Dieser aufgeklärte Diskurs in demokratischen Foren wie dem Parlament und den Medien forderte von Politikern praktische Antworten. Das machte es radikalen Stimmen nicht leicht und prägte die Neigung der Briten zu pragmatischen Lösungen, wie in Beschreibungen des nationalen Charakters immer wieder anerkennend notiert wird. Seinerzeit setzte sich Robert Peel durch mit seiner Forderung nach polizeilicher Ordnung. Doch tatsächlich ist die Polizei des 20. Jahrhunderts das Ergebnis eines Kompromisses zwischen den Protagonisten staatlicher Autorität und den Anhängern persönlicher Freiheit und so sind Ordnungskräfte in Großbritannien seither dem Konsens verpflichtet, also dem nachdrücklichen Werben für ebenso wie dem sensiblen Durchsetzen von Regeln, die ohnehin gesellschaftlich anerkannt und unterstützt werden. Nicht umsonst trägt der Polizist auf Streife keine Schusswaffe, sondern bemüht sich, mit den passenden Worten an den gesellschaftlichen Konsens zu erinnern. Eine zutiefst zivilisierte Idee der Polizeiarbeit, die von Briten gerne reklamiert wird für den Kanon ihrer nationalen Eigenheiten. Diese Neigung zum Konsens, aber auch die Bereitschaft zur Pragmatik sowie die Suche nach dem Ausgleich wurden immer wieder in Frage gestellt, als Konflikte – hausgemachte und importierte – den Charakter der Nation erschütterten. So war es im 17. Jahrhundert, als der Bürgerkrieg unter Männern auf der Insel eine höhere Opferquote forderte als jeder der beiden Weltkriege. Für überbordende Radikalität waren in jüngerer Vergangenheit die Kontrahenten im Streit um den Austritt aus der EU bekannt. Auch die Protestaktionen der Ökobewegung Extinction Rebellion nehmen so extreme Formen an, dass sie in Stellungnahmen des Innenministeriums mit terroristischer Gewalt verglichen werden. Zudem befeuert die von der Bewegung Black Lives Matter ausgelöste Diskussion um die Rolle von und den Umgang mit ethnischen Minderheiten eine ohnehin hitzige Debatte, die den immer wieder aufflackernden Streit über institutionellen Rassismus ebenso umfasst wie die Forderung nach Reue für koloniale Schuld. Dem brodelnden Eifer fallen nicht nur Statuen kommunaler Wohltäter und Büsten von großzügigen Stiftern zum Opfer, die von einer wütenden Menge entlarvt werden als Profiteure des Sklavenhandels und Protagonisten eines imperialen Unrechtsregimes in den britischen Überseegebieten. Groll und Feindseligkeit richten sich auch gegen Institutionen in Politik, Kunst, Kultur und Sport, die sich schwer tun damit, die unterschiedlichen Identitäten einer hypermultikulturellen Gesellschaft als gleichwertige Teile einer modernen britischen Leitkultur zu begreifen.

Lange Zeit war die britische Elite vorbildlich darin, radikale gesellschaftliche Strömungen zu absorbieren und zu kooptieren. Das war die Bedingung für ein politisches Arrangement, das Monarchie, Aristokratie und Demokratie harmonisch miteinander verband. So wurde, wie

Macaulay schrieb, die britische Aristokratie die demokratischste der Welt und die britische Demokratie die aristokratischste, die sich finden ließ (Retallack 2022). Wie die nationale Identität sich Wandeln wird unter dem Druck der aktuellen Krisen und Herausforderungen, wird mit der Zeit erst sichtbar sein. Ob dabei der Ruf Großbritanniens als Hort von politischem Ausgleich und Stabilität erhalten bleibt, ist zweifelhaft. Einerseits übergehen Politiker zusehends Normen persönlichen Anstands und aufgeklärten Diskurses. Gleichzeitig wächst die Verachtung, die immer mehr Menschen Regierungsmitgliedern und staatlichen Institutionen entgegenbringen. In einer Umfrage der Meinungsforscher von ComRes aus dem Jahr 2018 sagten 81 Prozent der Befragten und sogar 91 Prozent der Brexit-Befürworter, dass Politiker sich nicht interessierten für die Wünsche einfacher Bürger (The Economist 2020). Sollten schließlich die Schotten sich von England lossagen und Großbritannien als erster westeuropäischer Staat seit hundert Jahren auseinanderbrechen, müssten die Betrachtungen über den politischen Charakter des Landes und das Wesen seiner Leitkultur ohnehin neue verfasst werden.

Literatur

Abell S (2019) How Britain really works. Murray, London

Addison P (2005) Churchill: the unexpected hero. Oxford University Press, Oxford

Austen J (1999) Who do we think we are. The Guardian, 20. Januar. https://www.theguardian.com/theguardian/1999/jan/20/features11.g27. Zugegriffen am 22.03.2021

Churchill W (1941) Never give in, never, never, never, 1941. 29. Oktober. America's National Churchill Museum. https://www.nationalchurchillmuseum.org/never-give-in-never-never-never.html. Zugegriffen am 09.01.2021

Cook R (2001) Robin Cook's chicken tikka masala speech. The Guardian, 19. April. https://www.theguardian.com/world/2001/apr/19/race.britishidentity. Zugegriffen am 09.02.2021

Elgot J, Stewart H (2020) Covid can change UK like ‚new Jerusalem' of 1940s, Johnson claims. The Guardian, 6. Oktober. https://www.theguardian.com/politics/2020/oct/06/covid-can-change-uk-like-1940s-new-jerusalem-johnson-claims. Zugegriffen am 28.03.2021

Fox K (2014) Watching the English. Nicholas Brealey, Boston
Garner R (2013) ,Jingoistic and illegal' – what teachers think of Michael Gove's national curriculum reforms. Independent, 13. Juni. https://www.independent.co.uk/news/education/education-news/jingoistic-and-illegal-what-teachers-think-of-michael-gove-s-national-curriculum-reforms-8656120.html. Zugegriffen am 09.10.2021
Gov.uk (2014) New rules to protect ,distinctively British' public service broadcasting. 15. September. https://www.gov.uk/government/news/new-rules-to-protect-distinctively-british-public-service-broadcasting. Zugegriffen am 09.12.2021
Gribbin J, Gribbin M (2004) FitzRoy. The remarkable story of Darwin's captain and the invention of the weather forecast. Yale University Press, Yale
Grieve J (2007) The original bobby. The Guardian, 7. Juli. https://www.theguardian.com/books/2007/jul/07/featuresreviews.guardianreview12
Johnson A (2014) Lord Tebbit's test for migrants: who did your grandfather fight for in the war? The Guardian, 28. November. https://www.theguardian.com/uk-news/2014/nov/28/lord-tebbit-migrants-grandfather-war. Zugegriffen am 22.12.2021
Khan Z (2016) Prestige and profit: the royal society of arts and incentives for innovation and enterprise, 1750–1850. LSE Working Papers, Juli. https://www.lse.ac.uk/Economic-History/Assets/Documents/WorkingPapers/Economic-History/2016/WP248.pdf. Zugegriffen am 09.08.2021
Macintyre B (2021) All hail the man who made the weather. The Times, 3. April. S 33
Major J (1993) Mr Major's Speech to Conservative Group for Europe. 22. April. John Major Archive. https://johnmajorarchive.org.uk/1993/04/22/mr-majors-speech-to-conservative-group-for-europe-22-april-1993/. Zugegriffen am 19.12.2021
Osborne S (2021) Jacob Rees-Mogg says fish are ,happier' now they're in British waters. Independent, 14. Januar. https://www.independent.co.uk/news/uk/politics/jacob-rees-mogg-fish-brexit-b1787271.html. Zugegriffen am 09.02.2021
Rayner G (2020) Boris Johnson vows to build ,new Jerusalem' as he sets out vision for post-Covid Britain. The Telegraph, 6. Oktober. https://www.telegraph.co.uk/politics/2020/10/06/boris-johnson-pledges-one-to-one-teaching-exceptional-children/. Zugegriffen am 02.03.2021
Retallack J (2022) German Social Democracy through British eyes. University of Toronto Press, Toronto

Robson D (2017) Waiting patiently in a line is often thought to be a quintessentially British custom. Delve deeper, however, and you find that queuing can tell us a lot about the evolutionary mystery of altruism. BBC, 21. März https://www.bbc.com/future/article/20170320-we-hate-to-admit-it-but-brits-arent-the-best-at-queuing. Zugegriffen am 29.11.2011

Sanghera S (2021) Empireland, how imperialism shapeds modern Britian. Viking, New York

Sayer D (2017) Why the idea that the English have a common anglo-saxon origin is a myth. The Conversation, 14. Dezember. https://theconversation.com/why-the-idea-that-the-english-have-a-common-anglo-saxon-origin-is-a-myth-88272. Zugegriffen am 09.08.2021

Sprang F (2020) Sie wollten niemals, niemals Sklaven sein. Frankfurter Allgemeine Zeitung. 30 Dezember, S 9

Thatcher M (1982) Speech to Conservative Rally in Cheltenham. 3. Juli. Margaret Thatcher Foundation. https://www.margaretthatcher.org/document/104989. Zugegriffen am 03.03.2021

The Economist (2020) Bagehot. Mad, bad and dangerous. 17. Oktober, S 32

The Economist (2021a) When the music stopped. 2. Januar, S 19–20

The Economist (2021b) Britain needs a Post-Brexit foreign policy. 2. Januar. https://www.economist.com/briefing/2021/01/02/britain-needs-a-post-brexit-foreign-policy. Zugegriffen am 22.12.2021

Tutu D (1994) Desert island discs. Archbishop Desmond Tutu. BBC Sounds, 6. November. https://www.bbc.co.uk/sounds/play/p0093q49. Zugegriffen am 19.11.2021

Weaver M (2007) Magna Charta fetches 10 million pounds in New York auction. The Guardian, 19. Dezember. https://www.theguardian.com/uk/2007/dec/19/world.matthewweaver. Zugegriffen am 22.10.2021

White M (1999) Hague's farewell to nostalgia. The Guardian, 20. Januar. https://www.theguardian.com/politics/1999/jan/20/uk.politicalnews. Zugegriffen am 09.08.2021

Wintour P (2012) Give Queen a new royal yacht for diamond jubilee, says Michael Gove. The Guardian, 15. Januar. https://www.theguardian.com/uk/2012/jan/15/queen-royal-yacht-diamond-jubilee-gove. Zugegriffen am 22.09.2021

Woolcock N, Ellery B, Grylls G (2021) One nation in discord but PM sings its praises. The Times, 24. Juni. S 8

Zahedieh N (2010) Regulation, rent-seeking and the Glorious Revolution in the English Atlantic economy. Econ Hist Rev 63(4):865–890

6

Von John Bull bis Mr. Bean – Gefeierte Verlierer

Dreispitz und Schild mit den Symbolen der Union Flagge lehnen an der Klippe. Davorsitzend, mit blonden Locken und korinthischem Helm eine junge Frau, deren Blick über die See schweift. Für die Römer vor 2000 Jahren war die Figur der Britannia das Emblem der britischen Inseln. Als der Stuartkönig James VI. von Schottland 1603 den Thron von England übernahm, marschierte die Gestalt der Britannia im Londoner Krönungsumzug mit. Im 18. Jahrhundert bekam die Ikone Gesellschaft von einem untersetzten, übergewichtigen Mann in Begleitung einer Dogge. Es war John Bull. Sein Gesicht war rund, die Backen rosa und auf dem massigen Kopf trug er einen Zylinder. Sein Frack spannte ebenso wie die Kniebundhose und die Weste war in Rot, Weiß und Blau, den Farben seines Landes, gefärbt. John Bulls zur Schau getragener Dickkopf, die Stärke, Männlichkeit sowie sein Draufgängertum personifizierten das Selbstbewusstsein des Empire (Matthews 2000). Mit der Zeit wandelte sich das nationale Image und eine neue Ikone verkörperte das Selbstbild der Briten. So wird zu Beginn des 20. Jahrhunderts aus John Bull der „little man", ein britischer Otto-Normalverbraucher, eine unauffällige Gestalt mit Melone und Regenschirm, die unter den Nickligkeiten des Alltags leidet, unter der Last der Steuern stöhnt und nichts übrig hat für heroische und kostspielige Aspirationen seiner Regierung. Als häuslichen Mann, frei von archaischem Heldenmut, zeichnete Sidney Strube, der künstlerische Vater des „little man" seine Figur in den Karikaturen für die Zeitung Express (Brookes 1985). Weitere hundert Jahre sind vergangen und die Souvenierhändler in London drapieren die Schaufenster ihrer Geschäfte mit Bildern und Statuetten der Royals: Neben der Queen und dem Herzog von Edinburgh grinst Prinz Charles und lächelt Lady Diana auf Ansichtskarten, die im Regal gleich neben den Plastikfiguren von Harry und William platziert sind. Der einzige Bürgerliche, dessen Abbild in den Buden vor dem British Museum und den Läden am Trafalgar Square zwischen dem Defilee der gekrönten Häupter hervorlugt, ist ein Schauspieler ganz skurriler Natur. Es ist Rowan Atkinson – abgelichtet in grauem Jackett mit roter Krawatte, das Gesicht zur Grimasse verzogen und die Augen verdreht – in seiner Paraderolle des Mr. Bean. Der ist in den vergangenen Jahrzehnten auf der Welt wie kein Zweiter zum Sinnbild für die Eigenschaften geworden, die als typisch britisch gelten. In Bean wird Naivität aufgewogen mit Cleverness, um die Herausforderungen des Alltags zu überstehen. Ist er überfordert, zeigt er Improvisationstalent. Mit Chuzpe rettet er sich aus jedem selbstverschuldeten Dilemma und entkommt hausgemachten Bedrohungen. Er ist einer, der, egal wie schlimm es kommt, nicht aufgibt, sich nicht unterkriegen lässt und am Ende nicht für seinen Erfolg, sondern seiner Findigkeit und Tapferkeit wegen auf die Sympathie seines Publikums hoffen kann. So ist Mr. Bean nicht nur für Touristen zum Synonym für Eigenschaften geworden, mit denen sich Briten leichter identifizieren als mit den Attributen des grobschlächtigen John Bull und der waffenklirrenden Britannia. Misslichkeiten einer ungerechten und feindseligen Welt ertragen, nicht klagen und Kampfgeist zeigen: Diese Haltung haben die Briten zu dunkelsten Stunden im Zweiten Weltkrieg in einen Satz gepresst, der auf Postkarten, Schals und Grillschürzen in den Souveniershops bis heute überall zu haben ist. „Keep calm and carry on" – Bleib gelassen und mach einfach weiter, steht da geschrieben. Der Slogan klingt nicht nach nationaler Überlegenheit, sondern appelliert vielmehr an die Geschundenen, die auch in der Not nicht nachgeben, sondern daran glauben, dass es am Ende schon irgendwie gut geht. Und

6 Von John Bull bis Mr. Bean – Gefeierte Verlierer

so hat auch die Wertschätzung für Mr. Bean nichts mit Fähigkeiten und Erfolg zu tun, die ihn ohnehin nicht auszeichnen. Es geht um Mumm und Stehvermögen und die "stiff upper lip", zu der sich Briten einst ermahnten. Eine Redewendung, die sich am besten mit „Halt die Ohren steif" übersetzen lässt. Offenbar honoriert das Publikum im 21. Jahrhundert Charakterzüge, die vor zweihundert Jahren bereits die Londoner verzückten, als die Geschichten über seine Reisen durch Afrika aus dem Entdecker und Missionar David Livingstone eine mythische Figur machten, der neben den anderen Großen der Nation in der Westminster Abtei ein Grabmal errichtet wurde (Holmes 1993). Dabei war Livingstone ein Versager. Während seiner jahrelangen Arbeit als Missionar in Afrika brachte er es auf eine einzige dokumentierte Bekehrung und dieser Konvertit ließ sich trotz Bibelstudiums zeitlebens den Glauben an die mystische Macht der Regenmacher seines Stammes nicht nehmen (Horne 1999). Auch für den Entdecker reihte sich eine Enttäuschung an die andere. Mit seiner Prognose, der Sambesi biete sich für den Schiffsverkehr in den Kolonien an, lag Livingstone falsch, weil er die Stromschnellen im Fluss nicht berücksichtigt hatte. Und die Expedition im Auftrag der Regierung mit dem Ziel, die Quelle des Nils zu finden, endete im Desaster. Sein Arzt John Kirk ihn einen verantwortungslosen Anführer und konstatierte, Livingstone habe den Verstand verloren (Wright 2008). Von seinen Begleitern verlassen, ohne Medizin und Proviant, so irrte Livingstone halluzinierend durch Afrika, von Malariaattacken und einer Choleraerkrankung ausgemergelt, mit eiternden Wunden an den Füßen, zuletzt zahnlos. Als ihn ein Journalist des New York Harold nach langer Suche am Ufer des Tanganjikasees fand und ihn zum Abbruch seiner Mission bewegen wollte, weigerte sich Livingstone beharrlich. Er machte weiter und ließ wissen: „Ich bin bereit, überall hinzugehen, solange es nur vorangeht" (zitiert in Chalmers 2011, S. 97). Das Publikum in London war bewegt und inspiriert von dem Mann, der mit Willensstärke und Hartnäckigkeit den Leiden widerstand (Blaikie 1913). In Livingstone drückt sich die Liebe der Briten für den kühnen Verlierer aus, der beherzt der Niederlage entgegengeht. Inkompetenz und Scheitern spielen im Urteil von Zeitgenossen und Nachgeborenen keine Rolle, solange der Protagonist den richtigen Sportsgeist zeigt, die Zähne zusammenbeißt und nicht aufgibt.

Stoisch im Angesicht der Niederlage

Mit der Zeit haben sich die Projektionsflächen geändert, die Präferenzen des Publikums aber sind dieselben geblieben. Während sich die Umstände wandeln, gehört das Herz der Öffentlichkeit weiter dem klaglosen Außenseiter, dem Kämpfer auf verlorenem Posten, dem energischen Verlierer. In der Populärkultur hat die mit Unbill ringende, gegen Hindernisse anrennende, überforderte, schrullige, aber nie verzagte Kunstfigur Mr. Bean den Platz eingenommen, den einst Abenteurer, Offiziere und Entdecker innehatten wegen ihrer Eigenschaften, die im kollektiven nationalen Bewusstsein hoch im Kurs standen: Oft waren sie lebensfremd, nicht selten unvorbereitet, die Opfer ihrer eigenen Fehltritte, aber zugleich voller Energie, tollkühn und gerissen, reich an Ideen, nie entmutigt und machten so ihre Defizite wett, wenn sie vorbei an den Klippen und Widrigkeiten des Lebens navigierten. Jenem Ungestümen, der mit Strapazen und den Nöten der Umstände ringt, wird im Urteil seiner britischen Zeitgenossen und der Nachgeborenen sogar die Niederlage vergeben. Im Gegenteil: Die Niederlage des Außenseiters wird zum Teil des Mythos, in dem der Charakter im Mittelpunkt steht – nicht Resultat und die oft bitteren Konsequenzen des Scheiterns. So erklärt sich auch die Verehrung von Sir John Franklin, dem Entdecker, dessen Suche nach der Nordwest-Passage in der kanadischen Arktis eine Abfolge von katastrophalen Fehlschlägen ist. Franklin war unverwüstlich optimistisch. Nichts könne einfacher sein, war er sich beim Aufbruch zu seiner Expedition sicher. Dabei ignorierte er nicht nur, dass 800 Kilometer der Strecke auf Karten nicht eingezeichnet waren (Lamb 1956; Beattie und Geiger 1989). Auch die Kleidung der Mannschaft war für eine Arktisexpedition wenig geeignet und der Proviant zudem mit Blei vergiftet (Rowbotham 1987). Es passierte, was passieren musste. Franklin und seine Mannschaft verschwanden im ewigen Eis. Aber nicht ihre naive Dummheit, sondern ihr Heldenmut war das Gesprächsthema in den Pubs und Clubs Londons und in den folgenden Jahren machten sich nicht weniger als 38 private und öffentlich finanzierte Expeditionen auf, um den Helden zu finden. Einige der Retter mussten später selbst gerettet werden. Das Schicksal Franklins erinnert daran, dass aus Desaster Triumph werden kann, zwei

6 Von John Bull bis Mr. Bean – Gefeierte Verlierer

Phänomene, die in den Worten Rudyard Kiplings nahe beieinander liegen. In dem Gedicht „If" schreibt Kipling von der Freude der Engländer zu verlieren und wieder von vorne zu beginnen, ohne Luft zu holen und den Verlust zu beklagen (Kipling 1909/1976). Für Barczewski ist dieser Heroismus eine Spielart von „Stoizismus im Angesicht der Niederlage" (Barczewki 2016, S. 4). Von den zehn Statuen und Ehrenmale am Waterloo Platz im feinen Stadtteil St. James erinnern fünf an Personen, die überfordert oder schlicht inkompetent waren. Hier wird nicht nur des unglücklichen Franklin gedacht, sondern auch an Entdecker Robert Falcon Scott erinnert, der gemeinsam mit vier seiner Begleiter auf dem Weg zum Südpol umkam. Der schrieb in seinen Expeditionsbericht, als er das Ende vor Augen hatte: „Wir wussten, dass wir ein Risiko eingehen. Die Umstände waren gegen uns und deshalb haben wir keinen Grund, uns zu beklagen. Wir beugen uns der Vorsehung und geben unser Bestes bis zum Ende. Hätten wir überlebt, würde ich eine Geschichte von Kühnheit, Ausdauer und Mut meiner Kameraden zu erzählen haben, die das Herz jedes Engländers bewegt hätte. Jetzt müssen diese Notizen und das, was von uns bleibt, die Geschichte erzählen" (zitiert in Barczewki 2016, S. 199). Diese Zeilen erlaubten es Scotts Zeitgenossen, sein tragisches Scheitern in eine Hymne auf Charakterstärke und Entschlossenheit umzuschreiben. Dafür bedarf es der Bereitschaft des Publikums, dem zur Schau gestellten Mut oder dem Glauben an eine moralische Mission, die der Protagonist für sich beansprucht, zu verfallen. So geschehen nach dem Desaster der Leichten Brigade während des Krimkrieges im Oktober 1854, einer Episode, die sich in die nationale Erinnerung gebrannt hat. Inkompetenz und dysfunktionale Kommunikation zwischen den britischen Offizieren waren der Grund für den fatalen Befehl, die Kavallerie mit gezogenen Säbeln gegen russische Artilleriestellungen reiten zu lassen. Das Ergebnis war ein Massaker. Von den 700 Dragonern und Husaren fielen mehr als 500 beim wahnwitzigen Ritt gegen die Kanonen des Zaren (Buttery 2008). In London aber sprach der Premierminister, der 3. Viscount Palmerston, von einem glorreichen Angriff und der Poet Alfred Tennyson verherrlichte das Pflichtbewusstsein und die stoische Befehlserfüllung der britischen Soldaten in einem Gedicht (Tennyson 1854/1994). Später war George Orwell erstaunt über Tennysons Themenwahl: „Es gibt kein populäres Gedicht über die Siege in Trafalgar oder

Waterloo. Das bewegendste Schlachten-Gedicht in Englisch handelt von einer Kavalleriebrigade, die in die falsche Richtung reitet" (zitiert in Rayner 2018).

Noch mehr nationale Verzückung verursachten einige Jahre später die Berichte über General George Gordon, einen Haudegen aus einer alten Offiziersfamilie, der in den Sudan entsandt worden war, um dort die Garnison und Zivilisten aus der Stadt Khartum zu evakuieren, die bedroht wurden von den Truppen Muhammad Ahmads, eines radikalen islamischen Religionskriegers, der von einem Gottesstaat träumte. Entgegen seiner Befehle aus London blieb Gordon, baute Khartum zur Festung aus und forderte den Mahdi, wie sich Ahmad nannte, heraus. Der tiefgläubige Protestant Gordon war bereit, bis zum Letzten gegen die aufständischen Islamisten zu kämpfen und als Märtyrer zu enden (Perry 2005). In völliger Verkennung der Kräfteverhältnisse kündigte Gordon an: „Wir halten hier auf immer aus" (Perry 2005, S. 181). Für ein Jahr trotzte die Garnison dem Feind, dann floh die Bevölkerung aus der Stadt, die Verteidiger begannen zu hungern. Als der Widerstand zusammenbrach, so wird erzählt, erwartete Gordon das Ende auf den Stufen seines Palasts mit gezogenem Säbel und geladener Pistole (Perry 2005, S. 180). Hoffnungslose Himmelfahrtskommandos befehligt von Männern mit Schneid und Todesverachtung, in scheinbar völliger Verkennung der Erfolgschancen, waren beim britischen Publikum beliebt. Auch Gordon wurde als Heiliger und Kreuzritter von der Londoner Presse dafür gefeiert, dass er „furchtlos und unbeugsam" seine Pflicht erfüllte und Khartum gegen den Feind verteidigte, wie der euphorische Leitartikler der Pall Mall Gazette es formulierte (Behrman 1971, S. 49–50). Ein libanesischer Händler, der Gordon riet, das Licht in seinem Büro abends zu löschen, um nicht das Artilleriefeuer der Belagerer auf sich zu ziehen, bekam zur Antwort: „Geh und erzähle allen Menschen in Khartum, dass Gordon keine Angst hat, weil Gott ihn furchtlos erschaffen hat" (Urban 2005, S. 179). Gordon war wirr, tollkühn und steuerte geradewegs dem Verderben entgegen. Charaktereigenschaften, die zu Hause hoch im Kurs standen. Erfolg durch Qualifikation, Kompetenz und Planung galten gerade der Elite als weniger erstrebenswert. Kaum verwundert es deshalb, dass Mannschaften der Armee von Offizieren befehligt wurden, die weder eine Führungsausbildung durchlaufen hatten noch als Militärstrategen qualifiziert waren, sondern als Söhne adliger Familien ihre Offizierspatente käuflich erworben hatten. Wer sich im Rugby wacker schlug, Verve beim Polo zeigte, dank seiner Schulzeit am Eton College oder in Harrow Umgang mit den besseren Kreisen pflegte und rund 6000 Pfund Sterling Kommission zahlte, war der Kavallerie als Oberstleutnant willkommen (Ensor 1936). Ein Gentleman, der Kameradschaft und Kampfgeist auf den Sportfeldern seines Internats verinnerlicht hatte, im Leben Nonchalance und in der Not Stoik zeigte, war gefragt und geschätzt in der Armee und wird bis heute erhöht in der Fiktion. Der Schwarze Ritter, eine Figur in der Komödie „Monty Python und der Heilige Gral" aus dem Jahr 1975 wird vom Publikum beklatscht für die Standhaftigkeit, mit der er eine Brücke verteidigt. Der feste Wille und das nassforsche Selbstbewusstsein kommen dem Schwarzen Ritter auch dann nicht abhanden, als ihm ein Rivale mit Schwerthieb um Schwerthieb nacheinander Arme und Beine abtrennt. Als der andere schließlich über die Brück aus dem Bild eilt, ruft ihm der nunmehr zu einem traurigen Torso mit Helm verstümmelte Schwarze Ritter empört nach: „Ah, der Bastard rennt weg. Komm zurück. Ich beiße Dir die Beine ab!" Es ist diese Haltung absurder Unverwüstlichkeit, für die sich Zuschauer begeistern, die dem Schwarzen Ritter Maßlosigkeit und Untergang offenbar nachsehen. Die Einsicht, dass der richtigen Gesinnung womöglich besser kein Vorrang vor Qualifikation und militärischer Expertise mehr gegeben werden sollte bei der Rekrutierung des britischen Offizierskorps, setzte sich erst durch, als die Medien nach dem Sieg Preußens über Frankreich 1870/1871 Angst vor einer Invasion durch das neugegründete Deutsche Reich schüren. Darauf beschloss Kriegsminister Viscount Cardwell von den Liberalen, künftig in der Infanterie und der Kavallerie nach preußischem Vorbild die Fähigsten und Verdientesten zu Offizieren zu berufen (Ensor 1936).

Ein kolossales militärisches Desaster

Franklin, Scott, Livingstone, die Leichte Brigade und Gordon in der Historie, später der Schwarze Ritter und Mr. Bean in der Fiktion: Alle waren sie verurteilt zu leiden, alle standen sie schier unüberwindlichen Herausforderungen gegenüber, sei es den vertrackten Nickligkeiten des Lebens, der Gewalt der Umstände oder dem Ansturm des Feindes. Sie scheiterten, aber gaben nie auf. Es ist das Muster, das die Briten für prägend halten in ihrem Land. Bewunderte Verlierer sind Teil der Identität, die man mit Sympathie und Liebe pflegt. Davon berichtete schon der Mönch Gilda in seiner Erzählung des Ambrosius, der sich dem Ansturm angelsächsischer Krieger im 5. Jahrhundert entgegenstellte und den unvermeidlichen Untergang der keltisch-römischen Provinz Britannia doch nur verzögern konnte (Reno 1996). Ähnlich hoffnungslos war die Kampagne des Hereward the Wake, der mehr als fünf Jahrhunderte später dabei scheiterte, das angelsächsische Erbe im Kampf gegen Wilhelm den Eroberer zu verteidigen. Mit Getreuen soll sich Hereward ins sumpfige Marschland um die Isle of Ely im Osten Englands zurückgezogen und bis zuletzt gegen die Invasionsarmee der Normannen ausgehalten haben, ohne das Schicksal wenden zu können (Rex 2004). Ein Kampf, der immer aussichtslos bleiben musste, ein Nachhutgefecht von einem, der ähnlich wie der Schwarze Ritter die Niederlage nicht wahrhaben und dem Feind wenigstens noch in die Wade beißen wollte. Alles gute Gründe für die Royal Navy, 1936 einen Zerstörer HMS Hereward nach einem Verlierer zu benennen. Und die Sieger? Die gehen nicht selten vergessen. Als 1995 Mel Gibson den Film „Braveheart" in die Kinos brachte, stand William Wallace im Mittelpunkt der Handlung. Die Ikone des Widerstandes, diesmal der Schotten gegen die Engländer, wurde schon vor 200 Jahren von dem Nationalbarden Sir Walter Scott besungen. Aber Wallace war ein Verlierer. Nach einer gewonnenen Schlacht an der Brücke von Stirling führte er seine Schotten in die Niederlage bei Falkirk. Monate später wurde er von den eigenen Leuten verraten und seinen Feinden gehängt, gestreckt und geviertailt (Mackay 2012). Englands König Edward I. aber, der über Wallace triumphierte, ist Sir Walter Scott kaum eine Erwähnung wert und spielte bei Mel Gibson allenfalls eine Nebenrolle. Auch auf dem 1869 unweit der Stadt Stirling errichteten 67 Meter hohen steinernen Denkmal ragt die monumentale Statue des Verlierers Wallace auf, nicht die des Siegers Edward I. Es ist die Sympathie für einen, der nie aufgibt, den krassen Außenseiter mit geringen Chancen. Wo Erfolg zweitrangig wird, ist das Publikum fasziniert von Entschlossenheit und Mut in der Niederlage. Namen, die sich während des Ersten Weltkrieges in die Erinnerung eingebrannt haben, sind Ypres, Gallipoli, Mons und Passchendaele. Allesamt britische Desaster. Die Schlachten, die am Ende zum Kollaps der deutschen Reichswehr führten, weckten hingegen nie besonderes Interesse. Noch eigentümlicher als der gebannte Blick auf das eigene Scheitern ist das Fehlen von Selbstmitleid. Oder besser noch, das zur Schau gestellte Fehlen von Selbstmitleid und die überhöhte Selbstvergewisserung, die Zweifel und Fragen nicht zulässt. Das sind die Eigenschaften, die zur britischen Identität wurden, als im 18., 19. und bis tief ins 20. Jahrhundert das kollektive Bewusstsein geprägt war von der festen Überzeugung, dass das Empire am Ende jeden Konfliktes obsiegen würde. Und weil die eigene nationale Überlegenheit feststand, konnten sich die Beteiligten die Freiheit leisten, Protagonisten für Kühnheit in der Niederlage und Sturheit im Untergang zu feiern. Stoisch und cool, widerstandsfähig und ohne Klage sollte der weiße Mann sein, auf dem die Bürde der imperialen Verantwortung lastete, wenn er sich den Zumutungen stellte, die ihm barbarische Völker auf der ganzen Welt bereiteten. Die Forderung nach Sportsgeist und aufrechter Haltung im Umgang mit Bedrohung, Unglück und Leiden war ein Luxus, den sich die Nation erlaubte, solange ökonomische, diplomatische und militärische Erfolge nie in Frage standen. Dieses Privileg, auf scheinbare Nebensächlichkeiten Wert zu legen, ließen die Briten sich auch dann nicht nehmen, als einige Jahre später ihre Garantie auf Erfolg abzulaufen und selbst ihr nationales Überleben nicht mehr garantiert zu sein schien. Es war das Jahr 1940 und eine der dramatischsten Niederlagen der Alliierten im Zweiten Weltkrieg zeichnete sich ab. Als die Front in Frankreich dem Ansturm der Wehrmacht nicht mehr standhalten konnte, zog sich die britische Expeditionsarmee ins französische Dünkirchen zurück, eine Hafenstadt am Ärmelkanal nahe der belgischen Grenze. Was in den kommenden Tagen folgen sollte, nannte Churchill ein „kolossales militärisches Desaster" (Churchill 2003, S. 212). Die Zerstörer der Royal Navy, die für die Evakuierung vorgesehen waren, konnten ihres großen Tiefgangs wegen den Strand nicht erreichen. In der Not machten sich an Englands Südküste Fischer, die Betreiber von Vergnügungsdampfern, Yachtbesitzer, Kapitäne der Hafenbarkassen und die Mannschaften von Rettungsbooten auf den Weg Richtung Frankreich. Fast 900 kleine Boote kreuzten den Kanal und sammelten Soldaten an den Stränden Dünkirchens auf unter andauerndem Beschuss der Luftwaffe und dem Artilleriefeuer der Wehrmacht. 360.000 belgische, französische und britische Soldaten wurden so gerettet (Thompson 2015). Die Niederlage war in der kollektiven Erinnerung bald kein Thema mehr, dafür aber die Solidarität, der Mut und Zusammenhalt eines Volkes in der Not. In den nächsten Jahrzehnten appellierten Politiker und Journalisten an den „Geist von Dünkirchen", wenn Durchhaltewille, Gemeinsinn und Kampfgeist gefordert waren im Konflikt mit tatsächlichen und vermeintlichen Gegnern. Bis heute wird an die Armada kleiner Boote erinnert, an den Moment, als das Volk der Niederlage trotzte, jeder einzelne sich in den Dienst der Gemeinschaft stellte und der in der Fremde gestrandete Brite resolut, clever und unbeirrbar einen Weg findet in die sichere Heimat. Dünkirchen ist zum Appell geworden, der all jene Charaktereigenschaften abruft, die man auf der Insel bis heute so gerne für sich reklamiert. Als Außenminister Jeremy Hunt im Laufe der Brexit-Verhandlungen mit seinen Forderungen am Widerstand der EU wieder und wieder scheiterte, drohte er: „Großbritannien gibt nicht klein bei, stattdessen besinnen wir uns auf den Geist von Dünkirchen und kämpfen" (Rayner 2018).

Der Journalist und Autor Stig Abell erkennt unter seinen Mitbürgern bis heute eine Liebe für den gescheiterten Helden, zumindest, solange der das Herz am rechten Fleck hat und mit Stil sowie – wenn möglich – wehenden Fahnen untergeht (Abell 2019, S. 289). Diese Beobachtung machte der englische Schauspieler und Humorist John Cleese bereits als Schüler, als er 1948 gemeinsam mit der Klasse den Film „Scotts letzte Fahrt" über Robert Falcon Scotts Südpol-Expedition sah, eine Produktion der Ealing Film Studios: „Wir waren alle sehr beeindruckt, wie Scott sich ohne Klagen in sein Schicksal gefügt hat. Die Botschaft des Films war offenbar, dass Stoizismus im Angesicht des Scheiterns die höchste Form englischen Heroismus ist. Aber man hatte auch den Eindruck, dass selbst ein Hauch des Erfolges den Todesmut gemindert hätte, mit dem er sein Unglück still ertrug. Ganz ähnlich wie die Großartigkeit der Attacke der Leichten Brigade dadurch aufgewertet wurde, dass sie völlig aussichtslos war. Und dass Gordon am Ende zu Tode gehackt wurde, war noch imposanter, weil es geschah, während seine gesamte Garnison in

Khartum unterging" (zitiert in Barczewki 2016, S. 4 f.). Diese Gelassenheit und Kühnheit im Angesicht des Scheiterns hat sich zumindest die gesellschaftliche Elite im 21. Jahrhundert bewahrt, auch wenn heute niemand mehr stoische Zuversicht auf Expeditionen im afrikanischen Dschungel oder bei einer Reiterattacke beweisen kann. Die Umstände haben sich gewandelt. Als David Cameron nach verlorenem Brexit-Referendum am 11. Juli 2016 den in Downing Street wartenden Journalisten den Tag seines Rücktritts angekündigt hatte und die wenigen Schritte zurück zur Haustür von Nummer 10 ging, pfiff er entspannt und für die Mikrofone hörbar eine fröhliche Melodie vor sich hin (Rhodan 2016). Die größte politische und konstitutionelle Krise seit dem Ende des Zweiten Weltkrieges war für den in Eton und Oxford erzogenen Cameron kein Grund für Panik und Gram. Er blieb gelassen und souverän, obwohl das Ergebnis des von ihm veranlassten Referendums seine Karriere zerstörte und ungezählten Menschen materiellen Schaden zufügte. Auch Boris Johnson kalkulierte bei seiner Karriereplanung die Liebe seiner Landsleute für Kämpfer auf verlorener Position ausdrücklich ein. Er wollte, so erzählen Personen, die ihn gut kennen, an der Spitze der Brexit-Kampagne mit Verve und Chuzpe Anerkennung gewinnen und am Wahltag mit wehenden Fahnen gegen die Befürworter der EU-Mitgliedschaft verlieren (BBC 2016). Der Mut des Kämpfers für seine Überzeugungen und die unvermeidliche Niederlage, so die Kalkulation, hätten ihm viel Sympathie eingebracht. Die Verantwortung, die mit dem unerwarteten Sieg für seine Brexit-Seite kam, hat sich für Johnson als hinderlich erwiesen und war nicht nötig in einem Land, das seine Verlierer nach wie vor schätzt und nicht selten feiert. Mittlerweile hat Premierminister Johnson das alte Rollenmodell wiederbelebt und zeigt sich als wackerer Kämpfer einer kleinen Nation gegen die übermächtige EU. Wie Ambrosius gegen die Angelsachsen und Hereward the Wake gegen die Normannen ringt Johnson vor seinem Publikum mit China, den USA und der EU und weiß, dass er in jedem diplomatischen und ökonomischen Konflikt mit diesen Gegnern der Verlierer sein wird. Aber solange er wie Gordon in Khartum mit wehenden Fahnen untergeht, ist ihm die Liebe des Publikums sicher.

Literatur

Abell S (2019) How Britain really works. Murray, London
Barczewki S (2016) Heroic failure and the British. Yale University Press, New Haven
BBC (2016) Sir Alan Duncan. Boris Johnson did not want Brexit win. 22. September. https://www.bbc.co.uk/news/uk-politics-37439890. Zugegriffen am 21.06.2021
Beattie O, Geiger J (1989) Frozen in time: unlocking the secrets of the Franklin expedition. Western Producer Prairie Books, Saskatoon
Behrman C (1971) The after-life of general Gordon. Albion 3(2):47–61
Blaikie WG (1913) The personal life of David Livingstone. John Murray, London
Brookes R (1985) The little man and the slump: Sidney Strube's cartoons and the politics of unemployment 1929–1931. Oxf Art J 8(1):49–61
Buttery D (2008) Messenger of death. Captain Nolan and the charge of the light brigade. Pen and Swords Books, Barnsley
Chalmers W (2011) The origin of the species homo touristicus. Universe, Bloomington
Churchill W (2003) Wars are not won by evacuations, 4 June 1940 – house of commons. In: Churchill WS (Hrsg) Never give in! The best of Winston Churchill's speeches. Hyperion, New York
Ensor R (1936) England 1870–1914. Oxford history of England. Oxford University Press, Oxford
Holmes T (1993) Journey to Livingstone: exploration of an imperial myth. Canongate, Edinburgh
Horne CS (1999) David Livingstone: man of prayer and action. Christian Liberty Press, Arlington Heights
Kipling R (1909/1976) A choice of Kipling's verse, Bd 2. Faber and Faber, London
Lamb GF (1956) Franklin: happy voyager. Ernest Benn, London
Mackay J (2012) William Wallace: brave heart. Mainstream Publishing, Edinburgh
Matthews R (2000) Britannia and John Bull: from birth to maturity. Historian 62(4):799–820
Perry J (2005) Arrogant armies: great military disasters and the generals behind them. Castle Books, Edison
Rayner G (2018) Jeremy Hunt warns EU a bad Brexit deal will stir Britain's Dunkirk spirit. Daily Telegraph, 30. September. https://www.telegraph.co.uk/politics/2018/09/30/jeremy-hunt-warns-eu-bad-brexit-deal-will-stir-britains-dunkirk/. Zugegriffen am 22.06.2021

Reno FD (1996) Ambrosius Aurelianus: history and tradition: authenticating the Celtic hero of post-Roman Britain. McFarland & Company, London

Rex P (2004) The English resistance. The underground war against the Normans. Tempus, Cheltenham

Rhodan M (2016) What tune did David Cameron hum after announcing he is stepping down? Time, 11. Juli. https://time.com/4401308/david-cameron-stepping-down-hum-toon/. Zugegriffen am 02.07.2021

Rowbotham S (1987) Canned food sealed icemen's fate. History Today, 10. Oktober. https://www.historytoday.com/archive/canned-food-sealed-icemens-fate. Zugegriffen am 03.07.2021

Tennyson A (1854/1994) Charge of the Light Brigade. University of Virginia. https://web.archive.org/web/20070513072721/http://etext.virginia.edu/britpo/tennyson/TenChar.html. Zugegriffen am 25.06.2021

Thompson J (2015) Dunkirk: retreat to victory. Arcade, New York

Urban M (2005) Generals: ten British commanders who shaped the modern world. Faber and Faber, London

Wright E (2008) Lost explorers: adventurers who disappeared off the face of the earth. Allen & Unwin, Crows Nest

7

Magna Charta – Warum die Verfassung anständige Kerle braucht?

Wer sich nach der Verfassung des Landes erkundigt, stößt auf ratlose Blicke und Achselzucken. Vielleicht erwähnt jemand König John und die Magna Charta. Rasch wird klar, dass sich die Suche nach dem Dokument, das die Grundprinzipien der politischen Ordnung ausdrückt und festschreibt, etwa die Rolle des Parlaments, die Gewaltenteilung oder die Unabhängigkeit der Gerichte, schwierig gestaltet in dem Land, das für sich reklamiert, die älteste Demokratie der Welt zu sein. Ein Grundgesetz, entwickelt und getextet aus einem Guss, wie wir es in Deutschland kennen, existiert nicht. Es ist eine relativ moderne Idee, systematisch in einem Dokument Gesetze, Regularien, Gewohnheiten und Konventionen zusammenzufassen, die gemeinsam definieren, welche Personen und Staatsorgane die Macht halten – etwa der Premierminister, der Monarch oder das Parlament. Die Franzosen und Amerikaner machten es vor im späten 18. Jahrhundert, der Zeit des Rationalismus, als Planung, Struktur und Systematik populäre Leitprinzipien nicht nur in Architektur und Gartengestaltung wurden, sondern auch bei der Organisation des Staates und des Verfassungsrechts. Im folgenden Jahrhundert gaben sich Italien und Deutschland eine Verfassung, zu einer Zeit also, als Menschen begannen, eine schriftlich fixierte Garantie ihrer bürgerlichen Freiheiten und demokratischen Rechte einzufordern. Die Geschichte des britischen Staates geht allerdings ins Mittelalter zurück, als sich niemand die Mühe machte oder es für nötig hielt, das Zusammenspiel der Verfassungsorgane und die Machtverteilung zwischen den Gewalten methodisch und umfassend zu definieren und strukturieren. Wer also die politische Ordnung verstehen will, der muss sich durch eine beachtliche Zahl von Einzeldokumenten arbeiten, etwa Gesetzestexte und Gerichtsurteile, die Normen setzen und verschieben, sowie Kommentare zu Konventionen und Präzedenzfällen von Gelehrten wie Walter Bagehot, Erskine May und Albert Venn Dicey, deren Arbeiten bei dem Thema längst zu den Standardwerken gehören. Verfassungsrang haben etwa die Parlamentsgesetze aus dem Jahr 1911 und 1949, in denen das Vetorecht des House of Lords eingeschränkt wurde. Das gleiche trifft zu auf ein Gesetz von 2005, das die Reform des Obersten Gerichtshofs vorsah (Bogdanor 2009). Spätestens in den 1990er-Jahren war auch nicht mehr zu übersehen, dass das Recht der Europäischen Gemeinschaft britische Gesetzgebung bestimmte und einschränkte und damit Teil der Verfassungsordnung geworden war (Norton und Jones 2018). Einen dramatischen Wandel hat im Verlauf der Jahrhunderte vor allem das Organ im Zentrum der politischen Verfassung erfahren: Die Monarchie. Ihre Rolle und Macht im Land war immer dann ein Thema, wenn sich ein Herrscher Vorrechte anmaßte und anderen Privilegien streitig machten. Dann wurde gedroht, gerungen, verhandelt und schließlich eine Vereinbarung aufgeschrieben. So etwa im Jahr 1215, als König John auf dem Thron saß und mit seiner Politik teurer und erfolgloser Kriege den Ärger der Barone, also der wichtigsten Steuerzahler, auf sich zog. Die revanchierten sich und legten John die Magna Charta Libertatum vor, zu Deutsch die große Urkunde der Freiheiten, die den König verpflichtete, die aristokratische Elite bei künftigen Entscheidungen zu konsultieren. Das Dokument verbietet zudem willkürliche Verhaftung, garantiert den Zugang zu einem Gericht und begrenzt die Lehnszahlungen an den Monarchen. Mit anderen Worten, die Urkunde definiert erstmals, was ein König tun durfte und was ihm verwehrt war. Um sich Ärger zu ersparen mit den Aristokraten des Landes, die immer wieder auf eine Begrenzung königlicher Macht drangen, bestätigten Johns unmittelbare Nachfolger auf dem Thron das Dokument (Vincent 2012). Ein direkter Weg zur demokratischen Regierungsform war es seither allerdings nicht. Im Gegenteil: Heinrich der VIII. und seine Tochter Elizabeth I. spielten ihre Macht brutal aus und gingen mit Kritikern rücksichtslos um. Ihre Nachfolger, James I. und Charles I. aus der Familie Stuart steigerten die Idee der königlichen Machtvollkommenheit so sehr, dass es zum Bürgerkrieg kam. Der demokratischen Regierungsform kam das Land erst wieder einen Schritt näher, als das Parlament sich zu einem Coup entschloss und den letzten König aus der Familie der Stuart, James II. durch Wilhelm von Nassau-Oranien, den Statthalter der Niederlande, ersetzte. Die neue, prominente Aufgabe, die sich der Niederländer mit seiner Ehefrau Mary, der Tochter des verbannten James II., teilte, war an Bedingungen geknüpft: Um absolutistischen Neigungen künftiger Monarchen vorzubeugen, drängten die Parlamentarier das neue Paar auf dem Thron einen Grundrechtskatalog zu unterschreiben, in dem der Vorrang des Parlaments gegenüber der monarchischen Gewalt festgeschrieben wurde ebenso wie die Redefreiheit seiner Mitglieder und freie Wahlen. Die Verfassungsrealität veränderte sich auch in den folgenden Jahren und Grund dafür waren nicht nur einzelne Verträge und Gesetze, sondern auch die Personen, deren Stärken und Schwächen, Aspirationen und Ziele die Machtbalance verschoben. So interessierte sich etwa Kurfürst Georg von Braunschweig-Lüneburg, der 1714 als George I. auf den englischen Thron kam, für die Staatsgeschäfte in seinem heimatlichen Hannover mehr als für Anliegen, die man ihm in London vorlegte. Sein Desinteresse provozierte ein politisches Vakuum, das zunehmend die Parlamentarier ausfüllten, während die Autorität und der Anspruch des Monarchen, das letzte Wort zu behalten, nur noch in der Theorie fortbestand. Der Status des Monarchen im Verfassungsgefüge nahm auch mit seinem Nachfolger George II. ab. Als schließlich der dritte George pflichtbewusst die Vorlagen des Kabinetts zu lesen forderte, war sein Lordkanzler, der 1. Baron Thurlow, angesichts dieser ungewöhnlichen Bitte irritiert und antwortete seinem König brüsk: Das Ansinnen sei vergeudete Mühe, schließlich würden Seine Majestät den Inhalt der Dokumente ohnehin nicht verstehen. Später befiel George III. der Wahnsinn, sodass die bei der Krone verbliebenen Regierungsgeschäfte an gewählte Politiker delegiert werden mussten – eine weitere Schwächung der verfassungsmäßigen Rolle des Monarchen, von dessen traditioneller exekutiver Funktion nicht mehr viel geblieben war. Der Trend setzte sich in späteren Jahren fort. George IV., bekannt für seine Verschwendung, Ess- und Trunksucht, galt unter seinen Höflingen als verachtungswürdig, feige, selbstsüchtig sowie gefühllos und machte sich bei öffentlichen Auftritten seiner Fettleibigkeit wegen zum Gespött des Publikums. Für Kabinett und Premierminister wurde der so diskreditierte Monarch zum entbehrlichen Partner (Baker 2005). Diese Marginalisierung der Krone – eine Umkehr im traditionellen Kräfteverhältnis der Institutionen – prägte die neue Verfassungsrealität des Landes. So war William IV., Georges Bruder, der 1830 auf dem Thron folgte, denn auch der letzte Monarch, dessen persönliche Ablehnung des vom Parlament favorisierten Kandidaten die Berufung eines Premierministers stoppte (Ziegler 1971). Seiner Nichte, Königin Victoria, gelang das nicht mehr. Ihr blieb es nur noch zu weinen, als ihr bevorzugter Regierungschef und einstweiliger Mentor, der 2. Viscount Melbourne, sein Amt in 10 Downing Street verlor: „Ich dachte wirklich, mein Herz würde zerbrechen," klagte die Königin, als sie die Nachricht erhielt (Hibbert 1985, S. 45). Im Sommer 1945 spürte George VI. die Begrenzungen, die jenseits von Krisenzeiten die Konventionen der ungeschriebenen Verfassung einem Monarchen auferlegten. Obwohl er Clement Attlees sozialistische Politik als Bedrohung betrachtete, musst er den Labour-Vorsitzenden nach der Niederlage der Konservativen zum Premierminister ernennen. Immerhin dehnte er seine konstitutionelle Rolle aufs äußerste, indem er Attlee überredete, Hugh Dalton nicht zum Außenminister zu ernennen. Dalton, der bereits die Koffer packte für seine Teilnahme an der Konferenz der Alliierten in Potsdam, galt dem König als suspekt, weil er als Sohn des Kaplans von Windsor mit seiner Mitgliedschaft bei Labour die eigene Klasse verraten hatte. So sah man es jedenfalls im Palast (Pimlott 1985).

Der Monarch sammelt Briefmarken und schießt Fasane

Die ungeschriebene Konvention hatte sich mit der Zeit gewandelt. Zum einen hatten Monarchen ihre alten Prärogativen nicht mehr persönlich ausüben wollen, zum anderen war die Wählerschaft im Verlauf des 19. Jahrhunderts schrittweise ausgeweitet worden. Das verlieh dem Parlament zusätzliche Autorität und verminderte in weiten gesellschaftlichen Kreisen die Bereitschaft, bei politischen Entscheidungen dem ungewählten Staatsoberhaupt ein Veto einzuräumen. Diese zunächst graduelle und später fundamentale Veränderung der Verfassung und der schleichende Transfer der exekutiven Gewalt von der Krone zum Parlament und dem gewählten Premierminister immunisierte die politische Konstitution gegen Rufe nach Revolte und Revolution, die anderswo in Europa einst mächtige Staatsoberhäupter stürzten oder ins Exil trieben. Im Vergleich dazu ist eine Verfassung, die reale Macht an Erbfolge bindet, im aufkommenden demokratischen Zeitalter anfällig für Kritik. Nicht zu Unrecht, schließlich ist der Blutsverwandte ohne populäres Mandat, der sich weder durch Talent noch Leistung um Legitimation zu bemühen braucht, womöglich nicht der Beste für die Aufgabe. So war der Übergang der realen Macht auf den Premierminister eine konstitutionelle Entwicklung, die Kritiker ruhigstellte und sich langfristig als Lebensversicherung des Monarchen erwies. Sind die Menschen mit ihrer Regierung unzufrieden, können sie im Wahlkampf die Kandidaten zum Ziel ihrer Kritik machen und, wenn nötig, den Entscheider in Downing Street auswechseln. Diese Erfahrung des Schlagabtauschs, der ihrem Ansehen schaden und ihre konstitutionelle Existenz gefährden könnte, bleibt dem König oder der Königin erspart, weil ihnen exekutive Macht und damit Verantwortung für politische Entscheidungen fehlt. Churchill beschrieb das Arrangement so: „Eine große Schlacht ist verloren: Das Parlament setzt die Regierung ab. Eine große Schlacht ist gewonnen: Das Volk preist die Königin" (Gilbert 1988, S. 835). Ein anderer Grund für die Dauerhaftigkeit der britischen Verfassung im 20. Jahrhundert war der Erfolg in beiden Weltkriegen. Das Deutsche Reich verlor seinen Kaiser, Russland erlebte eine Revolution und Österreich-Ungarn zerbrach in seine Teilnationen, jeweils als Folge militärischer Niederlagen. Im Kontrast dazu war Erfolg Garant für das Überleben der alten Institutionen und Beleg dafür, dass sie sich auch im Konflikt bewährten. So behielt der König auch im 20. und 21. Jahrhundert seine verfassungsmäßige Rolle, zu der es auch gehört, jede einzelne Gesetzesvorlage zu unterzeichnen, die nach der Zustimmung beider Kammern des Parlaments erst mit der Signatur des Monarchen in Kraft treten kann. Das letzte Mal setzte sich die ungewählte gegen die gewählte Gewalt bei einem Gesetzgebungsverfahren durch, als vor mehr als 300 Jahren Königin Anne ihre Unterschrift verweigerte. Man könnte den Part des Monarchen heute für eine Formalie halten, eine Selbstverständlichkeit, bestenfalls ein Stück sympathischer Folkloristik. Doch nicht ganz. Es ist vorstellbar, dass eines Tages ein Monarch seine Unterschrift einer zwielichtigen Gesetzesvorlage vorenthält, mit der die Regierung unethische, diskriminierende oder andere gefährliche Absichten verfolgt. Ob es zur Konfrontation kommt, liegt nicht zuletzt am Charakter desjenigen, der dann im Palast über die Vorlagen befindet. Königin Elizabeth II. wollte 2019 die Auseinandersetzung vermeiden, als sie der umstrittenen Bitte des Premierministers nachgab, das Parlament zu vertagen. So ließ sie es zu, als Handlanger der Regierung zu erscheinen, die drauf aus war, eine parlamentarische Beratung über Boris Johnsons Brexit-Pläne zu verhindern (Jarvis 2019). Die Verfassung räumt ihr die Freiheit ein, Skrupel zu äußern und den Regierungschef im persönlichen Gespräch zu beten, ein Vorhaben zu überdenken. 1916 etwa widersetzte sich George V. dem Wunsch der Regierung nach Neuwahl, weil er einen Wahlkampf während des Krieges gegen das Deutsche Reich für unangebracht hielt (Rose 1983). Auch bei der Wahl des Premierministers kann dem Monarchen eine entscheidende Rolle zukommen, wenn keine Partei im Parlament eine eigene Mehrheit besitzt und deshalb der Staatschef zu entscheiden hat, welcher Fraktionsvorsitzende den Auftrag erhält, Gespräche über die Bildung einer Koalition zu führen. Eine Entscheidung, die im Palast zu treffen sein wird, weil aus dem vakanten Büro in 10 Downing Street weder Rat noch Anweisung zu erwarten sind. So war es 1931, als George V. sich weigerte, den Rücktritt von Premierminister Ramsay MacDonald zu akzeptieren, dessen Labour-Regierung von den dramatischen Ereignissen der Weltwirtschaftskrise überwältigt worden war. George V. leitete persönlich die Treffen aller Parteiführer, in denen er den Vorsitzenden der Konservativen und der Liberalen nahelegte, mit MacDonalds Labour-Fraktion eine große Koalition zu bilden im Moment des ökonomischen Desasters. Die Krise, in der das Land steckte, galt dem König als ausreichender Grund, Politiker ins Gebet zu nehmen. Dennoch gibt es immer auch heftige Kritik, wenn ein Monarch sich ins politische Tagesgeschäft einmischt und die Frage wird dann aufgeworfen, was einen Mann wie George V., dessen Interessen sich sonst auf das Sammeln von Briefmarken und das Schießen von Fasanen beschränkten, berechtigte, demokratisch legitimierte, politische Mehrheiten für die Regierungsbildung zu arrangieren. Sowohl die Kritiker als auch die Verteidiger des politisch engagierten Monarchen tun sich schwer mit ihren Argumenten, weil sie sich nicht auf die in einer schriftlichen Verfassung fixierten Spielregeln berufen können. Wie politisch ein König im 21. Jahrhundert sein kann, wie sehr er Schiedsrichter zwischen den Organen und Schlichter im Streit von Parteien und Fraktionen sein darf, ist nirgends definiert und obliegt damit dem persönlichen Ermessen und der Bereitschaft der anderen Institutionen, Initiativen des Palastes zu akzeptieren. Das ist vor allem deshalb nicht unproblematisch, weil der Monarch mit seinen Entscheidungen selbst wiederum Verfassungswirklichkeit prägt (Bogdanor 2009). So etwa, als sich nach dem Rücktritt des konservativen Premierministers Neville Chamberlain 1939 George VI. für dessen Parteifreund Winston Churchill als Nachfolger entschied und nicht für den zunächst in den Kreisen der Tories favorisierten Lord Halifax. Damit war ein konstitutioneller Präzedenzfall geschaffen, seitdem Mitglieder der Lords für das Amt des Regierungschefs nicht mehr in Frage kommen, weil sie ohne Sitz und Stimme im Unterhaus ihre Politik nicht in der wichtigeren der zwei Kammern vertreten und verteidigen können (Griffiths und Leach 2018, S. 82).

Eigentümlichkeiten einer Verfassung, die sich im Laufe der Jahrhunderte organisch entwickelt hat, sind historischen Umständen geschuldet und haben sich qua Gewohnheit und Praxis entwickelt. So kam dem Monarchen lange Zeit bei der Auswahl des konservativen Parteichefs indirekt eine hervorgehobene Rolle zu, weil sich die Tories zur Bestimmung des Vorsitzenden bis in die 1960er-Jahre demokratische Experimente wie eine Urabstimmung der Mitglieder oder die Wahl durch

Delegierte und Abgeordnete nicht einlassen wollten. Zu Oppositionszeiten emergierten ihre Anführer in Gesprächen, die Männer in grauen Anzügen hinter verschlossenen Türen führten. War die Partei in der Regierung, wenn ein Führungswechsel anstand, kam dem Monarchen das letzte Wort in der Personalfindung zu, wie 1963, als sich Elizabeth II. nach Konsultation mit ranghohen Tories für den 14. Earl of Home als Nachfolger des erkrankten Premierministers Harold Macmillan entschied und damit auch die Vakanz an der Spitze der Konservativen beendete, bei denen die Übernahme von Staats- und Parteiamt sich immer gegenseitig bedingen. Erst später bemühte sich die Parteiführung um ein formales parteiinternes Wahlsystem. Um Missverständnissen vorzubeugen, ist der Hinweis wichtig, dass Elizabeth II. seinerzeit nicht nach eigenen politischen Instinkten und Vorlieben handelte, selbst wenn sie in dem geschilderten oder ähnlichen Fällen einem Politiker bei der Bildung der Regierung den Vorzug gegenüber einem anderen gab. Ein bürokratisches Geflecht von Mitarbeitern zwischen 10 Downing Street und dem Palast, koordiniert von dem Kabinettssekretär, dem Leiter der Parlamentskanzlei und dem Privatsekretär der Königin, recherchiert, prüft und bereitet dem Palast eine Empfehlung vor, die der sich abzeichnenden Machtbalance entspricht. So war es auch nach der Wahl 2010, in der Premierminister Gordon Brown seine Mehrheit im Parlament verlor. Erst nachdem die Liberaldemokraten sich bereit erklärten, als Juniorpartner in ein Kabinett unter Leitung David Camerons einzutreten, erhielt die Königin den Rat, den Vorsitzenden der Tories mit der Bildung einer Regierung zu beauftragen und nicht etwa den Anführer der geschlagenen Labour-Partei um die Fortsetzung seiner Arbeit mit wechselnden Mehrheiten zu bitten (Griffiths und Leach 2018).

Schon im 19. Jahrhundert beobachtete der Journalist Walter Bagehot, dessen Texte und Interpretationen der Verfassungsordnung längst kanonischen Status erreicht haben, dass die britische Regierung aus zwei Teilen besteht: Einem „ehrfürchtigen" und einem „effizienten" (Bogdanor 1995). Der effiziente Teil umfasst die Behörden und Ämter, die entscheiden und handeln. Als ehrfürchtiger Teil gelten die Repräsentation und die Symbolik der Macht, der die Menschen Ehrerbietung entgegenbringen und Folgschaft versprechen, ohne die eine Regierung nicht arbeiten könnte. So gesehen besteht zwischen gewählter Exekutive und dem Monarchen eine Symbiose. An der Monarchie schätzte Bagehot insbesondere die abergläubischen, historischen und religiösen Attribute, in die sie sich hüllt. Wie zu Zeiten Bagehots sieht auch heute noch die konstitutionelle Aufgabenverteilung für die Krone neben der repräsentativen Rolle drei weitere Funktionen vor. Sie kann raten, ermutigen und warnen. Zweimal, dreimal, gelegentlich viermal im Monat hat die Königin dazu Gelegenheit, wenn der Premierminister sich zu einem der regelmäßigen Treffen bei ihr meldet – persönlich auf Visite im Palast oder, wenn der Terminplan es nicht zulässt, von 10 Downing Street aus per Telefon. Was hier der Regierungs- mit seinem Staatschef beredet, ist geheim und ein Protokoll wird nicht verfasst. James Callaghan, Premierminister der Labour-Partei in den späten 1970er-Jahren, schätzte den Rat Elizabeth II. Der Tory John Major, ein Jahrzehnt später im Amt, empfand die Begegnungen wie Sitzungen auf der Couch des Psychiaters. Dabei sitzt der Gast nicht wirklich auf einem Sofa. Jedenfalls nicht immer. Hin und wieder lädt Elizabeth II. auch zu einem gemeinsamen Spaziergang ein in ihrem 17 Hektar großen Landschaftsgarten direkt hinter Buckingham Palace. Die Königin sagt, ihre gefalle die Rolle, der Kummerkasten ihres jeweiligen Regierungschefs zu sein (Hennessy 1995, S. 223). Wie viel Einfluss sie bei diesen Gesprächen auf politische Entscheidungen ihrer Gesprächspartner hat, ist unklar, weil beide Seiten sich über den Austausch gewöhnlich ausschweigen. Erst Jahre nach seinem Rücktritt hielt es Anthony Eden für angezeigt, Unterstellungen zu dementieren, er habe bei seiner Entscheidung zur militärischen Intervention am Suez-Kanal auf Wünsche der Königin Rücksicht genommen. Tatsächlich waren zwei Privatsekretäre Elizabeth II. entschieden gegen die militärische Operation und auch ihr Cousin, der Erste Seelord Earl Mounbatten of Burma, hielt Edens Pläne für einen schweren Fehler. Sollte die Königin diese Bedenken in ihrem engsten Beraterkreis geteilt und in den regelmäßigen Audienzen mit dem Premierminister vertreten haben, zeigten ihre Mahnungen offenbar wenig Wirkung und brachten die Regierung nicht dazu, das Vorhaben abzusagen (Pimlott 2002).

Der Revolution in Russland nacheifern

Verfassungen wandeln sich mit den Jahren, werden reformiert, modernisiert und den Erfordernissen der Zeit angepasst. Und dennoch bleiben Anachronismen erhalten. Der Auffälligste – neben dem Haus of Lords, über das in einem anderen Kapitel zu reden sein wird – ist die monarchische Ordnung. Spekulationen über die Zukunft dieser Staatsform werden spätestens unüberhörbar, wenn der Thronwechsel ansteht. Wie es mit der Monarchie dann weitergeht, kann niemand vorhersagen. Aber vielleicht lässt sich eine Antwort ablesen aus den Zeilen Walter Bagehots, des Journalisten und Experten in Verfassungsfragen: „Die Monarchie ist eine Regierung, in der die Aufmerksamkeit der Nation sich konzentriert auf eine Person, die Interessantes tut. Eine Republik hat eine Regierung, in der die Aufmerksamkeit verteilt ist auf viele Personen, die alle Uninteressantes tun. Folglich, solange die Emotionen der Menschen stark sind und der Verstand schwach, wird Royalty stark bleiben, weil es die vagen Empfindungen der Menschen anspricht, und die Republik bleibt schwach, weil sie an die Rationalität appelliert" (Bagehot 1872/2017, S. 35). Zu Bagehots Lebzeiten brachten die Revolutionen im Jahr 1848 Throne in Österreich, Bayern und Berlin zum Beben und stürzten den König in Frankreich. Derweil verzeichnete die Tageszeitung The Times in London lediglich eine Demonstration in der Innenstadt, bei der ein paar Fensterscheiben an der Fassade des Reform Clubs zu Bruch gingen. In der Menschenansammlung hätten einige Männer „Republik" gerufen, ohne genau zu wissen, worum es sich dabei handelte (Mitchell 2011). Zur gleichen Zeit meldete die Zeitung Court Journal Zweifel daran an, ob eine Republik tatsächlich die ideale Regierungsform sei, und fügte hinzu: „Die Engländer müssen sich fragen, was mit einer republikanischen Regierung zu gewinnen ist, das ihnen unter der gegenwärtigen politischen Verfassung vorenthalten werde, und was zu verlieren sei bei einem Wechsel der Regierungsform" (Court Journal 1848, S. 84). 22 Jahre später verfolgte Königin Victoria mit Unruhe die Nachrichten von der Absetzung des französischen Kaisers Napoleon III. im September 1870. In ihrem Tagebuch notierte sie ihre Sorgen: „Ich erfuhr, dass ein Mob in Paris den Senat erstürmt, den Fall der Dynastie proklamiert und

Frankreich zur Republik ausgerufen habe. Nicht eine Stimme hat sich zur Verteidigung des unglücklichen Kaisers erhoben. Wie undankbar!" (zitiert in Buckle 2014, S. 58). Dabei ging die ernstere Bedrohung für die monarchische Verfassungsordnung auf der Insel nicht von Frankreich aus. Der Anführer der republikanischen Vereine, von denen sich – angeheizt durch die Ereignisse in Paris – rund 100 auf der Insel etabliert hatten, war der Radikalliberale Charles Dilke, Sohn eines Baronets und ausgebildet in Cambridge. Er warf der Monarchie Verschwendung, Prunksucht und Korruption vor. Seine Agenda war ein Umsturz der Verfassung, die Abdankung der Königin und die Errichtung einer parlamentarischen Demokratie. Seine Kampagne nahm gerade an Fahrt auf, da schlug sich das Schicksal auf die Seite der alten Staatsorgane. Die Nachricht machte die Runde, der Thronfolger sei an Typhus erkrankt, dem gleichen Leiden, an dem schon sein Vater, Prinz Albert, gestorben war. Für Dilke war es nun unmöglich, durch das Land zu reisen und die Verschwendung der Royals anzuprangern, während der älteste Sohn Victorias auf Schloss Sandringham mit dem Tod rang (Nicholls 1995). Im Rückblick stimmen Historiker darin überein, dass der spätere König Edward VII. in seinem Leben der monarchischen Verfassung des Landes nie einen größeren Dienst erwiesen habe als während der Wochen im Krankenbett. Der Prinz erholte sich, die Monarchie schien gesichert und ihre Anhänger luden am 27. Februar 1872 zu einem Dankgottesdienst in die Kathedrale von St. Pauls, um die Erlösung zu feiern. Eine Generation später versuchte sich die Labour-Partei an einer radikalen Verfassungsreform, die das Ende der Monarchie vorsah. Die Töne ihrer Redner machten den Royals Sorgen: „Lasst uns in diesem Land tun, was die Revolution in Russland erreicht hat," rief der junge Ramsay MacDonald seinen Parteifreunden auf dem Parteitag von Labour im April 1917 zu (zitiert in Marquand 1977, S. 208). Doch König George VI. brauchte nichts zu fürchten. Im Grunde waren die Labour-Mitglieder zutiefst konservativ und als auf der Parteiversammlung über den Antrag zur Verfassungsänderung abgestimmt wurde, sprach sich die überwältigende Mehrheit gegen jede Neuerung der politischen Konstitution aus. In den 1980er-Jahren bemerkte der Marxist Tom Nairn enttäuscht: „Es gibt keine ernst zu nehmende Kampagne für eine Republik, keine republikanischen Medien und keine anti-monarchische Haltung in der öffentlichen Debatte. Angesichts dieser Stimmung erscheinen die Anhänger einer Republik als böswillige Exzentriker!" (Nairn 1988, S. 53). Immer mal wieder wurde nach einer Antwort gesucht auf die Frage, warum die Briten so immun zu sein scheinen für Argumente, ihre verfassungsmäßige Ordnung und die Spitze des Staates neu und rationaler zu organisieren. An der BBC läge es, meinte in den 1960er-Jahren Kingsley Martin, der seinerzeit das angesehene linksliberale Magazin New Statesman herausgab. Der öffentlich-rechtliche Sender, so Martin, erlaube keine offene Diskussion über Religion und die Monarchie (Martin 1965).

Wenn sich auch die monarchische Ordnung über die Zeit hinweg erhielt, so waren doch andere wichtige Teile der Verfassung im Flux. Die Konservativen waren dabei gewöhnlich die Verteidiger des Status Quo, die das Haus of Lords sowie die Monarchie schätzten und im Verlauf des 19. Jahrhunderts die Prinzipien der repräsentativen Demokratie sowie die Ausweitung des Wahlrechts zunächst widerwillig akzeptierten, später allerdings gegen seine Gegner verteidigten. Stattdessen zeigte die Labour-Partei Neigung zur Veränderung, etwa als sie bereits in den späten 1970er-Jahren dafür warb, gesetzgeberische und exekutive Macht von Westminster an die Nationen Wales, Schottland und Nordirland zu übertragen und zu diesem Zweck Regionalversammlungen mitsamt Regierungen zu konstituieren. Als schließlich Tony Blairs Regierung Regionalparlamente in den Regionen etablierte, galt das als massiver Eingriff in die tradierte Verfassungsordnung. Auch der Beschluss, wichtige politische Angelegenheiten dem Parlament in Westminster zu entziehen und stattdessen mit Hilfe von Referenda an die Bürger zu delegieren – etwa 1975 bei der Bestätigung des Beitritts zur Europäischen Wirtschaftsgemeinschaft, 2011 in einer Abstimmung über eine Wahlrechtsreform oder 2014 beim Votum über Schottlands Unabhängigkeit –, galt als wesentliche Veränderung der Verfassungsordnung (Bogdanor 2009). Nach einem Machtwechsel akzeptierten die Konservativen die Reformen und bemühten sich nicht um eine Rückabwicklung. Gelegentlich waren die Tories sogar die Initiatoren von Verfassungsänderungen. Beispielsweise erlaubten sie 1958 Adligen ihre Titel und den Sitz im aristokratischen Oberhaus aufzugeben, um bei Wahlen zum bürgerlichen Unterhaus anzutreten. Dramatischer für die politische Ordnung war der Entschluss des konservativen Premierministers Edward Heath, das Land

1973 in die Europäische Wirtschaftsgemeinschaft zu führen (Griffiths und Leach 2018). Mit dem Beitritt in die EWG und später mit der bereits erwähnten Etablierung von Regionalparlamenten in Edinburgh, Belfast und Cardiff sowie der Übernahme der Europäischen Menschenrechtskonvention in britisches Recht beschnitt das Parlament in Westminster seine bis dahin uneingeschränkte und ungeteilte Souveränität, die als grundlegendes Prinzip der ungeschriebenen Verfassung gilt. Als Folge dieser Entwicklung verloren Entscheidungen der Parlamentarier in London etwa in Fragen der Gesundheits- und Bildungspolitik ihre Gültigkeit in den Regionen und Richter prüften fortan in Westminster beschlossene Gesetze auf ihre Konformität mit dem Menschenrechtskatalog (Bogdanor 2001). An anderer Stelle verschoben sich verfassungsmäßige Vorrechte zugunsten des Parlaments. Beispielsweise galt Tony Blairs Aufforderung im Jahr 2003 an die Parlamentarier, einer Beteiligung des Landes am Krieg im Irak zuzustimmen, als ein Präzedenzfall. Lag die Entscheidung über Krieg und Frieden bisher alleine bei der Exekutive, bestanden seither die Abgeordneten darauf, in ähnlichen Situationen mit ihrem Veto einen Waffengang verhindern zu können (Norton 2015).

Die Kontrolle der Staatsorgane und deren verfassungskonformes Verhalten birgt seine eigenen Probleme in einem Land, in dem verbindliche, schriftlich fixierte Regeln fehlen und im Zweifelsfall das Parlament immer per Mehrheitsbeschluss Verfassungsrecht schaffen, ändern oder aussetzen kann. 1976 beklagte Lord Hailsham, dass ein Premierminister per Mehrheitsbeschluss im Parlament jedes Bürgerrecht einschränken oder sogar aussetzen könne, weil es – anders als in Deutschland, Frankreich oder den USA – keine Verfassung mit verbindlichem Grundrechtskatalog gebe. Diese quasi schrankenlose Macht einer Regierung mit Parlamentsmehrheit bezeichnete der Konservative Hailsham in der Überschrift einer politischen Denkschrift eine Wahldiktatur (Taylor 2019). Erst 1998 sorgte die Regierung Tony Blairs dafür, dass auch in Großbritannien die Europäische Menschenrechtskonvention aus dem Jahr 1950 angewendet wurde – zum wachsenden Verdruss der Konservativen, die darin eine Einschränkung exekutiver Freiheit sehen, den Wählerwillen zu exekutieren. In Regierungskreisen weisen Tories immer wieder darauf hin, dass sich Flüchtlinge rascher abschieben ließen und britische Soldaten nach Einsätzen im Ausland besser vor den Klagen von Menschenrechtsanwälten geschützt werden könnten, wenn die Regierung nicht mehr an die Klauseln der Europäischen Menschenrechtskonvention gebunden sei. Für Unverständnis und Ärger sorgte auch ein Spruch des Europäischen Gerichtshofs für Menschenrechte, die Konvention gewähre einem Insassen von Haftanstalten das Recht zu, mit seiner Stimme an politischen Wahlen teilzunehmen. Ein Urteil, das im Widerspruch steht zur britischen Tradition, Gefangenen das Wahlrecht zu entziehen. Konservative sind zudem empört darüber, dass auch im eigenen Land die höheren Gerichte immer häufiger Verordnungen und Gesetzesvorlagen der Regierung darauf überprüfen, ob sie mit Konventionen, Präzedenzfällen und anerkannten Interpretationen der Verfassung kollidieren (The Economist 2020a). Ihr Unmut wurde nur noch mehr angefeuert, als 2019 der Oberste Gerichtshof urteilte, die Regierung Johnson habe das Parlament in der heißen Phase der Brexit-Verhandlungen aus taktischen Gründen und für den eigenen politischen Vorteil nicht außerplanmäßig für mehrere Wochen vertagen dürfen. Die Richter rechtfertigten ihre Stellungnahme zu diesem heiklen politischen Thema mit ihrer Aufgabenbeschreibung und 400jährigen Tradition, Verfassungsfragen zu beantworten und sich bei Zwist zwischen Staatsorganen um eine Klärung zu bemühen. In den 1970er-Jahren äußerten sich Gerichte in einigen hundert Verfahren dazu, ob die Regierung die Normen der Verfassung einhält. 40 Jahre später mischten sich Richter auf diese Weise jedes Jahr in mehreren tausend Fällen mit Urteilen in die Gesetzgebungskompetenz der Regierung ein. So maßen sie sich den Status alternativer Gesetzgeber an (The Economist 2020a). Die Konservativen denken längst darüber nach, wie diese Art der Normenkontrolle durch das Oberste Gericht beschnitten werden könnte. Im Verdruss hieß es gar, bei der Auswahl höchster Richter solle künftig deren ideologische Präferenz und parteipolitische Bindung zu einem Kriterium gemacht werden. Während hier Pläne geschmiedet werden, Widerstand gegen Regierungspolitik zu brechen, hat der Premierminister an anderer Stelle bereits zusätzliche Gestaltungsfreiheit gewonnen. Dank des Brexit wurde die Macht des Kabinetts um Kompetenzen erweitert, die bisher bei verschiedenen EU-Institutionen in Brüssel lagen. Vor allem der Regierungschef kann jetzt freier agieren als seine Vorgänger, ohne auf die Verträge der Europäischen Union, Verpflichtungen gegenüber der Kommission in Brüssel und Erwartungen der anderen Mitgliedsstaaten

Rücksicht nehmen zu müssen. Peter Hennessy, einstmals Zeitungskorrespondent in Westminster und später Professor für politische Geschichte an der Universität von London, sieht in der Entwicklung eine Gefahr und warnt vor Politikern, die es ausnutzen, dass es keine festen Kontrollen und strikten Regeln gibt, die das Handeln der Regierenden leiten und ihrer Macht Grenzen setzen könnten. Seiner Ansicht nach brauche der Politikbetrieb in einem Land ohne kodifizierte Verfassung deshalb „good chaps" – zu Deutsch „anständige Kerle" – mit Sinn für einen fairen Umgang miteinander, die bereit seien, sich selbst zurückzunehmen und nicht jede Grenze politischen Handels auszutesten, auch, wenn eine große parlamentarische Mehrheit es ihnen erlaube (Esler 2021). Wenn diese anständigen Kerle fehlten und Regierungschefs rücksichtslos ihre Agenden verfolgten, ohne Widerstand anderer Staatsorgane erwarten zu müssen, dann – warnt Hennessy – könnte Hailshams Albtraum von der Wahldiktatur eines Tages doch noch wahr werden (The Economist 2020b).

Literatur

Bagehot W (1872/2017) The English Constitution. Pinnacle, London
Baker K (2005) George IV. A sketch. Hist Today 55(10):10–36
Bogdanor V (1995) The monarchy and the constitution. Clarendon Press, Oxford
Bogdanor V (2001) Constitutional reform. In: Seldon A (Hrsg) The Blair effect. The Blair government 1997–2001. Little, Brown, London
Bogdanor V (2009) The new British constitution. Hart Publishing, Oxford
Buckle GE (2014) The letters of Quen Victoria, Bd III. Cambridge University Press, Cambridge
Court Journal (1848) New Series. 15. April. 1(4) S 84
Esler G (2021) The death of the last good chap. Byline Times, 3 August. https://bylinetimes.com/2021/08/03/the-death-of-the-last-good-chap/. Zugegriffen am 04.06.2021
Gilbert M (1988) Winston S. Churchill. Never despair. Heinemann, London
Griffiths S, Leach R (2018) British politics. Red Globe Press, London
Hennessy P (1995) Searching for the great ghost. J Contemp Hist 30(2):211–231
Hibbert C (1985) Victoria, letters and journals. Penguin Books, London

Jarvis J (2019) Parliament suspended. The Queen approves Boris Johnson's request to prorogue parliament. Evening Standard, 28. August. https://www.standard.co.uk/news/politics/queen-approves-order-to-prorogue-parliament-for-one-month-until-october-14-a4223326.html. Zugegriffen am 03.02.2021

Marquand D (1977) Ramsay MacDonald. Jonathan Cape, London

Martin K (1965) The Crown and the establishment. Penguin Books, London

Mitchell L (2011) Britain's reaction to the revolutions. Oxford scholarship online. https://doi.org/10.1093/acprof:oso/9780199249978.003.0005

Nairn T (1988) The enchanted glass. Britain and its monarchy. Vintage, London

Nicholls D (1995) The lost Prime Minister. Life of Sir Charles Dilke. Hambledon Continuum, London

Norton P (2015) A new assertiveness? In: Jowell J, Oliver D, O'Cinndale C (Hrsg) The changing constitution. Oxford University Press, Oxford, S 171–195

Norton P, Jones B (2018) Politics UK. Routledge, London

Pimlott B (1985) Hugh Dalton. Johnathan Cape, London

Pimlott B (2002) The Queen. Elizabeth II and the monarchy. Harper Press, London

Rose K (1983) King George V. Weidenfeld und Nicolson, London

Taylor R (2019) We are still perilously close to Hailsham's elected dictatorship. LSE, 30. September. https://blogs.lse.ac.uk/brexit/2019/09/30/we-are-closer-than-ever-to-hailshams-elective-dictatorship/. Zugegriffen am 22.08.2021

The Economist (2020a) Judging the judges. S 19

The Economist (2020b) The executive unchained. S 29–31

Vincent N (2012) Magna Charta. A very short introduction. Oxford University Press, Oxford

Ziegler P (1971) King William IV. Collins, London

8

Wortgefechte und Rufduelle – Von ehrenwerten Mitgliedern

Ein Gaukler bei Hofe, der seine Worte sorgfältig wählte, verglich ihn mit Jesus. Wie jener sei auch Henry III. am Tag seiner Geburt bereits so weise und umsichtig gewesen wie im Verlauf seines Lebens. Der Sohn Gottes brauchte nichts hinzuzulernen, der König aus der Familie der Plantagenet hingegen, da sind sich Historiker sicher, konnte und wollte im Verlauf der folgenden Jahrzehnte nicht hinzulernen und – das war noch bedenklicher – zog aus seinen Fehlern immer wieder die falschen Schlüsse. Sein Ziel war eine glorreiche Herrschaft und absolute Macht. Diesen ehrgeizigen Anspruch seiner Regentschaft ließ Henry III. in Stein meißeln mit dem Neubau der Westminster Abbey, mit dem er vor allem den Ruhm seines Königtums zelebrieren wollte und erst danach den ursprünglichen Bauherren, Edward den Bekenner, zu ehren gedachte. Es war die Zeit, als die Gesalbten auf dem Thron sich für Auserwählte Gottes hielten, ausgestattet mit so viel himmlischer Kraft, dass sie mit dem bloßen Auflegen ihrer Hände Krankheiten der Untertanen heilen konnten. Das war die monarchische Tradition, in der Henry aufgewachsen war und die Zukunft, die er für sich sah. Dabei entgingen ihm drei wichtige Details, die dieser Geschichte eine dramatische Wendung geben sollten. Zunächst fehlte ihm – und das unterschied diesen König von seinen

Vorgängern – für die Herrschaft in England die Machtbasis in Frankreich, nachdem sein Vater, der glücklose John Ohneland, die Normandie, Anjou und Aquitanien bis auf die Region Gascogne an das Königreich Frankreich verloren hatte. Daraufhin zwangen die aufgebrachten Barone Englands König John im Jahr 1215, sie künftig vor Entscheidungen zu konsultieren. Die Verbriefung dieser Kapitulation, die als Magna Charta in die Geschichtsbücher einging, band nun auch seinen Nachfolger (Daugherty 1998). Schließlich, und dies sollte das dritte Hindernis sein auf Henry III. Weg zur absoluten Macht, gab es eine wachsende Zahl wacher und gebildeter Bürger, die in florierenden Marktstädten als Händler zu Wohlstand kamen, in Domschulen das Lesen und Schreiben erlernten oder in Cambridge und Oxford Logik, Mathematik und Philosophie studierten. Es war der spätmittelalterliche Beginn einer Bürgergesellschaft, die Fragen stellte und zu wissen verlangte, wie es etwa sein könne, dass die militärischen Abenteuer Henrys auf dem Kontinent – er hatte versucht, eine Armee aufzustellen, um seinen Sohn Edmund im Kampf um die Krone Siziliens gegen Manfred von Hohenstaufen zu unterstützen – den Staat in den finanziellen Ruin trieben. Gedrängt von seinen Baronen, denen die Geduld ausging, musste der Monarch in Oxford unterschreiben, künftig sorgfältiger mit den Ressourcen seiner Untertanen umzugehen. Andernfalls würden sie zusammenkommen und gemeinsam die Leitung der Staatsgeschäfte übernehmen (Carpenter 2021). Der Schwager des Königs, der so herrische wie furchtlose Draufgänger Simon de Montfort, führte die Opposition an und als sich am Hof des Plantagenet keine Besserung einstellte, kam es zur Konfrontation. Im Mai 1264 besiegten die Rebellen die königliche Armee in der Schlacht bei Lewes südöstlich von London. Jetzt versammelten sich Henrys Gegner, wie seinerzeit in Oxford beschlossen, um über die Zukunft Englands zu entscheiden. Aber nicht nur die Barone und geistlichen Würdenträger erwartete de Montfort im Januar 1265 in London, auch jeweils zwei Bürger aus York, Lincoln und anderen ausgewählten Städten waren eingeladen, an dem Parlament teilzunehmen. Der Begriff stammt von dem französischen Wort für reden – parler – ab und bedeutet nichts weiter als eine Versammlung, in der gesprochen wird. Es war nicht die erste Zusammenkunft dieser Art, aber das erste Mal, dass gewöhnliche Bürger neben geistlicher und weltlicher Aristo-

8 Wortgefechte und Rufduelle – Von ehrenwerten Mitgliedern

kratie saßen. Diesen war bei dem Gedanken, mit einfachen Leuten ihren neu gewonnenen Einfluss teilen zu müssen, derart unwohl, dass de Montforts Parlament sich schon bald wieder auflöste und ein kurzes historisches Zwischenspiel blieb. Für den Rebellen de Montfort endete das Experiment mittelalterlichen Parlamentarismus tödlich, als Edward, der älteste Sohn Henry III., Rache nahm für den Vater in der Schlacht von Evesham in der Grafschaft Worcestershire. Was blieb war die Idee des Parlamentarismus als Mittel zur Einhegung königlicher Macht (Maddicott 1996).

Von 1341 an trafen sich Parlamentarier erstmals separiert nach Abstammung, Stand und königlicher Berufung in zwei getrennten Kammern. Das Oberhaus (House of Lords) war Aristokraten und Bischöfen vorbehalten, während sich im Unterhaus die gewählten bürgerlichen Abgeordneten berieten. Das Unterhaus oder House of Commons – der Name kommt von den Kommunen, communities auf Englisch, die durch ihre Abgeordneten hier vertreten sind – geriet mit den Monarchen oft in Konflikt. Gerade der Sprecher der Commons, der wie ein Vorsitzender über die Treffen präsidiert, war immer wieder die Zielscheibe royalen Grolls, wenn er die Beschlüsse seiner Mitglieder dem Palast überbrachte. Der Sprecher Sir Peter de la Mare fand sich auf Befehl des Monarchen 1376 sogar im Gefängnis wieder, weil er die hohen Ausgaben König Richard III. für Feldzüge in Frankreich während des 100jährigen Krieges kritisierte und eine Überprüfung der Staatsfinanzen forderte. Erst nach dem Tod Richards kam de la Mare wieder frei (Holmes 1975). Um sich Ärger dieser Art zu ersparen, nutzten noch in der Neuzeit Könige ihren Einfluss, um auf dem Stuhl des Sprechers Personen ihres Vertrauens zu installieren, die als Agenten der Krone fungieren sollten. Umso erstaunlicher ist es deshalb, was sich in der Kammer in den ersten Tagen des Jahres 1641 zutrug. Zu der Zeit war das Verhältnis zerrüttet zwischen König Charles I. Stuart und den Parlamentariern, aus deren Reihen fünf von der Regierung des Hochverrats angeklagt wurden. Am 4. Januar stürmte der Herrscher mit einer Eskorte von 400 Soldaten die Sitzung, setzte sich auf den exponierten Stuhl des Parlamentssprechers und verlangte, das Versteck der Flüchtigen zu erfahren. Die sonst so wortgewandten Männer auf den langen Bankreihen schwiegen ihren Herrscher an. Dann fiel der Blick von Charles auf den Sprecher des Unterhauses, William Lenthall. Der, vor dem zürnenden Stuart kniend, schrieb mit seiner Antwort Geschichte: „Majestät, an diesem Ort habe ich keine Augen, um zu sehen, und keine Zunge, um zu sprechen, es sei denn, dieses Haus, dessen Diener ich bin, weist mich dazu an" (Field 2011, S. 108). Zwar ist nichts dran an der Behauptung, wonach widerspenstige Sprecher mit ihrem Leben bezahlten mussten. Dennoch waren Lenthalls Worte ein Zeichen unerhörten Mutes und zudem ein historischer Wendepunkt. Von nun an galt der Sprecher nicht mehr als Marionette des Monarchen, sondern als oberster Anwalt und sichtbarster Vertreter der Interessen des Unterhauses. Zur Erinnerung an die Konfrontation und königlichen Grimm jener Epoche gehört es noch heute zur Zeremonie, dass sich der neugewählte Sprecher nur widerwillig von seinen Kollegen auf den Platz des Parlamentsvorstehers ziehen und zerren lässt. Von seinem thronartigen Sessel aus überblickt er dann seine 650 Kollegen, die auf langen Bänken mit grüner Polsterung sitzen oder stehen, weil die Sitzplätze nur für 427 der gewählten Repräsentanten ausreichen. 1992 wählten die Parlamentarier erstmals eine Frau in dieses Amt, Betty Boothroyd von der Labour-Partei. Aus Rücksicht auf ihre Dauerwellenfrisur entschied Boothroyd sich, die zeremonielle Perücke aus Pferdehaar nicht mehr zu tragen. Ihr Nachfolger Michael Martin modernisierte das Image des Amtes weiter, indem er die bis dahin für den Sprecher vorgesehene Kniebundhosen im Schrank ließ und ebenso auf das Tragen der Seidenstrümpfe und der Schnallenschuhe verzichtete. Schließlich dient der Sprecher nicht als folkloristischer Hintergrund für touristische Foto-Ops. Gerade während der quälenden Verhandlungen über Großbritanniens Weg aus der EU und den Abstimmungen über Vorlagen des Brexit-Vertrages mit Brüssel gewann der Sprecher eine außergewöhnliche Statur als Gegenspieler der Regierung und Kontrahent Boris Johnsons, indem er das traditionelle Vorrecht der Exekutive, die Tagesordnung der parlamentarischen Debatte zu bestimmen, ignorierte und Zeit vorsah für Diskussion und Kritik an den Plänen des Premierministers. Dafür wurde Sprecher John Bercow bald so bekannt und ebenso umstritten wie der Regierungschef. An Bercow entlud sich die Wut der Brexiteers, die versuchten, ihn mundtot zu machen und zu unterbinden, was man in 10 Downing Street für unerträgliche Provokationen der Legislative hielt. Dafür wurde der Königin im August 2019 von ihrem Regierungschef empfohlen, das Parlament kurzerhand für einen Monat zu schließen. Die

Abgeordneten drohten, sich dem Edikt zu widersetzen und in einem benachbarten Konferenzzentrum ihre Beratungen fortzusetzen. Nicht zuletzt dieser Zusammenstoß kostete Bercow, als er nach zehn Jahren an der Spitze der ältesten gesetzgebenden Versammlung der Welt sein Mandat zurückgab, die Erhebung in den Adelsstand und damit einen Sitz im Oberhaus, den Lords, wohin in den vergangenen 230 Jahren jeder Sprecher nach Ablauf seiner Amtszeit auf Anraten des Premierministers von der Monarchin befördert wurde (Hockaday 2019).

Brandanschläge, Briefbomben und Mordanschläge

Das Verhältnis zwischen Parlament auf der einen und Exekutive auf der anderen Seite verschlechterte sich nach der Konfrontation zwischen Charles I. und Sprecher Lenthall sogar noch und nur ein Jahr später wurden beide Seiten zu Protagonisten im Bürgerkrieg, in dem sie Armeen gegeneinander ins Feld schickten. Schließlich leitete das Parlament ein Verfahren ein, in dessen Verlauf Charles I. für Hochverrat zum Tode verurteilt wurde. Nach diesem tragischen Tiefpunkt fiel das bürgerliche Unterhaus bis ins 19. Jahrhundert nicht mehr als Versammlung von Radikalen und Gegnern des Establishments auf. Das lag vor allem daran, dass die Auswahl der Abgeordneten nicht in freien und fairen Wahlen nach unserem Verständnis zustande kam. Wer einen Sitz im Parlament anstrebte, musste wohlhabend sein, weil für die Aufgabe bis 1911 kein Einkommen vorgesehen war. Zur Chancengleichheit trug ebenfalls nicht bei, dass aristokratische Landbesitzer ihre Hand im Spiel hatten bei der Selektion der Kandidaten und ihre Protegés im Wahlkampf unterstützten. Das fiel ihnen nicht allzu schwer, weil das Wahlrecht beschränkt war auf wenige Personen mit Einkommen, das sie nicht selten auf dem Hof des adligen Herren verdienten. Um das gewünschte Ergebnis beim Urnengang zu arrangieren, brauchte der oft nur wenige Dutzend Wähler zu bestechen, weil gerade ländliche Wahlkreise im Verlauf der Jahrhunderte einen großen Teil ihrer Bevölkerung der Stadtflucht wegen verloren hatten. William Pitt, Premierminister im späten 18. und den ersten Jahren des 19. Jahrhunderts, gehörte zu denen, die sich vor der Parlamentswahl dem Beistand eines Gönners versicherten. James Lowther, der 1. Earl Lowther, half dem aufstrebenden Pitt, indem er ihm die Unterstützung der Handvoll Stimmberechtigten im Wahlkreis Appleby-in-Westmorland im nordenglischen Cumbria versprach. Die Ironie daran ist die Wandlung Pitts von einem Profiteur dieses korrupten Verfahrens zu einem seiner schärfsten Kritiker, der für die Abschaffung von verwaisten Wahlkreisen plädierte wie dem notorischen Weiler Old Sarum (Hague 2005). Die alte Marktstadt, die im Mittelalter ihre eigene Kathedrale hatte, durfte weiterhin zwei Volksvertreter nach Westminster entsenden, obwohl sie in den 1820er-Jahren nur noch elf Wähler zählte. Die meisten Bewohner waren längst ins benachbarte florierende Salisbury umgezogen. Prominente Verfechter einer Parlamentsreform wie Thomas Paine und William Cobbett richteten ihre Kritik auf 56 solcher verlassenen Wahlkreise, die nach altem Recht immer noch mit Abgeordneten im Unterhaus vertreten waren, obwohl sie längst fast die gesamte Bevölkerung verloren hatten. Einer dieser Kreise war Dunwich, ein Küstenort in Suffolk, dessen Straßen und Häuser nach Sturmfluten und Landerosion längst in der Nordsee versunken waren. Andere Städte hingegen wie etwa Manchester, Leeds und Birmingham, die als Folge der Industrialisierung rasant gewachsen waren, blieben auch Anfang des 19. Jahrhunderts ohne eigenen Volksvertreter in Westminster (Abell 2019). Der konservativen Partei, die auf dem Land die größte Unterstützung erfuhr, lag zwar nichts an der Änderung eines Systems, das Kontinuität der gesellschaftlichen Verhältnisse garantierte. Langfristig konnte sie sich aber den Forderungen der Reformer nach fairen Wahlen, einem Neuzuschnitt der Wahlkreise und erweitertem Wahlrecht nicht widersetzen. Lange verschleppte Reformen fanden schließlich 1832 im Parlament eine Mehrheit. Noch zu Beginn des 20. Jahrhunderts kämpften Frauen dafür, dass auch ihnen das Wahlrecht endlich zugebilligt würde. Besonders sichtbar war die Kampagne der Suffragetten, eine von Emmeline Pankhurst 1903 gegründete Frauenbewegung, deren Sympathisanten und politische Verbündete mit Brandanschlägen, Briefbomben und Mordversuchen für ihr Recht stritten (Marlow 2015). Erst 16 Jahre und eine Gesetzesänderung später, am 28. November 1919, als die anglo-amerikanische Milliardärsgattin Nancy Astor bei Nachwahlen für die Konservativen den Wahlkreis Plymouth

Sutton gewann, hörte das Unterhaus auf, eine exklusive Männerversammlung zu sein. Eine Radikale war Astor nicht. Für das Privileg des Wahlrechts hatte sie weder Hungerstreik noch Gefängnishaft ertragen und auch sonst interessierte sie sich nur am Rande für das Ringen um politische Rechte für Frauen. Dennoch war es ein großer Moment und Anlass für überschäumenden Jubel, als die Ehefrau des 2. Viscount Astor am Londoner Bahnhof Paddington ankam auf dem Weg nach Westminster, wo sie am 1. Dezember ihr Mandat annahm (Fort 2013).

Auch heute hat das Wahlsystem noch ein Fairnessproblem. Das ist das Mantra der Liberaldemokraten, deren Partei nachweisbar und dauerhaft von den Regeln benachteiligt wird. Das absolute Mehrheitswahlrecht, das für Wahlen zum Parlament von Westminster gilt, übervorteilt kleinere Parteien, wenn sich deren Wählerschaft recht gleichmäßig im ganzen Land verteilt. Überproportional stark im Parlament vertreten sind dagegen Parteien, deren Unterstützer sich auf einige Wahlkreise oder einen Teil des Landes konzentrieren. Das erklärt, warum die schottischen Nationalisten immer mit einer größeren Fraktion in London vertreten sind, als ihr Stimmanteil am Wahltag es rechtfertigt. So vereinigten sie 2015 die Hälfte aller schottischen Wähler hinter sich, gewannen mit diesem Ergebnis aber 95 Prozent aller Schottland zustehenden Mandate in Westminster. Bei den gleichen Wahlen errangen die Konservativen 37 Prozent des Stimmenanteils in Großbritannien und sicherten sich damit mehr als 50 Prozent der Parlamentssitze. Sowohl Margaret Thatcher als auch Tony Blair konnten ihre politische Reformagenda umsetzen dank absoluter Mehrheiten im Parlament, obwohl keiner für seine jeweilige Partei einen Stimmanteil von mehr als 44 Prozent der abgegebenen Stimmen verzeichnen konnte (Tatchell 2010). Dieser Effekt des Mehrheitswahlrechts hilft den Tories und Labour, treibt die Vorsitzenden gerade kleinerer Parteien um, empört die Analysten und ist gelegentlich Anlass für kritische Medienberichterstattung. Doch die Wähler scheinen sich über die Fairness oder Unfairness ihres Wahlsystems nicht ausreichend zu empören, um es mit einer Alternative ersetzen zu wollen. Zumindest stimmten sie mehrheitlich gegen eine Reform, die 2011 von dem liberaldemokratischen Koalitionspartner des konservativen Premierministers David Cameron per Referendum zur Abstimmung gestellt wurde. Nicht minder irritierend für Freunde fairer demokratischer Entscheidungsfindung ist ein als West Lothian Frage bekanntes Phänomen, benannt nach dem Wahlkreis des Abgeordneten Tam Dalyell, der 1977 erstmals darauf hinwies. Das Problem ist leicht erklärt, eine Antwort ist auch nach mehr als vier Jahrzehnten nicht gefunden: Regionale Angelegenheiten Schottlands werden im schottischen Parlament in Edinburgh beschlossen von Abgeordneten die ausschließlich in dem Geltungsbereich dieser Kammer gewählt wurden. Geht es um regionale Themen, die nur England betreffen, stehen sie – weil England keine eigene regionale Versammlung hat – auf der Tagesordnung des Parlaments von Westminster, an dessen Sitzungen allerdings nicht nur englische, sondern auch 59 schottische Parlamentarier mit Wort- und Stimmrecht teilnehmen. Wie verhindert werden kann, dass mit schottischen Voten Entscheidungen mit ausschließlich regionalen englischen Auswirkungen getroffen werden, ist seit Jahren ungeklärt (Deacon 2006). Die Regierung David Camerons (2010–2016) stattete englische Abgeordnete mit einem kollektiven Veto aus gegen Beschlüsse, die mit Hilfe schottischer Parlamentarier zustande gekommen sind. Jacob Rees-Mogg nahm das Veto im Namen der Regierung Johnson wieder zurück (BBC News 2019). Zu umständlich und langwierig sei das gesetzgeberische Verfahren geworden, argumentiert er, weil vor Abstimmungen immer untersucht werden müsse, welche Vorhaben nur England und welche womöglich die gesamte Union betreffen. Ist etwa der Ausbau des Flughafens Heathrow von Belang für den Südosten Englands oder betrifft er auch Interessen von Exportunternehmen in Inverness oder Aberdeen, die über das Luftverkehrsdrehkreuz im Westen Londons internationale Kunden beliefern? Die Antwort auf diese Frage entscheidet über die Berechtigung einzelner Abgeordneter, sich an der Abstimmung zur neuen Startbahn für Heathrow im Unterhaus zu beteiligen.

Die West Lothian Frage ließe sich beantworten, wenn englische Angelegenheiten von Engländern in einem Regionalparlament entschieden würden und nur Themen, die Nordiren, Schotten, Waliser und Engländer gemeinsam betreffen – etwa Außen- und Verteidigungspolitik – auf der Tagesordnung des gemeinsamen Parlaments blieben. Das Parlament in Westminster könnte diese Neuordnung der parlamentarischen Zuständigkeiten per Mehrheitsentscheid beschließen, ohne sich darüber zu sorgen, ob dem Votum womöglich Klauseln einer Verfassung oder das

Urteil eines Obersten Gerichts entgegenstehen. Denn in der britischen politischen Arena hat das Parlament immer das letzte und entscheidende Wort. Alles, was nicht gegen die Regeln der Physik steht, formulierte es der Jurist William Blackstone im frühen 19. Jahrhundert, könne das Parlament tun (Blackstone 1827/1979, S. 117). Dem liegt das bis heute gültige Prinzip unbeschränkter Parlamentssouveränität zugrunde. Das in Deutschland nicht unübliche Szenario, bei dem Ministerpräsidenten durch ihren Widerstand im Bundesrat Vorhaben der Bundestagsmehrheit abändern oder sogar stoppen können, erscheint dem britischen Beobachter ähnlich sonderbar wie die Sorge amerikanischer Kongressmitglieder, ihre Gesetzestexte könnten vor Gericht für verfassungswidrig befunden werden. Westminsters parlamentarische Machtfülle wird freilich durch alte Konventionen eingeschränkt, die sich einige Parlamente auf dem europäischen Kontinent wohl eher nicht gefallen ließen. Etwa ist es ein altes Recht der Premierminister in Ausübung der königlichen Prärogative den nächsten Wahltermin sehr kurzfristig festzusetzen. So nutzten Regierungschefs günstige Umfragewerte aus und überrumpelten Oppositionsparteien, die auf Wahlkampf nicht vorbereitet waren. Dieses Privileg der Exekutive ging 2010 zwar an das Unterhaus über. Nun hat die Regierung Johnson allerdings angekündigt, das exklusive Vorrecht, den Wahltermin zu bestimmen, dem Premierminister zurückzugeben (Payne 2020). Ein anderes Privileg, das Parlamente etwa in den USA weidlich ausnutzen, ist die Mitsprache beim Erstellen des Staatshaushalts. Das britische Unterhaus muss dem Budget zwar zustimmen und könnte es auch ablehnen, darf aber den Entwurf aus dem Haus des Schatzkanzlers nicht modifizieren, in Teilen zurückweisen oder völlig umschreiben, wie das Mitglieder des amerikanischen Kongresses ganz selbstverständlich tun. Von den Abgeordneten in London hingegen wird ein Votum mit Ja oder Nein erwartet. Schließlich sehen die Mitglieder beider Kammern in Westminster noch auf eine andere Weise ihren Status, wenn nicht sogar ihre Macht, beschnitten. Es geht um die Prorogation, die es der Königin in Absprache mit dem Regierungschef erlaubt, die Legislative für Tage oder Wochen in eine vorübergehende Parlamentspause zu schicken. Premierminister Johnson nutzte dieses Mittel, um sich Fragen über die Meriten seines Vertragsentwurfs zum Brexit zu ersparen, die von der Opposition während der Debatten im Herbst 2019 erwartet wurden.

Zar Nikolaus und der Traum aus Stein

Bereits in den Monaten zuvor war die Stimmung im Unterhaus aufgeladen, die Debatten hitzig wie selten zuvor und die Verzweiflung auf den Bänken der Regierung zum Greifen, nachdem Theresa May frustriert zurückgetreten war, weil sie gleich dreimal Abstimmungen zu ihrem Vertragsentwurf mit der EU verloren hatte. Zur konfrontativen Stimmung in der Kammer trägt nicht zuletzt die traditionelle Sitzordnung bei. Denn anders als im Deutschen Bundestag oder im Abgeordnetenhaus der USA sitzen die Fraktionen nicht in kollegialer Nachbarschaft und mit Blick auf die Regierung. Stattdessen blicken sie sich wie Kontrahenten in die Augen: Auf der rechten Seite nehmen die Konservativen Platz, wenn sie die Regierung stellen. Auf den Bänken ihnen gegenüber reiht sich die Phalanx der oppositionellen Liberaldemokraten und der Labour-Partei sowie Parlamentarier der Nationalisten aus Wales, Schottland und Nordirland und schließlich die protestantischen Unionisten. Dort sitzt auch die einzige grüne Abgeordnete, Caroline Lucas, die den Wahlkreis Brighton seit ihrer erfolgreichen Wahl 2010 vertritt. Zwischen den vordersten Plätzen von Regierungs- und Oppositionsbänken verläuft ein Korridor, gerade weit genug, um die Klingeln zweier Säbel voneinander fernzuhalten, wie die Touristenführer gerne erzählen. Dabei war es Abgeordneten seit Jahrhunderten verboten, Waffen zu Sitzungen mitzubringen und einen Säbel trägt heute nur der Serjeant at Arms, der auf Anweisung des Sprechers während der Sitzungen mit der Wahrung von Ordnung und Sicherheit betraut ist. Die Tradition dieses Amts datiert ins Jahr 1415 zurück, als es den Abgeordneten noch an einer dauerhaften Tagungsstätte fehlte und sie sich für Debatten im Kapitelhaus der Westminster Abbey trafen, bis im 16. Jahrhundert die Kapelle von St. Stephen im königlichen Palast von Westminster für sie hergerichtet wurde. Architektur und Usanzen jenes sakralen Raumes prägen Traditionen, die sich bis heute nicht verloren haben. Etwa wird von Abgeordneten eine Verbeugung vor dem thronenden Sprecher erwartet, ähnlich der Respektsbekundung gegenüber dem Prediger auf der Kanzel in einer Kirche. Nachdem der Palast 1834 und damit auch das Zuhause der Commons fast vollständig ausgebrannt war, entstand bis 1860 nach den Plänen der

8 Wortgefechte und Rufduelle – Von ehrenwerten Mitgliedern

Architekten Charles Barry und Augustus Pugin ein Neubau, den Russlands Zar Nikolaus einen „Traum aus Stein" nannte (Helm 2017). In der neu geschaffenen Kammer der Abgeordneten blieben die langen, dicht gedrängten und gestaffelten Bankreihen ebenso erhalten wie der Mittelgang aus der Kapelle, der symbolisch und politisch den Unterschied zwischen Regierung und Opposition sichtbar macht. Er erinnert Minister und Regierungschefs daran, dass die Distanz zwischen begehrter Macht und gefürchteter Ohnmacht in der Demokratie nur wenige Schritte beträgt. Machtverlust verläuft nicht überall so prosaisch wie im britischen Parlament. Als Churchill im Sommer 1945 seine Mehrheit und das Regierungsamt in den Wahlen verlor, soll eine besorgte Beobachterin aus Jugoslawien – wo gerade Zehntausende den Aufstieg des Diktators Josip Tito mit dem Leben bezahlten – kommentiert haben: „Oh, armer Herr Churchill. Jetzt werden sie ihn erschießen!" Der Anekdote nach antwortete ein Freund des scheidenden Regierungschefs, der gerade Wohnung und Büro in 10 Downing Street mit dem Platz auf der grünen Oppositionsbank eintauschte: „Nein, Churchills Schicksal ist viel schlimmer. Er wird Oppositionsführer." Kein besonders guter und sicher kein sonderlich engagierter, wie sich bald herausstellte. Denn als gefragter Redner, prämierter Autor, begeisterter Maler und gefeierter Kriegsheld blieb Churchill kaum Zeit, die Konservativen in Parlamentsdebatten gegen die Regierung des neuen Premierministers Clement Attlee anzuführen. Das machte es für Attlee leichter, die große wöchentliche Bewährungsprobe zu bestehen, die bis heute auch erfahrene Regierungschefs in Atem hält: Die Fragestunde des Premierministers. Dieser rhetorische Schlagabtausch mit dem Oppositionsführer ließ Tony Blair auch nach zehn Jahren im Amt jede Woche „ein Kribbeln der Aufregung" verspüren. Er nannte die Fragestunden die „am meisten nervenaufreibende, magengrimmende, aufwühlende und verängstigende Erfahrung" (Beattie 2010). PMQ oder Prime Minister's Questions genannt ist ein Ereignis größter parlamentarischer Theatralik, das jeden Mittwochmittag um 12 Uhr von der BBC live übertragen und anschließend in einer Runde aus Journalisten und Analysten detailliert seziert wird. Es geht darum, Gewinner und Verlierer zu identifizieren und zu diskutieren, ob es dem Oppositionsführer gelungen ist, den Regierungschef mit Fragen zu überraschen oder besser noch, ihn mit unerwarteten Attacken zu überrumpeln. Das Urteil über den Premier hängt nicht zuletzt von seiner Spontanität ab, sprachlicher Wendigkeit und der Schärfe seines Humors sowie der Fähigkeit, sich aus der Bedrängnis zu retten und dem Widersacher in die Parade zu fahren. Oft sind es die unerwarteten Lacher aus den eigenen Reihen, das empörte Rufen der Gegenseite, die aufgeregten Gesten und unüberhörbaren Zwischenbemerkungen der Hinterbänkler, die ahnen lassen, welcher Kontrahent gerade obenauf ist und wer einen Treffer verbuchen musste. „Hört, hört!" schallt es im Chor, wenn Abgeordnete, denen das Klatschen untersagt ist, ihre Sympathie mit den Aussagen des Regierungschefs anzeigen wollen. Wer das Wort ergreifen will, springt immer wieder auf, bis er die Aufmerksamkeit des Sprechers auf sich zieht und so für die nächste Nachfrage an den Premierminister vorgemerkt wird. Inmitten der hitzigsten Wortgefechte und Rufduelle zwischen Regierung und Opposition erinnert allenfalls die obligatorische Anrede „ehrenwertes Mitglied" für Gegner auf den gegenüberliegenden Bänken und „ehrenwerter Freund" für die eigenen Fraktionskollegen an parlamentarisches Dekorum. Die einen Beobachter bezeichnen diesen außerordentlichen Tumult der Fragestunden als Sternstunden der Demokratie, die anderen beklagen ein unwürdiges Theater, das ausarte, wenn beide Seiten einander ohne Unterlass anschrien und Fragen und Antworten im Wirbel des Lärms untergingen. Nach einem Besuch in London auf Einladung des damaligen Regierungschefs John Major bemerkte Präsident George H. W. Bush: „Es ist ein Segen, dass ich nicht auf diesem Parkett stehen muss wie John Major, Angesicht zu Angesicht mit der Opposition, während alle einander anschreien" (Carter 2021). Der Amerikaner brauchte, wenn er sich dem Kongress in staatstragender Rede zur Lage der Nation zeigte, Nachfragen, noch dazu kritische, nicht zu fürchten. Die sind laut Protokoll und Tradition bei Auftritten des Präsidenten vor Parlamentariern nicht zugelassen. Vermutlich ist die Fragestunde des Premierministers auch deshalb gerade beim amerikanischen Publikum so beliebt, seit das Fernsehen 1989 die Genehmigung zur wöchentlichen Übertragung erhielt. Bis dahin hatten Bedenken überwogen, wohl auch deshalb, weil Abgeordnete fürchteten, die harsche Konfrontation, die Polemik und der aggressive Ton könnten womöglich Bürger irritieren und das Bild beschädigen von er sachlichen Parlamentsarbeit der Volksvertreter. Die Sorge ist unbegründet, wie der Blick auf die Zuschauertribüne, die jeden

Mittwoch bis auf den letzten Platz belegt ist, und der Umfang der Wartelisten verrät. Sollte für das populäre Spektakel in der Kammer des Unterhauses dennoch in den nächsten Jahren der Vorhang fallen, dann hat das vor allem mit Asbest und bröckelndem Mauerwerk zu tun. Der Palast von Westminster wurde in eineinhalb Jahrhunderten nie generalsaniert und befindet sich in beklagenswertem Zustand. Hinter den Wänden und auf den Dachböden multipliziert sich die Rattenpopulation, giftiges Baumaterial muss dringend ausgetauscht werden, Abwasserrohre lecken, die Stromleitungen sind veraltet, schadhaft und ein ständiges Brandrisiko. Rund um die Uhr patrouilliert die Feuerwehr, um die Katastrophe abzuwenden (Helm 2017). 2017 fielen Steine aus dem Mauerwerk und durchschlugen die Windschutzscheibe eines ministeriellen Dienstwagens. Die Kosten für eine Totalsanierung, mit der 2025 begonnen werden soll, werden mal mit 1,5 Milliarden beziffert, mal auf 5,7 Milliarden Pfund geschätzt – je nachdem, welcher Sachverständige zitiert wird. Bauexperten empfehlen, Unter- und Oberaus sollten für die Dauer der Umbauarbeiten – in einigen Prognosen ist von 32 Jahren die Rede – ausziehen und in provisorische Zweckbauten ihre Arbeit fortsetzen (Syal 2015). Gegner des Umzugs wie der konservative Abgeordnete Jacob Rees-Mogg ermahnen ihre Kollegen, sich von Handwerkern nicht aus dem alten Gemäuer vertreiben zu lassen (Grylls 2021). Das, so wird sich der Brexiteer mit Hang zu historischen Vergleichen gedacht haben, gelang seinerzeit nicht einmal der Luftwaffe.

Literatur

Abell S (2019) How Britain really works. Murray, London
BBC News (2019) Commons scraps English votes for English laws. 13. Juli. https://www.bbc.co.uk/news/uk-politics-57828406. Zugegriffen am 08.04.2021
Beattie G (2010) Inside the mind of Tony Blair. Independent, 5. September. https://www.independent.co.uk/news/people/news/inside-the-mind-of-tony-blair-2070838.html. Zugegriffen am 22.12.2020
Blackstone W (1827/1979) Commentaries on the laws of England. Chicago University Press, Chicago

Carpenter D (2021) Henry III. The rise to power and personal rule. Yale University Press, New Haven

Carter J (2021) Prime Minister's questions at 60. 16. Juli. PLMR. Communication with impact. https://plmr.co.uk/2021/07/prime-ministers-questions-at-60/

Daugherty J (1998) Magna Charta. Beautiful Feet Books, San Luis Obispo

Deacon R (2006) Devolution in Britain today. Manchester University Press, Manchester

Field J (2011) The story of parliament in the palace of Westminster. James & James, London

Fort A (2013) Nancy. The story of Lady Astor. Vintage, New York

Grylls G (2021) Jacob Rees-Mogg rejects calls for a temporary Commons away from the Houses of Parliament. The Times, 21. Mai. https://www.thetimes.co.uk/article/jacob-rees-mogg-rejects-call-for-temporary-commons-away-from-houses-of-parliament-hsfg3209v. Zugegriffen am 22.05.2021

Hague W (2005) William Pitt the younger. HarperPerennial, New York

Helm T (2017) Parliament burnt down 183 years ago. Only 24-hour patrols are stopping another fire. The Guardian, 14. Januar. https://www.theguardian.com/politics/2017/jan/14/secret-report-palace-westminster-grave-risk-fire-saftey. Zugegriffen am 09.08.2021

Hockaday J (2019) John Bercow first speaker in 230 years not to be offered peerage after resigning. Metro, 28. Dezember. https://metro.co.uk/2019/12/28/john-bercow-first-speaker-230-years-not-offered-peerage-resigning-11969319/. Zugegriffen am 29.09.2021

Holmes G (1975) The Good Parliament. Clarendon Press, Oxford

Maddicott JR (1996) Simon de Montfort. Cambridge University Press, Cambridge

Marlow J (2015) Suffragettes. The fight for votes for women. Virago, London

Payne S (2020) Johnson to introduce bill to scrap fixed-term parliaments. Financial Times, 1. Dezember. https://www.ft.com/content/3aedfe03-5cd1-4b8f-a2a3-3fb7903047a4. Zugegriffen am 22.12.2020

Syal R (2015) Palace of Westminster renovation could take 32 years and cost £35,7 billion. The Guardian, 18. Juni. https://www.theguardian.com/politics/2015/jun/18/palace-of-westminster-renovation-options-report. Zugegriffen am 09.12.2020

Tatchell P (2010) Democracy. We've never had it so bad. The Guardian, 3. Mai. https://www.theguardian.com/commentisfree/2010/may/03/democracy-first-past-the-post. Zugegriffen am 17.12.2020

9

House of Lords – „Ich bin mir nicht sicher, warum ich hier bin"

Es ist ein Haus mit einem Spitznamen: London Nr. 1, weil es im frühen 19. Jahrhundert, bevor die Kapitale ihre heutigen Dimensionen erreichte, das erste Gebäude war, an dem Reisende vorbeikamen, nachdem sie die Mautschranke in Knightsbridge hinter sich gelassen hatten. Wer allerdings einen Brief dorthin adressieren will, dem wird geraten, die offizielle Anschrift Piccadilly 149 auf dem Umschlag zu notieren, um den Postboten nicht zu verwirren. 1807 erwarb die Stadtvilla am Rande von Hyde Park Richard Wellesley, 1st Marquess Wellesley. Zehn Jahre später zwangen ihn finanzielle Nöte zum Verkauf an seinen ungleich bekannteren jüngeren Bruder, Arthur Wellesley, der ein Domizil in London suchte, um in Westminster eine politische Karriere anzustreben (Nutt 2005). Der Offizier Arthur Wellesley war längst eine nationale Ikone und auch auf dem Kontinent eine berühmte Persönlichkeit, weil er über Jahre als Nemesis Napoleon Bonapartes half, Europa vor der Unterjochung durch den Kaiser der Franzosen zu bewahren. Der Status als gefeierter Held war ihm nicht mehr zu nehmen, seit ihm seine Landsleute den Sieg im Jahr 1815 bei Waterloo zuschreiben. Zuvor hatte er für seine militärischen Erfolge auf der spanischen Peninsula von König George III. den Titel des Herzogs von Wellington erhalten. Zwei Jahrhunderte später hat Charles

Wellesley, der 9. Herzog von Wellington, mit seiner Familie noch immer Anrecht auf die Wohnräume im zweiten Stock von Apsely House mit Blick auf den Park. Ein Apartment in historischer Immobilie der besten Lage mit kurzem Weg zum Buckingham Palast und unweit der königlichen Residenz von Kensington gilt als Attribut von Status und Luxus. Doch wer nach dem reichen Adel im Land sucht, der hält sich mit den Wellesleys nicht auf. Im Besitz der Earls of Cadogan ist seit drei Jahrhunderten der größte Teil der exklusiven Stadtbezirke Knightsbridge und Chelsea. Beachtliche 3000 Wohnungen, 200 Häuser, 300 Geschäfte, 46.000 Quadratmeter Bürofläche und über 60.000 Quadratmeter Gärten umfasst der Cadogan Estate genannte Immobilienkonzern (Scully und Howard 2021). Übertroffen werden die Cadogans in London nur von der Familie Grosvenor, den Herzögen von Westminster, die 1677 die 200 Hektar des Hofguts Ebury übernahmen. Ein Glücksgriff, wie sich in den folgenden Jahrhunderten zeigte, als auf den Ländereien die exklusiven Stadtteile Belgravia, Mayfair und Pimlico emporwuchsen (Partridge 2021). Zum Immobilienimperium der Herzöge von Westminster gehört auch der Grosvenor Platz, eine exzellente Adresse, an der für Jahrzehnte sowohl die amerikanische als auch die kanadische Botschaft in eindrucksvollen Residenzen beheimatet waren. Außerhalb Londons liegt der Grundbesitz zu 17 Prozent in den Händen von Bänkern und Oligarchen, 18 Prozent wird von Unternehmen kontrolliert, aber rund 30 Prozent gehören immer noch zum Portfolio adeliger Familien (Wright 2019). Den bedeutendsten Anteil daran haben die Herren von Boughton House, eine im Stil französischer Chateaus nahe Kettering in Northamptonshire erbaute Residenz inmitten eines 4500 Hektar großen Parks. In dieser Anlage, von Kunsthistorikern als Versailles Englands bezeichnet, residiert Richard Scott, 10. Herzog von Buccleuch, ein schottischer Aristokrat, der von einem illegitimen Sohn König Charles II. abstammt und bis vor 15 Jahren die Nummer eins unter den Landbesitzern war. Damals begannen die Buccleuchs, sich von einem großen Teil ihres Landbesitzes zu trennen, weil sie ihre schottischen Besitzungen bedroht sahen von Plänen der Nationalisten in der Regionalregierung in Edinburgh, Land aus dem Portfolio von Großgrundbesitzern den Kommunen zu übereignen. Nach dem Verkauf von 17.000 Hektar in Schottland verbleiben dem Herzog in den Highlands und Lowlands noch 75.000 Hektar im Portfolio. Seit die Familie Buccleuch auch in den englischen Midlands Käufer für 4500 Hektar gefunden hat, gilt nunmehr der dänische Milliardär und Modedesigner Anders Holch Povlsen, der in nur 16 Jahren Ländereien im Umfang von 93.000 Hektar erwarb, als größter Landbesitzer des Vereinigten Königreichs (Dickie 2021).

Die Buccleuchs, Grosvenors und Cadogans sind heute eine Ausnahme und widerstehen einem Trend, der im späten 19. Jahrhundert begann und sich in den ersten Jahrzehnten des 20. Jahrhunderts rasant beschleunigte. Die Erhöhung der Erbschaftssteuer und sinkende Renditen in der Landwirtschaft zwangen viele Großgrundbesitzer nach und nach zum Verkauf ihres Landes. Ungezählte Schlösser und Residenzen gingen in Flammen auf, weil die Besitzer die Versicherungsprämie zur Sanierung ihrer Finanzen benötigten (Worsley 2002). Seither hat sich die Rolle der Aristokratie grundsätzlich gewandelt. Während einige wenige noch von Erträgen aus ihrem Grundbesitz leben und auf Einnahmen aus dem Verkauf von Eintrittskarten für ihre Häuser und Gärten verzichten können, haben sich viele andere Schlossherren des 21. Jahrhunderts zu Event- und Tourismus-Managern gewandelt, die sich darauf verstehen, die Romantik und Historie ihrer Burgen, Herrensitze und Parks zu Geld zu machen. Ralph Percy, 12. Herzog von Northumberland, dessen Vorfahren als Ritter in der Zeit Wilhelm des Eroberers vor knapp 1000 Jahren nach England kamen, betreibt in dem von Lancelot „Capability" Brown im 18. Jahrhundert angelegten 80 Hektar Park seiner Londoner Residenz Syon House ein Gartencenter mit Restauration. Peregrine Cavendish, 12. Herzog von Devonshire, hat aus den viktorianischen Grünanlagen um den Stammsitz Chatsworth House einen Freizeitpark für Familien gemacht mit Heckenlabyrinth und Pony-Reiten. Und in Highclere Castle, dem Drehort der TV-Serie Downton Abbey, lädt George Herbert, 8. Earl von Carnavon, zu Picknick-Konzerten, vermietet Zimmer an Touristen und führt zahlende Gäste durch die Familiensammlung altägyptischer Preziosen. Das Schloss oder Chateau ist zur Domäne der Fremdenführer geworden, degradiert zur Eventlocation und beliebtem Ambiente von Junggesellenabschieden. Ob Marquess oder Earl, der Schlossherr lebt längst in einem Bungalow am Rande des Parks oder hat eine Wohnung im ehemaligen Gesindebau bezogen, um die Lebenshaltung dem beschränkten Budget anzupassen. So heißt es zum Beispiel von dem 70jährigen John Seymour, 19. Herzog von Somerset, dass er den ganzen Tag zu Hause sitzt in einem von Motten zerfressenen Pullover und Fertiggerichte isst. Aber sein Zuhause ist kein normales Zuhause, sondern Bradley Haus, der geräumige Familiensitz der Herzöge seit dem 17. Jahrhundert, und seine Lebensgefährtin – so viel Exklusivität hat sich dann doch erhalten – lernte er bei der Fasanenjagd in Devon kennen (Hind und Parr 2019).

Der Anblick von Knien könnte die noblen Lords ablenken

Als die goldene Zeit des aristokratischen Savoir-Vivre bereits lange vorüber war, blieb den Adeligen lange Zeit das exklusive Privileg ihrer Mitgliedschaft im House of Lords, der zweiten Kammer des britischen Parlaments, wo noch heute der 9. Herzog von Wellington mit Rede- und Stimmrecht in das politische Geschehen des Landes eingreift. Dieses Privileg hängt nicht am Besitz und wird auch nicht gemeinsam mit dem Schloss auf dem Land an neureiche Briten oder skandinavische Modeunternehmer mit dicken Brieftaschen veräußert. Der Platz auf den mit rotem Leder bezogenen Bänken des mit rund 800 Mitgliedern zweitgrößten Parlaments der Welt (übertroffen in Mitgliederzahl nur vom chinesischen Volkskongress) war für 200 Jahre und bis in die jüngste Vergangenheit ein unbestrittenes Vorrecht jedes Oberhauptes der Familie Wellesley. In der Kammer mit den bunten Glasfenstern und den allegorischen Freskomalereien an der Wand, die von Recht, Religion und Ritterlichkeit erzählen, befragten sie Minister, begutachteten Beschlussvorlagen und stimmten für oder gegen Gesetzestexte der Regierung. Am südlichen Ende unter einem goldenen Baldachin steht der Thron auf einem Podium, von dem aus die Monarchin jedes Jahr mit einer Rede das neue parlamentarische Jahr eröffnet. Während der regulären Sitzungen ohne königliche Beteiligung bleibt der Platz vakant. Das Stück Teppichboden zu Füßen des Throns wurde traditionell dem ältesten Sohn eines Lords mit erblichem Titel zugewiesen, wenn der sich mit den Usanzen der Versammlung vertraut machen wollte, in der er seinem Vater dereinst nachfolgen würde. Ein Privileg, das weiblichem Nachwuchs lange verwehrt wurde, wie Margaret, die 31. Baronin Mar, erfuhr, als sie nach

Antritt ihres Mandats 1975 den Besuch ihrer Tochter Susan anmelden wollte. Die junge Frau, war seinerzeit die Antwort aus dem Büro des Lordkanzlers, der bei den Beratungen präsidierte, sei nicht willkommen, weil „der Anblick ihrer Knie die noblen Lords ablenken könnte" (Kinchen 2021). Sie sollte sich gedulden, war die Auskunft an die Baronin, und hoffen, mit der Zeit noch einen Sohn zu produzieren. Um den Anblick von Knien sorgt sich heute im Oberhaus niemand mehr. Deshalb blieb die Stimmung wie gewohnt gelassen und der Ton der Wortwechsel wohltemperiert, als Premierministerin Theresa May – wie es Abgeordneten der Commons zusteht – während der Debatte über ihren Vertragsentwurf zum Brexit auf dem Boden vor dem königlichen Thron mit angewinkelten Beinen kauernd den Redebeiträgen folgte, als sei sie eine Studentin, die in der Aula keinen Stuhl mehr finden konnte.

Bis ihre begrenzten Fähigkeiten unverkennbar und ihr Autoritätsverlust unübersehbar wurde, fanden Kommentatoren Gefallen daran, eben diese Theresa May mit Margaret Thatcher zu vergleichen, die für mehr als zehn Jahre britische Politik bestimmte und der konservativen Partei ihren Stempel aufdrückte. Einige Jahre nach Thatchers Rücktritt vom Amt der Premierministerin 1990 beschloss das Parlament, zu ihren Ehren in der Lobby des Palasts von Westminster, dem prächtigen Kuppelsaal zwischen dem Unter- und Oberhaus, eine Statue aus Bronze zu errichten („Ich hätte mir Eisen gewünscht, aber Bronze tut es auch", kommentierte sie bei der Vorstellung des Werks in Anspielung auf ihren Beinamen) (NBC News 2007). Wer sich in der Mitte der Halle positioniert, direkt unter dem Kronleuchter, der erkennt beim Blick durch die Korridore an den entgegengesetzten Enden den Thron der Königin im Oberhaus und den weitaus weniger ornaten Baldachin über dem Stuhl für den Vorsteher des Unterhauses, der Kammer, in der Thatcher für 33 Jahre den Wahlkreis Finchley im Norden Londons vertreten hatte. 1992, als sie sich dort nicht mehr zur Wiederwahl stellte, erhob Königin Elizabeth II. ihre ehemalige Regierungschefin in den Adelsstand als Baronin in Anerkennung ihrer politischen Lebensleistung. Ein Titel, den ihr Sohn, ein windiger Geschäftsmann von zwielichtigem Ruf, nie erben würde dank eines Gesetzes aus dem Jahr 1958, das es der Krone ermöglichte, Barone und Baroninnen auf Lebenszeit zu schaffen, anstatt, wie bis dahin üblich, Aristokraten mit dem Anrecht, ihren Titel und Anspruch über die Generationen weiterzureichen. Zum offiziellen Geburtstag der Monarchin im Juni, zum Jahresende und beim Wechsel des Regierungschefs schickt 10 Downing Street an den Buckingham Palace eine Liste mit Namen derer, die für ihre Lebensleistung eine Ehrung empfangen sollen. Hier wird aufgeführt, wer einen Orden zu erhalten hat oder zum Ritter zu schlagen und mit dem Namensaffix Sir zu kennzeichnen ist – eine Ehrung, der die Sänger Sir Elton John und Sir Paul McCartney sowie der Rennfahrer Sir Lewis Hamilton ihre Titel verdanken. Ganz oben auf der Liste der begehrten Auszeichnungen rangiert eine Erhebung in den Adel und damit ein Platz in der zweiten Kammer des Parlaments, deren Mitgliedern die Anrede Lord oder Lady zusteht (die Ausnahme sind Herzöge, die auf „Eure Gnaden" hören). Leistungen in Politik, Wirtschaft, Sport, Wissenschaft, Kunst und Unterhaltung werden berücksichtigt und so kommt es, dass der Komponist von Erfolgsmusicals Andrew Lloyd-Webber seit 1997 den nicht erblichen Titel eines Barons Lloyd-Webber of Sydmonton trägt (Elliott 2016). Immer wieder wird heftig debattiert, nicht selten polemisch gestritten, über die Vorschläge, die der Premierminister der Monarchin zukommen lässt, weil unter den verdienten Persönlichkeiten auch Namen von Personen auftauchen, die vor allem als generöse Spender für die Regierungspartei aufgefallen sind. Zu Beginn des 20. Jahrhunderts betrieb David Lloyd George als Premierminister regelrecht einen Handel mit Titeln, die er gegen eine Überweisung von 50.000 Pfund an die Parteikasse verkaufte. Als er 1922 den wegen Betrugs verurteilten südafrikanischen Diamantenhändler Sir Joseph Robinson für einen Platz in den Lords vorschlug, wurde die Praxis per Gesetz 1925 für illegal erklärt. Seither gehen Regierungschefs vorsichtiger vor, wenn sie Dankbarkeit für die Dienste politischer Verbündeter und Geldgeber zeigen wollen. Fragwürdige Praktiken setzen sich allerdings bis heute fort, wie die Liste der Namen belegt, die auf Vorschlag Boris Johnsons ihren Sitz in den Lords erhielten. Dazu gehört neben Evgeny Lebedev, dem Sohn eines russischen Spions und Herausgeber einer Londoner Tageszeitung mit nachhaltiger Sympathie für die Bürgermeisterkandidaten der Tories, und Jo Johnson, dem Bruder des Regierungschefs, der heute als Baron Johnson of Marylebone firmiert, auch Peter Cruddas. Der trat 2012 vom Amt des Schatzmeisters der Tories zurück, als die Tageszeitung Times berichtete, er habe eine persönliche Spende in Höhe von einer

Million Pfund in die Kasse der Konservativen überwiesen und – was viel schwerer wiegt – Termine im Kalender von Premierminister Cameron für je 250.000 Pfund an reiche Gönner der Partei verkauft. Natürlich hatte es zuvor Prüfungen der charakterlichen Eignung von Kandidaten gegeben und an Warnungen mangelte es nicht, unschicklicher finanzieller Verquickungen wegen den einen oder anderen doch besser nicht ins Oberhaus zu entsenden. Ein Komitee für eben diese Aufgabe hatte im Jahr 2000 Tony Blair geschaffen. Wie wenig diese Empfehlungen wert sind, das zeigt Boris Johnson, der erste Regierungschef, der gegen die ausdrückliche Empfehlung dieses überparteilichen Gremiums seine Favoriten der Queen zur Erhebung in den Adelsstand vorschlug (Martin 2020). Auffällig ist, dass sowohl Johnson als auch seine Vorgängerin Theresa May vor allem Anhänger des Brexit mit Plätzen im Oberhaus belohnten. Regierungschefin May war Unterstützung in der Frage so wichtig, dass sie der Königin sogar die Ernennung des Labour-Abgeordneten John Mann in den Rang eines Barons empfahl, nachdem der entgegen der ausdrücklichen Anweisung seiner Parteiführung in den Abstimmungen für den Vertragsentwurf der konservativen Regierung votiert hatte. Auf taube Ohren stößt auch der Vorschlag von Lord Burns, dem Vorsitzenden jenes von Tony Blair installierten Komitees zur Überprüfung der Kandidaten, die Zahl der Lords nicht weiter anwachsen zu lassen und stattdessen auf 600 zu reduzieren. Allein in seinem ersten Amtsjahr ließ Boris Johnson 52 neue Adelige auf Lebenszeit berufen und brachte damit die Mitgliederzahl zeitweise auf bis zu 833, für die es auf den Bänken in der Kammer freilich nur 200 Sitzplätze (Kinchen 2021).

Nicht ohne Grund nannte Paddy Ashdown, der vormalige Vorsitzende der Liberaldemokraten, das Oberhaus eine Schande, in dem nur Leute säßen, die entweder „mit dem Premierminister befreundet sind oder deren Großmutter ein Verhältnis mit dem König hatte." Es komme aber auch vor, ist sich Ashdown sicher, dass Abgeordnete nach oben befördert würden, „weil sie total nutzlos sind" (Abell 2019, S. 75). Die Kritik an der Rolle einer Aristokratenkammer in einem demokratischen Land, das seine Regierungen in freien Wahlen bestimmt, wurde zu Beginn des 20. Jahrhunderts unüberhörbar. Schließlich fügte sich die konservative Mehrheit im Oberaus dem wachsenden gesellschaftlichen Druck und akzeptierte eine Vorlage von Premierminister Henry Herbert Asquith, die ihr 1911 einen großen Teil ihrer politischen und legislativen Macht nahm. Radikale und Reformer in der Regierung hatten sich durchgesetzt mit ihrer wichtigsten Forderung nach Abschaffung des Vetos, mit dem die Lords bisher die Politik der gewählten Mehrheitspartei in den Commons blockieren konnten. Ihr Nein hatte von nun an nur noch aufschiebende Wirkung für zwei Jahre und von 1949 an, nach einer weiteren Änderung des Gesetzes, nur noch für ein Jahr. Steht der Staatshaushalt zur Abstimmung, bleibt den Lords nicht einmal diese Option. Zudem sagten die Mitglieder der aristokratischen Kammer in einer Salisbury Convention genannten Selbstverpflichtung zu, nicht gegen Vorhaben im Programm der Partei stimmen zu wollen, die aus Wahlen für das Unterhaus mit einem demokratischen Mandat hervorgeht (Pakenham 1988). Ihre verbleibende Macht haben die Lords seither umsichtig eingesetzt und sich darauf konzentriert, Gesetzespläne der Regierung zu diskutieren und, wenn möglich, einzelne Klauseln zu verbessern. Nur gelegentlich wird in Wortbeiträgen und Stimmverhalten beizeiten das aristokratische Vermächtnis des Oberhauses offenkundig. So fand sich beispielsweise eine Mehrheit gegen das Verbot von Treibjagden auf Füchse (Tempest 2004). Die konservative Gesinnung vieler Mitglieder machte sich ebenfalls bemerkbar, als der Regierungsvorschlag, das Mündigkeitsalter für homosexuelle Partnerschaften auf 16 Jahre zu senken, keine Mehrheit fand. Beide Vorhaben wurden schließlich mit Verzögerung im Gesetzbuch aufgenommen. Überraschend ist vielleicht, wie sich das Oberhaus für liberale Freiheitsrechte einsetzt und damit die Unterstellung widerlegt, eine Bastion reaktionären Geistes zu sein. So stimmte eine Mehrheit gegen den Vorschlag der Regierung Blair, die Polizei solle Verdächtige in Ermittlungen zu Terroranschlägen für bis zu 42 Tage ohne Anklage in Gewahrsam nehmen dürfen (Summers et al. 2008). Auch Pläne einer Personalausweispflicht für alle Bürger stießen bei den Lordschaften mehrheitlich auf Ablehnung. Mit ihrer Sorge um Meinungsfreiheit begründeten sie Vorbehalte gegen einen Gesetzestext, der Beleidigungen als Anstiftung zum rassistischen und religiösen Hass kriminalisiert hätte. Beizeiten hat der Beobachter den Eindruck, ausgerechnet die Lords mit ihren durchdachten, kenntnisreichen und sachlichen Diskussionsbeiträgen seien zum Gewissen der Demokratie geworden. Zweifelsohne werden die Mitglieder für ihre Expertise geschätzt und das Bemühen, den

Ton der Debatte zu heben und die Qualität der legislativen Arbeit zu verbessern.

Obwohl dem Oberhaus immer wieder solide parlamentarische Arbeit attestiert wird, haben nicht nur Republikaner ein Problem damit, dass seine Lordschaften nicht aus Wahlen hervorgehen und es ihnen damit an Legitimation fehlt, die überall sonst als Grundlage demokratischer Willensbildung gilt. Das Ende der aristokratischen zweiten Parlamentskammer in Großbritannien sollte mit der Wahl des Labour-Vorsitzenden Tony Blair zum Regierungschef im Jahr 1997 kommen. Besonders den geborenen Erbadel wollte Blair endgültig aus der politischen Arena verbannen, prognostizierten politische Analysten und Korrespondenten in Westminster (Norton 2017). Es könne nicht sein, argumentierte man in der Führung der Labour-Partei, dass neben Lesotho im Süden Afrikas, das 22 Parlamentssitze Stammeshäuptlingen zuteile, Großbritannien der einzige Staat sei, der politische Mandate in der Legislative nach Maßgabe der Erbfolge vergebe (Pogrund und Calver 2021). Deshalb wies Blair die Labour-Lords an, mit der konservativen Mehrheit im Oberhaus über den Ausschluss des geborenen Erbadels zu verhandeln, dem lediglich seine Titel bleiben sollten. Die Tories forderten von Blair einen Kompromiss, andernfalls würden sie die Beratungen des Gesetzestextes mit ungezählten Änderungsanträgen verschleppen und sabotieren. Ihre Mindestforderung, wenigstens 92 Oberhäupter des Erbadels sollten auch künftig ihren Sitz in der Kammer zu behalten dürfen, wurde schließlich Grundlage einer Vereinbarung, mit der „keiner von uns glücklich war", fasste Jack Straw, Blairs Innenminister, die Reaktion im Kabinett zusammen. Blair hielt die Einigung für vorübergehend, einen ersten Schritt. Wieso die Regierung trotz Bedenken zustimmte, erklärt Baronin Jay of Paddington, damals die Fraktionsvorsitzende von Blairs Regierungspartei im Oberhaus: „Ich dachte mir, Hauptsache wir bekommen irgendetwas verabschiedet" (Pogrund und Calver 2021). Blair, Straw und Lady Jay hofften auf die nächste Phase der Reform, aus der auch in den folgenden zwei Jahrzehnten nichts wurde und so gibt es die geborenen Erbadeligen in der zweiten Kammer noch immer und sie sind zahlreicher als die walisischen, Grünen und Liberaldemokratischen Abgeordneten zusammengenommen. Bei einigen von ihnen datiert die Erhebung in den Adelsstand, also der Grund für ihre Parlamentszugehörigkeit, 700 Jahre zurück. In ihren Gemeinsamkeiten unterscheidet sich diese Gruppe von Abgeordneten von der übrigen Bevölkerung. Gemeinsam gehören ihnen 69.000 Hektar Land und fast ausnahmslos gilt in ihren Familien bis heute die männliche Erbfolge – anders als in der Königsfamilie, in der Jungen und Mädchen bei der Thronfolge mittlerweile gleichberechtigt sind. 39 von ihnen gingen in Eton zur Schule, sechs in Winchester und fünf in Harrow. Die Wahl der Schule ist längst Familientradition, die vom Vater an den Sohn weitergegeben wird, wie etwa bei den Wellingtons. Der aktuelle 9. Herzog besuchte Eton wie schon sein Ahnherr, der Sieger von Waterloo, und acht Generationen von Stammhaltern seitdem.

„Ich bin nicht ‚mein Lord', ich bin nur ich"

Der jüngste geborene Erbadelige im Oberhaus ist der 40jährige Daniel Mosley, 4. Baron Ravensdale, ein Nachkomme von Oswald Mosley, dem Chef der britischen Liga der Faschisten in den 1930er-Jahren, und Ur-Ur-Enkel des Vizekönigs von Indien, George Curzon, 1. Marquess Curzon of Kedleston, auf den der Titel des Barons von Ravensdale zurückgeht. Der Zweitjüngste in der Gruppe ist der 46jährige in Eton und Cambridge erzogene Charles Peregrine Courtenay, 19. Earl of Devon (UK Parliament 2021). Er und Ravensdale werden genannt, wenn der Erbadel im Oberhaus demografische Diversität demonstrieren und vergessen machen will, dass die Zahl der über 90jährigen in seinen Reihen der Anzahl der unter 50jährigen entspricht. Das Durchschnittsalter der Lords liegt jenseits der 70. Deshalb bezeichnen Kritiker die Cafeteria des Oberhauses als Londons beste Altenpflegeeinrichtung. Hier erhalten Mitglieder subventionierte Getränke und Speisen. Wenn sie zwischen den Mahlzeiten auch noch in der Kammer ihre Anwesenheit bei der Debatte registrieren, wird ihnen ein steuerfreies Sitzungsgeld in Höhe von 323 Pfund überwiesen. Zudem können sie sich ihre Reisekosten erstatten lassen. Der geborene Erbadelige Ivon Anthony Moore-Brabazon, 3. Baron Brabazon of Tara, ein Enkel von Winston Churchills Minister für Flugzeugbau, präsentierte der Parlamentsverwaltung 2020 eine Spesenabrechnung über 30.000 Pfund, was dem Durchschnittseinkommen für einen Vollzeitjob entspricht (Pogrund und Calver 2021). Die meisten

9 House of Lords – „Ich bin mir nicht sicher, warum ich hier bin"

Lords sind auf Sitzungsgeld nicht angewiesen und brauchen sich ihr Mittagessen auch nicht vom Steuerzahler erstatten zu lassen. Vielmehr machen sie ihre guten Kontakte zu Geld und bieten ihre Dienste etwa als Industrielobbyisten an wie Adrian Palmer, 4. Baron Palmer, der Urenkel eines erfolgreichen Plätzchenfabrikanten. Einst fand sich Adrian Palmer von der Schule verwiesen, weil die Internatsleitung am Eton College ihn für unsäglich dumm hielt. Clever war es Jahre später hingegen von der Tabakindustrie, den Baron zu engagieren, der das parlamentarische Zigarrenkabinett leitet, ein Kreis rauchender Abgeordneter, deren Zusammenkünfte von der Vereinigung tabakverarbeitender Industrie finanziert werden. Sein Familienunternehmen verkaufte er an RJ Reynold, das zu British American Tobacco gehört, ein Konzern, zu dem Baron Palmer hält. Die finanzielle Verflechtung scheint auf die Argumente abzufärben, die er in Parlamentsdebatten zu Protokoll gibt. 2011, als die Beschränkung von Zigarettenwerbung auf der Tagesordnung des Oberhauses stand, ließ er sich zitieren mit den Zeilen: „Wenn Rauchen verboten würde, kollabierte die gesamte britische Volkswirtschaft" (Palmer 2011). Einige der geborenen Erbadeligen sind Schirmherren von wohltätigen Stiftungen oder fungieren ehrenamtlich als Kanzler von Universitäten. Andere hingegen verfolgen ökonomische Interessen. Bis zum Vollzug des Brexit im Januar 2020 bezogen rund 30 der geborenen Lords Subventionen aus Brüssel für ihre landwirtschaftlichen Betriebe, was womöglich nicht ohne Auswirkungen blieb auf ihre Haltung zu Großbritanniens künftigem Verhältnis zur EU. Andere haben ihre eigenen Unternehmen wie John Anderson, 3. Viscount Waverley, ein Enkel von Churchills Schatzkanzler, der eine Beratungsfirma mit Kunden in den Ländern der ehemaligen Sowjetunion betreibt. Wenn das Oberhaus über Sanktionen gegen Russland abzustimmen hat, votiert Waverley gewöhnlich mit Nein. Rupert Carington, 7. Baron Carrington, der Sohn von Margaret Thatchers früherem Außenminister, ist Direktor einer Firma mit Sitz in Saudi-Arabien, die Ölraffinerien baut. Nach dem Mord an dem Journalisten Jamal Kashoggi in der saudischen Botschaft, gab Carington lakonisch zu Protokoll, die Alternative zur Herrschaft der Scheichs sei noch schlechter. Die Labour-Politikerin Dianne Hayter, Baronin Hayter of Kentish Town, die nach einer langen Karriere als Managerin für wohltätige Stiftungen ins Oberhaus einzog, ist sich sicher, dass die britische Öffentlichkeit ein

Parlament nicht mehr akzeptiert, in dem Abgeordnete sitzen für etwas, was ihre Vorfahren geleistet haben. Geoffrey Borwick, 5. Baron Borwick, ein Tory, kommt bei dem Thema zu einer anderen Einsicht: „Habe ich es verdient, hier zu sitzen? Ganz sicher nicht. Aber ich bin dankbar für mein Mandat und hoffe, mit meiner harten Arbeit die Menschen davon überzeugt zu haben, dass ich meinen Platz im Oberhaus verdiene" (Pogrund und Calver 2021).

Abgeordnete, die eine politische Karriere im Unterhaus anstreben, planen Kampagnen, organisieren Mitstreiter, überlegen sich ein Programm, klopfen an Haustüren, verteilen Broschüren in Einkaufszentren oder Fußgängerstraßen und haben das Ziel immer im Blick, irgendwann einmal einen Wahlkreis zu gewinnen und auf einem Platz in den Commons zu sitzen. Ganz anders der Weg des geborenen Erbadels: „Ich bin mir nicht sicher, warum ich eigentlich hier bin", sagt Malcolm Mitchell-Thomson, 3. Baron Selsdon, ein ehemaliger Manager der Midland Bank. Er gehörte den Lords für 51 Jahre an, bis ihm 2021 die Mitgliedschaft aberkannt wurde, weil nach einem halben Jahrhundert offenbar sein Interesse erlahmte und er sich bei den Sitzungen nicht mehr sehen ließ (Duffy 2021). Seinerzeit hatte ihn die Berufung in die Lords unerwartet getroffen. Mitchell-Thomson war gerade 26 Jahre alt: „Es passierte eines Tages, als ich in Brüssel arbeitete. Jemand kam zu mir und klopfte mir auf die Schulter' – ‚Mein Lord, haben Sie einen Moment Zeit?' – ‚Ich bin nicht mein Lord, ich bin nur ich.' – ‚Ich fürchte, ich habe Nachrichten für Sie. Ihr Vater verstarb auf den Azoren heute Morgen. Sie sind jetzt Lord Selsdon'" (Pogrund und Calver 2021). Freilich gehört die Geschichte in eine vergangene Ära. Seit der Reform Tony Blairs fällt im Todesfall eines Erbadligen der freie Platz im Oberhaus nicht mehr automatisch an den Sohn. Die Lücke wird seither in einer Nachwahl gefüllt, für die ausschließlich Aristokraten kandidieren, die der politischen Partei des Verstorbenen angehören. Die sonderbare Ironie dieses Vorgangs ist, dass ausgerechnet der geborene Erbadel im Oberhaus aus Wahlen hervorgeht, die allerdings während der Covid-19-Pandemie ausgesetzt wurden. So waren für Monate 7 der 92 Sitze vakant und schon kursierte der Vorschlag, mit den Nachwahlen nicht wieder zu beginnen und so eine Ära, die sich überholt hat, zu Ende gehen zu lassen. Der Labour-Politiker Baron Bruce Grocott, der Ende der 1990er-Jahre als Abgeordneter in den Commons aus der Nähe das Scheitern von Blairs Reform des Oberhauses erlebte, hat seit seiner Ernennung zum Lord auf Lebenszeit 2001 die Abschaffung der Sitze für den geborenen Erbadel zu seiner persönlichen Mission gemacht. Zuletzt wurde die Mission zu einem regelrechten Kreuzzug, als Grocott zu diesem Zweck in nur fünf Jahren vier Entschließungsanträge einbrachte, die alle von den geborenen Lords besiegt wurden. 2019 brachten Grocotts Gegner, David Trefgarne, der 2. Baron Trefgarne, und Malcolm Ian Sinclair, 20th Earl of Caithness, der eine 80, der andere 74 Jahre alt, 50 Änderungsanträge ein, die nur der Absicht dienten, den Wortwechsel im Parlament in die Länge zu ziehen, bis die auf der Tagesordnung vorgesehene Zeit abgelaufen war und für eine Abstimmung keine Gelegenheit mehr blieb (Livingston 2021). Vielleicht ist das Führungspersonal von Labour und den Liberaldemokraten ganz zufrieden damit, dass die Konservativen kein Interesse an einer neuerlichen Reform des House of Lords zeigen. Denn deren Ergebnis wäre sehr wahrscheinlich eine zweite Parlamentskammer, die aus Wahlen hervorgeht – wie das Unterhaus. Eine Neuaufteilung der legislativen Macht ließe sich dann nicht vermeiden. Manch einer im demokratischen Establishment des Unterhauses mag daher ein Oberhaus aus Lords, denen es an Legitimation und Durchsetzungskraft mangelt, einer Alternative vorziehen – auch wenn Parlamentarier sich mit dieser Einschätzung natürlich nicht gerne zitieren lassen.

Literatur

Abell S (2019) How Britain really works. John Murray, London

Dickie M (2021) Winds of change are blowing across Scotland's ancestral moorlands. Financial Times, 2. Januar. https://www.ft.com/content/f84f8718-5acd-4057-8241-73df193014aa. Zugegriffen am 09.01.2021

Duffy J (2021) Fresh demands to abolish Westminster's ‚absurd' House of Lords system. The National, 12. Juni. https://www.thenational.scot/news/19368895.fresh-demands-abolish-westminsters-absurd-house-lords-system/. Zugegriffen am 01.07.2021

Elliott F (2016) Lloyd Webber: I'm sick of being told to vote in Lords. The Times, 8. November. https://www.thetimes.co.uk/article/lloyd-webber-im-sick-of-being-told-to-vote-in-lords-k27ffsm9x. Zugegriffen am 22.12.2020

Hind K, Parr A (2019) Married 19th Duke of Somerset, 66, enjoys three-year affair with 45-year-old socialite divorcee. 19. Juni. MailOnline. https://www.dailymail.co.uk/news/article-7196341/Married-19th-Duke-Somerset-66-enjoys-three-year-affair-45-year-old-socialite-divorcee.html. Zugegriffen am 02.12.2021

Kinchen R (2021) A peerless act of sabotage. The Sunday Times, 3 January. S 23

Livingston S (2021) A Labour Peer is trying to abolish hereditary peers (again). 7. Dezember. Electoral Reform Society. https://www.electoral-reform.org.uk/a-labour-peer-is-tying-to-abolish-hereditary-peers-again/. Zugegriffen am 08.12.2021

Martin D (2020) Boris Johnson in crony storm: Prime Minister overrules his advisers. 22. Dezember. MailOnline. https://www.dailymail.co.uk/news/article-9080933/Prime-Minister-overrules-advisers-hand-peerage-ex-Tory-treasurer.html. Zugegriffen am 09.01.2021

NBC News (2007) The Iron Lady commemorated in bronze. 22. Februar. https://www.nbcnews.com/id/wbna17265568. Zugegriffen am 22.01.2021

Norton P (2017) Reform of the House of Lords. Manchester University Press, Manchester

Nutt C (2005) The Apsley House story. English Heritage, London

Pakenham F (1988) A history of the house of Lords. Harper Collins, London

Palmer A (2011) Tobacco advertising and promotion (display and specialist tobacconists) (England) (amendment) regulations. Hansard, 11. Juli. https://hansard.parliament.uk/Lords/2011-07-11/debates/11071153000334/TobaccoAdvertisingAndPromotion(DisplayAndSpecialistTobacconists)(England)(Amendment)Regulations2011. Zugegriffen am 22.04.2021

Partridge J (2021) Duke of Westminster's property firm pays £47m dividend despite loss. 28. April. The Guardian. https://www.theguardian.com/business/2021/apr/28/grosvenor-group-posts-pre-tax-loss-in-2020-as-property-values-slide. Zugegriffen am 09.10.2021

Pogrund G, Calver T (2021) The end of the peers show. The Times, 21. März. S 4/5

Scully E, Howard H (2021) How Covid has wiped £800M off the wealth of one of Britain's richest families. 1. Juli. MailOnline. https://www.dailymail.co.uk/news/article-9745043/How-Covid-cost-one-countrys-richest-families-nearly-800MILLION.html. Zugegriffen am 09.12.2021

Summers D, Watt N, Jones S (2008) Government set to scrap 42-day detention plans after Lords defeat. 13. Oktober. The Guardian. https://www.theguardian.com/politics/2008/oct/13/terrorism-lords. Zugegriffen am 05.03.2021

Tempest M (2004) Lords showdown for hunt ban. 12. Oktober. The Guardian. https://www.theguardian.com/politics/2004/oct/12/lords.hunting. Zugegriffen am 23.08.2021

UK Parliament (2021) MPs and Lords. https://members.parliament.uk/members/Lords

Worsley G (2002) England's lost Houses. Aurum Press, London

Wright J (2019) Aristocrats own way more English land than every homeowner combined. 18. April. The Canary. https://www.thecanary.co/uk/news/2019/04/18/aristocrats-own-way-more-british-land-than-every-homeowner-combined/. Zugegriffen am 09.04.2021

10

"Das Herz und Mark eines Königs" – Zuständig für Schwäne, Wale und Störe

Faruq, der ehemalige König von Ägypten, sagte einmal voraus, dass es zum Ende des 20. Jahrhunderts nur noch fünf Monarchien geben werde auf der Welt. Darunter sei ein Prinz der Herzen, ein Diamanten- und ein Immobilienkönig, ein King der Nachtclubs und die Queen in England (Paxman 2007). Faruq, der in seiner Jugend in England lebte und sich dort erfolglos um einen Platz an der Militärakademie von Woolwich und an der Privatschule Eton College bemühte, lag mit seiner Prognose nicht ganz falsch. Die Monarchie in Großbritannien hat – anders als ihre Pendants in Österreich, Deutschland, Russland, Italien oder Griechenland – vor allem deshalb überlebt, weil sie populär war und auch in Zeiten der Krise die Mehrheit der Menschen hinter sich hatte. Thomas Paine, der britische Philosoph und Revolutionär, der sich im Ringen um die amerikanische Unabhängigkeit einen Namen machte, schrieb, dass Könige zunächst aus den Herzen ihrer Untertanen verstoßen würden und erst danach per Parlamentsbeschluss von ihrem Thron (Foot und Kramnick 1987, S. 387). Dieser Platz im Herzen der Briten war im Laufe des 20. Jahrhunderts zweimal in Gefahr. Zunächst während des Ersten Weltkriegs gegen Deutschland, als in der Bevölkerung und der Regierung mit

Skepsis und Kritik auf den deutschen Namen der Dynastie verwiesen wurde: Hannover-Sachsen-Coburg und Gotha. Sarkastisch fragte seinerzeit David Lloyd George, der Schatzkanzler, auf dem Weg zu einem Termin im Buckingham Palace: „Ich frage mich, was unser kleiner deutscher Freund mir zu sagen hat?" (Paxman 2017, S. 185). Die abfällige Bemerkung bezog sich auf George V., den Enkel Königin Victorias aus dem Hause Hannover und des Prinzgemahls Albert von Sachsen-Coburg und Gotha. Der Schriftsteller H. G. Wells stichelte zur gleichen Zeit, der Hof sei nicht nur „wenig inspirierend", sondern – schlimmer noch! – „ausländisch." „Wenig inspirierend mag ich ja sein", gestand der König zu, „aber, verdammt noch mal, ein Ausländer bin ich nicht!" (Nicolson 1952, S. 308). Getrieben von dieser feindseligen Stimmung im Land ließ George V. zunächst die Wappen seiner deutschen Verwandten in der Kapelle des Heiligen Georg in Windsor Castle abhängen. Schließlich tauschte er auch den Familiennamen aus. Von nun an würde seine Familie nach der 1000 Jahre alten Festung im Westen Londons Windsor heißen. 80 Jahre später war die Stimmung ähnlich feindselig. Man schrieb den August 1997. Gerade war Diana, die geschiedene Ehefrau des Prinzen von Wales, bei einem tragischen Unfall in Paris ums Leben gekommen. Das Land war im Schock, der Premierminister sprach im Fernsehen von „der Prinzessin des Volkes", vor dem Kensington Palast, in dem Diana ein Apartment bewohnte, türmten sich mehr als eine Million Blumenbouquets bis zu eineinhalb Meter in die Höhe. Derweil machten Elizabeth II. und ihr Ehemann Philip keine Anstalten, ihren Sommerurlaub in Schottland zu unterbrechen, um sich in London den Trauernden anzuschließen. Viele Menschen waren empört und unterstellten, den Royals fehle es an Mitgefühl, menschlichen Regungen und Verständnis für die Empfindungen ihres Volkes. Der Eindruck verstärkte sich, als Elizabeth II. anwies, dem Protokoll zu folgen, wonach die königliche Standarte nie auf Halbmast gesetzt wird – auch nicht für den Tod eines Familienmitglieds. Die öffentliche Reaktion war geprägt von Ungläubigkeit und Wut (CNN 1997). Sean O'Grady schrieb in der Zeitung Independent von der „schlimmsten Woche für die Monarchie seit Menschengedenken" (O'Grady 2017). Dass die Monarchie seither wieder an Popularität gewinnen konnte, ist nicht zuletzt dem Respekt und der Anerkennung geschuldet, die viele Briten Elizabeth II. entgegenbringen für ihre persönliche Disziplin, menschliche Bescheidenheit und professionelle Pflichterfüllung. Auch im siebten Jahrzehnt seit ihrer Krönung in der Abtei von Westminster im Jahr 1953 will sie nichts von Ruhestand wissen und nahm allein 2018, im Jahr ihres 92. Geburtstages, rund 300 öffentliche Termine wahr (Treble 2018). Die meisten Bürger können sich an kein anderes Staatsoberhaupt erinnern. Einige erzählen, die Königin erscheine ihnen sogar im Traum, manchmal beim Wandern in Gummistiefeln, nicht selten mit Einkaufskorb, ganz so wie die freundliche Nachbarin, aber immer mit Krone (Masters 1973, S. 21). Es scheint, als behalte der Dramatiker und Satiriker George Bernhard Shaw recht, für den Könige nicht geboren werden, sondern „das Ergebnis sind von künstlicher Halluzination" (Shaw 1903). Real ist nicht einmal die Prämisse, auf der sich die königliche Autorität gründet. Das Gottesgnadentum oder Dei Gratia auf Latein, das aus einem einfachen Menschen einen Monarchen macht, auserwählt von einer himmlischen Macht, ist bestenfalls eine kollektive Halluzination. Das Akronym D. G. findet sich bis heute als Gravierung auf jeder Pfund-Münze. Er solle Gott preisen aus zwei Gründen, mahnte König James I. Stuart im frühen 17. Jahrhundert seinen Sohn und Nachfolger auf dem Thron: „Einmal, weil er dich zu dem Mann gemacht hat, der du bist. Und außerdem, weil er dich als kleinen Gott erschaffen hat, um auf seinem Thron zu sitzen und über andere Menschen zu regieren" (Peck 1991, S. 47). Auch im 20. Jahrhundert hatte die Idee, der König stehe in besonders engem Verhältnis zu Gott, seine Suggestivkraft nicht verloren. Für Winston Churchill traf daher die Schuld für den Ersten Weltkrieg nicht etwa den Deutschen Kaiser Wilhelm II., der – so Churchill – schließlich erzogen worden sei in der Überzeugung, eine göttliche Mission zu befolgen (Churchill 1990, S. 17). Selbst 1964 war ein Drittel der Bevölkerung noch davon überzeugt, die Königin sei von Gott für ihre Aufgabe auserwählt (Paxman 2007). Auch das Regierungssystem trägt dem besonderen Verhältnis Rechnung mit der Formulierung „die Krone im Parlament unter Gott", die das Zusammenspiel und die Hierarchie zwischen Abgeordneten, Monarchen und im Allmächtigen im Gesetzgebungsverfahren beschreibt (Onwordi 2011). Diese Symbiose zwischen weltlichem Status und geistlicher Legitimation drückt sich aus bei der Krönung, wenn der oberste christliche Würdenträger des Landes, der Erzbischof von Canterbury, den neuen Monarchen mit geweihtem Wasser salbt. Eine mystische Handlung, die dem Publikum bei der ersten und bisher einzigen vom Fernsehen übertragenen Krönung 1953 vorenthalten wurde. Das enge Verhältnis zwischen Kirche, Religion und der Monarchie reicht lange zurück. Schon 1521 ernannte Papst Leo X. König Henry VIII. zum „Verteidiger des Glaubens", eine Aufgabe und Ehre, die bis heute auf den Münzen neben dem Bild der Königin in dem Akronym D. F. oder Defensor Fidei ihren Ausdruck findet. Zur Wahrheit im Verhältnis religiöser und weltlicher Dinge gehört allerdings auch, dass die Briten den Willen Gottes und die Rolle der Kirche in der politischen Arena gewöhnlich äußerst pragmatisch auslegen. Und Dankbarkeit spielt unter Machtpolitikern ohnehin keine Rolle, wie Henry VIII. demonstrierte, als 1534 die Kirche in seinem Reich von Rom los, weil sein Antrag auf Annullierung der Ehe mit Katharina von Aragon beim Papst auf taube Ohren gestoßen war. Nun übernahm er selbst als weltlicher Herrscher, sozusagen in Nebenaufgabe die Leitung der Kirche. In dieser Tradition versieht bis heute Elizabeth II. ihre Aufgabe als Vorsteherin der Church of England und jeder Bischof hat formal ihr seine Berufung zu verdanken (Shipman 2021).

Im Regierungsviertel Whitehall werden spirituelle Dinge seit jeher mit Flexibilität und einem ausgeprägten Sinn für Pragmatik behandelt, wenn der Erhalt von Macht und die Interessen des Staates auf dem Spiel stehen. Sonst hätte das Parlament, das 1701 die Thronfolge für Königin Anne bestimmte, auch nicht Georg, dem Kurfürsten von Braunschweig-Lüneburg, die Krone antragen können. Schließlich konnten dank himmlischer Vorsehung 57 Mitglieder der erweiterten königlichen Familie engere verwandtschaftliche Bande zur verstorbenen Monarchin und damit einen nachhaltigeren Anspruch auf die Krone geltend machen. Für Georg sprach vor allem, dass er kein Katholik war und damit nicht im Verdacht stand, dem Papst in Rom hörig zu sein. Ein Detail, das für Machtpolitiker in Regierungskreisen des 18. Jahrhunderts wichtiger erschien als die von Gott gewollte Reihenfolge in der Thronfolge (Hatton 2001). Das Beispiel zeigt, dass ein Monarch gut beraten war, sich bei der Verteidigung eigener Interessen und Ziele nicht allzu sehr auf das Argument göttlicher Legitimation zu verlassen. In der Mitte des 17. Jahrhunderts hatte Charles I. eben diesen Fehler begangen – mit fatalem Ausgang. Als Auserwählter Gottes schien es ihm unangebracht und unnötig, höhere irdische Autori-

10 „Das Herz und Mark eines Königs" – Zuständig für Schwäne …

tät zu akzeptieren – etwa die von Parlament oder Gerichten -, die seiner Macht Schranken setzen wollten: „Gott setzt sein Vertrauen in mich durch alte, rechtliche Abstammung. Dieses Vertrauen werde ich nicht verraten, indem ich mich einer neuen, unrechtmäßigen Autorität unterwerfe," stellte Charles kategorisch fest. Seine Widersacher sahen die Dinge radikal anders und hielten die Menschen – immerhin Gottes Geschöpfe – für die Quelle aller Macht und stellvertretend die von ihnen gewählten Abgeordneten im Parlament. Somit sei die Gewalt der Gesetzgebung bei den beiden Kammern, ganz gleich was der König davon halte. Der Konflikt spitzte sich zu, es folgte ein Bürgerkrieg zwischen den von Parlament und König finanzierten Armeen, den die Royalisten verloren. Am 26. Januar des Jahres 1649 scherte sich ein Sondergericht wenig um das innige Verhältnis zwischen Herrscher und Gott, als es Charles' Enthauptung beschloss, die vier Tage später vor dem Bankettsaal in Whitehall exekutiert wurde (Wedgwood 2011). Seit klar war, dass persönliche Willkür und machtpolitischer Größenwahn der Königsfamilie nicht mehr von Gottes schützender Hand gedeckt waren, änderte sich das Verhältnis zwischen Monarch und Volk grundlegend. Die Briten waren nicht mehr bereit, sich von einem König unterdrücken zu lassen. Das veranlasste 1915 die spanische Infantin Eulalia, die jüngere Schwester von König Alfonso XII. von Spanien, zu der so passenden wie originellen Bemerkung: „Die Menschen hier im Land hätten von der Abschaffung der Monarchie so wenig wie die Londoner, wenn die sich entschlössen, alle Löwen in ihrem Zoo zu töten. Es mag eine Zeit gegeben haben, als Löwen in England eine Gefahr waren. Aber ihr Anblick im Käfig beschert allenfalls Touristen einen angenehmen Schauder – und den will die Nation, glaube ich, nicht verlieren" (Eulalia 1915, S. 113).

Die Royals wie Löwen im Käfig – dieses Bild macht die Frage nur noch dringlicher, welche Rolle dem König oder der Königin in der Ära der parlamentarischen Demokratie zugedacht ist. Für Jahrhunderte war ihre Kernaufgabe, das Land vor Feinden zu schützen. Gewöhnlich rekrutierten, finanzierten und führten sie dafür Armeen. Obwohl sich diese Stellenbeschreibung seit dem 18. Jahrhundert rasant wandelte, war noch Königin Victoria besorgt, als Frau könne sie die Erwartungen an einen Herrscher nicht erfüllen, der Klugheit und Mut in der Schlacht zu beweisen habe. Dabei mochte sie an ihre Vorgängerin Elizabeth I. gedacht haben, die ihren Soldaten seinerzeit in Tilbury an der Themsemündung Mut zusprach, als die spanische Armada und die Invasionsarmee Alessandro Farneses, des Herzogs von Parma, England bedrohten: „Ich weiß, dass ich zwar den Leib eines schwachen kraftlosen Weibes, dafür aber Herz und Mark eines Königs, noch dazu eines Königs von England habe, und ich kann nur darüber lachen, dass Parma oder Spanien oder irgendein Herrscher Europas es wagen sollte, die Grenzen meines Reiches zu überschreiten. Eher dass durch mich Unehre über mein Land komme, will ich deshalb selbst zu den Waffen greifen, will selbst euer General, Richter und Belohner jeder einzelnen eurer tapferen Handlungen auf dem Schlachtfeld sein" (Kielinger 2019). Der letzte König, der an der Spitze einer Armee sich den Kugeln des Feindes aussetzte, war George II. in der Schlacht von Dettingen am Main im Juni 1743. Als die französische Artillerie seine 43.000 Soldaten unter Beschuss nahm, rief der sechzigjährige König in seinem charakteristischen Englisch mit dem schweren deutschen Akzent: „Auf Männer, für die Ehre Englands, schießt, seid mutig und die Franzosen werden Reißaus nehmen!" (Crofts 1881). Wer um Unversehrtheit seines Monarchen im Felde fürchtete, der wünschte ihm ein langes Leben und Sieg im Gefecht. So erklärt sich der Text der britischen Nationalhymne, die zu jener Zeit populär wurde. Zwei Jahrhunderte später kümmerte sich die Regierung um die körperliche Sicherheit des Herrschers. Den Wunsch George VI., im Juni 1944 auf einem Schlachtschiff im Ärmelkanal die Landung der Truppen in der Normandie zu beobachten und kurz darauf selbst an die Strände Nordfrankreichs überzusetzen, vereitelte Winston Churchill, der das Staatsoberhaupt nicht dem deutschen Artilleriefeuer ausgesetzt sehen wollte (Bradford 1989).

„Alles Mögliche tun, um Prinz Harry zu eliminieren"

Obwohl er nicht wie seine Vorfahren an der Spitze der Armee den Feind herausfordern durfte, bleibt der Monarch gerade in Zeiten militärischen Konflikts ein Symbol nationalen Widerstandes, der die Moral der Truppe und der Zivilbevölkerung hebt. Das macht ihn zu einem Ziel für feindliche Anschläge. Ein Grund für George VI. während des Zweiten Weltkrieges in seinem Wagen immer ein Gewehr und eine Pistole griffbereit zu haben. Die militärische Tradition der Windsors setzte sich in den Jahrzehnten seit 1945 fort. Prinz Andrew diente im Falkland-Krieg und Prinz Charles reiste während des Konflikts in Bosnien auf den Balkan, um sich für die adäquate Versorgung und bessere Bedingungen im Feldlager des Cheshire Regiments einzusetzen, dessen Ehrenoberst er war. Sein ältester Sohn, Prinz William, brachte es zum Leutnant des Gardekavallerieregiments und Ehrenoberst der Irischen Garde. Der Einsatz seines Bruders, des Prinzen Harry, in der Provinz Helmand in Afghanistan endete im Januar 2013, als die Taliban ausrichteten, ihre Kommandos vor Ort würden „alles Mögliche tun, um ihn zu eliminieren" (Reuters Staff 2012). Die Symbiose zwischen den Royals und den Streitkräften hat auch mit einem natürlichen Sinn für Hierarchie und dem Bewusstsein zu tun, eine nationale Mission zu erfüllen. Außerdem trägt der Dienst in der Armee, Royal Navy und Royal Air Force zur Persönlichkeitsbildung von reichen und privilegierten jungen Männern bei, die von unterwürfigen Höflingen umgeben sind und schon von Kindheit an wissen, dass sie ihr Leben lang für ihren Unterhalt nicht zu arbeiten brauchen. Die Verführungen, die dieser Lebensstil bietet, waren in der Vergangenheit nicht immer förderlich bei der Charakterentwicklung königlicher Prinzen. Deshalb erhofft man sich am Hof, der Nachwuchs werde in der Kaserne Nüchternheit, Verantwortung, Pünktlichkeit, Anpassungsfähigkeit und Respekt vor Autorität entwickeln – allesamt Tugenden, die während der Kindheit im Palast eher wenig gefördert werden. Davon abgesehen befriedigen militärische Titel, Orden und Uniformen auch die Eitelkeit der Royals. So gibt es kaum ein Regiment, dessen Uniform Charles in seiner Zeit als Prinz von Wales zu verschiedenen Anlässen nicht schon getragen hat. Und beim Paradieren von Uniformen bleibt es nicht. Obwohl seine aktive Karriere bei den Streitkräften 1976 endete, häufte Charles seither Dekorierungen an und stieg die Ränge empor: Zunächst als Fregattenkapitän in der Royal Navy und Oberst in der Royal Air Force, später als Generalmajor in der Armee sowie Vize-Admiral und schließlich als Feldmarschall, Admiral und Luftmarschall (BBC 2012). Es scheint, als sei eine Obsession mit Titeln und Orden das letzte Überbleibsel zu sein von jener Ära, als Monarchen sich an der Spitze ihrer Armeen mit Feinden schlugen und ihre Land verteidigten. Seither haben sich die Anforderungen an den Monarchen nicht nur gewandelt, sondern in ihr Gegenteil verkehrt. Im Medienzeitalter wird von den Royals Maßhaltung, Pietät, Treue, Güte und Freundlichkeit erwartet. Elizabeth II. hat eine sorgende Funktion. Sie ist eine Figur, die sich kümmert und Trost spendet und zum Symbol geworden ist für die moderne Monarchie, deren feminine Eigenschaften gefragt sind. Der Historiker David Cannadine bemerkte dazu, die Monarchie im 20. Und 21. Jahrhundert konzentriere sich auf Familie, Häuslichkeit, Mütterlichkeit und Glamour (Cannadine 2004). Während der Covid-19-Pandemie wandte sich die Königin in mehreren Fernsehansprachen an ihr Volk, zeigte Mitgefühl, machte Mut und sprach von einer Zukunft nach der Pandemie. Lady Diana widmete seinerzeit viel Aufmerksamkeit den Opfern von Landminen und HIV-Patienten, Prinz Charles engagiert sich für benachteiligte Jugendliche in städtischen Problemvierteln, Prinz Harry ist Schirmherr der Invictus Games, Sportwettkämpfen für Kriegsversehrte, während Prinz William sich öffentlich um das Schicksal von Menschen mit psychischen Leiden sorgt. Aus einer Dynastie von Feldherren ist eine Familie von Kümmerern geworden.

Neben der militärischen Vergangenheit und ihren karitativen Aktivitäten haben die Royals immer auch eine exekutive Aufgabe. Das ist ihr Erbe aus einer Zeit, als sie allein die Schalthebel der Macht hielten und das Land regierten. Diese königliche Prärogative, die Machtfülle des Monarchen, wurde schon in absolutistischer Zeit dramatisch eingeschränkt, als 1688 der niederländische Statthalter Wilhelm von Oranien-Nassau auf Einladung des Parlaments in Westminster die englische Krone annahm und dafür zusagen musste, die Rechte der Abgeordneten zu respektieren. Das war ein Zugeständnis mit erheblichen Folgen (Vallance 2007). Die königliche Prärogative blieb als Prinzip zwar erhalten. In der Praxis bestimmten aber von nun an gewählte Politiker, wie die Krone mit ihrer Macht umzugehen hatte, etwa, wenn Kriegserklärungen nötig wurden oder die Begnadigung von Straftätern anstand. Im ersten Fall ist die Zustimmung des Parlaments nötig, im zweiten entscheidet der Premierminister und übermittelt Elizabeth II. dann die Namen zur Verkündigung.

10 „Das Herz und Mark eines Königs" – Zuständig für Schwäne ...

Zur königlichen Prärogative zählt bis heute das Recht, fremde Territorien zu annektieren und koloniale Besitzungen abzutreten. Zudem kann sich die Königin Gedanken machen über die Nutzung aller Bodenschätze im Land, über die Monarchen schon seit Jahrhunderten verfügen. Elizabeth II. zählt zudem wie schon ihre Vorfahren seit dem 12. Jahrhundert alle Schwäne des Königreichs zu ihrem Eigentum und in ihrem Auftrag wird der Bestand auf der Themse jedes Jahr gezählt. Neben den Schwänen gehören auch die Wale und Störe in britischen Gewässern zum Portfolio, über das der Monarch verfügen kann. Dabei gilt hier wie in allen anderen Angelegenheiten, die Macht einer Königin oder eines Königs ist nicht absolut, weil der Premierminister die Entscheidungen vorgibt. Selbst der passende Umgang mit Schwänen, Walen und Stören wird im Regierungsviertel Whitehall bestimmt und dem Palast übermittelt. Unter den gewählten Politikern gibt es eine dezidierte Erwartung, dass Empfehlungen an den Palast von der Königin zu befolgen sind. Auch die königliche Prärogative in der Diplomatie, bei der Unterzeichnung von Verträgen, der Ernennung von hohen Offizieren und natürlich auch der Befehligung der Streitkräfte wird längst vom gewählten Regierungschef ausgeübt, der seine Macht daraus ableitet, als Beauftragter des Monarchen zu handeln. Damit vereint der Premierminister eine Machtfülle auf sich, die ihn hervorhebt gegenüber anderen Spitzenpolitikern in parlamentarischen Systemen. Er gibt neben Ministern und Abgeordneten auch den Ton an im Geheimen Rat, der seit der Zeit Wilhelm des Eroberers im 11. Jahrhundert zusammentritt und den Monarchen bis heute bei der Ausübung der königlichen Prärogative unterstützt. Dieser erlesene Kreis von Politikern aus Regierung und Opposition, Bischöfen der Kirche von England und Mitgliedern der Familie Windsor trifft sich regelmäßig mit der Monarchin, etwa um Entscheidungen zu genehmigen, die in den Regionalversammlungen der Kronterritorien – dazu zählen beispielsweise die Kanalinseln und die Insel Man in der Irischen See – getroffen worden sind. Der Geheime Rat befindet auch darüber, Gemeinden den Status von Städten zu verleihen, hohe Beamte zu ernennen und königliche Chartas zu erlassen, in denen der Auftrag und Status von Universitäten, der Zentralbank oder des Fernsehsenders BBC festgeschrieben werden (Blick 2014).

Die Monarchie in einer aus den Fugen geratenen Welt

Wenn auch ihre politische Rolle mit der Zeit geschrumpft ist, bleibt der Königin immerhin noch ein Monopol auf offiziellen Prunk und staatliche Repräsentation. Während der Premierminister in einer Wohnung im Obergeschoss eines Reihenhauses in Downing Street untergebracht ist mit Ehefrau und Kindern, hat die Königin die Wahl: Sie arbeitet im Buckingham Palace, hält Hof in Windsor Castle, verbringt den Sommer auf ihrem schottischen Besitz in Balmoral und die Weihnachtsferien auf Schloss Sandringham in East Anglia. Neben der Flaggenparade zum offiziellen Geburtstag der Königin am zweiten Samstag in Juni – ihr wirklicher Geburtstag am 21. April taugt des unzuverlässigen Frühjahrswetters wegen nicht für Umzüge mit Kapelle und Bärenfellmützen – ist die Eröffnung des Parlaments der farbenprächtigste Termin im Kalender eines Monarchen, bei dem die Königin in einer goldenen Kutsche und eskortiert von Kürassieren zum Palast von Westminster fährt und vor den Abgeordneten beider Kammern das politische Programm ihrer Regierung vorträgt. Ohne ironische Grimassen, Gesten des Unmuts und kritische Anmerkungen sind die oft allzu banalen Zeilen, die im Büro des Premierministers verfasst worden sind, zu verlesen. Vor sich die Staatskrone und umgeben von Herolden, Trompetern, Gardisten sowie märchenhaften historischen Kostümen verliest sie dann Sätze wie diesen: „Meine Regierung wird die nötigen Maßnahmen einleiten, um die Qualität des Personennahverkehrs in städtischen Ballungsräumen zu verbessern." Das surreale Spektakel erinnert daran, dass der Monarch nicht mehr Rivale des Parlaments ist, sondern mit seiner Präsenz zur Würde der demokratischen Institutionen beiträgt. Auch andere Funktionen sind choreografiert mit der Absicht, dem Palast Glanz zu verleihen – so etwa, wenn die Monarchin Botschafter verabschiedet vor deren Abreise an Einsatzorte auf der ganzen Welt oder wenn Kutschen ausgeschickt werden, um die Diplomaten anderer Staaten zu ihrem Antrittsbesuch abzuholen. Die werden nach ihrem Eintreffen im Buckingham Palace auf dem Weg zum Audienzsaal von dem Marschall des Diplomatischen Korps begleitet, einer Figur in engem Gehrock mit großer Feder am Hut. In den Korridoren stehen Pagen und Diener Spalier, die sich in der strikten Hierarchie am Hof durch die Farbe ihrer Westen voneinander unterscheiden. Es irrt sich aber, wer Federhüte und farbenfrohe Uniformen für Indizien dafürhielte, die Monarchen in Buckingham Palace seien in der parlamentarischen Ära zu karnevalesken Figuren geworden, die sich ihrer politischen Ansichten völlig entledigt hätten. Tatsächlich nutzten sie ihre Position auch im 19. und 20. Jahrhundert immer wieder dafür, ihre mehr oder weniger ausgegorenen politischen Meinungen mitzuteilen. In den 1830er-Jahren etwa machte König William IV. kein Geheimnis daraus, dass er die Abschaffung der Sklaverei für einen Fehler hielt und in den Franzosen das unzuverlässigste Volk überhaupt sah. Großbritannien wünschte er überall auf der Welt an der Seite konservativer Regierungen gegen radikale Opposition streiten zu sehen. Seine Nichte und Nachfolgerin, Königin Victoria, war zwar in Fragen der Religion eine Liberale, zumindest aus Sicht ihrer Zeitgenossen. Die Abschaffung von Kinderarbeit in den Fabriken hielt sie allerdings für falsch, die Idee, Beamte nach Leistung zu rekrutieren, ebenfalls und besonders empört war sie über den Vorschlag der Regierung, den Seeleuten der Royal Navy das Tragen von Schnäuzern ohne Bart zu gestatten (Strachey 1921–2000, S. 196). Vollends unerträglich empfand sie die Forderung nach Rechten für Frauen. Einem Mann, der für deren Emanzipation plädierte, ließ sie ausrichten: „Dafür gehört er ausgepeitscht!" (Stratchey 1921–2000, S. 237). Ihr Enkel König George V. dachte und sprach wie ein Tory, befand der Liberale Premierminister David Lloyd-George (Brendon 1986, S. 93). Und Hugh Gaitskell, der Schatzkanzler in der Labour-Regierung nach dem Zweiten Weltkrieg, nannte George VI. gar eine „ziemlich reaktionäre Person" (zitiert in Williams 1983, S. 244). Elizabeth II. verstand es hingegen, sich durchweg nicht zu politischen Fragen zu äußern. Als es 2014 für einige Wochen so aussah, als könne das Vereinigte Königreich mit dem Referendum über Schottlands Unabhängigkeit zerbrechen, stimmte sie dem Vorschlag Premierminister David Camerons zu, eine öffentliche Erklärung abzugeben, in der sie die Schotten bat, sehr genau über ihre Zukunft nachzudenken – mehr nicht. Wer die Botschaft verstehen wollte, verstand sie (Watt et al. 2014).

Diese Zurückhaltung hält Elizabeth II. für nötig, um ihren Kritikern und den Gegnern der Monarchie möglichst wenig Angriffsfläche zu bieten. Die verweisen stattdessen auf die Kosten der Institution und empören sich über den Reichtum der Königin, der das Magazin Forbes ein Vermögen von 88 Milliarden Dollar attestiert. Weitaus bescheidenere Zahlen finden sich in der Rangliste der Zeitung The Times, wo der Besitz Elizabeth II. mit einigen hundert Millionen Pfund bewertet wird (Abrams 2020). Im Vergleich mit den anderen Reichen des Landes kam die Monarchin demnach 2020 lediglich auf den 372. Platz, hinter dem Staubsaugerhersteller Sir James Dyson und dem Herzog von Westminster, der mit Einkünften aus Immobilien in Londons besten Lagen sein Geld verdient (Cruse 2020). Die Diskrepanz in den Schätzungen des königlichen Vermögens hat vor allem mit der juristischen Frage zu tun, ob die Königin über die Schlösser und Burgen, die Kronjuwelen und ihre Sammlung Alter Meister frei verfügen kann. Elizabeth und ihre Nachfolger werden nichts davon zu Geld machen können, denn es lässt sich argumentieren, dass Generationen von Monarchen den Besitz in Ausübung ihres Amtes angesammelt haben und es sich somit nicht um Privatvermögen handelt. Für den Ruf der Königin und die Reputation der Monarchie spielen diese buchhalterischen Fragen eine eher nachgeordnete Rolle. Für viele Menschen ist es wichtiger, wie die Royals mit öffentlichem Eigentum und Geld – dem eigenen und dem der Steuerzahler – umgehen. Das einzig teure Hobby, das Elizabeth II. sich leistet, ist ihr Rennstall, der zeitweise rund 20 Pferde umfasste (Abrams 2020). Umso wichtiger ist dem Palast die Pflege von Anekdoten, wonach die Königin schon mal selbst das Licht ausknipst, um Strom zu sparen, ihren Nagellack für 7,99 Pfund kauft und als Kind der Kriegsgeneration den sparsamen Umgang mit Geld gelernt hat. Auch die Regierung erlegt den Royals Genügsamkeit auf, seit George III. 1760 die Kontrolle über das königliche Krongut, also seine Landgüter und Immobilien, deren Wert im Jahr 2018 auf 14 Milliarden Pfund beziffert wurde, an die Regierung abtrat, die den Royals jährlich einen Anteil von 15 Prozent aus den Erträgen überweist, den sogenannten Sovereign Grant, mit den Ausgaben für Personal, Gartenpartys, Reinigungsdienste oder Uniformen bestritten werden. Von der Summe, im Jahr 2020 waren es 85,9 Millionen Pfund, investierte die Königin allein 34,4 Millionen für die Instandhaltung der

Paläste und Landhäuser. Den größten Teil ihres Jahresbudgets von 300 Millionen Pfund beziehen die Königin und der Prinz von Wales aus Einkünften ihrer Herzogtümer Lancaster und Cornwall. Mit dem Verkauf von Tickets für den Besuch der königlichen Sammlungen und Schlösser generierte die Monarchin bis 2019 jährlich rund 20 Millionen Pfund. Im Jahr der Pandemie 2020 brachen diese Einnahmen um die Hälfte ein und zwangen die Königin, Ausgaben mit dem Griff aufs Festgeldkonto zu begleichen (Financial Report 2021). Kritiker, die das Budget für die Royals dauerhaft reduzieren wollen, verweisen auf die vergleichsweise sparsamen skandinavischen Monarchen, die schon mal mit dem Fahrrad zur Arbeit und dem Bus in den Supermarkt fahren. Das gilt als zeitgemäß und wird auch in London hin und wieder zur Nachahmung empfohlen. Doch richtig modernisieren lässt sich eine 1000 Jahre alte Institution nicht, es sei denn man schaffte sie ab. Und das wäre womöglich von Nachteil, weil Monarchien einen wertvollen Gegenpol darstellen in einer Welt, in der sich so vieles um ökonomische Zwänge und Kennzahlen effizienten Managements dreht. Die Monarchie hingegen bedeutet Romantik. Sie ist irrational, archaisch und entzieht sich buchhalterischer Vernunft. In der politischen Arena, die sich durch Oberflächlichkeit, taktische Winkelzüge, eigennützige Manöver und vor allem den kurzfristigen Blick auf den nächsten Wahltermin auszeichnet, hebt sich der Monarch als etwas Beständiges, Verlässliches und Bleibendes heraus. Für die königliche Familie gilt der kurzfristige politische Sieg wenig. Für sie zählt Biologie, von der die Hierarchie der Familie und Zukunft der Dynastie abhängt. Die Monarchie ist zudem das Symbol der Einheit in einer Zeit, in der Aktivisten und Politiker Konflikte befeuern: Zu Brexit, die Zukunft der Union mit Schottland und die Rivalität ethnischer und religiöser Gruppen. Sie ist das einigende Band, gerade wenn die Frage, was es bedeutet, in einer hyper-multikulturellen Gesellschaft britisch zu sein, immer schwieriger zu beantworten ist. Die Redaktion des Magazins The Economist, bekannt für ihre liberale Gesinnung und royalistischer Neigungen unverdächtig, formuliert anerkennend, die Monarchie widerstehe den Fliehkräften einer aus den Fugen geratenen Welt (The Economist 2021).

Literatur

Abrams M (2020) Queen Elizabeth. 18. Mai. Evening Standard. https://www.standard.co.uk/insider/royals/queen-elizabeth-net-worth-royal-family-wealth-money-a4260986.html. Zugegriffen am 12.06.2021

BBC (2012) Prince Charles awarded highest military ranks by Queen. 16. Juni. https://www.bbc.co.uk/news/uk-18468118. Zugegriffen am 22.12.2020

Blick A (2014) Emergency powers and the withering of the Royal Prerogative. Int J Hum Rights 18(2):195–210

Bradford S (1989) King George VI. Widenfeld & Nicolson, London

Brendon P (1986) Our own dear Queen. Secker and Warburg, London

Cannadine D (2004) From biography to history. Writing the modern British monarchy. Hist Res 77(197):289–312

Churchill W (1990) Great Contemporaries. Mandarin, London

CNN (1997) Royal family hurt by criticism over Diana. 4. September. http://edition.cnn.com/WORLD/9709/04/diana.royals.under.fire/. Zugegriffen am 02.02.2021

Crofts E (1881) George II at the battle of Dettingen. Mutual Art. https://www.mutualart.com/Artwork/George-II-at-the-Battle-of-Dettingen%2D%2D-G/E097D1BC25A75258. Zugegriffen am 04.06.2021

Cruse E (2020) Sunday Times rich list shows UK s wealthiest have lost billions during Covid-19 pandemic 17 Mai. Evening Standard. https://www.standard.co.uk/news/uk/wealthy-lose-billions-covid19-sunday-times-rich-list-a4442676.html. Zugegriffen am 22.05.2021

Eulalia, HRH Infantin von Spanien (1915) Court life from within. Cassell, London

Financial Report (2021) The Sovereign Grant and Sovereign Grant Reserve. 31. März. https://www.royal.uk/sites/default/files/sovereign_grant_report_2020-2021_-_summary.pdf. Zugegriffen am 03.05.2021

Foot M, Kramnick I (1987) Thomas Paine reader. Penguin, London

Hatton R (2001) George I. Yale University Press, New Haven (CT)

Kielinger T (2019) Wie Queen Elizabeth I. die Brexit-Rhetorik vorwegnahm. 12. März. Die Welt. https://www.welt.de/kultur/literarischewelt/article190188569/Wie-Queen-Elisabeth-I-im-Jahr-1588-die-Brexit-Rhetorik-vorwegnahm.html. Zugegriffen am 25.03.2022

Masters B (1973) Dreams about HM the Queen. Mayflower, London

Nicolson H (1952) George V. Constable, London

O'Grady S (2017) Princes Diana. Looking back at monarchy's worst week in living memory. 30. August. Independent. https://www.independent.co.uk/news/uk/home-news/princess-diana-death-royals-reaction-blair-prince-william-harry-charles-monarch-funeral-mourning-queen-elizabeth-ii-a7918396.html. Zugegriffen am 03.08.2021

Onwordi A (2011) Saving the Lords spiritual. 28. April. New Humanist. https://newhumanist.org.uk/articles/2550/saving-the-lords-spiritual. Zugegriffen am 11.07.2021

Paxman J (2007) On royalty. Penguin, London

Paxman J (2017) A hundred years of Windsors but still the Queen is partly German. 17. Februar. Financial Times. https://www.ft.com/content/b80a9dde-f1f0-11e6-95ee-f14e55513608. Zugegriffen am 06.01.2021

Peck L L (1991) The mental world of the Jacobean Court. Cambridge University Press, Cambridge

Reuters Staff (2012) Afghan Taliban threaten to kidnap and kill Prince Harry. 10. September. Reuters. https://www.reuters.com/article/us-afghanistan-britain-prince-idUSBRE8890IN20120910. Zugegriffen am 11.04.2021

Shaw B (1903) Maxims for revolutionists. Bartleby.com. https://www.bartleby.com/157/6.html. Zugegriffen am 05.02.2021

Shipman T (2021) Announcing bishops will fall to someone else now PM's a catholic. 6. Juni. The Sunday Times. https://www.thetimes.co.uk/article/announcing-bishops-will-fall-to-someone-else-now-pms-a-catholic-9k29b272z. Zugegriffen am 13.08.2021

Strachey L (1921–2000) Queen Victoria. Penguin, London

The Economist (2021) Bagehot. The dynasty factor, 17. April. S 28

Treble (2018) 2018 Royal work statistics. 23. Dezember. MacLean's. https://www.macleans.ca/royalty/2018-royal-work-statistics-whos-been-busy-whos-been-busier-congrats-your-maj/. Zugegriffen am 03.01.2021

Vallance E (2007) The glorious revolution. 1688. Britian's fight for liberty. Abacus, London

Watt N, Severin C, Quinn B (2014) Scottish Independence: queen makes rare comment on referendum. 14. September. The Guardian. https://www.theguardian.com/politics/2014/sep/14/scottish-independence-queen-remark-welcomed-no-vote. Zugegriffen am 22.12.2020

Wedgwood CV (2011) A King condemned. The trial and execution of Charles I. I. B. Tauris Parke, London

Williams P (1983) Diary of Hugh Gaitskell 1945-1956. Jonathan Cape, London

11

Rollensuche – Charles und die Dienstleistungsmonarchie

Am 9. April 2021 unterbrachen die öffentlichen Fernsehsender ihr Programm und erinnerten an das Leben und die Verdienste des Herzogs von Edinburgh, der gerade im Alter von 99 Jahren gestorben war. Der vierte Kanal der BBC stellte die reguläre Übertragung ganz und gar ein und empfahl dem Publikum, sich die Sondersendungen zum Tod des Royals anzuschauen. Nichts anderes war zu erwarten von den Fernsehmachern. Erstaunlich war allerdings die Reaktion des Publikums. Um fünf Prozent sank die Einschaltquote an jenem Abend und die BBC musste ein eigenes Beschwerdeportal einrichten für aufgebrachte Zuschauer, die erbost darüber waren, dass ihr gewohntes Kochprogramm Masterchef den Sondersendungen weichen musste (Kelly 2021). Der Sender zählte 100.000 Zusendungen mit Beschwerden. Die Resonanz spiegelte nicht zuletzt die geteilten Meinungen zur königlichen Familie und speziell zu Prinz Philip wider, die zwar unter den Älteren nach wie vor vorwiegend positiv waren, unter Jungen dafür eher ablehnend. Nach Zahlen des Meinungsforschungsinstituts YouGov lag 2019 der öffentliche Zuspruch für Prinz Harry quer durch die Bevölkerung bei rund 70 Prozent, während es der Herzog von Edinburgh in der gleichen Umfrage nicht einmal auf 50 Prozent Zustimmung brachte (Foussaines 2019). Eine Monarchie, die eine Zukunft haben will, ist aber auf Anhänger unter den Jungen angewiesen. Gerade deshalb stritten Leitartikler, Hofberichterstatter und Kommentatoren im Frühstücksfernsehen darüber, wie viel Schaden die Entscheidung des Herzogs und der Herzogin von Sussex – Prinz Harry und Prinzessin Meghan –, ihren Dienst als aktive Royals zu beenden, der Familie den Rücken zu kehren und nach Kalifornien umzuziehen, dem Image der Familie zugefügt haben könnte, die sich um ein positives Bild bei der Generation der Millennials bemüht. In der aufgeregten Berichterstattung über den Abgang der beiden charismatischen Figuren und Sympathieträger aus den Reihen der Windsor ging gelegentlich vergessen, dass das Ehepaar Sussex nicht die ersten Royals waren, die sich vom Hof verabschiedeten. „Wir wachten auf in der Regierung von Edward VIII. und gingen schlafen in der Regierung von George VI," bemerkte der anglo-amerikanische Schriftsteller und Politiker Sir Henry „Chips" Channon und fasste damit das Erstaunen zusammen, das die Menschen überkam, als sie die Nachricht von der plötzlichen Abdankung König Edward VIII. im Dezember 1936 erreichte (zitiert in Borman 2021, S. 10). Edward VIII. war ähnlich wie später Prinz Harry im Volk sehr populär, vor allem dank seines formlosen Umgangs und entspannten Stils, der zeitgemäß schien und in willkommenem Kontrast stand zu den steifen Konventionen der königlichen Familie. In den wenigen Monaten seiner Regierungszeit freundete er sich nie an mit der neuen Rolle und seinen Aufgaben im Buckingham Palace und sagte von sich selbst, „es gibt nichts Königliches an mir. König zu sein ist sicherlich einer der einschränkensten, frustrierendsten und über weite Strecken am wenigsten stimulierenden Jobs, den eine gebildete und unabhängige Person haben kann" – Zeilen, die vor allem seine erstaunliche Unkenntnis verrieten über Arbeiten, mit denen viele Menschen ihr Geld verdienen (zitiert in Borman 2021, S. 10). Mit seinem Entschluss, eine zweimal geschiedene Frau zu heiraten, die Amerikanerin Wallis Simpson, disqualifizierte er sich als Oberhaupt der Kirche von England, eine Aufgabe, die seit den Tagen Henry VIII. jeder Monarch in Personalunion zu übernehmen hat. Am 10. Dezember 1936 sah er schließlich ein, dass die Krone und seine Gefühle zu Mrs. Simpson nicht miteinander vereinbar waren, und unterschrieb in Ford Belvedere, seinem Landsitz in der südenglischen Grafschaft Surrey, die Abdankung (Williams 2003). „Ich fand es unmöglich, meinen Auf-

11 Rollensuche – Charles und die Dienstleistungsmonarchie

gaben als König nachzukommen ohne die Hilfe und Unterstützung der Frau, die ich liebe," ließ er die Welt wissen (Borman 2021, S. 11). Von nun an lebte das Paar als Herzog und Herzogin von Windsor in einem luxuriösen Stadthaus in der Nähe des Bois de Boulogne in Paris oder in New York und für einige Zeit auch auf den Bahamas, wo Edward als Gouverneur die Kolonialverwaltung leitete. Das Leben als Celebrity machte Edward nicht glücklich. Freunde beschrieben ihn als frustriert, bitter und gelangweilt. Viele seiner noch verbliebenen Anhänger in der Heimat wandten sich ab, als die Nachricht die Runde machte, der Herzog von Windsor – wie er sich seit seiner Abdankung nannte – habe 1937 Hitler im Berghof auf dem Obersalzberg getroffen und den Diktator mit dem Deutschen Gruß geehrt (Palmer 2021). 1972, als Edward starb, hatte er auch den Rest von öffentlicher Sympathie längst verloren. In jüngerer Zeit war Lady Diana Spencer, Prinzessin von Wales, die prominenteste Aussteigerin, die den Windsors den Rücken kehrte und ein Leben in Distanz zur Familie für sich fand. Diana war die am meisten fotografierte Frau auf der Welt, besaß ein ausgeprägtes Verständnis für Populärkultur und die Erwartungen ihres Publikums – Eigenschaften, die anderen Royals fehlten, vor allem ihrem Ehemann Prinz Charles. Nach einem erstaunlichen Interview, gespickt mit Vorwürfen und Unterstellungen, das Prinzessin Diana der BBC-Sendung Panorama 1992 gewährte, wurde die Scheidung ihrer Ehe unvermeidbar. Die Zeit danach nutzte sie zur Förderung von karitativen Zielen, die ihr wichtig waren. Bald galt sie als Prinzessin der Herzen, die sie sein wollte, wie sie dem Interviewer von Panorama erzählt hatte. Die Trennung von den Windsors empfand sie als Befreiung.

Weniger befreiend und ganz sicher nicht freiwillig wird James II. seinen Abschied aus der königlichen Familie empfunden haben. Dem katholischen Stuart wurde unterstellt, eine Dynastie etablieren zu wollen, die dem Papst in Rom hörig war. Deshalb musste er den Thron seiner protestantischen Tochter Mary und deren Ehemann, dem Prinzen Wilhelm von Oranien, überlassen und ins Exil nach Frankreich gehen, wo ihm zunächst Ludwig der XIV. Asyl gewährte. Später lebte James Stuart enttäuscht, verbittert und vergessen, dafür aber recht luxuriös, im Chateau von Saint-German-en-Laye (Callow 2004). Das vielleicht beste Vorbild für einen Royal, der die königliche Familie verlässt, ist Anna von Kleve, die vierte Frau von Henry VIII. Der hatte sich in das Gemälde

Annas verliebt und war bei der ersten persönlichen Begegnung mit dem Original tief enttäuscht. Schon kurz nach der Hochzeit beantragte er die Annulation der Ehe, was ihm sechs Monate später auch gewährt wurde. Anna war klug genug zu kooperieren und wurde für diese Gefügigkeit von ihrem Ex-Ehemann belohnt, der sie nach ihrem Abschied aus der königlichen Familie großzügig ausstattete. Ihre teuren Roben durfte sie ebenso behalten wie ihre Möbel. Obendrein beschenkte sie der Monarch mit dem Palast von Richmond direkt an der Themse sowie Hever Castle in Kent und kreierte für sie den höfischen Ehrentitel „Die geliebte Schwester des Königs." Anna führte das Leben einer wohlhabenden Frau und hielt sich aus der Politik raus, um in den Religionskonflikten der folgenden Jahre keinen Zwist zu riskieren mit Henrys Nachfolgern: Edward VI., einem intoleranten Protestanten, und Königin Mary, die ihre Feinde und die Kritiker der katholischen Kirche auf Scheiterhaufen brennen ließ. Stattdessen bemühte Anna sich um Freundschaften am Hof, vor allem mit der späteren Königin Elizabeth. Das Beispiel Anna von Kleve zeigt, dass das Leben nach dem Ausscheiden aus der königlichen Familie gut, sicher und sehr komfortabel sein kann (Norton 2010; Borman 2021).

„Wer sind die blöden Affen und wer die Journalisten?"

Anders als Anna von Kleve unterwirft sich das Ehepaar Sussex keinem selbst gewählten Schweigegebot und macht auch keine Anstalten, sich kontroversen Debatten zu entziehen. In England haben sie weiterhin wichtige Fürsprecher, unter anderem Justin Welby, den Erzbischof von Canterbury, der öffentlich Verständnis zeigte für ihren Entschluss, das Glück weitab von den Windsors zu suchen. Das geistliche Oberhaupt der Kirche von England, der das Paar im Mai 2018 in der Kapelle des Heiligen Georg in Windsor Castle traute, sieht den Grund für den Abschied in Harrys Status als Celebrity, dem er nicht entkommen könne. Deshalb leiste der Prinz – sagt Welby – eine lebenslange Strafe ab ohne Chance auf Bewährung (Burgess 2021). Tatsächlich fühlte sich das Paar von den britischen Boulevard-Medien verfolgt, klagte über die Berichterstattung und prozessierte gegen Verleger. Die öffentliche Meinung zu dem Thema ist geteilt. Die einen sahen in der wiederholten scharfen Kritik an dem Herzog und der Herzogin von Sussex einen Beleg für Rassismus in den Redaktionsstuben, in denen sich einige Journalisten mit der Heirat zwischen einem königlichen Prinzen und einer nicht-weißen Frau noch immer nicht abgefunden hätten. Andere erinnerten hingegen daran, dass die Royals sich schon seit zwei Jahrhunderten schäbig und ungerecht behandelt sehen von der Presse. Die sonst fair und moderat kommentierende Tageszeitung The Times etwa beschrieb König George IV. im Nachruf auf seinen Tod im Jahr 1830 unter anderem als fett, frivol, grotesk, egoistisch, faul, eitel, unzüchtig, verschwenderisch, korrupt und im Grunde wertlos. Zeitlebens sei es nicht gelungen – berichtete die Zeitung weiter –, dem König den Wert des Geldes zu erklären, also den Unterschied zwischen Pfund, Shilling und Pence. Anfang des 20. Jahrhunderts hatte auch George V. ein gestörtes Verhältnis mit den Medien und nannte Zeitungen „dreckige Fetzen" (zitiert in Rose 1983, S. 225). Als bei einem Rundgang im pakistanischen Lahore ein Pressefotograf von einem Laternenmast fiel, von dem aus er sich gute Bilder erhofft hatte, hörte man den Herzog von Edinburgh rufen: „Hoffentlich bricht er sich den verdammten Hals!" (Parker 1990, S. 229). Während eines Besuchs des Affenfelsens in Gibraltar fragte ein entnervter Prinz Charles in die Menge: „Wer sind die blöden Affen und wer die Journalisten?" und bewarf dabei die Mitarbeiter der TV-Anstalten mit Erdnüssen (Davies 2001, S. 153). Es ist nicht ohne Ironie, dass ausgerechnet der Herzog von Edinburgh das Interesse der Medien befeuerte, als er 1969 ein TV-Team der BBC in den Palast einlud für eine Dokumentation, die einen Blick hinter die Kulissen gewähren sollte. Nun konnte zum ersten Mal das Fernsehpublikum die Familie, die hinter den Mauern des Palasts lebt, aus direkter Nähe erlebte. Die Bilder von Prinz Charles, der sich einen Salat zubereitete, oder Prinz Philip, der am Bratwurstgrill hantierte, sahen 30 Millionen Menschen in Großbritannien und ein Publikum von 350 Millionen weltweit (Dean 2021). Der Naturhistoriker David Attenborough, der seinerzeit als Manager für die BBC arbeitete, warnte seinen Programmchef: „Die Institution braucht das Mystische und den Häuptling in der Hütte, der seine Autorität verliert, wenn jeder in die Hütte schauen kann" (zitiert in Bradford 2002, S. 345). In ähnlichem Sinne hatte der

Journalist und Verfassungsfachmann Walter Bagehot bereits im 19. Jahrhundert geschrieben: „Die Monarchie lebt vom Mysterium, auf das kein Tageslicht fallen darf!" (zitiert in Kimball 1998). Ein halbes Jahrhundert später beleuchtet die Serie The Crown des Streamingdienstes Netflix die Geschichte der Windsors und lässt dabei keinen Skandal der vergangenen Jahrzehnte aus. Vier Staffeln sind bereits produziert für ein Publikum, das sich ergötzt an seinen königlichen Celebrities und fordert zu wissen, wie es weitergeht mit den Charakteren im Palast. Doch weder Dokumentation noch Fiktion haben je ein ähnliches öffentliches Interesse generiert wie die Realität im Leben der Royals. Zweieinhalb Milliarden Menschen weltweit verfolgten seinerzeit auf dem Bildschirm die Beerdigung von Prinzessin Diana. Nie waren mehr Menschen zeitgleich Zeugen eines Ereignisses. Keine Olympischen Spiele und keine Mondlandung haben ein ähnlich großes Publikum fasziniert wie das letzte Geleit für ein verstoßenes Mitglied der Königsfamilie (Richards et al. 1999). Der Song Candle in the Wind 1997, den Elton John für die Trauerfeier adaptiert hatte, verkaufte sich 40 Millionen mal, 100 Millionen Pfund wurden an Prinzessin Dianas Erinnerungsfonds gespendet und zwei Männer begangen Selbstmord aus Kummer über den Tod der Prinzessin (Richards et al.1999). Die Königsfamilie war eine TV-Dynastie geworden und Krönungen, Geburten und Todesfälle galten den Rundfunkanstalten als mediale Großereignisse. Das erklärt, weshalb in den Redaktionen der BBC seit Jahren an Plänen für die Berichterstattung zum Tod der Königin gefeilt wird. Schon die Vorbereitungen zum Ableben von Elizabeth, der Königin Mutter, 2002, hatten Jahre vor dem Ereignis die Mitarbeiter ungezählte Samstage und Sonntage gekostet, an denen das Szenario durchzuspielen war. Laminierte Einsatzpläne wurden herumgereicht, Abläufe und Codes zur Verifizierung der Todesnachricht besprochen und jede Redaktion hielt für den Ernstfall in Wandschränken identische graue Anzüge und Krawatten bereit, sowie schwarze Schals für die Mitarbeiterinnen. Junge Reporter unterschiedlicher TV-Programme wurden auf leere Parkplätze und vor verwaiste Lagerhallen gestellt, als seien es St. James' Palast, Clarence House oder eine andere Residenz der Königin Mutter, mit dem Auftrag, die Präsentation der traurigen Nachricht zu üben.

11 Rollensuche – Charles und die Dienstleistungsmonarchie

So wie der Tod ist auch die Geburt eines neuen Familienmitglieds nur zum Teil Privatangelegenheit bei den Windsors. Schon seit Jahrhunderten zeigen die Menschen an beiden Arten von Ereignis ausgeprägtes Interesse. Schließlich kann der Tod des Monarchen oder das Fehlen eines passenden Thronfolgers eine Staatskrise auslösen. Deshalb besteht die politische Aufgabe des königlichen Ehepaars gegenüber dem Staat bis heute vor allem darin, einen Nachfolger zu produzieren. Das königliche Baby ist in erster Linie ein Thronfolger und spielt damit vom ersten Tag an eine wichtige Rolle im politischen Geschehen des Landes. Und das im wörtlichen Sinne. Bei der Geburt von Victoria etwa, der späteren Königin und Kaiserin, waren als Zeugen von Staats wegen der Erzbischof von Canterbury, der Bischof von London, der Schatzkanzler, der Kriegsminister, der Präsident für die Angelegenheiten Indiens, der Herzog von Wellington sowie der Marquess von Lansdowne, ein ehemaliger Innenminister, als Zeugen anwesend. Ein Jahrhundert später, am 21. April 1926, wurde immerhin nur noch der Innenminister Sir William Joynson-Hicks als Zeuge herbeigerufen, um die rechtmäßige Abstammung von Prinzessin Elizabeth, der späteren Königin, zu verifizieren. Das königliche Baby erfuhr schon wenige Monate später, was es bedeutet, in eine Familie geboren zu sein, die vor allem den staatlichen Erfordernissen und den Erwartungen der Nation nachzukommen hat. So lernte Elizabeth das Worte „Mummy" gemeinsam mit ihrem Kindermädchen, während ihre Eltern, König George VI. und seine Frau Elizabeth Bowes-Lyon, im Auftrag der Regierung zu Zwecken der Repräsentation auf eine sechsmonatige Auslandsreise gingen. Als Elizabeth selbst Mutter wurde, ließ sie ihr Baby, den Prinzen Charles, in der Obhut des Hofstaates, während sie ihren Ehemann Philip im britischen Militärstützpunkt auf Malta besuchte. Nach ihrer Rückkehr fünf Wochen später verbrachte Elizabeth zunächst fünf Tage in Clarence House, um die umfangreiche Korrespondenz abzuarbeiten, die in der Zwischenzeit liegengeblieben war. Danach ließ sie sich noch beim Pferderennen sehen, bevor sie schließlich Zeit für ihren Nachwuchs fand (Pilmott 2002). Der königliche Bibliothekar Sir Owen Morshead, ein Freund der Königinnen Mary und Elizabeth, sagte einmal, „das Haus Windsor ähnelt Enten darin, dass es schlechte Eltern hervorbringt," (zitiert in Ziegler 2001, S. 8). Auch die traditionellen Vorstellungen der Familie zu Fragen von Bildung und Erziehung werden nicht immer zum Glück der jungen Prinzen und Prinzessinnen beigetragen haben. Gordonstoun etwa ist ein Name, an den sich Prinz Charles mit Schaudern zurückerinnert. Die Schule in den schottischen Highlands war weit weg von den Eltern und den Geschwistern in London. Viel schlimmer als das Heimweh war der Umgang mit den Mitschülern, die darin wetteiferten, wer den künftigen König Englands öfter verprügeln konnte (Bradford 2002). „Hölle, die sprichwörtliche Hölle!" sei der Ort, schrieb Charles, dessen Segelohren und königlicher Status Übergriffe seiner Mitschüler besonders motivierten, an seine Eltern (zitiert in Dimbleby 1994, S. 65). Die Klage des Sohnes half auch deshalb nichts, weil sein Vater, der seinerzeit als unbekannter Ausländer in Gordonstoun eine entspanntere Schulzeit verbracht haben mag, die Ansicht vertrat, dass das raue Umfeld seinen Sohn lehre sich durchzusetzen. Die spätere Königin Elizabeth II. und deren Schwester Margaret waren selbst nie zur Schule gegangen. Ihr Großvater George V. fand die Idee absurd: „Großer Gott. Bringt Elizabeth und Margaret eine ordentliche Handschrift bei. Das ist alles, was nötig ist!" (Gordon and Lawton 2003, S. 202). Der Rat wurde befolgt und die Enkelinnen erhielten zu Hause private Tutorien in gesitteten Umgangsformen, Sport und Französisch. Oft saß die junge Prinzessin Elizabeth am Fenster von Buckingham Palace, schaute auf die Autos auf der Mall und mag sich gefragt haben, was die Menschen außerhalb der Mauern des Palastes wohl so machten den ganzen Tag lang. Der Austausch mit bürgerlichen Mitschülern, die ihr eine Antwort hätte geben können, war nicht Teil der Lernerfahrung mit Privatlehrern im Studierzimmer des Palastes. Um ihm eben diesen Einblick in das Leben seiner Untertanen zu gewähren, hatte Elizabeths Onkel, der spätere König Edward VIII., ein Studium in Oxford aufnehmen sollen. Als die Nachricht unter der Verwandtschaft der Windsors die Runde machte, war die Großherzogin Augusta von Mecklenburg-Strelitz, Edwards Großtante, außer sich: „Warum sollte er ein Student sein?", fragte sie empört und fügte hinzu: „Das kann doch nicht wahr sein. So etwas ist viel zu demokratisch!" (Mosley 1980, S. 41). Schließlich wurde Prinz Charles das erste Mitglied der Familie Windsor, das ein Studium an einer Universität nicht nur begann, sondern auch mit Erfolg beendete. Über diese Etappe in seiner Ausbildung hatte aber nicht etwa der junge Prinz entschieden, sondern ein Kreis von Honoratioren. Für zwei Stunden beratschlagten der Premierminister, der Erzbischof von Canterbury, der Dekan von Windsor, der Vorsitzende des Komitees der Hochschulrektoren und Lord Mountbatten, der Cousin der Königin. Dann stand fest, Charles würde zunächst nach Cambridge gehen und dann eine Ausbildung absolvieren an der Marineakademie in Dartmouth, wie es die Konvention für angehende Könige vorsah. Was Charles von all dem hielt, spielte eine eher nachgeordnete Rolle (Pimlott 2002, S. 358). Gute Noten und akademische Brillanz wurden von Charles so wenig erwartet wie von den Thronfolgern vor ihm und auch die Prinzen Harry und William verbrachten einen großen Teil ihrer Ausbildung nicht in den Bibliotheken einer Universität, sondern auf Exerzierhöfen. William absolvierte nach dem Studium der Geografie im schottischen St. Andrews bei der Royal Air Force einen Pilotenlehrgang, während die Schulnoten seines Bruders so schlecht waren, dass Lehrer bei Prüfungen beide Augen zudrücken mussten, um seine Aufnahme an der Militärakademie Sandhurst nicht zu gefährden (Alleyne 2005).

Feinsinn und Gelehrsamkeit wurden nicht geschätzt

Damit blieb Harry der Tradition seiner Familie treu, die intellektueller Beweglichkeit, ausgeprägter Gelehrsamkeit und künstlerischem Feinsinn mehr Misstrauen als Wertschätzung entgegenbrachte. Dieses scheinbare Defizit hat im Tagesgeschäft einen sehr praktischen Vorteil. Würde heute ein Monarch dem Premierminister intellektuell Konkurrenz machen können, empfänden die gewählten Politiker den klugen Kopf im Palast als Bedrohung ihrer Autorität. In den vergangenen Jahrzehnten brauchten sich Premierminister in dieser Hinsicht keine Sorgen zu machen. Die Neigung der Monarchen für komplexe Themen des Regierens war überschaubar. „Wenn es kein Gras isst und nicht furzt, hat sie kein Interesse," beschrieb Prinz Philip den Horizont der Königin, die ihre freie Zeit zwischen Corgis und Pferden aufteilt und in Fragen der Reiterei als unumstrittene Expertin geschätzt wird (Bradford 2002, S. 493). Ignoranz ist in ihrem Metier weder eine Schwäche noch ein Grund für Kritik. Im

Gegenteil, wer sich keine Meinung leistet, erspart sich Anfeindungen. Der Prinz von Wales folgt in dieser Hinsicht dem Vorbild seiner Mutter nicht. Seine Interpretation von „unpolitisch" war oft so umstritten wie die Standpunkte, aus denen er in den vergangenen Jahrzehnten kein Geheimnis machte. Seine Äußerungen zur alternativen Medizin, ökologischen Landwirtschaft, Architektur und modernen Didaktik an Schulen stehen zwar gewöhnlich über dem kleinlichen parteipolitischen Zwist zwischen Regierung und Opposition, unstrittig sind sie deshalb aber selten (Smith 2017). Gelegentlich irritiert auch die Vehemenz der Wortmeldung, die man von einem öffentlichen Repräsentanten ohne demokratische Legitimation nicht erwarten würde. 2019 teilte er den Regierungs- und Staatschefs des Commonwealth mit, dass noch 18 Monate blieben, um das Weltklima zu retten (Furness 2018). 2020 setzte der Prinz sich an die Spitze einer Initiative von Unternehmern, die den Planeten vor der Klimakatastrophe retten sollte. Und 2021 trat er beim Weltwirtschaftsforum in Davos auf und erklärte den Vorständen führender internationaler Konzerne, wie sie die ökologische Wende zu organisieren hätten (Whiting 2020). Derweil rätseln die Briten, wie er dereinst als Charles III. das von seiner Mutter etablierte Gebot politischer Zurückhaltung mit seiner gesellschaftspolitischen Agenda in Einklang bringen will. Die Ideen und Mahnungen des Prinzen waren in der Vergangenheit nicht selten spontan, oft einer Laune entsprungen oder aufgelesen in Gesprächen mit Mönchen auf dem Berg Athos in Griechenland oder im Austausch mit Ökologen in Highgrove, seinem Landsitz nahe Tetbury in der Grafschaft Gloucestershire. In allem, was Charles über die Jahrzehnte sagte und forderte, lässt sich ein roter Faden erkennen, der den disparaten Äußerungen einen Leitgedanken gibt. Seine Sympathie gilt den Menschen in der Region, nicht den großen Plänen von Zentralregierungen. Er mag Initiativen, die in der Kommune entstehen, nicht die staatsfinanzierten Projekte aus Ministerien. Das Spirituelle ist seine Sache, nicht die Wissenschaft aus Großlaboren. Der Prinz von Wales verkörpert nicht nur eine vor-neuzeitliche Figur, er macht sich auch zum Sprecher derer, die der Moderne skeptisch gegenüberstehen. Er formulierte es so: „Mir wurde mit der Zeit bewusst, dass mein ganzes Leben gewidmet ist dem Wunsch zu heilen – die zerstörte Landschaft und den verseuchten Boden, das grausam verschandelte Stadtbild, wo Kakofonie an die Stelle

11 Rollensuche – Charles und die Dienstleistungsmonarchie

von Harmonie getreten ist" (zitiert in Lorimer 2003, S. 357). Schon 1970 übernahm Prinz Charles den Vorsitz des walisischen Komitees zum Schutz landwirtschaftlicher Gebiete, wo er mit Problembewusstsein und Weitsicht die Verschmutzung der Luft, der Meere und der Flüsse auf die Tagesordnung setzte. Seinerzeit wurde sein Bemühen um ökologische Themen belächelt und verspottet. Fünfzig Jahre später ist er Autor der Terra Charta, einem Plan zur Rettung des Planeten, zu dessen Unterzeichnern unter anderem die Unternehmen Bank of America, AstraZeneca, Heathrow Airport, BP sowie Europas zweitgrößte Bank HSBC zählen (Low 2021).

Die Anstrengungen des Prinzen von Wales sind geleitet von der Einsicht, dass die Monarchie sich immer wieder neu zu legitimieren habe in der modernen Ära, seit der Glaube an den Zauber und die natürliche Autorität der Institution den meisten Menschen abhandengekommen ist. Prinz Philip, der Herzog von Edinburgh, formulierte es 1969 so: „Es ist ein Irrglaube, dass die Monarchie im Interesse des Monarchen existiert. Sie existiert im Interesse der Menschen," und er fügte als Warnung hinzu: " Wenn jemand auf den Gedanken kommt, dass das System nicht mehr akzeptabel ist, dann um Himmels Willen lasst uns das Ding im Guten abschaffen, ohne darüber zu streiten" (Torrance 2021). Demnach beruht die Monarchie auf gesellschaftlichem Konsens und die königliche Familie bewahrt sich mit ihrer Leistung den Anspruch auf ihre herausragende Rolle im Staat. So ist im Verlauf des 20. Jahrhunderts eine Dienstleistungsmonarchie entstanden, die praktischen Nutzen demonstriert und somit ihr eigenes Überleben sichert. Zu diesem Zweck akzeptierte etwa der Prinzgemahl Philip Aufgaben in rund 800 wohltätigen Organisationen, fungierte beispielsweise als Präsident der Umweltorganisation World Wildlife Fund, übernahm den Vorsitz des Vereins Fields in Trust, der sich um den Erhalt von Grünanlagen und Naturparks kümmert, setzte sich für die Gründung der Königlichen Gesellschaft für Ingenieure ein und startete den Duke of Edinburgh Award, ein internationales Jugendprogramm, das zwischen 1948 und 2013 350.000 junge Menschen förderte. Damit setzte Prinz Philip eine Tradition der Royals fort, sich um das ökonomische, ökologische, kulturelle und soziale Wohlergehen der Gesellschaft zu kümmern. Schon George III. begann im späten 18. Jahrhundert damit, Zeit und Geld guten Zwecken zu widmen. Nach dem Tod seines Sohnes Octavius an den Folgen einer Pockenimpfung übernahm er die Schirmherrschaft für die Forschungsprojekte Edward Jenners, der Impfstoffe testete. Georges Gemahlin, Prinzessin Charlotte von Mecklenburg-Strelitz, gab jährlich 5000 Pfund an eine wohltätige Organisation, die in der Grafschaft Berkshire mittellose Näherinnen unterstützte. Sein Nachfolger, George IV., der im Ruf stand, mit seinem Geld lieber Vorhänge und Mobiliar anzuschaffen für den Royal Pavilion, seinen pseudo-orientalischen Palast im Seebadeort Brighton, förderte Bildungseinrichtungen sowie Witwen und Waisen. Jede traurige Anekdote rührte diesen König zu Tränen und erweichte ihn zu spenden. In der Mitte des 19. Jahrhunderts war Victorias Prinzgemahl Albert sogar der Ansicht, dass die wohltätige Arbeit der Familienmitglieder dem Land eine Revolution und den Sozialismus erspart habe (Prochaska 1995). Albert hatte nicht Unrecht. Bis dahin war der Adel der engste Verbündete der Monarchie. Doch die Zeit der mächtigen Aristokraten ging damals zu Ende. Deshalb war es klug für die königliche Familie, sich mit karitativem Engagement einen Platz in den Herzen ihrer Untertanen zu sichern. Nicht zufällig besuchte der spätere George V. schon als junger Prinz von Wales Bergwerke und Textilfabriken und sprach sichtlich bewegt über die Not und das Leiden der Arbeiter, für das er Abhilfe forderte (Bogdanor 2021). Sein Urenkel, Prince Charles, erhebt heute für Menschen seine Stimme, die gewöhnlich nicht den Zugang zu Mikrofonen haben und sich fernab von den Zirkeln der Londoner Elite bewegen. Für sie sprach er, wenn er die hohe und immer schnellere Taktzahl des Lebens in modernen Gesellschaften beklagte, die inhumanen Dimensionen zeitgenössischer Metropolen kritisierte und die Rücksichtslosigkeit der Stadtplaner, die gewachsene Wohngebiete und Altstadtviertel niederreißen, um Platz zu machen für lukrative Bauprojekte. Er empörte sich über die Verödung der Innenstädte, hinterfragte die Bebauung von Grüngebieten und mahnte Großunternehmen zur Moral und Verantwortung (Smith 2017). Im Flugzeug auf dem Rückweg von seinen Besuchen und Terminen kramt Charles dann Papier und einen Stift heraus und beginnt zu schreiben. Notizen zur Erinnerung, Memos an Mitarbeiter und Depeschen auf Papier mit dem Briefkopf des Prinzen von Wales. Seine Handschrift ist eigentümlich, geprägt von langen, gekrümmten Linien, nicht unähnlich der Silhouette von Spinnen

11 Rollensuche – Charles und die Dienstleistungsmonarchie

mit dürren, langen Beinen. Die Zeitung The Guardian gewann 2010 die Unterstützung des Obersten Gerichtshofs mit der Forderung, die Briefe zu veröffentlichen, in denen der Prinz den Leitern seiner Stiftungen und Freunden, aber auch Abgeordneten und Ministern in unzweideutigen Formulierungen klarmachte, was er von politischen Entscheidungen hielt und wie seiner Ansicht nach zu handeln sei (Dowling et al. 2015). Mark Bolland, einst stellvertretender Privatsekretär des Prinzen, berichtete später, sein ehemaliger Chef halte sich für einen Dissidenten, der mit gewählten Politikern streite und das Establishment antreibe, seine politische Agenda zu ändern (Evans und Booth 2009). In einem Brief an Premierminister Blair 2002 klagte der Prinz über die Zersiedlung ländlicher Gebiete, mangelnde Wertschätzung für die Landwirtschaft und fehlenden Respekt für die Arbeit der Bauern, die in der politischen Diskussion seiner Ansicht nach immer übergangen würden. Handele es sich nicht um Landwirte, sondern um Schwarze oder Schwule, so befand der Prinz, schikanierte die Regierung sie nicht immerzu (Clarke 2002). Nun könnte man es bei Empörung über den Inhalt dieser Zeilen belassen und darauf vertrauen, dass Charles nie ein Amt mit exekutiver Macht ausüben wird. Doch so einfach ist es nicht. Die Macht von Thronfolger und Monarchen besteht aus ihrem Verhältnis zum Publikum, wie es William Kuhn in seinem Buch über das Königtum in der demokratischen Ära beschreibt. Das Prestige und die Medienpräsenz der Royals verschafft ihnen Aufmerksamkeit und zwingt Politiker, auf ihre Äußerungen zu reagieren. (Kuhn 1996). Das nutzt auch Prinz William, der Herzog von Cambridge, für seine karitativen Anliegen und setzt damit die Arbeit seines Vaters und Großvaters fort. Schon früh drängte er darauf, mehr zu tun als nur mit der Schere rote Bänder durchzuschneiden und Schulen, Museen oder Sportplätze für eröffnet zu erklären. Seine Zeit widmet er Organisationen, die Menschen mit psychischen Leiden helfen, Rassismus im Fußball bekämpfen, Obdachlose unterstützen und sich Fragen der Ökologie verschrieben haben. 2021 galt er nach der Königin als das zweitpopulärste Mitglied der Windsors. Das ist umso erstaunlicher, als die Medien ihn für lange Zeit den arbeitsscheuen Wills und den widerwilligen Royal nannten, weil er weniger offizielle Termine wahrnahm als seine Großeltern und Pressefotografen ihn häufig beim Skilaufen und in den Clubs des Schweizer Ressorts Verbier ablichteten. Sogar einen wichtigen Termin mit dem Commonwealth Sekretariat, für den sogar der Herzog von York seinen Urlaub unterbrochen hatte, soll er verpasst haben. Dieses schlechte Image wandelte sich erst nach seiner Heirat mit Kate Middleton und der Geburt seiner Kinder George und Charlotte. Auch die Tätigkeit des Prinzen als Pilot eines Rettungshubschraubers für die East Anglian Luftambulanz trug zu seiner wachsenden Popularität bei. Seine Entscheidung, an diesem Job auch dann noch festzuhalten, nachdem er seit 2017 zunehmend Termine in Vertretung für die Königin übernahm, irritierte nicht wenige Höflinge, die es für unpassend hielten, wenn der künftige König einem bürgerlichen Beruf nachging und jeden Tag mit gewöhnlichen Menschen Umgang pflegte. Sie fürchteten, er nutze seine Beschäftigung als eine Entschuldigung, um sich um die Pflichten eines Royals zu drücken. Eine Generation früher hätte er nach diesem Einspruch im Palast seine Kündigung als Pilot der Luftrettung einreichen müssen. Aber die Zeiten waren andere. William widersprach und machte klar, er lasse sich von den Kreisen am Hof und den Medien nicht davon abhalten, das zu tun, was ihm wichtig sei. Die Königin und sein Vater standen ihm bei und der Prinz flog weiter (Davies 2014). Als er später professionelles Interesse an den Geheimdiensten zeigte, ließ er sich ein mehrwöchiges Praktikum organisieren in den Büros von MI5 und MI6, dem Arbeitgeber des fiktiven Agenten James Bond. Nicht jeder am Hof hatte Verständnis dafür, dass der Zweite in der Thronfolge sein Mittagessen in der Mitarbeiterkantine einnahm und sich von Kollegen Will nennen ließ (Giannangeli 2019). Prinz William zeigte damit, dass junge Royals im 21. Jahrhundert ihren eigenen Weg gehen können, ohne deshalb wie sein Bruder und die Schwägerin mit der Familie brechen zu müssen. Zudem bringt William wie schon sein Vater – und im Kontrast zu seiner Großmutter – ausgeprägtes politisches Interesse mit. Miguel Head, bis 2018 Williams Privatsekretär, berichtete, wie unzufrieden der Prinz gewesen sei, als die Königin 2019 dem Rat von Premierminister Boris Johnson folgte, auf dem Höhepunkt der Konfrontation zwischen Unterhaus und Regierung über den Brexit-Vertrag das Parlament für mehrere Wochen zu vertagen. Eine umstrittene Entscheidung, die den parlamentarischen Konventionen widersprach und später vom Obersten Gerichtshof rückgängig gemacht wurde. William würde als König robuster den Rat des Premierministers und Entscheidungen der Regierung hinterfragen. Sein Mitarbeiterstab ist darauf vorbereitet. Die letzten drei Privatsekretäre hatten alle Karrieren in Ministerien hinter sich, bevor sie in den Palast wechselten. Auf Simon Case, der nach seiner Zeit an der Seite Williams 2020 vom Regierungschef zum höchsten Beamten und Leiter des öffentlichen Dienstes berufen wurde, folgte Jean-Christophe Gray, der zuvor Pressesprecher von Premierminister Cameron war (Woodcock 2020). So ist der Herzog von Cambridge über die internen Angelegenheiten im Regierungsgeschäft bestens informiert. Als wäre das nicht genug, berief William auch einen ehemaligen Spitzenpolitiker in seinen engsten Kreis. Lord Hague of Richmond, einst Vorsitzender der Konservativen und vormaliger Außenminister, leitet heute die karitativen Stiftungen Williams und lobt, wie dieser seine prominente Position zur Förderung politischer Ziele nutzt, etwa mit der Gründung des Earthshot Awards, einer Auszeichnung für innovative Technologie zur Lösung ökologischer Herausforderungen. Der Prinz kümmere sich persönlich, telefoniere mit Geldgebern, schreibe Whatsapp-Nachrichten an Mitarbeiter und mahne Ergebnisse an. Wie wirkungsvoll seine Arbeit ist, lässt sich schwer bemessen. 2015 brach er nach Ostasien auf für Treffen mit japanischen Regierungsmitgliedern. Das trieb die Chinesen um und noch während der Reise ließ Staatspräsident Xi Jinping um einen Termin mit dem Prinzen bitten. Dessen Vater hatte es stets abgelehnt, Mitglieder der chinesischen Regierung zu treffen und zur Begründung auf Menschenrechtsverletzungen im Land verwiesen. William nutzte seine Chance und beklagte bei seinem Treffen mit Xi Jinping den Elfenbeinhandel in China. Britische Diplomaten waren entsetzt über die Belehrungen des Royals. Schließlich plante Premierminister David Cameron seinerzeit, in London den roten Teppich für Politiker und Investoren aus dem Reich der Mitte auszurollen. Eine goldene Ära in den Beziehungen der beiden Länder wünschte man sich in Whitehall und wollte die Partner in Peking nicht mit unnötiger Kritik verstimmen. William trat dennoch im chinesischen Fernsehen auf und wiederholte seine Rüge an der Regierung Xi Jinpings. Zwei Jahre später entschied die chinesische Staatsführung, den Handel mit Elfenbein zu verbieten (Nikkhah 2021).

Literatur

Alleyne R (2005) Teacher did Prince Harry's exam paintings. 10. Mai. Daily Telegraph. https://www.telegraph.co.uk/news/uknews/1489700/Teacher-did-Prince-Harrys-exam-paintings.html. Zugegriffen am 23.11.2020

Bogdanor V (2021) The Duke's greatest service was to secure the royal family's future. 11. April. Sunday Times. https://www.thetimes.co.uk/article/the-dukes-greatest-service-was-to-secure-the-royal-familys-future-vttm2l3dh. Zugegriffen am 05.08.2021

Borman T (2021) Flying the royal nest. BBC History Magazine. Mai, S 10–12

Bradford S (2002) Elizabeth. A biography of Her Majesty the Queen. Penguin, London

Burgess K (2021) Harry serving a life sentence. The Times, 9. April. S 5

Callow J (2004) The King in exile. James II. The History Press, Cheltenham

Clarke J (2002) Prince Charles tells Blair: Farmers are treated worse than blacks or gays. 22. September. Daily Telegraph. https://www.telegraph.co.uk/news/uknews/1407953/Prince-Charles-tells-Blair-Farmers-are-being-treated-worse-than-blacks-or-gays.html. Zugegriffen am 22.05.2021

Davies C (2014) Prince William to become air ambulance pilot. 17. August. The Guardian. https://www.theguardian.com/uk-news/2014/aug/07/prince-william-air-ambulance-pilot. Zugegriffen am 08.07.2021

Davies N (2001) Elizabeth. Behind palace doors. Mainstream Publishing Projects, Edinburgh

Dean J (2021) TV pioneer who made stars of the Royals. The Sunday Times, April 11. S 7

Dimbleby J (1994) The prince of Wales. A biography. Little, Brown, London

Dowling T, Maynard P, Purcell A, Wyse P, Khalili M (2015) What are Prince Charles's Black Spider memos? 26. März. The Guardian. https://www.theguardian.com/uk-news/video/2014/nov/21/prince-charles-black-spider-memos-video. Zugegriffen am 21.12.2020

Evans R Booth R (2009) Prince Charles faces fresh meddling claims over letters to ministers. 16. Dezember. The Guardian. https://www.theguardian.com/uk/2009/dec/16/prince-charles-letters-to-ministers. Zugegriffen am 22.12.2020

Foussaines C (2019) Elizabeth is the most popular royal, followed closely by Prince Harry. 19. August. Town and Country. https://www.townandcountrymag.com/society/tradition/a28747118/queen-elizabeth-prince-harry-most-popular-royals-poll-2019/. Zugegriffen am 04.01.2021

Furness H (2018) We have 18 months to save the world, Prince Charles warns Commonwealth leaders. 11 Juli. Daily Telegraph. https://www.telegraph.

co.uk/royal-family/2019/07/11/18-months-save-world-prince-charles-urges-commonwealth-leaders/. Zugegriffen am 13.11.2020

Giannangeli M (2019) Prince William. The spy who came in with a cheese sandwich. 14 April. Express. https://www.express.co.uk/news/royal/1114044/prince-william-spy-secret-service-cheddar-cheese-sandwich-royals. Zugegriffen am 03.02.2021

Gordon P, Lawton D (2003) Royal education. Frank Cass London, London

Kelly L (2021) Broadcasters blanket coverage unites the nation … in switching over to Gogglebox. The Sunday Times, 11. April. S 7

Kimball R (1998) The greatest Victorian. Oktober. The New Criterion. https://newcriterion.com/issues/1998/10/the-greatest-victorian. Zugegriffen am 16.12.2020

Kuhn W (1996) Democratic Royalism. The transformation of the British monarchy 1861–1914. Macmillan, London

Lorimer D (2003) Radical prince. Floris books, Edinburgh

Low V (2021) Charles signs up big business to save the planet. The Times. S 1

Mosley D (1980) The Duchess of Windsor. Sidgwick and Jackson, London

Nikkhah R (2021) The line of duty. The Sunday Times Magazine. S 8–17

Norton E (2010) Anne of Cleves. Henry VIII's discarded bride. Amberley Publishing, Stroud

Palmer D (2021) Tea with Hitler. The History Press, Cheltenham

Parker J (1990) Prinz Philip. A critical biography. Sidgwick und Jackson, London

Pilmott B (2002) The Queen. Elizabeth II. and the monarchy. Harper Collins, London

Prochaska F (1995) Royal bounty. The making of a welfare monarchy. Yale University, New Haven (CT)

Richards J, Wilson S, Woodhead L (1999) Diana. The making of a media saint. I. B. Tauris London, London

Rose K (1983) George V. Weidenfeld und Nicolson, London

Smith SB (2017) Charles. The passions and paradoxes of an improbable life. Random House, London

Torrance D (2021) Prince Philip: Parliament to pay tribute. 12. April. UK Parliament. https://commonslibrary.parliament.uk/prince-philip-parliament-to-pay-tribute/. Zugegriffen am 05.08.2021

Whiting K (2020) Prince Charles: 10 actions we must take to drive the green recovery. 10. November. World Economic Forum. https://www.weforum.org/agenda/2020/11/prince-charles-the-10-actions-we-must-take-to-tackle-climate-change/. Zugegriffen 03.04.2021

Williams S (2003) The people's king. The true story of the abdication. Penguin, London

Woodcock A (2020) Prince William's ex-assistant picked by Boris Johnson to lead civil service reforms. 31. August. Independent. https://www.independent.co.uk/news/uk/politics/prince-william-assistant-simon-case-civil-service-reform-boris-johnson-a9697471.html. Zugegriffen am 22.12.2020

Ziegler P (2001) Edward VIII. Sutton Publishing, Stroud

12

Walpoles Erben in Downing Street – „Die meisten Dinge sind völlig unwichtig!"

Seine Nase spitz, die Augen blau und hellwach, das graue Haar streng nach hinten gekämmt, der Gehrock schwarz und das seidene Tuch mit Schleife lässig um den Hals gebunden, wie es üblich ist in der Regency Ära, als der Dandy Beau Brummel den modischen Ton in den feinen Kreisen der Londoner Gesellschaft prägt. Beamte, Bittsteller und Honoratioren der Tories und Whigs beobachten, wie am späten Nachmittag die schlanke Gestalt Spencer Percevals den Parlamentsplatz überquert, dann den Palast von Westminster betritt, die Korridore durchschreitet und Treppenfluchten hinaufeilt auf dem Weg ins Unterhaus. Dorthin hat der Sprecher den Premierminister zitieren lassen, als Mitglieder der Kammer seine Abwesenheit bei der Debatte beklagen. Als Perceval den prächtigen Kuppelraum der Parlamentslobby erreicht, verstellt ihm ein Mann den Weg, zieht eine Pistole und schießt. Perceval taumelt, ruft noch „Mord. Oh mein Gott!" Dann fällt er zu Boden. Erst als der Körper umgedreht wird, erkennt man das Opfer. Minuten später stellt der Arzt seinen Tod fest. Hätte der dreiundvierzigjährige Kaufmann John Bellingham aus Cambridgeshire an jenem 11. Mai 1812 kurz nach fünf Uhr nicht den Abzug gedrückt, wäre Perceval heute keine Erwähnung wert. Der Schriftsteller Charles Dickens nannte den Sohn des protestantischirischen Earls of Egmont einen „drittklassigen Politiker", der seinen Vorgängern das Wasser nicht reichen konnte (Gray 1963). Zu seinem 200jährigen Todestag beschrieb Bruce Anderson (2012) im Daily Telegraph ihn als Premierminister, den die Geschichte vergessen hat. Dabei hätte das Land dem Mann zu danken, der sich als Gegner des Sklavenhandels und Fürsprecher der katholischen Minderheit einen Namen gemacht hatte. Als der Vater von 13 Kindern 1809 in Downing Street einzog, war das Land im Krieg gegen Frankreich. Perceval trotzte Kritikern und beharrte darauf, dass die britische Expeditionsarmee unter dem Kommando von Arthur Wellesley, dem künftigen Herzog von Wellington, in Portugal den Krieg gegen Napoleons Marschälle fortsetzte. Damit legte er die Grundlage für Großbritanniens Sieg gegen Frankreich in den folgenden Jahren (Linklater 2013). Mit einer Handelssperre wollte Perceval den Rivalen auf dem Kontinent in die Knie zwingen und befahl dafür der Royal Navy, Frachtschiffe mit Kurs Richtung Frankreich aufzubringen. Die Kosten dieses Handelskrieges hatten nicht nur die Franzosen zu tragen. Auch die britische Volkswirtschaft litt und Kaufleute standen vor dem Ruin. Einer davon war jener John Bellingham, der – womöglich verwirrt, sicher aber in ökonomischer Not – die Waffe zog. 185 Jahre später kam es zur Revanche in Kings Lynn, einer Kleinstadt im Wahlkreis Nord-West-Norfolk. Es ist die Nacht des 1. Mai 1997. Auf einer Bühne stehen nebeneinander lokale Kandidaten für die Parlamentswahl. In den vergangenen Wochen waren sie in Huntstanton, Grimston, Spellowfields und anderen Marktstädtchen im Osten des Landes auf Wahlkampftour unterwegs gewesen. Jetzt warteten sie auf die Verkündung des Ergebnisses für ihren Wahlkreis. Jeder hatte geahnt, dass die Verteidigung seines Mandats im Unterhaus für den konservativen Abgeordneten eine knappe Angelegenheit werden würde. Das Ergebnis, als es am frühen Morgen – die letzten Stimmen waren gerade ausgezählt – bekannt gegeben wurde, war dennoch eine Überraschung. Der konservative Politiker Henry Bellingham, ein Nachkomme des Perceval-Mörders, kam nur auf das zweitbeste Ergebnis im Wahlkreis und hatte somit seinen Sitz im Parlament von Westminster an die erstplatzierte Konkurrenz von Labour verloren. Bellinghams Niederlage wurde damit erklärt, dass er zu viele seiner Anhänger an die kleine Referendum-Partei verloren hatte, dessen Kandidat Roger Percival sich trotz der unterschiedlichen

Schreibweise auf verwandtschaftliche Bande zu seinem ermordeten Vorfahren berief (Parkinson 2009).

Das tragische Ende Spencer Percevals ist ein Einzelfall in der Historie der Premierminister. Die Bewohner Downing Streets mussten seither nicht mehr um ihr Leben fürchten. Mit einer Ausnahme. Margaret Thatcher hätte um ein Haar ihren Platz in der Statistik der ermordeten Regierungschefs gefunden, als nordirische Terroristen der Irisch-Republikanischen Armee am 12. Oktober 1984 eine Bombe im Grand Hotel des südenglischen Baderesorts Brighton zündeten, wo die Konservativen gerade ihren Parteitag abhielten. Fünf Personen überlebten die Explosion nicht, darunter ein Abgeordneter, 31 kamen mit Verletzungen davon. Thatcher hatte Glück. Eines natürlichen Todes vor Ablauf der Amtszeit verstarben sieben ihrer Vorgänger im 18. und 19. Jahrhundert, darunter auch George Canning im Jahr 1827 gerade einmal 119 Tage nach seiner Wahl (Jones et al. 2018). Er ist ein Beispiel dafür, wie in jenen Jahren das Leben von Spitzenpolitikern behaftet war mit heute vergessenen Gefahren für Leib und Leben. Canning war Außenminister, als ihn 1809 sein Kabinettskollege, Kriegsminister Lord Castlereagh, zu einem Duell mit Pistolen im Park des Londoner Stadtteils Putney aufforderte. Canning, der nie eine Schusswaffe in der Hand gehalten hatte, verfehlte sein Ziel, überlebte aber mit Glück, weil die Kugel seines Kontrahenten ihn nur am Oberschenkel traf (Dixon 1976). Der letzte Todesfall im Amt wurde im Herbst 1865 notiert, als Viscount Palmerston kurz nach seiner Wiederwahl nur Tage vor seinem 81. Geburtstag verstarb er. Er hatte sich eine fiebrige Erkältung zugezogen (Brown 2012). Was passiert, wenn der Chef der Regierung verstirbt, war seither eine Frage, der allenfalls Historiker der viktorianischen Ära und Politikwissenschaftler mit Interesse an den weniger alltäglichen Szenarien des Politikalltags etwas abgewinnen konnten. Bis zu jenem 5. April 2020, einem Sonntag, als die Pressestelle in 10 Downing Street mitteilte, Premierminister Boris Johnson sei mit Fieber und Husten ins Krankenhaus eingeliefert worden. Schon seit zehn Tagen hatte der 55jährige an den Symptomen einer Covid-19-Infektion gelitten, zurückgezogen in seiner Wohnung über dem Büro (Mason et al. 2020). Wie ernst es um ihn stand, wurde erst klar, als die BBC einen Tag später mitteilte, Johnson habe auf die Intensivstation des St. Thomas' Hospitals verlegt werden müssen und werde mit Sauerstoff versorgt. Die Königin sei bereits informiert und Außenminister Dominic Raab übernehme auf unbestimmte Zeit die Regierungsgeschäfte (BBC 2020). Noch in der Nacht war der Kurswert des Pfund Sterling gegenüber dem Dollar und dem Euro eingebrochen. Der Devisenmarkt preiste das schlimmste Szenario ein, als Ärzte darauf hinwiesen, dass die Überlebenschancen von Covid-Patienten in intensivmedizinischer Behandlung bei knapp 50 Prozent lagen (Mahase 2020). Der Patient, dessen Leben an einem Faden hing, hatte nur vier Monate zuvor für die Konservativen eine fulminante Mehrheit bei den Wahlen gewonnen. Es war sein Mandat. Ein nicht unwichtiges Detail, an das Raab nun stets erinnert wurde, als er die Geschäfte des Landes inmitten der Corona-Pandemie leitete. Seine Autorität im Kreis der 22 Minister war schwach und reichte nicht, die wichtigen Beschlüsse zu treffen, die üblicherweise auf dem Schreibtisch des Regierungschefs landen. Dazu gehören Berufungen und Entlassungen von Regierungsmitgliedern, Richtern oder Bischöfen, aber auch Entscheidungen über Krieg und Frieden oder den Einsatz der Nuklearraketen im Verteidigungsfall (Barnes 2020) In anderen Ländern ist das der Moment gewesen, in dem der stellvertretende Regierungschef das Heft des Handelns an sich zieht. Doch ist diese Position in der britischen Verfassung nicht vorgesehen und ein Stellvertreter wurde in den vergangenen Jahren nur dann berufen, wenn der berufliche Ehrgeiz eines besonders Ungeduldigen oder des Ministers zu befrieden war. In Ermangelung eines formalen Deputies hätten nun die engsten Berater Johnsons, Experten, Spitzenbeamte und führende Minister gemeinsam den Kurs im Kampf gegen die grassierende Corona-Pandemie übernehmen können. Doch das Virus hatte in Downing Street zirkuliert, seit sich die Regierungsmitglieder am 24. März, einen Tag nach Schließung des öffentlichen Lebens, noch einmal zu einer gemeinsamen Sitzung getroffen hatten. Nun zeigte auch Johnsons Vertrauter und Chefberater Dominic Cummings Symptome, ebenso der Chefbeamte, Kabinettssekretär Mark Sedwill, der medizinische Berater der Regierung Chris Whitty, sowie Gesundheitsminister Matt Hancock (Mason 2020).

„Ich hatte Angst, wie ich sie noch nie empfunden hatte"

Jetzt lag die Last der Verantwortung also auf Raab. Ganz unvorbereitet war der in Oxford ausgebildete Jurist und Experte für internationales Recht nicht, schließlich hatte er bei der Wahl für die Nachfolge von Theresa May neun Monate zuvor seinen Hut in den Ring geworfen für das wichtigste Amt im Vereinigten Königreich, wenn auch erfolglos. Seinerzeit entschieden die Mitglieder der Konservativen, dass Boris Johnson einzieht in das Reihenhaus Nummer 10 in der Downing Street, von dem aus seit 1732 das Land regiert wird. Es war Johnsons Lebensziel, auf das er seit seiner Kindheit hingearbeitet hatte. Neugewählte Premierminister, die am Beginn ihres ersten Arbeitstages vor der vermutlich bekanntesten Tür der Welt stehen, sind nicht selten überwältigt von ihren Gefühlen und der Aufgabe, die sie erwartet. „Vor allem hatte ich Angst, wie ich sie noch nie empfunden hatte," erinnerte sich der frühere Premierminister Tony Blair an seinen Amtsantritt 1997 und war mit diesen Empfindungen nicht alleine (Blair 2011, S. 1). Als am 4. Mai 1979 das Telefon klingelte und die Königin in den Palast bat, um sie mit der Bildung einer Regierung zu beauftragen, habe sie ein „sonderbares Gefühl von Einsamkeit" befallen, erinnerte sich Margaret Thatcher Jahre später (Thatcher 1993, S. 17). Für solche Selbstzweifel gab es womöglich guten Grund, gerade wenn es dem neuen Amtsinhaber an politischer Erfahrung und fachlicher Qualifikation fehlte. Was Thatcher, die gelernte Chemikerin, vom Regierungsgeschäft wusste, lernte sie als Schulministerin zwischen 1970 und 1974, die sich seinerzeit einen Namen gemacht hatte mit ihrer kontroversen Entscheidung, die kostenfreie Verteilung von Milch an Grundschüler zu stoppen. Als Tony Bair nach dem Wahlsieg seiner Partei 1997 die Führung der Regierung übernahm, hatte der studierte Rechtsanwalt lediglich Erfahrung mit der Leitung seines Abgeordnetenbüros mit kaum zehn Mitarbeitern. David Camerons Vorbereitung auf das höchste Regierungsamt bestand aus einem Job als Lobbyist bei einem Medienunternehmen und Beratertätigkeit für Schatzkanzler und Innenminister (Ashcroft und Oakshot 2015). Dass die Aufgabe an der Spitze der Regierung ungleich ernster, die Verantwortung gewichtiger ist, wird dem neuen Amtsinhaber auf dem Weg nach Buckingham Palace bewusst. Für die meisten ist es die erste Fahrt mit Polizeieskorte. Wieder in Downing Street zieht sich der neue Mann oder die neue Frau zu einem Vieraugengespräch mit dem Kabinettssekretär zurück, dem Hüter vertraulicher Informationen und der Staatsgeheimnisse, mit denen sich der Premierminister jetzt vertraut machen muss. Dazu zählen auch versiegelte Briefe an die Kommandeure der mit Atomraketen bestückten U-Boot-Flotte mit Instruktionen, wie auf einen nuklearen Angriff zu reagieren sei, sollte die Regierung keine Anweisungen mehr geben können. Der Neue in Downing Street wird außerdem daran erinnert, jede Woche Zeit zu finden für einen Besuch beim Monarchen, um im Buckingham Palace bei einer Tasse Tee über die aktuellen Staatsgeschäfte zu berichten. Außenpolitische Berater drängen schon am ersten Tag nach Amtsübernahme auf Anrufe bei den Verbündeten, denen der Premierminister als Zeichen politischer Verbundenheit und überlegter Staatsräson telefonisch die Aufwartung zu machen hat. Bei diesen ersten Pflichtübungen dürften die Gedanken des neuen Amtsinhabers schon längst anderswo sein und sich um die Namen derer drehen, die er in sein rund 20köpfiges Kabinett und auf die rund 100 weiteren Regierungsämter berufen will. Dabei geht es neben fachlichen Fähigkeiten oft auch darum, mächtige Abgeordnete mit Posten zu belohnen und sie so zu verlässlichen Gefolgsleuten der Regierung zu machen (Pryce 2014). Nicht selten klingelt in solchen Tagen das Telefon beim Kabinettssekretär mit der Bitte, das ministerielle Organigramm ein weiteres Mal aufmerksam durchzusehen, um für einen treuen Parteifreund noch eine Beschäftigung zu finden. Wer bei der Vergabe der Spitzenjobs leer ausgeht, kann wenigstens noch darauf hoffen, sich im Namen des Premierministers als Sonderbeauftragter etwa um Religionsfreiheit, Mädchenbildung oder die Beziehungen zu den Golfstaaten kümmern zu dürfen. Derweil drängt die Zeit und während die Medien längst spekulieren über die Namen der künftigen Minister und die Funktionäre drängeln, stehen Überlegungen zur Eignung von Kandidaten für ein bestimmtes Aufgabenprofil nicht immer im Vordergrund (White und Dunleavy 2010). Für die Berufung des Euroskeptikers Boris Johnson im Sommer 2016 zum Außenminister wird es kaum eine überzeugende fachliche Rechtfertigung gegeben haben. Vielmehr ging es Theresa May darum, sich der Unterstützung der Brexiteers im Parlament zu versichern.

Befürchtungen, Johnson – bekannt für lockere Sprüche und gedankenlose Beleidigungen ausländischer Politiker – fehle es an Gespür für diplomatische Förmlichkeiten, spielten in Mays Personalentscheidung offenbar keine Rolle (Williamson 2016). Schwerer wog für die Strategen in 10 Downing Street die Erwägung, dass der umtriebige Johnson als Chefdiplomat oft fern von Westminster zu tun habe und damit keine Zeit finden werde für Beziehungspflege zu Rebellen in den Reihen der Tories, die vermutlich schon bald gegen May Ränke schmiedeten. Premierminister brauchen anders als amerikanische Präsidenten zwar keine parlamentarische Zustimmung für die Kandidaten, die sie in ihre Regierung berufen. Dafür sind ihre Personalentscheidungen für einen Posten im Kabinett beschränkt auf Mitglieder des Unterhauses. Denn wer der Kammer nicht angehört, hat kein Rederecht und könnte daher Regierungspolitik in den Debatten nicht vertreten (Haddon 2019). Beharrt der Premierminister auf die Benennung eines Außenseiters, will er etwa einen erfolgreichen Unternehmer zum Staatssekretär im Wirtschaftsressort machen oder einem Forscher das Wissenschaftsministerium übertragen, kann der Monarch den Kandidaten rasch noch adeln und ihm somit einen Sitz im Oberhaus des Parlaments, den Lords, verschaffen. Doch erweist sich dieses Arrangement als eher unpraktisch und bleibt damit eine sehr selten genutzte Alternative, denn als Lord wird der neue Staatssekretär oder Minister kein Rederecht im Unterhaus haben, wo die politischen Entscheidungen letztlich getroffen werden. Deshalb fällt es Premierministern oft nicht leicht, aus dem Kreis der Fraktionskollegen eine Regierungsmannschaft zu selektieren. Tristan Garel-Jones, vormaliges Mitglied der Konservativen im Unterhaus, drückte es so aus: Wenn man die „Schlechten, die Verrückten, die Besoffenen und diejenigen rausrechnet, die längst jenseits von Gut und Böse" sind, bleiben nicht mehr sehr viele Abgeordnete von ministerieller Statur übrig (Kettle 2012).

Für Premierminister ist das Recht, Ämter zu vergeben, ein Machtinstrument. Denn Abgeordnete der Mehrheitsfraktion wissen, dass bei der Vergabe der begehrten Stellen in der Regierung diejenigen übergangen werden, die durch eine unbotmäßige Rede, ein regierungskritisches Interview oder ein Votum gegen die Exekutive aufgefallen sind (Berlinski et al. 2012, S. 37–42). Aber der Premierminister muss nicht nur die Fraktion disziplinieren, auch das Kabinett hat er auf seinen politischen Kurs einzuschwören. Keine leichte Aufgabe, schließlich sitzen am Kabinettstisch selbstbewusste Politiker mit Anhängern in der Partei und Gefolgschaft in der Fraktion. Deren Unterstützung konnte sich nicht mal ein Churchill immer sicher sein. Um Widerstand in der Regierung gar nicht erst aufkommen zu lassen, teilte Margaret Thatcher ihren Ministern gleich zu Beginn jeder Kabinettssitzung mit, welches Diskussionsergebnis sie sich wünschte und machte klar, dass ihr an Widerrede nicht gelegen war (Naughtie 2001, S. 104). Geschmeidiger und nicht selten ebenfalls wirkungsvoll war die Taktik ihre Nachfolgers John Major. Der ließ die Runde jeden Tagesordnungspunkt frei diskutieren, fasste den Inhalt der Aussprache danach in seinem Sinne zusammen und ließ seine Version der Beschlüsse und Arbeitsaufträge im Sitzungsprotokoll vermerken, das Ministerien und Beamte dann abzuarbeiten hatten (Major 1999, S. 209). Auf Major folgte Tony Blair, der sich wie kein zweiter Premierminister seit dem 19. Jahrhundert bemühte, formale Treffen mit den Kabinettskollegen zu vermeiden, soweit es ging. Wichtige Entscheidungen ließ er erst dann auf die Tagesordnung setzen, nachdem er ausgewählte Minister zu Einzelterminen in seine Wohnung in Downing Street geladen und so im Gespräch eine Mehrheit vorbereitet hatte (Jones et al. 2018, S. 454). Die diversen Taktiken beim Management des Kabinetts sind ein Eingeständnis, dass Premierminister nur so mächtig sind, wie ihre Minister es ihnen zugestehen (Naughtie 2001). Der frühere Kabinettssekretär Lord Wilson of Dinton folgert denn auch, dass die Macht des Regierungschefs begrenzt werden kann von dem unbedingten Willen eines Kabinetts, sich durchzusetzen (Dinton 2014). Nicht zuletzt deshalb zeigten Thatcher, Major, Blair und ihre Nachfolger grundsätzlich eine Portion Argwohn gegenüber Ressortchefs, die themenfest waren und ihr jeweiliges Haus im Griff hatten. Schließlich kann ein souveräner Minister auf Anerkennung in den Medien hoffen, hat Zeit und Energie, sich in die Fachbereiche seiner Kollegen einzumischen oder findet womöglich sogar die Muße, unter Journalisten und in der Partei für sich zu werben und am eigenen politischen Fortkommen zu arbeiten. Spätestens jetzt sieht der Premierminister den Moment gekommen, das allzu ehrgeizige Personal auf neue Posten zu setzen, ihm schwierige Aufgaben zuzuweisen, die viel Energie und die ganze Aufmerksamkeit des ambitionierten Rivalen beanspruchen. Das sorgt für regelmäßiges Stühlerücken und erklärt, weshalb die Konservativen Thatcher und Major zum Beispiel die Leitung des Verkehrsministeriums in 18 Jahren elfmal auswechselten. Gordon Brown berief in seiner dreijährigen Amtszeit dreimal einen neuen Chef an die Spitze des Ministeriums und seine Nachfolger David Cameron und Theresa May brachten es in fünf Jahren auf beachtliche fünf Justizminister (Kettle 2012; The Economist 2020). Kabinettsmitglieder halten gewöhnlich zwei Jahre auf ihrem Posten aus, ihren Kollegen ohne Kabinettsrang teilt der Premierminister nach durchschnittlich einem Jahr die nächste Aufgabe zu (Sasse et al. 2020). Die meisten Fußballtrainer bleiben länger bei einer Mannschaft und zur Qualität der Regierungsarbeit trägt ein sich so schnell kreisendes Personalkarussell nicht unbedingt bei, warnt Peter Riddell, der ehemalige Direktor des Instituts for Government, einer Denkfabrik. In einer Interviewserie mit Ministern erfuhr er, dass zwei Jahre für die Einarbeitung nötig seien, bevor jemand sein Ressort vollständig verstehe (Riddell 2020). Zugegeben, es gibt Minister, die auch ein mächtiger Premierminister nicht einfach so verschieben, geschweige denn entlassen kann. Tony Blair fehlten Macht und Mut, seinen einflussreichen Schatzkanzler und späteren Nachfolger Gordon Brown auszuwechseln, wenn der sich erdreistete, die Planungen für die Ausgaben im nächsten Staatshaushalt vor seinem Regierungschef geheim zu halten. Selbst Thatcher musste – ob es ihr gefiel oder nicht – Geoffrey Howe in ihrem Kabinett belassen, um nicht die Unterstützung ihrer Parlamentsfraktion zu verlieren. Sein Rücktritt im Streit am 1. November 1990 empörte viele Abgeordnete dann so sehr, dass die Fraktion nur vier Wochen später Thatcher zur Aufgabe zwang (Rawnsley 2015). Auch Theresa May konnte es sich nicht leisten, Minister zu entlassen, die öffentlich ihre Brexit-Politik in Frage stellten, wollte sie doch eine Rebellion in der Fraktion und damit ihren eigenen vorzeitigen Rücktritt vermeiden. Erst Boris Johnson gewann Autorität als Regierungschef gegenüber Ministern zurück, von denen ihm niemand in politischer Statur und Durchsetzungskraft nahekommt. Doch auch Johnsons Handlungsspielraum ist nicht unbegrenzt. Schatzkanzler Rishi Sunak etwa brauchte nicht zu befürchten, sein Stuhl könnte wackeln, als bekannt wurde, dass während der Covid-Pandemie Steuergeld für übertreuerte Schutzkleidung und Masken zu leichtfertig an dubiose Unternehmer verteilt worden war.

Denn Johnson hatte schon Sunaks Vorgänger im Streit verloren und eine weitere Rochade an dieser prominenten Stelle war somit ausgeschlossen, weil sie Zweifel aufkommen ließe an den Managementqualitäten des Regierungschefs. Solchen Schwächen begegnen Premierminister mit inszeniertem Selbstbewusstsein und Symbolen politischer Autorität. Diesem Zweck dienen auch Johnsons draufgängerische öffentliche Auftritte, so etwa, als er Anfang 2020 zu Beginn einer Kabinettssitzung vor laufenden Kameras wie ein ungeduldiger Lehrer seine Ressortchefs mit Fragen traktierte und ihre Antworten in der Manier von enthusiastischen Schuljungen erwartete. „Wie viele Krankenhäuser werden wir bauen? ... Wie viele neue Polizisten rekrutieren wir? ... Wie viele Krankenschwestern werden wir einstellen?", bellte Johnson im Stakkato in die Runde und freute sich über die Antwort im Chor (The Economist 2020). Die skurrile Aufführung ministerieller Ergebenheit spiegelte administrative Einschnitte in die ministerielle Eigenständigkeit wider. 10 Downing Street behandelte Ministerien fortan wie nachgeordnete Ämter und zensierte sie danach, wie effizient und geräuschlos sie die Versprechen aus dem Wahlprogramm abarbeiteten (The Economist, 2020). Die meisten Ressortchefs ertragen es, vom Büro Johnsons an der kurzen Leine gehalten zu werden, denn sie wissen, wem sie den Wahlsieg 2019 und damit ihren Job im Kabinett verdankten.

Eine Kluft, die nicht geschlossen werden kann

Am Beispiel Johnsons zeigt sich, dass Ansehen, Durchsetzungskraft und Gestaltungsmacht des Amtsinhabers sowohl von seiner Persönlichkeit als auch den Umständen geprägt sind. Das gilt umso mehr, als die Rolle des Regierungschefs nicht in einer Verfassung definiert und begrenzt ist (Hennessy 2001). Deshalb interpretiert seit drei Jahrhunderten jeder Bewohner hinter der weltbekannten schwarzen Tür mit der 10 das Amt auf seine Weise. Alles begann mit einem Import: König Georg I. Dank verwandtschaftlicher Beziehungen war der Welfenprinz aus Norddeutschland für die Thronfolge in London vorgesehen. Im Alter von 54 Jahren betrat er erstmals englischen Boden und ließ sich wenige Wochen später, am 20. Oktober 1714, als Erbe der Stuart Dynastie in der Westminster

Abbey zum britischen König krönen. Bald schon war er verwirrt von dem, was um ihn herum passierte. Zum einen sprach er kein Englisch und zum anderen fiel es ihm schwer zu begreifen, dass wichtige Entscheidungen im Land von Abgeordneten diskutiert und entschieden würden. Schließlich war er in Kontinentaleuropa aufgewachsen zur Zeit des Hochabsolutismus, wo das Wort des Monarchen zählte und sonst nichts. Als wäre das nicht genug gewesen, fand sich der neue König an der Spitze eines Landes, das für Jahrzehnte der Inbegriff von Instabilität und Chaos war: Auf einen zehnjährigen Bürgerkrieg, an dessen Ende dem selbstherrlichen Monarchen Karl I. der Kopf öffentlich abgeschlagen wurde, folgten Jahre unter einem Militärdiktator, dann die Rückkehr der rechtmäßigen Könige und kurz darauf deren Vertreibung und die Machtübernahme durch den niederländischen Prinzen Wilhelm. In der Sprache des 21. Jahrhunderts würde das Land als „failed state", also gescheiterter Staat, bezeichnet. In dieser Situation brauchte der neue König aus Deutschland dringend einen erfahrenen und umsichtigen Minister, der ihn bei den Regierungsgeschäften beraten konnte. Dabei wird er an Thomas Wolsey und Thomas Cromwell am Hof Heinrich VIII. gedacht haben. Doch die politische Verfassung hatte sich in den zwei Jahrhunderten seit der Herrschaft des Tudor-Königs von Grund auf verändert und spätestens seit 1689 war ein Monarch auf die Zustimmung des Parlaments angewiesen. Während Wolseys und Cromwells Rolle noch alleine vom Wohlwollen des Herrschers abhingen, war nun ein Minister nötig, der auch das Vertrauen einer Mehrheit der Abgeordneten besaß, unter denen er für die Politik des Königs zu werben hatte. Georg I. fand den Mann in Robert Walpole. Der war ein erfahrener Kenner des Parlaments in Westminster, wo er sich zunächst dafür verwandte, das Ansehen der Monarchie wiederherzustellen, der nicht wenige Abgeordnete misstrauisch, wenn nicht sogar feindselig gegenüberstanden, seit im Herbst 1720 mit dem Kollaps der South Sea Company, einer Handelsgesellschaft in königlichem Auftrag, viele von ihnen ihre Ersparnisse verloren hatten (Seldon 2021a, b). Walpole also wurde auf Wunsch des Königs nun zum Ersten Lord sowie Kanzler des Schatzamtes ernannt und zum Führer des Unterhauses bestimmt. Zunächst im Spott, sehr viel später mit Respekt und erst im 20. Jahrhundert auch ganz formal war nun vom Ersten Minister, dem Premierminister, die Rede, dessen herausgehobene

Position seit 1905 im Protokoll der Regierung und seit 1937 in Gehaltstarifverträgen berücksichtigt wird (Black 2001; Letts 2021).

Walpole war ehrgeizig, charmant, geschickt und vorausschauend genug, sich die Gunst von Prinzessin Caroline zu sichern, der Ehefrau des Thronfolgers. Somit blieb seine Rolle als Erster Minister auch über den Tod König Georgs I. hinaus gesichert. Bezeichnend war sein politisches Ende: Nicht etwa der König war seines Ministers überdrüssig und auch keine Intrige bei Hofe zwang ihn zum Rücktritt. Vielmehr verlor seine liberale Whig-Fraktion die Kontrolle über das Parlament und der Premierminister damit seine Fähigkeit, Mehrheiten für die Politik der Krone zu organisieren (Pearce 2008). Vorwürfe, er habe sich mit korrupten Praktiken bereichert, beschleunigten sein politisches Ende. Tatsächlich war Walpole über die Jahre zu viel Geld gekommen, das er in Gemälde von Rembrandt, Rubens und Van Dycks sowie eine bemerkenswerte Sammlung römischer Marmorbüsten investierte, mit denen er die Räume von Houghton Hall füllte, seinem imposanten Landsitz im ostenglischen Norfolk (Seldon 2021a, b). Nach Walpoles Abgang 1742 schien sich auch das mächtige Amt, das für ihn geschaffen worden war, überlebt zu haben. Seine Nachfolger in den kommenden vier Jahrzehnten konnten oder wollten keine parlamentarischen Anführer und mächtige Agenten des Königs sein. Das war dem neuen Monarchen nur recht. Georg III., gerade 22jährig als er 1760 den Thron bestieg, wollte sein eigener Herr sein und die Regierungsgeschäfte nicht mit dem Ersten Minister teilen. Sein Regierungschef seinerzeit, Lord North, entsprach dem königlichen Wunsch und trat eher als Vermittler und Moderator auf denn als resoluter Entscheider. In die Geschichtsbücher brachte North es nur deshalb, weil zu seiner Amtszeit die nordamerikanischen Kolonien einen Krieg gegen das Mutterland führten, in dem sie sich für unabhängig erklärten und schließlich von London lossagten. Der Schock nach den Niederlagen in Übersee saß tief und der König erkannte, dass er wieder einen kompetenten Manager an der Spitze seiner Regierung brauchte. Die Wahl fiel 1784 auf William Pitt den Jüngeren. Ein brillanter Redner und kluger Kopf, eigenbrötlerisch und blass, einer der nie zum Liebling der Massen wurde, die wenig Sympathie zeigten für seinen Habitus der Überlegenheit. Pitt war so etwas wie ein Wunderkind. Mit 14 Jahren immatrikulierte er sich an der Universität in Cambridge für die Fächer

Chemie, Geschichte, Griechisch, Latein, politische Philosophie und Trigonometrie. Schon zehn Jahre später war er der jüngste Premierminister in der Geschichte und führte sein Land souverän durch die Krise: Die Schulden aus dem Krieg um die nordamerikanischen Kolonien mussten abgetragen werden. Derweil drohte existenzielle Gefahr jenseits des Ärmelkanals, von wo aus zunächst der Funke der französischen Revolution überzuspringen drohte und später Napoleon Invasionspläne schmiedete. Pitt ließ seine Landsleute wissen, dass sie die Wahl hätten zwischen den geordneten und friedlichen Verhältnissen der britischen Monarchie und der republikanischen Anarchie auf dem Kontinent. Um der Bedrohung zu begegnen, ordnete der Premierminister an, die Zahl der Kriegsschiffe zu verdoppeln und die Mannschaftsstärke der Matrosen von 15.000 auf 133.000 zu verneunfachen. Von ihnen würde die Sicherheit der Insel abhängen. Pitt steht bei Historikern im Ruf, der beste Premierminister in der Geschichte gewesen zu sein. Nicht ohne Grund nannte ihn sein Zeitgenosse Lord Minto, ein Diplomat und Generalgouverneur Indiens, „den Atlas unserer taumelnden Welt" (Prasannan 2018). Als Pitt 1806 im Alter von noch nicht einmal 50 Jahren starb, erschöpft von 20 Jahren an der Spitze der Regierung und den drei Flaschen Portwein, die er jeden Tag trank, anerkannte selbst sein größter Gegner und lebenslanger Rivale in vielen Parlamentsdebatten, Charles James Fox, dass die Nation einen ihrer Großen verloren hatte: „Unmöglich, unmöglich, es fühlt sich an, als fehlte etwas in der Welt – eine Kluft, eine Leere, die nicht geschlossen werden kann" (Sandbrook 2021a, S. 30).

35 Jahre später wirbelte Sir Robert Peel die traditionellen politischen Allianzen durcheinander. Als er 1841 zum zweiten Mal beauftragt wurde, eine Regierung zu bilden, war ihm sein Platz in den Geschichtsbüchern bereits sicher. Verdankte das Land ihm doch die erste professionelle Polizei, die er als Innenminister in der Regierung des Herzogs von Wellington aufgestellt hatte und deren Beamte „Bobbies" – kurz für Robert – gerufen werden. Zudem war Peel der Autor des Manifests von Tamworth, in dem er die Grundsätze notierte, an denen sich seine gerade begründete Partei, die Konservativen, in den kommenden Jahrzehnten orientieren sollte. Ein Thema, über das an anderer Stelle noch mehr zu sagen sein wird. Als Peel 1850 bei einem Reitunfall unweit des Hyde Parks in London umkam, erinnerten die Nachrufe daran, dass in seiner politischen

Karriere Größe und Tragik nahe beieinanderlagen (Hurd 2008). Gemeint waren damit die dramatischen Konsequenzen einer Entscheidung, mit der Peel die Not der Iren zu lindern versuchte, die nach Missernten hungerten. Dafür schaffte der Premierminister gemeinsam mit radikalen und liberalen Abgeordneten die Getreidezölle ab, mit denen Lebensmittelpreise bis dahin auf hohem Niveau gehalten und der Markt vor billigen Importen geschützt worden war. Mit seiner Initiative rettete Peel in Irland Menschen vor dem Hungertod, zerriss aber dauerhaft und unwiederbringlich seine eigene konservative Partei, die Sachwalterin der Großgrundbesitzer, die ihre ökonomischen Interessen vom zollfreien internationalen Handel bedroht sahen (Beers 2021a, b). Es sollten mehr als 20 Jahre vergehen, bis die Konservativen wieder an die Regierung zurückkehrten, zunächst mit Benjamin Disraeli, später mit Robert Gascoyne, dem 3. Marquess of Salisbury, der das Amt des Premierministers dreimal für insgesamt 14 Jahre ausübte. Er galt als viktorianischer Titan, der das Empire am Höhepunkt seiner Macht und seines Prestiges durch die Untiefen globaler Diplomatie steuerte. Um sich in internationalen Fragen von niemandem hineinreden zu lassen, übernahm Salisbury gleich auch das Außenministerium. Mit Fortune, Geschick und seltener Umsicht entschärfte er Konflikte und hatte einen wesentlichen Anteil daran, dass Europa zwischen dem Ende des Krimkrieges 1856 und 1914 nicht von großen militärischen Konflikten erschüttert wurde. Die Balance der Mächte war seine Maxime, die umso wichtiger wurde, als Salisbury erkannte, dass die Expansion des britischen Kolonialreiches längst die militärischen Möglichkeiten des Mutterlandes überstieg (Roberts 1999). So hielt er auch nicht viel von den ehrgeizigen Plänen des Kolonialisten Cecil Rhodes, einen britischen Landkorridor vom südafrikanischen Kapstadt bis ins ägyptische Kairo zu schaffen. Zwar schreckte auch Salisbury vor militärischen Konflikten nicht zurück, wie sich in den Jahren der Auseinandersetzung mit den Buren in Südafrika zeigte, doch für imperialistische Ideologen wie Rhodes hatte der Pragmatiker Salisbury wenig Sinn. Hätte sich seine politische Karriere bis 1914 erstreckt, spekulieren Historiker, wäre ihm zuzutrauen gewesen, die Großmächte von einem Waffengang abzuhalten (Roberts 2021a). Der Marquess, ein direkter Nachkomme Lord Burghleys – im 16. Jahrhundert der Chefberater am Hof Königin Elizabeths – war ein Produkt von Eton und Oxford, der auf

Anraten der Ärzte und seiner kränklichen Konstitution wegen nach dem Studium am Christ Church College auf Weltreise nach Südafrika, Australien und Neuseeland ging, bevor er nach Hatfield House zurückkehrte, dem Familienpalast aus dem 17. Jahrhundert, und sein Leben der Politik verschrieb. Mit Salisburys Tod 1903 ging eine Ära zu Ende, in der Hochadelige – Dukes, Earls und Viscounts – an der Spitze des Kabinetts standen. Künftig sollte nie mehr ein Mitglied des Oberhauses die Regierungsgeschäfte leiten. Die politische Macht lag nun in bürgerlichen Händen. Im 20. Jahrhundert war Politik keine Berufung der geborenen Elite mehr, sondern zu einer Beschäftigung geworden, der sich auch Industrielle, Händler und Handwerker, ja sogar Arbeiter widmeten.

Fasziniert von militärischen Konflikten

Für diesen neuen Politikertyp stand David Lloyd George, aufgewachsen in der Familie seines Stiefvaters, eines Schuhmachers, in Llanystumdwy, einem Dorf im Norden von Wales. Noch heute sprechen hier die meisten Menschen walisisch und auch Lloyd George lernte Englisch erst in der Volksschule. Sein Onkel, ein Laienprediger, inspirierte und prägte die politischen Ziele des ehrgeizigen jungen Mannes, der zeitlebens für die Etablierung eines Wohlfahrtsstaates kämpfte. Während des ersten Weltkrieges, als eine Offensive nach der anderen an der Westfront stecken blieb und der Blutzoll bis dahin ungekannte Ausmaße annahm, kam Lloyd Georges Chance, als Kriegspremier 1916 die Regierungsgeschäfte zu übernehmen. Schon vor dem Krieg, damals noch als Schatzkanzler, hatte er die alte Oberschicht mit einer neuen Erbschaftssteuer und progressiver Einkommensteuer geschröpft, um Beihilfe für Arbeitslose sowie eine Rente für Alte zu finanzieren und die Arbeitsunfähigen zu unterstützen (Hattersley 2012). Während der Kriegsjahre zwang er Unternehmen unter staatliche Kontrolle, reglementierte Lebensmittelpreise und berief mit Arthur Henderson, einem ehemaligen Stahlgießer, zum ersten Mal einen Anführer der Labour-Partei in die Regierung. Bis zu seinem Rücktritt 1922 hatte Lloyd George das Wahlrecht ausgeweitet auf fast alle Männer von mindestens 21 Jahren. Und auch Frauen – sofern sie mindestens 30 Jahre alt waren – durften abstimmen (Beers 2021a, b,

S. 32). Das neue Wahlrecht zwang die Konservativen, ihr politisches Programm an den Interessen der ganzen Gesellschaft auszurichten und Standesdünkel zu überwinden. Dieses neue Credo prägte Stanley Baldwin, der für die Tories in den 1920er- und 1930er-Jahre dreimal Premierminister war. Der Fabrikantensohn aus den West Midlands war vertraut mit dem Leben der Mittelschicht und kannte das Gemüt der Arbeiter. Er verlieh denjenigen eine Stimme, die aufstrebend waren, ihr Leben verbessern und Chancen nutzen wollten. Seine Klientel waren nicht die Etablierten der Stadtpalais, sondern die Aufsteiger aus den Vororten der Großstädte, wo die für jene Jahre so typischen Quartiere aus endlosen Zeilen scheinbar identischer Reihenhäuser entstanden. Nach einem mehrtägigen Generalstreik 1926 bemühte Baldwin sich um Versöhnung mit den Arbeitern, indem er Hilfe für Mütter und Kinder, Arbeitslose und Arme ausweitete und die innerstädtischen Slums räumen ließ. In internationaler Politik hatte Baldwin einen Blick für das Unvermeidliche. So entschied er sich 1931 trotz heftigen Protests Churchills und anderer Parteifunktionäre, den Kolonien Canada, Südafrika, Australien und Neuseeland Selbstverwaltung zuzugestehen. Baldwin steuerte das Land in schwierigen Jahren und brauchte den Vergleich mit anderen Nationen nicht zu scheuen. Während in Russland Stalin Verwaltung und Armee von vermeintlichen Gegnern säubern ließ, in Deutschland und Italien die Faschisten die Macht übernehmen, Massenarbeitslosigkeit und Rassenkonflikte die USA zeichneten, Spanien in den Bürgerkrieg glitt und in Frankreich ideologische Grabenkämpfe die politische Debatte toxisch machten, empfanden die Briten in den Jahren der Baldwin-Regierung ihr Land als eine Oase politischer und sozialer Sicherheit, wirtschaftlicher Solidität und politischer Stabilität (Sandbrook 2021b, S. 32). Zu diesem Eindruck wird Baldwin auch beigetragen haben, der als Selbstvermarkter und PR-Fachmann früher als andere das Radio als neues Mittel der politischen Kommunikation für seine Zwecke nutzte. Den routinierten Umgang mit dem Mikrofon hatte er sich von dem Intendanten der noch jungen BBC beibringen lassen und auch in den ersten Nachrichtenfilmen trat er auf. Dabei gewann Baldwin die Sympathie seines Publikums mit der für ihn typischen unbeirrbaren Ruhe, häufigen Verweisen auf die Idylle des Landlebens und einer guten Portion englischer Nostalgie. Harmonie und gesellschaftlicher Zusammenhalt waren denn auch Baldwins Erbe, bevor der Terror des Krieges mit Nazideutschland hereinbrach. Ahnungsvoll hatte er in den 1930er-Jahren die Aufrüstung vorangetrieben und damit die Vorarbeitet geleistet für einen anderen, der zum bedeutendsten Premierminister des 20. Jahrhunderts werden sollte (Williamson 2007). Winston Churchill war immer schon fasziniert von militärischen Konflikten und hatte als junger Reporter über Kriege in Indien, aus dem Sudan und von den Kämpfen mit den Buren in Südafrika berichtet. Während des Ersten Weltkrieges war er zunächst als Erster Lord der Admiralität für die Flotte zuständig, später als Minister für die Munitionsproduktion. Schon in den 1930er-Jahren warnte er vor Hitler und drängte zur raschen Aufrüstung. Sein Leben ist ein Beispiel dafür, wie wichtig es für Politiker ist, im richtigen Moment an die Macht kommen. Und für den Haudegen Churchill mit Kriegserfahrung und Sinn für heroische Momente gab es keinen passenderen Zeitpunkt als den 10. Mai 1940, als ihn König Georg VI. bat, eine Regierung zu bilden. Denn nie war die Bedrohung einer Invasion größer. Anders als Napoleon kontrollierte Hitler die Küste von Frankreich bis nach Norwegen und zusätzlich den Luftraum Nordeuropas. Frankreich kapitulierte schon nach wenigen Wochen und die USA wollten von einem Kriegseintritt nichts wissen. Stimmen wurden laut in London, die aus Angst vor den Nazis und aus Einsicht in die Überlegenheit der Wehrmacht einen Verhandlungsfrieden mit Hitler forderten. Churchill, der jetzt an der Spitze einer Koalitionsregierung aus seinen Konservativen und der Labour-Partei Großbritannien durch seine dunkelsten Stunden führte, vertraute darauf, dass das Empire dem Mutterland zur Seite stehen würde in der größten Prüfung seiner Geschichte (Black 2021, S. 33). Die Freundschaft mit Amerika und das gute Verhältnis zu Präsident Roosevelt halfen Churchill schließlich, eine internationale Allianz zu schmieden, die auf dem Kontinent siegte und Europas Albtraum beendete (Gilbert 2000). Der als Held gefeierte Churchill verlor nur Monate nach dem Kriegsende die Wahlen am 5. Juli 1945 und trat zurück. Das Volk war der Kriegshelden müde und wollte einen Regierungschef, der ihnen den Frieden wiedergab. Es fand ihn in Clement Attlee, dem Vorsitzenden der Labour Partei, der während des Zweiten Weltkrieges als zurückhaltender Stellvertreter des Titanen Churchill fungierte. Bescheidenheit war das Markenzeichen des neuen Regierungschefs – sein Auftreten schlicht und höflich, der Stil pragmatisch, die Stimme leise aber durchdringend, die Familie unauffällig, fast langweilig. „Bürger Clem", den Bürger Clem, nannte John Bew treffend seine Attlee-Biographie. Auf seinen Nachfolger angesprochen sagte Churchill bitter: „Ein bescheidener Mann. Und er hat allen Grund, bescheiden zu sein." Aber der Eindruck trügte. Attlee wandte sich mit klarer und direkter Sprache an die Bürger, während er hinter den Kulissen von Westminster eisern und trickreich festhielt an seinem Parteivorsitz, den ihm Konkurrenten in den eigenen Reihen streitig machten. Seine ehrenamtliche Arbeit in Arbeitervierteln und Armenquartieren im Osten Londons hatten die politische Orientierung des jungen Rechtsanwalts Attlee geprägt, der seine fünfjährige Regierungszeit nutzte für eine radikale Wende in der Sozialpolitik. Der Gesundheitsdienst für alle, der NHS (National Health Service), war das wichtigste innenpolitische Projekt seiner Regierung. Der gebührenfreie staatliche Dienst ist bis heute Stolz der Nation und Identifikationspunkt weit über die Reihen der Labour-Anhänger hinaus (Bew 2017) Auf internationaler Bühne geriet die Regierung Attlee in die Wirren und Strudel der Nationalbewegungen in Afrika und Asien, die das Empire in den kommenden Jahren auseinanderrissen. Die überstürzte Teilung Indiens und der Abzug Hals über Kopf aus Palästina hinterließen Chaos und trübten Attlees Bilanz (Riley 2021a, S. 34). Mit am Kabinettstisch dieser ersten Nachkriegsregierung saß Harold Wilson, der jüngste Minister seit Robert Peel ein Jahrhundert zuvor. Dem blitzgescheiten Schüler aus der nordenglischen Industriestadt Huddersfield hatte die Bezirksverwaltung mit einem Stipendium das Studium in Oxford ermöglicht. In den ersten Jahren auf der politischen Bühne galt er seinen Anhängern als britische Antwort auf Kennedy. Und wie der amerikanische Präsident wusste auch Wilson, dass sich Wähler nicht von ideologischer Prinzipientreue beeindrucken ließen. Auch der scharfe Verstand des Mannes, der es in Oxford schon mit 21 Jahren zum Dozenten für Wirtschaftsgeschichte gebracht hatte, beeindruckte die Wähler nicht. Die urteilten vielmehr über das Image des Mannes, der öffentlich seine langen Wanderurlaube im Kreis der Familie auf den Scilly-Inseln inszenierte, mit dem Regenmantel der Marke Gannex seine Volkstümlichkeit demonstrierte und dank der unvermeidlichen Pfeife seinem Fernsehpublikum kluge Bedächtigkeit signalisierte. Aber Erwähnung in der Reihe der prägendsten Premierminister findet Wilson nicht für seine Fähigkeiten als Selbstvermarkter. Als Regierungschef zwischen 1964 und 1970 und dann erneut zwischen 1974 und 1976 veränderte er das Land wie sonst nur wenige und entsprach damit dem gesellschaftlichen Reformdrang der späten 1960er-Jahre. Die Abschaffung der Todesstrafe, die teilweise Entkriminalisierung von Abtreibung und Homosexualität, die Liberalisierung des Scheidungsrechts und die Beendigung der Zensur von Theaterstücken auf den Bühnen des Londoner Westends gehören ebenso zu seinem politischen Erbe wie die Gründung einer öffentlichen Fernuniversität sowie die Errichtung von modernen Modellstädten wie etwa Milton Keynes nördlich von London (Hickson und Crines 2016). Auch die Etablierung des Ministeriums für Entwicklungszusammenarbeit geht auf seine Initiative zurück und verfolgte das Ziel, die ehemaligen Kolonien auf ihrem Weg in die Unabhängigkeit zu unterstützen (Riley 2021b, S. 35). Die junge Generation schätzte Wilson zudem für seine Weigerung, dem Verbündeten Amerika im Vietnamkrieg militärisch beizustehen. Drei Jahre nach Wilsons zweitem Abschied aus Downing Street hatten eine taumelnde Volkswirtschaft, Inflation, Streiks und das Gefühl eines unaufhaltsamen Niedergangs dem Land den wenig schmeichelhaften Beinamen „der kranke Mann Europas" eingebracht. Wer Schuld hatte an der Misere, war für die neue Vorsitzende der konservativen Partei, Margaret Thatcher, seit langem klar: Der Sozialismus, aber auch ein wachsender Sozialstaat, keynesianische Fiskalpolitik und vor allem die Gewerkschaften, deren Macht in den Jahrzehnten nach dem Krieg sich keine Regierung widersetzen konnte. Deshalb kämpfte Thatcher in den nächsten elf Jahren in Downing Street für die Entmachtung der Gewerkschaften, aber auch für die Öffnung der Märkte, freien Handel, Deregulierung der Finanzbranche sowie Privatisierung der Staatsunternehmen. Auch Gegner anerkannten, dass ihre Regierung den ökonomischen Niedergang stoppte und so erfolgreich die Vorzüge von Wettbewerb und Eigenverantwortung im öffentlichen Diskurs etablierte, dass die nachfolgende Labour-Regierung sich nicht traute, die Reformen der Konservativen zurückzudrehen. Als treue Verbündete der USA und ideologische Gefährtin von Präsident Reagan vollzog Thatcher die Wende vom Kalten Krieg mit der Sowjetunion zur Kooperation mit Michael Gorbatschow (Harris 2014). Sie gewann drei aufeinanderfolgende Wahlen, mehr als irgendein anderer

Premierminister im 20. Jahrhundert. Dabei half ihr ein eiserner Wille und das Glück: Ihr Umfragewerte waren schlecht und die Wiederwahl ungewiss, als 1982 die Entscheidung des argentinischen Diktators Leopoldo Galtieri, die britischen Falkland-Inseln zu besetzen, das Land einte im Kampf gegen den Aggressor. Der kurze und erfolgreiche Krieg um die Inselgruppe im Atlantik machte Thatcher zum Symbol britischer Entschlossenheit und Stärke und garantierte ihren Sieg bei den Unterhauswahlen 1983 (Roberts 2021b, S. 36).

„Die meisten Dinge sind völlig unwichtig"

Zu Zeiten von Walpole, Peel und Salisbury war die Regierung ein informeller Kreis von begüterten Gentlemen, die sich reihum zu Kabinettssitzungen in ihre Londoner Residenzen einluden. Die Männerrunden pflegten gelehrte Diskussionen, Geschichte und Literatur galten als beliebte Themen. Noch im späten 19. Jahrhundert stand das Kabinett von Archibald Pimrose, dem 5. Earl of Rosebery, im Ruf, sich angeregter über die Satiren des römischen Dichters Juvenal zu unterhalten als über die Angelegenheiten des Staates. Die Herren hatten Zeit, denn die Tagesordnung war überschaubar, solange der Staat lediglich Außenpolitik und Verteidigung zu seinen Aufgaben zählte, sich aber aus Sozial-, Gesundheits-, Bildungs- und Umweltpolitik heraushielt und auch sonst nicht versuchte, im Leben der Bürger mehr zu regeln als nötig schien (Daalder 1964, S. 27). Trotz oder vielleicht wegen des überschaubaren Arbeitspensums und der gelösten Gesprächsatmosphäre, die den Diskussionsrunden in einem der zahlreichen Gentlemen's Clubs jener Zeit nicht unähnlich war, nickten Ressortchefs während der Kabinettssitzungen immer wieder entspannt ein. Über die Diskussion im Kabinett zur Entsendung von 26.000 Infanteriesoldaten und Kavalleristen in den Krimkrieg wird berichtet, dass die meisten Minister in der Runde schon vor der Abstimmung eingeschlafen waren. Ein Teilnehmer empfahl daraufhin, Sitzungen der Regierung nur vor dem Mittagessen abzuhalten, solange die meisten Gentlemen noch ausreichend nüchtern waren. (zitiert in Gilmour 1971, S. 221). Wenn Beamte nach Sitzungsende zuverlässige Auskünfte über Beschlüsse und Arbeitsaufträge des Kabinetts benötigten, erkundigten sie sich bei den Kellnern, die mithörten, während sie die Teilnehmer des Treffens mit Speisen und Getränken bedienten (Jones et al. 2018). Fehlende Professionalität, demonstrative Nonchalance und genuine Gleichgültigkeit fanden ihre Personalisierung in Arthur Balfour, der seinem Onkel, dem Marquess of Salisbury, 1902 als Premierminister nachgefolgt war. Während seiner Regierungsjahre verbrachte Balfour so viel Zeit, wie er konnte, auf seinem 180.000 Hektar großen Landsitz in der schottischen Provinz East Lothian, wo er an den meisten Tagen auf seinem privaten Golfplatz zu finden war und abends Gäste zum Dinner und für Gesellschaftsspiele lud (The Economist 2021a). Freunde schätzten ihn als distinguierten Philosophen, einen Ästheten, der in Musik und Literatur dilettierte. Ein Schöngeist frei von Gier und Sinn für materiellen oder politischen Ehrgeiz, der seine Zeitgenossen wissen ließ: „Nichts ist besonders wichtig und die meisten Dinge sind völlig unwichtig" (The Economist 2021a). Die Erwartung, sich mit Angelegenheiten der Wirtschafts- und Sozialpolitik beschäftigen zu sollen, empfand Premierminister Balfour als irritierend und auch diplomatische Fragen weckten seine Aufmerksamkeit nur selten (MacKenzie1983, S. 288). Zeitungen las er nie und Politik empfand er als Hobby, mit dem man es nicht übertreiben sollte. Balfours leidenschaftslose Haltung und blasierte Art erinnerte mehr an Bertie Wooster, den fiktiven Gentleman und Snob aus den Geschichten des Autors P. G. Wodehouse, als an einen Regierungschef im 20. Jahrhundert. Dabei war er keine Ausnahme. Salisbury, sein Vorgänger im Amt, war bekannt für seine Gewohnheit, mittags den Londoner Hyde Park auf einem Dreirad zu durchkreuzen und der unglückliche Spencer Perceval pflegte an Nachmittagen mit einer Bekannten Museen zu besuchen. Wenig Begeisterung für die politischen Pflichten des Premierministers zeigte auch William Lamb, der 2. Viscount Melbourne, als er 1834 den Auftrag bekam, eine Regierung zu bilden: „Ich fürchte, das wird schrecklich langweilig", klagte er und erst als sein Privatsekretär Tom Young ihn daran erinnerte, dass es einem antiken Griechen oder Römer nie vergönnt war, britischer Premierminister zu werden und das Amt vielleicht deshalb die Mühe wert sei, gab Melbourne nach: „Bei Gott, das ist wahr", raunte er: "Ich machs! (Cecil 2001, S. 321).

Die Ära der Dilettanten und Teilzeitregierungschefs, denen das Cricket-Match am Nachmittag wichtiger war als das Aktenstudium in Downing Street, endete mit dem Ersten Weltkriege, als die Politik einen Kulturwandel erlebte. Der Staat wurde zum Generalmanager eines modernen industriell geführten Konfliktes, in dem Militär und Zivilgesellschaft zur Landesverteidigung organisiert werden mussten. Die Anforderungen an den Regierungschef, seine Minister und die Beamtenschaft stiegen. Um die Arbeit der Exekutive straffer und effektiver zu organisieren, richtete Kriegspremier Lloyd George eine Kabinettskanzlei ein, die nun die Beratungen der Minister protokollierte und auch kontrollierte, dass Entscheidungen ausgeführt wurden (Jones et al. 2018). Nicht wenige Ressortchefs empörten sich noch über den Versuch des Premierministers, mit einem zentralen Aufsichtsorgan in die Arbeit ihrer Häuser hineinzuregieren, als 1919 schon die nächste Stufe der Verwaltungsreform folgte, die alle in den Ministerien und nachgeordneten Behörden beschäftigten Mitarbeiter in einen gemeinsamen öffentlichen Dienst integrierte (Carter1956). Lloyd George legte seinen Nachfolgern damit noch ein weiteres Machtinstrument in die Hand. Denn fortan konnte der Premierminister die Spitzenbeamten seiner Minister bestimmen und austauschen (Blake 1975, S. 46). Professionalisierung der Arbeit und Machtkonzentration beim Regierungschef gingen Hand in Hand. So entstand in Downing Street bald auch ein Pressebüro für die Medienarbeit, eine Dienststelle, von der aus die Beziehungen des Regierungschefs mit seiner Partei gepflegt wurde, und schließlich noch eine Abteilung zur Koordination der Zusammenarbeit mit den Ministerien. Seit den 1970er-Jahren steht dem Premierminister auch ein Planungsstab zu Verfügung, der ihm politische Themen aufarbeitet und ihn so unabhängig macht von der Beratung durch seine Minister (Jones et al. 2018, S. 445). Es gibt sogar eigens ein Referat, dass die „Implementierung" kontrolliert, also überwachen soll, ob Initiativen und Projekte der Regierung auch die Ziele erreichen, derentwegen sie beschlossen wurden. Die Abteilungen und Referate werden seit den Tagen Margaret Thatchers von einem Stabschef koordiniert, der Abläufe organisiert, das Personal managt und so dafür sorgt, dass der Premierminister sich auf die Politik konzentrieren kann. Stabschefs sind weisungsbefugt gegenüber den Beamten der Regierung und – noch viel wichtiger – entscheiden, wer Zugang zum Premierminister bekommt und wer nicht. In jüngster Vergangenheit mischten sich Stabschefs immer mehr in politische Fragen ein – nicht immer mit

Fortune. Nick Timothy, der die Rolle bei Theresa May innehatte, war prominenter Mitautor des Wahlprogramms, mit dem die Konservativen bei den Wahlen 2017 antraten und ihre Mehrheit verloren (Mason et al. 2017)

Den bequemen Job Arthur Balfours gibt es schon lange nicht mehr. Führung, sei es in der Politik oder in privaten Unternehmen, ist komplexer und die Arbeit damit fordernder geworden. Grund dafür ist unter anderem, dass sich die Taktzahl exekutiver Entscheidungen erhöhen musste, um mit der raschen Folge von gesellschaftlichen Veränderungen, dem hyperaktiven Mediengeschehen und einem immer dynamischeren politischen Umfeld mitzuhalten. Als der Sozialstaat komplexer wurde, der Staatssektor anwuchs und sich Regierungen darin überboten, mit Gesetzen und Verordnungen das private und öffentliche Leben zu reglementieren, ordnen und verbessern, füllten sich die Tagesordnungen des Kabinetts so sehr, dass die Ministerrunde unter Vorsitz des Premierministers und mit Hilfe der Kanzleibeamten die vielen Themen nicht mehr beraten und abarbeiten konnten. Schon zur Mitte des 20. Jahrhunderts schien das traditionelle Regierungssystem den Herausforderungen kaum noch gewachsen und am Rande des Kollapses. Die Gründe für die Überforderung gerade in jenen Jahren waren offensichtlich. Wiederaufbau des kriegsgeschundenen Landes, drohender Staatsbankrott, der Rückzug aus Indien und Palästina und die Errichtung des ersten universellen Gesundheitssystems. Premierminister Attlee war in den späten 1940er-Jahren mit Problemen konfrontiert, die jede Regierung überfordert hätten. Ihm blieb kaum die Zeit, die verschiedenen Feuer an den ungezählten Krisenherden zu löschen. An vorausschauende Politik war – sieht man von der Gründung des NHS einmal ab – so wenig zu denken wie die Zusage, das eigene Regierungsprogramm abzuarbeiten (Rawnsley 2021). Attlee versuchte, das Kabinett zu entlasten und Aufgaben zu delegieren an spezielle Arbeitsgruppen, an deren Treffen nur die zuständigen Fachminister teilnahmen, um einen Vorschlag, eine Handlungsempfehlung oder im Streitfall einen Kompromiss zu erarbeiten. So wurde etwa das Thema Immigration in einem eigenen Kabinettsausschuss beraten, an dem Innen-, Außen- und Sozialminister teilnahmen. Bereits 1951 gab es 148 Komitees dieser Art, an die der Premierminister Themen delegierte (Hennessy 1986, S. 45). Und trotzdem erreichte Attlees Arbeitspensum bis dahin eine ungekannte Dimension. Heute ringen Premierminister jede wache Stunde darum, das Amt zu meistern und scheitern doch allzu häufig an der gigantischen Aufgabe. Der Autor und Journalist Steve Richards beschreibt, wie die Karrieren der letzten sechs Regierungschefs in Tränen endeten, jüngst die von Theresa May. Deren politisches Aus folgte den gescheiterten Brexit-Verhandlungen mit Brüssel, als die Partei sie verriet und die eigenen Abgeordneten ihr den Rücktritt aufdrängten (Richards 2020). Über Gordon Browns Regierungszeit ist bekannt, dass er überfordert und frustriert mit Mobiltelefonen auf die Mitarbeiter seines Büros warf (Garnett 2021a, b). Selbst von dem immer lächelnden Tony Blair und dem entspannten David Cameron gibt es Bilder, die erschöpfte und abgekämpfte Regierungschefs zeigen, in deren Gesichtern die Last der Verantwortung Spuren hinterlässt (Letts 2021). Margaret Thatchers reduziertes Schlafpensum von gerade einmal vier Stunden in der Nacht ist legendär und ein Richtwert für Nachfolger. Nicht ohne Grund nennt John Major neben Glück und einer soliden Mehrheit vor allem eine robuste Gesundheit als Voraussetzung dafür, die gewaltigen Erwartungen erfüllen zu können (Seldon 2021a, b). Worum sich ein Regierungschef zu kümmern hat, was sich delegieren lässt, mit anderen Worten, wie weit oder eng die Aufgaben gefasst sind, ist nirgends festgeschrieben und definiert. Entsprechend der Konventionen, an die jeder Amtsinhaber gebunden ist, führen Premierminister nicht nur die Regierung und sind immer öfter als Chefdiplomaten bei Gipfeltreffen rund um die Welt gefragt. Sie müssen – anders als amerikanische oder französische Präsidenten – jeden Mittwoch im Parlament erscheinen, um die bohrenden Fragen der Abgeordneten zu parieren. Zudem übt der Premierminister königliche Prärogative aus, wenn er die Chefs der Streitkräfte ernennt, den Vorsitzenden des Aufsichtsrates der BBC, Mitglieder des Oberhauses, die Bischöfe der Staatskirche und die Regius-Professoren der Universitäten von Oxford und Cambridge. Dabei handelt es sich nur um das Routineprogramm, das in Notzeiten – etwa während der Covid-Epidemie, nach einem Terroranschlag oder in der Bankenkrise – um Treffen des COBRA genannten Krisenstabes, den der Premierminister zu leiten hat, ergänzt wird. Sind die drängendsten Probleme fürs erste bewältigt und die Stimmung im Land gut, dann legt der Regierungschef den Termin für die nächsten Wahlen fest. Ein Vorrecht, das oft zur Last wird und deshalb vielen Hausherren in Downing Street durchwachte Nächte bereitet (Hennessy 1986). Gordon Brown etwa rang für Monate mit sich über die Frage, ob er 2007 guter Umfrageergebnisse wegen vorgezogene Parlamentswahlen abhalten sollte. Als wären die Aufgaben an der Spitze der Regierung nicht genug, ist ein Premierminister der Konvention nach immer auch Vorsitzender seiner Partei, deren Wahlkampfkasse er zudem noch als Spendensammler zu füllen hat (Garnett 2021a, b).

Zur Belastung und Überlastung haben die Männer und Frauen in Downing Street auch selbst beigetragen, weil sie systematisch Aufgaben an sich zogen und Minister an der kurzen Leine von ihrer Zentrale aus führten. Sowohl Thatcher als auch Blair betrieben ihre eigene Außenpolitik, weil sie fürchteten, das Außenministerium begegne Anliegen anderer Staaten mit zu viel Verständnis und Nachsicht. Und beide bestanden darauf, das erste und letzte Wort in Diskussionen über Bildungspolitik zu habe, aus Sorge, das Schulministerium zeige übertriebene Nachgiebigkeit gegenüber der Lehrerlobby. In den 1960er-Jahren noch überließ der Premierminister seinen Ministern die Verantwortung für das Management ihres jeweiligen Ressorts und freie Hand für wichtige politische Initiativen. So entstanden die Pläne für die großen Reformen jener Jahre – etwa die Entkriminalisierung von Homosexualität und Abtreibung – nicht auf den Schreibtischen von Harold Wilsons Strategen in Downing Street, sondern in den Gesprächen des Innenministers Roy Jenkins mit seinen Mitarbeitern. Zudem befördern Regierungschefs gerne den Eindruck – vor allem in den Wochen des Wahlkampfes -, sie hätten die Macht, auch solche Probleme zu lösen, die bei genauer Betrachtung jenseits ihrer Einflusssphäre liegen. In der Bankenkrise 2008 etwa präsentierte sich Premierminister Gordon Brown in Verkennung seiner wahren Möglichkeiten als Krisenmanager, der das Schicksal des Londoner Finanzsektors wenden könne gegen den Widerstand globaler Marktkräfte (Garnett 2021a, b). Regelmäßige Pressekonferenzen, die der Premierminister seit 2020 nach dem Vorbild amerikanischer Präsidenten abhält, nähren die wachsende Erwartungshaltung gegenüber dem Mann, der live im Fernsehen darlegt, wie seine Politik die nationale Volkswirtschaft und das globale Klima retten werde. Soviel Rampenlicht für den Chef der Exekutive erklärt auch, weshalb Wahlkämpfe keine Auseinandersetzungen mehr sind zwischen Parteien, sondern die inszenierte Konfrontation der Rivalen für das Amt des Premierministers. Die Prominenz der Kandidaten erinnert an präsidiale Regierungssysteme, in deren Mittelpunkt ein mächtiger Staatschef steht, der sich nicht in die Niederungen parlamentarischen Debatte begibt und dessen Autorität auf einem Mandat ruht, das er in direkter Wahl durch das Volk erhalten hat (Foley 2004). Ein Präsident in den USA und Frankreich spricht im Namen der Nation und fordert so auch mal die Parlamentsmehrheit heraus (Thomas 1998). Erliegt allerdings der Premierminister dieser Verführung, riskiert er sein Amt und das gleich auf mehrere Weise. Brüskiert er die Abgeordneten seiner Partei, können die ihn mit einfacher Mehrheit abwählen. Wie real dieses Szenario werden kann, erlebte Theresa May, der die Fraktion im Januar 2019 nicht nur die Misstrauensfrage stellte. Die Tories versagten ihr zudem bei Abstimmungen in nur drei Jahren gleich 33 Mal die Unterstützung. Boris Johnsons musste bei den Wahlen 2019 eine andere Art von Abwahl durch gerade mal 5000 Wähler fürchten. So klein war seine persönliche Stimmenmehrheit im Wahlkreis Uxbridge und South Ruislip. Seit 1924 ging es in dem Wahldistrikt eines amtierenden Premierministers nicht mehr knapper zu. Und weil ein Regierungsamt immer auch ein Parlamentsmandat verlangt, hätte eine geringe Stimmungsverschiebung unter den rund 72.000 Wählern in Londons Westen genügt, Johnsons Zeit in Downing Street vorzeitig zu beenden. Um sich des Wohlwollens der Menschen in ihren Heimatbezirken auch jenseits der Wahlkampagne zu versichern, verbringen Abgeordnete gewöhnlich zwei Tage in der Woche im Wahlkreis, wo sie Bürger treffen und Termine mit Vereinen und Unternehmen wahrnehmen. Eine Verpflichtung, die mit dem Terminplan des Premierministers auch unter größten Anstrengungen nicht zu vereinbaren ist (Garnett 2021a, b). Ein riskantes Dilemma, denn auf verlässliche Stammwähler, die ein Leben lang ihrer Partei treu bleiben, kann ein Kandidat heute nicht mehr hoffen. Auch Mittel aus geheimen Fonds, mit denen seinerzeit Walpole die Sympathie seiner Wähler und die Unterstützung der Abgeordneten kaufte, gehören nicht mehr ins Repertoire von Regierungschefs. Heute sind schon entrüstete Stimmen der Empörung zu hören, wenn Boris Johnson politische Loyalität entlohnt mit der Ernennung seines Bruders zum Baron von Marylebone, der Beförderung verdienter Brexiteers ins Oberhaus und der Berufung von Parteifreunden zu gut bezahlten Krisenmanagern während der Covid-Pandemie (Rawnsley 2021).

Ich weiß nicht, warum einer diesen Job haben will

Angesichts der breiten Aufgabenpalette des Premierministers ist es keine Überraschung, dass kein Amtsinhaber alle die ihm zugeteilten Rollen gleichermaßen souverän meistert. So bestreitet kaum jemand, dass der Kommunikator Boris Johnson sich als unterdurchschnittlicher Manager erwiesen hat, während seine Vorgängerin, die akribische Theresa May, bei der Vermittlung ihrer Politik eine schlechte Figur machte. Zur Verteidigung beider spricht Matt Garnett, Dozent an der Universität Lancaster, von einem dysfunktionalen Regierungssystem, das einen Regierungschef chronisch überfordert und keinem Amtsinhaber erlaubt, der Rolle gerecht zu werden (Garnett 2021a, b). Von einer Dame, die von Berufs wegen seit den Tagen Winston Churchills mit allen Regierungschefs vertrauliche Gespräche führt und die Herausforderungen sowie Zumutungen dieses Amtes besser kennt als andere, stammt das verwunderte Eingeständnis: „Ich weiß nicht, warum irgendwer diesen Job haben will." Das zumindest wollen Journalisten von dem Treffen erfahren haben, bei dem Elizabeth II. Boris Johnson mit der Bildung einer Regierung beauftragte (Drewett 2019). Ob die Königin bei dieser Bemerkung auch an die magere Besoldung für Premierminister dachte, ist nicht überliefert. Bekannt ist allerdings, dass Boris Johnson sich bei Freunden bitter beschwerte über die bescheidene Entlohnung, die er für seine Arbeit in Downing Street erhält. Dem Steuerzahler ist seine Tätigkeit als Abgeordneter umgerechnet 94.000 Euro, die Leitung der Regierungsgeschäfte jährlich 92.000 Euro wert (Coney 2019). Zum Vergleich, der Kanzler Österreichs – ein Land mit der Einwohnerzahl Londons – bezieht im Jahr 317.000 Euro und auch in Island und dem Fürstentum Liechtenstein gehen die Steuerzahler mit ihren Regierungschefs generöser um (Coney 2019). Vielleicht tröstet sich Johnson mit dem Gedanken, dass auch seine Vorgänger nie fürstlich honoriert wurden. Rund 170 Spitzenbeamte bezogen 2010 eine höhere Vergütung als Regierungschef David Cameron und Lord North, zu dessen Amtszeit die amerikanischen Kolonien verloren gingen, kam mit seinem Salär so schlecht zurecht, dass

König Georg III. die Schulden seines Regierungschefs begleichen musste (Winterman und Lane 2010). Bei Churchill reichte die Besoldung nicht, um während seiner fünf Jahre als Kriegspremier etwas anzusparen. Nach seinem Ausscheiden aus dem Amt im Sommer 1945 war er daher so knapp bei Kasse, dass er sein Haus Chartwell in Kent verkaufen wollte. Erst nach einem Appell verschiedener Zeitungen fanden sich elf Gönner, die das Anwesen für 55.000 Pfund erwarben und Winston Churchill dauerhaftes Wohnrecht einräumten. Die Diskussion um die passende Vergütung der Hausherren von Downing Street wurde seit den 1980er Jahren ein politisches Thema. Margaret Thatcher wollte mit gutem Vorbild die Gewerkschaften in Lohnverhandlungen zur Zurückhaltung ermuntern und ließ sich deshalb nur so viel Gehalt überweisen, wie jedem anderen Mitglied ihres Kabinetts zustand. Tony Blair hatte die Klientel seiner Arbeiterpartei im Sinn, als er nach dem Wahlsieg 1997 entschied, die Mitglieder seiner Regierung würden eine empfohlene Erhöhung ihrer Vergütungen ausschlagen. Das setzte Maßstäbe für die Nachfolger, sodass auch Gordon Brown und später David Cameron sich das vorgesehene Salär als Premierminister nicht auszahlen ließen (Winterman und Lane 2010). Gewöhnlich haben Regierungschefs nach dem Ausscheiden aus dem Amt Gelegenheit, sich finanziell schadlos zu halten. Lloyd George war der erste, der verstand, seinen Namen zu kommerzialisieren und verdiente sich mit dem Verkauf seiner Memoiren ein gutes Zubrot (Winterman und Lane 2010). Auch Churchill wurde nach seiner politischen Karriere ein gefragter und gut honorierter Redner und Autor, der mit seinen sechsbändigen Kriegserinnerungen nicht nur Rache an seinen politischen Rivalen nehmen, sondern Geld verdienen wollte. Ein halbes Jahrhundert später soll David Cameron für seine Memoiren immerhin 1,5 Millionen Pfund erhalten haben (Mortimer 2016). Später heuerte Cameron bei Lex Greensill an, einem Finanzier, für den er während der Corona-Pandemie Bettelbriefe an seine ehemaligen Kabinettskollegen, vor allem den Schatzkanzler, schrieb. Als die Gesuche um staatliche Finanzierung ignoriert wurden, kollabierte Grensills Unternehmen und Cameron verlor nicht nur ein 60 Millionen Pfund schweres Aktienpaket, sondern auch seinen guten Ruf (The Economist 2021b). Weniger Pech mit seiner beruflichen Neuorientierung hatte in den 1970er-Jahren

Ex-Premierminister Edward Heath, der Unternehmen mit Geschäftsbeziehungen in China beriet und im Fernsehen für einen Käsehersteller warb. Mit seinen Auftritten als Gastgeber einer TV-Talkshow schadete Harold Wilson seiner Reputation vermutlich nicht und John Majors Lobbyarbeit für einen Hersteller umweltverträglicher Motoren galt ebenfalls als unbedenklich. Tony Blair, nach seiner Amtszeit zunächst für die EU und die UN als Friedensbeauftragter im Nahen Osten unterwegs, verdient sein Geld heute als Unternehmensberater, nachdem er ein womöglich nicht ganz ernst gemeintes Angebot des vormaligen Gouverneurs von Kalifornien, Arnold Schwarzenegger, ausschlug, eine Rolle in dessen nächsten Terminator-Film anzunehmen (Cockerell 2007).

Das Geld, das es im Leben nach Downing Street zu verdienen gibt, ist ein Trost für den plötzlichen Verlust von Privilegien, Macht und Herrschaftswissen. John Major etwa erzählte betreten, wie ihm nach dem Ausscheiden aus dem Amt langsam bewusst wurde, dass seine Antworten auf Journalistenfragen bestenfalls noch persönliche Meinungen unter vielen waren, nicht mehr das maßgebende Urteil eines Entscheiders. Bisweilen schmerzt besonders der Entzug eines Statussymbols, so zum Beispiel bei Harold Macmillan, der empört davon berichtete, wie ein Techniker in seinem Krankenzimmer erschien, um das Telefon neben seinem Bett abzumontieren, nur Stunden nachdem die Königin ihn am 18. Oktober 1963 im Hospital besucht hatte, um sein Rücktrittsgesuch entgegenzunehmen. Ein eigenes Telefon, erfuhr der irritierte Ex-Premier auf Nachfrage, stehe dem gewöhnlichen Patienten nicht mehr zu. Ähnliches erlebte ein Jahrzehnt später Ted Heath. Der wurde mit seinem Dienstwagen, einem Jaguar, nach Buckingham Palace gefahren, teilte der Königin seinen Rücktritt mit und erhielt danach die Auskunft, für den Rückweg nunmehr als Ex-Regierungschef müsse er sich eine andere Fahrgelegenheit suchen. So machte er sich mit einem herbeigeorderten Morris Oxford auf den Weg in die Londoner Stadtwohnung, die sein Privatsekretär Timothy Kitson kurzfristig geräumt hatte, weil der Junggeselle Heath kein eigenes Haus besaß und nach der unerwarteten Wahlniederlage und dem Auszug aus Downing Street dringend eine Unterkunft suchte (Cockerell 2007). Das Regierungsamt tauschte Heath ein für die Mitgliedschaft in dem erlesenen Club der Ehemaligen, der im Jahr 2021 mehr

Mitglieder zählte als jemals zuvor: John Major, Tony Blair, Gordon Brown, David Cameron und Theresa May sorgen sich nicht nur darum, wie sie ihren Namen und ihre Beziehungen am besten zu Geld machen können und mit dem Verlust von öffentlicher Aufmerksamkeit und persönlicher Wichtigkeit zurechtkommen. Es geht dem Kreis auch darum, neue Aufgaben im Leben zu finden. David Cameron zum Beispiel sah man während der Corona-Pandemie zweimal in der Woche in der Obdachlosenküche seines Wohnortes Chipping Norton nordwestlich von Oxford aushelfen. Während seine Frau Samantha sich darum bemühte, ihre Modefirma Cefinn durch die Unbill von Brexit und Corona-Lockdown zu steuern, managte der ehemals mächtigste Mann im Land den Haushalt, kochte drei Mahlzeiten am Tag, erledigte die Einkäufe und guckte am Abend „Catastrophe", eine Komödie auf Kanal 4. Seit seinem Rücktritt im Sommer 2016 im Alter von 49 Jahren übernahm er die Präsidentschaft der Alzheimer Gesellschaft und den Vorsitz eines Freiwilligenprogramms für Jugendliche. Ehrenwerte Tätigkeiten, doch jeweils für Organisationen, für die er als Premierminister kaum eine Lücke in seinem Terminplan hätte finden wollen (Chorley 2021). Viel schwerer als Cameron tat sich Margaret Thatcher mit der Suche nach einer neuen Rolle. Charles Powell, der ihr als außenpolitischer Chefberater in Downing Street während der 1980er-Jahre diente, ist sich sicher, dass Thatcher in den Jahren nach ihrem erzwungenen Abschied aus der Regierung 1990 keinen glücklichen Tag im Leben mehr erlebte. Ähnlich litt Churchill an dem Verlust seines Amtes im Sommer 1945. Aber immerhin hatte er über Jahre eine Leidenschaft fürs Malen entwickelt, für das er sich nun während ausgedehnter Urlaube an der Cote d'Azur oder als Gast auf der Christina O, der Yacht seines Freundes Aristoteles Onassis, mehr Zeit nahm (Rafferty 2021). Thatchers Vorgänger in Downing Street, James Callaghan, ging darin auf, die neu gewonnene freie Zeit seiner großen Familie zu widmen, ihr einstmaliger Rivale, Ex-Premier Ted Heath, war sichtlich mit Freude (und Talent) Konzertpianist und auch Thatchers direkter Nachfolger John Major pflegte im Leben Interessen jenseits des Schlagabtauschs in Westminster. Bei der Verabschiedung am letzten Tag im Amt ließ er die vor 10 Downing Street wartenden Journalisten wissen, er werde der Königin nun rasch noch seinen Rücktritt bekannt geben und dann mit seiner Ehefrau Norma und den gemeinsamen Kindern hoffentlich rechtzeitig am Oval-Stadion ankommen für die Cricket-Partie am Nachmittag (Major 1997). Ein Sport, über den Major in den folgenden Jahren ein Buch schreiben würde.

Besonders frustrierend empfinden die Ehemaligen den Umgang mit den Tücken des Alltags, um die sich ihre Assistenten und Sekretariate für Jahre gekümmert hatten. Erst die Eingewöhnung in das Leben nach dem Amt erinnert die vormaligen Regierungschefs daran, wie sehr sie mit den Jahren den Kontakt zum Leben ihrer Wähler verloren haben (Chorley 2021). Charles Powell bekam Tage nach Thatchers Auszug aus Downing Street einen Anruf aus Dulwich, einem Stadtteil im Süden Londons, wo sich seine ehemalige Chefin gemeinsam mit ihrem Ehemann Denis ein Haus gekauft hatte. Eine Rohrleitung lecke, klagte die Eiserne Lady am Apparat. Als er empfahl, einen Klempner anzurufen, fragte sie ratlos, wie man denn am besten einen Klempner fände. Schließlich half Powell ihr mit einem Blick in die Gelben Seiten. Knapp zwanzig Jahre später stand Tony Blair nach seinem letzten Tag im Büro ohne Handy da – ein Privates besaß er nie. Und um Premierminister Camerons Passwörter hatte sich immer sein Sekretariat gekümmert, sodass der Privatmann Cameron zwar eine Million Kontakte im sozialen Netzwerk Twitter zählte, ihm aber zunächst der Zugang zu seinem Konto verwehrt blieb. Wie die Fernsteuerung für ihr TV-Gerät im neuen Haus in Dulwich funktioniert – eine technologische Innovation, der sie während ihrer elfjährigen Amtszeit offenbar wenig Aufmerksamkeit geschenkt hatte – fand Thatcher auch im Ruhestand weniger interessant als die Amtsführung ihres Nachfolgers, in die sie sich mit Ferve und ungebetenen Ratschlägen einmischte. Ken Clarke, einst Schatzkanzler, Innen- und Justizminister, ist sich sicher, dass wie Thatcher die meisten ehemaligen Premierminister gerne an ihren Schreibtisch in 10 Downing Street zurückgekehrt wären, hätte sich ihnen die Chance geboten. Dem Ärger und den Zumutungen, die mit dem Amt verbunden sind, zum Trotz (Cockerell 2007). Für Tony Blair gilt das nicht. Der erinnert daran, wie sehr die große Verantwortung in jenen Jahren auf ihm lastete und seine Familie unter der Beobachtung litt, der jeder Regierungschef ausgesetzt ist (Seldon 2021a, b). Clarke und Blair drücken damit die Ambivalenz des Amtes aus, die Archibald Pimrose, der 5. Earl of Rosebury und Premierminister zwischen 1894 und

1895, so auf den Punkt bringt: „Es gibt zwei höchste Vergnügen im Leben – ein ideales und ein reales. Das Ideale ist, vom Monarchen das Amtssiegel zu erhalten. Das reale Vergnügen ist, es dem Souverän wieder zurückzugeben" (Bogdanor 2021).

Literatur

Anderson B (2012) Spencer Perceval deserves better from posterity. 28. April. Daily Telegraph. https://www.telegraph.co.uk/history/9233091/Spencer-Perceval-deserves-better-from-posterity.html. Zugegriffen am 04.12.2020

Ashcroft M, Oakshot I (2015) Call me Dave: the unauthorised biography of David Cameron. Biteback Publishing, London

Barnes P (2020) Coronavirus: who is in charge if the PM is ill? 15. April. BBC News. https://www.bbc.co.uk/news/uk-politics-52193461. Zugegriffen am 03.04.2021

BBC (2020) Coronavirus: Boris Johnson moved to intensive care as symptoms worsen. 7. April. https://www.bbc.co.uk/news/uk-52192604. Zugegriffen am 15.04.2021

Beers L (2021a) Robert Peel. BBC History Magazine, April. S 31

Beers L (2021b) David Lloyd George. BBC History Magazine, April. S 32

Berlinksi S, Dewan T, Dowding K (2012) Accounting for ministers. Cambridge University Press, Cambridge, S 37–42

Bew J (2017) Clement Attlee: the man who made modern Britain. Oxford University Press, Oxford

Black B (2001) Walpole in power. Britain's first Prime Minister. Sutton, Stroud

Black J (2021) Winston Churchill. BBC History Magazine, April. S 33

Blair T (2011) A journey. Arrow, London

Blake R (1975) The office of Prime Minister. Oxford University Press, Oxford

Bogdanor V (2021) Has Prime Minister become an impossible job? 20. February. Daily Telegraph. https://www.msn.com/en-gb/news/other/has-prime-minister-become-an-impossible-job/ar-BB1dS9jc. Zugegriffen am 27.02.2021

Brown D (2012) Palmerston. Yale University Press, New Haven

Carter BE (1956) The office of Prime Minister. Faber and Faber, London

Cecil D (2001) The young Melbourne and Lord M. Phoenix Press, London

Chorley M (2021) Humiliated Cameron has run out of allies? Sunday Times, 4. April. S 7

Cockerell M (2007) How to be an Ex-Prime Minister. 24. June. BBC 4. https://www.bbc.co.uk/programmes/b007r80c. Zugegriffen am 02.01.2021

Coney J (2019) What does Boris Johnson get paid? 670.000 pounds less for more hours and more stress. 28. July. Sunday Times. https://www.thetimes.co.uk/article/what-does-boris-johnson-get-paid-670-000-less-for-more-hours-and-more-stress-v5zmcqbb0. Zugegriffen am 04.04.2021

Daalder H (1964) Cabinet reform in Britian 1914-1963. Stanford University Press, Redwood City

Dinton (2014) Political and Constitutional Reform Committee. 24. Juni. Houses of Parliament. https://publications.parliament.uk/pa/cm201415/cmselect/cmpolcon/351/35102.htm. Zugegriffen am 03.01.2021

Dixon P (1976) Canning. Politician and statesman. Mason/Charter, New York

Drewett Z (2019) Queen told Boris: I don't know why anyone would want the job. 25. Juli. Metro. https://metro.co.uk/2019/07/25/queen-told-boris-dont-know-anyone-want-job-10457988/. Zugegriffen am 22.04.2021

Foley M (2004) Presidential attribution as an agency of prime ministerial critique in a parliamentary democracy. The case of Tony Blair. Br J Polit Int Rel 6(3):292–311

Garnett M (2021a) The British Prime Minister in an age of upheaval. Polity, London

Garnett M (2021b) British Prime Minister is a broken Job. 3. März. Foreign Policy. https://foreignpolicy.com/2021/03/03/british-prime-minister-is-a-broken-job/. Zugegriffen am 05.02.2021

Gilbert M (2000) Churchill. A life. Pimlico, London

Gilmour I (1971) The body politic. Hutchinson, London

Gray D (1963) Spencer Perceval. The evangelical Prime Minister 1762–1812. Manchester University Press, Manchester

Haddon K (2019) Becoming Prime Minister. June 2019. Institute for Government. https://www.instituteforgovernment.org.uk/sites/default/files/publications/becoming-prime-minister-final.pdf. Zugegriffen am 23.04.2021

Harris R (2014) Not for turning. The complete life of Margaret Thatcher. Corgi, London

Hattersley R (2012) David Lloyd George. The great outsider. Abacus, London

Hennessy P (1986) Cabinet. Basil Blackwell, Oxford

Hennessy P (2001) The Prime Minister. The office and its holders. Penguin, London

Hickson K, Crines A (2016) Harold Wilson. The unprincipled Prime Minister? Reappraising Harold Wilson. Biteback, London

Hurd D (2008) Robert Peel. A biography. Widenfeld & Nicholson, London
Jones B, Norton P, Daddow O (2018) Politics UK. Routledge, London
Kettle M (2012) The reshuffle question that Cameron and Clegg cannot afford not to ask. 22. August. The Guardian. https://www.theguardian.com/commentisfree/2012/aug/22/reshuffle-cameron-clegg-afford-ask. Zugegriffen am 08.02.2021
Letts Q (2021) Who would want to be Prime Minister? The Times. Saturday Review, 3. April. S 13
Linklater A (2013) Why Spencer Perceval had to die: the assassination of a British Prime Minister. Bloomsbury Publishing, London
MacKenzie J (1983) The diary of Beatrice Webb. Virago, London
Mahase (2020) Covid-19: intensive care mortality has fallen by a third since pandemic began, researchers find. BMJ 2020(370):m2882
Major J (1997) Resignation statement. 2. Mai. The Rt. Hon. John Major. https://johnmajorarchive.org.uk/1997/05/02/mr-majors-resignation-statement-2-may-1997/. Zugegriffen am 22.04.2021
Major J (1999) The autobiography. Harper Collins, London
Mason R (2020) No 10 under pressure as it is revealed Whitehall chief had coronavirus. 14. Mai. The Guardian. https://www.theguardian.com/politics/2020/may/14/no-10-under-pressure-as-it-is-revealed-whitehall-chief-mark-sedwill-had-coronavirus. Zugegriffen am 25.04.2021
Mason R, Stewart H, Asthana (2017) The advisers behind the birth of Mayism. Dreamteam or terrible twosome. 19. Mai. The Guardian. https://www.theguardian.com/politics/2017/may/19/theresa-may-fiona-hill-nick-timothy-mayism-conservative-tory-manifesto-general-election. Zugegriffen am 15.04.2021
Mason R, Walker P, Devlin H (2020) Boris Johnson admitted to hospital with coronavirus. 5. April. The Guardian. https://www.theguardian.com/politics/2020/apr/05/boris-johnson-admitted-to-hospital-with-coronavirus. Zugegriffen am 05.03.2021
Mortimer C (2016) David Cameron to earn 1,5 million pounds and 50.000 pounds per hour giving after dinner talks. 18. September. Independent. https://www.independent.co.uk/news/people/david-cameron-earn-ps1-5m-memoirs-and-ps50-000-hour-after-dinner-circuit-a7315496.html. Zugegriffen am 02.03.2021
Naughtie J (2001) The Rivals: the intimate story of a political marriage. Fourth Estate, London

Parkinson J (2009) The MP whose ancestor killed the Prime Minister. 26. November. BBC News. http://news.bbc.co.uk/1/hi/uk_politics/8375544.stm. Retrieved 29.03.2021

Pearce E (2008) Sir Robert Walpole: Scoundrel, Genius and Britain's first Prime Minister. Pimlico, London

Prasannan R (2018) Nehru and our own Addingtons. 9. September. The Week. https://www.theweek.in/columns/prasannan/2018/08/31/nehru-and-our-own-addingtons.html. Zugegriffen am 22.03.2021

Pryce S (2014) Political and constitutional reform. 24. Juni. Houses of Parliament. https://publications.parliament.uk/pa/cm201415/cmselect/cmpolcon/351/35108.htm#n53. Zugegriffen am 05.03.2021

Rafferty P (2021) Winston Churchill's brush with the Riviera. 16. Februar. France Today. https://www.francetoday.com/culture/art_and_design/winston-churchills-brush-with-the-riviera/. Zugegriffen am 22.11.2020

Rawnsley A (2015) Geoffrey How, the close cabinet ally who became Thatcher's assassin. 10. Oktober. The Guardian. https://www.theguardian.com/politics/2015/oct/10/geoffrey-how-the-cabinet-ally-who-became-thatchers-assassin. Zugegriffen am 02.02.2021

Rawnsley A (2021) The Impossible office? The British Prime Minister in an age of upheaval. Reviews – power failures at No 10. 4. April. The Guardian. https://www.theguardian.com/books/2021/apr/04/the-british-prime-minister-in-an-age-of-upheaval-mark-garnett-the-impossible-office-anthony-seldon-review. Zugegriffen am 08.01.2021

Richards S (2020) The Prime Ministers: reflections on Leadership from Wilson to Johnson. Atlantic Books, London

Riddell P (2020) 15 minutes of power: the uncertain life of British ministers. Profile Books, London

Riley CL (2021a) Clement Attlee. BBC History Magazine. April. S 34

Riley C L (2021b) Harold Wilson. BBC History Magazine. April. S 35

Roberts A (1999) Salisbury. Victorian titan. Orion, London

Roberts A (2021a) Lord Salisbury. BBC History Magazine. April. S 31

Roberts A (2021b) Margaret Thatcher. BBC History Magazine. April. S 36

Sandbrook D (2021a) William Pitt the Younger. BBC History Magazine. April, S 30

Sandbrook D (2021b) Stanley Baldwin. BBC History Magazine. April, S 32

Sasse T, Durrant T, Norris E, Zodgekar K (2020) Cabinet reshuffles. The case for keeping ministers in post longer. Januar. The Institute for Government.

https://www.instituteforgovernment.org.uk/sites/default/files/publications/government-reshuffles.pdf. Zugegriffen am 05.01.2021

Seldon A (2021a) The impossible office. Cambridge University Press, Cambridge

Seldon A (2021b) The Prime Minister at 300. The Liminal Premiership. 2. April. BBC Radio 4. https://www.bbc.co.uk/sounds/play/m000tp7p. Zugegriffen am 23.04.2021

Thatcher M (1993) The Downing street years. Harper Collins, London

The Economist (2020) Revolving doors. 22. Februar. S 23

The Economist (2021a) Bagehot: an impossible job. 27. Febuar. S 24

The Economist (2021b) Bagehot: what is to become of them? 3. April. S 26

Thomas GP (1998) Prime Minister and Cabinet today. Manchester University Press, Manchester

White A, Dunleavy P (2010) Making and breaking departments: a guide to machinery of government changes. 12. Mai. Institute for Government/ London School of Economics Economics. https://www.instituteforgovernment.org.uk/sites/default/files/publications/making_and_breaking_whitehall_departments.pdf. Zugegriffen am 22.04.2021

Williamson D (2016) Why Theresa May's appointment of Boris Johnson as foreign secretary may prove a masterstroke. 25. Juli. Wales online. https://www.walesonline.co.uk/news/politics/theresa-mays-appointment-boris-johnson-11617212. Zugegriffen am 22.04.2021

Williamson P (2007) Stanley Baldwin: conservative leadership and national values. Cambridge University Press, Cambridge

Winterman D, Lane M 2010) Have Prime Ministers ever been well paid? 2. Juni. News Magazine. http://news.bbc.co.uk/1/hi/magazine/8715505.stm. Zugegriffen am 22.03.2021

13

BoJo – König der Welt und Chamäleon

„Boris Johnson geht es nur um Ruhm und Spaß. Er ist völlig ungeeignet für das Amt des Regierungschefs" (Hastings 2019). Die Warnung hätte nicht deutlicher ausfallen können und sie kommt nicht von irgendwem, sondern von Max Hastings, einem eminenten Historiker und Journalisten. Der gab 1989 als Chefredakteur der konservativen Tageszeitung Daily Telegraph dem 24jährigen Reporter Johnson eine zweite Chance als Korrespondent in Brüssel, nachdem der von seinem ersten Arbeitgeber, dem Qualitätsblatt The Times, dafür entlassen worden war, ein Zitat des Historikers Colin Lucas frei erfunden zu haben. Brüssel gilt unter britischen Journalisten als wichtiger, aber langweiliger Standort. Nach Langeweile stand Johnson allerdings nicht der Sinn und so beschloss er, mit seinen Beiträgen die Leser des Telegraf zu unterhalten. Das typische Publikum des Blattes sind Wähler der Konservativen, vor allem ältere Jahrgänge mit Nostalgie fürs Empire und tiefer Skepsis gegenüber den europäischen Nachbarn, die es dem Autor Johnson nicht übelnahmen, wenn der mal wieder mit der Wahrheit sparsam und den Fakten kreativ umging, solange die Pointen stimmten und Franzosen, Deutsche und Eurokraten schlecht aussehen ließen (Gimson 2012). Korruption und Intrigen in den Korridoren der europäischen Institutionen waren ebenso Johnsons Herzensthemen wie Komplottversuche der Deutschen gegen die britischen Kommissare und natürlich brachte er zu jeder passenden und unpassenden Gelegenheit Verweise auf den Zweiten Weltkrieg in seinen Beiträgen unter. Dabei ging es unter anderem um angebliche Bemühungen von Kommissionspräsident Jacques Delors, Europa zu beherrschen, und dunkle Absichten auf dem Kontinent, britische Marmelade zu verbieten (Boulton 2020). Viele Gegner der europäischen Institutionen empfanden besondere Genugtuung bei der Lektüre seines erfundenen Berichts, wonach der Sitz der Europäischen Kommission, das Berlaymont-Gebäude an der Brüsseler Rue de la Loi, gesprengt werden sollte (Fletcher 2017). Rolf-Dieter Krause, seinerzeit Korrespondent für die ARD in Brüssel, erzählt, wie er sich bei der Durchsicht der Beiträge aus der Feder des britischen Kollegen oft gefragt habe, ob Johnson und er wirklich auf der gleichen Pressekonferenz gewesen seien (Rankin und Waterson 2019). Vermutlich nicht, denn der Brite war bekannt dafür, während mehrtägiger Gipfeltreffen der Staats- und Regierungschefs der Gemeinschaft von der Bildfläche zu verschwinden, um dann gegen Ende des Treffens zerzaust und gehetzt nur Minuten vor dem Abgabetermin seines Artikels wieder zu erscheinen. Charmant und in humorvollem Franglais gab der junge Johnson dann häusliche Notstände vor („Schrecklicher Tag, alter Junge, die machine a laver ist überlaufen, totale innondation, Ich musste auf les plombiers warten"), um an kollegiale Solidarität zu appellieren und eine kursorische Zusammenfassung der verpassten politischen Stellungnahmen und Pressetermine zu erhalten (Boulton 2020). Was fehlte, füllte Johnson mit Fantasie und Sinn für die Vorlieben seines ständig wachsenden euroskeptischen Publikums auf der Insel. Von jener Zeit sagt Johnson ohne allzu schlechtes Gewissen: „Alle meine Berichte aus Brüssel waren wie Steine, die ich über den Gartenzaun warf, und dann auf das fantastische Klirren des Glashauses nebenan in England wartete, wo die Geschichten einen explosiven Effekt hatten" (Boulton 2020). John Major, seinerzeit Vorsitzender der Konservativen und als Premierminister um ein auskömmliches Verhältnis mit der Europäischen Gemeinschaft bemüht, sah die antieuropäische Stimmung im Land und in den Reihen der eigenen Partei aufgeheizt durch Johnsons reißerische Berichterstattung, die Chris Patten, Großbritanniens Mitglied in der Kommission als Paradebeispiel für Fake News, also erfundene

Nachrichten, brandmarkte (Sparrow 2016). Hastings, Johnsons ehemaliger Förderer beim Telegraf, erzählt bis heute mit viel Anerkennung und Sympathie von Johnsons brillantem Schreibstil, macht aber auch kein Geheimnis daraus, dass sein einstiger Protegé auf dem Karriereweg im Journalismus und später in der Politik nicht nur mit viel Ehrgeiz, sondern auch frei von Skrupeln und rücksichtslos vorgegangen sei (Hastings 2019). Dass er auf diesem Weg ganz nach oben kommen wollte, das hatte Boris schon in Kindertagen angekündigt, als er seiner Mutter erzählte, er wolle „König der Welt" werden (Edwards und Isaby 2008). Seinen brennenden Ehrgeiz verdeckte Johnson für viele Jahre hinter zerzauster Frisur, verknitterten Anzügen sowie Sinn für Witz und rhetorischer Originalität, mit denen er das Publikum über seine eigentlichen Absichten in die Irre führte. Gefragt nach seinen Chancen, eines Tages Regierungschef zu werden, raunte er, „die Wahrscheinlichkeit ist vergleichbar mit meiner Chance, von einer Frisbee-Scheibe enthauptet zu werden." Einem anderen Reporter entgegnete er auf die gleiche Frage mit einem verschmitzten Lächeln und den Zeilen: „Eher findet man Elvis auf dem Mars, als dass ich Premierminister werde" (Hjelmgaard 2014).

Boris Johnson war schon immer etwas Besonders. Geboren wurde Alexander Boris de Pfeffel Johnson 1964 in New York, als sein Vater bei der Weltbank arbeitete. Aber nicht nur zu den USA, deren Staatsbürgerschaft er erst vor wenigen Jahren aus steuerrechtlichen Gründen abgab, hat Boris Johnson ein besonderes Verhältnis. Dank einer Urgroßmutter stammt er von den bayerischen Freiherren von Pfeffel ab, die ursprünglich aus Neuburg an der Donau kommen. Zudem ist er verwandt mit dem Prinzen Paul von Württemberg, Sohn aus der Ehe König Friedrich I. und der Prinzessin Augusta Karoline von Braunschweig-Wolfenbüttel. Und der Urgroßvater väterlicherseits Ali Kemal diente dem letzten ottomanischen Sultan Mehmed VI. als Innenminister, bis er von einem aufgebrachten Mob gelyncht wurde (Gimson 2012). Damals floh die Familie nach Frankreich, dessen Staatsbürgerschaft Boris Vater Stanley heute neben der britischen innehat. Als Stanley eine Anstellung bei der Europäischen Kommission fand, zog die Familie nach Brüssel um, wo Boris einige nicht besonders glückliche Jahre seiner Kindheit verbrachte. Er besuchte die Europäische Schule wie einige Jahre später auch Ursula von der Leyen. Ein „enfant doué", ein begabtes Kind, so erinnern sich die

Lehrer, sei der junge Johnson gewesen. Das Lob war offenbar verdient, denn zurück in England gewann er ein Kings Scholarship für das Eton College am Oberlauf der Themse, nur einige hundert Meter entfernt von Windsor Castle. Ohne das Stipendium, das von König Henry VI. im 15. Jahrhundert für ausnehmend begabte Schüler gestiftet worden war, hätten die Johnsons, die nicht besonders wohlhabend waren und inzwischen auf einer Farm im Exmoor in der Grafschaft Somerset wohnten, das Schulgeld für das Eliteinternat kaum aufbringen können. In Eton war er bald Herausgeber der Schülerzeitung, Vorsitzender des Debattierclubs, Schulsprecher und nach Ansicht von Sir Eric Anderson, der interessanteste Schüler, den er je unterrichtet habe. Dieses Urteil hat Gewicht, denn Sir Eric kümmerte sich als Lehrer in Eton nicht nur um die Bildung des jungen Johnson, sondern hatte in gleicher Funktion am ehrwürdigen Fettes College in Edinburgh bereits Tony Blair unter seinen Schülern, der 1997 zum Premierminister gewählt wurde und in seinen frühen Jahren seines einnehmenden Charismas wegen Wähler verzückte (McTague 2021). Später am Balliol College an der Universität Oxford belegte Johnson Kurse in Altgriechisch und Latein, Fächer, die ihm Zeit geben, antike Helden zu studieren, vor allem Perikles, der neben Winston Churchill einer seiner beiden wichtigsten Vorbilder werden sollte. Ein Kommilitone, mit dem er bereits in Eton die Schulbank gedrückt hatte, schrieb sich zur gleichen Zeit am Oxforder Brasenose College ein. Er war im Vergleich unauffällig, hatte wie viele junge Leute seines Alters Interesse an Sport und Musik und bemühte sich sonst vor allem darum, sein Studium erfolgreich zu Ende zu bringen. Sein Name war David Cameron, ein netter Kerl, aber keine Konkurrenz für Johnsons Pläne, Präsident der Oxford Union zu werden, jenes renommierten Debattierclubs an der Hochschule, in dem sich Staats- und Regierungschefs, Nobelpreisträger und Superstars aus Kunst und Literatur über die bedeutenden Themen des Landes und der Welt stritten (Burkeman 2007). Studenten mit großen Ambitionen führen in Oxford Wahlkampf um die Leitung dieses elitären Clubs aus dem Jahr 1823. Die späteren Premierminister Henry Herbert Asquith, Harold Macmillan, Edward Heath und William Gladstone erkämpften sich ebenso die Präsidentschaft wie mehre Erzbischöfe von Canterbury sowie Benazir Bhutto, die später einmal Regierungschefin Pakistans werden sollte. Boris Johnson sah in dieser prominenten

Position eine Chance, von sich Reden zu machen und seine Führungsfähigkeiten zu beweisen. Aber seine Kampagne für den Posten lief schlecht. Bei der Wahl fiel er durch und musste einsehen, dass es für einen Konservativen wie ihn bei den Studenten keine Mehrheit gab (Gimson 2012). Im Jahr darauf stand Johnsons Name wieder auf dem Stimmzettel. Der Konservative hatte die Zeit genutzt und sich zu einem Sozialdemokraten gewandelt, der im Wahlkampf in den Pubs und den Wohnheimen der Colleges jeweils gerade die Überzeugung vertrat, die sein Gegenüber hören wollte (Murphy 2019b). Diese Eigenschaft, die ihm damals den Sieg und die Präsidentschaft einbrachte, hat er seither perfektioniert. Einige sagen, diesen Sophismus habe Johnson sich von seinen altgriechischen Vorbildern abgeschaut, gedungenen Rhetoriken ohne Skrupel und Interesse an der Wahrheit, die auf der Athener Agora jetzt für eine Politik argumentierten und im nächsten Moment dagegen, je nachdem, wie es dem jeweiligen Auftraggeber gefiel. Anders gesagt: Johnson habe sich, wie in der Antike üblich, nicht einem Gott verschrieben, sondern je nach Lage und Bedarf mal für diesen Glauben, mal für jenen entschieden. Und ganz ähnlich habe er sich auch in der Politik nie auf eine Ideologie festgelegt, sondern immer so orientiert, wie es seinem Publikum gefiel (McTague 2021). Dieser maßlose Opportunismus paart sich bei Johnson mit „unbekümmertem Egoismus und aufdringlichem Narzissmus". Seit seinen Jahren in Oxford ist er für eine ausgeprägte „Bonhomie, für eine bisweilen kindisch anmutende Naivität sowie eine sorgsam inszenierte Unordentlichkeit bekannt, die ihn als sorglos, spontan, unbekümmert und uneitel erscheinen lassen sollte" (Adam und Mertens 2020, S. 50). Der Name ist Teil der Inszenierung. Nicht Alexander, sondern als Boris wollte er angesprochen werden (Purnell 2019). Und Boris war er seither für alle, Studenten und Dozenten, auch Journalisten – sogar nach seiner Wahl zum Premierminister – gaben die gegenüber Regierungsmitgliedern sonst übliche professionelle Distanz auf und selbst politische Gegner, die ihm nichts Gutes wünschen, reden schlicht von Boris. Wer kann schon einem „Boris" richtig böse sein, dessen wirre Erscheinung und brabbelnde Unbeholfenheit an einen Schüler erinnern, dem man Schummeleien mit Augenzwinkern vergibt. Johnsons Winkelzüge faszinieren denn auch mehr als sie empören und was bei Konkurrenten im Politikgeschäft zum sicheren Rücktritt führt, wird bei ihm mit Erheiterung, Kopfschütteln und einer Portion Ungläubigkeit abgetan. Seine Fraktionskollegen erzählen, im Oktober 2020 habe er auf Berichte über die erschreckend hohe Zahl von Covid-Toten in den Alten- und Pflegeheimen mit dem absurden Hinweis geantwortet, immerhin bliebe dann manchem der nervige Besuch der Schwiegereltern an Weihnachten erspart (McTague 2021). Noch als Außenminister ließ er in einer überraschend pietätslosen Stellungnahme zum Bürgerkrieg in Libyen wissen, die Hafenstadt Sirte habe eine vielversprechende Zukunft, wenn die Bewohner erst einmal die ganzen Leichen weggeräumt hätten. Noch deutlicher fielen Johnsons Formulierungen zur ehemaligen Außenministerin und Präsidentschaftskandidatin der Vereinigten Staaten, Hillary Clinton, aus, die ihn an eine „sadistische Krankenschwester in einer Anstalt für Geisteskranke" erinnere (Tharoor 2016). Ähnliche rhetorische Entgleisungen bedeuten anderswo das sichere Ende der Karriere. Bei Johnson ist alles anders – er lächelt verschmitzt und macht weiter. Zugegen, ganz ohne selbst verschuldete Rückschläge ist Johnsons Weg an die Spitze nicht verlaufen. Zweimal wurde er entlassen. Einige Jahre nach dem Rauswurf bei der Times verlor er seine Funktion als stellvertretender Generalsekretär der konservativen Partei, weil der inzwischen mit der Rechtsanwältin Marina Wheeler in zweiter Ehe verheiratete Johnson die Öffentlichkeit mehrmals belogen und Berichte über eine außereheliche Beziehung mit der Journalistin Petronella Wyatt rundweg geleugnet hatte (Gimson 2012). Sein Privatleben verlief auch weiterhin ähnlich chaotisch und unberechenbar wie die Karriere. Es heißt, er habe von drei Frauen sechs Kinder und erwarte 2022 das siebte. Sicher weiß das wohl niemand ganz genau, obwohl die Nation das Leben Johnson und den politischen Aufstieg mit Aufmerksamkeit verfolgt hat, seit er in den späten 1990er-Jahren mit seinen humorvollen Auftritten in dem populären Satireprogramm Have I Got News For You des Fernsehsenders BBC bekannt wurde. Die Zuschauer lachten mit und über einen Boris Johnson, zu dessen Inszenierung es gehörte, selbstironisch den Spott der anderen Teilnehmer auf sich zu ziehen. Ein recht albernes Theater, das dem berechnenden Politiker mit dem Showtalent dazu diente, Abend für Abend im Mittelpunkt der Unterhaltung zu stehen. Es war genau das, was ein Alphatier liebt und ein aufstrebender Politiker braucht, vor allem einer, der um jeden Preis sein Publikum unterhalten will. Als er 2001 erstmals für den wohlhabenden Wahlkreis Henley an der Themse ins Parlament gewählt wurde, empfahlen ihm seine Kollegen in der Fraktion, er solle sich nun um Seriosität bemühen. Doch Johnson machte sich aus guten Ratschlägen wenig (McTague 2021). Er fiel weiterhin aus dem Rahmen, teils mit Kalkül und Absicht, teils konnte er nicht anders. Das unterscheidet ihn noch heute von seinen Vorgängern im Amt des Premierministers. Tony Blair und David Cameron waren geschliffen und flößten Respekt ein. Gordon Brown und Theresa May galten als verkrampft, ängstlich und übervorsichtig. Im Vergleich zu ihnen gehört Johnson einer anderen Kategorie an: Aufgeweckt und quirlig, oberflächlich und zerzaust, ausgelassen, impulsiv mit einem Hang zur Schlampigkeit. Für Johnson, sagen seine Gegner, gebe es keine Realität, sondern Geschichten und Interpretationen der Wirklichkeit, die ihm passen. Sie sehen ihn als Gesicht des Populismus, als jemanden, der mit seinen gewissenlosen Botschaften und maßlosen Versprechungen die Menschen manipuliert. Anderen gilt er noch immer als Clown, als Verkörperung für den Niedergang von Standards und guten Sitten in der politischen Arena und. Er ist der Mann, der zur Werbung für die Olympischen Spiele in London in eine Harness geklemmt, mit Helm und Union Flaggen in beiden Händen wedelnd, hilflos an einem Drahtseil hing, während die Menge entzückt Meter unter ihm jubelte. Als er Premierminister wurde, titelte die französische Zeitung Libération mit so unverhohlener wie bitterer Ironie als Botschaft an die Briten „Viel Glück!"

Insider halten Johnson für charakterlich ungeeignet

2007 meldet sich David Cameron bei Johnson. Sein alter Rivale aus Jugendtagen war inzwischen Vorsitzender der Konservativen geworden war, eine Fügung, die der ehemalige Schulsprecher von Eton und Präsident der Oxford Union als bittere Ungerechtigkeit und persönliche Niederlage empfunden haben muss. Jetzt bietet er Johnson an, als Kandidat der Tories bei den anstehenden Kommunalwahlen für das Amt des Londoner Bürgermeisters zu kandidieren. Ein Himmelfahrtskommando, meinen viele, denn in der Hauptstadt ziehen immer Linke ins Rathaus ein. Sein Widerpart bei den Wahlen würde Ken Livingstone werden, der als „roter Ken" nach gewonnenen Direktwahlen 2000 sowie 2004 im futuristischen gläsernen Rathaus an der Tower Bridge residiert. Bereits Anfang der 1980er-Jahren leitete er die Stadtverwaltung, bis Premierministerin Margaret Thatcher von seinen Provokationen genug hatte und kurzerhand per Parlamentsbeschluss Livingstones Job in London strich und den Stadtrat auflöste. Er kehrte zurück, als die Regierung Tony Blairs im Jahr 2000 die Stelle des Bürgermeisters wiederherstellte. Seitdem galt Livingstone in der multikulturellen, internationalen und liberalen Stadt als unbesiegbar – vor allem, wenn der Gegner Boris Johnson hieß. Und der blieb aus guten Gründen skeptisch und argwöhnte, Cameron stelle ihm mit der Aufforderung zur Kandidatur eine Falle. Wenn es so gewesen sein sollte, ging die Rechnung des Tory-Chefs nicht auf. Livingstone verlor knapp, weil Johnson, der im Wahlkampf der bessere Unterhalter war, ehemalige Nichtwähler für sich gewann und man ihm in liberalen Kreisen der Stadt sogar seine Mitgliedschaft in der Partei Margaret Thatchers verzieh (Crines 2013). Tauglich für ein Spitzenamt hielten die Wähler ihn damals nicht. Aber der Bürgermeister von London hat überschaubare formale Aufgaben, ein vergleichsweise bescheidenes Budget und begrenzte Verantwortung etwa bei der Festlegung der Ticketpreise für Busse und die U-Bahn. Auf den Schultern eines Bürgermeisters von New York oder Berlin lastet eine ungleich größere Bürde. In Ermanglung exekutiver Macht sind Londoner Stadtoberhäupter Lobbyisten und Lautsprecher aller Herzensthemen der Hauptstadt, prominente Ideengeber, die sich in Szene setzen und damit für Englands Kapitale werben. Ein Aufgabenprofil, das passgenau Johnsons persönlicher Neigungen zur wirkungsvollen Inszenierung und seinen Fähigkeiten beim öffentlichen Auftritt entspricht. Schon bald nach seiner Wahl machte der neue Bürgermeister von sich reden mit kühnen Projekten und fantasievollen Ideen. So forderte er, den überlasteten alten Airport Heathrow zu schließen und als Ersatz dafür an der Themse-Mündung einen neuen Großflughafen zu bauen. Auch Pläne für eine originelle begrünte Gartenbrücke über die Themse entstanden in seinem Büro. Als Gastgeber, Einheizer und Ansporner der Nationalmannschaft Team GB war er das prominenteste politische Gesicht bei den Olympischen Spielen 2012. Besonders assoziiert aber wurde der Bürgermeister mit einem Projekt, das sich die

13 BoJo – König der Welt und Chamäleon

Marketingabteilung von Barclays zur Bewerbung ihres Bankhauses ausgedacht hatte. In ganz London stellte das Geldinstitut in der Farbe des Firmenlogos blau lackierte Leihfahrräder auf und bat zur Eröffnung des Programms Bürgermeister Johnson, sich auf eines zu setzen und als Motiv für Fotografen zu posieren. Die Räder, die nach dem Sponsor eigentlich als Barclays-Bikes in der Stadt unterwegs sein sollten, hießen von dem Tag an unter Londonern und Touristen wie selbstverständlich Boris-Bikes. Die Aktion war mehr als eine PR-Posse, denn der damalige Bürgermeister ist tatsächlich ein leidenschaftlicher Radfahrer, der immer wieder mal gesehen wird, wie er sich mit Verve durch das Verkehrschaos in der Innenstadt kämpft.

Nach zwei Amtszeiten in der Kommunalpolitik kehrt Johnson im Mai 2015 mit einem Sieg im Wahlkreis Uxbridge und South Ruislip im Nordwesten Londons ins Zentrum der Macht zurück: Das Parlament in Westminster. 13 Monate später, am 23. Juni 2016, sollten die Briten in einem Referendum über Großbritanniens Mitgliedschaft in der EU entscheiden. Das Brexit-Referendum würde Johnsons politische Meisterprüfung werden. Noch im Januar 2016 war niemandem klar, auf wessen Seite Boris Johnson in dieser epischen Auseinandersetzung stehen würde. Klar war nur, dass die Haltung des Mannes, der sich als Konservativer im liberalen London als phänomenaler Wahlkämpfer erwiesen und zweimal eine linke Mehrheit zu seinen Gunsten gekippt hatte, die Debatte um den Brexit mitbestimmen könnte. Deshalb reagierten nun Brexiteers und Freunde der EU ungeduldig und nervös auf jede Äußerung, die auf seine Präferenz und Absichten schließen ließen. Als Bürgermeister in London war er der Freund des globalen Jetsets, bekannt als Anwalt der internationalen Investoren und Finanzindustrie in der City. Trotz seiner Geringschätzung der Brüsseler Institutionen während seiner Zeit als Korrespondent sahen noch viele in Boris einen Remainer, wie die Befürworter der britischen EU-Mitgliedschaft genannt wurden. Um die Sache für sich zu klären, entwarf der Abgeordnete Johnson Mitte Februar 2016 eine Kolumne für den Telegraf. Er schrieb den Text über das britische Verhältnis zur Europäischen Union in zwei Fassungen. In der einen argumentierte er für den Brexit, in der anderen dagegen, um zu sehen, welche Version ihm überzeugender gelang. Nach dem Abgleich der beiden Versuche, so lautet die Geschichte, die nie dementiert wurde, schien Johnson die Sache klar. Den vor seinem Haus wartenden Journalisten verkündete er am 21. Februar 2016, dass er für den Brexit werben würde (Elgot 2016). Aber es ging nicht nur ums Werben, Johnson war dank seiner Popularität und seines Status als Celebrity, den der sich über die Jahre erarbeitet hatte, in den Reihen der Konservativen sofort der uneingeschränkte Anführer der Brexit-Anhänger. Viel wurde darüber spekuliert, warum Johnson sich für die Seite der EU-Gegner entschieden haben mochte, obwohl seine Vita und Amtszeit in London sowie sein Naturell und die internationale Familientradition ihn eher zu einem libertären Internationalisten machten, der wenig gemein hat mit Xenophoben, Nationalisten und den Verlierern der Globalisierung, die sich vornehmlich in der Brexit-Bewegung wiederfanden. Die Antwort hat zu tun mit Johnsons Lebensziel, Premierminister zu werden und seinem pragmatischen Umgang mit politischer Ideologie und persönlichen Überzeugungen, die er stets dieser Ambition unterordnete, wie er es seinerzeit beim Wahlkampf um die Präsidentschaft der Oxford Union getan hatte. In den Reihen der Remainer wäre er bestenfalls die Nummer zwei hinter seinem Widersacher Cameron geblieben, der bei einem Sieg im Referendum seine Amtszeit hätte fortsetzen können. Johnson als gefeierter Anführer einer knapp unterlegenen, aber starken Brexit-Gruppe innerhalb der konservativen Partei wäre von da an ein ernst zu nehmender parteiinterner Rivale Camerons geworden und präsumtiver Nachfolger. Sollte Cameron mit seiner pro-europäischen Gruppe allerdings gegen die Brexiteers am 23. Juni verlieren und kurz darauf zurücktreten, wäre Johnson als deren Frontmann sofort der Favorit für den Parteivorsitz und damit das Amt des Regierungschefs geworden (Savage Graham-Harrison 2019). Als dieses letzte Szenario am Morgen des 24. Juni tatsächlich eingetreten war, schien der Taktierer Johnson mit der Gier nach Aufmerksamkeit und der Freude an Nervenkitzeln geschockt. Mit dem Feuer des Euroskeptizismus zu spielen war immer schon sein Metier; die Verantwortung für den Ausstieg seines Landes aus der EU zu tragen aber etwas ganz anderes. So sagen es nicht wenige, die ihn kennen. Wie überfordert Johnson in der Situation war, zeigte sich nicht zuletzt, als seine Bewerbung um die Nachfolge Camerons kollabierte, bevor er Gelegenheit bekam, sie öffentlich zu machen. Sein eigener Wahlkampfleiter Michael Gove ließ in der Nacht vor Johnsons Pressekonferenz wissen, er halte seinen Chef für charakterlich ungeeignet, die Regierungsgeschäfte zu übernehmen. Da rammte der Putschist dem Königsmörder den Dolch in den Rücken. Ein Szenario, das auch altgediente Kenner der an Kabalen und Dramen nicht armen Tory-Partei die Sprache verschlug. Statt für Johnson entschied sich die Partei nun für die langjährige Innenministerin Theresa May, die als zweite Frau nach Thatcher an die Spitze von Partei und Regierung aufrückte und zur Verblüffung von Beobachtern ausgerechnet den gescheiterten Rivalen mit der Leitung des Außenministeriums betraute, einem Amt, das diplomatische Sprache, kulturelle Sensibilität und Verantwortungsgefühl im Umgang mit Freunden und Partnern im Ausland erforderte. Allesamt Eigenschaften, die man Johnson nicht einmal mit viel gutem Willen zuschreiben kann. Sein Sprach- und Schreibstil gilt als affektiert, überraschend, reich an Pointen und zynisch-satirischen Anspielungen in guter englischer Tradition auf eigene Kosten, aber meist zum Schaden anderer (Adam und Mertens 2020). In den USA erinnerte man sich noch gut daran, wie er im Jahr 2016 Barack Obamas kritische Haltung zum Brexit damit erklärte, dass der Vater des amerikanischen Präsidenten aus dem Städtchen Nyang´oma Kogelo in Kenia stamme und die Familie daher aus kulturellen Gründen den vormaligen Kolonialherren grolle. Noch drastischer war Johnsons Beurteilung der EU, die gegründet worden sei, um zu verwirklichen, woran Napoleon und Hitler gescheitert waren – die Unterjochung Europas. An Schlichtheit nicht zu überbieten war schließlich seine Analyse der Gründe für Armut und Not in Afrika: Der Kontinent sei vor allem deshalb so arm, weil er nicht mehr europäischer Verwaltung unterstehe. Von dem irischen Regierungschef Leo Varadkar, den Sohn eines indischen Einwanderers, wollte Johnson wissen, warum er „nicht Murphy heißt, wie all die anderen in Dublin?" Und seinen Mitarbeitern trug er auf, in Erfahrung zu bringen, ob die deutsche Angela Merkel in ihrer Jugend für die Stasi gearbeitet habe. Solch ein interner Suchauftrag blieb in Berlin kein Geheimnis. Dabei hatte die deutsche Kanzlerin noch Glück, zumindest im Vergleich zu Emanuel Macron, den Johnson bei Gelegenheit als arroganten Napoleon an der Spitze eines Volkes aus „Kackwürsten" bezeichnete (Parris 2021). Auf eine Kolumne, in der er über das „Wassermelonen-Lächeln" schwarzer Babies schwadronierte, reagieren viele Menschen nur noch mit ratlosem Achselzucken (Bienkov 2020). Von Anfang an wurden innenpolitische Gründe genannt, um zu erklären, wieso Mays Wahl für den Posten des Chefdiplomaten ausgerechnet auf Johnson fiel. Die Premierministerin verfolgte seine ambitionierten Karrierepläne mit Argwohn und wollte ihm das Ränkeschmieden in Hinterzimmern des Regierungsviertels Whitehall erschweren. Als Außenminister auf Reisen im Ausland, so ihr Kalkül, würde er für konspirative Treffen und zur Vorbereitung einer Rebellion gegen ihre Führung viel weniger Gelegenheit haben. Als Minister war Johnson zudem eingebunden in die Kabinettsdisziplin, die erforderte, im Parlament für kollektive Entscheidungen der Regierung zu stimmen (Honeyman 2018). Wer ausscherte, öffentlich gegen Kabinettsbeschlüsse protestierte und im Unterhaus mit Nein stimmte, verlor sein Regierungsamt. Diese Art von Disziplin fällt manchem Politiker schwer und wird zur unerträglichen Bürde für einen Boris Johnson, dem die eigene Popularität, das Jubeln seiner Anhänger und die Zustimmung der Wähler mehr wert sind als Loyalität und Partei. Daran erinnert eine skurrile Posse um Pläne für den Ausbau des größten britischen Airports Heathrow und die Konstruktion einer zusätzlichen Startbahn. Uxbridge und West Ruislip liegt direkt in der Einflugschneise des Flughafens und bei seiner Nominierung als Kandidat für den Wahlkreis hatte Johnson seinerzeit den Bürgern und Parteifreunden in gewohnt theatralischer Manier angekündigt, den Ausbau zu blockieren, indem er sich „vor die Bagger werfe" (Jones 2018). Drei Jahre später stand das Thema zur Abstimmung im Parlament. Premierministerin May wies ihre Regierungsmannschaft an, dem Projekt zuzustimmen. Damit galt für Boris Johnson die Kabinettsdisziplin und im Wahlkreis machte der Verdacht die Runde, der Abgeordnete könnte die lokalen Interessen womöglich verraten und gar sein Versprechen brechen, um seinen Ministerposten nicht zu gefährden. Das Land schaute gebannt nach London, als am Tag der Parlamentsabstimmung ungezählte Nachrichtenredaktionen ihr Programm mit der Frage eröffneten: „Was macht Boris jetzt?" TV-Experten unterstellten, der Houdini der Politik würde an jenem Tag entzaubert und eingestehen müssen, sich mit seiner jüngsten überzogenen Versprechung selbst das Bein gestellt zu haben. Dann die Überraschung. Als der Parlamentssprecher das Flughafen-Votum aufrief, blieb Johnsons Platz leer. Die Pressestelle des Außenministeriums hatte Stunden zuvor mitgeteilt, dass der Minister an der Abstimmung nicht teilnehmen könne, weil er in geheimer Mission einem nicht genannten Stützpunkt britischer Soldaten im Ausland just an diesem Tag einen Besuch abzustatten habe. Zwischen Ungläubigkeit und Entgeisterung schwankte die Reaktion. Mit Belustigung inspizierten Reporter im Abendprogramm der BBC-Weltkarten, verschoben bunte Positionsfähnchen auf dem Globus, feixten und rätselten, wo „Boris" sich wohl diesmal vor der unangenehmen politischen Realität verstecke. Klar war in jedem Fall, dass es ihm wieder einmal gelungen war, sich mit Raffinesse und einem verschmitzten Lächeln aus der Klemme zu ziehen (Crerar 2018).

„Wir alle wissen, dass er immer pleite ist"

Aber die skurrile Episode zeigte auf, wie schwer der Spagat fiel. Der Ruf des gefeierten Volkstribuns, des Freundes der Massen und populistischer Lautsprecher, der Grundsatz und Anstand immer aufzugeben bereit war für die Sympathie der Menge und die Stimmen der Wähler, riskierte Schaden zu nehmen, solange Johnson an seinem Ministeramt festhielt und damit öffentlich zur Loyalität gegenüber in der glück- und erfolglosen Regierung Theresa May verpflichtet war. Je tiefer sich May in so quälenden wie enttäuschenden Verhandlungen in Brüssel über den Brexit verhedderte, umso mehr sank ihr politischer Stern. Wollte Johnson seine Anhänger nicht vergrätzen, musste er sich von der Kabinettsdisziplin befreien, um als Rädelsführer der Brexiteers die Opposition gegen May anführen zu können. Als am 9. Juli 2018 bekannt wurde, dass Johnson vom Amt des Außenministers aus Protest zurückgetreten war mit der Begründung, Theresa Mays Plan für den Brexit degradiere Großbritannien zu einer de facto Kolonie der EU, hielt sich die Überraschung des Publikums in Grenzen (Stewart et al. 2018). Ein geschickter Schachzug zum richtigen Zeitpunkt, denn nur 12 Monate später trat auch May zurück, zermürbt und entnervt und ohne jede Hoffnung, ihre Partei noch zu überzeugen von dem Brexit-Vertrag, auf den sie sich nach langem Ringen mit dem Unterhändler der EU Michel Barnier geeinigt hatte. Einer ihrer eifrigsten Kritiker war inzwischen Johnson, der zu dem mit der EU vereinbarten Brexit-Kompromiss seiner ehemaligen Chefin sagte: „Frau May hat Großbritannien einen Sprengstoffgürtel umgelegt und den Auslöser in die Hand Barniers gelegt" (Grafton-Green 2018). Unerhört, verletzend, unwahr? Das ergebene Publikum sah es seinem Idol Johnson nach. Kritische Stimmen des ehemaligen konservativen Premierministers John Major und des Verlegers Max Hastings, die warnten, einen Fabrikanten von Fake News – also nachrichtlich anmutenden Lügen – als Nachfolger Mays an die Spitze von Partei und Regierung zu wählen, verhallten in den Reihen der Parteimitglieder, dem Fußvolk der Konservativen, die schon lange zu Johnsons eifrigsten Claqueuren gehörten (Heffer 2019). Dort erkannte man keinen Aufschneider, sondern einen Motivator mit einem ausgeprägten Hang zum Optimismus, der jetzt in seiner Kampagne um den Parteivorsitz dem armen Norden des Landes Jobs, jungen Familien Häuser, dem Gesundheitsdienst neue Krankenhäuser, den Sicherheitsbehörden mehr Polizisten, den Nationalisten sichere Grenzen, den Exporteuren weltweiten Marktzugang und der Fischereiflotte Schutz vor spanischer und französischer Konkurrenz versprach. Ken Livingstone, sein alter Widersacher bei den Londoner Bürgermeisterwahlen vermutet, dass Johnson den Menschen unbedingt gefallen und niemanden mit unangenehmen Wahrheiten enttäuschen will. Nach einem hitzigen Radioduell der beiden Kandidaten sei der junge Johnson seinerzeit Livingstone durch die Korridore des Senders gefolgt, weil er den heftigen Zwist, der während der Sendung zwischen den beiden aufgekommen war, unbedingt noch am Abend aus der Welt schaffen wollte. Der alte Labour-Haudegen Livingstone, selbst bekannt für handfesten Schlagabtausch und populistischen Neigungen nicht fremd, war verblüfft und befand zu Johnsons Verhalten: Wem der Wunsch, immer zu gefallen, wichtiger sei als der Kampf für die Sache, der habe in wichtigen Staatsämtern nichts verloren (Llewelyn 2019). Das Urteil teilten viele in der konservativen Fraktion. Johnsons flapsige Sprüche, seine großspurigen Versprechungen, ideologische Wankelmütigkeit und der Ruf, es mit der Wahrheit nicht so eng zu sehen, wenn es dem eigenen Vorteil nutzt, hatte unter den Abgeordneten der Tories zur Gründung einer internen Gruppe geführt, die in den Medien unter dem Akronym ABB bekannt wurde. Die Mitglieder der „Anyone but Boris"-Bewegung forderten, „irgendwen zum Vorsitzenden zu machen, solange es nicht Boris ist." Zu dieser Gruppe zählten rund 100 namhafte Abgeordnete der Tories, die an Johnsons Kompetenz und Persönlichkeit zweifelten. Amber Rudd, immerhin

Innenministerin der Konservativen in der Regierung Mays ließ wissen, dass Johnson kein Mann sei, von dem sie sich am Ende eines Abends nach Hause bringen ließe (Osborne 2016). Aber der Widerstand hielt nicht lange an. Immer mehr Abgeordnete liefen bei den nachfolgenden parteiinternen Wahlen ins Lager Johnson über, der mit einer ihm eigenen rhetorischen Urgewalt ein Versprechen gab, das Abgeordnete, Mitglieder und Wähler gleichermaßen im Sommer 2019 als Erlösung empfanden. Er werde die sich über Monate hin quälenden Verhandlungen zum Ende und den Brexit über die Ziellinie bringen. Vorschläge von Experten, das ließe sich nicht in den wenigen Wochen bis zum Ablauf der letzten Frist im Herbst 2019 bewerkstelligen, entgegnete er brüsk und zur Freude der Brexiteers: „Eher liege ich tot in einem Graben, als den Brexit noch einmal zu verschieben" (Woodcock 2019). Die Wahl zum Parteivorsitz konnte ihm nun niemand mehr nehmen und seine Kür durch die Mitglieder am 23. Juli 2019 war nie gefährdet. Nur vier Monate später bestätigten ihn die Wähler im Amt des Premierministers mit einem fulminanten Wahlsieg, der seiner Partei eine Mehrheit von 80 Abgeordneten im Unterhaus des Parlaments einbrachte, das beste Ergebnis seit 1987, als die Konservative Margaret Thatcher das Land regierte.

Wer gehofft hatte, nach dem Wahlsieg im Dezember 2019 einen gewandelten Boris Johnson zu erleben, geläutert im Amt und gemäßigt im Bewusstsein der Verantwortung, wurde enttäuscht. Er blieb sich auch in 10 Downing Street treu. Aber was heißt schon treu bei einem, der immerzu als politisches Chamäleon auffällt, sich den Stimmungen des Publikums und den Präferenzen des Umfeldes anpasst. In dieses Bild passt es, dass Premierminister Johnson schon bald nach Regierungsübernahme einen ehemaligen Kommilitonen in sein Büro einlud, der ihm seinerzeit im Wahlkampf um die Präsidentschaft der Oxford Union geholfen hatte, sich als Sozialdemokraten zu präsentieren. Sein Gast war der Amerikaner Frank Luntz, der in den USA als prominenter Meinungsforscher geschätzt war für seine Analysen der Stimmungen im Land, nach denen Politiker ihre Programme und Kampagnen ausrichteten. Von ihm hoffte Johnson nun zu erfahren, was die Briten von ihrem Regierungschef künftig erwarteten, nachdem der wie versprochen den Brexit geliefert hatte. Wollten sie einen Radikalen in der Regierung, der sich mit Parlament, Kirche und sogar der eigenen Partei anlegt, wie es Johnson in den Monaten vor seinem Wahlsieg getan hatte? Oder war die Stimmung umgeschwenkt und erlaubte es, auf radikalen Umbruch und umstrittene Reformen etwa der BBC und des öffentlichen Dienstes zu verzichten? (Martin 2021) Solche Fragen stellt nur jemand, dem in der Politik Orientierung und Richtung fehlen. Bei internen Diskussionen im Kreis der Mitarbeiter überließ Johnson deshalb auch die klaren Ansagen zur politischen Programmatik gerne anderen, etwa seiner rechten Hand, dem Brexit-Chefstrategen Dominic Cummings, der bis zu seiner Entlassung im November 2020 von seinem Büro in Downing Street aus die Regierung zu einem Kulturkampf gegen liberale Eliten zu instrumentalisieren versuchte. Ein Querdenker mit radikalen Ansichten und schwierigem Charakter, auf den sich Johnson lange verließ, bis Carrie Symonds der politischen Männerfreundschaft ein Ende machte. Die vormalige Kommunikationsdirektorin der Tories und Umweltaktivistin mit ausgeprägten politischen Vorstellungen setzte sich im internen Machtkampf nicht nur gegen Cummings durch. Ihr Einfluss auf Personalentscheidungen in 10 Downing Street und ihre private Beziehung mit dem Premierminister brachte ihr unter Kritikern den wenig schmeichelhaften Beinamen Lady Macbeth ein (Sheridan 2021). Am 29. Mai 2021 wurde die 33 Jahre alte Carrie Symonds in einer geheimen Zeremonie in der römisch-katholischen Kathedrale von Westminster die dritte Ehefrau des 24 Jahre älteren Boris Johnson. Die Scheidung seiner Ehe mit Marina Wheeler im Jahr zuvor, der Unterhalt für vier seiner sechs Kinder und teure Vorlieben seiner neuen Ehefrau sind ein Grund dafür, dass Johnson finanziell darbt. Öffentlich bekannt wurden seine Geldsorgen nach Zeitungsrecherchen zur Renovierung der Dienstwohnung in Downing Street, die nötig wurde, weil Carrie Symonds keinen Gefallen fand an Möbeln von IKEA und der wenig originellen Ausstattung aus dem Kaufhaus John Lewis, Geschmacksnoten aus den Amtszeiten von Johnsons Amtsvorgängern Theresa May und David Cameron. Die neuen Bewohner wünschten es sich extravagant und engagierten die Stardesignerin Lulu Lytle, die für das Projekt eine Rechnung über mehr als 200.000 Pfund geschrieben haben soll. Allein eine Rolle Tapete veranschlagte sie mit 840 Pfund und das Sofa schlug mit knapp 10.000 Pfund zu Buche (Owen 2021; Moore 2021). Ihres erlesenen und nicht gerade preisgünstigen Geschmacks wegen war bald von Carrie Antoinette die Rede

(Calver et al. 2021). Ob die Rechnung für das neue Interieur seinerzeit von einem Sponsor der Partei beglichen worden war, daran wollte sich Johnson auf Nachfrage nicht erinnern können (Grylls 2021). Fast möchte man es ihm glauben, denn an Geld – dem eigenen und dem der Steuerzahler – hatte der Freund auffälliger Bauvorhaben und kostspieliger öffentlicher Projekte noch nie besonderes Interesse gezeigt. Mit seinem Schatzkanzler, Rishi Sunak, gab es lange Zeit Dauerstreit, weil das Finanzministerium sich nicht leicht damit tat, ausreichend Steuergeld aufzutreiben, um für die hochpreisigen Versprechen des Regierungschefs zu zahlen, der unter anderem den Bau einer 15 Milliarden Pfund teuren und 35 Kilometer langen Brücke zwischen Großbritannien und Irland vorschlug und den Start eines britischen Raumfahrtprogramms ankündigte (Murphy 2019a; Morris 2020). Auch in Johnsons persönlichen Finanzen stehen die Ausgaben und Einnahmen in einem Missverhältnis, seit er im Sommer 2019 die Regierungsgeschäfte übernahm und mit dem vergleichsweise überschaubaren Gehalt eines Premierministers in Höhe von jährlich 150.000 Pfund auskommen muss. Dem gegenüber stehen Rechnungen für die Wohnungsrenovierung, Unterhaltszahlungen und Kosten für ein Kindermädchen, das in der Londoner Innenstadt für weniger al 2000 Pfund im Monat kaum zu finden ist (Calver et al. 2021). Zudem wird die Dienstwohnung dem Regierungschef als geldwerter Vorteil angerechnet und wenn er sich aus der Kantine im Erdgeschoss von Downing Street abends ein Sandwich in seine Wohnung über dem Büro kommen lässt, wird ihm auch das in Rechnung gestellt. Selbst die Tage in Chequers, einem Landhaus, das der britische Staat seinen Premierministern zur Verfügung stellt, laufen Kosten an. Laden die Johnsons etwa Freunde auf das Anwesen, können sie Snacks und Getränke nicht etwa auf die staatliche Spesenrechnung setzen, sondern müssen selbst in die Tasche greifen. Und schließlich gibt es noch den persönlichen Fitnesstrainer Harry Jameson, der pro Stunde 165 Pfund berechnet (Calver et al. 2021). Grund für die leeren Kassen im Hause Johnson ist nicht nur ein Ausgabenproblem, sondern auch Schwierigkeiten mit der Einnahmeseite. Als Kolumnist für die Wochenzeitung Daily Telegraph verdiente er 300.000 Pfund im Jahr und für Redeauftritte in den zwölf Monaten vor Übernahme der Regierungsgeschäfte rechnete er Vortragshonorare in Höhe von 450.000 Pfund ab (Halliday 2019). Weil diese lukrativen Nebentätigkeiten mit seinem exponierten Staatsamt unvereinbar sind, klafft im privaten Budget des Regierungschefs eine Lücke (Halliday 2019). „Im Grunde kann es sich Boris nicht leisten, Premierminister zu sein", erzählt ein Freund des Regierungschefs und fügt hinzu: „Wir alle wissen, dass er immer pleite ist" (Calver et al. 2021).

Ein satirischer Gentleman und Müßiggänger

Knapp an der Pleite vorbeizuschrammen ist eine Gemeinsamkeit, die Boris Johnson mit seinem Idol und Vorbild Winston Churchill teilt. Der war nach dem Zweiten Weltkrieg so sehr in Geldnot, dass er Chartwell, sein Haus in der Grafschaft Kent südöstlich von London, zu Geld machen wollte. Noch eine andere wenig schmeichelhafte Parallele verbindet die beiden. Von Churchill wurde lange gesagt, dass er ungeeignet sei, eine Regierung zu führen, weil es ihm an Maß und Mitte, Verantwortungsgefühl und exekutiver Kompetenz fehle. Schließlich bekam er doch noch eine Chance, seine Stärken zu beweisen und das Land in höchster Not zu retten. Was für ihn der Konflikt mit Nazi-Deutschland wurde, war für seinen Nachfolger die Schlacht gegen die EU um den Brexit. Zumindest will es Johnson so sehen und in seiner Biografie über den Kriegspremier streicht er tatsächliche und vermeintliche Ähnlichkeiten zwischen sich und Churchill heraus: Exzentrisch sei jener gewesen, ein Einzelgänger, der mit seinem Hut, seiner Vorliebe für Overalls und der Zigarre aufgefallen sei und sich um die Ästhetik der eigenen Erscheinung wenig gemacht habe. Physis und Auftreten Churchills hätten die politische Philosophie des Landes auf den Punkt gebracht, nämlich das unveräußerliche Recht der Briten, ihr Leben in Freiheit zu führen und ihr Schicksal selbst zu bestimmen. Der Leser versteht sofort, dass der Anführer der Brexit-Kampagne mit dieser Beschreibung nicht nur Winston Churchill, sondern auch sich selbst charakterisierte (Johnson 2015). Dabei erinnern Boris Johnsons Persönlichkeit, sein Auftreten und Gehabe vermutlich weniger dem Profil des Kriegspremiers, sondern viel eher den Eigenschaften Benjamin Disraelis – ebenfalls ein Journalist und Außenseiter, der als Kind italienisch-jüdischer Einwanderer mit dem gegenwärtigen Regierungschef den exotischen familiären Hintergrund teilt. Wie Disraeli, der die Tory-Partei und die Regierung in der zweiten Hälfte des 19. Jahrhunderts führte, betrachtet auch Johnson die regierende Klasse und das ökonomische Establishment mit einer Kombination aus dreister Verachtung und ehrerbietender Unterwürfigkeit. Disraeli konnte nie der Versuchung widerstehen, sich lustig zu machen über pompöse eingebildete Gestalten, von denen es im viktorianischen England so viele gab. Das hätte Johnson gefallen, der seiner Neigung zum Spott und anmaßendem Humor immer wieder nachgibt. Beide Männer haben sich auch dank ihrer sorgfältig stilisierten Erscheinung zu Marken entwickelt. Disraeli kleidete sich wie ein Dandy mit flaschengrünem Jackett, blauer Hose und einer Weste in Regenbogenfarben. Eine gewaltige Locke, die ihm in die Stirn hing, wurde sein Kennzeichen (Hurd und Young 2014). Johnson hat ebenfalls eine einmalige Public Persona von sich erschaffen mit dem zerzausten Haar, den verknitterten Anzügen und dem tölpelhaften Habitus in der Manier des Bertie Wooster, einem satirisierten Gentleman und Müßiggänger aus den Erzählungen des P. G. Wodehouse, der sich immer wieder selbst in die Bredouille bringt. Seine Kunstfigur, während der Schulzeit in Eton entworfen, hat Johnson über die Jahre hinweg kultiviert. Aber nicht nur den Sinn für stilistische Exzentrik teilten die beiden, auch über ihre finanziellen Sorgen hätten sich Johnson und Disraeli gut austauschen können. Von dem Verkauf seiner Bücher – er verfasste 14 Werke – erhoffte sich Disraeli zusätzliche Einkünfte, um seine Schulden zu begleichen. Johnson versuchte noch als Premierminister die Zeit zu finden, um sein jüngstes Projekt, eine Biografie Shakespeares, zu beenden, weil er den Verkaufserlös dringend benötigte. Disraeli war das Ziel von Kritikern, die ihm vorwarfen, mit seiner tollkühnen Politik die Zukunft des Landes zu riskieren. Seine Formulierung, wonach der Erfolg das Kind des Wagemutes ist, machte sich sein Nachfolger zu eigen, als er in seinen Brexit-Verhandlungen mit der EU bis zuletzt mit dem höchsten Risiko pokerte und bluffte. An beide wird man sich erinnern ihrer effektvollen Reden über die Nation und deren glorreichen Vergangenheit wegen, für ihre ehrgeizigen politischen Visionen, aber auch dafür, dass sie ihren Mangel an Kenntnis mit fabelhafter Imagination zu kompensieren versuchten. Verbindend zwischen den beiden Männern ist auch die Vision einer Gesellschaft, die alle gesellschaftlichen Gruppen integriert (Bagehot 2021b). Daraus resultiert das Konzept des

„Eine-Nation-Konservatismus", das Disraeli propagierte und zu dem sich Boris Johnson ebenfalls bei seiner Nominierung zum Parteivorsitzenden bekannte. Randolph Churchill, Winstons Vater, sagte von Disraelis politischer Karriere, sie habe bestanden aus „Scheitern, Scheitern, Scheitern, Teilerfolg, erneutem Scheitern und am Ende komplettem Triumph" (Bagehot 2021b). Boris Johnsons Weg verlief nicht unähnlich mit Windungen, Biegungen und Rückschlägen. Immer wieder hat man das Gefühl, er werde grandios scheitern oder jubilieren. Einen Mittelweg gab es für Disraeli seinerzeit so wenig wie für Johnson heute.

Disraeli war ein sonderbarer Charakter, mit dem verglichen zu werden für Johnson trotzdem angenehmer erscheint als eine andere, weitaus weniger schmeichelhafte Gegenüberstellung, die er in jüngerer Vergangenheit aushalten musste. Der amerikanische Präsident Donald Trump bot die Vorlage dafür, als der seinen Amtskollegen in London „Britain Trump" nannte. Und an Ähnlichkeiten mangelte es zumindest auf den ersten Blick tatsächlich nicht bei den Rechtspopulisten auf den gegenüberliegenden Seiten des Atlantiks, die zur Durchsetzung ihrer Ziele mit atemberaubender Rücksichtslosigkeit demokratische Institutionen attackierten. Auch die jeweils auffallende Haartracht und ein Sinn für Demagogie scheint die Ähnlichkeit der Charaktere zu bestätigen (Parker et al. 2021). Trump musste Amerika erst wieder „great" machen. Johnson derweil wurde nicht müde, sein Publikum mit dem Mantra zu betören, dass Großbritannien nie aufgehört habe fantastisch zu sein, der großartigste Staat überhaupt. Als Londoner Bürgermeister galt das Repertoire dieser Formulierungen seiner Stadt. Später dehnte er seinen Überschwang auf das ganze Land aus. Das alte Wortspiel zu „Groß"-Britannien scheint ihm ernst zu sein. Diese patriotische Begeisterung hat bisher auch keine Niederlage, kein Vergleich mit erfolgreichen Nachbarn, keine Statistik, kein Kommentar von Kritikern und Dritten dämpfen können. Johnson ist getrieben von einem festen Glauben an sein Land und dessen strahlende Zukunft. Dafür erklärt er defätistischen Neigungen den Krieg – zumindest mit Worten. Er glaubt, der schiere Wille des Premierministers könne Probleme aus dem Weg räumen, Fehler ungeschehen machen und den Niedergang der vergangenen Jahrzehnte umkehren. Darunter leidet der Blick für die Realität. Dieses persönliche Defizit war auch bei Präsident Trump auffällig, der glaubte, mit Willenskraft und Drohungen seine

Ziele zu erreichen. Eine Taktik, die auf Johnson offenbar so viel Eindruck machte, dass er seinerzeit einer glücklosen Premierministerin May während der Verhandlungen über einen Brexit-Vertrag empfahl, in der Manier Donald Trumps in Brüssel mit rhetorischem Säbelrasseln und Schmähreden Chaos anzurichten und so die EU-Mitglieder in der Not zu einem besseren Angebot zu zwingen. Erst als Trumps Stern zu sinken begann, änderten Johnsons Öffentlichkeitsarbeiter und Pressesprecher pragmatisch den Kurs und zogen eine dicke rote Linie zwischen ihrem Chef und dem Amerikaner. Boris sei ein Altphilologe, betonten sie nun, der Homer auf Altgriechisch rezitieren könne. Der einzige Homer, von dem Trump je etwas gehört habe, spottete das Team des Premierministers, sei Homer Simpson, Protagonist in der gleichnamigen Comic-Serie (Bagehot 2021a). Der Vergleich mit Trump ist tatsächlich auch deshalb unpassend, weil der Amerikaner in seiner Haut als vulgärer Angeber und widerliches Großmaul gefangen ist, während Johnson sich opportunistisch wandelt, die ideologische Farbe variiert, die Botschaft dem Publikum anpasst, sich neu erfindet und so Freunde wie Feinde immer wieder überrascht. Diese Widersprüchlichkeit macht ihn zum großen Enigma in der britischen Politik. Da steht er an einem Abend charmant, eloquent und geistreich auf einer Bühne und debattiert in freier, kenntnisreicher Rede mit der renommierten Klassizistin Mary Beard vor einem Kreis gebildeter Gäste darüber, wieso die griechische Zivilisation der römischen Kultur überlegen sein soll. Anderntags pöbelt er sich durch die Parlamentssitzung, wo er Abgeordnete der Gegenseite als Saboteure und Verräter verunglimpft. Dann wieder die abrupte Kehrtwende, als sein erbitterter innerparteilicher Widersacher, Brexit-Gegner und Parlamentssprecher John Bercow aus dem Amt scheidet und Johnson ihm eine so originelle wie witzige Abschiedsrede im Unterhaus widmet, dass die Abgeordneten und der Angesprochene sich vor Lachen kaum auf den Stühlen halten (Johnson 2019).

Kindlicher Überschwang frei von Selbstreflektion und taub für Kritik, so lässt sich Johnsons Persönlichkeit zusammenfassen. Er ist einer der voranstürmt und über Risiken und Konsequenzen erst nachdenkt, wenn es dafür schon zu spät ist. Dieses Draufgängertum schätzen seine Anhänger. Anderen macht es Angst, wenn sie diese Eigenschaften ausgerechnet der Persönlichkeit des Regierungschefs erkennen. So teilten sich seit Jahren die Meinungen an Johnson. Seinen vehementen Kritikern stehen immer noch diejenigen gegenüber, die ihm die Verwirklichung des Brexits hoch anrechnen. Doch Dankbarkeit für alte Erfolge ist nichts, womit ein Premierminister auch die nächsten Wahlen gewinnen könnte. Seine Fraktion verfolgte aufmerksam, dass Johnsons Zustimmungswerte seit dem fulminanten Wahlsieg im Dezember 2019 für Monate zwischen mittelmäßig und schlecht schwankten. Als im Winter 2021-2022 Nachrichten kursierten, der Premierminister habe mit seinen Mitarbeitern in 10 Downing Street Partys gefeiert just in den Monaten, als Bürgern auf dem Höhepunkt der Covid-19-Pandemie der Besuch von Freunden, Verwandten und Familienmitgliedern gesetzlich unter Androhung von Strafe untersagt war, sahen sich Abgeordnete der Tories und selbst Minister bestätigt darin, dass es dem Regierungschef an Führungsfähigkeiten und Urteilsvermögen mangelte. Über einen Rücktritt wurde nicht mehr nur hinter vorgehaltener Hand spekuliert. Mehrere Funktionäre, darunter auch Douglas Ross, der Anführer der Konservativen in Schottland, und Tobias Ellwood, der Vorsitzende des Verteidigungsausschusses, ließen Journalisten wissen, es sei Zeit für Johnson abzutreten (Boscia 2022; Stewart et al. 2022). Als am 25. Januar 2022 bekannt wurde, dass Scotland Yard Ermittlungen über die Vorgänge in Downing Street eingeleitet hatte und ein Bußgeldbescheid für den Regierungschef als wahrscheinlich galt, schien ein Misstrauensvotum in der Fraktion der Konservativen über Johnsons Verbleib im Amt nur noch eine Frage von Tagen zu sein. Dann kam der 24. Februar, der Angriff Russlands auf die Ukraine, und die Gegner des Premierministers fühlten sich an ein Diktum Harold Wilsons erinnert, wonach sich die politische Lage in nur einer Woche radikal wandeln könne. Als Bomben und Raketen ukrainische Städte verwüsteten, interessierte sich in Westminster kaum jemand mehr dafür, wie es Boris Johnson mehr als ein Jahr zuvor mit den Feinheiten der Covid-Vorschriften gehalten hatte. Sein loyaler Verbündeter Jacob Rees-Mogg, der nur Tage zuvor zum Brexit-Minister befördert worden war, formulierte es so: Verglichen mit den Sorgen um Frieden und die Sicherheit der Weltordnung sei das Gerede über Partys in Downing Street während der Lockdown-Monate eine „triviale Staubwolke" (Blackall 2022). Dem „geölten Ferkel", eine Beschreibung David Camerons für seinen Nachfolger Johnson, war es wieder einmal gelungen, sich aus einer bedrohlichen Lage herauszuwinden, die für gewöhnliche Sterbliche das Ende der politischen Karriere bedeutet hätte (Rawlinson 2019). Dennoch: Die Geduld der Partei mit ihrem Anführer endet spätestens, wenn eine Mehrheit der Wähler Johnsons Allüren und Sprüchen, seiner Wankelmütigkeit sowie den großspurigen Ankündigungen endgültig überdrüssig ist und sich der politischen Konkurrenz zuwendet. Wenige Tage bevor der Krieg in der Ukraine alle Aufmerksamkeit auf sich zog, meldeten die Meinungsforscher von Yougov bereits, dass 72 Prozent der britischen Wähler von Johnson enttäuscht und nur 20 Prozent mit seiner Amtsführung einverstanden seien (McDonnell 2022). Dass er freiwillig vor der nächsten Parlamentswahl, die regulär im Frühjahr 2024 ansteht, vom Amt des Premierministers zurücktreten könnte, halten seine Freunde für ausgeschlossen. Johnson wolle, erzählen sie, mindestens so lange im Amt bleiben wie sein alter Rivale David Cameron, den es zu überbieten gelte. Ein Notizblatt Johnsons aus dem Jahr 2019, auf dem er Cameron als „mädchenhaften Streber" tituliert, belegt die Vermutung, dass persönliche Eitelkeiten im Spiel sind (Colvile 2021). Sobald er seinen Vorgänger übertroffen habe, wolle Johnson von sich aus gehen und die internationale Prominenz, die er dem Amt verdanke, zu Geld machen. Und so liegt der Verdacht nahe, dass es für Boris Johnson selbst im Amt des Premierministers immer vor allem um eine Sache geht: Boris Johnson.

Literatur

Adam R, Mertens G (2020) Brexit-Revolution. Springer, Wiesbaden.
Bienkov A (2020) Boris Johnson called gay men „tank-topped bumboys" and black people „piccaninnies" with „water-lemon" smiles. 9. Juni. Business Insider. https://www.businessinsider.com/boris-johnson-record-sexist-homophobic-and-racist-comments-bumboys-piccaninnies-2019-6?r=US&IR=T. Zugegriffen am 08.04.2021
Blackall M (2022) Jacob Rees-Mogg dismisses No10 lockdown party scandals as ‚trivial fluff'. 18. März. INews. https://inews.co.uk/news/jacob-rees-mogg-partygate-no-10-lockdown-parties-fluff-trivial-1527284. Zugegriffen am 19.03.2022

Boscia S (2022) Two more Tory MPs send in letters of no-confidence in Boris Johnson. 2. Februar. CityAM. https://www.cityam.com/two-more-tory-mps-send-in-letters-of-no-confidence-in-boris-johnson/. Zugegriffen am 08.02.2022

Boulton A (2020) What I have learned about Boris Johnson since we first met 30 years ago. 4. Februar. Sky Views. https://news.sky.com/story/sky-views-what-ive-learned-about-boris-johnson-since-we-first-met-30-years-ago-11873990. Zugegriffen am 11.05.2021

Burkeman O (2007) Why does anyone care about the Oxford Union? 28. November. The Guardian. https://www.theguardian.com/education/2007/nov/28/studentpolitics.students. Zugegriffen am 22.08.2021

Calver T, Wheeler C, Shipman T (2021) Can Boris afford to be Prime Minister? Sunday Times, 2. May. S 6–7

Colvile R (2021) The Tories are obliterating the legacy of Cameron. The Sunday Times, 21. March. S 26

Crerar P (2018) MPs back Heathrow third runway project as Johnson faces criticism. 25. Juni. The Guardian. https://www.theguardian.com/environment/2018/jun/25/boris-johnson-criticised-over-decision-to-miss-crunch-heathrow-expansion-vote. Zugegriffen am 11.11.2020

Crines AS (2013) Why did Boris Johnson win the 2012 mayoral election? Public policy Adm Res 3(9):1–7

Edwards G, Isaby J (2008) Boris v. Ken: How Boris Johnson won London. Politico, London

Elgot J (2016) Secret Boris Johnson column favoured UK remaining in the EU. 16 Oktober. The Guardian. https://www.theguardian.com/politics/2016/oct/16/secret-boris-johnson-column-favoured-uk-remaining-in-eu. Zugegriffen am 02.09.2021

Fletcher M (2017) The joke is over – how Boris Johnson is damaging Britain's global stature. 4 November. New Statesman. https://www.newstatesman.com/politics/uk/2017/11/joke-s-over-how-how-boris-johnson-damaging-britian-s-global-stature. Zugegrifen am 02.01.2021

Gimson A (2012) Boris. The rise of Boris Johnson. Simon and Schuster, London

Grafton-Green P (2018) Boris Johnson accuses Theresa May of wrapping „suicide vest" around Britain over Brexit. 9. September. Evening Standard. https://www.standard.co.uk/news/politics/brexit-news-boris-johnson-accuses-theresa-may-of-wrapping-suicide-vest-around-britain-a3930956.html. Zugegriffen am 18.12.2020

Grylls G (2021) PM unwise not to ask about flat. The Times, 29. Mai. S 9

Halliday J (2019). Boris Johnson got 700.000 for speeches and columns. 6. Juni. The Guardian. https://www.theguardian.com/politics/2019/jun/06/boris-johnson-got-700000-for-speeches-and-columns-mps-register-shows. Zugegriffen am 02.02.2021

Hastings M (2019) I was Boris Johnson's boss. He is utterly unfit to be PM. 24. Juni. The Guardian. https://www.theguardian.com/commentisfree/2019/jun/24/boris-johnson-prime-minister-tory-party-britain. Zugegriffen am 03.04.2021

Heffer G (2019) Tory leadership contest: How will party members choose between Boris Johnson and Jeremy Hunt? 23. Juli. Sky News. https://news.sky.com/story/tory-leadership-contest-how-will-party-members-choose-between-boris-johnson-and-jeremy-hunt-11745875. Zugegriffen am 09.12.2020

Hjelmgaard K (2014). Interview with London mayor Boris Johnson. September. USA Today. https://eu.usatoday.com/story/news/world/2016/02/21/london-mayor-boris-johnson-new-york-britain-winston-churchill/18870873/. Zugegriffen am 14.12.2020

Honeyman V (2018) Boris Johnson's record as foreign secretary is stained by litany of blunders and poor diplomacy. 10. Juli. The Conversation. https://theconversation.com/boris-johnsons-record-as-foreign-secretary-is-stained-by-litany-of-blunders-and-poor-diplomacy-99649. Zugegriffen am 18.11.2020

Hurd D, Young E (2014) Disraeli: or, the two lives. Weidenfeld & Nicolson, London

Johnson B (2015) The Churchill factor. Hodder and Stoughton, London

Johnson B (2019) The PM's funny farewell to speaker John Bercow. 30. Oktober. The Sun. https://www.youtube.com/watch?v=NZMqiJbRE_c. Zugegriffen am 29.08.2021

Jones N (2018) Boris Johnson promised to lie in front of the bulldozers in Heathrow. 25. Juni. The Canary. https://www.thecanary.co/trending/2018/06/25/boris-john-promised-to-lie-in-front-of-the-bulldozers-at-heathrow-so-where-is-he-today/. Zugegriffen am 03.04.2021

Llewelyn A (2019) Boris Johnson: Tory leadership favourite's „breathtaking weakness" revealed. 13. Juni. The Express. https://www.express.co.uk/news/uk/1139916/boris-johnson-tory-leadership-election-ken-livingstone-london-mayor-jeremy-hunt-spt. Zugegriffen am 07.11.2020

Martin I (2021) There's a vacuum of ideas in our politics. The Times, 20. Mai. S 27

McDonnell A (2022) Boris Johnson's favourability now lower than the Conservative party's. 28. Januar. Yougov. https://yougov.co.uk/topics/politics/articles-reports/2022/01/28/boris-johnsons-favourability-now-lower-conservativ. Zugegriffen am 09.02.2022

McTague T (2021) The minister of chaos. 7. Juni. The Atlantic. https://www.theatlantic.com/magazine/archive/2021/07/boris-johnson-minister-of-chaos/619010/. Zugegriffen am 28.11.2020

Moore R (2021) IKEA to Lulu via John Lewis. 7. März. The Guardian. https://www.theguardian.com/uk-news/2021/mar/07/ikea-to-lulu-via-john-lewis-the-short-shelf-life-of-interior-design-at-no-10. Zugegriffen am 22.12.2020

Morris D (2020) The UK's space journey is starting to take off. 16. Oktober. Politics Home. https://www.politicshome.com/thehouse/article/a-year-since-the-ambitious-national-space-strategy-was-launched-the-uks-space-journey-could-be-just-starting-to-take-off. Zugegriffen am 02.03.2021

Murphy S (2019a) Johnson's bonkers plan for 15 billion bridge derided by engineers. 15. September. The Guardian. https://www.theguardian.com/uk-news/2019/sep/15/boris-johnson-bonkers-plan-for-15bn-pound-bridge-derided-by-engineers. Zugegriffen am 10.01.2021

Murphy S (2019b) Meritocrat vs toff. 15. Juli. The Guardian. https://www.theguardian.com/politics/2019/jul/15/oxford-union-president-boris-johnson-neil-sherlock. Zugegriffen am 22.08.2021

Osborne S (2016) Amber Rudd on Boris Johnson „You can t trust him to take you home on the end of an evening" 14. Juli. The Independent. https://www.independent.co.uk/news/uk/politics/amber-rudd-boris-johnson-theresa-may-cabinet-home-secretary-a7136371.html. Zugegriffen am 05.08.2021

Owen C (2021) Boris Johnson's flat refurbishment included 840 pound a roll wallpaper and a 9.800 pound sofa. 28. April. Wales Online. https://www.walesonline.co.uk/news/politics/boris-johnson-flat-refurbishment-revamp-20480222. Zugegriffen am 09.06.2021

Parker G, Cameron-Chileshe J, Manson K (2021) Johnson strives to overcome shaky start and reset special relationship. Financial Times, 16. Januar. S 3

Parris M. (2021) Our closest allies no longer trust Johnson. The Times,12 Juni. S 25

Purnell S (2019) The 10 ages of Boris Johnson: a guide to his road to power. 21. Juli. The Guardian. https://www.theguardian.com/politics/2019/jul/21/boris-johnson-route-to-number-10. Zugegriffen am 22.12.

Rankin J, Waterson J (2019) How Boris Johnson's Brussels bashing stories shaped British politics. 14 Juli. The Guardian. https://www.theguardian.com/politics/2019/jul/14/boris-johnson-brussels-bashing-stories-shaped-politics. Zugegriffen am 02.08.2021

Rawlinson K (2019) ‚Greased piglet' Boris Johnson could pass deal, says David Cameron. 17. Oktober. The Guardian. https://www.theguardian.com/politics/2019/oct/17/greased-piglet-boris-johnson-could-pass-deal-says-david-cameron. Zugegriffen am 19.02.2021

Savage Graham-Harrison (2019) „Johnson is a liar who only backed Leave to help his career" – David Cameron. 15. September. The Guardian. https://www.theguardian.com/politics/2019/sep/15/david-cameron-slammed-for-horrendous-mistake-brexit-referendum. Zugegriffen am 17.06.2021

Sheridan D (2021) Samantha Cameron defends Carrie Symonds over Lady Macbeth attacks. 3. Mai. The Daily Telegraph. https://www.telegraph.co.uk/politics/2021/05/03/samantha-cameron-defends-carrie-symonds-lady-macbeth-attacks/. Zugegriffen am 24.06.2021

Sparrow A (2016) Boris Johnson „does not know fact from fiction" says Chris Patten. 27. Mai. The Guardian. https://www.theguardian.com/politics/2016/may/27/boris-johnson-does-not-know-fact-from-fiction-says-chris-patten. Zugegriffen am 28.12.2021

Stewart H, Crear P, Sabbagh D (2018) May's plan sticks in the throat. 9. Juli. The Guardian. https://www.theguardian.com/politics/2018/jul/09/boris-johnson-resigns-as-foreign-secretary-brexit. Zugegriffen am 15.08.2021

Stewart H, Carell S, Walker P, Allegretti A (2022) Scottish Tory leader and senior backbencher call for Johnson to resign. 12. Januar. The Guardian. https://www.theguardian.com/politics/2022/jan/12/scottish-tory-leader-calls-for-boris-johnson-to-resign. Zugegriffen am 13.01.

Tharoor I (2016) Britain's new top diplomat once likened Hillary Clinton to ‚a sadistic nurse in a mental hospital'. 14. Juli. The Washington Post. https://www.washingtonpost.com/news/worldviews/wp/2016/07/13/boris-johnson-britains-new-top-diplomat-has-said-some-very-undiplomatic-things/. Zugegriffen am 14.12.2020

The Economist (2021a) Bagehot. Trump? Don't think I know him. 16. Januar. S 25

The Economist (2021b) Bagehot. Dizzy rascal, 26. März. S 27

Woodcock A (2019) Boris claims he would rather be dead in a ditch than negotiate Brexit extension. 5. September. The Independent. https://www.independent.co.uk/news/uk/politics/boris-johnson-brexit-dead-ditch-extension-election-police-yorkshire-a9093501.html. Zugegriffen am 09.01.2021

14

Covid-19 – Zwischen Shakespeare und rauchenden Ruinen

Es sieht nicht gut aus im Sommer 2020. Eine Fabrik in Liverpool produziert Impfstoff gegen Grippe. Eine andere in Schottland spezialisierte sich auf die Japanische Gehirnentzündung, ein Nischenprodukt. Das Land hängt von Importen ab. Es ist eine der unbequemen Wahrheiten inmitten der Covid-19-Pandemie, dass es an Expertise und Ausstattung fehlt zur Produktion des Vakzins, mit dem das Virus überwunden werden soll (Cookson 2021). Ein Arbeitsstab wird einberufen, um das Versäumnis vieler Jahre in wenigen Monaten aufzuholen. Die Leitung übernimmt Kate Bingham, die geschäftsführende Gesellschafterin einer Wagniskapitalfirma, die in wenigen Wochen Forscher und Unternehmer an einen Tisch bringt, Verträge abschließt mit den Unternehmen Pfizer-BioNTech, Moderna, Johnson und Johnson, Sanofi GSK, Oxford AstraZeneca, Valneva, Novavax und CureVac über die Herstellung und Lieferung von Impfstoffen und dafür den sofortigen Aufbau zweier neuer Produktionsstätten organisiert. Bingham sichert 267 Millionen Dosen für knapp 12 Milliarden Pfund (Mancini 2020). Vier der Unternehmen, darunter auch Oxford AstraZeneca, erhalten staatliche Subventionen für die Zusage, in Großbritannien zu produzieren. Dafür errichten die Firmen sechs Bioreaktoren im Land, Maschinen zur Impfstoffproduktion, von denen es weltweit nur wenige Dutzend gibt. Die Sorge ist groß, dass die europäischen Nachbarn, Länder in Asien mit pharmazeutischen Produktionsstandorten sowie vor allem die USA Donald Trumps den Export stoppen und Vakzine beschlagnahmen könnten, um zunächst die eigene Bevölkerung zu versorgen (Forsyth 2021). Später würden Epidemiologen warnen, dass der Kampf gegen die Pandemie Schaden nehmen könne durch aufkeimenden Impfstoffnationalismus. Ein Begriff, der sich im folgenden Winter auch in kommunalen Gazetten wiederfand, vor allem im Norden Englands und mit gewandelter Bedeutung. Hier berichteten Ärzte aus Gemeinden, in denen die Bevölkerung mit großer Mehrheit für den Brexit gestimmt hatte, dass Patienten, vor allem ältere Männer, den Anfang 2021 vorrangig angebotenen Impfstoff des deutschen Biotechnologieunternehmens BioNTech ablehnten und lieber warteten, „bis der englische Impfstoff da ist" (Gregory et al. 2021). Das war ein nationalistischer Reflex, den nur Tage zuvor Bildungsminister Gavin Williamson angefeuert in einer Antwort auf die Frage, wieso Großbritannien früher als andere Staaten einen Impfstoff zugelassen habe: „Weil wir bessere Wissenschaftler haben als Frankreich, Belgien und die USA. Wir sind ein besseres Land als jedes Einzelne von denen!" (Halliday 2020a). Was sich so kurios liest, ist Ausdruck der Haltung, die sich unter Politikern der Konservativen über Jahre hinweg formte und während des Streits um den Austritt aus der EU ihre deutlichste Ausprägung fand. Sie speist sich aus einer wirren Melange aus Überlegenheit und Trotz, die sich bei Wirtschaftsminister Alok Sharma in jenen Tagen etwa so las: „In der Zukunft wird man sich erinnern an diesen Moment, als Großbritannien die Menschheit anführte im Kampf gegen die Krankheit." Andreas Michaelis, Deutschlands Botschafter in London, fragte sich seinerzeit mit Blick auf die rhetorische Überhöhung und nationale Verzückung in Whitehall, wieso es „so schwierig ist, diesen wichtigen Schritt vorwärts als großen internationalen Einsatz und Erfolg zu werten?" (Neville et al. 2020). Die Antwort auf Michaelis Frage lautet „Exzeptionalismus", eine Spielart des Nationalismus, der sich die Tories immer wieder bedienen, um patriotische Wähler hinter sich zu versammeln, politische Gegner in die Enge zu treiben und Wahlen zu gewinnen. Der zur Schau getragene Glaube an die eigene Überlegenheit mag ein wirksames Instrument sein in der Wahlkampfarena, im Umgang mit einer Pandemie aber ist er kein probates Mittel. Als ebenso wenig hilfreich erwiesen sich der unbändige Optimismus, die waghalsigen Versprechungen, die Geringschätzung wissenschaftlichen Rates und ein zerrüttetes Verhältnis mit der Realität – alles Eigenschaften, die Premierminister Boris Johnson schon vor dem ersten Fall von Covid-19 auszeichneten (DeGroot 2021). Wenn nun die Veteranen des Kampfes für den Brexit die zweifelsohne erfolgreiche Entwicklung und Verteilung des Impfstoffes umdeuten zu einem Symbol nationaler Unbesiegbarkeit, dann ist das nicht nur ein weiteres Beispiel rechter politischer Unkultur. Es ist auch der Versuch, die kollektive Erinnerung zu bestimmen und eine Geschichte umzudeuten, in der sich Niederlagen, Pleiten, Fehler und Peinlichkeiten aneinanderreihen. Es ist die Geschichte über den Umgang der britischen Regierung mit der Covid-19-Pandemie. Wenn der Psychologe und Verhaltensökonom Daniel Kahneman recht hat mit seiner Beobachtung, wonach die Menschen sich dereinst an das Gute erinnern und das Schlechte verdrängen, um sich traumatische Empfindungen zu ersparen, könnten viele Wähler bis zum nächsten regulären Urnengang 2024 das Versagen der Behörden, die Inkompetenz der Entscheider und die Überforderung ihres Premierministers im Kampf gegen die Pandemie aus ihrer persönlichen Erinnerung verbannt haben.

All das konnte niemand ahnen Ende Januar 2020, als die Menschen Berichte in den Medien verfolgten über ein neues Virus, das so rasant wie lautlos seinen Weg um die Welt begonnen hatte – von Person zu Person, auf Schiffen und Flugzeugen. Die Spur der Toten, die das Virus Covid-19 hinterließ, war nicht zu übersehen. In sechs Ländern wurden Fälle gemeldet, als die britische Regierung am 24. Januar erstmals Cobra zusammenrief, das Krisenkomitee. Schon eine Stunde später trat der Gesundheitsminister Matt Hancock vor die Journalisten im Regierungsviertel Whitehall und versicherte, die Gefahr für die Bevölkerung sei „niedrig" (Calvert et al. 2020). Die Einschätzung war auch deshalb erstaunlich, weil ein Beitrag über das Virus, der im Lancet erschienen war, dem führenden Fachjournal für medizinische Forschung, den Vergleich mit der Spanischen Grippe angestellt hatte, einer Pandemie, die zu Beginn des 20. Jahrhunderts 50 Millionen Menschen tötete. Dass Hancock sich von wissenschaftlichen Urteilen nicht sonderlich irritieren ließ, passte zur Haltung der Regierung Johnson, die nur Wochen zuvor mit gewaltiger Mehrheit die Wahlen gewonnen und im Parlament den Brexit durchgeboxt hatte gegen den geballten guten Rat einer imposanten Phalanx ökonomischen Sachverstands. Es gehörte zur Kultur der Brexiteers, taub zu sein für jede Kritik, immun angesichts ernster Warnungen und vor allem feindselig gegenüber Fachleuten. Michael Gove, Verbündeter Premierminister Johnsons und Minister in dessen Kabinett, hatte die Stimmung im inneren Kreis der Tory-Führung schon einige Jahre zuvor auf den Punkt gebracht mit dem Satz: „Die Menschen in diesem Land sind der Experten überdrüssig" (Mance 2016). Damit setzte er den Ton für das Krisenmanagement der Regierung, das sich in den Monaten der Pandemie durch Verharmlosung, Verantwortungslosigkeit und Fehleinschätzungen auszeichnen sollte. Es begann damit, dass sich Boris Johnson in jenen Wochen für fünf Sitzungen des Cobra-Komitees entschuldigen ließ. Er brauche die Zeit, um an seinem neuen Buch über Shakespeare zu schreiben, erklärte Dominic Cummings, seinerzeit Chefstratege in 10 Downing Street und Vertrauter des Regierungschefs (Woodcock 2021). Spitzenbeamte machten, wenn auch anonym, ihre Empörung öffentlich: „Es ist völlig unmöglich, einen Krieg zu führen, wenn der Premierminister nicht da ist," ätzte ein Mitarbeiter und setzte nach: „Boris Johnson leitete keine Sitzungen, mochte seine Ferien auf dem Lande und war am Wochenende nicht erreichbar. Es fühlte sich an, als arbeiteten wir für einen altmodischen Vorsteher einer Kommunalverwaltung vor 20 Jahren, der sich nicht um Krisenmanagement kümmern will. Johnson ist als Premierminister genauso, wie es viele Menschen befürchtet hatten" (Toynbee 2020). Polly Toynbee, Leitartiklerin der liberalen Tageszeitung The Guardian, fasste den Eindruck vieler Beobachter in der Überschrift zusammen: Der falsche Mann im falschen Job zur falschen Zeit. Zudem schien es, als sei Johnson auch noch am falschen Ort, wenn er gebraucht wurde: Während in Norditalien die Fallzahlen anstiegen, verabschiedete der Regierungschef sich zu einem zweiwöchigen Urlaub auf Chevening, einem pompösen Landsitz aus dem 17. Jahrhundert in der Grafschaft Kent. Einen Monat zuvor, als China die Weltgesundheitsorganisation WHO informierte über Fälle einer neuartigen Lungenkrankheit in Wuhan, saß Johnson gemeinsam mit seiner Freundin Carrie Symonds am Strand der Karibikinsel Mustique.

„Das Virus ist eine Armee gefährlicher Invasoren"

Als schließlich auch in Großbritannien die Fallzahlen rasant anstiegen, hatte niemand vorgesorgt: Mehr als zwei Monate waren verstrichen, ohne dass jemand im Regierungsviertel Whitehall sich darum gekümmert hätte, die Vorräte an Schutzkleidung für medizinisches Personal aufzufüllen, Masken zu ordern und neue Schutzbrillen für Ärzte und Krankenschwestern anzuschaffen. Noch im April 2020 war die Zahl der Beatmungsgeräte so knapp, dass die deutsche Bundeswehr 60 Apparate als Nothilfe über den Kanal nach England schickte, während eine sichtlich verzweifelte Regierung bei dem Flugzeughersteller Airbus, dem Rüstungsfabrikanten Babcock und dem Staubsaugerproduzenten Dyson nachfragte, ob sie nicht rasch die Produktion umstellen und in den nächsten Wochen dringend benötigtes medizinisches Gerät liefern könnten (Oltermann und Sabbagh 2020). In den Korridoren der Ministerien herrschte auch deshalb Orientierungslosigkeit, weil in den vier Jahren keine Planspiele des öffentlichen Dienstes zur Vorbereitung auf eine Pandemie mehr abgehalten worden waren. Der letzte Bericht zum Stand der Pandemieplanung aus dem Jahr 2016 war nie veröffentlicht, Verbesserungsvorschläge nicht befolgt und Empfehlungen nicht weitergeleitet worden (Davies et al. 2020). Derweil beklagte John Bell, Professor für Immunologie an der Universität Oxford, das Land sei ohne Mittel, sich gegen die Gefahr zu verteidigen: „Das Virus ist wie eine Armee gefährlicher Invasoren. Kämen die Russen in feindlicher Absicht, befehligte der Premierminister Armee, Navy und Air Force, das Land zu verteidigen. Aber im Kampf gegen das Virus gibt es niemanden, an den er sich wenden könnte. Die Gesundheitsbehörden wurden über Jahre kaputtgespart und es gibt keine nationale Institution, die mit der Leitung der Abwehr betraut werden kann" (Thomson und Sylvester 2021). Der widersprüchliche, wirre und ständig wechselnde Rat von Wissenschaftlern trug zu dem Dilemma bei, in dem die Regierung steckte. Zunächst hieß es von der WHO, das Virus übertrage sich nicht zwischen asymptomatischen Patienten. Diese Einschätzung wurde rasch revidiert. Professor John Edmunds von der London School of Hygiene, eine Hochschule für Medizin und Tropenkrankheiten, empfahl noch am 13. März, ohne Einschränkungen des öffentlichen Lebens das Virus frei zirkulieren zu lassen, um so unter genesenen Patienten Resistenz und damit in der gesamten Bevölkerung das zu erreichen, was die Medien bald Herdenimmunität nannten. Nur Wochen später verkehrte Edmunds seine Haltung um 180 Grad und warnte, die Regierung dürfe nach einem Lockdown den Menschen nicht zu früh ihre Freiheit zurückgeben. Die Verwirrung unter Wissenschaftlern spiegelte sich in der Politik der Regierung wider. Es wurde verkündet, widerrufen, korrigiert und am Abend galt oft das Gegenteil von dem, was am Morgen noch sicher schien. Am dritten März warnte der wissenschaftliche Beirat der Regierung, jeden körperlichen Kontakt zu vermeiden. Nur Stunden später ließ der Premierminister wissen, dass er selbstverständlich weiterhin Hände schüttele, auch die von Covid-19-Patienten, wenn er die in Krankenhäusern besuchte. Es hatte den Anschein, der Churchill-Fan Johnson wollte seinem Helden folgen, der sich im Zweiten Weltkrieg gegen jeden Rat und Vernunft in den Straßen Londons der deutschen Bomber am Himmel zum Trotz zeigte als unwiderlegbare Botschaft, dass die Nation nichts zu fürchten habe. Noch am 11. März gab die Regierung grünes Licht für die Begegnung zwischen dem FC Liverpool und Atletico Madrid, die von 52.000 Fans im Anfield-Stadion gesehen wurde, darunter 3000 Madrilenen. Am Morgen nach dem Spiel gestand die Regierung ein, angesichts der hohen Covid-Fallzahl fehle es an Ressourcen, die Verfolgung von Infektionsketten fortzusetzen. Die Leitung des NHS erkannte mittlerweile, was auf das Land zukam und sagte alle nicht lebensrettenden Operationen in seinen Krankenhäusern ab, um 30.000 Betten für Covid-19-Patienten freizuhalten. Johnson saß noch immer in seiner Wohnung über 10 Downing Street und wartete auf die plötzliche Wende zum Guten. Selbst jetzt wollte er sich noch nicht zu drastischen Maßnahmen durchringen. Stattdessen hofft er auf eines der Wunder, die ihn während seiner Karriere so oft vor der Blamage retteten und ihm schmerzliche Niederlagen ersparten. So vergingen weitere Tage. Erst als beim Premierminister die Einsicht wuchs, dass Willenskraft und politische Mehrheiten gegen Viren machtlos sind und das Wunder sich nicht einstellen würde, fügte er sich dem Unvermeidlichen. Es war der 20. März 2020, als die Regierung anwies, Pubs, Restaurants, Cafés, Theater, Kinos, Fabriken, Baustellen, Geschäfte Freizeitcenter und Sportvereine mussten über Nacht schließen. Die Menschen sollten, soweit das möglich war, von zu Hause arbeiten. England war unter Lockdown. Besonders musste es Boris Johnson getroffen haben, dass er sich – anders als sein Vorbild Winston Churchill – als Zauderer erwies, der den richtigen Moment zur Entscheidung versäumt hatte. Dabei fehlte es nicht an Mahnungen der Epidemiologen, ohne frühzeitiges Handeln würde man die Kontrolle verlieren und die Pandemie exponentiell wachsen. Die Vorhersage traf ein. Den Entscheidern in 10 Downing Street ging die Kontrolle verloren. Johnsons gestörtes Verhältnis zur Wirklichkeit kostete Zigtausenden das Leben. Im Herbst desselben Jahres würde die Regierung den gleichen Fehler wiederholen.

In den kommenden Wochen wuchs die Zahl der Covid-Patienten so rasch an wie nirgendwo sonst in Europa und bis zum 5. Mai waren in Großbritannien mehr Menschen an der Pandemie verstorben als in irgendeinem anderen europäischen Land – einschließlich Italien (BBC 2020a). Den Grund für das katastrophal schlechte Pandemiemanagement sah Gabriel Scally, der Leiter der Abteilung für Epidemiologie und öffentliche Gesundheit an der königlichen Gesellschaft für Medizin, in der hochzentralisierten Verwaltung. In einer Anhörung des Gesundheitsausschusses im britischen Parlament erklärte er die effektive Pandemiebekämpfung in Südkorea und Deutschland damit, dass beide Länder Behörden vor Ort und lokalen Entscheidern vertrauten, in der Krise das Richtige zu tun (The Economist 2020a). In Deutschland arbeiteten 375 Gesundheitsämter in Städten und Kreisen an der Eindämmung der Pandemie. Anders in England: Die Entscheidungskompetenz vor Ort war mit der Gründung des staatlichen Gesundheitssystems 1948 verloren gegangen, als Gesundheitsminister Aneurin Bevan den Slogan ausgab, dass das Klappern einer Bettpfanne im Krankenhaus von Tredegar, einer Gemeinde von 11.000 Seelen im südlichen Wales, in Westminster zu hören sein müsse. 1974 verloren die Kommunalverwaltungen auch noch ihre Direktoren für öffentliche Gesundheit, die künftig als Angestellte des NHS Anweisungen des staatlichen Gesundheitsdienstes abarbeiteten. Vierzig Jahre später, als Zweifel an der Klugheit dieser Entscheidung aufkamen, gliederte Gesundheitsminister Andrew Lansley sie wieder in den Kommunalverwaltungen ein – allerdings mit weniger Personal und weniger Entscheidungsbefugnis. Ein kommunaler Direktor für öffentliche

Gesundheit klagte anonym, dass ihm in seinem Verwaltungsbezirk 30 Stellen gestrichen worden seien (The Economist 2020a). Damit war klar, dass die Verfolgung von Infektionsketten nun nicht die Aufgabe der Kommunen sein könne. Aber auch die 290 dafür eingeteilten Mitarbeiter der zentralen Behörde für öffentliche Gesundheit waren vollends überfordert, in einem Land mit 67 Millionen Menschen positiv Getestete und deren Kontakte zu identifizieren. Zum Vergleich: In Wilmersdorf, einem Berliner Stadtbezirk mit 326.000 Einwohnern, wuchs die Mitarbeiterzahl des Gesundheitsamtes während der ersten Wochen der Pandemie in wenigen Tagen von 10 auf 130 an. Dafür wurden Kollegen aus anderen Teilen der Kommunalverwaltung, etwa der Bücherei, abgeordnet, um dabei zu helfen, Infizierte anzurufen und Kontakte nachzuverfolgen. Zwei Monate nach der Entscheidung der britischen Regierung vom 12. März, die Bemühungen der überforderten Behörde für öffentliche Gesundheit zur Nachverfolgung der Infektionsketten einzustellen, kam der verspätete Sinneswandel. Das Gesundheitsministerium verkündete, von Ende Mai 2020 an werde eine neue Agentur, genannt Test and Trace – Testen und Verfolgen –, nicht nur Covid-Tests in großem Umfang organisieren, sondern auch wieder Infektionsketten identifizieren sowie positiv Getestete kontaktieren und zu einer zehntägigen Quarantäne verpflichten. Die Operation unter Leitung von Baronin Diana „Dido" Harding, der ehemaligen Vorstandsvorsitzenden des Telekommunikationsunternehmens TalkTalk, war so überdimensioniert, dass im August mehr als 90 Prozent der kurzfristig angeworbenen 25.000 freien Mitarbeiter angaben, sie langweilten sich und warteten zu Hause vergebens auf Aufträge. Selbst Ende Oktober 2020 gab mehr als 50 Prozent des Personals in den Call-Centren an, nichts zu tun zu haben, während im Land die Covid-Fallzahlen neue Rekordstände erreichten und der Nation der zweite Lockdown drohte (Courea und Smith 2021).

Hardings Agentur kostete den Steuerzahler die sagenhafte Summe von 37 Milliarden Pfund in zwei Jahren. Ein großer Anteil davon ging an Unternehmensberater, weil Harding sich beim Aufbau und Betrieb von Testzentren von den überforderten Mitarbeitern des Gesundheitsministeriums wenig Hilfe erwartete. Sie verließ sich stattdessen auf Experten von privaten Dienstleistern und Spezialisten für das Outsourcen von staatlichen Aufgaben: Deloitte, Sodexo, G4S, Randox Serco und

Sitel kassierten ab, als der Staat in Not jede Hilfe in Anspruch nahm – ganz gleich wie hoch der Preis. Allein Randox Serco vergab den Auftrag weiter an 29 Subunternehmer (Privte Eye 2020). Rund 2500 Managementconsultants, die für Hardings Agentur arbeiteten, schrieben Honorarrechnungen von bis zu 6500 Pfund – pro Stunde (Courea und Smith 2021). Harding reichte die Rechnungen ihrer Agentur – 24 Milliarden Pfund in zehn Monaten – weiter an das Schatzamt, das den Betrag aus Steuereinnahmen finanzierte. Der Spitzenbeamte im Haus, Sir Nicholas McPherson, war über diese Verschwendung ebenso empört wie über die Erwartung der Dienstleister, die Regierung solle, wenn es ihr zu teuer werde, einfach neues Geld drucken (Courea und Smith 2021). Es war ein teuer erkaufter Erfolg, als Harding Ende Juli vermeldete, dass die Testkapazität auf 330.000 am Tag angestiegen war und Großbritannien auch bei der Sequenzierung der Genome, also der Identifizierung neuer Virusvarianten, vor anderen europäischen Staaten lag (Department of Health and Social Care 2020; Gross und Neville 2021). Die Erfolgsmeldung war überschattet von wiederholten Klagen aus den Städten und Kreisen, Hardings Entscheidungen würden in London für die Kommunen im Land, aber nicht gemeinsam mit ihnen getroffen. Etwa verweigerte sie sich der Bitte Andy Burnhams, des Bürgermeisters von Manchester, ihr Personal solle bei der Kontaktverfolgung mit den Angestellten der Stadtverwaltung zusammenzuarbeiten. Als später Daten über Infizierte von Hardings Agentur erst mit mehreren Tagen Verzögerung an die Kommune weitergeleitet wurden, meldete sich Burnham erneut zu Wort: „Wenn die Agentur Testen und Verfolgen uns die Daten über Ansteckungen in unseren Städten nicht weiterleitet, dann arbeiten wir wie Detektive, die nicht über die Anschriften von Opfern und Zeugen verfügen" (Economist 2020a). Als die Agentur weiter verzögerte, geißelte Sir Peter Soulsby, der Bürgermeister von Leicester, die Nachlässigkeit und bezeichnete sie als Grund dafür, dass der rasante Anstieg der Zahlen von Covid-19-Inektionen in seiner Stadt nicht rechtzeitig zu stoppen war.

Noch lauter wurden die Schuldzuweisungen, als Zahlen bekannt wurden, wonach die Hälfte der Covid-Opfer in Seniorenwohnheimen verstarb. Offenbar hatten Krankenhäuser Patienten entlassen und sie dann ohne Covid-Test in die Seniorenresidenzen überwiesen. Es passte in dieses Bild, dass der zuständige Staatssekretär im Londoner Ministerium in dieser akuten Notlage die kommunalen Direktoren für öffentliche Gesundheit nicht umgehend zu einer Telefonkonferenz zusammenrufen konnte, weil sich in seinem Büro kein Verzeichnis mit deren Anschriften und Kontaktnummern finden ließ (The Economist 2020a). Matt Hancock, der Minister für Gesundheit, machte gleichzeitig eine noch viel schlechtere Figur als sein Staatssekretär. Daran erinnerte Dominic Cummings im Rückblick: „Johnson hielt Hancock für einen Totalversager!" (Elgot und Allegretti 2021). Die Bemühungen um die Bereitstellung einer App, die Menschen über ihre Kontakte zu Infizierten informieren sollte, gehörte zu den prominentesten Fehlschlägen in der Amtszeit Hancocks. Es begann damit, dass seine Beamten Tim Spector, dem Professor für Epidemiologie am Kings College, eine Absage erteilten, als der in Hancocks Ministerium um Unterstützung nachfragte für eine bereits funktionierende App, einem gemeinsamen Projekt mit dem Start-Up-Unternehmen Zoe. Obwohl innerhalb von 24 Stunden bereits eine Millionen Menschen Spectors App heruntergeladen hatten, beharrte die Regierung darauf, den NHS mit der Entwicklung einer eigenen Software zu beauftragen, die Daten der Nutzer zentral speichern sollte. Erst als das Vorhaben scheiterte, bat die Regierung Google und Apple, sie aus der Misere zu retten und rasch ein Produkt zu liefern (Burgess 2020). Ähnlich peinlich war es für Hancock, als Ende April 2020 bekannt wurde, dass sein Haus auf Mails wochenlang nicht reagierte, in denen Hersteller von medizinischen Schutzmasken 16 Millionen Stück für Klinikpersonal angeboten hatten, während es in Notaufnahmen und Covid-Stationen der Krankenhäuser an Schutzkleidung fehlte (Halliday 2020b). Auf solches Desinteresse trafen auch die Betreiber privater Labore, wenn sie offerierten, Covid-Tests zu organisieren, Proben zu analysieren und auszuwerten zu einer Zeit, als Englands Testkapazität noch weit zurücklag hinter der mehrerer Staaten auf dem Kontinent wie etwa Spanien, Malta, Dänemark und Deutschland (Covacevi und Butcher 2020). Grund für diesen Rückstand war ausgerechnet eine Vorgabe der Behörde für öffentliche Gesundheit, eine Hancocks Ministerium nachgeordnete Einrichtung, nicht mit Kleinlaboren wie etwa dem von Christopher Stanleys MicrosensDx zusammenarbeiten zu wollen. Stanleys Firma, die sich auf klinische Diagnose spezialisiert, hatte bereits am 19. März der Regierung ein Angebot zugesandt. Doch erst als sich in Whitehall mehr als zwei

Monate später die Einsicht durchsetzte, die Großlabore alleine könnten nie die ausreichende Zahl von Tests auswerten, erhielt Stanley eine Antwort mit der Bitte um Hilfe (The Economist 2020a). Dieser katastrophalen Managementfehler wegen ist es aus Sicht von Dominic Cummings ein Glück im Unglück gewesen, dass man Minister Hancock im Sommer 2020 gerade noch rechtzeitig die Zuständigkeit für die Beschaffung der Impfstoffe entzogen habe, dessen Ministerium der ehemalige Mitarbeiter Johnsons bildlich als „rauchende Ruine" beschreibt.

So viele Fehler wie seit 30 Jahren nicht mehr

Überfordert waren aber nicht nur die Beamten und die politische Führung des Gesundheitsministeriums, auch Bildungsminister Gavin Williamson fremdelte von Anfang an mit seinem Ressort, das er nach seinem Scheitern als Verteidigungsminister vor allem seiner Loyalität gegenüber dem Premierminister verdanken konnte. Mit Eigenschaften, die ihm im Krisenmanagement hätten nützlich sein können, war er nicht aufgefallen. Zunächst sagte Williamson der Pandemie wegen die Abschlussprüfungen, die sogenannten A-Levels, ab und kündigte an, ein Algorithmus werde die Noten der Absolventen ermitteln helfen. Als die Technik versagte, ordnete der Minister in der Not an, Lehrer sollten die Endnoten schätzen auf Grundlage früherer Ergebnisse und ihrer Kenntnis der Schüler. Um Konfrontation mit den Eltern zu vermeiden, inflationierten bedrängte Lehrer daraufhin die Noten so sehr, dass sich die Spitzenuniversitäten überwältigt sahen in einem Ansturm von Kandidaten mit besten Zensuren, für die es in den Vorlesungssälen und Laboren zwar keinen Platz gab, denen ihrer exzellenten Resultate wegen der Zugang aber nicht verwehrt werden konnte (Baird 2020). „So viele unnötige Fehler, wie wir sie machen, habe ich seit 30 Jahren nicht gesehen", entfuhr es einem verärgerten konservativen Parlamentsabgeordneten, der in den Monaten der Pandemie an der miserablen Leistung seiner eigenen Partei und Regierung verzweifelte (The Economist 2020b).

Die wenig professionelle Abwicklung der Notenvergabe schien der Regierung kein Problem, solange nur die Zahl der Covid-Fälle im Sommer zurückging. Premierminister Johnson, nach überstandener Covid-Erkrankung wieder ganz er alte unverwüstliche Optimist, sagte das Ende der Pandemie bereits voraus und erklärte es mit dem exzellenten Krisenmanagement seiner Regierung. Entnervte Forderungen der Kritiker, wie die des Tory-Abgeordneten Charles Walker, der Premierminister solle endlich aufhören, entgegen jeder Realität Großbritanniens enttäuschende Bilanz bei Covid-Tests und der Virus-Kontaktverfolgung als „Weltklasse" zu preisen, trafen in jenen Wochen nur auf wenig Resonanz (The Economist 2020b). Mehr Aufmerksamkeit bekam die Ankündigung aus 10 Downing Street, bis zum Weihnachtsfest 2020 werde das Land zur Normalität zurückkehren (Eaton 2020). Zudem ermunterte der Regierungschef Arbeitnehmer, wieder in die Büros zu gehen und ließ seinen Schatzkanzler Mittagessen in Restaurants zu 50 Prozent subventionieren, um Menschen in die Innenstädte zurück zu locken. Auch die Grenzen blieben im Sommer 2020 geöffnet und Fluggesellschaften boten Verbindungen in 59 Länder an, als andere Regierungen schon längst aus Sorge vor der nächsten Infektionswelle den Reiseverkehr reduzierten. An Londons Unterstützung für die Reisebranche änderte sich auch Ende Juli nichts, als die Inzidenzrate in Spanien, der Briten beliebtestes Urlaubsziel, dreimal so hoch lag wie in England. Nicht nur Mitglieder im medizinisch-wissenschaftlichen Beirat der Regierung, SAGE genannt, wurden jetzt hoch nervös angesichts ihrer Modellrechnungen, die rasant steigende Infektionszahlen vorhersahen. Auch konservative Abgeordnete mahnten, es sei nicht die Zeit für verwegene Ankündigungen, mit denen Johnson schon während der Brexit-Kampagne immer wieder Zweifel nährte an seinem Verständnis für den Ernst der Situation. Vielmehr komme es jetzt darauf an, meinten Hinterbänkler und Minister, einen wirklichen Erfolg in der Pandemiebekämpfung vorzuweisen (The Economist 2020b). Aber Johnson konnte nicht anders und dass der Premierminister erneut Gefangener seiner eigenen überspannten Versprechungen geworden war, ließ sich nicht mehr bestreiten, als die Zahlen der Hospitalisierungen und Covid-Toten im Herbst immer rascher anstiegen. Einmal mehr überging der Regierungschef die Warnungen von SAGE, jenem Kreis von Experten, die bereits im September für die Schulferien Ende Oktober eine kurze, konsequente Schließung der Geschäfte und öffentlichen Veranstaltungen dringend angemahnt hatte, um die Ansteckungsketten zu unterbrechen (BBC 2020b). Als Johnson dem Drängen Anfang November schließlich nachgab, war es dann zu spät für eine kurze Unterbrechung des öffentlichen Lebens. Die Lage war zu ernst, die Krankenhäuser längst wieder überlastet. Allein am 2. November zählte der NHS 292 Covid-Tote. Am 5. November sah der Premierminister keinen anderen Ausweg mehr, als den zweiten Lockdown zu verhängen und schließlich am 5. Januar 2021 den dritten, strengsten und bis dahin längsten, der sich bis in den frühen Sommer erstrecken sollte. Solche Fehler kosteten Milliarden Pfund. Schon die Schließung im Frühjahr 2020 für zwei Monate hatte das Bruttoinlandsprodukt um 20 Prozent schrumpfen lassen. Nach der Schließung im Winter 2020–2021 gab es keinen Zweifel mehr, dass der Schaden der Volkswirtschaft größer war als alles, was britische Unternehmer und Konsumenten seit der Regierungszeit von Königin Anne dreihundert Jahr zuvor erlebt hatten (Elliott 2021).

Als Ende Dezember 2020 endlich das Impfprogramm anlief, wurden dringend Ärzte und Krankenschwestern benötigt, um möglichst rasch vielen Menschen das Vakzin verabreichen zu können. Noch einmal zeigte die öffentliche Verwaltung, wie wenig sie Erwartungen und Anforderungen gewachsen war. Statt Personal zu rekrutieren, einzuweisen und jedem einen Platz und eine Schicht in einem Impfzentrum zuzuteilen, verlangten Bürokraten von Freiwilligen 21 Dokumente, darunter Belege über die Teilnahme an einem Feuerschutztraining, einem Kurs zur Terrorismusbekämpfung und Schulungen über den Umgang mit ethnischen Minderheiten – Voraussetzungen für die Mitarbeit im Gesundheitswesen (Allen et al. 2021). Ärzte waren entsetzt und richteten aus, sie brauchten in den Impfzentren keine ausgewiesenen Kämpfer gegen Rassismus, sondern Leute, die wüssten, wie man eine Spritze in den Arm steckt und – wenn nötig – bei Bedarf einen Patienten wiederbelebt. Auch in den folgenden Wochen blieb unklar, ob die Dringlichkeit in jeder Amtsstube verstanden wurde. Denn während Israel am Sabbat impfen ließ, plante Englands Behörde für öffentliche Gesundheit zunächst, Vakzine nur an sechs Tagen der Woche zu verabreichen (Cavendish 2020). Dass Großbritannien überhaupt Anfang 2021 in großer Menge über Impfstoff verfügte, während die Mitgliedsstaaten der EU in bitterem Streit lagen mit den Vakzin-Herstellern über die Interpretation von Lieferzusagen, war sicher nicht Beamten oder Ministern zu verdanken, sondern der Unternehmerin Kate Bingham. 2021 wurde Bingham von Königin Elizabeth II. der Orden des Britischen Empire verliehen, der von George V. 1917 gestiftet worden war und seither an Persönlichkeiten vergeben wird, die sich um die Künste, Wissenschaften oder wohltätige Anliegen verdient gemacht haben. Neben Bingham kommen nicht viele Personen des öffentlichen Lebens in Frage für Ehrungen, die Leistungen im Kampf gegen die Pandemie würdigen. Entscheider in Verwaltung, Parlament und Regierung haben es an Umsicht und Verstand, Planung, Mut und Kompetenz fehlen lassen, wie der im Oktober 2021 veröffentlichte Untersuchungsbericht des Parlamentsausschusses für Gesundheit und Sozialfürsorge belegt. Am 17. März 2020 sagte Patrick Vallance, der wissenschaftliche Chefberater der Regierung, man könne von einem Erfolg im Kampf gegen die Pandemie sprechen, wenn die Zahl der Opfer im Land 20.000 nicht übersteigen würde. Nur neun Monate später wies die Statistik mehr als 100.000 Tote aus (McTague 2021).

Literatur

Allen V, Greenhill S, Ledwith M (2021) Medics fume over the red tape strangling the UK's vaccine rollout 1. Januar. Daily Mail. https://www.dailymail.co.uk/news/article-9102789/Matt-Hancock-brags-940-000-Britons-Covid-jab.html. Zugegriffen am 09.01.2021

Baird JA (2020) What are the implications of 2020 grade inflation? 21. August. TES. https://www.tes.com/news/what-are-implications-2020-grade-inflation. Zugegriffen am 08.11.2020

BBC (2020a) UK death toll passes Italy to be the highest in Europe. 5. Mai. BBC News. https://www.bbc.co.uk/news/uk-52549860. Zugegriffen am 26.12.2020

BBC (2020b) Covid: Sage scientists called for a short lockdown weeks ago. 13.Oktober. BBC News. https://www.bbc.co.uk/news/uk-54518002. Zugegriffen am 09.11.2020

Burgess M (2020) Why the NHS Covid-19 contact tracing app failed. 19. Juni. Wired. https://www.wired.co.uk/article/nhs-tracing-app-scrapped-apple-google-uk. Zugegriffen am 04.01.2021

Calvert J, Arbuthnott G, Leake J (2020) Coronavirus. 38 days when Britain sleepwalked into disaster. 19. April. The Sunday Times. https://www.thetimes.co.uk/article/coronavirus-38-days-when-britain-sleepwalked-into-disaster-hq3b9tlgh. Zugegriffen am 14.12.2020

Cavendish C (2020) Red tape and fear threaten the Covid-19 vaccination effort. Financial Times, 9. Januar. S 12

Cookson C (2021) Vaccines task force pushes Britian towards forefront of manufacturing. Financial Times. 11. Februar. S 3

Courea E, Smyth C (2021) Tracing system condemned as biggest waste of public money. The Times, 11. März. S 10–11

Covacevic T, Butcher B (2020) Covid in Europe. How much testing do other countries do? 9. Oktober. BBC News. https://www.bbc.co.uk/news/54181291. Zugegriffen am 26.11.2020

Davies N, Atkins G, Guerin B, Sodhi S (2020) How fit were public services for Coronavirus? August. Institute for government. https://www.instituteforgovernment.org.uk/sites/default/files/publications/how-fit-public-services-coronavirus.pdf. Zugegriffen am 05.01.2021

DeGroot G (2021) A fair-minded person's guide to the empire. The Times, 23. Januar. S 18

Department of Health and Social Care (2020) Weekly statistics show test and trace is reaching the highest number of contacts. 23. Juli. GovUK. https://www.gov.uk/government/news/weekly-statistics-show-nhs-test-and-trace-is-reaching-the-highest-number-of-contacts. Zugegriffen am 18.01.2021

Eaton G (2020) Boris Johnson overpromised on Christmas. 20. Dezember. New Statesman Boris Johnson overpromised on Christmas – the mistake made throughout the pandemic – new Statesman. Zugegriffen am 11.02.2021

Elgot J, Allegretti A (2021) Commungs texts show Boris Johnson call Hancock „total hopeless." 16. Juni. The Guardian. https://www.theguardian.com/politics/2021/jun/16/cummings-texts-show-boris-johnson-calling-matt-hancock-totally-hopeless. Zugegriffen am 09.11.2021

Elliott L (2021) The UK may not be in a double-dip recession, but it will feel like it. 12. Februar. The Guardian. https://www.theguardian.com/business/2021/feb/12/the-uk-may-not-be-in-a-double-dip-recession-but-it-will-feel-like-it. Zugegriffen am 03.03.2021

Forsyth J (2021) Covid taught us not to rely on other nations. The Times, 29. Januar. S 23

Gregory A, Wheeler C, Shipman T (2021) Care homes consider legal challenge to force their workers to take vaccine. Sunday Times, 17. Januar. S 6

Gross A, Neville S (2021) Test and trace puts 12 billion contracts up for grabs. Financial Times, 13. März. S 3

Halliday J (2020a) Gavin Williamson: UK „is a much better country than every single one of them." The Guardian. 3. Dezember. https://www.theguardian.com/society/2020/dec/03/gavin-williamson-britains-a-much-better-country-than-all-of-them. Zugegriffen am 18.12.2020

Halliday J (2020b) government misses out on 16 million face masks for NHS in four weeks. 21 April. The Guardian. https://www.theguardian.com/uk-news/2020/apr/21/government-misses-out-on-14m-facemasks-for-nhs-in-four-weeks. Zugegriffen am 22.11.2020

Mance H (2016) Britain has had enough of experts, says Gove. 3. Juni. Financial Times. https://www.ft.com/content/3be49734-29cb-11e6-83e4-abc22d5d108c. Zugegriffen am 26.12.2020

Mancini DP (2020) UK spending on Covid hits nearly £12 bn, watchdog says. 16. Dezember. Financial Times UK spending on Covid vaccines hits nearly £12bn, watchdog says | Financial Times (ft.com). Zugegriffen am 02.01.2021

McTague T (2021) The pandemic disaster that might not matter. 26. Januar. The Atlantic. https://www.theatlantic.com/international/archive/2021/01/uk-pandemic-deaths-100k/617811/. Zugegriffen am 08.08.2021

Neville S, Payne S, Miller J (2020) UK set for Covid vaccinations next week after regulatory approval. 3. Dezember. Financial Times. https://www.ft.com/content/c60f49c1-34c8-4cd0-b295-87f35c70bc04. Zugegriffen am 09.01.2021

Oltermann P, Sabbagh D (2020) German army donates as UK scrambles for equipment. 9. April. The Guardian. https://www.theguardian.com/world/2020/apr/09/german-army-donates-60-mobile-ventilators-uk-coronavirus-nhs. Zugegriffen am 12.03.2021

Privte Eye (2020) Unknown unknowns, 11. September. S 9

The Economist (2020a) How the levers came off, 18. Juli. S 20–21

The Economist (2020b) Could do better, 5. September. S 19

Thomson A, Sylvester R (2021) The NHS could vaccinate everybody in five days if it were better motivated. The Times, 9. Januar. S 40

Toynbee P (2020) Boris Johnson is the wrong man in the wrong job at the wrong time. 20. April. The Guardian. https://www.theguardian.com/commentisfree/2020/apr/20/boris-johnson-sunday-times-prime-minister-coronavirus. Zugegriffen am 09.01.2021

Woodcock A (2021) Downing Street denies Boris Johnsen missed Covid meetings to write Shakespeare book. 24. Mai. Independent. https://www.independent.co.uk/news/uk/politics/boris-johnson-dominic-cummings-shakespeare-b1852830.html. Zugegriffen am 09.06.2021

15

Die Tories: „Eine garstige Partei"

Ein Aufschrei ging durchs Land und hallte wider in den Aufmachern aller Nachrichtensendungen und den Titelgeschichten der Tageszeitungen, als am 18. April 2021 die Meldung von der Super League über Großbritannien hereinbrach. Die reichsten und prominentesten Fußballvereine teilten nach geheimen Verhandlungen mit, künftig in einer eigenen exklusiven Liga gegeneinander antreten zu wollen. In London hatten die Traditionsclubs Chelsea und Tottenham Hotspur ihre Teilnahme verbindlich zugesagt und im Norden würden die beiden Vereine aus Manchester – United und City – sowie der FC Liverpool sich der Elite aus Spanien und Italien anschließen und künftig für Rekordhonorare um einen neuen Pokal spielen (Devlin 2021). Mit dem Projekt wollten Milliardäre, die sich in den vergangenen Jahren in die Premier League, Englands oberste Spielklasse, eingekauft hatten, die Vermarktung ihrer Teams auf Rekordniveau steigern. Über den Zugang zu dem erlesenen Zirkel sollte das Budget entscheiden – nicht mehr die sportliche Leistung. Sofort schlug den Plänen eine Welle der Empörung entgegen und wilder Protest der Fans, die den Sport und den fairen Wettkampf bedroht sahen von der Geldgier internationaler Investoren. Fußball ist ein so großes Thema im Land, dass kein Parteichef, noch dazu einer im Amt des Premierministers, schweigen kann, wenn sich eine fußballbegeisterte Nation um die Zukunft der Sportart sorgt, die in Großbritannien ihre Ursprünge hat. So vergingen auch nur Stunden, bis Boris Johnson einen Krisengipfel in Downing Street einberief mit dem Ziel, die Pläne für die Super League zu stoppen. Aufgebrachte Konservative Parlamentsabgeordnete forderten derweil, die Strippenzieher in den Vereinsvorständen für ihr schädliches Vorhaben zur Rechenschaft zu ziehen, entweder mit einer Sondersteuer auf die Clubs oder einer Begrenzung von Arbeitserlaubnissen für Spieler aus dem Ausland. Regierungschef Johnson ließ prüfen, ob das Wettbewerbsgesetz dazu taugte, den Teilnehmern der Super League das Geschäft zu vermiesen mit einer Verpflichtung, die Begegnungen künftig in freien TV-Kanälen ohne Bezahlschranke anbieten zu müssen. Sogar eine neue Verordnung nach deutschem Vorbild wurde erörtert, um Kapitalanlegern den Erwerb von Stimmenmehrheiten der Clubs zu verwehren (Johnston 2021). Die Super League, diese Schöpfung aus Gier und Arroganz, kollabierte rasch unter dem Angriff der Regierung. Der maßgebliche Ideengeber für das Projekt, Ed Woodward, Manager von Manchester United, trat zurück. Die Ereignisse jener Apriltage waren nicht nur für Fußballinteressierte bemerkenswert. Auch politische Beobachter hatten erstaunt zugeschaut, mit welcher Vehemenz und Einmütigkeit die konservative Partei und ihr Vorsitzender Boris Johnson Großinvestoren, freie Märkte und die Folgen der Globalisierung bekämpften. Als Margaret Thatcher die Partei anführte in den späten 1970er- und 1980er-Jahren, galten die Konservativen als vorbehaltlose Cheerleader für üppige Investitionen und den Rausch des Geldes, mit dem ein Sport transformiert werden sollte, der seinerzeit vor allem der baufälligen Stadien und marodierenden Hooligans wegen Schlagzeilen machte (The Economist 2021a). Die Spitzenteams Liverpool und Manchester United wurden seinerzeit internationale Marken, die weltweit Spieler und Fans lockten. Ausländische Milliardäre kauften die besten Clubs, obwohl sie weder persönliche noch berufliche und schon gar keine emotionale Verbindung zu den Heimatorten ihrer Mannschaften hatten. Schwerreiche Fußballer, ihre Frauen und Freundinnen wurden zu Celebrities und bestimmten nun den vulgären Ton in dem lukrativen Geschäft. Als die bröckelnden alten Stadien neuen Arenen nach amerikanischem Vorbild wichen, stiegen die Ticketpreise und die Jahreskarte für ein Heimspiel wurde für Personen mit geringem Einkommen unerschwinglich. Boris Johnson, damals Parlamentsabgeordneter im feinen Henley – dem Ort der königlichen Ruderregatta – konnte seinerzeit an der Kommerzialisierung des Sports nichts Verwerfliches finden. Den Verkauf von Manchester United an die Glazer-Brüder, amerikanische Sportunternehmer, im Jahr 2005 hielt er für konform mit dem „Grundsatz konservativer Philosophie" (The Economist 2021a). Heute schlägt er andere Töne an und kritisiert die „milliardenschweren Besitzer" dafür, die Anliegen der Fußballfreunde zu ignorieren und die Vereine ihren Heimatgemeinden zu entfremden. In einem Artikel für die SUN, der Zeitung von Rupert Murdoch, der über Jahre mehr als andere die Übernahme des Sports durch ausländische Großinvestoren befeuerte und einst selbst versuchte, Manchester United zu kaufen, schrieb Johnson den Fans: „Es ist euer Spiel und ich versichere euch, dass ich alles tun werde, was ich tun kann, dieser blödsinnigen Idee (einer Super League) die rote Karte zu zeigen" (Johnson 2021).

Johnsons Haltung signalisierte einen radikalen Kurswechsel bei den Konservativen. Es war die Rückkehr in die 1960er- und frühen 1970er-Jahre, als Edward Heath eine konservative Partei führte, die mit dem „unerträglichen Gesicht des Kapitalismus" haderte (Mortished 2009; Bawden 2012). Johnson teilt Heaths Business-Skeptizismus und will von seinen vormaligen Sympathien für marktliberalen Thatcherismus nichts mehr wissen. Unter seiner Führung ist das Verhältnis der Konservativen zu Unternehmen merklich abgekühlt und nur gelegentlich gefällt sich seine Führungsmannschaft als Verteidigerin unternehmerischer Interessen. Ansonsten pflegt Johnson ein gutes Verhältnis vor allem mit solchen Wirtschaftskapitänen, die während der Brexit-Kampagne auf seiner Seite fochten, wie etwa der Hersteller von Staubsaugern, Sir James Dyson. Der Unternehmenslobby, die für einen Verbleib in der EU geworben hatte, zeigten die Konservativen seither immer wieder die kalte Schulter. Dieser Frust über die liberalen und proeuropäischen Ansichten von Unternehmenschefs, den Johnson seinerzeit mit dem Ausruf „fuck business" zusammenfasste, fand seinen Weg 2017 auch ins Wahlprogramm, in dem vor der Idee freier Märkte und dem Kult des egoistischen Individualismus gewarnt wurde (BBC News 2018). Seit Johnson abgerückt ist von Thatchers These, wonach die Kräfte des freien Marktes taugten, die Probleme einer Gesellschaft zu lösen, und sich zum Fürsprecher eines starken, fürsorglichen und großzügigen Staates machte, steht die Fraktion in der Pflicht, mit üppigen Überweisungen des Schatzamtes den Regionen, die für Jahrzehnte vom prosperierenden Südosten des Landes abgehängt waren, eine bessere Zukunft zu erkaufen. In das Bild passt, dass die Konservativen die Wahl zum Unterhaus 2019 nicht zuletzt dank des Versprechens gewannen, mit staatlichen Investitionsprogrammen Industriebrachen im Norden Englands zu regenerieren, wo die Arbeitslosigkeit überdurchschnittlich hoch und die Einkommen niedriger sind als anderswo im Land. Nicht ohne Grund nennt Parteichef Johnson Michael Heseltine als Vorbild, der in den 1980er-Jahren als Minister für Umwelt, Kommunales und Bau sich um Staatsinterventionen bemühte – entgegen der Vorbehalte seiner Regierungschefin Thatcher. Mit Zuschüssen für Stadtentwicklung etwa in den Docklands, für den Bau neuer Wohnquartiere und die Planung von Gartenschauen machte Heseltine die abgewirtschaftete Hafenstadt Liverpool mit ihrer Arbeitslosenquote von bis zu 50 Prozent zu einem Modellprojekt dafür, wie die Initiative für Gewerbeförderung und den Neubau attraktiver Stadtviertel von der Regierung ausgehen kann (Travis 2011). Gerade die Abgeordneten, die gegen die Konkurrenz von Labour in den Unterhauswahlen 2019 und den Kommunalwahlen 2021 im Norden Englands Mehrheiten für die Konservativen gewannen, fordern nun, dass die Regierung nicht nur in Straßen, Bahnlinien und Gewerbeparks zur Schaffung von Arbeitsplätzen investiert. Diese von den alten Industriestädten in das Parlament von Westminster gewählten Konservativen erwarten, dass Johnson auch Geld findet für Sozialinfrastruktur, also Subventionen zahlt zum Erhalt von Theatern, Museen, Büchereien und kommunalen Sport- und Freizeitcentern. Dass der Staat eine Macht des Guten ist, flüstert auch Carrie Symonds dem Parteichef ein. Die Lebensgefährtin Johnsons ist davon überzeugt, dass Ökologie beim Abwägen politischer Alternativen stets Vorrang haben sollte, selbst wenn Unternehmen darunter litten und Arbeitsplätze gefährdet würden (The Economist 2021a). Als der Premierminister die Keulung von Dachsen stoppte, die als Überträger von Tuberkulose landwirtschaftliche Nutztiere bedrohen, waren viele Farmer entsetzt und überrascht. Hatte sich der Tory-Chef doch bisher nie für Dachse interessiert, ein Thema, das der Aktivistin Symonds umso mehr am Herzen liegt (Doward 2020).

Cricketplätze und alte Jungfern, die zum Gottesdienst radeln

Der Glaube an die Wohltaten, die von einer interventionistischen Regierung ausgehen können, war nicht zuletzt eine Reaktion auf die unerwünschten Folgen der marktradikalen Reformen Thatchers, die in den 1980er-Jahren ausgezogen war, das Land zu verändern nach dem Vorbild ihres Vaters, eines hart arbeitenden Ladenbesitzers. Zehn Jahre später hatte ihre Regierung eine Gesellschaft geschaffen, deren Werte und Verhalten eher an ihren Sohn erinnerten, der sich einen Namen als schmieriger Ganove gemacht hat. Ferdinand Mount, in Thatchers Regierung für die Entwicklung politischer Programmatik zuständig, bemerkte Jahre später selbstkritisch, dass die Konservativen die Arbeiterklasse in den 1980er-Jahren verachteten und damit ihren gesellschaftlichen Status erodiert hätten (Mount 2005). In Mounts Analyse spiegelt sich eine alte kommunitaristische Tradition der Konservativen wider, die seit ihren Anfängen im 19. Jahrhundert die Verantwortung des Einzelnen für die Gemeinschaft anmahnte. Dieses Prinzip kollektiver gesellschaftlicher Verantwortlichkeit ließ sich kaum versöhnen mit Thatchers Credo, wonach „so etwas wie Gesellschaft nicht existiert. Es gibt nur einzelne Männer, Frauen und auch Familien", formulierte die Protagonistin eines Reformprogramms, das mit neoliberalen Ideen des Manchesterkapitalismus mehr zu tun hatte als mit der Weltsicht eines traditionellen Tories, wie sie der irische Politiker, Ökonom und Philosoph Edmund Burke vor 200 Jahren formuliert hatte, als er den Untergang von Anstand und Respekt eines ritterlichen Zeitalters und den Aufstieg von „Sophisten, Ökonomen und Rechnern" beklagte (Burke 1790/2017). Später attackierte der Konservative Benjamin Disraeli seinen Parteifreund, Premierminister Robert Peel, für dessen Entscheidung, mit der Rücknahme der Getreidezölle den internationalen Handel anzutreiben, die Konkurrenz aus dem Ausland zu befördern und damit heimische aristokratische Landbesitzer zu schwächen, deren traditionelle Bande mit den Menschen im Land die Nation seit Jahrhunderten zusammengehalten habe. Nach dem Ersten Weltkrieg kritisierte Stanley Baldwin, der in Tweed im Stile des Landadels gekleidete Tory-Vorsitzende, skrupellose Geschäftsleute, die in der Kriegswirtschaft ein Vermögen angehäuft hatten. Harold Macmillan, Sohn eines Verlegers und verheiratet mit der Tochter des Herzogs von Devonshire, waren in den 1960er-Jahren seine feudalen familiären Beziehungen lieber als seine unternehmerische Verwandtschaft. Nachdem die marktliberale Margaret Thatcher 1990 ihren Abschied genommen hatte, brach der neue Anführer der Tories, John Major, mit der Politik seiner Vorgängerin auch rhetorisch, indem er in seinen Reden ein Bild von England beschwor, das von Cricketplätzen geprägt war und alten Jungfern, die sich morgens mit dem Fahrrad auf den Weg machten zum Gottesdienst. (Perraudin 2014)

Dank Johnson geben die Kommunitaristen in der konservativen Partei wieder den Ton an. Aber sie unterscheiden sich merklich von ihren Vorgängern wie Burke und Disraeli, nach deren Vorstellung die aristokratische Elite in der Verantwortung stand, sich paternalistisch um das Wohl anderer zu kümmern. Boris Johnson geriert sich nicht als das Sprachrohr einer Elite, sondern gibt sich als Tribun der Masse. Oder anders gesagt: Aus den Cricket-Tories sind die Fußball-Tories geworden. Die Prinzipien aber sind die gleichen geblieben: Der Staat habe sich paternalistisch zu kümmern um die Nation, eine große solidarische Gemeinschaft, die Skepsis hegt gegenüber globalen Märkten und eine Nostalgie pflegt für das Leben, bevor es von Geldgier korrumpiert wurde. Das ist die Definition dessen, was im 19. Jahrhundert Premierminister Benjamin Disraeli „One Nation Conservatism" nannte, einen Kommunitarismus zum Wohle aller, den der Populist Johnson heute gerne für sich beansprucht. Nicht nur unter gierigen Fußball-Tycoons und bei zwielichtigen Finanzhasardeuren, auch unter Kreisen von Industriellen und in den Clubs der Geldelite in der Londoner City kam Unbehagen auf, seit die Konservativen sich nach dem Rückzug David Camerons 2016 immer mehr als Anwälte von Arbeitern und Geringverdienern gerierten. Gleich nach der Übernahme von Parteivorsitz und Regierungsamt überraschte Theresa May mit ihrer Entscheidung, das Geschäft mit hochverzinsten Überbrückungskrediten zu beschränken, die nicht selten Menschen mit geringem Einkommen finanziell ruinieren. Zudem irritierte sie mit dem Vorschlag, Arbeitnehmer per Gesetz Sitz und Stimme in den Vorständen großer Unternehmen zu garantieren (Baker 2016). Selbst die traditionelle Rhetorik und das Selbstbild der Tories als Steuersenkungspartei wandelten sich (BBC News 2017). Um für ehemalige

Labour-Anhänger wählbar zu werden, haben die Konservativen unter Johnson ihre Sympathie für materielle Umverteilung entdeckt und Schatzkanzler Rishi Sunak entschied 2021 über eine Erhöhung der Unternehmenssteuern von 19 auf 25 Prozent (The Economist 2021b). Die Idee, bei den Firmen mehr abzukassieren, entwendeten die Konservativen ihrer Konkurrenz von Labour, deren Wähler aus dem Arbeitermilieu seit den Wahlen 2019 in Scharen zu Johnson überlaufen. Deshalb übernahm der Tory-Vorsitzende von der Arbeiterpartei auch die Idee für eine Nationale Infrastrukturbank und Vorschläge zur Subvention von Industrieinvestitionen. Erstaunlich ist zudem die Neuformulierung eines technischen Details im Kriterienkatalog für die Verteilung staatlicher Fördermittel, nach denen Beamte entscheiden, wo Steuergeld am besten ausgegeben werden sollte. Für Jahre galt, dass nur solche Projekte förderwürdig waren, die mittelfristig den größten finanziellen Gewinn versprachen. Demnach rechneten sich Investitionen in eine neue U-Bahnlinie für hoch bezahlte Pendler in London viel eher als vergleichbare staatliche Finanzierung von Weiterbildungsprogrammen für arbeitslose Arbeiter in Lancashire. Nach Streichung dieser Vorgabe auf Wunsch Johnsons kann das Schatzamt nun Wünschen nach neuen Schnellstraßen, Flugplätzen und Infrastruktur für Gewerbeparks in wenig produktiven Gegenden des ärmeren Nordens zu entsprechen.

Zugegeben, dass Parteien populäre Forderungen der Mitbewerber übernehmen, ist lange geübte Praxis. So waren Winston Churchill und Harold Macmillan Protagonisten beim Ausbau des Sozialstaats, den sich ursprünglich die Labour-Partei auf die Fahnen geschrieben hatte (Fraser 2009). Später gewannen Tony Blair und Gordon Brown die Wahlen 1997 mit der Zusage, viele der marktliberalen Reformen ihrer Vorgängerin Margaret Thatcher und John Major nicht rückgängig zu machen. Aber Johnsons politische Plagiate sind skrupelloser als die seiner Vorgänger. So ließ er seine Konservativen ausgerechnet jene Vorschläge kopieren, die 2015 dem Labour-Vorsitzenden Ed Miliband den Beinahmen „Roter Ed", einbrachten und konservative Zeitungen warnen ließ vor dem gefährlichen Linken, der Großbritannien in ein sozialistisches Utopia führen wolle (Hohler 2015). Tory-Chef Cameron betrachtete seinerzeit Milibands Plan, Energiepreise per Verordnung zu begrenzen als Beleg für Labours Träume von einem „marxistischen Universum". Was damals als marxistische Verirrung galt, ist unter Johnson zum politischen Mainstream geworden. Dass Labours Programm 2015 kein Wahlkampfschlager war, hatte wohl vor allem damit zu tun, dass es David Cameron nach dem Urnengängen 2010 fünf Jahre später erneut gelang, der Arbeiterpartei die Verantwortung für die Finanzkrise nach 2008 anzuhängen. Erst als die Menschen Camerons rigoroser Sparpolitik überdrüssig wurden und sich während der Covid-19-Pandemie mehr staatliche Fürsorge wünschten, wurden die alten Forderungen Milibands populär und Boris Johnson, mittlerweile an die Spitze der Konservativen aufgerückt, zum virtuosen Dieb fremder Ideen. Zur Wahrheit gehört auch, dass Johnson die Programmatik seiner Partei nicht nur mit linker Ideologie bereicherte. Auch bei den Ultranationalisten um Nigel Farage hatte er Anleihen gemacht, als er seiner Partei die Ziele und Rhetorik der Brexit-Partei verordnete. Dabei übertrafen die Konservativen sogar das Original, als sie nicht nur den EU-Austritt verhandelten, sondern ihr Land zudem aus dem EU-Binnenmarkt herauslösten: Ein Schritt, der einstmals sogar Nigel Farage zu radikal erschien (The Economist 2021b). Die Wähler von Farages früherer Partei UKIP fanden bei den Konservativen eine neue Heimat, deren Innenministerin die Entsendung der Royal Navy forderte, um Flüchtlinge im Ärmelkanal zu stoppen, während Abgeordnete der Fraktion in Westminster darüber diskutierten, Asylbewerbern das Betreten Großbritanniens grundsätzlich zu verwehren und sie stattdessen bis zur Klärung ihrer Ansprüche im südlichen Atlantik auf der Insel St. Helena unterzubringen, dem letzten Exil Napoleon Bonapartes.

Die plötzliche Sympathie der Tories für die Sozialfürsorge

Mit der Taktik, bei Labour und UKIP abzuschreiben, haben die Konservativen spätestens seit 2019 bei Wahlen erfolgreich die politischen Mitbewerber rechts und links zermürbt und besonders unter Wählern der Arbeiterpartei Labour in den Kleinstädten Nordenglands Sympathie und Stimmen gewonnen. Der Erfolg ist den opportunistischen Tories die ideologische Akrobatik wert, auf die sich ihr Vorsitzender Johnson besser versteht als die meisten seiner Vorgänger. Ein programmatischer Mischmasch aus traditioneller konservativer Politik vermengt mit Ideen der Labour Partei und Anleihen bei den Grünen ist sein Erfolgsrezept (Heath 2020). So erklärt sich auch eine plötzliche Sympathie der Tories für staatliche Wohlfahrt. Seit der Ära Thatchers hatte die Partei wenig Sympathie empfunden für Regierungen, die sich im Namen der administrativen Fürsorge in das Leben der Menschen einmischte – den „Nanny State" also, wie er damals abfällig genannt wurde. Heute sind Tonlage und Politik eine andere: Tories verbannen ungesundes Essen aus der Fernsehwerbung, verbieten Supermärkten die Platzierung von salz- und zuckerhaltigen Snacks an Eingang und Kasse und verstaatlichen das Eisenbahnunternehmen Northern Rail. Verantwortlich für diese Politik zeichnet Parteichef Johnson, der vor 20 Jahren als Chefredakteur des Magazins Spectator nicht nur Plädoyers verfasste zu „offenen Märkten und Wahlfreiheit für Konsumenten", sondern auch versprach, immer die Prinzipien von Margaret Thatchers Neo-Konservatismus hochzuhalten (Graff 2013). Aber Johnson ist Taktiker, kein Überzeugungstäter, der die konservative Partei dazu bringt, Forderungen zu übernehmen, mit denen sich Wahlen gewinnen lassen. Bei dieser flexiblen Bestimmung ihrer politischen Präferenzen hilft es den Konservativen, dass sie nie eine ausgeprägte eigene Ideologie entwickelt haben. Während linke und auch liberale Parteien Visionen hatten von einer anderen, besseren Gesellschaft, sind die Konservativen entstanden als Warner vor radikalen Veränderungen und revolutionärer Hybris. Die Ursprünge dieser Haltung gehen zurück auf Edmund Burke, der in seinem Traktat „Reflektionen über die Revolution in Frankreich" davor warnte, gewachsene Institutionen und etablierte Traditionen zu zertrümmern im Namen abstrakter Ideen und rationaler Einsicht (Jones 2017). Burke mahnte, über Generationen gelernte Sitten und bewährte Formen und Konventionen nicht leichtsinnig nach abstrakten Plänen zu ersetzen. Landwirte und Handwerker, die ihr Fach von den Eltern erlernt hatten, galten ihm mehr als der Professor, der den Kopf in Bücher steckte, ohne je die wahre Natur von Menschen und Gesellschaft zu erfassen. Den disruptiven Ideen der Revolution in Frankreich sagte Burke schon 1790 voraus, dass sie im Desaster enden werde. So sahen es auch viele seiner Zeitgenossen in einem Land mit überschaubarer revolutionärer Leidenschaft, wo Menschen sich eng verbunden fühlten mit dem Boden, der sie ernährte und dem Gut, das sie von ihren Vätern geerbt hatten. In einer Gesellschaft, die sich ganz selbstverständlich konservativ verhielt, bestand kein Bedarf an einer konservativen Partei. Das änderte sich erst, als radikale Ideen von Gleichberechtigung, unveräußerlichen Menschenrechten und universellem Wahlrecht, der Zündstoff für Revolutionen auf dem Kontinent, auch auf den britischen Inseln Anhänger fanden und die aristokratische Elite in Unruhe versetzten. Deren politisches Interesse war bisher von der alten Partei der Tories vertreten worden, die sich als Verteidiger der etablierten anglikanischen Kirche, Fürsprecher königlicher Vorrechte und Freunde der Großgrundbesitzer verstanden. Es war Robert Peel, der die programmatische Grundlage für eine neue Partei schuf – die Konservativen –, als er 1834 in einem Manifest für die Wähler in seinem Wahlkreis Tamworth in der Grafschaft Staffordshire seine politischen Grundsätze auflistete: Reform von Kirche und Staat wolle er nur dann, versicherte Peel, wenn die Institutionen nicht zur Zufriedenheit der Menschen funktionierten. Auch Parteien müssten sich wandeln, doch mit Vorsicht und Bedacht. Dagegen empfahl er, sich von dem Strudel radikaler politischer Ideen wie etwa dem Wahlrecht für alle, fernzuhalten. Das Tamworth Manifest, das bald nicht nur in Peels Wahlkreis, sondern im ganzen Land verteilt wurde, gilt der konservativen Partei (die Bezeichnung Tories hält sich bis heute in der Umgangssprache) als Gründungsdokument (Gash 1972). Anpassung und graduelle Veränderung war seither die Maxime der Partei, etwa als 1867 und 1884 das Wahlrecht auf jeden männlichen Hausbesitzer im Land ausgeweitet wurde. Konservative taten sich als Kritiker von Privilegien einer Elite nur dann hervor, wenn das Festhalten an den Verfehlungen einer überkommenen, trägen und dekadenten Kaste das Überleben von Institutionen und Traditionen gefährdete. Darin liegt die außergewöhnliche Bilanz der britischen Konservativen, die über 200 Jahre hinweg bei Wahlen die erfolgreichste politische Partei in der Geschichte wurde. Anders als rechte Parteien auf dem Kontinent versöhnten sich die Tories früh mit der Demokratie, gewannen auch die Stimmen vieler Arbeiter für sich und vermieden zudem für gewöhnlich, sich in ideologischen Kreuzzügen für heilige politische Prinzipien aufzureiben (The Economist 2020a).

Aber auch politische Anpassungsfähigkeit hat Grenzen und schon Robert Peel ließ keinen Zweifel daran aufkommen, dass Konservative radikale Politikentwürfe nicht duldeten und sich schon gar nicht auf revolutionäre Veränderung einließen (The Economist 2020a). Daher verwunderte es wenig, als Boris Johnson progressiven Aktivisten, die per Gesetz Geschlechtsumwandlungen auch ohne Prüfung und ärztliches Attest möglich machen wollten, eine Absage erteilte, auch wenn sein Vorgänger Cameron zunächst ein offenes Ohr für die Forderungen zu haben schien. Die Fronten in dieser Auseinandersetzung verliefen wie so oft: Während Linke und Liberale ihren Anhängern den Bruch mit scheinbar überkommenen Konventionen im Namen einer besseren Zukunft versprechen, befeuern Johnsons Konservative das Empfinden von Menschen, die Veränderung als Bedrohung sehen und mit Verlust von Vertrautem assoziieren. Gerade die älteren Wähler, Menschen mit geringerer Bildung, aber auch traditionelle Labour-Anhänger fürchten nicht nur globalisierte Märkte und weltweite Konkurrenz, sondern misstrauen auch Bestrebungen, ethnischen und religiösen Minderheiten einen sichtbareren Platz in der Gesellschaft zuzugestehen und für Geschlechtsvielfalt zu werben. Johnson befeuert die Ressentiments seiner Klientel mit einem Kulturkampf, in dem er zu Mitteln greift, die den Konservativen alter Schule unpassend und völlig abwegig erschienen wären. Denn seine politischen Attacken gegen alles, was ihm kritisch, verdächtig, progressiv und ideologisch feindlich erscheint, nimmt keine Rücksicht auf Institutionen, mit denen Konservative in der Tradition Burkes einstmals besonders sorgsam umgingen. Johnsons Konservative hingegen legen sich mit dem öffentlichen Sender BBC an und drohen mit der Streichung der Rundfunkgebühr, sie lösen das Parlament auf, wenn das ihre Pläne zu durchkreuzen droht, und sie lassen den Obersten Gerichtshof wissen, sich Gedanken machen zu wollen über die Berufung von parteipolitisch geneigten Richtern. Die drei Institutionen haben gemein, dass sie im Kulturkampf zwischen progressiven und tradierten Ansichten auf der falschen Seite stehen, oder zumindest nicht auf der Seite, die Johnsons Konservative für die richtige halten. Das Parlament verzögerte seinerzeit den Brexit, der Oberste Gerichtshof schränkte die königliche Prärogative des Premierministers ein und in der BBC spielte man mit dem Gedanken, mit Rücksicht auf die Opfer der Kolonialherrschaft und deren Nachkommen den Text der imperialistischen Hymne „Rule Britannia" aus dem Kanon der Promenadenkonzerte in der Royal Albert Hall zu streichen. Mit ihrem Bemühen darum, linke Aktivisten unter Richtern, Journalisten und Abgeordneten zu stoppen, steht die Parteiführung um Johnson in der Tradition von Lord Salisbury, dem dreimaligen Premierminister im späten 19. Jahrhundert, der das Grundprinzip seiner Partei so definierte: „Feindschaft gegenüber Radikalen, unablässige, unerbittliche Feindschaft ist die essentielle Definition des Konservatismus. Die Angst, Radikale könnten triumphieren, ist die ultimative Existenzberechtigung der konservativen Partei" (Earle 2021).

„Ich gehe nur vor zwei Menschen auf die Knie"

Margaret Thatcher und ihre Anhänger entdeckten Radikale überall in der Gesellschaft. Der Kampf wurde bald zur Obsession und irgendwann zum Selbstzweck. Als der Radikalismus in den Gewerkschaften schließlich besiegt war und sogar die kommunistischen Stadträte und lautstarken Atomkraftgegner zum Schweigen gebracht worden waren, setzten Thatchers Anhänger ihren Kreuzzug fort, ohne zu bemerken, dass viele bürgerliche Wähler, in der Führung der Konservativen die letzten entfesselten Eiferer zu entdecken glaubten und sich irritiert abwandten (Dunleavy 2013). Zweifel an wirtschafspolitischer Kompetenz, Vorwürfe der Korruption, innerparteiliche Diadochenkämpfe zwischen Thatchers Nachfolgern, aber auch ausgeprägtes Desinteresse unter den ergrauten weißen Männern der Parteiführung, ethnische Minderheiten und Frauen in führende Rollen zu rekrutieren, waren die Gründe für eine dramatische Wahlniederlage 1997, der 13 Jahre in der Opposition folgten. „Wisst ihr, wie uns einige nennen?" rief 2002 die Generalsekretärin Theresa May den Delegierten des Parteitages in Bournemouth zu, um ihren rhetorischen Einwurf selbst zu beantworten: „Die garstige Partei" (White und Perkins 2002).

Neben May erkannten auch andere, dass die Konservativen sich wandeln und wie schon so oft in den 200 Jahren ihrer Geschichte geschmeidig dem gesellschaftlichen Wandel anpassen mussten, wollten sie wieder eine relevante politische Kraft im Land werden und den Weg zurück zur Macht finden. Der vormalige Staatsminister im Schatzamt Oliver Letwin forderte, die Partei müsse repräsentativer sein und ihr stellvertretende Generalsekretär Andrew Lansley schlug vor, die Parteizentrale solle den Wahlkreisen vorrangig Frauen und Angehörige ethnischer Minderheiten als Kandidaten empfehlen (Sobolewska und Ford 2020, S. 305). Besonders David Cameron war es ernst damit, liberale Wähler zurückzugewinnen, die Jungen und besser Gebildeten, die Großstadtwähler, die eine multikulturelle Gesellschaft als Bereicherung ansahen, nicht als Bedrohung. Diese Diversität verordnete Cameron seiner Partei, weil er erkannte, dass sich die Demografie im Land und damit auch die Wählerschaft rasant wandelte: So beträgt der asiatische Bevölkerungsanteil in Englands sechstgrößter Stadt Bradford bereits ein Viertel. In Birmingham sind noch 58 Prozent der Einwohner Weiße. Die Hälfte der 330.000 Bewohner von Leicester stammen aus Asien, Afrika, der Karibik und dem Mittleren Osten. Deren Anteil liegt bei 55 Prozent in Slough, einer Stadt mit 165.000 Einwohnern im Westen Londons. Und auch in der Hauptstadt klassifizierten sich bei der letzten statistischen Erhebung nur 45 Prozent als „weiße Briten" (Gov.uk 2020). Diese Zahlen trieben Cameron um, dessen Fraktion im Unterhaus im Jahr 2005, als er den Vorsitz übernahm, gerade einmal zwei Mitglieder einer ethnischen Minderheit angehörten; fünf Jahre später bereits elf und nach der Wahl 2019 zählte man 20 Tories mit karibischen, afrikanischen oder asiatischen Wurzeln. In dem gleichen Zeitraum erhöhte sich die Zahl weiblicher Abgeordneten von 17 auf 87 (Boaten 2020; Allen 2020). Dennoch sahen auch in der Ära Camerons nicht-weiße Wähler die Tories nach wie vor mit tiefem Misstrauen. Ihre Erinnerungen an Politiker wie Enoch Powell waren noch wach, dessen xenophobe Rhetorik in den 1970er-Jahren Margaret Thatchers Ablehnung gegenüber Migranten ein Jahrzehnt später noch weit übertroffen hatte (Ashcroft 2012). Um die politische Unterstützung der Skeptiker zu gewinnen, hätte sich Cameron für einen radikalen Politikwechsel entscheiden müssen, den er seinen traditionellen Mitgliedern nicht zumuten wollte. Deren Langmut testete er dann dennoch, als er mit Blick auf progressive Wähler die konservative Fraktion im Unterhaus für die Legalisierung der gleichgeschlechtlichen Ehe stimmen ließ. Wie schwer es den Tories fiel, die von Cameron verordnete kulturelle Liberalität zu akzeptieren, daran erinnerte wenig später auf dem Parteitag 2016 in Bournemouth Theresa May, seine Nachfolgerin im Vorsitz, die in ihrer Rede die Delegierten wissen ließ, wie sehr sie internationalen und weltoffenen Gesellschaften misstraute: „Wer glaubt, er sei ein Weltbürger, der ist ein Bürger von nirgendwo", rief sie bissig den applaudierenden Mitgliedern zu (May 2016). Die gleiche May, die einst so selbstkritisch mit dem „garstigen" Image ihrer Partei ins Gericht gegangen war, wurde auf den Parteitagen der Konservativen nun dafür gefeiert, dass sie sich in ihren sechs Jahren als Innenministerin um ein „feindliches Umfeld" für Flüchtlinge bemüht hatte, um Großbritannien als Zielland für Migranten unattraktiv zu machen (Travis 2013). Wie nachhaltig ihr Politikwechsel war, erfuhren 83 Briten, die auf Anweisung ihres Ministeriums in ihre Geburtsländer in der Karibik, nach Kenia und Sierra Leone deportiert wurden, mehr als 60 Jahre nach ihrer Ankunft in Großbritannien (Gentleman 2019). Auch Boris Johnson konterkarierte lange Zeit Bemühungen, seine Partei mit einer multiethnischen Gesellschaft zu versöhnen, etwa, wenn er sich in Zeitungskommentaren und Reden über das „Wassermelonen-Lächeln" von „Piccaninnies" (schwarze Babies) lustig machte, Burka tragende Muslima mit Briefkästen und vermummten Bankräubern verglich und analysierte, dass Afrika besser dran wäre, wenn die britischen Kolonialherren den Kontinent nicht verlassen hätten (Bienkov 2020). Später als Parteivorsitzender erkannte Johnson wie zuvor schon Cameron, dass seine Partei nur wählbar bliebe, wenn sie liberale und ethnisch diverse Wählergruppen nicht verschrecke. Jetzt zeigte er den für britische Konservative lebenserhaltenden Opportunismus und wendigen Pragmatismus. Für den Preis des nächsten Wahlsieges passte der Tory-Vorsitzende seine Haltung der Stimmung im Land an, berief mehr Minister ethnischer Minderheiten in sein Kabinett als irgendeiner seiner Vorgänger und beauftragte sie mit den wichtigsten Ressorts: Anfang 2021 leitete Priti Patel, die Tochter indischstämmiger Migranten, die in den sechziger Jahren aus Uganda vertrieben worden waren, das Innenministerium. Schatzkanzler war der Hindu Rishi Sunak, dessen Großeltern aus der indischen Provinz Punjab stammen. Suella Braverman, die Johnson als Generalstaatsanwältin berief, hat indische Eltern und als Kandidat für die Direktwahl des Londoner Bürgermeisters stellten die Konservativen Shaun Bailey auf, den Sohn eines LKW-Fahrers und Enkel jamaikanischer Einwanderer. Seit die Tories sich erfolgreich um Diversität in ihrem Kandidatentableau bemühen, treten sie im Streit um den angemessenen Umgang mit den verschiedenen ethnischen Gruppen des Landes mutiger und selbstbewusster auf (The Economist 2020b). Sie sind stolz auf ihre nicht-weißen Abgeordneten, feiern die afrikanische Diaspora im Black History Month und kein ernst zu nehmender Tory käme heute auf den Gedanken, Multikulturalität in Frage zu stellen. Von „systemischem Rassismus" im Land, den Politiker der Labour-Partei anprangern, will man bei den Konservativen allerdings nichts wissen. Hier wird lieber darauf verwiesen, dass Schwarze, Asiaten und Araber mit Fleiß und Begabung den gesellschaftlichen Aufstieg schaffen können wie jeder weiße Brite auch (de Cordova 2020). Derweil bemängelte Munira Mirza, die nach Johnsons Wahl 2019 zur Leiterin des Planungsstabs in 10 Downing Street berufene Tochter pakistanischer Einwanderer, eine „Kultur der Kränkung" in den Anti-Rassismus-Kampagnen, und Außenminister Dominic Raab kommentierte den symbolischen Kniefall unter Anhängern der „Black Lives Matter"-Aktivisten lapidar: „Ich gehe nur vor zwei Menschen auf die Knie: Der Königin und meiner Frau" (Roberts 2020; Courea 2020). Das sind Töne, mit denen die Konservativen bei weißen Arbeitern in den alten Industriestädten Mehrheiten gewinnen können gegen eine Labour-Partei, die sich aus ihrer ideologischen Nähe zur „Black Live Matter"-Bewegung nicht trennen kann. In den Wahlkreisen wie Redcar, Bylth Valley, Workington und Sedgefield, wo sich noch immer mehr als 98 Prozent der Bevölkerung als „britisch und weiß" bezeichnet, werden die Anliegen der Londoner „Black Lives Matter"-Aktivisten nicht rundweg abgelehnt – sie sind im täglichen Leben der Menschen und damit auch an der Wahlurne schlicht irrelevant. Johnson nutzt die Stimmung, warnt vor der Gefährdung traditioneller britischer Werte und verspricht, Anti-Rassisten zu stoppen, sollten die versuchen, im Kampf gegen das koloniale Erbe Statuen von Winston Churchill von ihrem Sockel stoßen (Cockroft 2020). Mit diesem Bekenntnis zur Identität weißer Briten hat Boris Johnson die Botschaft gefunden, die über Wählergruppen und Parteiloyalität hinweg Widerhall findet und ihm Stimmen einbringt sowohl in einer Mittelschicht, die sich eine verantwortliche Fiskalpolitik und einen soliden Staatshaushalt wünscht, als auch unter Arbeitern, die auf großzügige finanzielle Geschenke des Schatzamtes hoffen. Mit unverrückbarer, ideologischer Bindung hat diese Politik wie fast immer bei den Konservativen nichts zu tun, sondern mit Berechnung, Flexibilität und Pragmatismus, ihrem Erfolgsrezept seit beinahe 200 Jahren.

Literatur

Allen G (2020) General election 2019: how many women were elected? 15. Januar. UK Parliament. https://commonslibrary.parliament.uk/general-election-2019-how-many-women-were-elected/. Zugegriffen am 14.04.2021

Ashcroft M (2012) Degrees of separation. Ethnic minority voters and the Conservative Party. Lord Ashcroft Polls. https://lordashcroftpolls.com/wp-content/uploads/2012/04/DEGREES-OF-SEPARATION.pdf. Zugegriffen am 22.02.2021

Baker S (2016) May's plans to put workers on board is borrowed from Germany and France. 12 Juli. The Independent. https://www.independent.co.uk/news/business/news/theresa-may-board-corporate-plan-germany-france-productivity-economics-a7132221.html. Zugegriffen am 02.02.2021

Bawden T (2012) Return of the unacceptable face of capitalism? 31. Mai. Independent. https://www.independent.co.uk/news/business/analysis-and-features/return-unacceptable-face-capitalism-7800963.html. Zugegriffen am 02.05.2021

BBC News (2017) General election 2017: PM says Tories are party of lower taxes. 22. April. https://www.bbc.co.uk/news/uk-39678863. Zugegriffen am 05.03.2021

BBC News (2018) Boris Johnson challenged over Brexit business expletive. 26. Juni. https://www.bbc.co.uk/news/uk-politics-44618154. Zugegriffen am 15.02.2021

Bienkov A (2020) Boris Johnson called gay men „tank-topped bumboys" and black people „piccaninnies" with „watermelon smiles." 9. Juni. Business Insider. https://www.businessinsider.fr/us/boris-johnson-record-sexist-homophobic-and-racist-comments-bumboys-piccaninnies-2019-6. Zugegriffen am 09.03.2021

Boaten A (2020) Black Conservatives: are the Tories the new party of diversity? 17. Oktober. PoliticsHome. https://www.politicshome.com/thehouse/article/black-conservatives. Zugegriffen am 22.03.2021

Burke E (1790/2017) Reflections on the revolution in France. Create Space, Scotts Valley

Cockroft S (2020) Boris Johnson vows to resist attempts to remove Winston Churchill statue and brands racism charges „height of lunacy". Evening Standard. 15. Juni. https://www.standard.co.uk/news/uk/boris-johnson-winston-churchill-statue-a4468906.html. Zugegriffen am 02.01.2021

Courea E (2020) Dominic Raab says taking the knee feels like a „symbol of subjugation". 19. Juni The Times. https://www.thetimes.co.uk/article/dominic-raab-says-taking-the-knee-feels-like-a-symbol-of-subjugation-twx7tgwkf. Zugegriffen am 22.01.2021

De Cordova M (2020) Government consistently fails to act on systemic racism. 22. Oktober. Labour Party. https://labour.org.uk/press/govt-consistently-fails-to-act-on-systemic-racism-de-cordova-on-new-health-inequalities-report/. Zugegriffen am 10.05.2021

Devlin K (2021) Boris Johnson say breakaway European Super League plans very damaging for football. 19. April. The Independent. https://www.independent.co.uk/news/uk/politics/european-super-league-boris-johnson-football-b1833505.html. Zugegriffen am 08.05.2021

Doward J (2020) Court to probe Carrie Symonds's influence on PM after cancellation of badger cull. 25. Januar. The Guardian. https://www.theguardian.com/environment/2020/jan/25/court-probe-carrie-symonds-influence-boris-johnson-badger-cull. Zugegriffen am 14.01.2021

Dunleavy P (2013) The lasting achievement of Thatcherism as a political project is that Britain now has three political parties on the right. In: LSE Public Policy Group (Hrsg) The legacy of Margaret Thatcher. https://blogs.lse.ac.uk/politicsandpolicy/files/2013/05/Thatcher-final.pdf. Zugegriffen am 04.05.2021

Earle S (2021) The sordid story of the most successful party in the world. https://newrepublic.com/article/161328/successful-political-party-world-tories-conservatives-britain-boris-johnson. Zugegriffen am 22.03.2021

Fraser D (2009) The evolution of the British welfare state. Palgrave, London

Gash N (1972) Sir Robert Peel: the life of Sir Robert Peel after 1830. Faber and Faber, London

Gentleman A (2019) The Windrush betrayal. Exposing the hostile environment. Guardian Faber, London

Gov.uk (2020) Regional and ethnic diversity. 7. August. https://www.ethnicity-facts-figures.service.gov.uk/uk-population-by-ethnicity/national-and-regional-populations/regional-ethnic-diversity/latest. Zugegriffen am 08.02.2021

Graff V (2013) The blond bombshell. 19. September. Independent. https://www.independent.co.uk/news/media/the-blond-bombshell-108243.html. Zugegriffen am 05.03.2021

Heath A (2020) Johnson's real philosophy: A popular radicalism that blends left and right. 1. Juli Daily Telegraph. https://www.telegraph.co.uk/news/2020/07/01/johnsons-real-philosophy-popular-radicalism-blends-left-right/. Zugegriffen am 02.05.2021

Hohler E (2015) Red Ed blasts the titans of commerce. 5. Februar. Money Week. https://moneyweek.com/379099/red-ed-blasts-the-titans-of-commerce. Zugegriffen am 22.04.2021

Johnson B (2021) I will do everything I can to give the ludicrous European Super League a straight red. 19. April. The SUN. https://www.thesun.co.uk/sport/14701106/european-super-league-boris-johnson-ludicrous/. Zugegriffen am 22.04.2021

Johnston J (2021) Johnson says „No action is off the table" after meeting football bosses over European Super League plans. 20th April. PoliticsHome. https://www.politicshome.com/news/article/boris-johnson-set-to-hold-emergency-talks-with-football-bosses-over-european-super-league-plans. Zugegriffen am 05.05.2021

Jones E (2017) Burke: invention of modern Conservatism. Oxford University Press, Oxford

May T (2016) Conservative party conference. Theresa May's speech in full. 5. Oktober. BBC News. https://www.bbc.co.uk/news/av/uk-politics-37563510. Zugegriffen am 22.11.2020

Mortished C (2009) Rowland's „unacceptable face of capitalism" vexed Ted Heath. 15. Dezember. The Times. https://www.thetimes.co.uk/article/rowlands-unacceptable-face-of-capitalism-vexed-ted-heath-2h295h8gndl. Zugegriffen am 08.04.2021

Mount F (2005) Mind the Gap, the new class divide in Britain. Short Books, London

Perraudin F (2014) How politicians have struggled to define Britishness. 10. Juni. The Guardian. https://www.theguardian.com/uk-news/2014/jun/10/how-politicians-have-struggled-to-define-britishness. Zugegriffen am 27.02.2021

Roberts J (2020) Aide who denied UK's institutional racism chosen to lead race commission. 16. Juni. Metro. https://metro.co.uk/2020/06/16/aide-who-denied-uks-institutional-racism-chosen-lead-race-commission-12858728/. Zugegriffen am 06.05.2021

Sobolewska M, Ford R (2020) Brexitland. Cambridge University Press, Cambridge

The Economist (2020a) Bagehot. Revolutionary Conservatism, 12. September. S 24

The Economist (2020b) Black and blue, 31. Oktober. S 32

The Economist (2021a) Bagehot. Football Tories, 24. April. S 28

The Economist (2021b) Bagehot. The art of the steal, 6. März. S 26

Travis A (2011) Thatcher government toyed with evacuating Liverpool after 1981 riots. 30. Dezember. The Guardian. https://www.theguardian.com/uk/2011/dec/30/thatcher-government-liverpool-riots-1981. Zugegriffen am 02.05.2021

Travis A (2013) Immigration Bill: Theresa May defends plans to create hostile environment. 10. Oktober. The Guardian. https://www.theguardian.com/politics/2013/oct/10/immigration-bill-theresa-may-hostile-environment. Zugegriffen am 12.05.2021

White M, Perkins A (2002) „Nasty party" warning to Tories. 8. Oktober. The Guardian. https://www.theguardian.com/politics/2002/oct/08/uk.conservatives2002. Zugegriffen am 02.05.2021

16

Labour – Marks & Spencer statt Marx und Engels

James Graham hat sich einen Namen gemacht als Autor von Theaterstücken, die ein Schlaglicht auf Wendepunkte der britischen Politik werfen. Das Bühnenstück „Labour of love" zeichnet die ideologische Achterbahnfahrt der Labour-Partei seit den frühen 1980er-Jahren nach. Seinerzeit versprach ein zotteliger, weißhaariger Intellektueller mit einem dicken Brillengestell und einer Vorliebe für unförmige Dufflecoats seinen Landsleuten Sozialismus, Pazifismus, bedingungslose Verschrottung britischer Nuklearwaffen und warb zudem für den Austritt des Landes aus der Europäischen Gemeinschaft. Wie wenig Sympathie die Klientel der Labour Partei für Michael Foots pazifistische und sozialistische Töne hatte, war nicht zu übersehen, als die Partei bei den Wahlen 1983 zehn Prozent ihrer Wähler ausgerechnet an Margaret Thatcher verlor, die Kämpferin gegen Gewerkschaftsmacht und Siegerin des Falklandkrieges gegen Argentinien (Morgan 2008). Elf Jahre später übernahm ein Mittvierziger mit einnehmendem Lächeln, einer Vergangenheit als Rocksänger und Studienabschluss von Oxford die Führung. Aus Labour wurde „New Labour", als der smarte Rechtsanwalt Tony Blair Frieden schloss mit dem Industrieverband, Streitkräfte als Mittel der Politik für Kampfeinsätze nach Afghanistan, Sierra Leone, in den Irak und ins Kosovo schickte, die Banken deregulierte und die verblüffte Öffentlichkeit wissen ließ, die Parteiführung habe kein Problem damit, wenn Menschen „stinkreich" würden. Blairs Kalkulation, mit dieser Rhetorik und einer marktfreundlichen Politik den Konservativen die Stimmen des Mittelstandes streitig zu machen, ging auf und er gewann die Wahlen 1997, 2001 und 2005, eine einmalige Bilanz für die Labour Partei (Bower 2016). Die Arbeiterschaft hatte an Wahltagen keine Alternative zu Labour, fühlte sich aber zunehmend verraten von dem smarten Blair, der Unternehmer hofierte, sich mit Celebrities umgab und mal in Silvio Berlusconis Villa auf Sardinien, mal auf dem Anwesen des Sängers Sir Cliff Richard auf Barbados urlaubte (Moseley 2017; Ford und Sobolewska 2020). Zu Beginn seiner Regierungszeit lag die Zufriedenheit mit Labour im Arbeitermilieu bei 89 Prozent, als Blair aus 10 Downing Street 2007 auszog, war fast die Hälfte der traditionellen Klientel der Ansicht, ihre Anliegen fänden in der Parteiführung kein Gehör (Evans und Tilley 2017, S. 133–135).

Der politische Gegenpol zu Tony Blair war Jeremy Corbyn, der den Parteivorsitz 2015 übernahm. Der vormalige Gewerkschaftssekretär, Parteimitglied seit seinem sechzehnten Lebensjahr, pflegt Freundschaften mit Freiheitskämpfern und sozialistischen Machthabern in Zentral- und Südamerika. Bilder, auf denen er Venezuelas vormaligen Caudillo Hugo Chavez herzt, kursieren bis heute. Als Labour-Chef ließ Corbyn die Enteignung großer Unternehmen ins Wahlprogramm schreiben, versprach, Mitarbeiter am Firmenbesitz zu beteiligen, und blieb stumm, als beim Gedenken an gefallene Soldaten die Nationalhymne angestimmt wurde. Für Labour wünschte er sich die führende Rolle in einer internationalen Allianz von Sozialisten und Widerstandskämpfern. Das erklärt auch Corbyns Sympathie für die nordirischen Nationalisten und Palästinenser. Nicht weniger erstaunlich ist seine Gegnerschaft zur Monarchie, die bei seiner Berufung in den königlichen Geheimrat, das Privy Council, seinen Mitarbeitern und dem Hofprotokoll Kopfschmerzen bereitete. Oppositionsführer werden in das Gremium aufgenommen bei einer Zeremonie, in der sie vor dem Monarchen auf Knien die Treue schwören – gleich zwei Tabus für den Republikaner Corbyn. Zum Parteichef wurde der Mann, der während der Blair-Ära in seiner Partei als Außenseiter und Sonderling galt, überhaupt nur dank einer taktischen Fehleinschätzung der Fraktion gewählt, der die Nominierung von Kandidaten für den Vorsitz vorbehalten ist. Die Abgeordneten, die sich mehrheitlich einen gemäßigten Sozialdemokraten an der Spitze wünschten, setzten Corbyns Namen auf die Liste, um die extreme Linke in der Partei wenigstens pro forma zu berücksichtigen, wenn auch mit einem aussichtslosen Zählkandidaten. Die endgültige Entscheidung lag aber bei den Parteimitgliedern, von denen nicht wenige den radikalen Bruch verlangten mit dem ungeliebten politischen Erbe Tony Blairs und den neoliberalen Maximen New Labours. Nach Jahren der Deregulierung an den Finanzmärkten, Niedrigsteuerpolitik und wiederholten Sparrunden im öffentlichen Dienst, stand den Labour-Mitgliedern der Sinn nach Corbyns Versprechen, mit Schulden und Steuererhöhung das Leben für diejenigen zu verbessern, die vom Mindestlohn lebten oder sich mit geringen Einkünften arrangierten und seit Jahren auf eine Erhöhung warteten. Die Verheißung unerhörter Umverteilung und Kampf gegen die Eliten – unter anderem war die Schließung der Privatinternate Eton und Harrow geplant – ließ die Mitgliederzahl von 350.000 auf 500.000 wachsen und machte Labour zur größten Partei Europas. Die Linke war enthusiastisch und versammelte sich hinter ihrem neuen Idol, während die Wähler der politischen Mitte von Corbyns Radikalität so irritiert waren wie von seiner enttäuschenden Kampagne für den Verbleib in der EU. Tatsächlich war Corbyn als Anführer gegen den Brexit die schlechteste Wahl, die man sich vorstellen konnte. Schon 1975 hatte er mit Nein gestimmt im ersten Referendum über die Mitgliedschaft und votierte seither gegen jeden EU-Vertrag, auch dann, wenn die Parteiführung um Zustimmung bat. Der ideologische Graben zwischen ihm und der politischen Konkurrenz war so tief, dass er für gemeinsame Auftritte mit konservativen Pro-Europäern 2016 nicht zu haben war. Kritik an Corbyns Führung verstummte nie, aber die Zweifler wurden merklich leiser, nachdem Labour bei den Wahlen 2017 zehn Prozent Stimmen hinzugewann. Die 30 zusätzlichen Sitze im Unterhaus verliehen Corbyn neue Autorität, auch wenn es nicht reichte für einen Wechsel an der Regierung. Zwei Jahre später kam ihm das Glück abhanden, was an Boris Johnson lag, seinem Widersacher bei den Konservativen, einem formidablen Wahlkämpfer, dessen Slogan „Get Brexit done" („Lasst uns den Brexit wuppen") kontrastierte mit Corbyns unsicherem und verkrampftem Lavieren aus Angst, mit klaren Worten entweder Brexit-Sympathisanten oder die Freunde

Europas unter seinen Wählern zu verlieren. Nach seiner Wahlniederlage im Dezember 2019 verlor die Partei schließlich die Geduld mit dem 70jährigen Corbyn und wählte sich einen Ritter zum Vorsitzenden. Sir Keir Starmer, Jurist, ehemaliger Staatsanwalt und Oxford-Absolvent, mit forensischem Scharfblick, unoriginell und spröde (Pogrund und Maguire 2021).

Starmer machte sich sofort daran, die Erinnerung an Corbyn zu verwischen, unter dessen Ägide sich bei Labour antisemitische Vorfälle häuften. Der Journalist John Ware hatte sich in einem Bericht zu dem Thema für die BBC auf Informanten aus der Partei berufen, die das Corbyn-Lager als gekränkte ehemalige Mitarbeiter zu diskreditieren versuchte. Starmer entschuldigte sich umgehend bei den jüdischen Gemeinden und schloss Corbyn – der sich weiterhin uneinsichtig zeigte – aus der Fraktion aus: Eine beispiellose Sanktionierung eines ehemaligen Parteivorsitzenden durch seinen Nachfolger. Der Regierung Johnson bot Starmer derweil die Zusammenarbeit in der Sicherheitspolitik an und forderte, dem Staats- und Propagandasender Russia TV die Lizenz in Großbritannien zu entziehen. Das stand in deutlichem Kontrast zu den wiederholten Zweifeln, die sein Vorgänger Corbyn – übrigens ein regelmäßiger Gast in Programmen von Russia TV – geäußert hatte an Russlands Beteiligung an dem Attentat auf den ehemaligen Kreml-Agenten Sergei Skripal in Salisbury im Frühjahr 2018. Der Pragmatiker Starmer zeigte Sinn für das politisch Machbare, als er gleich nach Übernahme des Vorsitzes wissen ließ, als Premierminister werde er keine Rückkehr in die EU anstreben, obwohl 59 Prozent seiner Mitglieder sich genau das wünschen (Zeffman 2021). Um Wähler der Konservativen zurückzugewinnen, betont der Oppositionschef Anstand und Moral, Attribute die Regierungschef Johnson so offensichtlich fehlen. Von John Anzalone, dem früheren Meinungsforscher Joe Bidens, der jetzt im Dienst von Labour steht, stammt die Idee, hinter dem Labour-Chef die Union Flagge zu drapieren, wenn der in Interviews den Mut von Soldaten in den Diensten des Monarchen und die Beharrlichkeit des britischen Volkes lobt. So will man patriotisch gesinnte Wähler gewinnen, während Geschichten über seinen Vater, „einen einfachen Werkzeugmacher, der sein Leben in der Fabrik verbrachte", Starmer helfen sollen, um die Stimmen von Arbeitern zu buhlen. (The Economist 2021b, S. 22; Wright 2021). Nach Niederlagen bei den Kommunalwahlen, schlechten Ergebnissen in der Abstimmung für das

Regionalparlament in Schottland und enttäuschenden Voten bei Nachwahlen für das Unterhaus 2021, hieß es kritisch, Starmer male nach Nummern. Gemeint war sein schematischer Führungsstil, dem es an Inspiration und einem Narrativ fehlt, also einer Geschichte, die Menschen begeistern kann. Clement Attlee, der für Labour nach Kriegsende zwischen 1945 und 1951 Premierminister war, faszinierte mit der Vision eines Neuen Jerusalem, wie er es nannte, in Form einer prosperierenden, egalitären Gesellschaft (Attlee 1951). Ein Jahrzehnt später machte Harold Wilson als Labour-Regierungschef die „Weißglut" der technologischen Revolution, die eine neue Gesellschaft formen werde, zu seinem weit zitierten Mantra. Der Begriff der „White Heat" aus Wilsons Parteitagsrede ist bis heute das Leitmotiv der 1960er-Jahre (Francis 2013). Als Labour mit Tony Blair 1997 an die Macht zurückkehrte, verordnete er dem Land unter der Überschrift „Cool Britannia" – einem Wortspiel mit der Hymne „Rule Britannia" – den Staub von 17 Jahren konservativer Regierung abzuschütteln und sich zur Jugendkultur, avantgardistischen Designern und schrillen Bands zu bekennen, deren hipper Stil weltweit das Image Londons prägten (Campbell und Khaleeli 2017). Starmer bemühte sich im Februar 2021 es seinen Vorgängern gleich zu tun in einer betulich „ein neues Kapitel für Britannien" betitelten Rede, in der er über Wissenschaft, Technologie, Arbeit und Partnerschaft zwischen Business und Regierung als Grundlagen für die Entwicklung des Landes in den kommenden Jahren elaborierte. Alles Allgemeinplätze, die so oder ähnlich Politiker aller Parteien wiederholen. Es war der enttäuschende Versuch eines Juristen, der forensisch die Schwächen der Regierung herausarbeitet, aber selbst nicht fasziniert und den Menschen keinen Grund gibt, künftig Labour zu wählen. Die große Erzählung fanden die Menschen stattdessen bei seinem Kontrahenten Johnson, der seinerzeit ein Bild beschrieb von sich als Protagonisten im Kampf gegen die Unterjochung seiner Heimat durch die EU. Die Schwächen Starmers waren vermutlich bereits absehbar, als er noch in der Rolle des Brexit-Sprechers seiner Partei in akribischer Detailverliebtheit die Fehler der konservativen Politik herausarbeitete und im Parlament vortrug, während Johnson mit dem Kampagne-Slogan „Take back control" die Stimmung seiner Anhänger anfeuerte und ihnen versprach, bald wieder die Herren zu sein im eigenen nationalen Haus (The Economist 2021c).

Der Einfluss der pragmatischen Gewerkschaftsbosse

Starmer personifiziert die bisher letzte ideologische und politische Wende in Labours Geschichte, die ihren Anfang nahm mit einer Konferenz im Londoner Stadtteil Clerkenwell am 27. Februar 1900. Gastgeber war der Gewerkschaftsbund, dessen Funktionäre ihre Arbeit durch restriktive Gesetze der Konservativen bedroht sahen und nun Kandidaten der linksliberalen Fabianer, der Sozialdemokratischen Föderation und der Unabhängigen Labour Partei drängten, im Parlament unter einer gemeinsamen Führung zusammenzuarbeiten und Arbeiterinteressen eine eigene Stimme zu geben. Bis dahin hatten wohlhabende Abgeordnete der Liberalen die Soziale Frage und den Kampf gegen die Not der Arbeiter zu ihrem Anliegen gemacht. Noch 1906 war Labour eine Art Kuckuck im Nest der damals viel stärkeren Liberalen, deren Fraktion sich die 29 Labour-Abgeordneten anschlossen. Wäre die Geschichte anders verlaufen, stritten womöglich bis heute die Liberalen für die Interessen der britischen Arbeiterschaft, so wie es die liberale Partei im kanadischen Parlament und die Demokraten im Kongress der USA tun. Dass Labour in den Jahren nach dem Ersten Weltkrieg die Liberalen verdrängte, lag nicht zuletzt an der organisatorischen Hilfe und Finanzierung durch die Gewerkschaften, die bis heute ein konstitutiver Teil der Labour-Partei sind, ihre Funktionäre in den Parteivorstand entsenden und auf ein Stimmrecht für ihre Mitglieder bei der Wahl des Parteichefs beharren. In den Wahlprogrammen spiegelt sich dieser Einfluss der pragmatischen Gewerkschaftsbosse wider, die – so formulierte es der frühere Arbeitsminister Ernest Bevin – als „die konservativsten Männer auf der Welt" gelten und immer ihr Veto einlegen, wenn bei Labour marxistische Utopien zur Abstimmung standen. Gewerkschaftsführer fürchteten, dass ihre national gesinnten Mitglieder mit Heimatstolz und tiefer Skepsis gegenüber Fremden sich bei den Konservativen und später Farages UKIP oft besser aufgehoben fühlten als bei den Internationalisten, Pazifisten und ideologischen Träumern wie Foot und Corbyn (Kellner 2012). Auch deshalb bewahrheitete die Prophezeiung von Karl Marx sich nicht, wonach das allgemeine Wahlrecht unweigerlich den Protagonisten der Arbeiter-

16 Labour – Marks & Spencer statt Marx und Engels

klasse Regierungsmehrheiten garantierte (Abell 2018). Wahltage waren nur dann erfolgreich, wenn bei Labour gemäßigte Funktionäre mit sozialdemokratischen Ansichten den Ton angaben. Ihnen ging es um pragmatische Politik und eine Verbesserung der Lebens- und Arbeitsverhältnisse, ein Ziel, das sich schon in der Namensgebung widerspiegelte: Arbeiter (Labour) Partei, statt Sozialistische Partei. Die Stimmenzuwächse waren zunächst graduell und gerade Frauen, die 1918 das Wahlrecht erhielten, blieben skeptisch gegenüber einer Partei, deren Vorsitzender sie als „belanglose Mittelklassefräulein" titulierte (Simkin 2020). Dennoch reichte es Anfang 1924 zum knappen Sieg für Ramsey MacDonald, den ersten Premierminister, den die Labour-Partei stellte, dessen Wahl Winston Churchill ein nationales Unglück nannte (Abell 2018). Derweil las man in der Tageszeitung Daily Mail, die Arbeitervertreter in der neuen Regierung seien Befehlsempfänger russischer Kommunisten, die zum Bürgerkrieg in Großbritannien aufriefen. Zum Beweis druckte die Zeitung einen Brief von Gregor Zinoview ab, dem Präsidenten der Kommunistischen Internationalen – eine Fälschung, wie man später herausfand, mit der russische Aristokraten im Westen Verbündete für ihren Kampf gegen die Roten gewinnen wollten. Labour verlor die nächsten Wahlen und auch bei der Rückkehr an die Regierung 1929 reichte die Unterstützung für MacDonald nie zu einer eigenen Stimmenmehrheit im Unterhaus. Die Partei galt in bürgerlichen Kreisen als Gefahr für Stabilität und Wohlstand im Land (Abell 2018). Zu Unrecht: Die Sozialwissenschaftlerin Beatrice Webb attestierte dem britischen Arbeiter in den 1920 Jahren, kein russischer Revolutionär zu sein, um nachzuschieben, dass er das auch gar nicht nötig habe: Schließlich seien seine Arbeitgeber vornehme Gentlemen und nicht etwa italienische Faschisten. Die Linksintellektuelle Beatrice Webb und ihr Ehemann Sidney, der 1924 von Premierminister Ramsay MacDonald als Wirtschaftsminister in die erste Labour-Regierung berufen wurde, gründeten gemeinsam mit dem Psychologen Graham Wallas und dem Satiriker George Bernhard Shaw die Elitehochschule London Schools of Economics sowie den New Statesman, bis heute das führende linksliberale Wochenmagazin für Politik und Literatur, in dem unter anderem der Philosoph Bertrand Russell, der Ökonom John Maynard Keynes sowie die Schriftstellerin Virginia Wolf veröffentlichten (Seymour-Jones 1993). Die Webbs und Shaw, aber auch

Jawaharlal Nehru, der Aktivist für indische Unabhängigkeit, gehörten einer wissenschaftlichen Gesellschaft an, deren Mitglieder sich als Fabianer bezeichneten nach dem römischen Feldherren Quintus Fabius Maximus Verrucosus. Fabius, den seine Zeitgenossen anerkennend den „Zauderer" nannten für seine vorsichtige, zurückhaltende und bedachte Strategie gegen Roms Erzfeind Karthago, galt den Fabianern als Vorbild, wenn sie über Reformen und kleine, behutsame Schritte diskutierten auf ihrem Weg zu einer faireren Gesellschaft, in der Arbeiter Rechte besitzen und Arme Schutz genießen. Sie waren Bildungsbürger mit sozialdemokratischer Haltung, aber keine sozialistischen Bilderstürmer. Als die fabianisch gesinnten Literaten, Wissenschaftler und öffentlichen Intellektuellen zu Beginn des 20. Jahrhunderts in der neu gegründeten Labour-Partei aufgingen, trafen sie dort auf Handwerker, Landarbeiter und das Proletariat aus den Fabriken und Bergwerken, die in Solidarität auf die Straße gingen, als 1926 die Minenbetreiber den Lohn von 1,2 Millionen Kumpels kürzten. Der Generalstreik war eine beeindruckende Demonstration der Macht der Massen. Premierminister Stanley Baldwin von den Konservativen ließ wissen, dass die Gewalt des Streiks die Regierung zu Zugeständnissen zwinge, die den Rücktritt des Kabinetts unvermeidlich werden ließen. Stürzten aber die Arbeiter die Regierung, so führte Baldwin weiter aus, läge die Regierungsverantwortung bei den Gewerkschaftsfunktionären. Weil es denen aber im entscheidenden Moment an Courage fehlte, die exekutiven Zügel inmitten der Krise an sich zu nehmen, zogen sie es vor, mit Baldwin ein Ende des Streiks zu vereinbaren. Die Gewerkschaftsführer lernten aus der Erfahrung, dass sich ihre Ziele nicht auf der Straße würden erreichen lassen, sondern am Verhandlungstisch mit der Regierung. Diese Haltung spiegelte sich wider in der Labour Partei, die Attlee im Kreis von Europas Sozialdemokraten sehen wollte, nicht in einem Bündnis mit Sozialisten und Radikalen.

Nicht wenige lehnten Attlees Kurs ab und so prägte in den folgenden Jahrzehnten die Rivalität zwischen Radikalen, progressiven linksliberalen Intellektuellen und den gewerkschaftlich organisierten Arbeitern die Geschichte von Labour und veranlasste Harold Wilson, die Aufgabe des Parteichefs mit den Fertigkeiten eines Akrobaten zu vergleichen: „Wer nicht gleichzeitig zwei Pferde reiten kann, gehört nicht in den Zirkus!" (The Economist 2021a). Immer wieder fühlten sich die „Arbeiter der

Hand", wie sie genannt wurden, bevormundet von den „Arbeitern des Geistes", die im öffentlichen Diskurs den Ton angaben. So machten etwa Beatrice und Sidney Webb, die Teile des Gründungsdokuments der Partei verfasst hatten – unter anderem Artikel vier, in dem die Verstaatlichung von Privatunternehmen zum Ziel jeder Labour-Regierung deklariert wird –, kein Geheimnis aus ihrer Geringschätzung der Arbeiter, denen sie unterstellten, „über gesellschaftliches Übel zu klagen, ohne je die passende Medizin für eine Besserung zu finden" (Duffy 2015). Zu dieser Gruppe Intellektueller zählte auch Attlee, der vor seinem Studium der modernen Geschichte am University College in Oxford das private viktorianische Jungeninternat Haileybury nahe Hertford nördlich von London besucht hatte und 1945 vier Absolventen der Privatschule Eton in sein Kabinett berief. Darunter auch Hugh Dalton als Schatzkanzler, der bei seinem Parteifreund George Cole für die Idee warb, Labour müsse als Arbeiterpartei auch unter Fußballfans Mitglieder werben. Cole, Professor für politische Theorie in Oxford und der führende Theoretiker der Partei, wandte sich angewidert ab (Pugh 2002). Seither sind 70 Jahre vergangen und die Entfremdung zwischen Arbeiterschaft und Labour-Partei ist dramatischer als je zuvor. Bezeichneten sich 1951 noch 70 Prozent der Wähler von Labour als Arbeiter, sind es heute weniger als 40 Prozent. Die Entwicklung spiegelt sich wider in der Expansion höherer Bildung: Nach dem Zweiten Weltkrieg schrieben sich nur ein paar tausend Schüler jedes Jahr an einer Universität ein. Inzwischen sind es mehr als 50 Prozent eines Jahrgangs. Der Anteil der Labour Abgeordneten im Unterhaus, die irgendwann in ihrem Leben als Arbeiter ihr Geld verdienten, lag 1983 noch bei 33 Prozent und ist mittlerweile auf 10 Prozent gesunken. Fast 80 Prozent von Labours Mitgliedern definieren sich als Mittelklasse (The Economist 2021a). Tristram Hunt ist ein Beispiel dafür, wie schwer sich die höher gebildeten Parteiaktivisten mit besserem Einkommen dabei tun, um die Stimmen der Arbeiter zu werben. Der Abgeordnete und Herausgeber eines Buchs über die Identitätskrise seiner Partei empfahl Labour, sich zum Patriotismus zu bekennen, um die Herzen national gesinnter Industriearbeiter zurückzugewinnen. Die Analyse war ehrlich und gut gemeint. Doch der Wahlkämpfer Hunt eignete sich für die Ansprache seiner Wähler in der Industriestadt Stoke in der Grafschaft Staffordshire, die er zwischen 2010 und 2017 im Parlament vertrat, so wenig wie viele andere Labour-Abgeordnete, die in politischen Denkfabriken, PR-Agenturen oder im Journalismus beruflich sozialisiert wurden. Tristram Hunt, Sohn des Barons of Chesterton, war in einer Londoner Privatschule erzogen worden, studierte dann Geschichte am Trinity College in Cambridge, arbeitete später als Hochschuldozent und ist heute Direktor des Victoria und Albert Museums in South Kensington. Seinen Wählern in Stoke war er sozial und kulturell weit entrückt (Bloomer 2016). Suzy Stride, Kandidatin für ein Parlamentsmandat bei den Wahlen 2010, vergleicht das Verhältnis der beiden Identitätsgruppen innerhalb Labours mit der Beziehung zwischen Passagieren auf einem Flug mit Ryanair. Die Reise in enger Nachbarschaft mit den anderen Touristen ist eine unangenehme Erfahrung und ist nur zu tolerieren, weil alle ans selbe Ziel wollen. Der Ausbau des Sozialstaates war für beide Flügel von Labour für Jahrzehnte die gemeinsame Destination, die nun weitgehend erreicht ist. An ihre Stelle ist ein neuer Richtungsstreit getreten, der nicht um materielle Verteilung kreist, sondern um kulturelle Fragen (Ford und Sobolewska 2020). Das führt zu Konflikten, in denen dem akademischen, kosmopolitischen Milieu in den großen Städten, das für Immigration streitet, die Rechte ethnischer Minderheiten fördert und sich um Gendergerechtigkeit bemüht, Mitglieder mit geringer Bildung gegenüberstehen, weiße Arbeiter mit patriotischen Neigungen, die ihre englische Identität schützen wollen. Diese Wähler wollte Ed Miliband – seit der verlorenen Wahl 2010 Labours Anführer in der Opposition – zurückgewinnen mit seiner Kritik an David Camerons Spar- und Kürzungspolitik und den Einschnitten im staatlichen Sozialbudget. Doch ohne Erfolg: Für viele weiße Arbeiter in den Industriestädten im Norden waren die nationalistischen Töne Farages längst attraktiver als die multikulturellen Vorlieben des linksliberalen Hauptstadtmilieus, in dem Ed Miliband, der Sohn des bekennenden Marxisten und gefeierten Politik-Professors Ralph Miliband, zu Hause ist (Bale 2015). Milibands Labour-Partei wurde stattdessen zum verlässlichen Partner für Minderheiten, vor allem Muslime und Schwarze, auf deren Stimmen sie zählen konnte. 2015 gewann die Partei 67 von 75 Wahlkreisen, in denen der Anteil der weißen Bevölkerung bei weniger als 75 Prozent lag (Sobolewska und Ford 2020).

Labour fordert Verschrottung britischer Nuklearwaffen

Der Konflikt um die Seele der Partei erklärt viele der programmatischen Ausschläge im Verlauf des 20. und Jahrhunderts. Immer wieder stritten Gewerkschafter, Linksliberale und Radikale über Internationalismus und Patriotismus, das Verhältnis von Pazifismus zu Realpolitik und die politische Verantwortung, auch militärisch gegen den Bruch von Völker- und Menschenrecht vorzugehen. 1933 votierte der Parteitag, Labour werde das Land niemals in einen Krieg führen und bei der Haltung blieb die Partei, als 1935 Äthiopiens Kaiser Haile Selassie beim Völkerbund um Hilfe bat für sein Land, das von den Truppen des italienischen Diktator Benito Mussolini überrannt zu werden drohte. Seinerzeit wollte George Lansbury, Labours Vorsitzender vom linken Flügel der Partei, nichts wissen von Systemen kollektiver Sicherheit, die Großbritannien zu einer militärischen Intervention verpflichtet hätten. Schließlich setzte sich sein interner Rivale Ernest Bevin durch, der Labour auf die kollektive Sicherheitsgarantie des Völkerbundes verpflichtete (Shepherd 2004). Anfang der 1980er-Jahre brach der Streit wieder auf, als die Delegierten auf ihrem Parteitag 1982 sich nach heftiger Debatte zu unilateraler nuklearer Abrüstung bekannten, also die bedingungslose Verschrottung britischer Nuklearwaffen während des Kalten Krieges in der Hoffnung, die Sowjetunion würde dem guten Beispiel freiwillig folgen (Byrne 1988). Achtzehn Jahre später steuerte die Parteiführung unter Premierminister Tony Blair trotz leidenschaftlicher Proteste in den eigenen Reihen den entgegengesetzten Kurs und entsandte Soldaten an der Seite des amerikanischen Verbündeten in den hochumstrittenen Krieg gegen Saddam Husseins Irak. Als weitere fünfzehn Jahre später der Sozialist Jeremy Corbyn den Parteivorsitz übernahm, ließ er wissen, dass er als Premierminister unter keinen Umständen den Befehl geben werde, britische Nuklearwaffen einzusetzen (Wintour 2015). Mit dieser Haltung irritierte Corbyn die Mehrheit der Wähler, die Labour immer dann ihre Stimme gaben, wenn ein Pragmatiker an der Spitze der Partei stand – jemand wie Tony Blair oder eben jener Attlee, dem die Menschen vertrauten, weil er sich während des Krieges zuverlässig als Churchills Stellvertreter um

Innenpolitik gekümmert und militanten Klassenkampf abgelehnt hatte (Bew 2017). Die Wähler dankten es ihm 1945 mit der ersten eigenen Mehrheit für die Labour-Partei. Selbst Gerüchte über Sympathien einzelner Labour-Kandidaten für die Kommunisten in der Sowjetunion schreckten seinerzeit kaum jemanden. Schließlich war auch Churchill ein Bündnis mit Stalin eingegangen und von den berüchtigten Gulags war im Sommer 1945 in der Öffentlichkeit nichts bekannt (Abell 2018). An der Spitze seiner Regierung nach 1945 zeichnete Attlee ein Blick für das Mögliche aus, den Willen zu Reformen und nicht den Kampf gegen den Kapitalismus. Der Beitrag der Kriegswirtschaft zum Sieg über Nazi-Deutschland war zudem Beleg dafür, dass Labour mit der Forderung, der Staat müsse die Zivilgesellschaft und die Volkswirtschaft steuern, Recht hatte. Attlee hatte sich für seine Amtszeit vorgenommen, die fünf Geißel der Nachkriegsgesellschaft überwinden: Armut, Krankheit, Bildungsnotstand, Elendswohnviertel und Arbeitslosigkeit (Beckett 2007, S. 243) Dafür ließ er eine Million Wohnungen bauen, schaffte das Schulgeld ab, erhöhte das Schulabgangsalter auf 15 Jahre und richtete den universellen kostenfreien Gesundheitsdienst ein. Die Industrieproduktion stieg zwischen 1947 und 1951 schneller als je zuvor. Kein Regierungschef vorher oder seitdem hat mehr zur Verbesserung der Lebensstandards getan als Attlee. Gleichzeitig wurde klar, dass die Schaffung eines sozialistischen Utopias nicht mehr zu den politischen Zielen Labours gehörte. Nicht einmal die Verstaatlichung der Industriebetriebe machte Attlee zur Priorität seiner Regierung (Thomas-Symonds 2012). Anthony Crosland, der später für Labour als Wirtschaftsminister im Kabinett Wilsons sitzen würde, forderte, die Parteistatuten an die Lebenswirklichkeit und die Erwartungen der Menschen anzupassen, die bessere Bildung und progressive Besteuerung als Mittel im Bemühen um soziale Gleichheit sah, aber nicht die Vergesellschaftung von Unternehmen. Attlees Nachfolger im Parteivorsitz Hugh Gaitskell stimmte zu und schlug den Delegierten – wenn auch zunächst erfolglos – die Streichung von Artikel vier der Satzung vor, in dem Labour sich zu Enteignungen bekannte. Die Klausel aus dem Jahr 1917 hatte nie ein Premierminister der Labour-Partei ernst genommen. Auch Harold Wilson nicht, der nächste Pragmatiker mit Augenmaß, der für Labour eine Wahl gewann. Der Oxford-Ökonom Wilson, Regierungschef seit 1964, war nicht daran gelegen, mit radikaler Wirtschafts- und Fiskalpolitik Investoren zu verschrecken. Aus demselben Grund beteuerte sein Nachfolger im Amt des Regierungschefs, der Gewerkschafter James Callaghan, den Delegierten seiner Partei, der Schatzkanzler könne nicht immer neue Schulden aufnehmen, um mit Investitionsprogrammen die Dauerflaute der Volkswirtschaft zu beenden. Und selbst Umverteilung des Wohlstandes, das alte Ziel der Linken, vermied Denis Healey, der Leiter des Schatzamtes, weil er die Empörung von Handwerkern und Facharbeitern voraussah, die fürchteten, mit einem Aufschlag auf ihre Steuern wolle der Staat den Faulenzern das Kindergeld, den Farbfernseher und den Ibiza-Urlaub finanzieren (Pearce 2004). Die gleiche vorsichtige Fiskalpolitik zeichnete zwanzig Jahre später Tony Blair aus, der auf die internationale Konkurrenz verwies, um zu erklären, warum Großbritannien als Hochsteuerland nicht werde bestehen können. Die Geschichte Labours in den vergangenen Jahrzehnten legt nahe, dass Attlees Regierung nicht der erste Schritt war zum Sozialismus, sondern der Höhe- und Endpunkt auf diesem Weg. Was Zeitgenossen ein neuer Anfang schien, war tatsächlich das Ende eines Traums von der sozialistischen Gesellschaft und die Politik der Labour-Partei trägt heute der Einsicht Rechnung, dass die Wähler mehr Interesse haben an Marks & Spencer als an Marx und Engels.

Literatur

Abell S (2018) How Britian really works. John Murray, London
Attlee C (1951) Leader's speech. British political speech. http://www.britishpoliticalspeech.org/speech-archive.htm?speech=161. Zugegriffen am 04.05.2021
Bale T (2015) Five year mission. The Labour Party under Ed Miliband. Oxford University Press, Oxford
Beckett F (2007) Clem Attlee. Politico, Arlington
Bew J (2017) Citizen Clem. A biography of Attlee. Ardsley, New York
Bloomer N (2016) Tristram Hunt's patronising ideas about patriotism will not win back the working class. 24. Mai. Politics.co.uk. https://www.politics.co.uk/blogs/2016/05/24/tristram-hunts-patronising-ideas-about-patriotism-will-not-win-back-the-working-class/. Zugegriffen am 18.04.2021

Bower T (2016) Broken Vows. Tony Blair. The tragedy of power. Faber and Faber, London

Byrne P (1988) Campaign for nuclear disarmament. Routledge, London

Campgell T, Khaleeli H (2017) Cool Britannia symbolised hope. But all it delivered was a culture of inequality. 15. Juli. The Guardian. https://www.theguardian.com/inequality/commentisfree/2017/jul/05/cool-britannia-inequality-tony-blair-arts-industry. Zugegriffen am 24.05.2021

Duffy S (2015) Is a labour victory actually possible? Some heretical thoughts. 19. Mai. Huffington Post. https://www.huffingtonpost.co.uk/dr-simon-duffy/is-a-labour-victory-actua_b_7304448.html. Zugegriffen am 04.04.2021

Evans G, Tilley J (2017) The new politics of class. The political exclusion of the British working class. Oxford University Press, Oxford

Ford R, Sobolewska M (2020) Brexitland. Cambridge University Press, Cambridge

Francis M (2013) Harold Wilson's white heat of technology speech 50 years on. 19. September. The Guardian. https://www.theguardian.com/science/political-science/2013/sep/19/harold-wilson-white-heat-technology-speech. Zugegriffen am 05.04.2021

Kellner P (2012) The perilous politics of immigration. 17. Dezember. Yougov. https://yougov.co.uk/topics/politics/articles-reports/2012/12/17/perilous-politics-immigration. Zugegriffen am 22.02.2021

Morgan K (2008) Michael Foot. A life. Harper Collins, London

Moseley M (2017) How to holiday like a Prime Minister. 25. Juli. BBC News. https://www.bbc.co.uk/news/uk-politics-40658560. Zugegriffen am 24.05.2021

Pearce E (2004) Denis Healey. Little, Brown and Company, Boston

Pogrund G, Magure P (2021) The inside story of Labour under Corbyn. Vintage, London

Pugh M (2002) The rise of Labour and the political culture of conservatism. History 87(288):514–534

Seymour-Jones C (1993) Beatrice Webb. A woman of conflict. Aquarian Press, Dartford

Shepherd J (2004) George Lansbury. At the heart of old Labour. Oxford University Press, Oxford

Simkin J (2020) Women's social and political union. September. Spartacus Educational. https://spartacus-educational.com/Wwspu.htm. Zugegriffen am 02.05.2021

Sobolewska M, Ford R (2020) Brexitland. Cambridge University Press, Cambridge

The Economist (2021a) Bagehot. Uneasy rider, 15. Mai. S 27

The Economist (2021b) Learning from Joe, 16. Januar. S 22

The Economist (2021c) Bagehot. Starmer stuck, 20. Februar. S 24

Thomas-Symonds N (2012) Attlee. A life in politics. I. B. Tauris, London

Wintour P (2015) Corbyn: I would never use nuclear weapons if I were PM. 30. September. The Guardian. https://www.theguardian.com/politics/2015/sep/30/corbyn-i-would-never-use-nuclear-weapons-if-i-was-pm. Zugegriffen am 02.05.2021

Wright O (2021) Labour leader told to go big on patriotism. The Times, 3. Februar. S 12

Zeffman H (2021) Half of Labour want to rejoin the EU. The Times, 5. April. S 12

17

Die Liberaldemokraten – Hoffen auf bessere Zeiten

„Ich glaube, ich habe gerade die Liberaldemokratische Partei getötet", gestand William Hague seiner Ehefrau Ffion am 20. Mai 2010 (Cutts und Russell 2015). Einige Stunden zuvor hatte Hague an der Seite von David Cameron, dem Vorsitzenden der Konservativen, einen Koalitionsvertrag mit den Liberaldemokraten geschlossen, der die Politik für die gemeinsame Regierung festschrieb. Wie richtig Hague, der in der neuen Regierung unter Führung Camerons Außenminister werden sollte, mit seiner Prognose lag, ahnten an jenem Tag nur wenige. Bekannt war allenfalls, dass der ehemalige Tory-Chef Hague gemeinsam mit Cameron in den vorangegangenen Verhandlungen dem viel kleineren Partner Zugeständnisse abgerungen hatte, die ausdrücklich Wahlversprechen zuwiderliefen, denen die Lib Dems ihr gutes Ergebnis von 22 Prozent der Stimmen bei den Wahlen am 6. Mai 2010 verdankten. Im Wahlkampf zuvor hatte ihr junger, charismatischer und polyglotter Vorsitzender Nick Clegg in den TV-Duellen brilliert gegen den müde und fade wirkenden Amtsinhaber Gordon Brown von der Labour-Partei und David Cameron, dem das herzlose Image arroganter Tories ebenso Sympathien kostete wie seine

Zugehörigkeit zur privilegierten gesellschaftlichen Elite. Bis zu 80 Prozent der Zuschauer hielten Clegg zeitweilig für die bessere Besetzung im Amt des Premierministers. Seit den Tagen Winston Churchills hatte kein Politiker mehr derart große populäre Unterstützung erfahren (Oliver und Smith 2010). Von Cleggmania war schon die Rede. Wie so oft bei den Liberaldemokraten übertrafen die Hoffnungen das Ergebnis am Wahlabend. Eine Gelegenheit zur Beteiligung an der Regierung erhielt Clegg dennoch, als nach Auszählung der Stimmen den Konservativen die Mehrheit im Unterhaus fehlte und sie den Liberaldemokraten eine Koalition anboten. Es war ein vergiftetes Angebot, für das die Partei viele progressive Ideen aufgeben musste, um die ihre Kandidaten seit Jahren gekämpft hatten (Fieldhouse und Russell 2005). Cleggs Partei hatte sich seit langem einen Namen gemacht mit ihren Forderungen nach sozialliberalen Reformen, ein faires Wahlrecht, Erneuerung der Verfassung und politische sowie administrative Dezentralisierung des Staates. Kaum etwas davon ließ sich mit den Tories durchsetzen. Clegg ignorierte die warnenden Stimmen, die Partei würde an der Seite der Konservativen ihre traditionelle Rolle verraten als Repräsentantin linksliberaler und progressiver Gruppen, Kritikerin des Establishments und Sprecherin der EU-Freunde im Land. Das irritierte viele Labour-Wähler, die aus taktischen Gründen den Liberaldemokraten ihre Stimme in solchen Wahlkreisen gaben, wo sie die besseren Chancen hatte, sich gegen die Konservativen durchzusetzen (Patti und Johnston 2011). Für ein Stück der Macht opferte Clegg die Reformagenda seiner Partei und nicht einmal mit den Forderungen nach einem Verhältniswahlrecht, das gerade kleinen Parteien gerechte Chancen bei Wahlen einräumen sollte, konnte er sich in den folgenden Jahren gegen die Tories durchsetzen. Als die Liberalen Minister Pläne für ein neues Wahlrecht in einem Referendum zur Abstimmung stellten, empfahlen die Konservativen im Kabinett ihren Anhängern die Ablehnung und vereitelten so das Projekt (Laycock et al. 2013). Ein Sturm der Empörung brach los, als die Liberaldemokraten dem Druck der Konservativen nachgaben und im Parlament Fördergeld für Bedürftige kürzten und die Studiengebühren auf mehr als 9000 Pfund im Jahr verdreifachten. Die Studenten, die bisher als Unterstützer der Lib Dems galten, fühlten sich verraten von Abgeordneten, die vor der Wahl in einer persönlichen Erklärung versprochen hatten, gegen zusätzliche Gebühren zu votieren (Butler 2019). Innerhalb ihres ersten Monats

17 Die Liberaldemokraten – Hoffen auf bessere Zeiten

in der Regierung verlor Cleggs Partei bereits acht Prozent Zustimmung, fünf Monate später hatte sie die Hälfte ihrer Wähler eingebüßt (Cutts und Russell 2015). Mit dem Votum ihrer Abgeordneten für restriktivere Migrationspolitik, auch das eine Forderung der Konservativen, verspielten die Lib Dems zudem viel Sympathie unter ihren muslimischen Wählern, die sich zehn Jahre zuvor von der Labour-Partei abgewandt hatten nach Premierminister Tony Blairs Entscheidung, gleich zweimal britische Soldaten zum Kampf in muslimische Länder zu entsenden (Curtice 2007). Nun aber zweifelten viele Muslime an der Haltung der Lib Dems, deren Abgeordnete auf Wunsch der Tory-Innenministerin Theresa May für ein neues Anti-Terror-Gesetz stimmten, das nicht nur von Extremisten, sondern auch von vielen unbescholtenen Muslimen als Bedrohung empfunden wurde (Martin 2017).

Nach fünf Jahren in der Regierung kam bei den nächsten Wahlen 2015 das Unvermeidliche: Von den 57 Abgeordneten der Fraktion überstanden nur acht die politische Abrechnung mit dem Bürger. Trotz der bitteren Erfahrungen waren die Jahre der Koalition ein später Höhepunkt in der Geschichte der Partei, die seit 1922, dem tragischen Wendejahr in der Geschichte des politischen Liberalismus, zu Friedenszeiten keiner Regierung mehr angehört hatte. Im Unterhaus stellten seither die Liberalen – wie sie damals noch hießen - bestenfalls noch die drittstärkste Fraktion, die in den vergangenen Jahren nach der Zahl der Sitze sogar nur noch Platz vier einnahm hinter der SNP, den schottischen Nationalisten. In der Politik des 19. und frühen 20. Jahrhundert hingegen waren die Liberalen eine prägende Kraft, deren Ursprünge zurückgingen auf die Fraktion der Whigs im 18. Jahrhundert, als sie für Religionsfreiheit warben, für die Rechte des Parlaments stritten und sich der willkürlichen Macht des Königs widersetzten (Dunt 2020). Im 19. Jahrhundert wurde die politische Philosophie des Liberalismus geboren als eine Antwort auf die Revolutionen in Amerika und Frankreich sowie die Einsicht, dass Regierungen der Zustimmung der Regierten bedurften (Parry 2009). Von den Ereignissen in Paris lernten die Whigs, dass es rechtzeitiger Reformen bedurfte, um revolutionärem Umsturz vorzubeugen. Deshalb plädierten sie unter anderem dafür, das Wahlrecht auf die ganze männliche Bevölkerung auszuweiten. Im Juni 1859 verbündeten sich die Whigs mit radikalen Befürwortern parlamentarischer Reform und den nach Sir Robert Peel benannten Peelites, Abtrünnigen aus der konservativen Fraktion. Aus dem Zusammenschluss ging im selben Jahr die liberale Partei hervor, die zwischen 1868 bis 1874 mit William Gladstone erstmals den Premierminister stellte (Jenkins 1994). Gladstone und Joseph Chamberlain, der Bürgermeister Birminghams, leiteten gemeinsam die Nationale Liberale Föderation, die den Wahlkampf organisierte, der immer aufwendiger und professioneller wurde, seit mit der Wahlrechtsreform von 1867 alle männlichen Familienoberhäupter stimmberechtigt geworden waren. Politische Loyalität der Wähler richtete sich nach Klassenzugehörigkeit, aber noch viel mehr nach religiösem Bekenntnis. Mitglieder der anglikanischen Staatskirche wählten Tories, während irische Katholiken, schottische Presbyterianer, Methodisten, Quäker, Baptisten und andere ihr Votum für die Liberalen abgaben, die sich im Parlament nicht nur für individuelle Freiheiten, sondern auch für Gleichbehandlung der Konfessionen einsetzten zu einer Zeit, als die Universitäten von Oxford und Cambridge nur studieren ließen, wer sich zu den Grundsätzen der anglikanischen Kirche bekannte (Parry 1989, 2009). Gladstone, der insgesamt dreimal für die Liberalen die Regierungsgeschäfte übernehmen sollte, verbesserte zudem den Status der Frauen, denen er das Recht auf Eigentum einräumte. Er lehnte den Klientelismus ab, für den die Aristokratie mit der ihr verbundenen konservativen Partei bekannt war, und forderte Freihandel nicht nur zum nationalen ökonomischen Vorteil, sondern auch aus ethischer Verantwortung, weil Liberale freien Warenaustausch für einen Garanten des Weltfriedens hielten. Gladstone stellte der Freiheit des Einzelnen die Freiheit der Völker gegenüber und bezweifelte, ob Kolonialismus zu vertreten und rechtfertigen sei (Jenkins 1995). Diese Haltung erklärt auch sein Bemühen darum, den Iren, die bitter unter britischer Herrschaft zu leiden hatten, politische Selbstverwaltung einzuräumen. Gladstones Initiative scheiterte und zerstritt die Liberalen so sehr, dass sich ein Teil der Partei unter Führung Chamberlains abspaltete und sich als Liberale Unionisten den Tories anschloss (Jenkins 1995). Die Anhänger Gladstones aber hielten an ihrem Kurs fest, bezeichneten sich als Internationalisten und bestimmten den außenpolitischen Kurs ihrer Partei, die nach dem Ersten Weltkrieg Mitgliedschaft im Völkerbund propagierte, Ende der 1940er-Jahren Gefallen an den Vereinten Nationen fanden und später zur eifrigsten Fürsprecherin einer britischen Mitgliedschaft in der Europäischen Gemeinschaft wurde.

Die liberale Partei weigert sich zu sterben

Gladstones Abgang 1894 markierte das Ende einer politischen Epoche und den Beginn einer Neuen. Als Kämpfer für individuelle Freiheiten hatte er zeitlebens staatliche Intervention in das Leben des Einzelnen abgelehnt und stattdessen Eigenverantwortung sowie bürgerliche Selbsthilfe eingefordert. Gesellschaftliche Barrieren zu überwinden, behördliche Autorität zu minimieren und den Staat zu kontrollieren, galt ihm als exklusive politische Ziele liberaler Politik. Für die immer lauter werdende Forderung einer neuen Generation junger Politiker in seiner Partei, die Regierung habe sich um Fürsorge der Armen zu kümmern, die soziale Sicherung der Arbeiter zu organisieren und die Wohlhabenden mit höheren Steuern an der Finanzierung staatlicher Wohlfahrt zu beteiligen, fehlte Gladstone das Verständnis. „Ich war immer davon überzeugt und bin es noch, dass der Staat das Leben der Menschen nicht verbessern und die Kümmernisse dieser dunklen Welt nicht besiegen kann", schrieb der 85-jährige, der nicht verstehen wollte und konnte, dass Freiheit womöglich mehr erforderte, als Barrieren aus dem Weg zu räumen und die Macht des Staates in Zaum zu halten (zitiert in Russell 1911, S. 265). Der junge Winston Churchill, der mal den Tories mal den Liberalen die Gefolgschaft versprach, um sie dann wieder aufzukündigen, erkannte die Zeichen der Zeit besser, als er schrieb: „Die 1880er waren das Ende einer Epoche. Autorität war gebrochen, Sklaven waren frei, das Gewissen war frei, der Handel war frei. Aber Hunger und Kälte herrschten und die Menschen verlangten mehr als Freiheit" (Lynd 1968, S. 268). Gladstone erkannte in dieser Haltung Sozialismus, dem er sowohl seine eigene Partei als auch die Konservativen verfallen sah. Aber seine Zeit war abgelaufen. Als 1906 die Liberalen an die Regierung zurückkehrten mit der zweitgrößten Mehrheit, die eine linke Partei je erringen würde (nur Tony Blairs Sieg 1997 fiel noch deutlicher aus) bildeten sie eine Regierung, die sich als Motor sah für soziale Reformen, die in das Leben der Menschen eingriff, den Schwachen half und für finanzielle Sicherheit sorgte, um Menschen die materielle Möglichkeiten zu geben, am gesellschaftlichen Leben teilzuhaben und so ihre Freiheit zu nutzen. Premierminister Sir Henry Campbell-Bannerman und sein Nachfolger

Henry Herbert Asquith richteten Arbeitsvermittlungen ein, ermöglichten Versicherungsschutz gegen Krankheit sowie Erwerbslosigkeit, in die Arbeitgeber einzahlen mussten. Mit dem alten liberalen Grundsatz der Freiwilligkeit hatte das nichts zu tun. Die Kosten des wachsenden Wohlfahrtsstaates finanzierte die Regierung mit neuen Steuern auf Landbesitz, die nicht wenige Großgrundbesitzer in den Ruin trieben. Währenddessen erhielten Gewerkschaften Rechtsschutz, die bisher von bestreikten Arbeitgebern verklagt werden konnten. „Ein König kann kein Unrecht tun und die Gewerkschaften ebenso wenig", ätzte der Oppositionsabgeordnete Edward Carson (zitiert in Lewis 2005, S. 59), das erst acht Jahrzehnte später von Margaret Thatcher rückgängig gemacht wurde (zitiert in Bogdanor 2017). Die Regierung von Asquith erlaubte es Gewerkschaften zudem, mit den Beiträgen ihrer Mitglieder einen Fonds zu speisen, der die Wahlkämpfe der jungen Labour-Partei finanzierte. Gemeinsam mit David Lloyd George, seinem Schatzkanzler und Nachfolger, warb Asquith mehr denn je eine sozialdemokratische Politik. So etablierte die Regierung etwa eine Kommission in London, die Entscheidungen über Beiträge und Leistungen einer nationalen Gesundheitsversicherung zu treffen hatte. Zu Gladstones Zeiten hätten die Liberalen bei ähnlichen Projekten lokale Verantwortung und Regionalisierung zentralisiertem Handeln vorgezogen. Zentrale Steuerung galt eher als sozialdemokratisches Instrument mit dem Ziel, alle Gruppen und Teile des Landes gleich zu behandeln. Asquith wie nach ihm Lloyd George schlug sich mit seiner Sozialstaatspolitik auf die Seite der Arbeiter, weil er erkannt hatte, dass Klassenzugehörigkeit und nicht mehr religiöse Präferenzen Wahlen entscheiden würden. Diese Strategie hätte aufgehen und die Zukunft der Liberalen sichern können, wäre es nicht nach Ausbruch des Ersten Weltkrieges zu einem Zerwürfnis an der Spitze der Liberalen gekommen (Adelman 1995). Kriegsführung erfordert Disziplin und Zwangsmaßnahmen, etwa die Wehrpflicht für männliche Bürger, die es 1916 erstmals in der Geschichte des Landes gab. Asquith war kein Mann für Zwangsmaßnahmen und als ihm auch noch der frustrierende Kriegsverlauf und die schlechte Ausstattung der britischen Armee vorgeworfen wurden, verlor er jede Autorität in seiner Partei und musste die Leitung der Regierung an seinen parteiinternen Rivalen David Lloyd George übergeben, dem letzten Liberalen Parteichef im Amt des Premierministers. Lloyd Georges Anhänger bildeten mit den Konservativen über die Kriegsjahre hinaus bis 1922 eine Koalitionsregierung, während Asquith in die Opposition ging mit den ihm treuen sogenannten Unabhängigen Liberalen, die aus den Wahlen 1918 mit gerade einmal 35 Abgeordneten hervorgingen (Hattersley 2012). Seine 63 Vertreter im Parlament gaben der Labour-Führung erstmals Zuversicht, sich gegen die etablierten Parteien durchsetzen und die Liberalen immer mehr an den Rand des Zweiparteiensystems drängen zu können (Searle 2000). Denn wer künftig die Konservativen auf die Oppositionsbänke verbannen wollte, der rechnete sich aus, dass ein Votum für die stärkere Labour-Partei mehr erreichen würde als Unterstützung für die schwächeren Liberalen, die sich fortan an Wahltagen zerquetscht sahen zwischen den beiden größeren Mitbewerbern. Labour-Chef Ramsay MacDonald erkannte, dass für den Aufstieg seiner Partei die Zerstörung der Liberalen als ernst zu nehmender Konkurrent im Ringen um linke Wähler Voraussetzung war (Marquand 1977). So setzte sich der Niedergang der Liberalen fort, nur scheinbar unterbrochen von ihrer Beteiligung an Churchills Einheitsregierung währen des Zweiten Weltkrieges. Nach 1945 wurden die Liberalen endgültig irrelevant. Die Zahlen sprachen für sich, als bei den Wahlen 1951 gerade einmal sechs Wahlkreise von Kandidaten der Liberalen gewonnen wurden und das auch nur, weil die Tories dort keine Gegenkandidaten aufstellten. Die Nachkriegszeit galt als Ära des Konsenses in Westminster, als sich die Politik von Labour und den Tories anglich und beide Parteien eine große Schnittmenge liberaler und sozialdemokratischer Ziele verfolgten. Zudem propagierten sowohl Labour als auch die konservativen Ideen, die dereinst von prominenten Mitgliedern der Liberalen Partei ersonnen worden waren, wie etwa Konzepte für die Vollbeschäftigung aus der Feder von John Maynard Keynes und William Beveridges Vorschläge für die Verwirklichung des Wohlfahrtsstaats. Es schien, als habe ein Land, in dem liberales Denken in Politik und Gesellschaft etabliert war, keinen Bedarf mehr an einer Liberalen Partei. Im Juni 1964 schrieb ein Kolumnist in der Times „Die Liberale Partei ist zum Tode verurteilt. Und doch weigert sie sich zu sterben" (zitiert in Bogdanor 2017). Dass Journalisten in jenen Jahren keine Nachrufe auf die Liberalen zu schreiben hatten, ist nicht zuletzt Clement Davies zu verdanken. Der Parteichef hatte einige Jahre zuvor ein Angebot ausgeschlagen, als Bildungsminister der konservativen Regierung beizutreten. Die Offerte stammte von Winston Churchill, der im Laufe seiner Karriere einmal den Liberalen angehört hatte und für seine ehemalige Partei weiterhin Sympathie hegte. Hätte Davies angenommen, würde das die Liberalen als unbedeutender Anhang der Tories vermutlich ihre Identität und letztlich ihre politische Eigenständigkeit gekostet haben (McManus 2001). Davies Nachfolger, Jo Grimond, ein Rechtsanwalt aus Schottland, erkannte in dem Zerfall der rigiden Klassenstruktur eine Chance. Er sah, wie Parteien immer mehr nach persönlichen Interessen und Vorlieben gewählt wurden und weder Labour noch die Konservativen künftig mit der geschlossenen Unterstützung der Arbeiter oder des Bürgertums vertrauen konnten. Die Liberalen aber durften wieder hoffen, mit einem überzeugenden Programm die Sympathien der Menschen am Wahltag zu gewinnen. Ihr Plädoyer für eine partnerschaftliche Zusammenarbeit mit der Industrie, die Übertragung von legislativer Gewalt an Regionalparlamente, Selbstverwaltung für Nordirland und britische Mitgliedschaft in der Europäischen Gemeinschaft unterschied die Liberalen von ihren Mitbewerbern. Grimonds Analyse zufolge verlangten die Wähler nach einer starken liberalen Partei mit progressiven und sozialdemokratischen Zielen als Alternative zu den Konservativen. Für die Labour-Partei werde in einer modernen, klassenlosen Gesellschaft als Sammelbecken radikaler sozialistischer Gruppen allenfalls eine Nische im Politikbetrieb von Westminster bleiben. 1962 schienen Grimonds Ambitionen aufzugehen. Bei einer Nachwahl zum Unterhaus in Orpington, einem Wahlkreis südöstlich von London, waren die Konservativen als sichere Favoriten in die Kampagne gestartet. Ihr Abgeordneter hatte den Bezirk zuletzt mit einer Mehrheit von 15.000 Stimmen gewonnen. Als in der Wahlnacht nun der Liberale mit 8000 Voten vorne lag, galt das als Sensation und Zeichen für den Wiederaufstieg der Liberalen (McManus 2001). Doch Orpington erwies sich für die Liberalen als einer der vielen Frühlinge, die keine waren. Als zwei Jahre später regulär gewählt wurde, gewann die Partei gerade drei Wahlkreise hinzu und war lediglich mit neun Abgeordneten im Parlament vertreten. Rasch zeigte sich in Grimonds Strategie ein Denkfehler: Der hatte den Liberalen nämlich politische Ziele für eine sozialdemokratische Klientel verordnet, ohne zu berücksichtigen, dass seine Partei bisher vor allem bei traditionellen

Konservativen als zeitweise Alternative galt, wenn die mit der Arbeit der Tory-Regierung unzufrieden waren. Auch Grimonds Erwartung, Liberale könnten als Bündnispartner eine Rolle spielen bei Labours Versuch, Regierungsmehrheiten gegen Konservative zu bilden, ging nicht auf (McManus 2001; Barberis 2015). Trotz interner Krisen in den 1950er- und den 1980er-Jahren, als Radikale sich mit Gemäßigten um den Kurs der Partei stritten, fand Labour immer wieder aus eigener Kraft den Weg zurück zur Macht und war daher auf die Hilfe eines Partners gewöhnlich nicht angewiesen.

„Die Tories werden euch zerstören"

Einer jener erbitterten politischen Richtungskämpfe in der Labour-Partei erwies sich als unerwartetes Glück für die Liberalen. Der sozialistische Fundamentalismus der Labour-Führung war für vier sozialdemokratisch gesinnte ehemalige Kabinettsmitglieder – Roy Jenkins, Shirley Williams, David Own und Bill Rogers – Grund zum Parteiaustritt, dem im März 1981 die Gründung der Sozialdemokratischen Partei folgte. Die Labour-Rebellen und ihre Anhänger verbündeten sich mit den Liberalen in einer Allianz, die gemeinsam Wahlkämpfe bestritt. Diese neue Kraft der Mitte traf den Wunsch vieler Wähler, die weder für die Sozialisten bei Labour auf der Linken noch für die radikale Politik Thatchers auf der Rechten Sympathie hegten. Sensationelle 50 Prozent der Stimmen sagten die Umfrageinstitute der Allianz voraus, also eine Chance, die etablierten Parteien bei der nächsten Wahl zu überflügeln. Am Ende wurden es 25 Prozent bei den Wahlen 1983 – immerhin das beste Ergebnis einer dritten Partei seit 1929. In den englischen Wahlkreisen erzielte die Allianz sogar einen größeren Anteil der Stimmen als Labour und nur das notorisch unfaire Wahlsystem stoppte den Aufstieg der neuen Gruppierung, deren Kandidaten in vielen Wahlkreisen zweite Plätze belegten dank der gleichmäßigen Verteilung ihrer Wähler im Land. Labours Anhänger hingegen konzentrierten sich auf die Städte, wo sie in vielen Wahlbezirken die Mehrheit hatten. Weil das Mehrheitswahlrecht aber alle Stimmen für zweitplatzierte Parteien bei der Verteilung der Sitze im Parlament unberücksichtigt lässt, errang die Allianz trotz 25 Prozent der Wählerstimmen nur 23 Mandate im Unterhaus, während Labour für 27 Prozent der Stimmen 207 Sitze im Parlament erhielt. Vier Jahre später wiederholten Liberale und Sozialdemokraten als Allianz ihr solides Resultat und fusionierten daraufhin zu einer neuen Partei, den Liberaldemokraten, unter Führung des charismatischen Paddy Ashdown, einem ehemaligen Offizier bei den Royal Marines (Brack 2019). Ashdown machte von Anfang an klar, dass seine Partei mit ihren Abgeordneten niemals eine konservative Regierung an der Macht halten würde. „Die Leute müssen wissen", sagte er 1995, „wenn sie die Konservativen aus der Haustür werfen, werden die Lib Dems sie nicht wieder durch die Hintertür reinlassen" (zitiert in Bogdanor 2017). Wie seinerzeit Grimond wollte auch Ashdown ein Bündnis der linken und progressiven Parteien, zu denen er die Liberaldemokraten zählte. Nach Labours Wahlsieg 1997 lud der neue Premierminister Tony Blair die Lib Dems ein, in einer gemeinsamen Arbeitsgruppe Ideen für eine Verfassungsreform zu erarbeiten und über ein neues, faires Wahlrecht zu beraten, das auch kleine Parteien bei der Sitzverteilung im Parlament angemessen berücksichtigen sollte. Das war keine formale Regierungsbeteiligung, aber gab Ashdowns Partei die Aura, staatliche Verantwortung zu tragen – und das nicht ganz ohne Erfolg. Als Blair Wales und Schottland eine eigene Regionalregierung zugestand, sah er für die Wahl der Parlamente in Cardiff und Edinburgh ein Verhältniswahlrecht vor, so wie es die Liberalen gefordert hatten (Ashdown 2010). Und dennoch war Ashdown, als er 1999 den Vorsitz abgab, mit seinem Projekt eines großen linken und progressiven Bündnisses der beiden Parteien gescheitert. Labours Mehrheit im Unterhaus in der Ära Blair war so erdrückend, dass die Liberaldemokraten als Mehrheitsbeschaffer nicht nötig waren. Anders als zur Zeit Grimonds positionierten sich die Liberaldemokraten dank Ashdowns ausgeprägter sozialstaatlicher Agenda in vielen Fragen links von Labour und wurden so mit der Zeit zur attraktiven Alternative für Wähler, die mit Tony Blairs politischen Avancen bei Bänkern und Unternehmern fremdelten und ihm nicht verziehen, an der Seite der Amerikaner 2001 britische Truppen in den Irak geschickt zu haben (Curtice 2007). Enttäuschte Linke, Studenten und ethnische Minderheiten wechselten bei den Wahlen 2005 zu den Liberalen (Fieldhouse und Russell 2005).

Fünf Jahre später war es wieder der glückliche Umstand, der dem parteipolitischen Liberalismus zum Erfolg verhalf. Bei den Wahlen 2010 errang keine der beiden großen Parteien eine absolute Mehrheit. 258 Köpfe zählte Gordon Browns Fraktion, 307 Abgeordnete standen hinter dem Konservativen David Cameron und Nick Clegg, der neue Chef der Liberaldemokraten, sah seine Partei mit 57 Mitgliedern im 650 Sitze zählenden Unterhaus vertreten. 94 Sitze hatte Browns Labour Partei verloren, mehr als irgendeiner seiner Mitbewerber seit 1931. Ihr jetzt beizustehen und die Amtszeit Browns mit den Stimmen der Lib Dems zu verlängern, wäre ein Affront gegenüber dem Wählerwillen gewesen, vermutete Clegg und entschied sich für ein Bündnis mit den Konservativen (Cook 2010). Dazu trugen auch die politischen Präferenzen des Vorsitzenden bei, der als Mitautor des seiner Umschlagfarbe wegen als „Orange Book" benannten Manifests für freie Marktwirtschaft und Wettbewerb sowie eine Abkehr von sozialliberalen Zielen ideologische Überzeugungen offenbarte, die Camerons Konservatismus in vielen Punkten ähnelten (Bowers 2012). Nicht wenige waren empört, fast alle verwundert, als die Entscheidung von der Koalition mit den Tories die Runde machte. Der Ex-Premierminister Tony Blair bemerkte nicht ohne Ironie: „Wenn du für 13 Jahre Labour von links attackierst und dann eine Koalition mit den Konservativen abschließt, musst du dir Fragen gefallen lassen" (zitiert in Bogdanor 2017). Sein Amtsnachfolger Gordon Brown ließ Clegg wissen „Die Tories werden Euch zerstören." (zitiert in Runicman 2019, S. 128). Brown würde recht behalten. Nach fünf Jahren in der Koalition waren Bilanz und Image der Lib Dems so schlecht, dass die Wähler sich verbittert und enttäuscht abwandten. Bei den Wahlen 2015 verlor die Partei 49 ihrer 57 Wahlkreise und ging wieder in die Opposition. Von dieser Niederlage haben sich die Liberaldemokraten auch mehr als ein Jahrzehnt später nicht erholt. Ihre Versuche, sich vor und nach dem Referendum 2016 als einzige Partei geschlossen gegen den Brexit zu stellen, zahlten sich an Wahltagen nicht aus (Pickard 2017). Nur elf Kandidaten gewannen 2019 ein Mandat im Unterhaus. Die Liberaldemokraten sind weiter denn je von einer Rückkehr in die Regierung entfernt. Oder doch nicht? Als im Juni 2021 bei einer Nachwahl zum Unterhaus der Wahlkreis Chesham und Amersham in der Grafschaft Buckinghamshire bei London, den die Konservativen seit 37 Jahren ohne Unterbrechung mit großen Mehrheiten gewonnen hatten, mit fast 57 Prozent der Stimmen für die Liberaldemokratische Kandidatin votierte, glaubte man im Hauptquartier der Lib Dems, dieser fulminante Sieg über die Tories kündige die Rückkehr der Partei in die erste Reihe britischer Politik an. Kurz vor Weihnachten gab es für Sir Ed Davey, der die Führung seiner Partei im Sommer 2020 übernommen hatte, noch eine frohe Botschaft, die politische Analysten für ein regelrechtes Wunder hielten. Der Wahlkreis Nord Shropshire, den die Konservativen noch zwei Jahre zuvor mit der komfortablen Mehrheit von 62 Prozent gewonnen hatten, erschütterte am 16. Dezember 2021 die Siegesgewissheit der Konservativen bis aufs Mark. Bei Neuwahlen, die nötig geworden waren nach dem Rücktritt des konservativen Abgeordneten Owen Paterson, dem Vermischung privater und politischer Interessen vorgehalten wurden, wechselte ein Drittel der Wähler die Seiten und übertrug dem Kandidaten der Liberaldemokraten das Mandat in der langjährigen Hochburg der Tories. Bei den LibDems wächst unterdessen die Hoffnung auf bessere Zeiten – wieder einmal (Stewart und Siddique 2021; Smith 2021).

Literatur

Adelman P (1995) The Liberal Party 1910–1931. Routledge, London
Ashdown P (2010) A fortunate life. The autobiography of Paddy Ashdown. Aurum Press, London
Barberis P (2015) Jo Grimond. In: Duncan B, Ingham R, Little T (Hrsg) British liberal leaders. Biteback, London, S 295–310
Bogdanor V (2017) The Liberal Party and the Liberal Democrats (Video). 13. Dezember. Gresham College. https://www.youtube.com/watch?v=44ir_D_hD-M. Zugegriffen: 18. November 2020
Bowers C (2012) Nick Clegg. The biography. Biteback, London
Brack D (2019) Liberal history. A concise history of the Liberal Party, SDP and Liberal democrats. Liberal Democratic History Group, London
Butler C (2019) The Liberal democrats and tuition fees. Lessons for the Conservatives today. 17. April. WONKHE. https://wonkhe.com/blogs/the-liberal-democrats-and-tution-fees-lessons-for-the-conservatives-today. Zugegriffen am 22.05.2021

Cook C (2010) A short history of the Liberal Party. Palgrave Macmillan, London
Curtice J (2007) New Labour new protest? How the liberal Democrats profited from Blair's mistakes. Polit Q 78(1):117–126
Cutts D, Russell A (2015) From coalition to catastrophe: the electoral meltdown of the Liberal Democrats. Parliam Aff 68(1):70–87
Dunt I (2020) How to be a liberal. Canbury Press, London
Fieldhouse E, Russell A (2005) Neither left nor right. The Liberal Democrats and the electorate. Manchester University Press, Manchester
Hattersley R (2012) David Lloyd George. The great outsider. Abacus, London
Jenkins R (1995) Gladstone. Macmillan, London
Jenkins TA (1994) The Liberal ascendancy 1830–1886. Palgrave, London
Laycock S, Renwick A, Stevens D, Vowles J (2013) The UK's electoral reform referendum of May 2011. Elect Stud 32(2):211–214
Lewis G (2005) Carson. The man who divided Ireland. Hambledon und London, London
Lynd HM (1968) England in the 1880s. Routledge, London
Marquand D (1977) Ramsay Macdonald. A biography. Jonathan Cape, London
Martin N (2017) Are British Muslims alienated from mainstream politics by British foreign policy? Ethnicities 17(3):350–370
McManus (2001) Jo Grimond. Toward the sound of gunfire. Birlinn, Edinburgh
Oliver J, Smith D (2010) Nick Clegg nearly as popular as Churchill. 18. April. The Sunday Times. https://www.thetimes.co.uk/article/nick-clegg-is-nearly-as-popular-as-winston-churchill-t9gn20hnmbm. Zugegriffen am 22.12.2020
Parry J (1989) Democracy and religion. Gladstone and the Liberal Party. Cambridge University Press, Cambridge
Parry J (2009) The rise and fall of Liberal government in Victorian Britain. Yale University Press, New Haven
Pattie C, Johnston R (2011) Tactical voting at the 1010 British general election. Rational behaviour in local contexts? Environ Plan A 43:1323–1340
Pickard J 2017 Liberal Democrats promise a second Brexit referendum. 23. April. Financial Times. https://www.ft.com/content/4850c1aa-281c-11e7-bc4b-5528796fe35c. Zugegriffen am 21.12.2020
Runicman D (2019) Where power stops. Profile Books, London
Russell GWE (1911) Letter to George William Erskine Russell. One look back. Wells Gardner, Darton & Co, London
Searle GR (2000) The liberal party. Red Globe Press, London

Smith M (2021) Tory's bitter swipe over by-election drubbing as Ed Davey literally knocks down blue wall. 18. Juni. Daily Mirror. https://www.mirror.co.uk/news/politics/torys-bitter-swipe-over-election-24347422. Zugegriffen am 21.06.2021

Stewart H, Siddique H (2021) Lib Dems win Chesham and Amersham by-election in stunning upset. 18. Juni. The Guardian. https://www.theguardian.com/politics/2021/jun/18/lib-dems-win-chesham-and-amersham-byelection-in-stunning-upset. Zugegriffen am 18.06.2021

18

Der NHS – „Das größte sozialstaatliche Experiment der Welt"

„Kaffee, Tee oder einen Saft?", fragt die Frau in lila Livree, als sie die Schale mit Vollkornsnacks auf der Anrichte neben dem Sofa auffüllt. Aus einem Lautsprecher kommt Musik. Kaum vernehmbar. Es ist Mozart. Das Gespräch mit dem Orthopäden ist für 10.30 Uhr vereinbart. Bei der telefonischen Anfrage gestern am frühen Nachmittag hatte sich die Rezeptionistin entschuldigt, dass am gleichen Tag kein Termin mehr zu haben war: „Passt es Ihnen vielleicht morgen am Vormittag?" Nach der Anmeldung an der Rezeption reicht ein Mitarbeiter die Preisliste für die diagnostischen Maßnahmen und Therapievorschläge, mit der sich Patienten vertraut machen, um später gemeinsam mit dem Arzt zu entscheiden, welche Art der Behandlung und in welcher Preislage sie sich leisten möchten. Viel Zeit dazu bleibt nicht, denn mehr als ein paar Minuten wartet hier niemand. Schließlich haben Patienten noch anders zu tun. Tatsächlich ist der Raum neben der Rezeption fast leer. Nur eine Dame im Sessel vor einem Teetisch blättert in dem Magazin Country Life. Das Fenster neben ihr erlaubt den Blick auf die Straße, als ein flaschengrüner Range Rover um die Ecke biegt. Vor dem viergeschossigen viktorianischen Backsteingebäude auf der anderen Straßenseite parkt ein grauer Bentley. Der Fahrer lehnt an der Tür, schaut auf die Uhr, wartet. Aus dem Fonds des Wagens sind kurz zuvor zwei Männer ausgestiegen und in einem Eingang hinter schmiedeeisernem Geländer verschwunden. Das Messingschild an der Hauswand daneben verrät, die Tür gehört zur Atlas Clinic, eine von ungezählten Kliniken und Arztpraxen, die sich seit der zweiten Hälfte des 19. Jahrhunderts hier in der Harley Street im Londoner Stadtteil Marylebone angesiedelt haben. Heute praktizieren hinter den Fassaden der imposanten Stadthäuser 3000 Ärzte jeder Fachrichtung. Gemeinsam ist ihnen, dass sie sich gegen Rechnung nur um Privatpatienten kümmern. Die Kundschaft schätzt ihre Expertise und den Service und fliegt nicht selten für einen Termin ein.

„Die Gesundheit des Volkes ist die Grundlage für Glück und die Macht des Staates", sagte im Jahr 1877 Benjamin Disraeli, konservativer Premierminister und soziales Gewissen seiner Partei (Kane 1962, S. 192). Bis sich Politiker aber ernsthaft um die Gesundheitsversorgung der Bevölkerung kümmern sollten, würden nach Disraeli noch 70 Jahre vergehen. Bis dahin bestritten Kranke Kosten medizinischer Betreuung aus der eigenen Tasche – oder gar nicht. Nur Männer, die weniger als 160 Pfund im Jahr verdienten, erhielten – so war es seit 1911 gesetzlich geregelt – wenigstens für die ambulante Behandlung einen Zuschuss von Staat und Arbeitgeber. Bei Frauen und Kindern zeigten sich die Behörden besonders knauserig und sahen grundsätzlich keine Unterstützung vor. Krankenhausaufenthalte waren von dieser Finanzierungshilfe ohnehin ausgenommen. Hospitäler hofften auf Spendengelder. Blieben die aus, mussten sie schließen. Der Zweite Weltkrieg änderte alles. Für die vielen Zivilisten und Soldaten, die während des Krieges von Bomben der Luftwaffe verletzt und von Granaten entstellt worden waren, hatte die Regierung einen medizinischen Notfalldienst eingerichtet. Die Labour-Partei wollte dieses Angebot ausweiten in der Überzeugung, dass ein Staat niemanden allein lassen dürfe, der für sein Land in der Heimat oder auf dem Kontinent gekämpft hatte (Webster 2002). Erstmals schien die Idee eines universellen Gesundheitsdienstes nicht mehr illusorisch. Schließlich war in den Kriegsjahren deutlich geworden, zu welchen organisatorischen Leistungen der Staat fähig war, wenn er sich in Unternehmenslenkung, Produktion, Planung und viele andere Facetten des gesellschaftlichen Lebens einmischte. Bei den Wahlen am 5. Juli 1945 beauftragten die Wäh-

18 Der NHS – „Das größte sozialstaatliche Experiment der Welt"

ler den Vorsitzenden von Labour, Clement Attlee, mit der Bildung einer Regierung und erteilten ihm ein Mandat für den größten sozialpolitischen Paradigmenwechsel in der Geschichte des Landes. Die Verwirklichung des Plans für eine freie und staatliche Gesundheitsfürsorge, den noch während der Kriegsjahre der Ökonom William Beveridge ausgearbeitet hatte, machte Aneurin Bevan, den zuständigen Fachminister in der Regierung Attlee, zum bestgehassten Mann unter den Ärzten, die bisher Freiberufler waren und nun um Honorare ihrer Privatpatienten fürchteten. Die Sorge war begründet, denn Bevans epochales Vorhaben, die Gründung des Nationalen Gesundheitsdienstes, kurz NHS, erforderte die Verstaatlichung von Krankenhäusern, Fach- und Hausarztpraxen, klinischen Laboren und Notdiensten (Campbell 1997). In einer Umfrage ihres Berufsverbandes im Jahr 1947 stimmten 84 Prozent der Ärzte gegen eine Beteiligung an dem neuen Gesundheitssystem. Einer kommentierte mit bitterem Humor, dass viele seiner Kollegen in jüngster Zeit an Magengeschwüren litten aus Sorge, der Staat regiere ihnen künftig in die Arbeit hinein (Abell 2019, S. 103). Ein anderer Mediziner wurde noch deutlicher: „Ich habe mir den Gesetzestext angeschaut und es scheint, als machten wir einen großen Schritt in Richtung Nationalsozialismus, wie er in Deutschland praktiziert wurde" (Abell 2019, S. 104). Die Konservativen und ihr Vorsitzender Winston Churchill schlossen sich den Kritikern an, konnten aber nicht verhindern, dass am 5. Juli 1948 das Unterhaus mit der Mehrheit der Labour-Abgeordneten dem Gesetz zur Errichtung des Nationalen Gesundheitsdienstes zustimmte. Damit war nicht nur das größte Unternehmen in staatlicher Hand entstanden, sondern mit Abstand die mitarbeiterstärkste Verwaltung im ganzen Land mit 1,6 Millionen Ärzten und Pflegern, Labor- und Verwaltungsangestellten sowie Managern. Das ist mehr als die gemeinsame Einwohnerzahl von Edinburgh, Manchester und Sheffield und vierzigmal so viel Personal wie die Royal Navy heute beschäftigt. Weltweit ist der Gesundheitsdienst der fünftgrößte Arbeitgeber nach den US Streitkräften, Chinas Volksbefreiungsarmee, der Kaufhauskette Walmart und McDonalds (Rolewicz und Palmer 2019). Gesundheitsminister Bevan ahnte, dass auf Jahre hinaus die Verwaltung dieses Giganten mit heute 150.000 Ärzten, 340.000 Krankenschwestern, 25.000 Hebammen, 19.000 Krankenwagenpersonal, 31.000 Managern und jährlich 570 Millionen Patientenkontakten Kopfschmerzen bereiten würde (Thomas-Symonds 2014). An dieser Stelle ist der Hinweis nötig, dass sich diese gewaltigen Zahlen nur auf England beziehen, weil Schottland seit 1946, Wales seit 1999 und Nordirland seit 2009 jeweils ihren eigenen nationalen Gesundheitsdienst betreiben.

„Wir haben nur 24 Stunden, um den NHS zu retten"

Das System ist trotz oder vielleicht wegen seiner monumentalen Dimensionen systematisch überfordert und schneidet im Vergleich zu anderen europäischen Gesundheitsdiensten immer wieder schlecht ab. Die Organisation ist ineffizient, das Management zu teuer, die Abläufe zu kompliziert und der Haushalt defizitär. Es fehlt an diagnostischem Gerät und Ärzten und wenn die jährliche Grippewelle einsetzt, sagen Krankenhäuser Operationen ab, stellen Behelfsbetten in die Korridore, schicken Notarztwagen wieder weg und richten aus, dass die Hospitäler kaum mehr Platz für Notfälle haben. Dass der NHS jeden Winter am Rande des Kollapses operiert, hat viel damit zu tun, dass es in Hospitälern für 1000 Einwohner statistisch nur 2,54 Betten gibt. Zum Vergleich: In der Türkei sind es 2,8 Betten, in Portugal 3,4, in Frankreich 6, in Deutschland 8 und in Japan 13 (OECD 2021). 159 Milliarden Pfund lässt sich der Staat seinen Gesundheitsdienst 2022 kosten, eine ungeheure Summe, aber viel weniger als andere Länder für die Gesundheit ihrer Bürger ausgeben (The King's Fund 2021). Beim Vergleich der Beträge zwischen 15 westeuropäischen Ländern liegt Großbritannien auf Platz 13. Wollte die Regierung in London wenigstens den europäischen Durchschnitt erreichen, müsste sie über Nacht weitere 185 Milliarden Pfund auftreiben (Abell 2019). Zuletzt verfolgte dieses ehrgeizige Ziel vor 25 Jahren Tony Blair. Der gab am Vorabend seiner Wahl zum Premierminister Jahr 1997 die Parole aus: „Wir haben nur 24 Stunden, um den NHS zu retten" (Hall 2007). Aber mehr Geld für eine dysfunktionale Bürokratie war nicht die Lösung und Blair initiierte eine gewaltige Reform des NHS. Dafür gründete er Trusts für die Grundversorgung von Patienten, die medizinische Dienstleistungen des NHS bestellten. Krankenhäuser erhielten semi-autonomen Stiftungsstatus und durften künftig in Eigen-

18 Der NHS – "Das größte sozialstaatliche Experiment der Welt"

verantwortung ihr Budget managen. Ihre Buchhaltung kontrollierte Monitor, eine neue Aufsichtsbehörde. Damit erhielten die Gesundheitsanbieter vor Ort mehr Entscheidungsfreiheit und die Regierung konnte sich zumindest teilweise der Verantwortung für die mangelhafte Versorgung der Patienten entziehen. Wie wenig diese Strategie aufging, erkannte spätestens David Cameron, der als konservativer Regierungschef nach 2010 dem NHS die größte Reform seit seiner Gründung verordnete. Sein neues Gesundheits- und Sozialfürsorgegesetz war umfangreicher als die ursprüngliche NHS-Gründungsakte 1948. Die Reform sei so gewaltig, dass sie „vom Weltraum aus zu sehen ist", klagte seinerzeit sogar ein Manager aus der NHS-Chefetage (The Economist 2011). Neue Komitees zur klinischen Auftragsvergabe entstanden, an deren Spitze die Zentralstelle NHS England stand mit dem Auftrag, die Budgets zuzuteilen. Zudem gab es nun eine Kommission zur Kontrolle der Pflegequalität sowie einen medizinischen Generalrat, der sich um Fortbildung der Ärzte, aber auch um Disziplinarverfahren gegen Personal zu kümmern hatte. Gemein war allen Reformen der vergangenen Jahre der zaghafte Versuch, Teile des schwerfälligen Systems zu privatisieren. Schon Margaret Thatcher hatte angewiesen, wenigstens für die Reinigung der Gebäude und den Betrieb der Kantinen externe Dienstleister zu beauftragen. Danach warb John Major, ihr konservativer Nachfolger im Amt des Premierministers, für öffentlich-private Partnerschaften, bei denen Unternehmen auf eigene Kosten den Bau und die Instandhaltung von Kliniken übernehmen sollten mit der Zusage, Projektkosten später durch Vermietung an den NHS refinanzieren zu können. Majors Nachfolger Blair privatisierte Logistikdienste und die Radiologien. Später gestand Cameron den Krankenhäusern des NHS zu, ihre Operationssäle an private Kliniken zu vermieten.

Offen aber gibt bis heute niemand zu, dass er privatisieren will. Labour nicht, weil der NHS identitätsstiftend ist für die Partei, die ihn als größten sozialpolitischen Triumph ihrer Geschichte betrachtet. Aber auch die Tories wollen in dieser Frage die Konfrontation vermeiden, weil der Gesundheitsdienst längst Teil des nationalen Mythos geworden ist, sozusagen zu einer heiligen Kuh der englischen Gesellschaft, um deren Wohlergehen sich jede Regierung über die Parteigrenzen hinweg zu kümmern hat. So fordern es die Wähler. Bei einer Bürgerbefragung danach, worauf die Nation stolz sein könne, belegte der NHS die Spitzenposition und wurde häufiger genannt als die Monarchie, Big Ben, William Shakespeare, die Beatles und James Bond (Newton 2020). Bezeichnend für diese erstaunliche Sympathie ist die Terminologie, die Regierungs- und Oppositionspolitiker gleichermaßen während der Covid-19-Pandemie bemühten. „Ein menschliches Schild" sollte die Bevölkerung bilden, forderte Premierminister Johnson, um den NHS zu schützen (Johnson 2020). Aufrufe aus 10 Downing Street appellierten an die Bevölkerung, sich verantwortungsvoll zu verhalten, Kontakte zu vermeiden, Distanz zu wahren, damit im Verlauf der Pandemie der Gesundheitsdienst keinen Schaden nehme. In jenen Monaten malten Kinder mit Buntstiften „Danke NHS"-Bilder, die Eltern dann in die Fenster ihrer Wohnungen hingen, um Passanten ihre Solidarität mit dem Dienst zu demonstrieren. Jeden Donnerstagabend während des Lockdowns im Frühjahr 2020 traten Menschen in die winzigen Gärten vor ihren Reihenhäusern oder positionierten sich in vorgeschriebenen Abständen auf die Gehwege und klatschten, um Respekt und Anerkennung für den NHS auszudrücken. Sie bestärkten einander damit in dem bizarren Glauben, die Welt beneide das Land um seinen Gesundheitsmonopolisten, in dem nicht einfach Krankenpfleger und Ärzte arbeiten, sondern Helden. Der Begriff ist von Politikern ebenso wie von Journalisten bemüht worden, die in Bilderserien und mit Sonderbeilagen den an Covid-19 verstorbenen NHS-Mitarbeitern als „unsere gefallenen Helden" gedacht (Parry und Glaze 2020). Ihnen widmet die Regierung eine Gedenkmünze sowie ein Denkmal nach dem Vorbild der Monumente, die vor Rathäusern und auf Marktplätzen an die nationalen Heroen erinnern, denen sich das Land im Überlebenskampf gegen deutsche Bomben und Napoleons Invasionsversuche anvertraute (Duffield 2020). In der „Schlacht" von 2020, so formulierte es Premierminister Johnson mit dem Pathos Churchills, sei das Virus der „Feind" gewesen (Rawlinson 2020). In der Huldigung des NHS und seiner Mitarbeiter spiegelt sich eine kollektive Gefühlslage wider, die älter ist als die Pandemie. Bei der Eröffnungszeremonie der Olympischen Spiele 2012 in London sah ein internationales Publikum mit einiger Verwunderung, wie Tänzer in der Rolle von Krankenschwestern und Ärzten als Teil des Showprogramms durch die Arena sprangen. Für Danny Boyle, den Oscar- Preisträger und Choreografen des Spektakels gehörte die Hommage an die Frauen und Männer, die in Hospitälern und Praxen ihren Dienst tun, so selbstverständlich zur Identität des Gastlandes wie die Auftritte von Sir Paul McCartney, Rowan Atkinson und Sir Simon Rattle. So sieht es auch Banksy. Der gefeierte Star der Straßenkunst schenkte der Nation während der Pandemie ein besonders anmutiges Werk, das ein kleines Mädchen zeigt, wie es mit ausgestrecktem Arm eine Figur noch oben reckt: Es ist eine Krankenschwester im Gewand einer Superheldin. Vergessen und entsorgt dagegen ist der Comic-Held Superman im Abfalleimer neben ihr. Nigel Lawson, Margaret Thatchers ehemaliger Schatzkanzler, kam schon in den 1980er-Jahren zu der Einsicht, dass „der NHS einer Religion ähnelt und seine Mitarbeiter deren Priester sind" (Spence 2017). Mit einer Religion will sich niemand anlegen, bestimmt kein Politiker, der um seine Popularität fürchtet. Nicht zuletzt deshalb stimmten Johnson und seine Minister in den Monaten des Covid-Lockdowns vor ihren Reihenhäusern in der Downing Street in das rhythmische Klatschen für den NHS ein und ließen dabei vergessen, dass die Tories traditionell wenig Sympathie für Staatsmonopole hegen. Aber einen ideologischen Kampf gegen den NHS halten die Konservativen heute für politischen Selbstmord. Margaret Thatcher war die letzte führende Konservative, die keine Skrupel kannte, öffentlich zu sagen, dass sie ihre Gesundheit Privatkliniken anvertraut. Sie wolle in das Krankenhaus ihrer Wahl gehen und Termine vereinbaren mit den von ihr präferierten Fachärzten. Privilegien, die der NHS seinen Patienten nicht zugesteht (Earle 2020). Unter den Nachfolgern der Eisernen Lady wandelte sich der Tonfall. In seiner ersten Rede als Parteivorsitzender der Tories sagte David Cameron, der NHS „ist eine der größten Errungenschaften des 20. Jahrhunderts" und fügte hinzu: „Tony Blair beschrieb seine politischen Prioritäten mit drei Wörtern: Bildung, Bildung, Bildung. Mir genügen drei Buchstaben dafür: N, H, S." Das Ehepaar Cameron preiste den NHS für die exzellente Fürsorge, die der Dienst ihrem Sohn Ivan zuteilwerden ließ, der an Zerebralparese litt und 2009 verstarb. Die Dankbarkeit mag ehrlich empfunden gewesen sein: „Meine Familie ist so oft in den Händen des NHS und ich will, dass sie dort gut aufgehoben ist." Deshalb, versprach er, werde „der NHS sicher in meinen Händen sein" (Grice 2006). Die Wähler aber trauten dem Vorsitzenden der Tories in dieser Sache nach wie vor nicht. Das hatte vor allem damit zu tun, dass Camerons Regierung die Ausgabensteigerung für das chronisch unterfinanzierte Gesundheitswesen bei einem Prozent im Jahr deckelte. Labours Kampagnenmanager nutzten dieses Glaubwürdigkeitsproblem ihrer Gegner für die ständig wiederholte Warnung, die Konservativen würden den NHS kaputtsparen und verwiesen dabei auf einen Regierungsbericht aus dem Jahr 2016, wonach dem Gesundheitswesen 30 Milliarden Pfund fehlten in einem Zeitraum von fünf Jahren. Wer diese Lücke schließen wolle, hieß es in dem Bericht weiter, müsse das Budget für einige Jahre in Folge um sechs oder sieben Prozent anheben (Abell 2019 S. 114). Das entsprach just den jährlichen Steigerungsraten, die Tony Blair in den zehn Jahren seiner Labour-Regierung dem Gesundheitsdienst zubilligte (Triggle 2007). Weder Cameron noch dessen Nachfolgerin Theresa May wollten dem Beispiel Blairs folgen. May begründete ihre frugale Haushaltsführung mit dem Hinweis, dass das Geld nicht auf Bäumen wachse. Das änderte sich erst mit Boris Johnson, Premierminister seit 2019 und bekannt als Anhänger ehrgeiziger Projekte, Freund großer Versprechungen und Befürworter generöser staatlicher Investitionen. Der brach mit der konservativen Tradition und entschied sich entgegen seiner Wahlversprechen für eine Steuererhöhung, um Pflegedienste und den NHS in den Jahren zwischen 2022 und 2024 mit 36 Milliarden Pfund zusätzlich auszustatten (Stewart 2021). Ausreichen, um die Misere der Krankenversorgung zu beenden und bei den Investitionen in die Gesundheit westeuropäisches Niveau zu erreichen, wird das nicht.

Der NHS überlebt, solange Menschen für ihn kämpfen

Der 2016 veröffentlichte Bericht European Health Consumer Index belegt den Rückstand: In der Rangliste der europäischen Gesundheitssysteme liegt das Vereinigte Königreich auf dem fünfzehnten Platz. Auf 1000 Personen kommen hier 2,8 Ärzte, in Australien sind es 3,3, in Deutschland kümmern sich 3,9 Mediziner um 1000 Menschen, 3,2 sind es in den Niederlanden und 3,1 in Frankreich (Björnberg 2017). Zwei

Jahre später urteilten die Gutachter, Patienten in England, Wales, Schottland und Nordirland seien so gut medizinisch versorgt wie die Bürger Estlands und der Tschechischen Republik (Björnberg und Phang 2019). In einer Übersicht der OECD, die Überlebenschancen von Menschen nach einer Diagnose auf Darmkrebs vergleicht, nimmt Großbritannien den 20. von 23 Plätzen ein (Abell 2019, S. 118). Der bescheidenen Behandlungserfolge für Darm- Bauchspeicheldrüsenkrebs wegen ist England unter den entwickelten Industrieländern sogar das Schlusslicht (Kirby 2019). Nach der Überweisung durch den Hausarzt vergehen gewöhnlich mehr als zwei Monate, bis ein Facharzt sich Zeit nimmt für den Patienten mit Verdacht auf eine Krebserkrankung (Thorlby und Gardner 2019). Bereits 2017 hielt es das Rote Kreuz für nötig, für britische Krankenhäuser den humanitären Notstand zu erklären (Holtorn 2017). In jenem Jahr mussten 4.000 lebensrettende Operationen abgesagt werden, weil die Hospitäler überfüllt waren. Neu sind solche Meldungen nicht, im Gegenteil. Der Journalist Nicholas Timmins erinnert daran, dass „der NHS an fast jedem Tag seiner Geschichte seit 1948 in der Krise war, aber nie so sehr wie jetzt" (Abell 2019, S. 105). Seit Timmins diese Zeilen schrieb, hat sich die Lage dramatisch verschlechtert. Vor den ersten Fällen von Covid-19 warteten weniger als 2000 Menschen für mehr als ein Jahr auf einen Termin im Krankenhaus. Zwei Jahre später liegt die Zahl bei 400.000 (The Economist 2021). Vor der Pandemie standen auf der Warteliste für Operationen die Namen von 3,7 Millionen Patienten, im September 2021 waren es bereits 5,8 Millionen (Abell 2019, S. 134; ITV 2021). Wer einen Krankenwagen ruft, kann nur dann auf die durchschnittliche Wartezeit von 54 Minuten hoffen, wenn es sich um einen lebensbedrohlichen Notfall handelt. Weniger dringliche Fälle arbeiten die Einsatzwagen in zehn oder 20 Stunden ab. Zudem konkurrieren die Ambulanzen um einen guten Platz in der Warteschlange vor der überfüllten Klinik. So erging es im Jahr 2021 vor dem Worcestershire Royal Hospital einem Mann, der nach einem Herzstillstand im Krankenwagen auf dem Parkplatz für fünf Stunden behelfsmäßig versorgt werden musste, weil in der Klinik kein freies Personal zu finden war (Triggle 2021). Im Oktober 2021 entschuldigte sich das Universitätskrankenhaus Plymouth bei Patienten, die 25 Stunden in der Notaufnahme verbrachten, bis sich ein Arzt um sie kümmerte (Simpson 2021; ITV 2021). Dass die Krankenhäuser hoffnungslos überfordert sind, hat auch mit der Krise in der Pflege zu tun, die privat zu finanzieren ist. Auf Hilfe der Kommunalverwaltung bei der Suche und Finanzierung eines Pflegeplatzes hat lediglich Anspruch, wer Einkünfte von weniger als 23.250 Pfund im Jahr bezieht. Versicherungsschutz haben nur wenige, weil die Assekuranzen die Gesamtkosten der Pflege nur schlecht vorhersagen können und deshalb diese Art der Police des finanziellen Risikos wegen ungern abschließen. Gerade für gebrechliche Senioren ist die Alternative deshalb der Weg ins Krankenhaus, wo sich – mehr schlecht als recht – jemand kümmert, ohne eine Rechnung zu stellen (The Economist 2020b). So schieben Krankenhäuser und Pflegeeinrichtungen Patienten und Verantwortung seit Jahren untereinander hin und her (The Economist 2021). Verschiedene Regierungschefs haben versprochen, das Problem zu lösen. Auch Boris Johnson steht bei den Wählern im Wort, seit er im Sommer 2019 auf den Stufen von 10 Downing Street ankündigte, den Pflegenotstand zu beheben. Um die Aufteilung der 36 Milliarden Pfund Zusatzeinnahmen, die sich Johnson und Schatzkanzler Sunak von der für 2022 geplanten und oben bereits erwähnten Steuererhöhung versprechen, werden sich in den kommenden Jahren die Pflegedienstleister mit dem NHS streiten. Ganz gleich, wie die Mittel aufgeteilt werden, erwarten die Manager beider Dienste, dass sie auch künftig den Mangel zu verwalten haben und bemühen sich daher um Einsparungen. Im NHS sieht man seit der Covid-19-Pandemie in Telefonterminen und digitaler Online-Beratung eine praktische Innovation, die dabei hilft, die Kosten der Patientenbehandlung weiter zu senken und das Wachsen des Defizits wenigstens zu verlangsamen. „Ein Bruch mit der Tradition, die medizinische Versorgung seit 5000 Jahren bestimmt hat", nennt es ein Manager. 2020 hatten noch 80 Prozent der Patienten Termine in der Praxis ihres Arztes (The Economist 2020a). Heute sind es weniger als 60 Prozent (Tilley 2021). Ärzte sagen, sie seien überlastet und Online- sowie Telefonberatung hilft, mit der Flut von Terminanfragen fertig zu werden. Auch wenn dann schon mal – wie Kritiker fürchten – auf dem grobkörnigen Bild des heimischen Laptops mit schlechter Beleuchtung das bösartige Melanom im Gesicht des Patienten übersehen wird. Die Empörung ist verständlich und inzwischen droht der Gesundheitsminister mit

Sanktionen, sollten Ärzte sich auch künftig weigern, ihre Patienten wieder in der Praxis persönlich zu empfangen.

Die andauernde Diskussion und die wiederkehrende Empörung über die Qualität der Patientenversorgung beim NHS hat womöglich mit einem grundlegenden Missverständnis zu tun. Für Aneurin Bevan war die Gründung des staatlichen Gesundheitsdienstes vor mehr als 70 Jahren „das größte sozialstaatliche Experiment, das die Welt je gesehen hat", weil es die Wohlhabenden verpflichtete, mit Steuern die Gesundheitsversorgung derer mitzufinanzieren, die es sich nicht leisten konnten (Rafferty 2019). Anders gesagt, es ging darum, erstmals eine freie Leistung für alle bereitzustellen. Dieses Vorhaben wurde erreicht und erfüllt die Nation bis heute mit Stolz. Spitzenmedizin und erstklassige Versorgung waren seinerzeit nicht das Ziel der Labour-Regierung war und offenbar taugt das Konstrukt aus der ersten Hälfte des 20. Jahrhunderts auch nicht dazu, dieser Erwartung im 21. Jahrhundert gerecht zu werden. Daher drängt sich der Verdacht auf, dass die jährliche Winterkrise des Gesundheitsdienstes kein vorübergehendes Phänomen ist, sondern Symptom eines Konstruktionsfehlers, der Zweifel aufkommen lässt an der Zukunft des NHS. In einem Fernsehspiel aus dem Jahr 1997 über das Leben Bevans legte der Autor Trevor Griffiths dem Gesundheitsminister die trotzige Aussage in den Mund, dass „der NHS so lange überlebt, wie es Menschen gibt, die für ihn kämpfen" (Belam 2017). Jeremy Corbyn, seinerzeit Labour-Vorsitzender und zeitlebens bekennender Freund des kostenfreien staatlichen Gesundheitsdienstes, verbreitete die kämpferische Losung auf Twitter, um seine Mitstreiter zu motivieren. Aber nicht jeder verspürt Lust auf einen endlosen Kampf um die Rettung des NHS und erhofft sich vielmehr einen zeitnahen Termin in der Praxis eines Arztes oder will auf die Hüftoperation nicht ein Jahr und länger warten. Wer sich seine Gesundheit etwas kosten lassen kann, gehört zu der Klientel, die sich von freiberuflichen Fachärzten und in privaten Krankenhausketten wie Spire oder Bupa behandeln lässt. Mittlerweile arbeitet der private Sektor mehr Hüft- und Knieoperationen ab als der NHS (Plimmer 2021). Wenn es noch eines Belegs bedarf für den Erfolg des Geschäftsmodells Qualität-gegen-Rechnung, ist es die Betriebsamkeit in den Ärztehäusern an der Harley Street, die zum Zielort für zahlungskräftige Briten und Gesundheitstouristen aus der ganzen Welt geworden ist.

Literatur

Abell S (2019) How Britain really works. Murray, London

Belam M (2017) 17. Mai. The Guardian Corbyn's Nye Bevan quote is pure fiction. 17. Mai. The Guardian. https://www.theguardian.com/politics/2017/may/17/jeremy-corbyn-tweets-fake-nye-bevan-quote-on-fighting-for-the-nhs. Zugegriffen am 19.10.2021

Björnberg A (2017) 2016 Euro Health Consumer Index. Health consumer powerhouse. https://healthpowerhouse.com/media/EHCI-2016/EHCI-2016-report.pdf. Zugegriffen am 22.01.2011

Björnberg A Phang AY (2019) 2018 Euro Health Consumer Index. Health consumer powerhouse. https://healthpowerhouse.com/media/EHCI-2018/EHCI-2018-report.pdf. Zugegriffen am 22.01.2021

Campbell J (1997) Ny Bevan. A biography. Metro Books, London

Duffield C (2020) NHS workers who died from Covid to be honoured in national memorial. 30. Mai. INews. https://inews.co.uk/news/nhs-workers-died-coronavirus-honoured-national-memorial-432559. Zugegriffen am 19.11.2020

Earle S (2020) Boris Johnson. The hollow priest of the NHS. 21 April. AlJazeera. https://www.aljazeera.com/opinions/2020/4/21/boris-johnson-the-hollow-priest-of-the-nhs. Zugegriffen am 08.11.2021

Grice A (2006) My family depends on NHS so it is safe in my hands, says Cameron. 4. October. Independent. https://www.independent.co.uk/news/uk/politics/my-family-depends-on-nhs-so-it-s-safe-in-my-hands-says-cameron-418621.html. Zugegriffen am 02.11.2021

Hall S (2007) We saved the NHS, claims Blair. 30. April. The Guardian. https://www.theguardian.com/politics/2007/apr/30/tonyblair.labour1. Zugegriffen am 09.09.2021

Holtorn K (2017) Britain's health service in humanitarian crisis. Red Cross 7. Januar. Reuters. https://www.reuters.com/article/uk-britain-redcross-health-idUKKBN14R08H. Zugegriffen am 19.09.2021

ITV (2021) Ambulance and A&E wait times and waiting list for NHS hospital treatment reach record high. 11. November. https://www.itv.com/news/2021-11-11/ambulance-delays-reach-record-levels-with-longest-response-times-in-three-years. Zugegriffen am 13.11.2021

Johnson B (2020) PM's Commons statement on coronavirus. 22 September. gov.uk. https://www.gov.uk/government/speeches/pm-commons-statement-on-coronavirus-22-september-2020. Zugegriffen am 28.12.2020

Kane C (1962) Hearings before a subcommittee of the committee of appropriations. House of representatives. 1. März. US government printing office. https://books.google.co.uk/books?id=lInJvr8sTbYC&pg=PA192&lpg=PA192&dq=benjamin+disraeli+health+foundation+happiness+of+nation&source=bl&ots=Xn7DItJN_d&sig=ACfU3U184pqjRBZ7GPMPPMKCz-pg3zH7CA&hl=en&sa=X&ved=2ahUKEwiSquSex6D0AhXPRPEDHVRtC88Q6AF6BAgS-EAM#v=onepage&q=benjamin%20disraeli%20health%20foundation%20happiness%20of%20nation&f=false. Zugegriffen am 12.10.2021

Kirby J (2019) Britain sits at bottom of global league table for cancer survival rates.12. September Independent. https://www.independent.co.uk/news/health/uk-cancer-survival-rates-bottom-world-league-table-a9101916.html. Zugegriffen am 08.05.2021

Newton J (2020) Britains reveal the top 50 things that make them proud. 2. April. Daily Mail. https://www.dailymail.co.uk/travel/travel_news/article-8180151/Britons-reveal-50-things-make-proud-British-NHS-David-Attenborough.html. Zugegriffen am 08.06.2021

OECD (2021) Health at a glance. 9. November. https://data.oecd.org/healtheqt/hospital-beds.htm. Zugegriffen am 12.11.2021

Parry T, Glaze B (2020) Fallen NHS heroes killed by coronavirus to be remembered with minute's silence. 26. April. The Mirror. https://www.mirror.co.uk/news/politics/britain-fall-silent-remember-fallen-21930511. Zugegriffen am 14.11.2021

Plimmer G (2021) Private hospitals overtake NHS for hip and knee replacements. 4 Oktober. Financial Times. https://www.ft.com/content/e9ac6302-f000-4c7a-a7ad-1094c130625a. Zugegriffen am 08.11.2021

Rafferty AM (2019) Together we will end the workforce crisis. 8. Juli. Royal College of Nursing. https://www.rcn.org.uk/news-and-events/blogs/,-w-. Zugegriffen am 09.11.2020

Rawlinson K (2020) „This enemy can be deadly." Boris Johnson invokes wartime language. 17. März. The Guardian. https://www.theguardian.com/world/2020/mar/17/enemy-deadly-boris-johnson-invokes-wartime-language-coronavirus. Zugegriffen am 22.10.2021

Rolewicz L, Palmer B (2019) The NHS workforce in numbers. 8. Mai. Nuffield Trust. https://www.nuffieldtrust.org.uk/resource/the-nhs-workforce-in-numbers. Zugegriffen am 09.08.2021

Simpson Z (2021) Derriford hospital „sorry" as 24 hour A&E waiting times reported. 20. Oktober. Plymouthlive. https://www.plymouthherald.co.uk/

news/plymouth-news/derriford-hospital-sorry-25-hour-6087537. Zugegriffen am 22.10.2021

Spence B (2017) The NHS is the closest thing we have to a religion – and that is why it must be privatised. 7. Februar. Independent. https://www.independent.co.uk/voices/nhs-crisis-jeremy-hunt-health-service-religion-privatise-save-it-a7567056.html. Zugegriffen am 22.09.2021

Stewart H (2021) Boris Johnson reveals 12 billion-a-year tax rise to pay for NHS and social care. 7. September. The Guardian. https://www.theguardian.com/politics/2021/sep/07/boris-johnson-unveils-12bn-a-year-tax-rise-to-pay-for-nhs-and-social-care. Zugegriffen am 10.09.2021

The Economist (2011) A very big headache. 9. April. https://www.economist.com/britain/2011/04/07/a-very-big-headache. Zugegriffen am 11.07.2021

The Economist (2020a) Unleashed. 28. Dezember. S 27

The Economist (2020b) A big old problem. 24. Oktober. S 26

The Economist (2021) Winning the peace. 15 Mai. S 21

The King's Fund (2021) The NHS budget and how it has changed. 24. März. https://www.kingsfund.org.uk/projects/nhs-in-a-nutshell/nhs-budget. Zugegriffen am 06.03.

Thomas-Symonds N (2014) Nye: the political life of Aneurin Bevan. IB Tauris, London

Thorlby R, Gardner T (2019) NHS performance and waiting times. 22. November. The Health Foundation. https://www.health.org.uk/publications/long-reads/nhs-performance-and-waiting-times. Zugegriffen am 14.12.2020

Tilley C (2021) Eight in ten GPs say return to pre-pandemic levels of F2F appointments is unnecessary. 9. September. Pulse. https://www.pulsetoday.co.uk/news/workload/return-to-pre-pandemic-levels-of-face-to-face-appointments-is-unnecessary-say-gps/. Zugegriffen am 21.09.2021

Triggle N (2007) Blair's legacy. Health. 10 Mai. BBC. http://news.bbc.co.uk/1/hi/health/4555344.stm. Zugegriffen am 02.10.2021

Triggle N (2021) Lives at risk from long ambulance waits, says paramedics. 12. November. BBC. https://www.bbc.co.uk/news/health-59237935. Zugegriffen am 13.11.2021

Webster C (2002) The NHS. A political history. Oxford University Press, Oxford

19

Privatschulen – Von traurigen kleinen Männern

Uniform ist Pflicht, die akademischen Anforderungen sind außergewöhnlich hoch, ehrgeizige Eltern versuchen, für ihre Kinder hier einen Platz zu finden und die Quote des Nachwuchses, der es von der Schulbank hier im Osten Londons an eine Spitzenuniversität bringt, liegt hoch. Die Schüler an der staatlichen Brampton Manor Schule inmitten des ärmlichen Stadtteils East Ham stammen aus bescheidenen Verhältnissen, nicht wenige wohnen in Sozialsiedlungen. Viele leben unter einem Dach mit den Großeltern, um die sie sich kümmern, wenn die Eltern arbeiten – nichts Ungewöhnliches in Migrantenfamilien. Eltern scheint die Idee fremd, ihre Kinder könnten später einmal eine Universität besuchen. Umso erstaunlicher ist es deshalb, dass im Jahr 2021 55 Absolventen von Brompton Manor das Angebot für einen Studienplatz in Oxford oder Cambridge erreichte. Zum Vergleich, am Eton College, der alten Schule Boris Johnsons und David Camerons, das jährlich ein Schulgeld von knapp 50.000 Euro in Rechnung stellt, waren im selben Jahr nur 41 Schüler so erfolgreich – fünf Jahre zuvor waren es noch 99. Für die Schulleitung des Privatinternats unweit der Ortschaft Windsor ist das Grund zur äußersten Sorge. Schließlich steht der Ruf auf dem Spiel, die angesehenste Schule im Land zu sein, die immerhin 20 Premierminister hervorgebracht hat. In Brampton Manor werden Eltern nicht zur Kasse gebeten, können aber sicher sein, dass ihre Kinder eine Schule besuchen, die von der Aufsichtsbehörde Ofsted immer wieder für ihre exzellente pädagogische Arbeit ausgezeichnet wird. Das hat sich längst herumgesprochen, sodass nun auch Stars wie der Crime-Rapper Stormzy, der keine Probleme damit hätte, üppiges Schulgeld aufzubringen, seine Kinder in Brampton Manor anmelden will. Dem Kollegium dort ist es ernst damit, ihre Lehranstalt unter den besten Schulen im Land zu etablieren (Woolcock 2021a). Deren Qualität wird auf unterschiedliche Weise gemessen. Eine Zahl aber konzentriert jedes Jahr die Aufmerksamkeit von Eltern und Medien: Wie viele ihrer Jugendlichen bringt eine Schule in Oxford und Cambridge unter. Das ist der Goldstandard, nach dem Direktoren beurteilt und honoriert werden. Rund hundert von ihnen beziehen ein höheres Salär als der Premierminister, 29 der Leiter sind ihren Arbeitgebern sogar 240.000 Euro im Jahr wert (Woolcock 2021b). Sie sind Generalmanager von Schulunternehmen mit mehreren Standorten. Die acht besten Institute – zwei staatliche und sechs private – gehören einer Art informeller Super League an, weil sie gemeinsam genauso viele Schüler erfolgreich durch das Aufnahmeverfahren von Oxford und Cambridge steuern wie 75 Prozent aller anderen Schulen im Land (Griffiths 2021a). Wer sich diese Zahlen näher anschaut, dem fällt auf, dass Absolventen staatlicher Schulen immer öfter Privatschüler übertrumpfen. Andrew Hall, Direktor an dem Privatinternat Kings College School im feinen Londoner Stadtteil Wimbledon, weist darauf hin, dass die Eliteuniversitäten sich seit Jahren bemühen, aus politischen Gründen den Anteil der Studenten aus Familien mit niedrigem Einkommen, ohne akademisch gebildete Eltern und aus sozialen Brennpunkten zu steigern. Er warnt: „Es wäre nicht gut für das Land, wenn bei Bewerbungen brillante junge Menschen nur deshalb abgelehnt werden, weil sie nicht aus benachteiligten Wohnvierteln und zerrütteten Familien stammen" (Griffiths 2021a). In der Tat wird bei der Auswahl nicht mehr ausschließlich auf die Noten des Bewerbers geachtet, sondern auf dessen familiären Hintergrund, die Wohnlage ausweislich der Postleitzahl. Ist das Umfeld eines Kandidaten unvorteilhaft, dann senken sowohl Oxford als auch Cambridge schon mal die Mindestanforderungen an die Schulnoten des

Pennälers. Was politisch korrekt erscheint, bedeutet Unheil für die so alten wie teuren Privatschulen und ihre privilegierte Klientel in einer Ära, die wenig Sympathie hat für Eliten und deren ererbten und erkauften Privilegien. Hier zeigt sich ein Aspekt des Konkurrenzkampfs zwischen privaten und staatlich finanzierten Schulen, der den Diskurs über Bildungspolitik seit Beginn des 20. Jahrhunderts prägt. Es ist ein Wettstreit der Systeme, der Weltanschauungen und der Geldbeutel, der hitzig geführt wird von Eltern, weil die eigenen Kinder betroffen sind, aber auch von Politikern, weil es um viele Wählerstimmen geht. Die Priorisierung der Bildung auf der politischen Agenda hat aber auch zu tun mit einer Einsicht des konservativen Premierministers Benjamin Disraeli, der bereits im 19. Jahrhundert darauf verwies, dass das Schicksal des Landes abhänge von der Bildung des Volkes (Abell 2019, S. 137). James Welldon, Direktor von Harrow, dem Privatinternat im Nordwesten Londons, das zu seinen Alumni unter anderem Winston Churchill sowie Lord Byron zählte, den Poeten und Helden des griechischen Freiheitskampfes, blieb nicht der Einzige, der seinerzeit Disraeli beipflichtete. An die gewichtige gesellschaftliche Aufgabe, die den Privatschulen bei der Gestaltung der Zukunft Großbritanniens zukam, erinnerte er anlässlich eines Treffens am Königlichen Kolonialinstitut im Jahr 1895. Dort verwies Welldon darauf, dass die Jungen an seiner Schule als Staatsmänner, Generäle und Beamte reüssierten, in deren Händen die Zukunft des Empire liege (Mangan 1986).

Das war zumindest der Anspruch, den die großen Privatinternate an sich hatten. Die Realität speziell an den vielen kleinen privaten Lehrinstituten für Jungen im 19. Jahrhundert indes war armselig, kalt, deprimierend und nicht selten gefährlich, wie der Schriftsteller Charles Dickens so anschaulich schilderte durch die Augen von Nicholas Nickleby, den Protagonisten der gleichnamigen Erzählung. Von „harten Betten, bösen Worten, Schikane und hasserfüllter Heiterkeit" schrieb William Thackeray, der bereits im Alter von fünf Jahren ein Privatinternat besuchte (Banerjee 2007). Physische Narben, zumindest aber traumatische Erfahrungen erinnerten Thackeray und andere Absolventen an jene Jahre. Die Lehrer waren nicht nur brutal, sondern gewöhnlich auch ohne jede fachliche und pädagogische Qualifikation, wie Arthur Benson, der Leiter des Eton Colleges, 1902 berichtete: „Es hängt dem Beruf des Schulmeisters der Ruf einer gewissen gesellschaftlichen Unfähigkeit an. Es ist keine Profession für einen besonders fähigen oder ehrgeizigen Mann. Das

Unterrichten ist eine Beschäftigung für jemanden ohne besondere Begabung für irgendetwas. Viele hegen die Vorstellung, dass sie, wenn aus ihnen sonst nicht wird, immer noch Lehrer werden können" (Abell 2019, S. 163). Das Lehrmodell ist wohl am besten beschrieben mit: „Prügel, sexuelle Nötigung, etwas Latein, praktische Lektionen für die Härten des Lebens, kalte Duschen, Rugbyspiel und alles verpackt in eine krude Christlichkeit" (Abell 2019, S. 141). Das änderte sich nur langsam im Verlauf des 19. Jahrhunderts, als die Regierung begann, Bildung zur Staatsaufgabe zu machen, mit Steuergeld Grundschulen auszubauen und weiterführende Schulen einzurichten. Bereits 1833 bewilligte das Parlament einige Tausend Pfund für staatliche Schulen – weniger als die Summe, die im gleichen Jahr von den Parlamentariern für den Reitstall des Königs bereitgestellt wurde. Das Geld kam den Grammar Schools oder Grammatikschulen zugute, den deutschen Gymnasien vergleichbar, die seit dem Mittelalter von Kathedralen und Klöstern betrieben wurden. Dort lernte der Nachwuchs aus den Dörfern der Umgebung Latein und Altgriechisch und vor allem – wie der Lexikograf und Schriftsteller Dr. Samuel Johnson berichtete – die Grammatik beider Sprachen, was bis heute den eigentümlichen Namen des Schultyps erklärt. Eine Generation später wandte sich die Regierung der Grundschulbildung für die Armen zu, die sie 1870 gesetzlich regelte. Zehn Jahre später wurde der Schulbesuch zur Pflicht für alle Kinder bis zum Alter von zehn Jahren. Schließlich organisierte das Bildungsgesetz von 1918 Grund- und weiterführende Schulen und schaffte alle Gebühren an staatlichen Schulen ab. Innerhalb von nur 100 Jahren hatte sich England entwickelt von einem Land ohne staatliche Schulbildung zu einer Nation mit öffentlich finanzierten Lehranstalten und Schulpflicht für jeden. Auf einmal rangen die alten Privatschulen darum, den Anschluss nicht zu verpassen im Wettbewerb mit der neuen zunächst deutlich besser finanzierten gebührenfreien Konkurrenz der Grammars. Denen hatten sie oft nicht mehr als ihre Tradition entgegenzusetzen, die sich seinerzeit oft nicht durch akademische Brillanz im Klassenzimmer auszeichnete, sondern ein Regime tagesfüllender Wettkämpfe auf Rugby- und Fußballplätzen, beim Rudern und Boxen, immer mit dem Ziel, Schüler zu Leistung und Kampfeswillen auszubilden. Nicht zufällig wird dem Herzog von Wellington, der 1815 die britische Armee zum Triumph über Napoleon führte, das Zitat zugeschrieben, wonach die Schlacht von Waterloo auf den Sportfeldern des Eton Colleges gewonnen wurde (Smith 2015). Als Alumnus des Internats wusste er, dass die Qualitäten des Kämpfers und der Wille zum Sieg im oft brutalen Ringen zwischen Schulmannschaften um Anerkennung und Status erworben wurden. Die Schulleitungen propagierten Sport als ein Spiegelbild der Konfrontation in der Arena des Parlaments, ein Abbild der Gefahren im Dienste der Streitkräfte und eine Vorbereitung auf Strapazen in den Kolonien des Empires – Karrieren auf die sich die Schüler der Privatinternate vorbereiten sollten. Aber die Begeisterung für die Mannschaft des eigenen Dormitoriums und die raue Konkurrenz mit den Teams der Mitschüler hatte auch eine praktische Funktion. Sport hielt die jungen Leute beschäftigt, die Mannschaft sorgte für Hierarchie und der Wille zum Erfolg disziplinierte in Schulen, denen es an Lehrern mangelte, die nötig waren, um Aufsicht und Fürsorge zu garantieren (Turner 2015). Diesem Mangel ist auch die herausgehobene Rolle der Präfekten geschuldet. Das waren ältere Schüler, denen Direktoren Autorität und Verantwortung dafür übertrugen, das Internat zu leiten und – wo sie das für nötig hielten – Disziplinarmaßnahmen zu exekutieren. Die Hierarchie, in der Präfekten als Beauftragte der Schulleitung mit harter Hand jüngere Mitschüler zum Gehorsam und zu niederen Aufgaben zwangen, wurde später philosophisch überhöht und begründet mit der Mission der Privatinternate, künftige Führer des Landes auszubilden (Stephen 2018). Schließlich – so die verbreitete Annahme – könnten nur Männer führen, die wissen, was es bedeutet zu gehorchen.

„Jede dieser verfluchten Grammar Schools zerstören"

Im Verlauf des 20. Jahrhunderts allerdings reichte es immer weniger, allein mit Sport und Härte Internatsschüler Disziplin zu lehren, ihnen Latein und Altgriechisch einzuprügeln und darauf zu vertrauen, dass Eltern keine kritischen Fragen stellten nach dem Wohlergehen ihrer Kinder. Immer öfter wagten Väter und Mütter nachzufragen, ob ein Kurrikulum, das im Wesentlichen verlangt, Homer zu rezitieren und Cicero zu übersetzen, die Erwartungen eines modernen Arbeitsmarktes erfüllt. Unterdessen wuchs der gebührenfreie staatliche Schulsektor weiter an, als die Regierung nach dem Zweiten Weltkrieg neben den akademisch orientierten Grammar Schools noch technische Schulen und Secondary Moderns genannte Hauptschulen für Kinder mit praktischen Fähigkeiten etablierte. Technische Schulen darbten von Anfang an, weil das Interesse an angewandten Wissenschaften bei Eltern und Kindern fehlte. Wer allerdings auf der Secondary Modern endete, weil er in der Aufnahmeprüfung zur Grammar School Schwächen gezeigt hatte, dem hing ein Leben lang der Ruf des Versagers nach (Dempster 2011). Derweil war der Besuch der Grammar School, wo die Lehrer mit höheren akademischen Qualifikationen unterrichteten, die Garantie für eine bessere Karriere. Dieses Angebot sozialer Mobilität half in der Praxis vor allem einer erlesenen Elite, darunter vielen Ärzten, Unternehmern und Rechtsanwälten, die mit Büchern im Wohnzimmerregal, Museumsbesuchen und Klavierunterricht ihren Kindern kulturelle Inspiration vermittelten und so das Lernen ihres Nachwuchses förderten. Dieser privilegierte Kreis wusste die Grammars als kostenfreie Sprungbretter zu einer lukrativen Karriere zu nutzen (Sampson 1965). In einer Gesellschaft, die lange Zeit noch nach Klassen trennte, war Arbeiterkindern dieser Weg oft verwehrt, weil Unterstützung durch die Eltern ebenso fehlte wie der Glaube und das Selbstbewusstsein, sich im so gutbürgerlichen wie selbstgewissen Umfeld der Grammar School zurechtzufinden. In den Zahlen spiegelt sich das Trennende bis heute wider: An Grammars haben derzeit nur 2,6 Prozent der Schüler Anspruch auf ein freies Mittagessen, eine staatlich finanzierte Sozialleistung für Kinder aus Familien ohne oder mit geringem Einkommen. Landesweit hingegen beziehen 14,6 Prozent eine subventionierte Mahlzeit in der Schule (Abell 2019). Für Labour war dieses zweigeteilte Schulsystem mit den Grammar Schools an der Spitze der Pyramide und dem Klientel der Secondary Moderns als zweite Wahl die Perpetuierung der Klassentrennung am Arbeitsmarkt, die es zu überwinden galt. Deshalb war es auch keine Überraschung, als die Labour-Regierung von Premierminister Harold Wilson 1965 anordnete, die Grammars zu schließen und an ihrer Stelle Gesamtschulen zu gründen, sogenannte Comprehensives, die ihre Schüler nicht mehr nach Leistung und Eignung auswählten. Wilsons Bildungsminister Anthony Crosland

19 Privatschulen – Von traurigen kleinen Männern

machte dem leistungsfähigsten Teil des britischen Bildungssystems eine unmissverständliche Kampfansage: „Und wenn es das Letzte ist, was ich tue. Ich werde jede einzelne dieser verfluchten Grammar Schools in England, Wales und Nordirland zerstören" (Crosland 1982, S. 148). Die Entwicklung, die Crosland in Gang setzte, konnte auch seine Nachfolgerin Margaret Thatcher zu Beginn der 1970er-Jahre nicht mehr stoppen. Die Konservative übernahm das Ministerium, als die Umwandlung der Grammar Schools in Gesamtschulen in vollem Gange war und sie somit ironischerweise mehr Schließungen von Grammars während ihrer Amtszeit zu verantworten hatte als ihr Vorgänger oder irgendeiner ihrer Nachfolger. 1979 besuchten bereits 90 Prozent aller Schüler eine Gesamtschule (Hitchens 2009). Von den 1298 Grammar Schools im Jahr 1964 sind heute noch 163 übrig, die meisten davon im wohlhabenden Südosten Englands, während es im vergleichsweise armen Nordwesten des Landes keine Schule dieses Typs gibt (Richardson 2016). Viele Eltern hatten wenig übrig für das Bemühen von Labour, Schulen als Mittel zur gesellschaftlichen Gleichmacherei zu instrumentalisieren. Sie suchten nach Alternativen zur Gesamtschule und fanden sie in den Privatschulen, die in den 1980er-Jahren in neue Labore, Theater, Sporthallen und moderne Unterbringung investierten und dem staatlichen Sektor bald den Rang abliefen. Zudem profitierten sie von staatlichen Stipendien, mit denen das Bildungsministerium der Thatcher-Regierung talentierten Schülern den Besuch einer Privatschule finanzierte. Auf Thatchers Konservative folgte 1997 wieder eine Labour-Regierung, deren Regierungschef Tony Blair war am privaten Jungeninternat Fettes in Schottland erzogen worden. Er glaubte nicht mehr wie seine Vorgänger bei Labour an die Fortführung des Klassenkampfes und hielt wenig davon, sich mit den Eliten anzulegen. Stattdessen wollte er die Stärken des privaten Sektors kopieren, mit Wettbewerb und Wahlfreiheit das staatliche Angebot verbessern und Schulen befreien von der bürokratischen Kontrolle und den parteipolitischen Präferenzen lokaler Schulbehörden. Seine Idee im Jahr 2000 waren Akademie-Schulen, die einen Status als selbstständige Stiftungen sowie Freiheit von politischer Einflussnahme durch örtliche Schulämter erhielten und sich auch nicht an den nationalen Lehrplan zu halten hatten, solange sie auf die zentralen Abschlussprüfungen vorbereiteten (Abell 2019). Die Akademien kooperierten mit Unternehmen und entwickelten ein eigenes Profil. Blair wollte Schulen, deren einziges Ziel es war, Kindern die bestmögliche Ausbildung zu bieten und sich dabei nicht von ideologischen Grabenkämpfen linker und rechter Schulpolitiker in den Kommunalverwaltungen ablenken zu lassen (Blair 2011). Viele Schulen bewarben sich nun um Anerkennung als Akademien, die sich in kürzester Zeit einen erstklassigen Ruf erwarben. David Cameron, der 2010 Premierminister der neuen konservativen Regierung wurde, behielt die Akademien bei und erleichterte es zudem Elternvereinen, als Schulträger in Eigenverantwortung sogenannte freie Schulen zu gründen. Sieben Jahre später waren 6000 Akademien und freie Schulen zugelassen, die drei Millionen Kinder und Jugendliche unterrichteten (Abell, S. 139). Auf Initiative von Eltern entstanden neben den seit Jahrhunderten etablierten jüdischen und christlichen jetzt auch muslimische Schulen. Die Noten an religiösen Lehranstalten lagen oberhalb des landesweiten Durchschnitts nicht etwa göttlicher Hilfe wegen, sondern weil die Schulleitungen auswählen konnten, welchem Kind sie einen Platz anboten. Über die Schattenseiten der neuen religiösen Schulen stritten sich bald der Bildungsminister Michael Gove mit der Innenministerin Theresa May, die unterstellte, Schulen muslimischer Träger verbreiteten Botschaften, die im Widerspruch standen zu den Prinzipien einer freiheitlichen Demokratie (Grice 2014).

Der Eindruck drängt sich auf, dass das britische Schulsystem ein Durcheinander ist, schwer zu überblicken, geschweige denn zu verstehen. In den vergangenen zwei Jahrhunderten ist es Schicht um Schicht mit der Ergänzung immer neuer Schulformen zu einem Wust geworden, dem Systematik und Klarheit fehlen. Allein in den vergangenen 50 Jahren haben 25 Bildungsminister sich an Reformen versucht und bemüht, dem System ihren politischen Stempel aufzudrücken. Zudem sind die Ressortchefs verführt, ihre persönliche Note zu hinterlassen, indem sie den nationalen Lehrplan umschreiben, der seit 1988 die Inhalte des Unterrichts definiert. Nach dessen erster Fassung aus der Feder von Schulminister Kenneth Baker kam die Shephard-Reform, gefolgt von der Blunkett-Reform, der Balls-Reform und der Gove-Reform – immer benannt nach dem jeweiligen Minister. „Unser Bildungssystem ist nicht das Produkt einer klaren Vorgabe, (…) nicht das Werk eines Napoleon oder Bismarck und auch nicht bestimmt von einem Leitprinzip. Was wir haben, spiegelt viele historische Kompromisse wider und ist ein Wirrwarr, einer dieser institutionellen Wirrwarrs, durch die sich gerade die Engländer auszeichnen", klagt der vormalige Minister Baker (Abell 2019, S. 137). Ein Durcheinander, dem sich Privatschulen entziehen können ihrer Autonomie in pädagogischen und organisatorischen Angelegenheiten wegen, dank derer sie von den wiederholten Reformen staatlicher Schulbildung nicht betroffen sind. Deshalb sehen Eltern, die ihren Kindern eine hochwertige Ausbildung gönnen und sie vor den Experimenten staatlicher Bildungspolitiker schützen wollen, in Privatschulen eine passende Alternative. Darum geht es auch in dem Buch Sad Little Men – Traurige Kleine Männer, in dem der Autor Richard Beard über seine eigene Kindheit schreibt, die er gemein hat mit zwei Dritteln der Mitglieder des Kabinetts von Boris Johnson (Beard 2021). Sie sind das Produkt englischer Privatschulerziehung. Neben den Tagesschulen gibt es bis heute Internate wie die Pinewood School in Oxfordshire, eine private Vorbereitungsschule, Prep School genannt, wo Beard einzog, als er im Alter von acht Jahren sein Zuhause verließ. Im gleichen Alter wurde David Cameron von seinen Eltern an die Heatherdown Prep School in Berkshire geschickt, während Boris Johnson sich mit elf Jahren im Privatinternat Ashdown House in East Sussex auf die folgenden Jahre in Eton vorbereitete. Ganz zu Anfang lernt dort jedes Kind, keine Ängstlichkeit zu zeigen – andernfalls wird sie ihm von den Älteren ausgetrieben. Das Weinen und Rufen nach der Mutter ist verpönt, das Plüschtier auf dem Kopfkissen verlacht. Gefühle verbergen, Fassung bewahren, und durchhalten – das sind die Eigenschaften, die von den Pennälern erwartet werden. Sie werden verlangt und geübt, nicht aber das Mitgefühl und Empfinden für andere, schreibt Beard. Diese Härte des Herzens der gebildeten englischen Mittelschicht bemerkte schon Mahatma Gandhi, als er mit der Kolonialverwaltung um die Unabhängigkeit des indischen Subkontinents rang (Beard 2021). Was klingt wie ein Szenario aus einer weit entfernten Vergangenheit, ist vielen Männern vertraut, die sich heute zur Elite Großbritanniens zählen und in den Chefetagen der Unternehmen oder am Kabinettstisch Downing Streets sitzen. Sie sind die Produkte von Schulen, in denen das Prinzip der Unerbittlichkeit gegen sich selbst lange Zeit zum Überlebensprinzip gehörte. An den Privatinternaten wurden junge Erwachsene in Anzug und Krawatte produziert, die Mitleid nie erlebten und denen Mitgefühl fremd, eine emotionale Dimension jenseits der eigenen Erfahrung blieb. Fürs Leben lernten sie Heuchelei, Standesdünkel, moralische Blindheit und Gleichgültigkeit gegenüber dem Leiden anderer. Beschreibungen, die zutreffen auf die Männer, die das Land regieren (Okwonga 2019). David Cameron, Premierminister von 2010 bis 2016, wurden rücksichtslose Attacken und Schikane bei parlamentarischen Debatten vorgeworfen, eine abfällige Haltung gegenüber Frauen und ein Mangel an Anteilnahme gegenüber Menschen, die im Leben weniger Glück hatten als er. Andrew Mitchell, seinerzeit Mitglied in Camerons Kabinett, einstmals Schüler im Internat Rugby, trat zurück, nachdem er einen Polizisten als Plebs, zu Deutsch Proletarier titulierte, weil der ihn gebeten hatte, vom Fahrrad abzusteigen und in der Downing Street zu schieben. Für seine tiefe Gleichgültigkeit gegenüber anderen lieferte Boris Johnson nicht nur in den Monaten der Pandemie Beispiele. Der Mahnung seiner Mitarbeiter im Herbst 2020, die Regierung müsse rasant steigenden Covid-19-Fallzahen mit neuen Restriktionen des öffentlichen Lebens begegnen, entgegnete Johnson lapidar, lieber sehe er „die Leichen sich auftürmen", als dass er einen dritten Lockdown verhänge (BBC 2021). Der Krimiautor John Le Carre, der für einige Zeit am Eton College unterrichtete, beschrieb die Alumni der Lehranstalt nicht ohne Grund als einen Fluch auf Erden ihres maßlosen Anspruchsdenkens und ihrer kulturellen Überheblichkeit wegen (Bragg 2019). Es scheint, als produzierten die Internate eine Kaste von Männern, die nie richtig erwachsen werden, sich ihren jungenhaften Schalk bewahrten und immer darauf hofften, bei ihren Eskapaden nicht erwischt zu werden – ganz wie der Old Etonian Boris Johnson, der verlegen den Blick an die Decke schweifen ließ, mit den Händen zu wirbeln begann und dann schwieg auf die Frage des Interviewers, wie viele Kinder er denn nun habe – sechs oder vielleicht sieben oder mehr? Beard zweifelt deshalb daran, ob die charakterliche Deformation, die diese Generation an Privatinternaten erworben hat, sie disqualifizierten für politische Aufgaben (Beard 2021).

Die „toxische Maskulinität" an den Internaten

Doch Zweifel an Verantwortungssinn und sozialer Sensibilität der Alumni scheint der Popularität der Privatschulen nichts anzuhaben, für die sich jährlich 7 Prozent des Schülerjahrgangs oder 625.000 Kinder an 26.000 Schulen entscheiden (Abell 2019). Bei aller Kritik an der Charakterbildung ist der akademische Erfolg der Privatschulen so beachtlich wie unbestritten. Bei den zentralen Abschlussprüfungen, die über die Hochschulreife entscheiden – den sogenannten A-Levels –, beteiligen sich rund 14 Prozent Privatschüler, auf die später fast ein Drittel der Bestnote A-mit-Stern entfällt. Dieser unbestreitbaren Erfolgsbilanz wegen brauchen sich die privaten Schulen keine Sorgen zu machen über einen künftigen Wechsel in der Regierung zur Labour-Partei, deren Vorsitzender Sir Keir Starmer bereits angekündigt, er werde den privaten Schulen den Status als wohltätige Organisationen streichen (Cowburn 2021). Die Folge wäre, dass sie künftig Mehrwertsteuer zu entrichten hätten und ihr Anrecht auf 80prozentige Reduzierung der Gewerbesteuer verlören (Abell 2019). Die Lobbyisten der Institute sind aufgeschreckt und weisen darauf hin, dass Privatschulen 40.000 Kindern von Familien mit geringem Einkommen Stipendien bieten. Das entspricht immerhin sechs Prozent der privaten Schülerschaft und beläuft sich auf einen Wert von 350 Millionen Pfund im Jahr (Abell 2019). Versuche früherer Labour-Regierungen, Privatschulen zu schließen, wurden aufgegeben, sobald ein Beamter daran erinnerte, dass die Eltern der privaten Schüler für die Freiheit, ihre Kinder auf eine exklusive Schule zu schicken, jährlich drei Milliarden Pfund zahlten (Abell 2019). Schließe man also private Schulen, blieben die Schüler, für deren Unterricht dann der Steuerzahler und Labour-Wähler aufkommen müsste. Zudem ist es nicht so, als hätten die Privatschulen ihre karitativen Ursprünge vergessen. Eton College, von König Heinrich VI. im Jahr 1440 gegründet mit dem Auftrag, sich um 70 arme Schüler zu kümmern, machte während der Covid-Pandemie digitales Lehrmaterial Im Internet zugänglich. Rund 200.000 Schüler von 774 staatlichen Schulen, denen es oft an virtuellem Unterricht fehlte, nutzten das kostenfreie Angebot. Als im Jahr 2020 Präsenzunterricht im Klassenzimmer unmöglich wurde, organisierten 57 Prozent der Privatschulen digitales Lernen, während nur 23 Prozent der staatlichen Schüler mit ihren Lehrern per Computer täglich verbunden waren. Eltern, die 40.000 oder gar 50.000 Euro Schulgeld für die Bildung ihres Nachwuchses zahlen, können auch in Krisenzeiten geregelten Unterricht verlangen. Schulen, die in ihrer Geschichte Bürgerkrieg, Revolution, Rezession sowie Inflation und mehr als eine Pandemie überstanden haben, werden wohl auch die kommenden politischen Wenden, zunehmenden Gegenwind aus Westminster und selbst die Streichung ihrer Steuerprivilegien überleben. Ihr Produkt, private Schulbildung in England, ist ein Verkaufsschlager und an Eltern, die dafür tief in den Geldbeutel zu greifen bereit sind, wird es auch künftig nicht mangeln. Längst besteht diese Klientel nicht mehr vor allem aus Old Boys, also Alumni, die aus Gründen der Familientradition ihre Kinder an derselben Schule anmelden, die auch schon ihre Väter und Großväter besucht haben. Die neuen Geschäftsmodelle sehen vor, internationale Schüler mit Hilfe von Außendienstmitarbeitern auf der ganzen Welt zu rekrutierten, auch in Entwicklungs- und Schwellenländern, wo die Eliten ihren eigenen Schulen nicht viel zutrauen und ihre Kinder lieber renommierten britischen Instituten anvertrauen. Auch Oligarchen aus Russland und neureiche Chinesen schätzen die Privatschulausbildung auf den britischen Inseln, wo Lehrer entscheiden, was gelernt wird, und nicht etwa Kommissare des Kremls oder Funktionäre der kommunistischen Partei das Kurrikulum bestimmen. Einige Schulen vermarkten ihren Namen im Ausland gegen Bezahlung in einem Franchise-System, andere gründen Ableger in Asien, wo die Kundschaft besonders zahlungskräftig ist. So hat etwa die Kings College School Satellitencampi im thailändischen Bangkok sowie der chinesischen Provinzhauptstadt Hangzhou eröffnet und die Harrow School unterrichtet nun auch in Peking (Hazell 2021). Besonders erfolgreich mit der Internationalisierung der Marke sind die neun traditionsreichen Clarendon-Schulen, davon sieben Internate. Zu dieser elitären Gruppe werden nur die Lehranstalten gezählt, die 1864 der 4. Earl of Clarendon in seinem Bericht zur Lage der führenden Privatschulen erwähnte. Neben Eton und Harrow gehören dazu die Schulen Charterhouse, Rugby, Shrewsbury, Westminster, Winchester, St Paul's und Merchant Taylors.

Schulen mit weniger Renommee, denen es schwerer fiel, einen weltweiten Markt zu erschließen, entdeckten zur Verbesserung ihrer Einnahmen Mädchen als Kundinnen. Seit den 1960er-Jahren haben sich immer mehr Direktorien von Jungenschulen für gemeinsamen Unterricht entschieden und ihre Klassenräume auch für Schülerinnen geöffnet, die so Zugang zu einer anspruchsvollen akademischen Ausbildung bekamen, während viele private Mädcheninternate sich lange Zeit noch damit begnügten, Schülerinnen in praktischen Fertigkeiten zu unterrichten, die ihnen bei der Leitung eines Haushaltes nützlich sein würden. Ein Studienplatz in Oxford und Cambridge strebten sie für ihre Eleven nicht an. Erst später zeigten sich die kulturellen Vorzüge der Ko-Edukation, als Schulleiter bemerkten, wie Jungen und ihre Lehrer sich in Anwesenheit der Schülerinnen um bessere Umgangsformen bemühten. Das Zusammenleben in den traditionellen Männergesellschaften wurde zusehends gesitteter und zivilisierter. Allzu geschmacklose archaische Konventionen und die alten brutalen Riten verloren ihre Bedeutung (Turner 2015). Eton College sowie die Schulen von Harrow, Radley sowie Winchester College akzeptieren bis heute keine Schülerinnen in ihren Reihen und sind dieser Haltung wegen längst im Radar der Me-Too-Bewegung, deren Protagonistinnen die „toxische Maskulinität" an den Internaten öffentlich zum Thema machen (Griffiths 2021b). Jacob Rees-Mogg hat dafür wenig Verständnis. Der Old Etonian, Parlamentsabgeordneter der Tories, Vorsitzender des Geheimen Rats der Königin und politischer Verbündeter Boris Johnsons ist nach wie vor davon überzeugt, dass Jungenschulen „sehr gut funktionieren" (Griffiths 2021b). Nicht nur einige Alumni wie Rees-Mogg, auch mancher Lehrer an den Internaten tut sich noch schwer mit dem Verständnis für den Platz der Frau in der Gesellschaft des 21. Jahrhunderts. Im Jahr 2020 sorgte eine Geschichte für Schlagzeilen, die daran erinnerte, wie weit Gesinnung und Realität an den alten Lehranstalten auch heute noch auseinanderklaffen. Am Eton College produzierte der Englischlehrer Will Knowland ein Video, das er im Unterricht zeigen wollte. In der Das Patriarchartsparadox betitelten Dokumentation argumentierte er, dass Männer natürliche Beschützer des schwachen Geschlechts seien und Frauen im Kriegsdienst daher an der Front nichts zu suchen hätten. Männlichkeit halte er für ein Phänomen, das in der Anatomie und Psychologie begründet liege und damit mehr sei als ein soziales Konstrukt. Als Feministinnen Alarm schlugen, wollte Schulleiter Simon Henderson den Eindruck vermeiden, in Eton habe man den gesellschaftlichen Diskurs über die Identität von Frauen verpasst. Knowland wurde suspendiert für „grobes professionelles Fehlverhalten" (Turner 2020). Ein Bauernopfer, das ablenken sollte von dem schwierigen Erbe und einer Tradition der privaten Jungeninternate, die aus der Zeit gefallen scheinen – heute mehr denn je.

Literatur

Abell S (2019) How Britain really works. Murray, London

Banerjee J (2007) The public school experience in Victorian literature. 16. Juli. The Victorian Web. https://victorianweb.org/history/education/publicschool2.html. Zugegriffen am 09.02.2021

BBC (2021) Boris Johnson's „bodies pile high" comments prompt criticism. 26. April. https://www.bbc.co.uk/news/uk-politics-56890714. Zugegriffen am 14.06.2021

Beard R (2021) Sad little men: private schools and the ruin of England. Harvill Secker, London

Blair T (2011) A journey. Arrow, London

Bragg M (2019) What we want: to end the Eton mess and start again. 6. Dezember. The New Statesman. https://www.newstatesman.com/politics/2019/12/what-we-want-end-eton-mess-and-start-again. Zugegriffen am 22.12.2020

Cowburn A (2021) Labour conference: Keir Starmer plans to remove charitable status of private schools to raise £1,7 bn. 26 September. Independent. https://www.independent.co.uk/news/uk/politics/keir-starmer-labour-private-schools-b1927130.html. Zugegriffen am 02.11.2021

Crosland S (1982) Tony Crosland. Jonathan Cape, London

Dempster J (2011) Education in the secondary modern school. Routledge, London

Grice A (2014) Trojan horse row. 10. Juni. Independent. https://www.independent.co.uk/news/uk/politics/trojan-horse-row-theresa-may-accused-writing-letter-slating-department-eduction-just-leak-it-9517286.html. Zugegriffen am 02.01.2021

Griffiths S (2021a) Privat pupils shunned by Oxbridge are being driven overseas. The Sunday Times, 28 Februar. S 9

Griffiths S (2021b) Last basion of boys' boarding eyes up girls. Sunday Times, 24. Januar. S 5

Hazell W (2021) Have British private schools in China reached their highwater mark. 21. August. iNews. https://inews.co.uk/news/british-private-schools-china-1172514. Zugegriffen am 10.09.2021

Hitchens P (2009) The broken compass: how British politics lost its way. Continuum International Publishing, London

Mangan JA (1986) The grit of our forefathers. Invented tradition, propaganda and imperialism. In: MacKenzie JM (Hrsg) Imperialism and popular culture. Manchester University Press, Manchester

Okwonga M (2019) There is a side to Eton you won't read about in David Cameron's memoirs. 19 September. The Guardian. https://www.theguardian.com/commentisfree/2019/sep/19/eton-david-cameron-memoirs-leaders-power. Zugegriffen am 22.11.2020

Richardson H (2016) Grammar schools: what are they and why are they controversial? 8. September. BBC News. https://www.bbc.co.uk/news/education-34538222. Zugegriffen am 21.08.2021

Sampson A (1965) Anatomy of Britain Today. Hodder and Stoughton, London

Smith J (2015) The school playing field that built and empire. 23. März. Daily Mail. https://www.dailymail.co.uk/news/article-3007715/Howzat-bit-history-Amazing-photo-cricket-played-Eton-1860s-earliest-picture-school-match-one-oldest-pictures-sport-taken.html. Zugegriffen am 03.12.2021

Stephen M (2018) The English public school. Metro, London

Turner C (2020) Eton's dismissal of a master was justified, appeal panel rules. 14. Dezember. The Daily Telegraph. https://www.telegraph.co.uk/news/2020/12/14/etons-dismissal-master-justified-appeal-panel-rules/. Zugegriffen am 09.04.2021

Turner D (2015) The old boys. The decline and rise of the public school. Yale University Press, London

Woolcock N (2021a) Eton of the east end leads Oxbridge elite. The Times, 11. März. S 3

Woolcock N (2021b) Eton of the east end leads Oxbridge elite. The Times, 11 März. S 3

20

Oxbridge – Lernen mit Kaisern und Gottessöhnen

Spitze Türme, mit Kopfstein gepflasterte Gassen, mit steinernen Gargoylen geschmückte Giebel, gepflegter Rasen, schwere Holztore, die Passanten den Blick verwehren auf Gärten und Höfe. Trauerweiden, die einen Fluss säumen, der sich durch die Altstadt schlängelt. Auf dem Wasser staken Jugendliche auf schmalen, schwankenden Holzbooten, Radfahrer schlängeln sich an Touristen vorbei, kreuzen zwischen dem Exeter College und dem neoklassizistischen Rundbau der Radcliffe Camera, in dem die Lesesäle der Bibliothek untergebracht sind. Auf den Wiesen hinter dem Christ Church College grasen Kühe. Das Idyll ist nicht stilisiert. Die Szenen aus der Stadt an den Flüssen Cherwell und Themse sind so real wie der Spitzenplatz, den die hier in Oxford vor mehr als 800 Jahren gegründete Universität jedes Jahr einnimmt in der Rangliste des Fachmagazins Times Higher, wenn die Redaktion Forschungsleistung, Studentenzufriedenheit und internationales Prestige vergleicht, um zu verkünden, ob Harvard, Stanford das MIT aus den USA oder die englische Konkurrenz in Oxford und Cambridge, eine Hochschulgründung des 13. Jahrhunderts, ganz vorne liegt (Willems 2021). Es ist erstaunlich, dass der Wettbewerb darum, in welchem Land der Welt die angesehenste

Hochschule zu Hause ist, seit Jahren zwischen den USA und Großbritannien ausgetragen und entschieden wird. Der Rest der Welt sieht zu. Aber der Mythos der beiden ältesten Universitäten Englands beruht nicht nur auf akademischer Leistung, sondern einer sich selbst perpetuierenden Anziehungskraft, die in der Vergangenheit nicht immer auf fachlicher Exzellenz beruhte. Großbritanniens Premierminister Boris Johnson war Student in Oxford, seine Vorgänger Theresa May und davor David Cameron ebenfalls. In den vergangenen vier Jahrzehnten residierten in 10 Downing Street nur zwei Regierungschefs, die nicht in Oxford studiert hatten. Der eine, John Major, Sohn eines Varieté-Darstellers, absolvierte eine Banklehre. Der andere, Gordon Brown, blieb lieber in seiner schottischen Heimat. Sollten die Tories heute Wahlen verlieren, wäre mit Sir Keir Starmer, dem Vorsitzenden der Labour-Partei, der in St. Edmund Hall Rechtswissenschaften studiert hat, erneut ein Absolvent der Universität Oxford an der Spitze der Regierung. Suchten die Tories noch vor dem nächsten landesweiten Urnengang einen Ersatz für ihren Partei- und Regierungschef Johnson, wird als Favorit für die Nachfolge sein Schatzkanzler Rishi Sunak genannt, der seine Studienzeit am Lincoln College in Oxford verbrachte. Wenn Personalabteilungen und Gremien politischer Parteien bei der Vergabe von Führungsaufgaben immer wieder Kandidaten aus Oxford – und gelegentlich Cambridge – den Vorzug geben vor Absolventen einer der anderen 130 britischen Hochschulen, dann hat das nicht zuletzt mit dem Wunsch zu tun, die eigene Organisation zu schmücken mit einem Hauch des Mythos und einer Portion jener Distinktion, die mit Oxford und Cambridge – kurz Oxbridge genannt – assoziiert werden. Wie die Rektoren der Universität und Leitungen der Colleges die Aura und ihre Wirkung seit langem zu mehren versuchten, zeigt die Geschichte von Sir Herbert Warren, Professor für Poesie und Präsident des Magdalen Colleges, der 1912 beide Augen zudrückte und fachliche Vorbehalte überwand, um die Immatrikulation eines Studenten zu ermöglichen, von dem nicht zu erwarten war, dass er ein helles Licht am akademischen Himmel werden würde (Parker 1988). Dass der Prinz von Wales einmal als Edward VIII. König Englands und Kaiser Indiens werden würde, wog schwerer in der Abwägung Warrens, einem notorischen Snob, den der Ehrgeiz umtrieb, die Prominenz des Magdalen Colleges zu steigern. Nachdem er den künftigen Kaiser Indiens nun in seinen

20 Oxbridge – Lernen mit Kaisern und Gottessöhnen

Seminaren sitzen hatte, schickte Warren einen Mitarbeiter nach Peking in die Verbotene Stadt, um für das Magdalen College bei Pu Yi, dem Kaiser Chinas zu werben, der allerdings gerade am eigenen Hof unter Hausarrest stand und deshalb für eine Hochschulausbildung im Ausland nicht zu haben war. In Japan hatte Warrens Gesandter mehr Erfolg mit Prinz Chichibu. Der zweite Sohn des Tenno wurde 1925 zum Grundstudium in Oxford begrüßt und am Magdalen College hofften viele, auch sein Bruder, Kronprinz Hirohito, würde sich bald einschreiben. Als Taisho, der Vater der beiden, im folgenden Jahr verstarb und Hirohito, der ihm auf dem Chrysanthementhron folgte, seinen Bruder Chichibu aus England zurückbeorderte, konnte Warren immerhin behaupten, Oxford sei dank seiner Bemühungen für einige Monate das akademische Zuhause eines Gottessohnes gewesen, denn der Tenno und dessen Nachwuchs galten in Japan als Kinder der Sonnenkönigin Amaterasu (Paxman 2007). Was sich liest wie eine Anekdote von der weniger ernsthaften Sorte, erinnert an ein Phänomen, das die ungebrochene Anziehungskraft von Oxford und Cambridge erklären hilft. Laut einer Zählung aus dem Jahr 2018 haben 57 amtierende Staats- und Regierungschefs in Großbritannien studiert, die meisten davon an den zwei Traditionshochschulen. Besonders Oxford ist schon lange Treffpunkt für ehrgeizige junge Männer und Frauen aus der ganzen Welt, die das Ziel verfolgen, in der Politik zu reüssieren. Hier konnte man Bill Clinton zum Kommilitonen haben und auch acht Mitglieder aus Barack Obamas Team im Weißen Haus waren in ihrer Jugend eingeschrieben. Die indischen Regierungschefs Indira Gandhi und in jüngerer Vergangenheit Premierminister Manmohan Singh gehören der Liste ebenso an wie Naruhito, seit 2019 japanischer Tenno, der die Familientradition fortsetzte und in den 1980er-Jahren am Merton College studierte. In den Tagen, als Theresa May St. Hugh's College besuchte, zählte die spätere pakistanische Präsidentin Benazir Bhutto zu ihren Kommilitoninnen. Zu den Alumni Oxfords gehört auch Jordaniens König Abdullah II., Ungarns Ministerpräsident Victor Orban sowie Regierungs- und Staatschefs aus Barbados, Sri Lanka, Ghana, Malta, Kanada, Trinidad und Tobago, die burmesische Friedensnobelpreisträgerin Aung San Suu Kyi und ungezählte weitere, die später als Minister, Generäle oder Bischöfe zu Ansehen und Einfluss kommen sollten. Oxford ist ein Tummelplatz für junge Menschen mit ehrgeizigen Zielen, zu denen einstmals auch der vormalige Bundestagspräsident Norbert Lammert und noch vor dem Zweiten Weltkrieg der spätere Bundespräsident Richard von Weizsäcker zählten, die hier Vorlesungen in Geschichte besuchten. Oxford war traditionell die erste Wahl der meinungsstarken Sozial- und Geisteswissenschaftler, Cambridge hingegen war beliebter bei Mathematikern und Naturwissenschaftlern, denen Fakten wichtiger sind als persönliche Überzeugungen. An dieser traditionellen Unterscheidung mag es gelegen haben, dass während der Kampagne um Großbritanniens Zukunft in der EU 2016 keiner der prominenten Brexit-Befürworter ein Cambridge-Alumnus war. Auf der anderen Seite hatten Boris Johnson (Balliol College), sein Verbündeter Michael Gove (Lady Margaret College), Jacob Rees-Mogg (Trinity College), der die europakritischen Tories im Unterhaus anführte, und der Leiter der Brexit-Kampagne Dominic Cummings (Exeter College) den Umgang mit Meinung und Wahrheit in Oxford gelernt (Kuper 2019).

Um berufsbezogenes Wissen geht es nicht

Eine Abhandlung höherer Bildung in Großbritannien ist nicht komplett ohne die Erwähnung Schottlands. Das kleine Königreich war dem größeren südlichen Nachbarn in Sachen Gelehrsamkeit und Wissenschaft lange Zeit voraus. Dank der Universitäten in St. Andrews, gegründet 1411, Glasgow (1451) und Edinburgh (1583) hatte Schottland zu Beginn der Neuzeit bereits drei Hochschulen von hervorragendem Ruf. Derweil glaubten südlich der Grenze die Duopolisten Oxford und Cambridge, die bis ins 19. Jahrhundert die einzigen Anbieter höherer Bildung in England waren, sich einen nonchalanten Umgang mit akademischen Standards leisten zu können. Dort war es geübte Praxis, an die Kinder von Aristokraten Studienabschlüsse zu vergeben, auch wenn der adlige Nachwuchs keine Neigung zeigte, sich den Mühen von Abschlussprüfungen auszusetzen. William Pitt der Jüngere, der Sohn des Earls of Chatham, ist ein besonders prominentes Beispiel für jemanden, der dieses Privileg in Anspruch nahm und sein Studium der politischen Philosophie, Altphilologie, Mathematik, Chemie und Geschichte in Cambridge erfolgreich bestritt, ohne sich je einem Examen zu unterziehen

(Hague 2005). Als Begründung nannte Pitt, der im frühen 19. Jahrhunderts seinem Land als Premierminister dienen würde, seine schwächelnde Gesundheit. Eine angeschlagene körperliche Verfassung führte auch Robert-Gascoyne-Cecil an, der Sohn des 2. Marquess of Salisbury, als er sein Studium der Mathematik am Christ Church College mit der Note vier minus ehrenhalber ohne die sonst üblichen Prüfungen abschloss (Leonard 2015). Jahre später sollte er als Premierminister sein Land ins 20. Jahrhundert führen. Pitt, Salisbury und andere Studenten strebten ohnehin weniger nach fachlicher Expertise und wissenschaftlichen Fertigkeiten. Vielmehr erwarteten sie von ihrer Zeit in Oxford und Cambridge, unter ihresgleichen standesgemäße Umgangsformen zu lernen, sich in moralischen Fragen zu üben und ihre Kenntnisse in Latein und Altgriechisch, die sie zuvor in einer Privatschule oder öffentlichen Grammar School erworben hatten, zu vervollkommnen (Abell 2019). Die Rolle der Hochschule wandelte sich, als wichtige Metropolen Institute für höhere Bildung gründeten, um die wachsende Nachfrage unter den Söhnen von Fabrikanten und Händlern zu befriedigen, einer Mittelschicht, die im Zeitalter der Industrialisierung eine immer prominentere Rolle in Gesellschaft und Politik übernahm. Am 1826 gegründeten University College in London konnten sie sich in modernen Fremdsprachen und Geografie einschreiben. Im Nordosten des Landes, in Durham, kam es zur zweiten Neugründung, die von 1838 an auch ein Studiengang in Ingenieurwissenschaften anbot. Dem folgten nur eine Generation später Hochschulgründungen in Birmingham, Manchester, Leeds, Bristol und Sheffield. Es war die Epoche der Red-Brick-Universities, wie die neuen Institute der Ära noch heute genannt werden ihrer typischen Architektur wegen, die geprägt ist von imposanten Zentralbauten aus rotem Backstein – den red bricks. Doch die 50.000 Studenten, die im Jahr 1938 an einer der Red Bricks eingeschrieben waren, erwarteten keine berufspraktischen Kurse und die Vorstellung, künftige Arbeitnehmer könnten die Themen der Vorlesung in der Praxis von Industrie und Handel anwenden, wiesen Professoren als ungeheuerlich von sich. Sie hatten keine Absicht, ihr Wirken dem Gebot der Nützlichkeit und Verwertbarkeit zu unterwerfen und damit die Universitäten zu Berufsakademien zu degradieren. Professoren an den neuen Anstalten für Lehre und Forschung kopierten lieber die realitätsfernen Elfenbeintürme von Oxford und

Cambridge, wo sie selbst dereinst die Prinzipien akademischer Arbeit kennengelernt hatten. Somit galt auch in der ersten Hälfte des 20. Jahrhunderts noch, was der Philosoph und Ökonom John Stuart Mill im Jahr 1867 formuliert hatte: „Berufstätige sollen an der Universität keine praktischen Kenntnisse erlernen. Sie sollen vielmehr eine kulturelle Bildung erhalten, die bei der Orientierung und dem Umgang mit berufsbezogenem Wissen und Techniken hilft" (Abell 2019, S. 153). Mit anderen Worten, es ging um die Bildung einer Nation von Generalisten, die nicht an der Hochschule, sondern später bei ihrem Arbeitgeber lernen würden, was es über ihr berufliches Fachgebiet zu wissen galt. Das änderte sich auch nicht, als in den 1960er-Jahren die Regierung einer Tendenz anderer europäischer Länder folgend sich für eine rasante Ausweitung des Hochschulsektors entschied. Die Blaupause für die Expansion hatte eine Arbeitsgruppe unter der Leitung von Baron Robbins geliefert, die empfahl, Studienplätze für jeden anzubieten, der die Eignung für höhere Bildung besitze. Die neue Generation der Modern Universities, wie die Gründungen der 1960er- und 1970er-Jahre noch heute genannt werden, zeichnet sich dadurch aus, dass Architekten wie in jenen Jahren üblich ihrer professionellen Liebe zu Stahl und Beton freien Lauf ließen. In Warwick, York, Sussex, Surrey, Essex, Norwich, Lancaster und anderswo entstanden Hochschulen auf der grünen Wiese abseits der Städte. Studenten lebten auf diesen Campushochschulen in ihrem eigenen Kosmos mit Vorlesungs- und Seminarräumen, Kinos und Theater, Supermarkt, Mensa und Cafeteria, Sportcenter und Bar, selbst der Friseur kam wöchentlich vorbei. Wer es wollte, führte auch an den Modern Universities eine Existenz im akademischen Elfenbeinturm, abseits der städtischen Lebenswirklichkeit, der sich Dozenten auch weiterhin verweigern konnten. Für junge Menschen mit praktischer Begabung und der seltenen Neigung zur berufsnahen oder technischen Ausbildung gab es nun die polytechnischen Hochschulen, die ähnlich wie die technischen Schulen nie viel Wertschätzung erfuhren in einem Land, das nach wie vor dem Ideal des geisteswissenschaftlich gebildeten Generalisten anhing. Man schrieb die frühen 1970er-Jahre und inzwischen war der Anteil der Schulabgänger, die eine Universität besuchten auf 10 Prozent gewachsen. Diese Quote stieg in den kommenden zwei Jahrzehnten langsam, aber beständig an auf 15 Prozent (Devereux und Fan 2011). 1992 schönte die

Regierung des Konservativen John Major mit einem Etikettenschwindel die Statistiken, indem sie ein neues Bildungsgesetz verabschiedete, das die wenig populären polytechnischen Hochschulen en bloc in Universitäten umwandelte. Auf dem Papier verdoppelte dieser Taschenspielertrick den Anteil der Universitätsstudenten in einem Jahrgang mit einem Mal von 15 auf 33 Prozent. Weitere zwanzig Jahre später – mittlerweile hatte die Regierung auch den pädagogischen Hochschulen Universitätsstatus zugebilligt – hatte die Quote 40 Prozent erreicht (Boliver 2011). Diese Expansion war der Überzeugung geschuldet, dass eine moderne Volkswirtschaft nur dann wettbewerbsfähig bliebe, wenn sie in Fähigkeiten und Fertigkeiten der Menschen investiere. Und weil Maschinen heute immer mehr manuelle Aufgaben übernehmen, bedarf es vor allem der Ingenieure und Entwickler, um technische Lösungen zu entwerfen, zu verbessern und zu kontrollieren. MINT ist deshalb heute der Begriff, dem die Aufmerksamkeit der Bildungspolitiker und Hochschulleitungen gilt. Das Akronym für Mathematik, Informatik, Naturwissenschaften sowie Technik definiert den Fächerkanon, von dem der größte Beitrag zur volkswirtschaftlichen Wertschöpfung erwartet wird. Es ist die Kurzfassung für alles, was Wissensgesellschaften von den modernen Hochschulen erwarten, die sich inzwischen um 2,4 Millionen Studenten jedes Jahr zu kümmern haben (Mohtadi 2017).

Im Zeitalter der Massenhochschulen ist die Tradition der persönlichen Betreuung und der kleinen Seminargruppen an vielen Lehranstalten nicht mehr als eine Erinnerung. Allenfalls in Oxford und Cambridge scheint in dieser Hinsicht die Zeit stehengeblieben. Mit den Erlösen aus Stiftungsvermögen von jeweils rund sechs Milliarden Euro wird zusätzliches Personal finanziert für wöchentliche Treffen mit Dozenten und Tutorials, in denen die Feinheiten der Formulierungen und die Struktur des letzten Essays besprochen werden. Das kontrastiert mit der Praxis an den neueren Hochschulen, wo sich Studenten schon mal mit 200 Kommilitonen einen Hörsaal teilen – wenn sie Glück haben. Denn seit der Covid-19 Pandemie haben die Finanzabteilungen vieler finanziell eher schlecht ausgestatteten Universitäten – das sind vor allem die vormaligen Polytechnika und pädagogischen Hochschulen – erkannt, dass Online-Unterricht Kosten spart und deshalb auch künftig zumindest für einige Vorlesungen beibehalten werden soll (Staton 2021). Die Folge sind gravierende Qualitätsunterschiede bei der Lehre und auch in der Forschung hat sich längst eine Zweiklassengesellschaft etabliert. Die besten Hochschulen, etwa die London School of Economics und das Imperial College, glänzen mit weltweit anerkannter Forschungsarbeit. Am anderen Ende darben Universitäten, deren Fakultäten mehrheitlich aus Dozenten bestehen, bei denen es nie zum Abschluss der Doktorarbeit reichte. An der Business School der Universität Ipswich im Südosten Englands etwa waren im Jahr 2021 von elf Dozenten sieben ohne Promotion. Eine wissenschaftliche Qualifikation, über die auch die Mehrheit der Professoren und Dozenten im Fachbereich Internationales Business, Marketing und Tourismus an der Universität Bedfordshire nicht verfügt. Das sind keine Einzelfälle. Die rasche Expansion und chronische Unterfinanzierung an den Massenhochschulen hat Folgen, wie ein Bericht der Organisation für wirtschaftliche Zusammenarbeit und Entwicklung, kurz OECD, bestätigt. Demnach verdienten im Jahr 2018 Absolventen eines Studiums im Vereinigten Königreich durchschnittlich 37 Prozent mehr als junge Leute mit Schulabschluss. Der Durchschnitt in OECD-Staaten lag bei 54 Prozent. Fünf Jahr zuvor rangierten die entsprechenden Zahlen noch um 51 und 60 Prozent. Inzwischen sind die Prognosen für den Einkommensvorsprung von Studenten in Großbritannien schlechter als die vergleichbaren Statistiken für Akademiker in der Türkei, Mexiko, Irland und Spanien. Andreas Schleicher, Leiter des Direktorats Bildung bei der OECD, sieht den Grund für diese Tendenz darin, dass die Qualität der Lehre in Großbritannien nicht mithalten konnte mit dem raschen Wachstum des Sektors (Woolcock 2020). Das ist ein delikates Thema, weil Studenten seit 1998 einen immer größeren Anteil der Kosten ihres Unterrichts mit Gebühren zahlen und daher Hochschulen als Dienstleister betrachten, denen sie selbstbewusst als Kunden mit Ansprüchen und Rechten gegenübertreten. Die Gebührenfinanzierung war eine Idee Premierminister Tony Blairs, als die Zahl der Studenten nach der Umwandlung der polytechnischen Hochschulen auf mehr als eine Million gestiegen war. Blair wollte den Kostenanstieg für Steuerzahler beschränken und verpflichtete Studenten, zunächst 1000 Pfund im Jahr, von 2004 an dann 3000 Pfund in ihre eigene Ausbildung zu investieren (Boliver 2013). Die Empörung vor allem unter jungen Wählern wuchs und veranlasste die Parlamentskandidaten der Liberaldemokraten zu einer schriftlichen Zusage, die Studiengebühren abzuschaffen. Für dieses Versprechen bedurfte es nicht viel Mutes, waren die LibDems doch seit mehr als einem halben Jahrhundert in der Opposition, wo ehrgeizige politische Pläne nicht den Test der Realität bestehen müssen. Doch 2010 schnitt die Partei besser ab als erwartet und bald nach Bekanntgabe des Ergebnisses ging ihr Vorsitzender Nick Clegg eine Koalition ein, in der die LibDems als kleiner Partner an der Seite der Konservativen dem politischen Druck des Schatzkanzlers George Osborne von den Tories nachgaben, der gemeinsam mit Premierminister David Cameron nicht nur die Abschaffung der Gebühren vereitelte, sondern sogar eine Verdreifachung des Betrages auf etwa 9000 Pfund durchsetzte (Boliver 2013). Der Schatzkanzler begründete die kontroverse Entscheidung mit den zerrütteten Staatsfinanzen nach der Finanz- und Bankenkrise und einem wachsenden Schuldenberg, der es rechtfertige, bei den Studenten einen zusätzlichen Beitrag einzufordern.

Generöse Benotung als Werbung für die Uni

Eine besonders wichtige Einnahmequelle sind inzwischen Studenten aus dem Ausland geworden. Das belegt ein Blick in die Seminarräume und Vorlesungssäle. Gerade wenn technische und betriebswissenschaftliche Fächer auf dem Stundenplan stehen, tummeln sich Studenten mit asiatischen Namen. Die Zahl der Chinesen in Programmen für Postgraduierte erreichte bereits 2013 die Anzahl der britischen Kommilitonen (Swain 2014). Vor allem aus Indien und China melden sich viele Interessenten. Die Kandidaten aus Asien hoffen nach der letzten Prüfung auf ein Arbeitsvisum und einen ersten Job in London. Dafür sind sie bereit 20.000, manchmal sogar 30.000 Pfund zu zahlen. Die 120.000 chinesischen Studenten in Großbritannien tragen somit 1,7 Milliarden Pfund zur Finanzierung der Universitäten bei und subventionieren damit die Ausbildung ihrer britischen Kommilitonen mit, deren vergleichsweise moderaten Beiträge von 9000 Pfund die Ausgaben bei weitem nicht decken. Immer lauter werden die Warnungen vor der zunehmenden Abhängigkeit des britischen Hochschulsystems vom Geld der Chinesen, das gerade bei vielen neuen Hochschulen rund 20 Prozent der jährlichen

Einnahmen ausmacht. Besonders erfolgreich hat das University College in London diese Quelle für sich erschlossen, wo mehr als 6000 Chinesen jährlich 127 Millionen Pfund zum Budget beitragen. An den Universitäten Liverpool und Glasgow kommt sogar ein Drittel der Gebühreneinnahmen von Konten chinesischer Studenten (Davies 2020). Um die Quote noch zu steigern, leisten sich Hochschulen Repräsentanten in Hongkong und zahlen Prämien an Werbeagenten mit dem Auftrag, bei Ausländern für britische Bildungsgänge zu werben. Auch Indien sowie Mittel- und Osteuropa sind das Ziel von Promotionstouren der Marketingabteilungen mit dem Auftrag, liquide Kunden als Studenten zu gewinnen. Die vormaligen pädagogischen Hochschulen und Polytechnika, denen es auch heute noch oft an globalem Renommee fehlt, haben es in diesem weltweiten Konkurrenzkampf schwerer. Um dennoch ihren Anteil am lukrativen Kuchen internationaler Interessenten abzubekommen, senken sie die Aufnahmekriterien und schauen bei der Kontrolle der Eignungs- und Sprachprüfung ihrer Kandidaten nicht so genau hin. Zu ihrer Zielgruppe gehören auch junge Menschen, denen in ihren jeweiligen Heimatländern schwacher Schulleistungen wegen der Weg in die höhere Bildung versperrt bliebe. Diese Klientel braucht später nicht einmal zu fürchten, in Prüfungen und bei Hausarbeiten zu scheitern. Schließlich fürchtet jede Hochschule das Loch, das ein Abbrecher in ihr Budget risse. Noch behutsamer müssen gerade die kleinen Studiengänge, etwa in modernen Sprachen, Philosophie oder Public Relations, mit ihrer zahlenden Kundschaft umgehen, weil ihnen die Schließung droht, sobald die Zahl der Abbrecher steigt und die Einnahmen zurückgehen. Diese Einsicht hat sich längst in der Kultur der Institute und Fakultäten durchgesetzt und spiegelt sich in Prüfungen, Bewertungen sowie schließlich den Noten wieder, die sich seit Einführung der Studiengebühren inflationär entwickelten. Achtzig Prozent der Studenten können heute mit der Note eins oder wenigstens einer zwei plus rechnen. Die Anzahl der Einserabsolventen stieg zwischen 2012 und 2020 um 90 Prozent (Weale 2020). Dekane wissen, dass generöse Benotung bei der Werbung von neuen Studenten im kommenden Jahr nicht schadet.

Aus demselben Grund investieren die Leitungen der Hochschulen seit Jahren in die Infrastruktur: Neue Mensa in grellen Farben, eine Bibliothek mit aufregendem Design, Theaterbühnen, Wohnheime mit ensuite Einzelzimmern, Sport- und Multifunktionshallen. Das alles wird wortreich gepriesen, wenn ein halbes dutzendmal im Jahr zu Tagen der offenen Tür geladen wird. Zu den Anlässen bieten Institute Schnuppervorlesungen, persönliche Vorstellungen der Dozenten, Computersimulationen, Gesellschaftsspiele, Grillnachmittage sowie Bühnenprogramm und Musik, um angehende Studenten ebenso zu begeistern wie Väter und Mütter, ohne deren Bankkonto das Studium kaum finanzierbar wäre. Sollten die elterlichen Schecks dann doch nicht reichen, um neben Unterkunft und Verpflegung des Nachwuchses das unvermeidliche Freizeitprogramm in Pubs, Bars oder Nachtclubs, vielleicht auch das eigene Auto oder den Urlaub zu finanzieren, suchen sich Studenten zwei, drei, gelegentlich auch vier Nebenjobs gleichzeitig. Wenn das Office for Students, eine Behörde, die im Auftrag der Regierung die Anliegen der Studentenschaft vertritt, den durchschnittlichen Schuldenstand dennoch mit zwischen 43.000 und 57.000 Pfund pro Kopf berechnet, dann liegt das vor allem an den Darlehen, die das Schatzamt an junge Briten ausgibt, um deren Studiengebühren zu finanzieren. Wer später einmal mehr als 27.000 Pfund im Jahr verdient, den verpflichtet das Gesetz, den erhaltenen Betrag über 30 Jahre abzustottern. Zumindest ist das die Theorie. In der Praxis zahlen im Verlauf ihres Berufslebens nur 25 Prozent der Empfänger das Darlehen in voller Höhe zurück (Bolton 2021). Der größte Teil der Geldschuld verfällt, weil die studierten Berufstätigen im Verlauf ihrer Karriere ein Einkommen unterhalb des Grenzwertes verdienen. Die Regierung bemüht sich deshalb um eine Kehrtwende und versucht, erstmals seit 200 Jahren die Expansion der Studentenzahlen zu stoppen, damit das Schatzamt nicht auf noch mehr verfallenen Schuldscheinen sitzenbleibt (Adams 2020). Aber wie das unter Parteipolitikern nicht selten üblich ist, motiviert die Tories auch noch eine eher zynische Überlegung, bei der Expansion des Hochschulsektors auf die Bremse zu treten. Menschen, die studiert haben, wählen in ihrer Mehrheit die Labour-Partei. Bei den Wahlen 2019 führten Tories vor Labour in der Gesamtbevölkerung mit 44 Prozent zu 32 Prozent. Aber bei Personen, die studiert hatten, kam Johnsons Partei nur auf 29 Prozent und lag damit 14 Prozentpunkte hinter Labour (Forsyth 2021).

Literatur

Abell S (2019) How Britain really works. John Murray, London
Adams R (2020) Ministers to ditch target of 50 percent of young people in England going to University. The Guardian, 9. Juli. https://www.theguardian.com/politics/2020/jul/09/ministers-to-ditch-target-of-50-of-young-people-in-england-going-to-university. Zugegriffen am 29.02.2021
Boliver V (2011) Expansion, differentiation and the persistence of social class inequalities in British higher education. High Educ 61(3):229–242
Boliver V (2013) How fair is access to more prestigious UK universities? Br J Sociol 64(2):344–364
Bolton P (2021) Student loan statistics. House of Commons Library, 23. Juni. https://commonslibrary.parliament.uk/research-briefings/sn01079/. Zugegriffen am 22.10.2021
Davies J (2020) Revealed. Nine UK universities that rely on Chinese students for a fifth of their income. Daily Mail, 19. Juli. https://www.dailymail.co.uk/news/article-8538179/Nine-UK-universities-rely-Chinese-students-FIFTH-income.html. Zugegriffen am 04.02.2021
Devereux P, Fan W (2011) Earning returns to the British education expansion. Econ Educ Rev 30(6):1153–1166
Forsyth J (2021) Tories want to end the university boom years. The Times, 3. Juni. https://www.thetimes.co.uk/article/tories-want-to-end-the-university-boom-years-9jgggnjf8. Zugegriffen am 09.06.2021
Hague W (2005) William Pitt the Younger. Harper Perennial, New York
Kuper S (2019) How Oxford University shaped Brexit. Financial Times, 18. September. https://www.ft.com/content/85fc694c-9222-11e9-b7ea-60e35ef678d2. Zugegriffen am 06.03.2021
Leonard D (2015) A history of British Prime Ministers. Palgrave, London
Mohtadi C (2017) The importance of promoting STEM subjects across the UK. Huffington Post, 5. Januar. https://www.huffingtonpost.co.uk/coorous-mohtadi/stem-subjects-uk_b_8917216.html. Zugegriffen am 19.03.2021
Parker J (1988) King of fools. St. Martin's Press, New York
Paxman J (2007) On royalty. Penguin, London
Staton B (2021) Students push back against „YouTube"-learning as campuses reopen. Financial Times, 30. September. https://www-ft-com.proxy.choate.edu/content/b80632a5-91a3-4f37-8d0c-b9f4499394d0. Zugegriffen am 29.10.2021

Swain H (2014) Why aren't Chinese students at UK universities getting top grades. The Guardian, 15. April. https://www.theguardian.com/education/2014/apr/15/chinese-students-in-uk-poor-results. Zugegriffen am 02.08.2021

Weale S (2020) Proportion of students in England awarded first-class degrees soars. The Guardian, 19. November. https://www.theguardian.com/education/2020/nov/19/students-england-awarded-first-class-degrees-grade-inflation. Zugegriffen am 09.05.2021

Willems M (2021) Simply the best. Oxford named best-performing university in the world. City A.M., 3. September. https://www.cityam.com/simply-the-best-oxford-named-best-performing-university-in-the-world/. Zugegriffen am 18.09.2021

Woolcock N (2020) Poor degrees mean UK graduates earn less than in other countries. The Times, 9. September. https://www.thetimes.co.uk/article/poor-quality-degrees-mean-uk-graduates-earn-less-than-other-countries-5rjz2pq0z. Zugegriffen am 21.12.2020

21

Rupert Murdoch – Wenn Zeitungen in den Krieg ziehen

Als vierte Gewalt bezeichnete der Philosoph Edmund Burke die Medien, denen die Aufgabe zukommt, Regierung, Parlament und die Justiz zu kontrollieren (Schultz 1998). Zur Kontrolle gehört ein wacher Verstand, Sinn für Fairness und eine kritische Distanz zu den politischen Entscheidern. Großbritanniens Presse nimmt es weder mit der Fairness noch mit der kritischen Distanz besonders ernst. Im Gegenteil: Die Verleger nutzen traditionell ihre Blätter, um Einfluss zu nehmen in den Korridoren Westminsters. Zu oft war es nicht ihr vorrangiges Ziel, ihre Leser objektiv zu informieren. Vielmehr sind sie bekannt dafür, ihre Medienmacht zu missbrauchen, um ihr Publikum zu manipulieren und aufzuhetzen mit dem Ziel, auf Politiker Duck zu machen und zu Entscheidungen zu zwingen. Ist dieses Ziel mit sachlichen Argumenten nicht zu erreichen, drohen die Gazetten, private Wahrheiten und Unwahrheiten über Kandidaten und Amtsinhaber bekanntzumachen. Deshalb steht immer wieder die Reputation von Politikern und Unternehmern auf dem Spiel, die sich den Erwartungen der Medienunternehmer widersetzen. Die Macht dieser Pressemagnaten liegt in ihrer Fähigkeit, politische Karrieren zu fördern und zu zerstören. So haben sie in den vergangenen 100 Jahren die Politik im Land bestimmt und sitzen auch heute noch mit am Tisch, wenn über wichtige politische Fragen entschieden wird.

Alfred Harmsworth, der Sohn eines irischen Rechtsanwalts, redigierte schon als Pennäler an der Henley House Schule in Kilburn, einem Stadtteil im Nordwesten Londons, ein Magazin für Kinder und Jugendliche. Jahre später würde er die Daily Mail und den Daily Mirror auf den Markt bringen und schließlich noch die Traditionszeitung The Times übernehmen. Sein Motto war so simpel wie erfolgreich: Die Menschen seien fasziniert von Gewalt und Verbrechen, glaubte Harmsworth. Und was die Menschen umtreibe, gehöre in die Zeitung. Mit diesem Geschäftsmodell ließ sich Geld verdienen – so viel Geld, dass sich der Zeitungsmann den ersten Mercedes in England leisten konnte. Sein Konzept weckte auch jenseits des Atlantiks Interesse und beeindruckte den amerikanischen Herausgeber und Verleger Joseph Pulitzer so sehr, dass der seinen britischen Kollegen einlud, die New York World am ersten Tag des neuen Jahrhunderts zu redigieren (Bourne 1990). Aber Harmsworth Ehrgeiz erschöpfte sich längst nicht im Verkauf von Zeitungen. Er wollte seine Medienmacht nutzen, um Politik zu machen, und instruierte die Redaktionen während des Ersten Weltkrieges, mit einer Kampagne gegen die Regierung den liberalen Premierminister Henry Herbert Asquith zum Rücktritt zu zwingen. Ihm warfen die Zeitungsmacher nun Verrat vor, weil er es versäumt habe, die Truppen im Kampf gegen das deutsche Heer an der Westfront ausreichend mit Munition zu versorgen. Die Bevölkerung war empört: Mussten etwa so viele Söhne, Brüder und Väter auf den Schlachtfeldern von Verdun und an der Somme sterben, weil der Premierminister seine Nachmittage beim Bridgespiel verbrachte und die Kriegsführung vernachlässigte, wie es die Daily Mail und der Mirror unterstellten? Das Vertrauen in den Mann in 10 Downing Street brach zusammen und Asquith trat zurück (Lester 2019). Harmsworth hielt sich nun für den Königsmacher, als kurz darauf David Lloyd George die Regierungsgeschäfte übernahm. Doch der neue Mann an der Spitze der Regierung hatte nicht die Absicht, sich von Journalisten gängeln zu lassen. Vielmehr wollte er Harmsworth Verantwortung übertragen in Kriegszeiten und so aus einem Kritiker einen Unterstützer machen. Zum einen bat Lloyd George König George VI. darum, den mächtigen Zeitungsverleger als Lord Northcliffe in den Stand des Adels zu erheben.

Außerdem berief er ihn zum Direktor für Propaganda, dessen Einfluss auf den Kriegsverlauf auch im Ausland als so bedeutend eingeschätzt wurde, dass am 25. Februar 1917 ein U-Boot der deutschen Kaiserlichen Marine vor der Küste der Grafschaft Kent aufkreuzte und Salven abfeuerte auf Northcliffs Landhaus Elmwood nahe der Ortschaft Broadstairs – ein Versuch, den Widersacher zu ermorden (Britcher 2021). Nach dem Waffenstillstand vom November 1918 wurde Northcliffe dennoch wieder zum Problem für die Regierung, als er Vergeltung an den Deutschen forderte und beanspruchte, an der Friedenskonferenz in Versailles teilzunehmen, während seine Zeitungen die ehemaligen Kriegsgegner als Hunnen titulierten und die Hinrichtung des Kaisers forderten (Thompson 2000). Lloyd George hingegen wollte Frieden und suchte einen Ausgleich mit den Deutschen. Für die Hassparolen und den Geltungsdrang des Zeitungsmannes hatte der Regierungschef bestenfalls Spott übrig, nicht nur privat, sondern auch öffentlich zur Erheiterung der Mitglieder des Parlaments. Northcliffe, der Megalomane mit der Neigung zur Exzentrik, spürte seine Macht schwinden und zog sich verbittert immer mehr zurück. Von Verfolgungswahn getrieben, ließ er sich eine Hütte auf dem Dach seines Stadthauses errichten, wo er die Tage bald im Wahn und die Nächte in unruhigem Schlaf verbrachte mit einem Revolver griffbereit unter seinem Kopfkissen (Brendon 2003).

Ein Lord für die Kriegsproduktion

Zur gleichen Zeit stieg der Stern des Max Aitken. Der Kanadier aus New Brunswick hatte mit kaum 30 Jahren bereits Millionen Pfund verdient. 1910 siedelte er nach London über auf der Suche nach neuen Herausforderungen. Die kamen in rascher Abfolge: Einem Sitz im Unterhaus folgte die Berufung ins House of Lords sowie die Ernennung zum Informationsminister während des Ersten Weltkrieges an der Seite von Northcliffe. Lord Beaverbrook, wie sich Aitken nach der Erhebung in den Adelsstand nun nannte, stieg noch während der Kriegsjahre ins Zeitungsgeschäft ein, weil er früh den großen Einfluss erkannt hatte, den er von der Chefetage eines Medienhauses aus auf die Entscheidungen in Westminster ausüben konnte. Als Verleger des Daily Express, des Sunday

Express und des Londoner Standards trieb er die Regierenden bald vor sich her. Besonders litt in den 1920er-Jahren der konservative Premierminister Stanley Baldwin unter Beaverbrooks Kampagne für zollfreien Handel zwischen Großbritannien und seinen Kolonien. Mit Schmähungen und Beschimpfungen versuchten Beaverbrooks Blätter 15 Jahre lang, Baldwin zum Rücktritt vom Vorsitz der konservativen Partei zu zwingen (Williams 2019). Der revanchierte sich mit einer „Macht ohne Verantwortung" betitelten Rede aus der Feder seines Cousins, des Schriftstellers Rudyard Kipling, in der er die Medienmacher als Harlekins beschrieb, die mit Halbwahrheiten und Lügen handelten (Middlemas und Barnes 1969). Beaverbrook nahm die Kampfansage an und gründete den sogenannten Imperialen Freihandelskreuzzug, eine politische Partei, die mit Hilfe seiner Medienmacht in Nachwahlen zum Parlament im Jahr 1930 den Konservativen zunächst Niederlagen zufügte, langfristig aber erfolglos blieb (Curran und Seaton 2018). Auch nach diesem kurzen und für ihn enttäuschenden Ausflug in die Parteipolitik blieb Beaverbrook ein mächtiger Verleger, dessen Blätter Karrieren machten und zerstörten. Daran erinnerte sich Winston Churchill während des Zweiten Weltkrieges, als er die organisatorischen Fähigkeiten und das Durchsetzungsvermögen des Medienmanagers nutzen wollte im Kampf gegen Nazideutschland, indem er ihn zum Minister für die Produktion von Flugzeugen ernannte. Statt die Regierung zu kritisieren, so kalkulierte Churchill, würde Beaverbrook nun damit beschäftigt sein, die Fabrikation der Spitfires zu beschleunigen für den Luftkrieg über London (Williams 2019). Mit dem Kriegsende kehrte auch die Konfrontation zwischen Medien und Regierungen zurück. Inzwischen galt Cecil Harmsworth King, Lord Northcliffes Neffe, als mächtigster und zugleich anmaßendster Herausgeber. Er leitete die International Publishing Corporation, die rund 200 Publikationen kontrollierte und seinerzeit als größter Nachrichtenverlag der Welt galt. Zu dem Konzern gehörte auch der englische Daily Mirror, die international meistverkaufte Tageszeitung. Die tägliche Arbeit in der Redaktion an der Fleet Street delegierte Harmsworth King an seine Stellvertreter. Stattdessen ließ er sich von seinem Fahrer in einem Rolls-Royce, an dessen Kühlerhaube eine Standarte mit den Symbolen der Labour-Partei wehte, durch die Stadt fahren, wo er Abgeordneten und Ministern in vertraulichen Begegnungen Empfehlungen und Ermahnungen an die Regierung mitgab (Edwards 2003). Als Harold Wilson, Vorsitzender der Labour-Partei und seit 1964 Premierminister, die Erwartungen des machtbewussten Verlegers enttäuschte, kam es im Frühjahr 1968 zum Eklat: Harmsworth King traf sich mit Lord Louis Mountbatten of Burma, dem letzten Vizekönig Indiens und Urenkel Königin Victorias, am 8. Mai 1968 in einem Apartment im Londoner Stadtteil South Kensington. Dort schlug er vor, Mountbatten solle den Premierminister zum Rücktritt bewegen, sich selbst zum Chef einer Technokratenregierung erklären und, wenn nötig, Truppen im Regierungsviertel aufmarschieren zu lassen. Das liest sich nicht nur wie der Plan für einen Coup d'Etat. Das wäre einer gewesen, wenn Mountbatten nicht im letzten Moment auf die Warnung Solly Zuckermans gehört hätte, eines Beamten und Militärberaters, der ihn zu dem Treffen begleitet hatte (Cudlipp 1976). Nur Tage später machte die Nachricht die Runde, Harmsworth King sei entlassen worden. Offenbar war den Gesellschaftern des Konzerns der Mann nicht mehr geheuer, der sich gerierte wie ein lateinamerikanischer Caudillo (Edwards 2003).

Das Verhältnis zwischen Medien und Politik verlor auch nach dem Abgang Harmsworth Kings seine Dramatik nicht. Dafür sorgte ein junger Australier, der das von seinem Vater geerbte Zeitungsunternehmen nach London expandieren wollte. Sein Name war Rupert Murdoch, ein skrupelloser Geschäftsmann und begabter Verleger, der sich anschickte, den britischen Zeitungsmarkt umzukrempeln. Sein Erfolgsrezept: Gib dem Leser, was der Leser will, und sei es noch so schäbig und vulgär. Zunächst richtete sich sein unternehmerisches Augenmerk auf eine der ältesten Zeitungen des Landes. Die Wochenzeitung News of the World gab es seit 1843 jeden Sonntag an den Kiosken zu kaufen und für einige Zeit war sie international die Publikation mit der höchsten Auflage. 1891 übernahm die Familie Carr das Blatt und als Murdoch sein Interesse anmeldete, war der Hauptgesellschafter William Carr dem Tagesgeschäft weit entrückt und vor allem bekannt für seine ausgedehnten Mittagspausen, die er für gewöhnlich im Restaurant des Luxushotels Savoy verbrachte, das er unter Freunden als „meine Kantine" bezeichnete. Im Bietgefecht um die Zeitung, das sich über das ganze Jahr erstreckte, stach Murdoch seinen Rivalen Robert Maxwell aus, auch er ein Selfmade-Millionär und Parvenü in der Londoner Gesellschaft, der einst aus seiner tschechoslowakischen Heimat vor den Nazis geflohen und inzwischen als erfolgreicher Verleger etabliert war. Carr mochte nicht an einen Ausländer und Flüchtling aus Mitteleuropa verkaufen. Die historische Affinität und die kulturellen Bande mögen dazu beigetragen haben, dass er schließlich 1969 mit dem Australier abschloss wann (Petley 2016). Murdoch machte sich sofort daran, die Auflage zu steigern. Zur Unterhaltung der Leser druckten seine Journalisten bald Geschichten aus dem Privatleben der britischen Prominenz. So etwas hatte die distinguierte Gesellschaft in den teuren Stadthäusern und exklusiven Clubs bis dahin noch nicht gesehen – und war entsetzt. Schlüpfrige Details und intime Begegnungen, die mancher in den feinen Zirkeln im Regierungsviertel von Whitehall und den erlesenen Runden in den Chefetagen der Unternehmen gerne für sich behalten hätten, waren nun Tagesgespräch in jedem Pub. Aber Murdoch dachte nicht daran, eine gute Geschichte auszulassen oder eine spannende Überschrift zu streichen in der Hoffnung, es könnte ihm Wohlwollen und Sympathie der Elite einbringen. Besonders übel nahm man Murdoch die Veröffentlichung von Kapiteln aus den Memoiren der Christine Keeler. Das Callgirl Keeler war bekannt geworden für seine Affäre mit dem britischen Verteidigungsminister John Profumo, den sie bei einer Pool-Party in Cliveden kennengelernt hatte, einem luxuriösen Palast westlich von London im Besitz des Millionärs William Waldorf Astor. Als wäre das in den prüden 1960er-Jahren nicht schon skandalös genug gewesen, erfuhr der Leser der News of the World dann auch noch Einzelheiten über ein Verhältnis, das Keeler gleichzeitig mit Yevgeny Ivanov unterhielt, einem Spion und Marineattache an der sowjetischen Botschaft (Davenport-Hines 2013). Diese Art von Bettgeflüster kostete Profumo das Amt, während der Abdruck der anzüglichen Details den lange weitgehend unbekannten Murdoch mit einem Schlag zur Personalisierung des verruchten Gossenjournalisten machte (Wolff 2018). Während die feinen Herrschaften noch die Nasen rümpften, hatte Murdoch seinen Blick bereits auf die Tageszeitung SUN gerichtet und machte im Jahr 1969 den Besitzern ein Übernahmeangebot (Folkenflik 2013). Die Zeitung galt als seriöses, aber langweiliges Sprachrohr der Linken, eine journalistische Heimat für Wähler der Labour-Partei. Ihre Auflage stagnierte und der Schuldenstand wuchs. Wieder stach Murdoch Robert Maxwell aus, diesmal mit der Zusage, weniger

Arbeitsplätze zu streichen als sein Rivale. Das Versprechen konnte er halten, weil er direkt nach der Übernahme die Auflage rasant steigerte und die SUN in Wochen zum bestverkauften Blatt des Landes machte. Der Bühnenautor James Graham beschreibt in dem Theaterstück Ink, wie Murdochs atemberaubender Erfolg die Konkurrenz in Schockstarre versetzte. Die Eigentümer der alten Medienhäuser in der Hauptstadt lernten rasch das Rezept des neuen Verlagschefs kennen: Die Macher der SUN schrieben und redigierten eine Zeitung für die einfachen Leute. Das typische Leserprofil war der junge Mann im Pub, der seinen Spaß haben will, es sich gut gehen lässt, gerne über einen Witz lacht, mit seinen Kumpels über Frauen und Fußball redet und im Leben etwas erreichen will. Er fand in der SUN, was er suchte (Chippindale 1999).

Der größte Coup gelang Murdoch 1981, als er die Tageszeitung The Times und ihre am Sonntag erscheinende Schwesterpublikation Sunday Times übernahm. Damit hatte sich der Unternehmer mit Leidenschaft für Revolvergeschichten schließlich doch einen Platz am Tisch der Londoner Elite gesichert, auch wenn das Establishment vorerst noch skeptisch blieb. Das änderte sich erst mit der Wahl von Murdochs politischer Verbündeten ins Amt der Premierministerin. Margaret Thatcher, seit 1975 Vorsitzende der Konservativen und nach der Wahl 1979 auch Regierungschefin, lud Murdoch öfters zu sich nach Downing Street ein. In ihrer Wohnung oberhalb des Amtssitzes im Haus Nr. 10 fabulierten die beiden, wie Wirtschaft und Gesellschaft im Land radikal verändert werden müssten. Beide glaubten fest an die ordnende Kraft freier Märkte und hielten das sozialstaatliche Erbe der Labour-Partei für ein störendes Übel. Immer wieder klagte Murdoch über Gängelung, etwa wenn er an seinem Standort in der Fleet Street nur Mitarbeiter einstellen durfte, die in der Druckereigewerkschaft organisiert waren (Moore 2016). Selbst wenn er neue effizientere Druckerpressen anschaffte, war er vertraglich verpflichtet, die Arbeiter weiter zu beschäftigen, die nun für die Herstellung und Auslieferung der Zeitung entbehrlich geworden waren. Murdoch war außer sich darüber, dass die Gewerkschaftsführer, nicht die Verleger, Unternehmenspolitik bestimmten. Seiner Forderung, mit allen Mitteln die Macht der seinerzeit einflussreichen britischen Gewerkschaften zu brechen, stimmte die Regierungschefin zu. Die Tories wollten unbedingt verhindern, dass Funktionäre der Arbeitnehmervertretung auch künftig mit der Drohung von Generalstreiks Regierungen erpressen und eine liberale Wirtschafts- und Finanzpolitik blockieren konnten. Mit dieser Rückendeckung Thatchers entwickelte Murdoch einen verwegenen Plan: Er würde unter dem Vorwand, eine neue Zeitung für London auf den Markt bringen zu wollen, im Londoner Vorort Wapping hochmoderne Redaktionsräume und eine von Computern gesteuerte Druckerei errichten. Dann in einer Nacht- und Nebelaktion schickte er alle Druckereimitarbeiter am Stammsitz des Unternehmens in Fleet Street nach Hause und verlagerte in wenigen Stunden die Herstellung von News of the World, Sun, Times und Sunday Times an den neuen Standort. Das war eine kühne Idee nach dem Geschmack Thatchers, die Murdoch umgehend ihre Unterstützung versprach. Die hatte der Unternehmer dringend nötig. Als die Mitglieder der Druckereigewerkschaft bemerkten, was geschehen war, kannten ihre Empörung und Wut keine Grenzen. Sie errichteten Barrikaden, attackierten Lieferwagen, griffen Murdoch-treue Beschäftigte an und versuchten immer wieder, die Tore des Werksgeländes zu stürmen. Daraufhin wies die Premierministerin mehrere Hundertschaften berittener Polizei an, die Protestler niederzuknüppeln in einer Konfrontation, die sich über Monate zwischen 1984 und 1985 erstreckte und in die Geschichte ihrer Brutalität wegen als Schlacht von Wapping eingehen würde. Murdoch selbst half im modernen Verlagsneubau an der Seite seiner neuen Mitarbeiter beim Erstellen der Zeitungsseiten, während sich auf den Straßen vor dem Gebäude die bürgerkriegsähnlichen Szenen fortsetzten. Am Ende verlor die Gewerkschaft die Konfrontation und 6000 ihrer Mitglieder die Arbeitsstelle (Littleton 1992). Die Ereignisse demonstrierten die enge Verquickung zwischen Medienmachern und politischen Entscheidern und die Absprachen der beiden Seiten. Der Beitrag der Regierung bestand darin, die ökonomischen Interessen der Medienunternehmen zu verteidigen und die politischen Ziele der Verleger zu unterstützen. Dafür riefen Murdochs Zeitungen ausdrücklich zur Wahl der Konservativen auf und verhöhnten die Kandidaten der Labour-Partei. Thatchers Gegenkandidat 1983, ein zauseliger Sozialist namens Michael Foot, fand sein Konterfei auf der Titelseite der SUN unter der Überschrift: „Wollt ihr, dass dieser alte Trottel unser Land regiert?" Die Antwort war deutlich und Thatcher gewann 1983 nicht zuletzt dank der Hilfe der Presse eine überwältigende Mehrheit, die sie bei den Wahlen 1987 verteidigte. Als Thatcher 1990 von ihrer eigenen Fraktion zum Rücktritt gedrängt worden war, zog mit John Major ein Konservativer ganz anderen Typus in Downing Street ein: Freundlich und verbindlich im Umgang, gemäßigt in seinen politischen Ansichten, keiner, der Gefallen an Straßenkämpfen mit Gewerkschaftern haben würde. Sein politisches Unglück war, dass seine Landsleute nach einem Jahrzehnt mit den Konservativen Lust auf politischen Wechsel verspürten. Bei denen Wahlen 1992 lag Major hinten und die Umfragen sagten einen knappen Sieg der Labour-Partei voraus. Am Wahltag fand sich wieder ein Labour-Vorsitzender auf der Titelseite der SUN: Neil Kinnocks Kopf hatten die Redakteure in die Silhouette einer Glühbirne gezwängt und in riesigen Buchstaben darüber getitelt: „Wenn Labour die Wahl gewinnt, möge der Letzte, der das Land verlässt, bitte das Licht ausknipsen." Die Konservativen gewannen, hauchdünn. Unbescheiden ließ Murdoch am nächsten Morgen titeln. „Die SUN hats gewonnen!" (Curtice 1999).

Anstand, Ehrlichkeit und Verantwortungsgefühl

Politiker wussten, wie schwierig es sein würde, ohne die Hilfe des Medienmoguls eine Wahl zu gewinnen. Eine Einsicht, die Premierminister Major zunehmend Sorge machte, je mehr die ideologische Ausrichtung seiner Politik und Qualität seiner Regierungsführung den Medienmann enttäuschten. Die Konservativen schienen von ihrer Fortune verlassen, als ihre Regierung am 16. September 1992 den Rückzug des Pfunds Sterling aus dem gemeinsamen europäischen Wechselkurssystem bekannt geben musste, nachdem die Zentralbank nicht mehr in der Lage war, die Währung gegen die Transaktionen internationaler Spekulanten um George Soros zu schützen und einen starken Kursverlust abzuwenden. Der Tag würde an Börsen und in den Medien als Schwarzer Mittwoch in Erinnerung bleiben. Der Ruf der Tories, solide Manager von Volkswirtschaft und Finanzen zu sein, ging quasi über Nacht verloren und sollte sich über Jahre nicht von diesem Ereignis erholen. Doch es kam noch schlimmer für Major und seine Partei. Er hatte sich für seine Amtszeit so etwas wie eine geistig-moralische Wende vorgenommen, eine Rückkehr zu den Werten einer Epoche, die es nie gab, den Tories aber auf mystische Weise am Herzen lag. So predigte Major die Renaissance von Anstand, Ehrlichkeit und Verantwortungsgefühl. „Zurück zu den Grundlagen" (back to basics) war der Slogan, mit dem der Premierminister seine Politik bewarb, als eifrige Journalisten sich daranmachten, die verdorbenen Sitten und moralischen Untiefen der Mitglieder seiner Parlamentsfraktion zu beleuchten (Hickson und Williams 2017). Was sie ihrem Publikum in den kommenden Monaten präsentierten, war eine seltene Aneinanderreihung moralischer Verfehlungen und abenteuerlicher Peinlichkeiten hoher Funktionäre der konservativen Partei. Die Geschichten waren wie gemacht für den reißerischen Boulevard. Da war die außereheliche Beziehung des Kultusministers David Mellor mit einer Schauspielerin; dann die Enthüllungen über uneheliche Kinder des verheirateten Methodistenpredigers und Tory-Abgeordneten Hartley Booth; der Rücktritt des Ministers Tim Smith nach dem Vorwurf, er habe parlamentarische Anfragen gestellt gegen Bezahlung und im Auftrag des Geschäftsmanns Mohamed Al-Fayed; wenig später ein Polizeibericht zum Tod des konservativen Abgeordneten Stephen Milligan, der in Damenstrumpfhosen, mit einer Papiertüte über dem Kopf und einer halben Orange im Mund auf dem Küchentisch seiner Wohnung gefunden wurde. Dutzende weitere Fälle oft im Abstand von wenigen Tagen dominierten die Überschriften und die Gespräche in den Pubs zwischen Brighton und Belfast. Das Publikum war sich nicht sicher, was es von dem Schmierentheater in Westminster halten sollte. Die einen waren amüsiert, andere entsetzt; die Wähler der Konservativen empört und enttäuscht (Turner 2013). Noch düsterer wurde die Lage Majors, als sich einige euroskeptische Hinterbänkler seiner eigenen Fraktion gegen ihn verschwörten und in Parlamentsabstimmungen über die Europäische Gemeinschaft dem Regierungschef eine Niederlag nach der nächsten zufügten. „Bastarde" brach es aus dem sonst so vorsichtig und überlegt formulierenden Major heraus, als er die Mikrofone im TV-Studio fälschlicherweise für ausgeschaltet hielt. Der Fauxpas trug nicht dazu bei, die Loyalität seiner Gegner in der eigenen Partei, die ihm einen Ausverkauf des Landes an die Brüsseler Bürokratie vorwarfen, zurückzugewinnen

21 Rupert Murdoch – Wenn Zeitungen in den Krieg ziehen

(Seldon 1997). Die letzten Hoffnungen auf eine Wiederwahl machte ein Anruf des Chefredakteurs der SUN Kelvin MacKenzie zunichte. Der verkündete im vertrauten Du einem verblüfften Regierungschef: „John, ich habe hier neben meinem Schreibtisch einen Kübel mit Scheiße. Und den werde ich in den kommenden Wochen über dir auskippen!" (Eaton 2019). Das war eine unmissverständliche Ansage, welche Art von Berichterstattung die Tories von der SUN in den Monaten vor der Wahl 1997 erwarten durften. Major wusste, der gewiefte Geschäftsmann Murdoch hatte die Seiten gewechselt. Mit Verlierern wollte er nichts zu tun haben. Sein Favorit war von jetzt an die Labour-Partei.

Tony Blair war mit nur 41 Jahren 1994 an die Spitze der Labour-Partei gewählt worden. Jugendlich erschien er, charmant, mit einem einnehmenden Lächeln und der festen Überzeugung, dass Labour nach 18 Jahren in der Opposition die Konservativen nur von der Macht würde verdrängen können, wenn er die Medien, vor allem die Zeitungen Murdochs, auf seiner Seite hatte. Mit diesem Ziel reiste er einmal um den Globus, um Murdoch und das Management seines weltweiten Medienunternehmens News Corporation in einem luxuriösen Feriendomizil auf der Hayman-Insel vor der Küste Australiens zu treffen. Hier gab der Oppositionsführer ein Versprechen: Nach dem Wahlsieg werde die alte Arbeiterpartei Labour sich als Freund der Unternehmer erweisen, weil man verstanden habe, dass prosperierende Geschäfte die beste Sozialpolitik seien. Jahre später erzählte Blair dem ehemaligen Chefredakteur der SUN und des Daily Mirror, Piers Morgan, die Tour nach Australien sei wahrscheinlich die wichtigste Reise seines Lebens gewesen. Denn er, Blair, hatte die Absicht, den Löwen zu reiten, und nicht von ihm gefressen zu werden (Hyland 2012). Der Löwe war Murdoch und der hielt Blair inzwischen für einen Politiker mit Zukunft, dem er im anstehenden Wahlkampf 1997 mit seiner Medienmacht half. Nach fulminantem Sieg Labours erwartete der Medienmagnat von dem neuen Premierminister ein offenes Ohr und politische Rücksichtnahme. Blairs stellvertretender Regierungssprecher Lance Price berichtete davon, wie die Macht des Medienunternehmers sogar ins Kabinett, den innersten Kreis politischer Entscheider, reichte. Nach der Diskussion unter seinen Ministern und noch bevor eine Entscheidung getroffen wurde, wandte sich Blair oft an seinen Kommunikationsdirektor Alastair Campbell mit der Frage: „Und was würde Murdoch zu dem Thema sagen?" (Price 2006). Über die Europäische Gemeinschaft hatte er gewöhnlich nur Schlechtes zu sagen und die Idee einer gemeinsamen europäischen Währung empfand er als unerträglich. Dafür warb er für ein gutes Verhältnis mit den USA, gegen eine starke Rolle des Staates in einem freien Markt und pries stattdessen die Überlegenheit unternehmerischer Expertise. Abgeordnete und Minister überlegten sich gut, ob sie den alten, aber immer noch mächtigen Mann mit Widerspruch herausfordern wollten. „In Westminster hört man auf mich. In Brüssel interessiert sich niemand dafür, was ich will", war seine Antwort auf die Frage, wieso er den Institutionen in Brüssel mit Verachtung und beißender Kritik begegnete (Ponsford 2016). In der Europäischen Union sah er ähnlich wie seinerzeit Margaret Thatcher Bürokratie, Korruption sowie Vergeudung und, was noch schwerer wog, die linken Verbündeten der britischen Gewerkschaften, die er in den 1980er-Jahren mit so viel Aufwand und Risiko bekämpft hatte. So forderte Murdoch, das Land solle sich von der EU abwenden und sich als treuer politischer und militärischer Verbündeter der USA hervortun. In den Tagen vor dem Beginn des Dritten Golfkrieges im März 2003 ließ er sich deshalb mehrmals zu Premierminister Blair durchstellen, um auf eine Beteiligung Großbritannien in dem Konflikt an der Seite der USA zu drängen – wie es dann auch kam.

Murdoch erwies sich erneut als machtbewusster Pragmatiker und politischer Opportunist, als die Labour-Partei 2007 Tony Blair durch den Schatzkanzler Gordon Brown ersetzte, dem es an Charisma und Fortune fehlte. Einen weiteren Wahlsieg für Labour hielt Murdoch bald für so wenig wahrscheinlich wie die Umfrageinstitute, die einen Sieg der Tories 2010 voraussagten. Brown lernte jetzt, wie seinerzeit John Major, dass ein Politiker in Not nicht auf die Unterstützung des mächtigsten Verlegers zählen konnte. Schlimmer noch, just an dem Tag, als Brown auf dem Parteitag in einer lange vorbereiteten Rede seine Spitzenkandidatur für die Wahlen 2010 ankündigen wollte, titelte die SUN selbstsicher und arrogant, Labour habe die Wahlen schon verloren. Brown war empört, erinnert sich Murdoch: „Ihre Zeitungen haben meiner Regierung den Krieg erklärt," soll der Regierungschef am anderen Ende der Telefonleitung geklagt und dann seinerseits dem Verleger gedroht haben: „Wir haben keine Alternative, als mit Ihnen Krieg zu führen!" (Bercovici

2012). Den politischen Seitenwechsel hatte Murdoch mit dem neugewählten Parteichef der Konservativen David Cameron im August 2008 am Ägäischen Meer vereinbart, wo die beiden sich auf der 56 Meter langen Yacht des Verlegers, dem Segelschiff Rosehearty, trafen. Dass es ein Gegengeschäft gab, darüber gibt es für Ken Clarke keinen Zweifel. Als Beleg nennt der ehemalige Minister in den Regierungen Thatchers und Majors die Berufung von Andy Coulson, dem früheren Chefredakteur der News of the World, in das Amt des Regierungssprechers (Clarke 2016). Eben noch wichtiger Mitarbeiter Murdochs, nun ganz nah an Camerons Ohr und die mächtige SUN im Wahlkampf an der Seite des Konservativen – der Zusammenhang war nicht zu übersehen. Die Tories gewannen die Wahl 2010, Cameron wurde Premierminister und die SUN stand wieder einmal auf der Seite der Sieger, die sie gleich wieder für ihre politischen Ziele und journalistische Agenda zu instrumentalisieren versuchte. „Sie sollten Gefängnisschiffe kaufen. Sie werden sie brauchen!", riet Rebekah Brooks, die Chefin von Murdochs britischen Presseunternehmungen, während eines Treffens mit Clarke, der mittlerweile zum Justizminister avanciert war (Ruddick 2017). Der wunderte sich nicht schlecht über seine forsche Besucherin mit dem markanten roten Lockenkopf, die ausrichten ließ, Murdochs Medien würden Kampagnen für längere und härtere Haftstrafen starten. Neu war es zwar nicht, dass die meisten Boulevardmedien wenig Sympathie hatten für Richter, die Sozialarbeit statt Knast verhängten. Die Erwartung aber, eine Zeitungskampagne könne die Regierung dazu veranlassen, vorbeugend eine große Zahl neuer Gefängniszellen bereitzustellen, belegt die Überheblichkeit und das Machtbewusstsein in Murdochs Konzern.

Abwegige Skandalgeschichten über politische Gegner

2010 gab der Medientycoon bekannt, sein Unternehmen wolle einen Anteil von 39 Prozent an British Sky Broadcasting (BSkyB) aufstocken, um die Kontrolle über den privaten Fernsehsender zu erhalten. Die Labour-Partei war alarmiert. Angesichts dieses Szenarios warnte Lord Peter

Mandelson vor Rudeljournalismus. Der ehemalige BBC-Journalist und langjährige Medienberater Tony Blairs argwöhnte, wenn die SUN und Murdochs Privatsender gemeinsam abwegige Skandalgeschichten über politische Gegner verbreiteten, bliebe der formal unabhängigen BBC nichts anderes übrig, als über das Tagesgespräch der Konkurrenz auch in ihrem Nachrichtenprogramm zu berichten. Solange Murdoch auf der Seite Camerons stand, befürchtete Mandelson, sei ein Kauf BSkyB deshalb ein politischer Vorteil für die Konservativen. Doch nicht nur die Labour-Partei war besorgt, auch die Liberaldemokraten konnten den Plänen Murdochs nichts abgewinnen. Gewöhnlich ist es von wenig Belang, was die Führung der kleinen liberalen Oppositionspartei umtreibt. Doch seit 2010 saß sie als Koalitionspartner der Konservativen mit am Regierungstisch, wo über Murdochs Pläne für BSkyB abgestimmt werden musste. Cameron hatte den Wirtschaftsminister Vince Cable, einen Liberaldemokraten, mit der Zuständigkeit für die abschließende Beurteilung des Übernahmeangebots betraut. Der hielt eine wachsende Medienkonzentration in Murdochs Hand für wenig wünschenswert, hatten doch dessen populistische Zeitungen immer wieder Kampagnen gegen Liberaldemokratische Kandidaten und deren Politik betrieben. Als die Nachricht in Westminster die Runde machte, Cable habe Journalisten vertraulich erzählt, er sei im Krieg mit Murdoch, entzog Cameron ihm die Zuständigkeit für den Fall und beauftragte stattdessen seinen Minister für Kultur, Jeremy Hunt, einen Konservativen, über Murdochs Antrag zu entscheiden (Wintour 2010). In den folgenden Monaten wurde Hunt zum Ziel einer Charmeoffensive durch Murdochs Lobbyisten Frederic Michel, mit dem das Ministerbüro im Verlauf des folgenden Jahres fast 1000 Textnachrichten und knapp 160 E-Mails austauschte (Shackle 2012). Der Lobbyist erkundigte sich nicht etwa nur nach dem Fortgang des Prüfauftrags zur Übernahme des Senders. Er versuchte das geschäftliche Anliegen seines Arbeitgebers zu befördern, indem er um Freundschaft und die Sympathie der Mitarbeiter des Ministerbüros buhlte. Doch die Strategie der Lobbyabteilung bei News Corporation ließ es damit nicht bewenden. Sie hatte noch einen weiteren Weg ersonnen, um sich das passende Votum in Whitehall zu sichern. Und der führte über Edinburgh, den Sitz der schottischen Regierung und dessen Ersten Ministers Axel Salmond. Der wusste um die Arbeitsplätze des Verlegers in Schottland und hatte ein Interesse daran, einem Investor und Unternehmer behilflich zu sein, wenn die Gelegenheit sich ergab. Im Gegenzug sorgte Murdoch dafür, dass die SUN – in London mittlerweile wieder ein Claqueur der Konservativen – in Schottland ganz andere Loyalitäten zeigte. Dort war die Zeitung ein Sprachrohr für die linke Nationalistenpartei, der Salmond vorstand. Um diese Unterstützung nicht zu riskieren, versprach Salmond, sich persönlich bei Hunt für Murdoch einzusetzen (Carrell 2012). Einmal mehr sah es so aus, als würden sich in England und Schottland Politiker zu Handlangern der Medieninteressen machen lassen. Dass aus der Übernahme am Ende nichts wurde, lag nicht etwa an der Politik, sondern an den kriminellen Praktiken in Murdochs Unternehmen. Im Jahr 2011 erreichten öffentliche Empörung und Wut ihren Höhepunkt, als immer mehr Belege bekannt wurden, wonach Journalisten der News of the World illegal und systematisch Mobiltelefone von Politikern, prominenten Künstlern und Mitgliedern der königlichen Familie abhörten. Auch die Telefonnachrichten der Angehörigen des Terroranschlags vom Sommer 2005 wurden mitgehört und sogar zur Mailbox der 13-jährigen Milly Dowler, dem Opfer einer Entführung im Jahr 2002, nach der die Polizei seinerzeit noch suchte, hatten sich Journalisten Zugang verschafft. Als die Fragen lauter wurden, ob der vormalige Chefredakteur der Zeitung, Andy Coulson, etwas von den Praktiken seiner Mitarbeiter gewusst haben konnte, trat er von seinem Amt als Regierungssprecher der Regierung Cameron zurück. Als auch Rebekah Brooks und andere Manager in Polizeigewahrsam genommen wurden und auf ihre Gerichtsanhörung warteten, zog Murdoch die Notbremse und schloss in einer seltenen Geste der Reue und als Eingeständnis einer Niederlage die News of the World. Eine der ältesten Tageszeitungen des Landes erschien am 10. Juli 2011 zum letzten Mal (Keeble und Mair 2012).

Den Gerichtsverhandlungen zum Abhörskandal folgte ein parlamentarischer Untersuchungsausschuss, zu dem das Parlament 337 Zeugen einlud. Die Abgeordneten wollten den zwielichtigen Praktiken der Journalisten auf den Grund gehen und entdeckten dabei ein bizarres Geflecht aus Beziehungen, Freundschaften, Gegengeschäften, dunklen Absprachen und Drohungen zwischen Politikern und der Presse. Die Untersuchung leitete Lord Leveson, der in den folgenden Monaten Prominente aus Politik und Showbusiness, Journalisten, bekannte Unternehmensführer und die Chefs der Medienkonzerne verhörte. Auch Rupert Murdoch hatte seinen Auftritt. Die Öffentlichkeit verfolgte die Befragungen mit Verwunderung und Ungläubigkeit. Chris Patten, ehemaliger Minister und Wahlkampfleiter der Konservativen zu Zeiten von Thatcher und Major gab zu Protokoll, wie Murdoch publizistische Arbeit unter das Primat seiner politischen und wirtschaftlichen Interessen stellte. Patten, Großbritanniens letzter Generalgouverneur der Kronkolonie Hong Kong, machte sich nach der Rückgabe des Territoriums an die Volksrepublik China daran, ein Buch über seine Jahre in Ostasien zu schreiben. Das Manuskript sei exzellent, richtete ihm die Leitung des Verlags HarperCollins aus und begann die Vorbereitungen für Werbung und Verkauf. Kurz bevor es dazu kam, vollzog die Verlagsführung eine Vollbremsung: Das Buch könne nicht gedruckt werden, hieß es nun, und sei aus dem Katalog von HarperCollins gestrichen. Patten erläuterte vor dem Leveson-Ausschuss, dass der Besitzer von HarperCollins, Rupert Murdoch, seinerzeit ins chinesische Fernsehgeschäft einsteigen wollte und deshalb fürchtete, ein Buch aus eigenem Verlag, das mit Kritik an den Parteigranden nicht sparte, irritiere die Führung der Kommunistischen Partei (Boggan 2011). Murdoch und seinen Managern hingegen war eher an persönlicher Nähe zu und privater Verbundenheit mit politischen Entscheidern gelegen, wenn es dem Geschäft nutzte. Mit dieser Absicht wurden Freundschaften gepflegt, echte und vorgetäuschte. Als einen Freund von Rebekah Brooks betrachtete sich etwa Premierminister Cameron, der Kurznachrichten per Handy an die Verlagsmanagerin mit der Buchstabenreihung LOL versah. Irrtümlich dachte er, das Akronym stehe für „lots of love" (alles Liebe) anstatt „laughing out loud" (laut herauslachen), wie Brooks den Mitgliedern des Leveson-Ausschusses nicht ohne Ironie erzählte. Die Unkenntnis eines Politikers über die Gepflogenheiten digitalen Jargons war eher von anekdotischem Interesse. Die Tatsache jedoch, dass sich die Geschäftsführerin des mächtigsten Medienkonzerns mit dem Chef der Regierung täglich, oft mehrmals, herzliche persönliche Nachrichten schrieb, warf Fragen auf über die nötige kritische Distanz zwischen Politik und den Medien, deren Job es hätte sein sollen, unabhängig Regierungsarbeit zu hinterfragen und – wo nötig – zu kritisieren. Nicht schlecht staunte das Publikum über Berichte,

Cameron and Brooks träfen sich zu gemeinsamen Ausritten auf Pferden, die ihr Ehemann Charly besorgt habe, mit dem Cameron seit der gemeinsamen Schulzeit am Eton College gut bekannt war (Bowater 2012). Die öffentlichen Anhörungen des Leveson-Ausschusses bestätigten, was Insider längst wussten: Die Presse hatte ihre Funktion als unabhängige vierte Gewalt in der politischen Arena aufgegeben. Ihre Protagonisten klüngelten zum eigenen Vorteil mit den Regierenden, während Politiker hofften, feindselige Medien mit Freundschaften zu Journalisten und Verlagsmanagern domestizieren zu können. Dieses Gegengeschäft funktionierte auch, als Lord Leveson seine Untersuchung ausweiten wollte mit einer Befragung über das Verhältnis zwischen Presse und Polizei. Murdoch, der weitere peinliche Enthüllungen vermeiden wollte, konnte sich auf David Cameron verlassen, der das Ersuchen Levesons ablehnte und damit die Arbeit des Ausschusses beendete. Noch nötiger hatten die Verleger den Beistand des Premierministers, als Leveson den Abschlussbericht seiner Arbeit vorlegte, die Praktiken der Presse scharf kritisierte und eine Reform der Presseaufsicht empfahl. Eine unabhängige Agentur sollte her, die Verfehlungen von Zeitungen und Journalisten mit Verwarnungen bloßstellen und Strafgeldern ahnden konnte. „Zensur!", rief es aufgeregt aus den Redaktionsstuben der Boulevardpresse, zu deren Geschäftsmodell die Verdrehung der Wirklichkeit, Übergriffe in die Privatsphäre und gewissenloser Kampagnenjournalismus gehören. Zach Goldsmith, Parlamentsabgeordneter der Konservativen und Kandidat für das Amt des Londoner Bürgermeisters im Jahr 2016, hält eine Reglementierung journalistischer Arbeitspraktiken für dringend geboten. Angst vor Rupert Murdoch und die Sorge, zum Ziel aggressiver Berichterstattung der Boulevardblätter zu werden, sind laut Goldsmith die Gründe, weshalb Regierungen nie den Mut fanden, die Presse zur Räson zu bringen. Auch Cameron gab dem Druck nach und erlaubte den Verlagen, ihre eigene Medienaufsicht zu gründen, finanziert mit den Mitgliedsbeiträgen eben jener Publikationen, deren Arbeit die Kontrolleure zu beurteilen haben würde (Barnett 2015). Diesen Zynismus konnte sich die Regierung leisten, weil das Publikum nach Monaten der Leveson-Anhörung längst jedes Interesse an dem Thema verloren hatte und eine Diskussion über bürokratische Details sowie regulatorische Feinheiten der künftigen Presseaufsicht ohnehin nur wenig öffentliche Aufmerksamkeit weckt.

Unterdessen wandte sich Murdoch einem weitaus bedeutenderen Anliegen zu: Das Land müsse befreit werden von den inkompetenten Bürokraten, den verkappten Sozialisten und überforderten Administratoren, die in Brüssel britischen Interessen schadeten. Diese tiefe Ablehnung gegenüber der Europäischen Union teilte Murdoch mit den Besitzern anderer Zeitungsverlage, etwa den Barclay-Zwillingen, David und Frederick, Jahrgang 1934, die seit 2004 die konservative Tageszeitung Daily Telegraph als ihr politisches Sprachrohr nutzten. Die Geschicke des Blattes steuerten die beiden für Jahre gemeinsam von einer Ritterburg aus, die sie sich auf ihrer Privatinsel Brecqhou unweit von Guernsey im Ärmelkanal hatten errichten lassen. Auch Richard Desmond, zwischen 2000 und 2018 der Besitzer der Zeitungen Express und des Sunday-Express fürchtete, die Europäer auf dem Kontinent gefährdeten den britischen Lebensstil und die kulturelle Identität der Inselbewohner. Raus aus der EU – so lautete schon lange seine Forderung. Führende Konservative waren sich mit Cameron darin einig, dass dem Druck der Presse nicht mehr zu widerstehen war, schon gar nicht in einem Wahlkampf. 2013 besänftigte der Premierminister die Besitzer der Tagespresse und ihre jeweiligen Leitartikler mit der Zusage, im Falle seiner Wiederwahl mit absoluter Mehrheit der Sitze halte seine Regierung ein Referendum ab über die Zukunft des Landes in der EU. Die Zusage war der politische Hauptgewinn für Rupert Murdoch. Doch der skeptische Verleger drängte weiter und allein in den zwölf Monaten vor dem Brexit-Referendum schickte er Topmanager zehnmal zu Treffen in 10 Downing Street, um den Regierungschef an seine wirtschaftlichen Anliegen und politischen Wünsche zu erinnern. Zum Vergleich: Das Management des größten TV-Senders BBC wurde in der gleichen Zeit nur siebenmal im Amtssitz des Premierministers vorstellig (Jackson 2017). Obwohl Cameron immer wieder öffentlich Sympathie für Murdochs Haltung gegenüber der EU gezeigte hatte, warb er in den Monaten vor der Abstimmung am 23. Juni 2016 für den Verbleib des Landes in der Gemeinschaft. Somit brauchte Murdoch einen anderen und – soweit möglich – populäreren Cheerleader für die Anti-EU-Kampagne seiner Blätter, den er in Boris Johnson fand. Der ehemalige Londoner Bürgermeister, der zuvor immer wieder Verständnis für die pro-europäische Haltung seiner Wähler in der Hauptstadt gezeigt hatte, war zur Überraschung vieler seiner Freunde Anfang

2016 ins Brexit-Lager übergegangen. Behauptungen, wonach ein Grund für diesen Sinneswandel eine Zusage Murdochs gewesen sein soll, mit seinen Zeitungen Johnson bei einer künftigen Kandidatur um den Parteivorsitz zu unterstützen, sind zwar nur Spekulation, passen aber zu den Praktiken, die in Großbritannien das Verhältnis zwischen mächtigen Medienunternehmern und Politikern für ein Jahrhundert geprägt haben.

Literatur

Barnett S (2015) Toothless press regulator is a busted flush, but genuine post-Leveson reform is still on the way. LSE, 7. Februar. https://blogs.lse.ac.uk/politicsandpolicy/toothless-press-regulator-is-a-busted-flush-but-genuine-post-leveson-reform-is-still-on-the-way/. Zugegriffen am 07.09.2021

Bercovici J (2012) Rupert Murdoch: former PM Gordon Brown declared war on News Corp. Forbes, 25. April. https://www.forbes.com/sites/jeffbercovici/2012/04/25/rupert-murdoch-former-pm-gordon-brown-declared-war-on-news-corp/?sh=4f634a704a31. Zugegriffen am 02.01.2021

Boggan S (2011) Murdoch settles with Patten in book censorship fiasco. Independent, 22. Oktober. https://www.independent.co.uk/news/murdoch-settles-with-patten-in-book-censorship-fiasco-1148648.html. Zugegriffen am 04.01.2021

Bourne R (1990) Lords of Fleet Street. Routledge, London

Bowater D (2012) Horsegate. David Cameron admits riding Rebekah Brooks's police horse. The Daily Telegraph, 2. März. https://www.telegraph.co.uk/news/uknews/phone-hacking/9118472/Horsegate-David-Cameron-admits-riding-Rebekah-Brookss-police-horse-live.html. Zugegriffen am 09.03.2021

Brendon P (2003) Eminent Edwardians: four figures who defined their age: Northcliffe, Balfour, Pankhurst, Baden-Powell. Pimlico, London

Britcher C (2021) Lord Northcliffe: the golf-mad Daily Mail founder's life in Broadstairs. Kent, 12. September. https://www.kentonline.co.uk/kent/news/bombs-alligators-and-golf-at-media-magnates-country-retrea-253511/. Zugegriffen am 14.09.2021

Carrell S (2012) Alex Salmond admits he planned to lobby Jeremy Hunt over BskyB. The Guardian, 25. April. https://www.theguardian.com/politics/2012/apr/25/alex-salmond-jeremy-hunt-bskyb. Zugegriffen am 03.03.2021

Chippindale P (1999) Stick it up you punter. The uncut story of the SUN newspaper. Pocket Books, New York

Clarke K (2016) Kind of blue. A political memoir. Macmillan, London
Cudlipp H (1976) Walking on water. The Bodley Head, London
Curran J, Seaton J (2018) Power without responsibility. Routledge, London
Curtice J (1999) „Was it the Sun wot won it again?" The influence of newspapers in the 1997 election campaign. Centre for Research into Elections and Social, London
Davenport-Hines R (2013) An English affair: sex, class and power in the age of Profumo. Harper, New York
Eaton G (2019) John Major denies buckle of shit story. The New Statesman, 20. November. https://www.newstatesman.com/politics/2019/11/john-major-denies-bucket-shit-story. Zugegriffen am 02.09.2021
Edwards RD (2003) Newspapermen. Hugh Cudlipp, Cecil Harmsworth King and the glory days of Fleet Street. Secker, London
Folkenflik D (2013) Rupert Murdoch. The last of the old media empires. Public Affairs, New York
Hickson K, Williams B (2017) John Major. An unsuccessful Prime Minister? Biteback, London
Hyland D (2012) A revealing look at Murdoch's influence on British politics. World Socialist Website, 25. Mai. https://www.wsws.org/en/articles/2012/05/murd-m25.html. Zugegriffen am 22.04.2021
Jackson J (2017) Rupert Murdoch accused of enjoying „astounding access" to Downing Street. The Guardian, 5. Februar. https://www.theguardian.com/media/2017/feb/05/rupert-murdoch-access-to-downing-street-theresa-may-david-cameron. Zugegriffen am 18.09.2021
Keeble RL, Mair J (2012) The phone hacking scandal. Journalism on trial. Abramis, Bury St. Edmunds
Lester M (2019) H. H. Asquith. The last of the Romans. Lexington Books, Lexington
Littleton SM (1992) The Wapping dispute. Avebury, London
Middlemas K, Barnes J (1969) Baldwin. Weidenfeld und Nicolson, London
Moore C (2016) Margaret Thatcher. At her zenith. Knopf, New York
Petley J (2016) Harbingers of the future. Rupert Murdoch's takeover of the News of the World organisation. In: Brake L, Kaul C, Turner M (Hrsg) The News of the World and the British press 1843–2011. Springer, New York, S 244–265
Ponsford D (2016) Rupert Murdoch denies saying he was anti-Europe, because in Downing Street, not in Brussels, „they do what I say". Press Gazette, 19. Dezember. https://www.pressgazette.co.uk/rupert-murdoch-denies-saying-

he-was-anti-europe-because-at-downing-street-not-brussels-they-do-what-i-say/. Zugegriffen am 18.12.2020

Price L (2006) Rupert Murdoch is effectively a member of Blair's cabinet. The Guardian, 1. Juli. https://www.theguardian.com/commentisfree/2006/jul/01/comment.rupertmurdoch. Zugegriffen am 22.12.2020

Ruddick G (2017) Ken Clarke: Tories had deal with Rupert Murdoch for 2010 elections. The Guardian, 23. November. https://www.theguardian.com/politics/2017/nov/23/ken-clarke-cameron-had-deal-with-murdoch-for-2010-election. Zugegriffen am 22.11.2020

Schultz J (1998) Reviving the fourth estate. Cambridge University Press, Cambridge

Seldon A (1997) Major. A political life. Phoenix Books, London

Shackle S (2012) News Corp. and Hunt's office: in numbers. New Statesman, 24. Mai. https://www.newstatesman.com/politics/2012/05/news-corp-and-hunt%E2%80%99s-office-numbers. Zugegriffen am 22.12.2020

Thompson JL (2000) The press and propaganda. Lord Northcliffe and the great war, 1914–1918. Kent State University Press, Kent

Turner AW (2013) A classless society. Britain in the 1990s. Aurum Press, London

Williams C (2019) Max Beaverbrook. Not quite a gentleman. Biteback, London

Wintour P (2010) Humiliated Cable stripped of Sky role after "war with Murdoch" gaffe. The Guardian, 21. Dezember. https://www.theguardian.com/politics/2010/dec/21/vince-cable-war-murdoch-gaffe. Zugegriffen am 02.02.2021

Wolff M (2018) The man who owns the news. Inside the secret world of Rupert Murdoch. Vintage, New York

22

Geliebt und geschmäht – die BBC

Die Signatur der Monarchin sowie das rote Siegel sind wertvolle Symbole, weil sie der königlichen Satzung ihre Gültigkeit verleihen. Den 35.000 Mitarbeitern der BBC gilt dieses Dokument seit einem Jahrhundert als Garantie ihrer Zukunft, weil es dem öffentlich-rechtlichen Rundfunksender einen besonderen Status einräumt, ihm journalistische Unabhängigkeit von parlamentarischen Mehrheiten gewährt und dem politischen Willen von Regierungen ebenso entzieht wie dem ideologisch gefärbten Parteienstreit. Ofcom, das Aufsichtsgremium für den Rundfunk, ist ebenfalls keinem Parteipolitiker verpflichtet. Nicht einmal die Wünsche kommerzieller Werbekunden brauchen die Macher der BBC zu berücksichtigen. Denn die Kosten für das Programm in Fernsehen, Radio und im Netz begleichen die Zuschauer, die eine Jahresgebühr in Höhe von rund 159 Pfund entrichten. Soweit die Theorie; in der Praxis ist es um die Garantie journalistischer Unabhängigkeit allerdings nur so lange gut bestellt, wie Politiker in Westminster deren Wert erkennen und die Autonomie des Senders bewahrt sehen wollen.

Die Bereitschaft, die Unabhängigkeit des Rundfunks anzuerkennen, ist seit den frühen 1980er-Jahren besonders in der konservativen Partei eher schwach ausgeprägt. Allen voran führte Margaret Thatcher als Premierministerin einen persönlichen Krieg gegen die BBC, der sie vorwarf, sich mit den Linken im Land gegen ihre Politik zu verschwören. David Cameron wurde nach der Übernahme des Parteivorsitzes der Tories 2005 von dem politischen Korrespondenten Nick Robinson mit der Drohung zitiert, die Tories würden bei ihrer Rückkehr an die Regierung die BBC „dicht machen" (Martinson und Jackson 2015). Boris Johnsons zeitweise feindseliges Verhältnis gegenüber dem Sender ist vor allem damit zu erklären, dass die Nachrichtenredaktionen in Diskussionen um die Vorzüge und Nachteile des Brexit aus ihren Sympathien für eine Wiederholung Referendum und einen Verbleib des Landes in der EU oft kein Geheimnis machten. Medienpolitiker der Konservativen bezichtigen die BBC seit jeher, ein Biotop zu sein für Sozialisten, Gewerkschaftsfreunde und Leute mit ungeklärtem Verhältnis zu Terroristen und Feinden der Nation (Forrest 2021). Thatcher empfand es seinerzeit als unbegreiflich, warum der Sender all jenen eine Stimme gebe, die gegen ihre Regierung opponierten und dabei das Mandat ignorierten, das sie in Wahlen für ihre Politik gewonnen hatte. Ihrer Ansicht nach begründeten Parteien und Regierungen auf Wahlsiege ihre Autorität und damit den Anspruch, von der öffentlich-rechtlichen Rundfunkanstalt Loyalität einzufordern, besonders dann, wenn das Land eine Krise durchmache. Als Thatcher 1982 die Royal Navy in den südlichen Atlantik entsandte zur Befreiung der britischen Falklandinseln, die von Argentinien besetzt worden waren, erwartete die Regierungschefin von der BBC, die Rolle eines Cheerleaders zu spielen und die britischen Streitkräfte zu unterstützen wie seinerzeit im Zweiten Weltkrieg. Die Premierministerin war außer sich darüber, dass die Korrespondenten sich in der Kriegsberichterstattung gegen die parteiischen Formulierungen „der Feind" und „unsere Truppen" und stattdessen für die neutralen Begriffe „britische Soldaten" und „argentinische Soldaten" entschieden, um sich ausdrücklich nicht den Blick einer Konfliktparte zu eigen machte (Hood 2016). „Hochverrat", rief es aus den Reihen der Tory-Fraktion, als der Journalist John Snow in seiner Moderation der Abendnachrichten misstrauisch formulierte, er halte die britische Seite in dem Konflikt für deutlich glaubwürdiger, „solange es nicht belegt ist, dass die britischen Behörden uns betrügen und Verluste des Konflikts verheimlichen" (Seaton 2015). Als die Landungskommandos in der Berichterstattung der BBC noch vor Erteilung des Marschbefehls über ihren bevorstehenden Angriff bei Goose Green auf den Östlichen Falklands hörten, fragte Thatcher während einer Parlamentsdebatte empört, wie die Streitkräfte einen Krieg gegen die eigenen Medien gewinnen sollten? Ähnlich aufgebracht war die Premierministerin über die Interviews in den BBC-Nachrichtenprogrammen mit Politikern der nordirischen Partei Sinn Fein, die sich im Namen ihrer katholisch-nationalistischen Wählerschaft für eine Vereinigung der britischen Provinz Ulster mit der Republik Irland einsetzten. Prominente Anführer der Partei, wie ihr Vorsitzender Gerry Adams und der spätere Minister Martin McGuiness, galten als politische Verbündete der Untergrundarmee IRA. „Aufmerksamkeit ist der Sauerstoff dieser Terroristen", war sich Thatcher sicher und beharrte darauf, ihren Sympathisanten aus der Provinz Ulster den Zugang zum öffentlich-rechtlichen Rundfunkt zu verwehren (Edgerton 2004). Douglas Hurd, ihren Innenminister, instruierte sie 1988, den Unterstützern paramilitärischer Gruppen in Nordirland, also auch den demokratisch gewählten Abgeordneten von Sinn Fein, Sprechverbot in Programmen der BBC zu erteilen. In den Redaktionen des Senders überwog die Meinung, dass die politischen Forderungen von Sinn Fein und der IRA dem Publikum nicht vorenthalten werden dürften. Statt Gerry Adams persönlich zu interviewen, heuerten die Nachrichtenredaktionen stattdessen Schauspieler an, um die Aussagen des Nationalistenführers zu verlesen. Das Sprechverbot war befolgt, doch die Aufmerksamkeit für Sinn Fein stieg in den folgenden Jahren nur noch an (Welch 2005).

Seither sannen die Konservativen nach Wegen, die liberale Widerborstigkeit in den BBC-Redaktionen zu brechen. Immer wieder drohten ihre Regierungen, die jährliche Rundfunkgebühr abzuschaffen und so dem Sender den Geldhahn abzudrehen. Das schien politisch opportun, denn seit Jahren fordert auch eine Mehrheit des Publikums, die Pflichtgebühren zu ersetzen. Im Februar 2020 meldeten die Meinungsforscher des Instituts ComRes in einer Studie im Auftrag der Tageszeitung Daily Express, dass 61 Prozent der Befragten für die Programme der BBC nicht mehr zahlen wollten (Maddox und Williamson 2020). Die gänzliche Abschaffung der Gebühr, ein Streich, den Thatcher favorisierte, wäre einer Privatisierung des Senders gleichgekommen, der damit abhängig geworden wäre von kommerziellen Interessen seiner neuen Geldgeber, der Werbekunden. Die würden in den Chefetagen des Senders darauf hinwirken, mit seichtem Unterhaltungsprogramm die Zuschauerzahlen zu steigern und damit die Reichweite ihrer Werbebotschaften. Für investigativen kritischen Journalismus wäre im kommerzialisierten Rundfunk weniger Platz. Bernhard Ingham, Thatchers wortgewaltiger Regierungssprecher, sah darin eine Chance, den „ungewählten Prinzlingen" des öffentlich-rechtlichen Rundfunks die Privilegien und Macht beschneiden zu können (Curran und Seaton 2018). Dem Publikum, das nach wie vor der BBC viel Sympathie entgegenbrachte, wollte Ingham diesen Anschlag auf eine nationale Institution anpreisen als Voraussetzung für echten Meinungspluralismus, den es nach seiner Meinung nur geben könne, wenn der Sender ohne Gebührensubventionierung am Markt mit seinem Programm gegen private Konkurrenten in Wettbewerb trete. Dieser Frontalangriff scheiterte schließlich an der königlichen Satzung, die jeweils für eine Laufzeit von zehn Jahren den Auftrag des Senders definiert und die Gebührenfinanzierung garantiert. So erklärt sich auch, weshalb Boris Johnson, der noch immer auf Rache sinnt für Berichterstattung, die viele Konservative während der Brexit-Debatte und im Wahlkampf 2019 als regierungsfeindlich und proeuropäisch schmähten, der BBC bis 2027 keinen tödlichen Schlag versetzen kann. Immerhin ließ er Kulturministerin Nadine Dorris am 17. Januar 2022 mitteilen, seine Regierung werde in den kommenden Jahren Bitten des Rundfunks um Gebührenanhebungen nicht mehr nachgeben (Waterson 2022). Angesichts einer prognostizierten Inflationsrate von bis zu acht Prozent schrumpfen daher die Mittel der BBC für Personal- und Produktionskosten in nur zwei Jahren um fast ein Sechstel. Bereits 2020 hatten die Tories den Sender einzuschüchtern versucht mit der Nachricht, der Staat verfolge künftig säumige Zahler der Fernsehgebühren nicht mehr (PA Media 2021). Staatsanwälte auf Gebührenverweigerer zu hetzen, begründete der Premierminister seinerzeit scheinheilig, sei zutiefst unsozial und nehme auf die finanziellen Nöte vieler Menschen keine Rücksicht. Beobachter bezeichneten seinerzeit die Ankündigung als cleveren Schachzug der Regierung und probates Mittel, den proeuropäischen und linksliberalen Klüngel in den Redaktionsstuben zu bändigen, der sich mit einem Mal seiner finanziellen Verwundbarkeit bewusster wurde.

Die BBC als „Boring Bonkers Corporation"

Die konservativen Zeitungen wusste die Regierung bei ihren Angriffen auf das öffentlich-rechtliche Fernsehen immer auf ihrer Seite. Die Daily Mail titelte, die BBC sie „parteiisch, bankrott und korrupt", ein böses Wortspiel mit dem Akronym im Sendernamen: B(iased), B(ancrupt), C(orrupt). Ähnlich sarkastischen Wortwitz zeigte die älteste nationale Tageszeitung, die News of the World, die den Sender als B(oring) B(onkers) Corporation bezeichnete, also als Gesellschaft langweiliger Idioten. Hier klangen auch Ressentiments durch, die der Unternehmer Rupert Murdoch – Besitzer der News of the World – gegen den Sender hegte. Der mächtigste Medienunternehmer des Landes hatte mit seinem Sender BSkyB selbst ein Interesse am TV-Markt im Land und empfand es als Ungerechtigkeit, dass ein Mitbewerber sich bequem aus Zwangsgebühren finanzieren konnte. Wohl auch deshalb instruierte Murdoch seine Boulevardzeitung SUN, die BBC als „schäbig" und „schlampig" zu verhöhnen, und widmete in drei aufeinanderfolgenden Ausgaben des Boulevardblattes Kommentare den Schwächen und Verfehlungen des Senders. Soviel anhaltendes Augenmerk auf ein Thema hatten die für ihre Aufmerksamkeitsspanne nicht unbedingt bekannten Leser der SUN in ihrer Zeitung zuletzt während der aufgeregten Tage rund um die Abdankung König Edward VIII. im Dezember 1936 erlebt. Als sich abzeichnete, dass der Angriff von außen die BBC nicht erschütterte, wollte Thatcher die Anstalt von innen heraus verändern, indem sie den Vorsitzenden des Rundfunkrates auswechselte. Auf ein ähnliches Szenario hatte mit beachtlichem Weitblick Sir James Trethowan schon 1977 hingewiesen, zwei Jahre vor Thatchers Regierungsübernahme, in einer Rede anlässlich seines Amtsantritts als Generaldirektor der BBC. Darin verwies er darauf, dass bisher Regierungen beider Parteien zwar skrupulös darauf geachtet hätten, Persönlichkeiten mit einer großen Bandbreite unterschiedlicher Ansichten und Interessen in den Reihen des Rundfunkrates vertreten zu sehen. Er hielt es aber für möglich, dass ein Premierminister mit dunklen Absichten sein Recht, die Mitglieder dieses Kontrollgremiums zu berufen, missbrauchen und ausschließlich eigene Gefolgsleute nominieren könne, um sich in einem Konflikt mit dem

Sender durchzusetzen. Daran fühlten sich Beobachter erinnert, als Thatcher 1986 Marmaduke Hussey, einen Zeitungsmanager, vormaligen engen Mitarbeiter Rupert Murdochs und Mann ihres Vertrauens in den Vorsitz des Rundfunkrates berief, der ganz im Sinne Thatchers den Manager John Birt zum Generaldirektor ernannte mit dem Auftrag, die Sendeanstalt marktradikalen Reformen zu unterziehen. Redakteure und Programmmacher sollten nicht mehr vor allem an guten Journalismus denken, sondern an die Präferenzen eines Publikums, das im Zweifel lieber Sport und Musik konsumiert als Analysen aus Westminster. Und außerdem drängte Bird darauf, dass die Politikredaktionen sorgsamer mit den regierenden Konservativen umgingen, um sich zornige Anrufe und Klagen aus 10 Downing Street zu ersparen. Womöglich entging der Sender seiner Privatisierung seinerzeit nur deshalb nicht, weil Margaret Thatcher mit der Erhebung einer neuen Kommunalsteuer eine politische Krise auslöste und schließlich von ihren eigenen Ministern zum Rücktritt gezwungen wurde. Ihr Nachfolger, der konziliante John Major, hatte weder die Neigung noch die Mehrheit im Parlament, die Konfrontation mit der BBC weiterzuverfolgen. Als 1997 Labour die Wahlen gewann, blieb das Verhältnis der BBC mit den politischen Akteuren nicht frei von Konflikten. Aber die Schließung oder Privatisierung des Senders war kein Thema mehr, bis 2010 das parteipolitische Pendel wieder in die andere Richtung schlug und mit David Cameron erneut ein Konservativer das Amt des Premierministers bekleidete. Dessen Kritik an den Programminhalten und der politischen Ausrichtung er BBC war nicht immer überzeugend. Schließlich hatte seine Regierungsmannschaft mit dem Spitzenpersonal der BBC wichtige biografische Eigenheiten gemein. Ein Viertel der BBC-Manager hatte teure Privatschulen besucht, ein Drittel führte Studienabschlüsse aus Oxford und Cambridge im Lebenslauf an – nicht gerade das typische Profil von Sozialrevolutionären. Wenn die BBC ihn zu Interviews einlud, wird sich Cameron nicht in Feindesland gewähnt haben. Die Fragen kamen während seiner Amtszeit nicht selten von Nick Robinson, dem leitenden Politikredakteur des Senders, der als Student in Oxford immerhin der Vereinigung konservativer Studenten als Präsident vorsaß. Die populärste Politiksendung im Mittagsprogramm wurde von Andrew Neil moderiert, der in seiner Jugend die Föderation konservativer Studenten anführte. Der Starmoderator des Flaggschiffprogramms

22 Geliebt und geschmäht – die BBC

am Abend, Newsnight, war seinerzeit Jeremy Paxman, der sich zum Konservatismus Benjamin Disraelis, Premierminister der Tories im 19. Jahrhundert, bekannte – des Gebots seines Arbeitgebers zur journalistischen Überparteilichkeit zum Trotz (Johnston 2014). Und als hätte so viel Gemeinsamkeit zwischen Tories und BBC-Personal nicht genügt, ernannte Cameron schließlich im Jahr 2011 auch noch Chris Patten, den ehemaligen Generalsekretär seiner Partei und Minister aus den Tagen Thatchers, zum Chef des Rundfunkrates der BBC. Im Übrigen wird sich Cameron nicht beklagt haben können über die Schützenhilfe, die ihm die BBC während der Kampagne für das Referendum über die schottische Unabhängigkeit leistete. Demonstranten vor dem Sendehaus in Glasgow prangerten nicht ohne Grund an, dass die Redakteure wenig Sympathie für die Anhänger eines unabhängigen Schottlands zeigten. Die Zahlen einer Studie der Universität des Westlichen Schottlands belegen den Verdacht. Für Professor John Robertson steht fest, dass die Mitstreiter der „Yes Scotland" Kampagne, die 2014 für nationale Unabhängigkeit stritten, weniger Aufmerksamkeit und Sendezeit auf den Kanälen der BBC erhielten als die Unterstützer der nationalen Einheit (Robertson 2014).

Theresa May, David Camerons Nachfolgerin im Amt des Regierungschefs, machte keine Anstalten, die Pflichtgebühr für die BBC rechtzeitig zur Erneuerung der königlichen Satzung in Frage zu stellen. Sie hatte in den verfahrenen Verhandlungen über einen Ausstieg aus der EU politisches Kapital und öffentliches Vertrauen verspielt, das nötig ist, den öffentlich-rechtlichen Fernsehsender herauszufordern. Für die beißende Kritik des Senders an ihrer Regierungsführung revanchierte sich May allenfalls mit Nadelstichen, etwa als sie 2017 anordnete, die BBC müsse die Bezüge ihrer Spitzenverdiener bekanntmachen. Damit sorgte sie für Kopfschmerzen beim Führungsteam im Sendehaus, das in der Riege seiner 15 bestbezahlten Journalisten gerade mal drei Frauen zählte. Als die Zahlen bekannt wurden, war China-Redakteurin Carrie Gracie fassungslos und kündigte, weil der für die USA zuständige Mitarbeiter und weitere männliche Kollegen ihn ähnlichen Funktionen dem Sender bis zu 50 Prozent mehr Gehalt wert waren (Rauhala 2018). Ähnlich peinlich war es, als im Jahr darauf Martina Navratilova Journalisten erzählte, für ihren Job als Co-Kommentatorin der BBC während des Tennisturniers in Wimbledon erhalte sie 15.000 Pfund, während ihr männlicher Kollege John McEnroe das Zehnfache kassierte (Slawson 2018). Viel unangenehmer noch wurde die Lage der BBC mit der Wahl Boris Johnsons zum Premierminister 2019. Im Wahlkampf zeigte er, dass ihm an fairem Umgang mit dem wichtigsten Sender des Landes wenig gelegen war. Das große Interview mit dem politischen Journalisten Andrew Neil, das die Spitzenkandidaten aller Parteien einer nach dem anderen absolvierten, schwänzte Johnson und signalisierte damit den Verantwortlichen im Sendehaus: Ich schätze eure Berichterstattung nicht und ich gewinne auch ohne euch. Nach seinem Wahlsieg kündigte er an, er werde die BBC zwingen, einzelne Spartenkanäle zu verkaufen, eine Obergrenze für die Honorierung von Spitzenjournalisten einzuführen und die finanziellen Mittel für das britische Programm umzuleiten zugunsten des World Service, des internationalen Dienstes. Vor dieser Drohkulisse fällt es den Journalisten der BBC zunehmend schwerer, den von Publikum und Regierung geforderten journalistischen Spagat zu meistern. Auf der einen Seite wird von Korrespondenten erwartet, Politiker hartnäckig mit Fragen und unangenehmen Fakten zu konfrontieren. Andererseits hält die Mehrheitspartei kritische Berichterstattung für feindselig und unzulässig. Misslingt die Integration dieser konträren Positionen und schwindet das öffentliche Vertrauen in die journalistische Unabhängigkeit und redaktionelle Fairness, ist das Überleben des Senders als öffentlich finanziertes Medium 100 Jahre nach seiner Gründung gefährdet.

Ein strenger schottischer Calvinist am Sender

Der Anfang dessen, was wenige Jahre später in die Gründung der BBC münden sollte, schien nicht vielversprechend. Während des Ersten Weltkrieges waren die Generäle von der Rundfunktechnologie enttäuscht und besorgt, weil sich Botschaften nicht nur an einen bestimmten Empfänger kommunizieren ließen, sondern von jedem mit einem Empfangsgerät mitgehört wurden – also auch dem Feind! (Curran und Seaton 2018). Wer die BBC im 21. Jahrhundert verstehen will, der blickt auf ihre Anfänge und ergründet, wie in den 1920er- und 1930er-Jahren Personen und Umstände die Kultur und Identität der Institution formten. Damals

22 Geliebt und geschmäht – die BBC

war der Rundfunk etwas für Leute mit Vorliebe für Skurriles. Erst Lord Northcliffe, der Zeitungsmacher und Besitzer der Daily Mail, erkannte die kommerziellen Möglichkeiten des Rundfunks und begann für die neue Technologie zu werben. In ein Aufnahmestudio in Chelmsford in der Grafschaft Essex lud er die australische Sopranistin und Operndiva Dame Nellie Melba ein, um Arien zu singen und schließlich noch die Hymne God save the Queen anzustimmen (Rigby 2020). Die Zuhörer waren begeistert, die Nachfrage nach Empfangsgeräten stieg und der königliche Generalpostmeister, zuständig für die Vergabe der Sendefrequenz, hatte ein Problem. Mehr als hundert Interessenten bewarben sich um die eine Frequenz – mehr war mit der Technologie der Zeit nicht zu machen. Die Antragsteller, allesamt Fabrikanten von Radiogeräten, ließen sich schließlich zur Kooperation überreden und gründeten gemeinsam die British Broadcasting Company Ltd., die darauf vom königlichen Postamt mit einer Lizenz ausgestattet wurde. Die BBC verdankt wie so viele Unternehmungen ihre Kultur und Identität einer imposanten Gründerpersönlichkeit. Es war John Reith, ein strenger schottischer Calvinist, der als Generaldirektor dem Sender von 1922 bis 1938 den Stempel seiner Persönlichkeit aufdrückte. Wuthering Heights (Stürmische Höhen – nach dem Titel eines Romans von Charlotte Bronte) nannte Winston Churchill den Senderchef, dessen 1.98 Meter Körperlänge wegen Mitarbeiter auf Stufen und Treppenabsätze stiegen, um im Gespräch mit ihm auf Augenhöhe zu sein. Doch Augenhöhe im Management der BBC ließ der Mann mit der Ingenieursausbildung nicht zu. Kritik, Widerspruch gar, waren bei ihm nicht gelitten (McIntyre 1993). „Schwachsinn", „Dummheit" oder „hirnverbrannte Idiotie" kritzelte er in die Margen, wenn ihm die Memos seiner Mitarbeiter nicht gefielen (Curran und Seaton 2018, S. 198). Sein Urteil stand nicht zur Diskussion und Mehrheitsentscheidungen in den Gremien waren verpönt. Er war als Missionar unterwegs mit dem Ziel, den Menschen im Land Bildung zu bringen sowie Anstand und Moral zu lehren. Der Rundfunk war für Reith eine Waffe im Kreuzzug gegen Ignoranz, ein Bollwerk gegen alles Vulgäre. Das Anliegen war ihm todernst. Sein beruflicher Ehrgeiz war nicht unternehmerischem Profit gewidmet, sondern der Bildung und Information der Menschen. Dieses Ziel hatte sich die politische und kulturelle Elite in viktorianischer Tradition zur Maxime gemacht. Mit Härte und Rücksichtslosigkeit verpflichtete er den Programminhalt der Hochkultur. Es war die Idee des Bildungsauftrages, der aus der BBC das Vorbild machte, an dem sich öffentlich-rechtliche Sender auf der ganzen Welt für Jahrzehnte ausrichten würden. Die Ergründung der Arbeitslosigkeit und die Geschichte der Royal Navy waren Themen, die im Sendeplan ebenso Platz fanden wie ein Programm über die Ursprünge der Gewürze. Nicht nach Masse strebten die Redaktionen, sondern nach Qualität der Inhalte. Und was als Qualität galt, das entschied Reith. In den Aufnahmestudios gaben sich die klugen und kreativen Köpfe jener Zeit ein Stelldichein. Es war ein Zirkel von Intellektuellen, nicht korrumpierbar, reformerisch, aufrichtig bemüht, für die Armen und Schwachen das Wort zu ergreifen, und insofern der alten Aristokratie überlegen. So sahen sie sich selbst. Den Ton der Programme prägten Männer – nur wenige Frauen kamen für die erlesene Runde in Frage – wie etwa der Ökonom John Maynard Keynes, dessen Theorien in den Jahrzehnten nach dem Zweiten Weltkrieg die Wirtschaftspolitik der großen Volkswirtschaften prägen würden. William Beveridge von der London School of Economics erklärte den Zuhörern seine Ideen zur Sozialpolitik, zu denen auch der Vorschlag universeller kostenfreier Gesundheitsfürsorge gehörte, der Ende der 1940er-Jahre mit der Gründung des staatlichen Gesundheitsdienstes NHS Wirklichkeit werden sollte. Den amerikanischen Schauspieler und Schriftsteller Orson Welles lernte das Publikum der BBC ebenso kennen wie Aldous Huxley, den Autor des dystopischen Romans Schöne Neue Welt, und auch der irische Dramatiker und Satiriker George Bernhard Shaw, der einige Jahre später den Literaturnobelpreis erhielt, ging regelmäßig auf Sendung. Auch radikale Meinungen fanden Platz im Programm, etwa wenn die Sozialreformer Beatrice und Sideny Webb Armut der Londoner Arbeiterquartiere und die Not im Slum von Soho anprangerten (Briggs 1985). Dem Vorwurf, er maße sich an, alleine zu entscheiden, was die Öffentlichkeit brauche und hören wolle, entgegnete Generaldirektor Reith: „Es wissen doch nur wenige Menschen, was sie wollen, und noch weniger, was sie brauchen" (Docherty 1996, S. 64). Die Zeilen spiegeln Selbstgewissheit und Anmaßung, aber auch den Paternalismus der Zeit wieder. Für Intellektuelle wie Keynes stand außer Frage, dass in der Politik wie auch in der BBC clevere und unparteiische Köpfe über guten Geschmack und den Wert der Inhalte zu entscheiden hätten, weil die ungebildeten Massen damit überfordert wären.

Das Verhältnis zwischen den Politikern in Westminster und der BBC war damals distanziert. Das lag zum Teil an Reith, der wenig Sympathie hegte für langatmige Debatten sowie den Zwist zwischen den Parteien. Seine Mitarbeiter ließ er wissen: „Politik gehört abgeschafft" (Curran und Seaton 2018, S. 202). Parlamentarische Kompromisse und exekutives Zaudern seien fehl am Platz, wenn das Land starke Führung brauche, befand der Senderchef. Eine gute Regierung müsse effizient arbeiten und unterscheide sich darin allenfalls in Nuancen von der Führung eines Unternehmens. Reith empfand es als glücklichen Umstand, dass die Regierung wenig Neigung zeigte, sich in die Auswahl der Programminhalte einzumischen. Die Etablierung einer Regulierungsbehörde lehnte der zuständige Generalpostmeister ab. In einem Bericht an die Regierung bemängelten die Sozialreformer Sidney und Beatrice Webb, dass der Sender nicht einmal dem Parlament gegenüber Rechenschaft abzulegen habe. In der Tat wollten sich die meisten Abgeordneten Debatten über die Übertragung einzelner Symphoniekonzerte ersparen (Curran und Seaton 2018). Unterdessen überwog in Downing Street seinerzeit die Ansicht, dass aus Aufsicht rasch politische Gängelung werde und die schade nur dem künstlerischen Niveau und wissenschaftlichen Diskurs. Was seinerzeit als pragmatisches Arrangement erschien, würde später zum Prinzip stilisiert, zum ehernen Grundsatz öffentlich-rechtlichen Rundfunks, der frei von politischer Einflussnahme zu arbeiten habe (Briggs 1985). Das Desinteresse der Regierung gegenüber dem Sendeinhalt dürfte aber auch damit zu tun gehabt haben, dass die BBC in ihren ersten Jahren auf politische Berichterstattung verzichtete. Verzichten musste auf Druck der Zeitungsverleger, die ihr Nachrichtenmonopol vor Konkurrenz schützen wollten. Das änderte sich radikal am 4. Mai 1926, als der Zentralrat des Gewerkschaftsverbandes zum Generalstreik aufrief. Rund 1,7 Millionen Arbeiter beteiligten sich an dem Ausstand in Solidarität für die Kumpels in den Kohlebergwerken, deren kargen Löhne seit Endes des Ersten Weltkrieges um ein Drittel gekürzt worden waren (Carter und Connell 2017). Für die nächsten neun Tage standen die Kohlegruben und viele Industrieunternehmen still. Als Reith davon erfuhr, dass auch in den Redaktionen der Tageszeitungen nichts mehr lief, weil die Gewerkschaft der Drucker sich an dem Protest beteiligte, erkannte er eine Chance. Die BBC sprang ein und verlas erstmals Nachrichtenbulletins mit den aktuellen Entwicklungen zum Streik. Das war nicht ohne Risiko, als der Konflikt andauerte und die Konfrontationen mit den Gewerkschaften sich so sehr radikalisierten, dass Finanzminister Winston Churchill von Krieg mit den Arbeitnehmervertretungen sprach und den Generalpostmeister aufforderte, mit Verweis auf einen entsprechenden Absatz in der Sendelizenz die Kontrolle über die Berichterstattung des Rundfunks zu übernehmen. Reith wusste, dass die BBC als Propagandainstrument der Regierung keine Zukunft haben würde und riskierte, ihre Glaubwürdigkeit bei den Arbeitern zu verspielen. Er musste also die Balance finden mit einer Art von objektivem Journalismus, der Regierungschef Stanley Baldwin keinen Anlass gab, Churchills Drängen nachzugeben. Es wird geholfen haben, dass die beiden Männer sich gut verstanden und Reith Premierminister Baldwin bei der Formulierung seiner Radioansprachen half (Higgins 2014). Zudem vertrat der Generaldirektor die Auffassung, dass die BBC als Sender der Nation besondere Aufmerksamkeit den Anliegen der Regierung entgegenzubringen habe, die immerhin in Wahlen von einer Mehrheit beauftragt worden war, die Interessen des Landes zu vertreten. Im Umkehrschluss hieß das, dass der Oppositionsführer während der Streiktage nicht zu Wort kommen konnte und auch die Gewerkschaftsfunktionäre durften nicht auf eine Einladung von Reith hoffen. Gleichzeitig vermieden seine Redakteure allzu plumpe Propaganda und fanden den richtigen Ton, um nicht das Vertrauen der streikenden Arbeiter zu verlieren. Der Mann an der Spitze der BBC ließ seine Mitarbeiter wissen, dass es „nicht die Zeit für Betrug ist, auch wenn wir die Leute so leicht betrügen könnten." Die Machtverhältnisse im Land berücksichtigte Reith, wenn er klarmachte, „die Regierung kann uns vertrauen, nicht wirklich unparteiisch zu sein" (Higgins 2014). In der Auflösung dieses Widerspruchs bestand die Leistung von John Reith und sein Beitrag zur Etablierung eines journalistischen Ethos, das bis heute nachwirkt.

Als der Streik endete, dankte Reith öffentlich König und Premierminister für ihre Rolle bei der Beilegung des Arbeitskampfes und hoffte, mit dem um Ausgewogenheit bemühten redaktionellen Kurs seines Senders das Vertrauen der Zuhörer gewonnen zu haben. Der Generaldirektor war nun unumstritten an der Spitze seiner Organisation, die sich 1927, in ihrem fünften Jahr, mit ihren Radioprogrammen einen so wichtigen Platz im gesellschaftlichen Leben des Landes erarbeitet hatte, dass die Regierung entschied, die private Broadcasting Company in eine öffentlich-rechtliche Broadcasting Corporation umzuwandeln und der BBC den Status zu verleihen, den sie seither innehat. Auf Anraten der Crawford-Kommission wurde aus dem Unternehmen eine öffentlich-rechtliche Anstalt mit eigenem Wappen und einer königlichen Satzung, die George VI. erließ. Darin wurden die Aufgaben der BBC beschrieben, an die sich Journalisten und Manager zu halten hatten: Der Zivilgesellschaft hatten die Programme zu dienen, für Bildung und Lernen musste genauso Sendezeit gefunden werden wie für Kreativität und künstlerische Spitzenleistungen. Außerdem sollte sich der Sender um die Förderung kultureller Exzellenz bemühen und natürlich durften die Nationen und Regionen innerhalb des Königreichs so wenig aus dem Blick verloren werden wie die großen Themen rund um die Welt (Briggs 1985). Um Zuhörer nicht zu verlieren, die nach einem ermüdenden Arbeitstag nur begrenzt Leidenschaft zeigten für Hochkultur, Weltpolitik und eine Reportage über die archäologischen Eigenheiten keltischer Grabmonumente, ließ sich Reith zunehmend auch auf leichte Unterhaltung ein von Komödien und Varieté bis zur Unterhaltungsmusik. So fanden sich im Programm unter anderem Aufnahmen komischer Opern Gilbert und Sullivans und Jazzkonzerte, wenn etwa Duke Ellington mit seinem Orchester 1933 in den Studios der BBC auftrat. Nicht Wettbewerb und Konkurrenz prägten das Programm und Entwicklung der Rundfunkanstalt, sondern systematische Planung und die Grundsätze der königlichen Satzung, die seither Journalisten und das Management der BBC dem Wohl der Gesellschaft verpflichtet und der Sendeanstalt den gleichen rechtlichen Status zugestand wie den Universitäten Oxford und Cambridge, der englischen Zentralbank sowie den Universitätskliniken und anderen ähnlich ehrbaren Institutionen. Dieser Status spiegelte die Wertschätzung der BBC wider sowohl unter den Anhängern der Labour-Partei als auch in den Kreisen der Konservativen. Die Linken waren zufrieden, dass der Dienst ihrer Vision von klassenloser Gesellschaft entsprach, weil er nie eine Enklave der Aristokratie war und auch nicht nach ökonomischem Gewinn strebte. Das Programm war für alle gleich zu empfangen und entzog sich den Gesetzen gewöhnlicher Märkte, deren begrenztes Angebot finanzstarke Kunden bevorzugt. Reith wucherte mit diesem Pfund als er schrieb: „Die BBC dreht das Gesetz auf den Kopf, wonach für die einen immer weniger bleibt, wenn die anderen zu viel nehmen" (Reith 1924, S. 52). Er war sich mit den Vorsitzenden der beiden großen Parteien darin einig, dass ein profitorientiertes Modell für den Rundfunk diese Sonderstellung der BBC untergraben würde. Dieser Konsens hatte nicht zuletzt mit den Erfahrungen aus dem Ersten Weltkrieg zu tun, als zur Förderung der Kriegswirtschaft Unternehmen und ganze Branchen verstaatlicht worden waren, etwa die bis dahin privaten Eisenbahngesellschaften, die Wasserwirtschaft, Stahl- und Kohleunternehmen, Produzenten von Lebensmitteln sowie Strom und Gasanbieter. William Beveridge, renommierter Ökonom und Direktor der London School of Economics, lobte die staatliche Steuerung der Volkswirtschaft, weil seiner Ansicht nach der freie Markt daran kranke, dass er den Menschen keine Produkte biete, die ihr Leben verbesserten, sondern Waren, die dem Hersteller den größten Profit versprächen (Day 2017). Es schien, als habe die Nation, in der im 19. Jahrhundert das Konzept des so rücksichtslosen wie ausbeuterischen Manchester-Kapitalismus geprägt worden war, die Vorteile einer fürsorgenden Staatswirtschaft erkannt. Selbst von den Konservativen kam kein Widerspruch. Harold Macmillan, der in den 1960er-Jahren für die Tories Premierminister werden sollte, hielt ungezügelten Kapitalismus für gescheitert und vollständige Staatsplanung für politisch nicht durchsetzbar (Curran und Seaton 2018). Die BBC steuerte als „soziale Organisation" in seinen Augen einen klugen Mittelweg zwischen den beiden Extremen. Ein freier Rundfunkmarkt schien den Briten seinerzeit daher wenig attraktiv. Diese Skepsis wurde zusätzlich genährt durch einen Bericht von F. J. Brown, der als Abgesandter des Königlichen Postamtes den kommerziellen Rundfunk in den Vereinigten Staaten untersucht hatte und zu keinem schmeichelhaften Fazit gekommen war. Präsident Herbert Hoover klagte nach Freigabe mehrerer Sendefrequenzen, die Stimmen und Geräusche aus den Empfangsgeräten „greinten und weinten, als riefen 10.000 Telefonabonnenten nach ihren Freunden." Hoover forderte eine zentralisierte Kontrolle des Rundfunks und warnte: „Äther werde gefüllt mit rasendem Chaos" (Brown 1926).

„Abgeschnitten von Schnee, Wüsten oder dem Meer"

Die BBC sollte nicht einer unter vielen Mitbewerbern im Ringen um Werbekunden und Einschaltquoten werden, sondern die unverkennbare Stimme des Vereinigten Königreiches bleiben, nicht nur auf den britischen Inseln, sondern weltweit, wo in der ersten Hälfte des 20. Jahrhunderts bis zu einem Viertel der Weltbevölkerung unter britischer Herrschaft lebte. Um dieses Publikum kümmerte sich der Auslandssender der BBC, zunächst Empire Service genannt, der erstmals 1932 auf Sendung ging, zunächst nur auf Englisch, dann auch in arabischer Sprache und vom Januar 1938 an wurden der politischen Umstände in Europa wegen Nachrichten auch auf Deutsch verlesen. Bis 1965 entwickelte sich der Empire Service, dann in World Service umbenannt, zum größten Auslandssender der Welt, der Nachrichten in 40 Sprachen produzierte. Die Zuhörer konnten die Weltnachrichten unter anderem auf Mazedonisch, Isländisch, Suaheli und Tamil empfangen und zeitweise auch in afrikanischen Dialekten wie etwa Pidgin oder Yoruba der gleichnamigen Volksgruppen in Benin und Nigeria. Allein im Iran zählten die Programme aus London bis zu sieben Millionen Zuhörer jede Woche (Johnston und Robertson 2019). Für den König bedeutete der weltweite Rundfunk, dass er sich erstmals an seine Untertanen in den entfernten Winkeln des Empire persönlich wenden konnte. „Männer und Frauen, abgeschnitten von Schnee, Wüsten oder dem Meer, die nur von Stimmen aus der Luft erreicht werden können", so beschrieb König George V. in seiner ersten Weihnachtsansprache 1932 die weltweiten Adressaten des Programms. Später war die BBC mächtiges Instrument im Kampf gegen Nazideutschland, als etwa Charles de Gaulles am 18. Juni 1940 im Londoner Exil in einer Radioansprache zum Widerstand gegen die deutsche Besatzung Frankreichs aufrief. Längst war die BBC zur Erfolgsgeschichte und in der Welt zum Vorbild geworden, das Standards setzt für öffentlich-rechtlichen Rundfunk, anspruchsvollen Journalismus und politische Unabhängigkeit. Viele Briten ziehen den Sender anderen Medien als Quelle glaubwürdiger Information vor. Dieses Vertrauen zu wahren wird allerdings nicht leichter in Zeiten, in denen populistische Politiker und Boulevardpresse nur beißende Kritik und Verachtung für seriöse Berichterstattung und ausgewogenen redaktionellen Inhalt übrighaben. Die Meinungsforscher von YouGov meldeten 2019, dass unter den Brexit-Anhängern und Johnson-Wählern 60 Prozent den Nachrichten der BBC keinen Glauben schenkten. Die Freunde der EU in Großbritannien waren derweil zu 54 Prozent mit der Qualität der Nachrichten zufrieden (Ibbetson 2019). Die Zahlen erinnern daran, dass Tante Beep, wie der Sender seit den 1950er-Jahren seiner oft altbackenen Sprache, des spröden Nachrichtentons und der Neigung zur Besserwisserei wegen genannt wurde, sich sein Publikum jeden Tag neu erkämpfen muss. Bisher scheint das zu gelingen. Die Popularität des ersten Kanals der BBC liegt laut einer Umfrage von YouGov bei 69 Prozent und damit mit einem Prozentpunkt vor Channel 4, betrieben von einer 1982 gegründeten Gesellschaft, die sich privat mit Anzeigen finanziert, deren Aktien sich aber im Besitz des Kultusministeriums befinden. Auch Independent Television, oder ITV, der 1955 gegründete erste kommerzielle Anbieter konkurriert mit der BBC um die Gunst des Publikums und bringt es auf eine Popularitätsrate von 64 Prozent (Yougov 2021). Der britische Fernsehmarkt im 21. Jahrhundert ist umkämpft und auch internationale Anbieter wie Al Jazeera, Bloomberg TV und die englische Edition von Russia TV konkurrieren um die Quote. Einige Beobachter sehen für die BBC keine Zukunft, zumindest nicht in ihrer heutigen Form. Richard Sharp, ehemals Partner bei Goldman Sachs und seit Februar 2021 Vorsitzender im BBC- Aufsichtsrat, sieht in Youtube, Apple, Tencent, Amazon und Netflix die Konkurrenten, die weltweit Programminhalte auf Wunsch ihren Abonnenten bereitstellen. Zwischen diesen Riesen, fürchtet Sharp, könnte die BBC wie eine Maus zerdrückt werden (Barker 2021). Schon 2019 gab die BBC den Konkurrenzkampf mit dem Streamingdienst Netflix verloren (Waterson 2019). Ähnlich düster sind die Prognosen für das Angebot im Radio, wo sich die BBC mit dem Anbieter Spotify seit Jahren ein Kopf-an-Kopf-Rennen um die Quote liefert, das der Rundfunkanbieter langfristig kaum gewinnen kann (Ofcom 2021). Tony Hall, Generaldirektor des Senders zwischen 2013 und 2020, beklagt, dass lokale und nationale Produktionen bei den großen Streamingdiensten aus Übersee kaum zu finden seien. Darin sieht er eine Chance für die BBC, der nach wie vor die Aufgabe zukomme, eine Bühne zu bieten für englische, schottische, walisische und nordirische Kultur. Der Sender sei ein Fenster auf das Land und werde mehr gebraucht als zuvor für die Geschichten und die Menschen zwischen Guernsey und den Orkneys (Savage 2020). Vielleicht behält Hall recht und die alte Tante Beep hat eine Zukunft.

Literatur

Barker A (2021) Incoming BBC chair warns of threat from digital elephants. FT, 15. Januar, S 2

Briggs A (1985) The BBC. A short story of the first 50 years. Oxford University Press, Oxford

Brown FJ (1926) Broadcasting in Britain. Q Rev 145(3):27–43. London

Carter L, Connell J (2017) The Connell short guide to the general strike of 1926. Connell Guides, London

Curran J, Seaton J (2018) Power without responsibility. Routledge, London

Day C (2017) The Beveridge report and the foundation of the welfare state. The National Archives, 7. Dezember. https://blog.nationalarchives.gov.uk/beveridge-report-foundations-welfare-state/. Zugegriffen am 08.09.2021

Docherty D (1996) Cartographics of taste and broadcasting strategies. In: Palmer J, Dodson M (Hrsg) Design and aesthetics. Routledge, London, S 63–72

Edgerton G (2004) Quelling the "oxygen of publicity." British broadcasting and "the troubles" during the Thatcher years. J Pop Cult 30(1):115–132

Forrest A (2021) Jacob Rees-Mogg warns BBC against left-leaning appointments. Independent, 1. Juli. https://www.independent.co.uk/news/uk/politics/rees-mogg-bbc-left-wing-b1883505.html. Zugegriffen am 22.10.2021

Higgins C (2014) BBC's long struggle to present the facts without fear or favour. The Guardian, 18. August. https://www.theguardian.com/media/2014/aug/18/-sp-bbc-report-facts-impartial. Zugegriffen am 22.02.2021

Hood L (2016) Who do they think we are? Why the BBC should keep its distance. The Conversation, 17. März. https://theconversation.com/who-do-they-think-we-are-why-the-bbc-should-keep-its-distance-56031. Zugegriffen am 24.03.2021

Ibbetson C (2019) Do people in the UK trust the media? Yougov, 16. Dezember. https://yougov.co.uk/topics/politics/articles-reports/2019/12/16/do-britons-trust-press. Zugegriffen am 18.09.2021

Johnston G, Robertson E (2019) BBC World Service: overseas broadcasting. Palgrave Macmillan, London

Johnston I (2014) Jeremy Paxman: I am a one-nation Tory and newsnight is made by 13-year-olds Tory. Independent, 27. Juni. https://www.independent.co.uk/news/people/jeremy-paxman-i-m-one-nation-tory-and-newsnight-made-13-year-olds-9566874.html. Zugegriffen am 10.03.2021

Maddox D, Williamson D (2020) BBC crisis as poll finds 60 percent want to scrap licence fee. Express, 23. Februar. https://www.express.co.uk/showbiz/tv-radio/1246055/bbc-news-licence-fee-poll. Zugegriffen am 06.09.2021

Martinson J, Jackson J (2015) Nick Robinson: Cameron threatened to close down BBC on election bus. The Guardian, 21. Juni. https://www.theguardian.com/media/2015/jun/21/nick-robinson-cameron-threatened-close-down-bbc-election-bus. Zugegriffen am 22.03.2021

McIntyre I (1993) The expense of glory: life of John Reith. HarperCollins, New York

Ofcom (2021) Market position of BBC sounds. PA Media, 4. Mai. https://www.ofcom.org.uk/__data/assets/pdf_file/0025/218239/consultation-bbc-sounds.pdf. Zugegriffen am 14.10.2021; Zugegriffen am 22.03.2021

PA Media (2021) Government shelves plans to decriminalise BBC licence fee non-payment. The Guardian, 21. Januar. https://www.theguardian.com/media/2021/jan/21/government-rules-out-decriminalising-licence-fee-non-payment. Zugegriffen am 09.02.2021

Rauhala E (2018) A top BBC editor found out male peers were earning 50 percent more. So she resigned. Washington Post, 8. Januar. https://www.washingtonpost.com/news/worldviews/wp/2018/01/08/a-top-bbc-editor-found-out-male-peers-were-earning-50-percent-more-so-she-resigned/. Zugegriffen am 05.03.2021

Reith JWC (1924) Broadcast over Britain. Hodder and Stoughton, London

Rigby N (2020) Marconi radio broadcast that changed the world to be recreated. BBC, 15. Juni. https://www.bbc.co.uk/news/uk-england-essex-52971057. Zugegriffen am 02.10.2021

Robertson J (2014) BBC bias and the Scots referendum – new report. Opendemocracy, 21. Februar. https://www.opendemocracy.net/en/opendemocracyuk/bbc-bias-and-scots-referendum-new-report/. Zugegriffen am 15.09.2021

Savage M (2020) BBC chief says TV streaming services "squeeze out British culture". The Guardian, 15. März. https://www.theguardian.com/media/2020/mar/15/streaming-services-cant-be-relied-says-bbc-director-general-tony-hall. Zugegriffen am 05.10.2021

Seaton J (2015) War on the BBC: the triumphs and turbulence of the Thatcher years. The Guardian, 20. Februar. https://www.theguardian.com/books/2015/

feb/20/bbc-war-margaret-thatcher-life-on-earth-grange-hill-eastenders-falklands. Zugegriffen am 14.09.2021

Slawson N (2018) Navratilova: BBC pays McEnroe 10 times more for Wimbledon role. The Guardian, 19. März. https://www.theguardian.com/sport/2018/mar/19/navratilova-bbc-pays-mcenroe-10-times-more-for-wimbledon-role. Zugegriffen am 22.03.2021

Waterson J (2019) BBC admits iPlayer has lost streaming fight with Netflix. The Guardian, 25. April. https://www.theguardian.com/media/2019/apr/25/bbc-admits-iplayer-has-lost-streaming-fight-with-netflix. Zugegriffen am 15.10.2021

Waterson J (2022) BBC funding 'up for discussion', says Nadine Dorries, as licence fee frozen. The Guardian, 17. Januar. https://www.theguardian.com/media/2022/jan/17/no-final-decision-made-on-bbc-licence-fee-says-nadine-dorries. Zugegriffen am 09. Februar

Welch F (2005) The broadcast ban on Sinn Fein. BBC, 5. April. http://news.bbc.co.uk/1/hi/4409447.stm. Zugegriffen am 10.12.2020

Yougov (2021) The most popular TV channels. https://yougov.co.uk/ratings/media/popularity/tv-channels/all. Zugegriffen am 15.10.2021

23

Reicher Süden, armer Norden – Die geteilte Nation

Kelvin MacKenzie, der langjährige Herausgeber der Boulevardzeitung Sun hatte eine außergewöhnliche Idee. Eine Regionalpartei für den Südosten Englands sei nötig, fabulierte der Journalist. Für seinen Vorschlag stand die Lega Nord Pate, die für viele Jahre die Anliegen des wohlhabenden Norditaliens gegen die Habenichtse aus Kalabrien und Verschwender Siziliens vertrat. Der Vergleich mit Großbritannien drängt sich auf, findet MacKenzie. Was für Italien der Süden, ist für Großbritannien der englische Norden, Teile von Wales und Schottland, die im 19. und frühen 20. Jahrhundert als Rohstofflieferanten und Zentren der Industrieproduktion zu immensem Wohlstand kamen und bis heute an ökonomischem und gesellschaftlichem Niedergang leiden, den die De-Industrialisierung seit dem Zweiten Weltkrieg verursachte. Das erklärt, wieso in Nordengland wie im Süden Italiens für viele Jahre die Arbeitslosigkeit oberhalb des nationalen Durchschnitts lag. Die Schulaufsichtsbehörde ermittelte, dass in den nördlichen Regionen Englands die Qualität der Bildung an den Landesdurchschnitt nicht heranreicht. Dafür weisen die Gegenden nördlich der Midlands laut Statistikern deutlich mehr Raucher, Drogenabhängige, klinisch Übergewichtige sowie

Schwangerschaften unter Teenagern auf als der Süden des Landes (Hancock 2021). Der Lebensstil wird als Grund dafür genannt, dass Bewohner von Blackpool, einem verwahrlosten Badeort in Lancaster, der seit seiner Glanzzeit vor dem Ersten Weltkrieg nur den unaufhaltsamen Abstieg kennt, eine um neun Jahre niedrigere Lebenserwartung haben als Einwohner des noblen Londoner Stadtteils Kensington (Abell 2019). MacKenzie verweist auf die Statistiken und meint, dass die vielen Gutverdiener, die vor allem in London und den umliegenden Grafschaften wohnen, eine eigene Stimme im Parlament brauchten, um zu verhindern, dass mit ihren üppigen Steuerbeiträgen Politiker den ungesunden Lebensstil in Bradford, Huddersfield und Glasgow finanzieren (The Economist 2012a). Seit der vormalige Redaktionsleiter der Sun diese Betrachtungen anstellte, hat sich niemand gefunden, der es für eine gute Idee hielt, mit einer Partei in den Wahlkampf zu ziehen, in deren Programm die Entlastung der Reichen im Süden und die Entsolidarisierung mit den Armen im Norden gefordert wird. Über diesen geografischen Kontrast diskutierten Journalisten und Regierungspolitiker schon lange, bevor sich MacKenzie mit seiner Polemik zu Wort meldete. Großbritannien ist ökonomisch ein tief gespaltenes Land und der Lebensstandard, die Erfolgsaussichten, selbst die Chance, gesund alt zu werden, hängen davon ab, wo jemand wohnt. Harold Macmillan hatte es kommen sehen. Als sich Großbritannien 1962 langsam von der Rezession erholte, schwor der Premierminister sein Kabinett ein, es müsse verhindern, dass „das Land zerfalle in zwei Nationen, einen armen Norden und einen reichen, überbevölkerten Süden" (Fisher 2019). „Es könne nicht sein", ermahnte der Konservative, „dass Schottland, der Nordosten oder irgendeine andere große Region dem Niedergang preisgegeben wird!" Andernfalls „werden unsere Nachfolger uns Vorwürfe machen, wie wir den Viktorianern Vorwürfe machen dafür, dass sie Menschen in Slums haben leben lassen" (Wood 2013). Wenn sich heute keine ausdrücklichen Vorwürfe an die Adresse Macmillans richten, liegt das nicht daran, dass er Erfolg hatte mit seinem Appell. Ihm wird verziehen, weil an der hoffnungslosen Aufgabe, die er sich seinerzeit vornahm, bereits seine Vorgänger und seitdem alle seine Nachfolger scheiterten. Von niemandem ließ sich der lange Abstieg der Volkswirtschaft des Nordens, der am Ende des Ersten Weltkrieges begann, stoppen. Investitionsprogramme und der Bedarf an Industriegütern während des Zweiten Weltkrieges verdeckten vorübergehend die ernüchternde Entwicklung, aufgehalten aber wurde sie nicht. Zwischen 1918 und 1962 ging der Anteil der Menschen, die im Nordosten, Nordwesten, Yorkshire und der Gegend um den Fluss Humber lebten, von 35 auf 30 Prozent zurück. Ein weiteres halbes Jahrhundert später war in diesen Gegenden nur noch ein Viertel der britischen Bevölkerung zu Hause. Es war die Umkehr der Migration des 19. Jahrhunderts, als Arbeiter aus dem Süden in die boomenden Industriestädte des Nordens gezogen waren (The Economist 2012b).

Schon 1937 hatte die Regierung Neville Chamberlains sich bemüht, den Schwund zu stoppen und zwischen den 1940er- und 1960er-Jahren gab es ernsthafte und erfolgreiche Versuche, Londoner zum Umzug in die anderen Metropolen zu überreden. Eine Generation später war die Einwohnerzahl der Hauptstadt um immerhin 1,5 Millionen Menschen gesunken. 1981 erschien Margaret Thatchers Minister für Regionalentwicklung, Michael Heseltine, in Liverpool mit dem ehrgeizigen Ziel, die verwahrlosten Quartiere der einstigen viktorianischen Vorzeigestadt zu regenerieren, neue Arbeitsplätze zu schaffen und den schier unaufhaltsamen Abstieg zu stoppen. Nicht ohne Erfolg: 30 Jahre später ehrte sogar der von Labour dominierte Stadtrat den Konservativen Heseltine für seine Verdienste um die Region. Doch die Mühen Einzelner änderten daran nichts, dass die Fördermittel, die strategischen Partnerschaften, die Wachstumsinitiativen, die regionalen Ombudsmänner und die kommunalen Investitionsfonds unterm Strich wenig erreichte haben. Seit den 1960er-Jahren entwickelte sich der Großraum London rasant und ließ andere Teile des Landes zurück. Bereits 1998 lag die Produktivität in London 65 Prozent über dem nationalen Durchschnitt, weitere 20 Jahre später waren es bereits 77 Prozent. Im gleichen Jahr floss die Hälfte aller internationalen Investitionen in den Südosten, also die Hauptstadt mit ihren angrenzenden Grafschaften (The Economist 2020). Dank des hohen Investitionsniveaus bleibt diese Region weiterhin Anziehungspunkt für Arbeitnehmer aus dem In- und Ausland, wie Untersuchungen der staatlichen Statistikbehörde belegen. Zwischen 2014 und 2019 verzeichnete Greenwich im Südosten Londons einen Bevölkerungszuwachs von 7,1 Prozent. Nur wenige Kilometer nördlich davon, jenseits der Themse, verbuchte der Bezirk Barking und Dagenham einen Anstieg um 7,2 und das benachbarte Newham sogar um 7,6 Prozent. Der Vergleich mit dem Norden ist ernüchternd. Da fällt der Blick etwa auf die schottische Region Aberdeenshire, deren Einwohnerzahl in dem gleichen Zeitraum mit einem geringen Plus von 0,3 Prozent stagnierte. Noch schlimmer erwischt hat es das westenglische Copeland, das einen Rückgang um 0,3 Prozent zu verzeichnen hatte, sowie Dumfries und Galloway, ein schottischer Bezirk in der Grenzregion zu England, das in den Statistiken minus 0,7 Prozent verbuchte (Office for National Statistics 2021). Als David Cameron 2010 die Regierung übernahm, hatten sich die Zahlen, die seinem Vorgänger Macmillan schon 45 Jahre zuvor Sorge bereiteten, noch einmal verschlechtert. 1965 war es 16 Prozent wahrscheinlicher für einen Mann im Norden des Landes vor seinem 75jährigen Geburtstag zu versterben als für jemanden, der im Süden lebte. Ein knappes halbes Jahrhundert später war die Wahrscheinlichkeit auf 20 Prozent gestiegen (Hacking und Muller 2011). Ein niedriges Einkommen, Arbeitslosigkeit und Armut erklärten den Rückstand. Ein Mann, der im Jahr 2019 in London wohnte, konnte statistisch auf 80,9 Lebensjahre hoffen, eine Frau auf 84,2. Für den Nordosten des Landes lagen die Vergleichszahlen bei 81 und 81,8 Jahren (Office of National Statistics 2020b). Der Vergleich von Durchschnittswerten ganzer Regionen verdeckt, wie sehr zwischen reichen und armen Wohnquartieren und Stadtvierteln die Lebenserwartung variieren kann. Laut Untersuchungen des Kings Funds, einer wohltätigen Stiftung, leben Menschen in den reichsten Gemeinden sogar fast zehn Jahre länger als Menschen aus benachteiligten Wohngebieten (Raleigh 2021). Jüngst ergänzte die Allianz für Gesundheitswissenschaften im Norden die ernüchternden Daten. Demnach erreichte im Nordosten und Nordwesten des Landes während der Covid-19-Pandemie die Sterblichkeitsrate einen um 19 Prozent höheren Wert als im Südosten und wer 2020 in Yorkshire oder Humber in einer Pflegeeinrichtung lebte, dessen Risiko, an dem Virus zu sterben, lag um 26 Prozent über dem britischen Durchschnittswert (NHSA 2021).

„Inseln des Wohlstandes in einem Meer der Armut"

Der Zahlen zum trotz ist das Bild des Nordens nicht durchweg enttäuschend, die Stimmung nicht immerzu depressiv. Der Eindruck der kollektiven gesellschaftlichen Verzweiflung, wie ihn die Filme Brassed Off, The Full Monty oder Billy Elliot beschreiben, trifft gewiss zu auf die verarmten ehemaligen Industriestädte Bradford und Middlesbrough oder Consett unweit von Newcastle, einem Ort, dessen Wohlstand endete, als 1980 nach 160 Jahren das Stahlwerk schloss und seine 6000 Mitarbeiter in die Arbeitslosigkeit entließ. Aber der Norden hat auch erstaunlich wohlhabende Enklaven, zu denen das pittoreske York und der Wahlkreis Sheffield Hallam gehören, von dessen Bewohnern 60 Prozent einen Universitätsabschluss haben. Dort liegt auch die Arbeitslosigkeit um ein Viertel unterhalb des nationalen Durchschnitts. In Harrogate, einer Kurstadt in Yorkshire mit schwefelhaltigen Quellen, trifft man sogar auf eine Filiale der Supermarktkette Waitrose, deren Läden mit Produkten im oberen Preissegment vor allem im Süden Englands anzutreffen sind. Der Geograf Danny Dorling spricht von „Inseln des Wohlstandes in einem Meer der Armut", während die Zahlen für den Süden ein Meer des Wohlstandes suggerieren (Day 2007). Die Lage der Menschen im Norden verschlechterte sich erneut mit den drastischen Ausgabenkürzungen und Stellenstreichungen des öffentlichen Sektors, die das Schatzamt für nötig hielt, um das Haushaltsdefizit nach der Finanzkrise 2008 zu reduzieren. Weil die nördlichen Regionen viel mehr von öffentlichen Investitionen abhängen, sahen sie sich besonders hart getroffen von den Sparbeschlüssen der Regierung Cameron, die vor allem die Kommunalverwaltungen zu Personalentlassungen zwangen, nicht aber die Hauptabteilungen der Ministerien im Londoner Regierungsviertel Whitehall. Die Folge war, dass zwischen 2008 und 2015 der Nordosten 19 Prozent und Yorkshire 12,6 Prozent seiner öffentlichen Bediensteten verlor, London allerdings nur 3,1 Prozent. Im gleichen Zeitraum konnten Städte in den Regionen von der Wiederbelebung der Privatwirtschaft nicht so sehr profitieren wie London, wo der Privatsektor um 15,7 Prozent wuchs. Die Vergleichszahlen für die West Midlands lag bei 5,7 und die Region Yorkshire und Humber bei 7,8 Prozent (Lavery 2015). Damit setzte sich der Trend fort, der schon in den Jahren vor der Krise 2008 die Landesteile auseinandertriften ließ. So wuchs zwischen 1997 und 2010 die privatwirtschaftliche Bruttowertschöpfung in den drei nördlichsten Regionen Englands um 61 Prozent. Das ist ein beachtlicher Zuwachs, liegt aber weit zurück hinter dem Wachstum um 92 Prozent im Großraum London (The Economist 2012b). Hinter dem abstrakten Wert der Bruttowertschöpfung verbirgt sich neben anderen Faktoren auch die Einkommensverteilung, in der sich die Spaltung des Landes ebenfalls widerspiegelt. Mitarbeiter im Norden werden für ihre Leistung deutlich schlechter honoriert. Das durchschnittliche Bruttojahreseinkommen in der Gegend von Newcastle upon Tyne, Middlesbrough und Sunderland lag 2018 bei 16.995 Pfund und erreichte im benachbarten Yorkshire gerade mal 17.665 Pfund. Berufstätige in London dagegen bezogen für ihre Arbeit im statistischen Durchschnitt 29.362 Pfund im Jahr (Office of National Statistics 2020a).

In vielen wohlhabenden Staaten finden sich arme Gegenden wie in den USA der landwirtschaftlich geprägte Süden an der mexikanischen Grenze, in Deutschland die Gebiete der vormaligen DDR und in Italien der untere Teil des Stiefels. Die ökonomischen Gräben zwischen blühenden und darbenden Landschaften sind nach Überzeugung von Statistikern in Großbritannien allerdings noch stärker ausgeprägt. Gemessen am Bruttoinlandsprodukt pro Kopf ist die City of London 30mal so reich wie der Bezirk Ards und North Down in Nordirland (The Economist 2020). Philip McCann, ein Ökonom der Universität von Sheffield analysierte 28 Indikatoren für den Wohlstand einer Gesellschaft und verglich die Zahlen von 30 Ländern der OECD. Nach diesen Kriterien, so sein Ergebnis, gehört Großbritannien zu den Ländern, in denen ökonomischer Erfolg und materieller Wohlstand geografisch besonders ungleich verteilt sind. Bei sechs seiner Indikatoren belegt das Land den Spitzenplatz für Ungleichheit. „Darin sind wir Weltmeister", sagt McCann ironisch (2019). Die Standortschwäche wirkt sich aus auf das Selbstwertgefühl und Verhalten der Bürger und wird so zum Starthandicap der nächsten Generation. So sind etwa in Rotherham, einer Stadt mit rund 100.000 Einwohnern im südlichen Yorkshire, 21 Prozent der Jugendlichen aus sozial und ökonomisch schwachen Familien an Hochschulen eingeschrieben. Was nicht mal schlecht aussieht im Vergleich zu den 25 Prozent im Landesdurchschnitt, ist ein ernüchternder Wert gegenüber den 41 Prozent der 18jährigen Londoner in ähnlich bescheidenen Lebensumständen, die sich zu einem Studium entschlossen haben (The Economist 2020). Vergebene Bildungschancen sind eine Erklärung für den fortwährenden ökonomischen Rückstand und das gilt für den Zugang zu Universitäten ebenso wie für die Qualität der Schulausbildung. Michael Wilshaw, der frühere Leiter der staatlichen Schulinspektion OFSTED, berichtete von 16 Schulbezirken, in denen mehr als 60 Prozent der Kinder eine Schule besuchen, die von staatlichen Prüfern weder als exzellent noch für gut befunden wurde. Dreizehn dieser sechzehn Bezirke liegen in den Midlands und im Norden Englands. Beim Vergleich des Lernerfolgs der Schüler zeigte sich, dass die Resultate schlechter ausfallen bei Pennälern aus Familien ohne oder mit geringem Einkommen, die sich für kostenfreie Schulspeisung qualifizieren (Abell 2019). Deren Zahl ist im Norden besonders hoch.

Ohne Frage, das Land ist in einer Schieflage, die sich auf alle Facetten des Lebens auswirkt. Pikanterweise trägt auch die Regierung bei zu dieser ökonomischen und sozialen Unwucht, indem sie Investitions- und Subventionsentscheidungen trifft, die den Südosten favorisieren. Kritiker aus Birmingham und Manchester verweisen auf Zahlen, wonach das Ministerium für Transport in dem Jahrzehnt zwischen 2010 und 2020 im Norden des Landes pro Person 349 Pfund für Erhalt und Ausbau von Bahn und Straße investierte, in London pro Einwohner durchschnittlich aber 864 Pfund aufbrachte. Der Haushalt für Transportinfrastruktur fließt zu 86 Prozent in Projekte in der Hauptstadt, wo seit 13 Jahren an Crossrail gearbeitet wird, Europas größtem Eisenbahnprojekt, das quer durch die Stadt verläuft und die östlichen Bezirke mit dem Flughafen von Heathrow im Westen verbinden wird (Johns und Giovanni 2021). Für die Finanzierung solcher Anliegen wirbt London sehr wirkungsvoll bei privaten und öffentliche Investoren. Gerade die prominenten Bürgermeister der Hauptstadt treten immer als unüberhörbare Sprachrohre, geschickte Anwälte und effektive Lobbyisten ihrer Stadt auf. Als Regierungschef David Cameron im Jahr 2014 ein Aufbauprogramm in Höhe von 12 Milliarden Pfund für die Entwicklung der Regionen des Landes vorstellte, warnte Boris Johnson, der damals der Stadtverwaltung vorstand, die „Marmelade aus London sollte man nicht so dünn über das Ryvita-Brot der Regionen streichen" (Dennys 2014). Londons Bürgermeister braucht nicht zu befürchten, dass andere Metropolen versucht sein könnten mit der Hauptstadt zu konkurrieren. Manchester ist vergleichsweise erfolgreich und doch bleiben ihr allenfalls die Krümel, die gelegentlich vom Londoner Tisch fallen. So durfte die Stadt die Commonwealth Spiele ausrichten und darauf hoffen, an HS2, die erste innerenglische Hochgeschwindigkeitseisenbahn, angebunden zu werden (Pidd 2021). Andere Städte sind untereinander notorisch zerstritten und bündeln ihre Kräfte nicht, um von der Regierung in Westminster Konzessionen zu erstreiten. Im Gegenteil, als 2015 die Regierung von David Cameron Geld und Entscheidungskompetenz der Metropolregion Sheffield anbot, stellten sich die Benachbarten Städte Barnsley und Doncaster quer und forderten stattdessen, ganz Yorkshire zu einem Regierungsbezirk mit eigenen Rechten zu deklarieren. Als der Streit zwischen den Stadtverwaltungen eskalierte, musste der Erzbischof von York, John Sentamu, schlichten. (Parsons 2017). Statt Zwist sind politische Einigkeit und eine hörbare institutionelle Stimme gegenüber den Entscheidern in Whitehall offenbar das Rezept, mit dem es Schottland seit den 1960er-Jahren gelang, seinen Rückstand zu den Boomregionen im Südosten England wenigstens zu verkürzen. Geholfen hat auf diesem Weg das Scotland Office, ein Ministerium in der britischen Regierung, das sich in Whitehall als Lobbyist schottischer Angelegenheiten versteht. Während anderswo im Land Stadträte und Lokalverwaltungen über Jahrzehnte hinweg ihre administrative Autonomie, politische Freiheit und finanziellen Mittel durch die Zentralregierung beschnitten sahen, bauten die Schotten ihr Regionalparlament und die Regierung der Ersten Ministerin zu einer formidablen Institution aus, die über Hebel verfügt, das soziale, kulturelle und vor allem das ökonomische Schicksal Edinburghs zu bestimmen und die Hauptstadt so zu einem Motor der schottischen Entwicklung zu machen. Auch in anderen Staaten sind Städte oft Inseln der Prosperität, auch dann, wenn die wirtschaftliche Entwicklung des Umlands schwächelt. So ist es in Dresden und Leipzig, denen es ökonomisch besser geht als den umliegenden sächsischen Landkreisen. In England verläuft die Tendenz umgekehrt und das rückständige Hinterland schadet der Entwicklung der benachbarten Städte (McCann 2019). Damit wird zum Beispiel erklärt, wieso die Bewohner der Universitätsstadt Sheffield, eingebettet in der ärmlichen Region Yorkshire, ein Bruttoinlandsprodukt pro Kopf erwirtschaften, das gerade mal 70 Prozent des nationalen Durchschnitts beträgt – ein niedrigerer Anteil als irgendwann sonst in den vergangenen 100 Jahren. Wie in Yorkshire und Sheffield sieht es in den meisten der 40 Regionen aus. Nur in neun davon liegt der Wohlstand oberhalb des Landesdurchschnitts und nur eine dieser neun befindet sich in Nordengland (McCann 2019).

Mit Xi Jinping zu Besuch bei Manchester United

2010 sollte dann endlich die Wende zum Besseren für den Norden kommen. Dafür entwickelte George Osborne, der Schatzkanzler in der Regierung David Camerons zwischen 2010 und 2016, einen ehrgeizigen Plan für Leeds, Sheffield, Newcastle, Hull und Liverpool. Die Großstädte im Norden und ihr Umland konnten sich zu Verwaltungseinheiten, sogenannte Metropolregionen, von mehreren Millionen Menschen zusammenschließen. Diese Ballungsräume wählten dann Bürgermeister, denen die Zentralregierung Budgetverantwortung und Zuständigkeit für öffentliche Dienste übertrug. Zudem wurden Planungen aufgenommen für ein schnelles Eisenbahnnetzwerk, das die Städte des Nordens besser miteinander verbinden sollte, um Handel, technische und wirtschaftliche Kooperation zu erleichtern, aber auch ein Gefühl regionaler Identität und Gemeinsamkeit zu fördern. Damit würde der Pendler von Manchester nach Leeds nicht mehr 50, sondern künftig nur noch für 25 Minuten in der Bahn sitzen und die Reisezeit von Leeds nach Newcastle könnte von 90 Minuten auf weniger als eine Stunde verkürzt werden. Sogar von der Konstruktion des längsten Autobahntunnels der Welt auf einer Strecke von 40 Kilometern unter den Pennines, einem Mittelgebirge, war die Rede, um die Fahrtzeit zwischen Manchester und Sheffield um eine halbe Stunde zu verkürzen (BBC News 2020a). Ziel der Investitionen war die Revitalisierung der Industrieproduktion in den Gebieten, die zu Beginn des 20. Jahrhunderts als die Werkbank der Welt galten. Dass aus dieser Vision Wirklichkeit werden kann, zeigt die Autofabrik von Nissan in Sunderland, einer Stadt, die vor einem Jahrhundert für ihren Hafen und die Werften bekannt war. Der japanische Markenhersteller baut seine Modelle dort seit 1968 und beschäftigt heute 7000 Mitarbeiter, die jedes Jahr eine halbe Million Wagen vom Fließband rollen lassen (BBC News 2017). Nicht zuletzt dieser Vorzeigefabrik wegen exportiert das Land seit zehn Jahren mehr Autos als es importiert. Kritiker halten es allerdings für einen Fehler, auf ein Comeback der britischen Industrie zu hoffen, deren Produkte international schon lange nicht mehr gefragt sind. Noch in den 1970er-Jahren trug das herstellende Gewerbe zu 25 Prozent des Bruttoinlandsprodukts bei. Nach Angaben der Weltbank war der Anteil bis 2020 auf 8,6 Prozent geschrumpft und lag damit unter dem Niveau Griechenlands (The World Bank 2022). Für Osborne war klar, dass es trotz ernüchternder Zahlen keine Alternative gab zu seinen Plänen für den Norden, den seine Werbefachleute bald als Northern Powerhouse bewarben, was übersetzt werden kann als nördliches Kraftwerk oder Kraftpaket. Um Osbornes Vision, die Metropolen des Nordens attraktiv zu machen für Menschen mit innovativen Ideen, Investoren und jungen Familien, bedurfte es mehr als regionaler Eigenverwaltung und eines verbesserten Nahverkehrsnetzes. Das Schatzamt gewann Unternehmen als Partner, sponsorte Touren von Geschäftsleuten und Forschern ins kalifornische Silicon Valley, dem Vorbild für erfolgreiche Metropolregionen, siedelte neue Forschungseinrichtungen an, förderte Inkubationszentren für Start-up-Firmen und kümmerte sich um einen neuen permanenten Veranstaltungsort für das Manchester International Festival (Williams 2015). Wie ernst es der Regierung war mit ihren Plänen, verraten Bilder des chinesischen Präsidenten Xi Jinping beim Besuch der Fußballakademie des FC Manchester United, ein Vorzeigeprojekt für den Norden, wo der Staatsgast umringt von Spielern und Politikern Premierminister Cameron zusagte: „Das Northern Powerhouse hat Chinas Unterstützung" (BBC News 2015). Zwei Jahre nach Xi Jinpings Besuch fand das Projekt schließlich sogar Eingang in die alternative Rockkultur, als die Band Sandra's Wedding das Northern Powerhouse zum Titel ihres Albums 2017 machte. In Westminster war inzwischen der Enthusiasmus für Osbornes politisches Steckenpferd verflogen. Die neue Regierungschefin Theresa May beerdigte das Vorhaben, bekannte sich aber zu den Plänen und reklamierte Einzelerfolge für sich. Auch das große Ziel Osbornes und Camerons behielt sie bei und verkündete ohne Bescheidenheit, sie wolle „den fantastischen Städten des Nordens helfen, ihre Stärken zu bündeln und gegen weltweite Konkurrenz zu bestehen" (BBC News 2016).

Aus Gründen staatspolitischer Verantwortung sicherten die Konservativen ihre Unterstützung dem englischen Norden zu, während die Labour-Partei tief empfundene Solidarität mit den zurückgefallenen Gemeinden und Regionen als Teil ihrer Identität betrachtete. Die jeweilige Haltung hat nicht zuletzt mit der Verteilung der Wählerschaft zu tun, wie sich in Grafiken gut ablesen lässt, die mit blauen Punkten die Gewinne der Tories und mit Rot die Erfolge der Labour-Partei kennzeichnen. Jeder Punkt repräsentiert einen Wahlkreis und gemeinsam zeigen sie, dass das Land auch parteipolitisch gespalten ist. Die alten Industriestädte wählten links, die Dörfer an den grünen Hügeln von Kent und Sussex rechts. Seit den 1980er-Jahren fiel weniger als ein Drittel der Wahlkreise jenseits der Midlands an die Konservativen, deren Ruf als Partei der Reichen ihnen im Wahlkampf gerade in solchen Gegenden nicht half, wo Menschen leben, die jeden Tag erfahren, dass der Erfolg anderswo zu Hause ist. An diesen parteipolitischen Präferenzen schien niemand etwas ändern zu können – bis der Brexit kam, der die weiße Arbeiterschaft elektrisierte. In den darbenden Arbeiterquartieren hoffte man auf Erlösung von dem Fluch der EU, deren Binnenmarkt Millionen ausländischer Mitbewerber aus Polen, Rumänien und Bulgarien ins Land gespült hatte, die mit Briten um Arbeitsplätze und Kundschaft konkurrierten. Aus Sicht weißer Arbeiter ohne Ausbildung, mit wenig Selbstbewusstsein und noch weniger Hoffnung auf eine sichere Zukunft war Boris Johnson eine Lichtgestalt in der politischen Arena, dem man zutraute, Brexit zu verwirklichen, die Grenzen für Migranten zu schließen und damit vermeintliche Interessen britischer Arbeiter zu schützen (Taylor 2019). Es bahnte sich eine politische Revolution an in den Städten und Weilern des Nordens, Orten wie Maltby im südlichen Yorkshire, eine alte Bergarbeiterstadt, deren Stollen 2013 dicht machen musste. Für mehr als 100 Jahre wählten die Arbeiter zuverlässig einen Parlamentskandidaten der Labour-Partei für Rother Valley, den Wahlkreis zu dem Maltby gehört. 2019 war es zum ersten Mal ein Konservativer. Alexander Stafford, ein in Oxford erzogener ehemaliger Stadtrat in London, gewann, weil sein Vorsitzender Johnson überzeugender als die Führung von Labour den Menschen in Lancashire und Yorkshire, Cumbria und den Grenzgebieten zu Schottland eine bessere Zukunft versprochen hatte, sobald Großbritannien befreit sei von Gängelung Brüsseler Bürokraten und sich nicht mehr den Beschlüssen der EU-Kommission zu unterwerfen habe. Auch die drei an Maltby angrenzenden Distrikte gingen nach vielen Jahren erstmals an einen Konservativen. Insgesamt kippten die Tories 40 Wahlkreise in Wales, den Midlands und dem Norden zu ihren Gunsten. Der rote Wall, wie Journalisten das Bollwerk der seit jeher von Labour dominierten Wahlbezirke im Norden nannten, brach zusammen (Halliday 2019). Nie hätte Boris Johnson im Dezember 2019 einen derart überwältigenden Wahlsieg gefeiert ohne die großen Gewinne im nordenglischen Stammland von Labour. Die neugewonnene Klientel der Tory-Regierung hat nicht nur die Rhetorik, sondern auch die politische Agenda radikal verändert und vor allem den Norden ganz oben auf die Tagesordnung von Premierminister Johnson gesetzt.

Das Medici-Modell für Wohlstand im Norden

Wollen die Konservativen 2024 auf eine Wiederwahl hoffen dürfen, müssen sie gute Ideen und reichlich Geld aufbringen, um die Spaltung des Landes zu überwinden. Der konventionellen konservativen, wohlhabenden und elitären Wählerschaft im Süden haben sie zudem eine Politik schmackhaft zu machen, die geringqualifizierten weißen Arbeitern in Wahlkreisen wie Workington und Darlington Wünsche erfüllt. Den Werbeslogan des Programms für den Norden gibt es schon: Levelling-up, also angleichen auf ein höheres Niveau. Fragt man, was sich dahinter verbirgt, wird der Regierungssprecher dünnlippig. Ein schriftliches Programm, das bereits für 2021 angekündigt war, soll es nun 2022 geben, mehr als zwei Jahre nach Regierungsübernahme. Entschieden ist schon jetzt, dass Minister Beamte abordnen werden, im Norden Zweigstellen ihrer Ressorts aufzubauen. Das soll dem oft wiederholten Vorwurf begegnen, Politik werde durch die Londoner Brille mit wenig Verständnis für die Regionen gemacht. Schließlich hat auch die BBC Produktionsstätten und Studios in Hull, Newcastle, Leeds, Grimsby und anderen Städten der Region, um in der Berichterstattung ein umfassendes Bild des ganzen Landes zu geben. Aus dem Schatzamt werden 500 Mitarbeiter Yorkshire kennenlernen an ihrem neuen Standort in Darlington und das Ministerium für Wohnen und Kommunalplanung hat sich bereits in Wolverhampton ein zweites Quartier gesucht. Besser getroffen hat es die Angestellten im Ressort für Kultur, Sport und Medien, die im Tausch für ein Leben in London immerhin in Manchester ihr Quartier aufschlagen dürfen. Selbst aus den Korridoren des Hauses, das für den Levelling-up-Prozess verantwortlich ist, gehen 500 Beamte in den Norden und vertreten im schottischen Glasgow ihren Minister Michael Gove. Der wird sich freuen über diese bemerkenswert glückliche Fügung. Schließlich stammt der Politiker aus dem benachbarten Edinburgh und wuchs in Aberdeen auf (Payne 2021). Ökonomen halten die Entscheidung, Personal aus staatlichen Behörden von London dauerhaft in den Norden zu verschieben, für richtig. Giulia Faggio von der Universität London weist darauf hin, dass zehn Arbeitsplätze des öffentlichen Dienstes in einer neuen Gegend elf neue Jobs in der Privatwirtschaft entstehen lassen. Die Idee, Beamte in den Regionen zu verteilen, ist bei den betroffenen Angestellten allerdings gewöhnlich nicht besonders populär. Gerade Topbeamte weigern sich, bei den Umzugsplänen mitzumachen und weisen zur Entschuldigung darauf hin, dass sie für ihre Minister in London immer zu sprechen sein müssen. Deshalb komme es für sie nicht in Frage, Westminster etwa mit dem südlichen Yorkshire zu tauschen. Als der Sitz des Nationalen Statistikamtes von London nach Newport in Wales verlegt wurde, packten schließlich nur zehn Prozent der Mitarbeiter Umzugskartons. Die anderen hoch qualifizierten Statistiker hatten erfolgreich neue Arbeitgeber in der Hauptstadt gefunden (The Economist 2021).

Um die Reden aus 10 Downing Street vom Levelling-up mit Inhalten zu füllen, erinnern sich Minister der Ideen für das Northern Powerhouse aus den Jahren von George Osborne, dem der Ausbau der Bahnstrecken besonders wichtig war. Nun soll die erste innerbritische Strecke für einen Hochgeschwindigkeitszug nach dem Vorbild des deutschen ICE London mit den nördlichen Metropolen Birmingham und Manchester verbinden. Die Ausgaben für das Vorzeigeprojekt sind längst außer Kontrolle geraten und die Regierung denkt darüber nach, wie sich die prognostizierten Kosten von mehr als 100 Milliarden Pfund reduzieren lassen (Herbert und Weatherby 2020). Deutlich preisgünstiger, aber gut für viel Publicity, ist ein Vorschlag Boris Johnsons zum Thema Levelling-up. Demnach soll das House of Lords nach Yorkshire umziehen, wenn von 2025 an die Räume der zweiten Parlamentskammer im Palast von Westminster aufwendig über Jahre hinweg renoviert werden müssen. Das Signal an den Norden des Landes ist nicht zu verkennen und trotzdem wird – wie so oft bei Boris Johnson – aus der originellen Idee nichts werden. Weder Baron Norman Fowler, der Sprecher der Lords, noch Lindsay Hoyle, sein Kollege in den Commons, der ersten Parlamentskammer, wollen sich für Johnsons Symbolpolitik einspannen lassen (BBC News 2020b). Derweil fahndet der für Levelling-up zuständige Minister nach praktikablen Initiativen für seinen großen Wurf. Auf der Suche nach Blaupausen dafür, wie man dem Norden auf die Beine helfen kann, hat sich Gove mit dem deutschen Aufbau Ost beschäftigt, sich Information aus dem Baskenland und der alten Industriestadt Pittsburgh kommen lassen. Den größten Eindruck aber scheint das Florenz der Renaissance auf den Minister gemacht zu haben. Das erklärt, warum seine Ideensammlung für den Norden Englands unter den Mitarbeitern seines Hauses nicht gänzlich ohne Spott unter der Bezeichnung Medici-Model zirkuliert. Die Florentiner Kaufleute und Politiker, findet Gove, waren vor 500 Jahren ganz besonders geschickt darin, Unternehmergeist, technologische Innovation und kulturelle Offenheit für die Entwicklung ihrer toskanischen Metropolregion zu nutzen. Sie investierten in öffentliche Gebäude, förderten das Handwerk, finanzierten sowohl Bildung als auch Kunst und machten die Straßen sicherer (Johnson 2021). Gove hat sich viel vorgenommen und die Wähler im Norden wollen endlich Fortschritt sehen. Für das Jahrhundertprojekt der Medici bleiben ihm deshalb nur Monate. Die nächsten Wahlen stehen 2024 an.

Literatur

Abell S (2019) How Britain really works. Murray, London

BBC News (2015) Northern Powerhouse project has ‚Chinese backing' – David Cameron. 23. Oktober. https://www.bbc.co.uk/news/uk-34607588. Zugegriffen am 27.02.2021

BBC News (2016) Theresa May backs Osborne's ‚Northern Powerhouse'. 19. August. https://www.bbc.co.uk/news/uk-politics-37129381. Zugegriffen am 09.12.2020

BBC News (2017) Sunderland Nissan's entire workforce gets freedom of city. 9. September. https://www.bbc.co.uk/news/uk-england-tyne-41213389. Zugegriffen am 26.04.2021

BBC News (2020a) Sheffield-Manchester tunnel could ‚pass 25 miles through Pennines'. 26. Juni. https://www.bbc.co.uk/news/uk-england-53193434. Zugegriffen am 08.12.2020

BBC News (2020b) House of Lords: temporary move to York rejected by repairs body. 19. August. https://www.bbc.co.uk/news/uk-politics-53837718. Zugegriffen am 22.11.2021

Day E (2007) North vs South. The Guardian, 28. Oktober. https://www.theguardian.com/uk/2007/oct/28/britishidentity.society. Zugegriffen am 25.08.2021

Dennys H (2014) City diary. Boris Johnson says London's „jam" covering regions „dry Ryvita". Daily Telegraph, 9. Juli. https://www.telegraph.co.uk/finance/comment/citydiary/10954898/City-Diary-Boris-Johnson-says-Londons-jam-covering-regions-dry-Ryvita.html. Zugegriffen am 22.12.2020

Fisher S (2019) North and South: why so divided?. Economic and Social Research Council, 23. Oktober. https://www.rebuildingmacroeconomics.ac.uk/post/north-and-south-why-so-divided. Zugegriffen am 29.05.2021

Hacking J, Muller S (2011) Trends in mortality from 1965 to 2008 across the English north-south divide: comparative observational study. Br Med J. https://doi.org/10.1136/bmj.d508. Zugegriffen am 22.12.2021

Halliday J (2019) Labour's ‚red wall' demolished by Tory onslaught. The Guardian, 13. Dezember. https://www.theguardian.com/politics/2019/dec/13/labours-red-wall-demolished-by-tory-onslaught. Zugegriffen am 29.11.2020

Hancock C (2021) Patterns and trends in excess weight among adults in England. UK Health Security Agency, 4. März. https://ukhsa.blog.gov.uk/2021/03/04/patterns-and-trends-in-excess-weight-among-adults-in-england/. Zugegriffen am 09.03.2021

Herbert T, Weatherby B (2020) How much has been spent on the HS2 so far and what is the proposed train route? Evening Standard, 11. Februar. https://www.standard.co.uk/news/uk/hs2-train-route-budget-spend-a4359426.html. Zugegriffen am 09.06.2021

Johns M, Giovanni A (2021) IPPR North: broken transport promises come as new evidence shows widening transport spending gap. IPPR, 18. November. https://www.ippr.org/news-and-media/press-releases/ippr-north-broken-transport-promises-come-as-new-evidence-shows-widening-transport-spending-gap. Zugegriffen am 22.06.2021

Johnson D (2021) Michael Gove proposes a ‚Medici model' for levelling up – and why not? The Article, 16. Dezember. https://www.thearticle.com/michael-gove-proposes-a-medici-model-for-levelling-up-and-why-not. Zugegriffen am 18.12.2021

Lavery S (2015) Public and private sector employment across the UK since the financial crisis. Sheffield Political Economy Research Institute, February. http://speri.dept.shef.ac.uk/wp-content/uploads/2018/11/Brief10-public-sector-employment-across-UK-since-financial-crisis.pdf. Zugegriffen am 09.01.2021

McCann P (2019) Geography of discontent. Insights from the UK. UK 2070 Commission, Januar. http://uk2070.org.uk/wp-content/uploads/2019/01/01-McCann-UK-Regional-Inequality-Debates.pdf. Zugegriffen am 22.03.2021

NHSA (2021) North inequalities cost UK economy £7.3bn over first year of the pandemic. 8. September https://www.thenhsa.co.uk/2021/09/north-inequalities-cost-uk-economy-7-3bn-over-first-year-of-the-pandemic/ Zugegriffen am 09.12.2021

Office of National Statistics (2020a) Regional gross disposable household income, UK: 1997 to 2018. 4. Juni. https://www.ons.gov.uk/economy/regionalaccounts/grossdisposablehouseholdincome/bulletins/regionalgrossdisposablehouseholdincomegdhi/1997to2018. Zugegriffen am 08.10.2021

Office of National Statistics (2020b) Life expectancy for local areas of the UK: between 2001 to 2003 and 2017 to 2019. 24. September. https://www.ons.gov.uk/peoplepopulationandcommunity/healthandsocialcare/healthandlifeexpectancies/bulletins/lifeexpectancyforlocalareasoftheuk/between2001to2003and2017to2019. Zugegriffen am 09.12.2021

Office for National Statistics (2021) Overview of the UK population. 14. Januar https://www.ons.gov.uk/peoplepopulationandcommunity/populationandmigration/populationestimates/articles/overviewoftheukpopulation/january2021. Zugegriffen am 26.03.2021

Parson R (2017) Archbishop of York Dr John Sentamu intervenes in Yorkshire devolution saga. I News, 12. Dezember. https://inews.co.uk/news/uk/archbishop-york-dr-john-sentamu-intervenes-yorkshire-devolution-saga-110192. Zugegriffen am 29.06.2021

Payne S (2021) Cabinet office staff to work in Glasgow. Financial Times, 13. März, S 2

Pidd H (2021) Government planning ‚to put HS2 on stilts through Manchester.' The Guardian, 19. November. https://www.theguardian.com/uk-news/2021/nov/19/government-planning-to-put-hs2-on-stilts-through-manchester. Zugegriffen am 20.11.2021

Raleigh V (2021) What is happening to life expectancy in England? The King's Fund, 6. Dezember. https://www.kingsfund.org.uk/publications/whats-happening-life-expectancy-england. Zugegriffen am 09.12.2021

Taylor R 2019 Many working-class people believe in Brexit. Who can blame them? LSE, 31. Januar. https://blogs.lse.ac.uk/brexit/2019/01/31/many-working-class-people-believe-in-brexit-who-can-blame-them/. Zugegriffen am 21.03.2021

The Economist (2012a) The north south divide. The Lega Londra, 3. Dezember https://www.economist.com/blighty/2012/12/03/the-lega-londra. Zugegriffen am 21.11.2020

The Economist (2012b) The great divide. 15. September. https://www.economist.com/britain/2012/09/15/the-great-divide. Zugegriffen am 21.11.2020

The Economist (2020) Why Britain is more geographically unequal than any other rich country. 1. August. https://www.economist.com/britain/2020/07/30/why-britain-is-more-geographically-unequal-than-any-other-rich-country. Zugegriffen am 09.03.2021

The Economist (2021) The Tees party. 6. März, S 25

The World Bank (2022) Manufacturing, value added (% of GDP) – United Kingdom. https://data.worldbank.org/indicator/NV.IND.MANF.ZS?end=2020&locations=GB&start=1990&view=chart. Zugegriffen am 05.01.2022

Williams J (2015) Manchester's £110m factory Theatre takes a big step forward with architects set to be appointed. Manchester Evening Standard, 22. Juli. https://www.manchestereveningnews.co.uk/news/greater-manchester-news/manchesters-110m-factory-theatre-takes-9710012. Zugegriffen am 09.08.2021

Wood L (2013) We need meaningful decentralisation if we are to tackle England's North/South divide. Democratic Audit, 24. August. https://www.democraticaudit.com/2013/08/24/we-need-meaningful-decentralisation-if-we-are-to-tackle-englands-northsouth-divide/. Zugegriffen am 08.09.2021

24

Die Sorgen der City – Als Lloyd's noch ein Caféhaus war

Gas-Krise, Energiearmut, Benzinknappheit, rasant steigende Inflationsrate, Mangel an Erntehelfern in der Landwirtschaft, Warnung vor leeren Regalen zur Weihnachtszeit und dann fehlt es noch überall an Lkw-Fahrern, um Waren, die es ohnehin nicht gibt, zum Kunden zu bringen. Derweil blockieren tausende Container die Terminals in Felixstowe, Großbritanniens größtem Frachthafen an der Küste von Suffolk. Grund ist der Zusammenbruch des Handels mit Ostasien während der Covid-19-Pandemie. Um den Mangel an Arbeitskräften zu beheben, wird die Armee beordert, Kraftwagenfahrer abzustellen und sogar die Idee, Häftlinge und Asylanten zu rekrutieren, kursiert in der Not, als das Jahr 2021 zu Ende geht. Nur Wochen später – russische Soldaten beginnen gerade ihren Einmarsch in die Ukraine – verschlechtern sich die düsteren Prognosen für britische Verbraucher. Kosten für Weizen und Rohöl schießen in die Höhe. Gas, mit dem 87 Prozent der Haushalte heizen, wird um mehr als die Hälfte teurer (Ambrose 2022). Preisanstiege lassen die Inflationsrate auf über acht Prozent wachsen, den höchsten Wert seit vier Jahrzehnten. Ökonomische Auswirkungen des Kriegs auf die Einkommen sind dramatisch. Die Kaufkraft kollabiert wie zuletzt in den 1970er-Jahren (Partington 2022).

Journalisten fragen sich, ob das Land eine Wiederholung des Winter of Discontent – eines Winters der Unzufriedenheit – erlebt (O'Sullivan 2021). Der Begriff gehört zum Standardwortschatz konservativer Politiker, die daran erinnern, wie Tarifkonflikte, Energienot und Streiks im Winter 1979/1980 das Land ins Chaos stürzten. Heizung und Strom wurden auf wenige Stunden am Tag rationiert, die BBC instruierte ihr Publikum, wie man auch in einer ungeheizten Wohnung den Wintertag überlebt, und gelesen wurde im Schein der Kerze. England galt als Sick man of Europe, als kranker Mann Europas. Es war der sichtbare und bittere Tiefpunkt für die britische Volkswirtschaft, das düsterste Kapitel in der Geschichte eines Niedergangs, zu deren Protagonisten ausgerechnet eine Institution zählt, die für Jahrhunderte ein Symbol für weitsichtiges wirtschaftliches Management war. Die Nationalbank – Bank of England, die der Journalist John Lanchester als „eine Kreuzung aus Hogwarts, Todesstern und dem Kontor von Ebenezer Scrooge" (Fisher 2015) beschrieb. Sie entstand 1694, als nach der Glorreichen Revolution das neue Königspaar William und Marie in Geldnot war. Die Royal Navy hatte gerade in der Schlacht von Beachy Head eine bittere Niederlage gegen Frankreich erlitten und der Neubau von Schiffen verschlang sagenhafte Summen. Als Geldverleiher die britische Kreditfähigkeit bezweifelten, gründete die Regierung in London ihre eigene Zentralbank, die Zugriff hatte auf alle Guthaben des Staates. Dafür erhielt das neue Institut ein exklusives Privileg: Es durfte Geld drucken, mit dem die Ausgaben für den Flottenbau bestritten wurden. Während der Finanzkrise 1861 sprang die Bank of England ein als Kreditgeber der letzten Instanz. So sehr sich die Zentralbank über zwei Jahrhunderte hinweg Anerkennung erworben hatte, so sehr wurden ihre Entscheidungen in den 1970er-Jahren zum Brandbeschleuniger einer volkswirtschaftlichen Pleite. Als die Inflationsrate 25 Prozent erreichte, ordnete der Zentralbankchef als Gegenmaßnahme die radikale Erhöhung des Leitzinses auf mehr als zehn Prozent an (Kynaston 2017). Das machte für internationale Investoren das Pfund Stirling als Investitionswährung attraktiv, ließ die Nachfrage wachsen und trieb den Wechselkurs in die Höhe. Die unerwünschte Folge war ein Anstieg der Preise für britische Produkte auf dem Weltmarkt. Es war ein weiterer Schlag für die produzierende Exportindustrie, die ohnehin seit Jahren schwächelte. Auf ihrer Suche nach einem alternativen Mittel, um der dramatisch hohen Inflationsrate beizukommen, reduzierte die Regierung die Löhne und Gehälter von Mitarbeitern des öffentlichen Dienstes. Das wiederum erzürnte Gewerkschaften markierte den Beginn eines Jahrzehnts, das geprägt wurde von anhaltenden Arbeitskämpfen. Streik der Kumpels in den Kohleminen und die internationale Ölkrise verschärften die Krise so sehr, dass die Regierung Unternehmen nur noch an vier Tagen in der Woche Stromnutzung bewilligte und TV-Anstalten ihr Programm um 22.30 Uhr beenden mussten. Wer zeitig schlafen geht, so das Kalkül der Regierung, verbraucht weniger Energie. Noch nie, hieß es in linken Kreisen mit Genugtuung, sei die Gesellschaft so gleich gewesen. Dennoch galt die Wirtschaftspolitik als ein Desaster und als Premierminister Edward Heath im Februar 1974 mit der Frage „Wer regiert das Land?" um die Unterstützung der Wähler warb, antworteten die ihm: Du nicht! Die Konservativen verloren ihre Mehrheit im Parlament (Ziegler 2011). Doch Labours Vorsprung an Sitzen war hauchdünn und reichte nicht, um das Land durch die Krise zu steuern. Als 1979 die heftigsten Streiks in einem halben Jahrhundert begannen, an denen sich unter anderem Lkw-Fahrer, das Personal der Krankenwagen, Mitarbeiter der Bahn, die Müllabfuhr und sogar die Bestatter beteiligten, war die Zeit reif für eine neue Wirtschaftspolitik. Die Regierung Premierminister James Callaghans, ein ehemaliger Gewerkschaftsfunktionär, musste den Platz räumen für Margaret Thatcher, die in 10 Downing Street und im Land alles anders machen wollte.

Das älteste demokratische Amt der Welt

Die 1980er-Jahre standen unter dem Zeichen des Neoliberalismus, deren prominentester Verfechter neben Margaret Thatcher der amerikanische Präsident Ronald Reagan war. Die beiden stimmten überein in der Analyse, dass staatliche Reglementierung der Gesellschaft schade und die wahre Philosophie des Kapitalismus verloren gegangen sei. Ihr Ziel war es, die Steuern zu senken, die Macht der Gewerkschaften zu beschneiden, Sozialhilfe zu reduzieren, den Markt zu deregulieren und auf diese Weise Individuen und Unternehmen von staatlichen Fesseln zu befreien. Aber unternehmerische Freiheit ist keine Garantie gegen Pleiten und Krisen, wie der Zusammenbruch von Bear Sterns und Lehmann Brothers in der Bankenkrise 2008 zeigte. In Großbritannien hatte sich die Bank Northern Rock übernommen und über Jahre Kredite an Kunden vergeben, denen die finanziellen Mittel fehlten, ihre Schulden abzutragen. Wenn andere Finanzinstitute in Zahlungsschwierigkeiten sind, springt die Zentralbank ein und hilft aus, bis die Bilanz wieder im Lot ist. Aber Northern Rock hatte kein vorübergehendes Problem mit den Einnahmen, sondern musste zugeben, dass seine Vermögenseinlagen wertlos waren. Um den Zusammenbruch abzuwenden, entschied die Regierung Premierminister Gordon Browns in dramatischen Krisensitzungen, der Staat würde Northern Rock und andere schlingernde Banken retten für 150 Milliarden Pfund, was 8,8 Prozent des Bruttoinlandsprodukts entsprach (Turner 2014). Das ist mehr Geld als die Regierung jedes Jahr für den staatlichen Gesundheitsdienst NHS aufbringt. Als Folge der Bankenrettung multiplizierte sich der Schuldenstand des Landes von 29 Prozent als Anteil am Bruttoinlandsprodukt auf 80 Prozent. David Cameron, ein Tory, der zwei Jahre später die Wahlen gewann, Gordon Brown im Amt folgte und die Schulden abtragen musste, erinnerte sich an das politische Mantra Margaret Thatchers und der Neoliberalen, wonach der Staat das Problem sei, nicht die Lösung. Mit anderen Worten, die Rolle des Staates zu reduzieren, war ihm zugleich eine fiskalische Pflicht und eine ideologische Kür. Deshalb kündigte er an, quer durch alle Ministerien radikal einsparen zu wollen, vor allem Ausgaben für staatliche Lohnzuschüsse, Wohngeld und Förderung Behinderter (Abell 2019). Ausgenommen von den Kürzungen wurde lediglich der staatliche Gesundheitsdienst, dessen Budget garantiert war. Generös zeigten sich die Konservativen lediglich bei ihren treusten Wählern, den Rentnern. Denen garantierte Premierminister Cameron ein lukratives finanzielles Arrangement. Ihre Bezüge würden jedes Jahr steigen entsprechend dem besten von drei Referenzwerten: Die Inflationsrate, das Durchschnittseinkommen oder 2,5 Prozent (Peachey 2021). Nicht ohne Grund ist der Anteil der Ruheständler, die in relativer Armut leben, von 50 Prozent in den 1990er-Jahren auf 15 Prozent zurückgegangen. Das hat freilich auch damit zu tun, dass viele Senioren vom Wertzuwachs ihrer Immobilien profitieren in einem Land mit akutem Mangel an bezahlbarem Wohnraum. In London stieg der Wert von Wohnimmobilien zwischen 2017 und 2020 um beachtliche fünfzig Prozent an. Um Linderung zu schaffen, legte Camerons Regierung ein Finanzierungsprogramm auf, das jungen Erstkäufern mit einem Zuschuss helfen sollte, den Wunsch nach dem Eigenheim zu erfüllen. Der Effekt war nicht, wie erhofft, eine Initialzündung für neuen Wohnungsbau. Stattdessen stiegen die Preise für bescheidene Immobilien, weil die Nachfrage dafür dank staatlicher Mitfinanzierung gewachsen war. Den Gegenpol zur Wirtschaftspolitik der Konservativen setzte Oppositionsführer Jeremy Corbyn, der Vorsitzende der Labour-Partei, der ein Leben lang die Verstaatlichung von Industrieunternehmen und Dienstleistern propagiert hatte, um in den Geschäftsführungen die Interessen der Steuerzahler besser durchsetzen zu können. Das bedeutete die Rückkehr zu einer Praxis, mit der das Land in den 1970er-Jahren bestenfalls gemischte Erfahrungen gemacht hatte. Eine Forderung Corbyns traf allerdings über die Parteigrenzen hinweg auf positives Echo. Die Übernahme der privaten Eisenbahngesellschaften unter staatliche Kontrolle wird weithin als ein probates Mittel gesehen, die desaströse Bilanz der Bahn zu verbessern. Allein zwischen 2010 und 2018 waren 30 Prozent aller Züge verspätet mit insgesamt 3,6 Millionen Stunden (Abell 2019).

Auch in der City, dem Zentrum der Londoner Finanzindustrie, wird diese Initiative positiv bewertet. Das Interesse der Bänker an einer leistungsfähigen Eisenbahn hat wohl auch damit zu tun, dass sich gerade im mittleren und höheren Management während der Monate der Covid-19-Pandemie viele den Wunsch erfüllten, künftig die elegante Stadtwohnung für ein Haus auf dem Lande einzutauschen. Immobilienmakler zählten so viele Aufträge wie nie zuvor für stilvolle Altbauten in verschlafenen Weilern in den idyllischen Grafschaften um London. Von dort erreichen die Pendler aus den Chefetagen die großen Kopfbahnhöfe der Stadt – Kings Cross, Euston, St. Pancras, Paddington, Charing Cross, Waterloo und vor allem Liverpool Station, den Zentralbahnhof in der Square Mile, der Quadratmeile, wie sich der rund drei Quadratkilometer große Finanzdistrikt nennt. Von hier aus sind es nur wenige hundert Meter bis zur Threadneedle Street, dem Sitz der Bank of England, in deren Kellergewölben 5000 Goldbarren lagern (BBC News 2016). Direkt gegenüber steht das Mansion House, die Residenz des Lord Mayors, des zeremoniellen Vorstehers dieses außergewöhnlichen Verwaltungsbezirks. Seine Funktion in diesem ältesten dauerhaft besetzten demokratischen Amt der Welt geht bis ins Jahr 1189 zurück. Der für ein Jahr gewählte Lord Mayor untersteht direkt der Monarchin. Er agiert nicht nur als Kommunalpolitiker, sondern übernimmt qua Amtes auch die Rolle des Cheflobbyisten der Finanzbranche in seinem Stadtteil, in dem heute kaum noch 10.000 Menschen leben. Es ist das historische Herz der Stadt mit einem engen Geflecht von Straßen, Häuserzeilen und Bankentürmen, unter deren Fundamenten die Reste Londiniums begraben sind, die britische Provinzhauptstadt der Römer. In der Neuzeit wurde hier der Warenumschlag des Empires kontrolliert und finanziert. Die Pubs dienten als Treffpunkte, wo man Geschäfte abschloss, als es noch keine Büros gab. Die Versicherungsbörse Lloyd's of London war im 18. Jahrhundert ein Caféhaus, in dem sich Investoren mit Versicherern trafen, um die riskanten Unternehmungen ihrer Schiffe abzusichern. Zu der Zeit stiegen James Barclay und Sir Franics Baring ins Bankgeschäft ein, um mit Anleihen den Sklavenhandel zu finanzieren. So folgten auf die Händler und Reder die Bänker sowie Manager von Hedgefonds oder Wagniskapitalgesellschaften. 100.000 Menschen lebten im 19. Jahrhundert noch in der City, die zu jener Zeit zum Finanzzentrum des Empires avancierte, während Westminster die politische Schaltstelle blieb. Im 20. Jahrhundert half dem Standort die Zeitzone. Denn die City lebt auf, wenn in Hongkong und Singapur noch gehandelt wird und in der Square Mile ist man noch wach, wenn die Glocke an der Wall Street das Geschäft eröffnet. Im alten Quartier der City und im neuen Finanzzentrum an der Canary Wharf, einer Hochhausstadt im Osten Londons, wo die Themse einen großen Bogen schlägt und gegenüber von Greenwich eine Halbinsel bildet, arbeiten insgesamt 1,1 Millionen Menschen (Hutton und Shalchi 2021). Das sind vier Prozent aller britischen Arbeitnehmer, deren Einkommens- und Unternehmenssteuerzahlungen allerdings 23 Prozent der nationalen Staatsabgaben ausmachen. Sie managen von London aus ein Kundenvermögen, das der Wirtschaftsleistung der USA entspricht. Laut eines Berichts für die Abgeordneten des Unterhauses beträgt der Anteil der Finanzdienstleister an der nationalen Wirtschaftsleistung neun Prozent und die Branche beschäftigt landesweit 2,3 Millionen Menschen (OECD 2021). Von allen Währungsgeschäften der Welt werden 38 Prozent in der City abgewickelt. Der Handelsüberschuss der Finanzindustrie betrug 2019 60,3 Milliarden Pfund und machte Großbritannien zum größten Exporteur von Finanzdienstleistungen mit einem Volumen wie die USA und Singapur zusammengenommen (Bardalai 2021). Der Ironie wegen ist zu erwähnen, dass die City für Jahre der größte Umschlagplatz für Euro-Geschäfte war, während sich die politische Führung des Landes immer kategorisch gegen die Einführung der gemeinsamen europäischen Währung stemmte. Dass London mit der Zeit New York den Rang als größter Handelsplatz ablaufen konnte, wäre ohne Margaret Thatchers drastischer Deregulierung der Finanzbranche 1986, Big Bang genannt, nicht denkbar gewesen. Wäre London ein unabhängiger Staat, rangierte seine Volkswirtschaft im Vergleich mit europäischen Ländern an sechster Stelle. Zur Reputation der City gehört aber nicht nur der Umgang mit großen Summen, sondern auch die maßgeschneiderte Finanzberatung der Family Offices, die sich um die Finanzverwaltung von reichen Einzelpersonen kümmern. Der Gründer des Versandhändlers Amazon, Jeff Bezos, und Bill Gates von Microsoft haben hier Dienstleistern ihre Vermögen anvertraut. Die internationale Kundschaft schätzt, dass der Standort als weitgehend korruptionsfrei gilt, über ein sicheres Rechtssystem verfügt und sich eine ähnliche Konzentration von Kontakten und Kompetenz kaum anderswo finden lässt. Die Diskretion der Branche versteht sich von selbst und erklärt, weshalb das illegal erworbene Vermögen der Londoner Kundschaft auf 300 Milliarden Pfund geschätzt wird (Neate 2019).

Lange Zeit war es eine Selbstverständlichkeit für Regierungen, ganz gleich, ob Labour oder die Konservativen gerade die Mehrheit hielten, die Finanzbranche zu fördern und zu umsorgen. Nicht nur Margaret Thatcher, auch Tony Blair von der Labour-Partei steht im Ruf, den Wünschen der Finanzinstitute nach Deregulierung weitgehend nachgekommen zu sein. Die Debatte um den Brexit, Großbritanniens Austritt aus der EU, änderte alles. Populismus, das Schielen auf die Stimmen am rechten Rand und ideologischer Eifer verleiteten die Tories zu einer irrationalen Wirtschaftspolitik, die dem Standort der City schadete. Mit dem Brexit verloren die Banken Zugang zum Finanzmarkt der EU und ihren Kunden auf dem Kontinent (David 2021). Zum Ärger der europafeindlichen Tories prognostizierte Xavier Rolet, der Vorstandschef der Londoner Börse, das Ende der EU-Mitgliedschaft koste die Londoner Finanzbranche 232.000 Jobs (Simpson 2017). Mit dieser düsteren

Vorhersage hatte der Funktionär Rolet Premierminister Johnson erzürnen lassen, der Zweifler an der Klugheit des Brexits als politische Gegner behandelte. In den folgenden Wochen zeigte die Regierung dann auch wenig Ehrgeiz, für britische Geldinstitute einen privilegierten Status in dem Handels- und Kooperationsabkommen mit der EU auszuhandeln, das vom 1. Januar 2021 an das Verhältnis Großbritanniens mit dem Kontinent regelte. Längst war bekannt, dass Johnson keine Skrupel hatte, unternehmerische Interessen dem ideologischen Ziel des EU-Austritts zu opfern. Einem Diplomaten gegenüber brachte der Premierminister die Europapolitik seiner Regierung mit diesen Worten auf den Punkt: „Fuck Business!" (Shrimsley 2018). Jeremy Hunt, Johnsons Rivale um den Parteivorsitz im Sommer 2019, ließ keinen Zweifel daran aufkommen, dass er Unternehmenspleiten für einen vertretbaren Preis für den Brexit halte (Hunt 2019). Als später das Reiseunternehmen Thomas Cook, ein Pionier des Massentourismus, die Werft Harland & Wolff, wo die Schwesternschiffe Titanic und Olympic gebaut worden waren, und das Unternehmen Wrightbus, von dem die roten Londoner Doppeldeckerbusse stammen, Insolvenz anmeldeten, warf das die Frage auf, ob sich damit die ersten Konsequenzen des Brexit-Votums sichtbar machten. Für eine Branche sollten Johnsons Verhandlungsführer sich in Brüssel allerdings bis zum Äußersten bemühen, nicht der ökonomischen Vernunft wegen, sondern aus politischem Kalkül und emotionalen Gründen. Die Fischerei, eine Industrie mit 24.000 Beschäftigten, die 0,12 Prozent zum britischen Bruttoinlandsprodukt beiträgt, war in den vergangenen Jahren zum Totem der Brexit-Anhänger geworden (Treanor 2021). EU-Regeln, die spanischen und französischen Fischern großzügige Fangquoten vor Englands Küste zugestehen, galten Boris Johnson und den Verfechtern des Brexits als Beispiel für den Verrat an britischen Interessen. In den Verhandlungen über ein Handelsabkommen mit der EU bestand die Regierung in Westminster daher auf eine sukzessive Reduktion europäischer Fangrechte in englischen und schottischen Gewässern. Der Fokus auf das Thema erklärt, weshalb die Fischerei in dem Vertragswert sechzehnmal genannt wird, der Finanzsektor allerdings, der Johnsons Brexit-Kampagne nicht besonders förderlich war, findet nur sechsmal Erwähnung (Treanor 2021). Tatsächlich war der Regierungschef bereit, die Gespräche mit der EU über Forderungen der Fischerei platzen zu lassen, nicht aber wegen

Ansprüchen der Finanzdienstleister. Die britische Seite spielte mit hohem Einsatz um den Erfolg zugunsten einer winzigen Berufsgruppe, aber von erheblicher symbolischer Bedeutung für die nationale Identität. Dass es überhaupt noch im letzten Moment am 30. Dezember 2020 zu einem Kompromiss und damit einem Abkommen kommen würde, war lange Zeit nicht sicher. Die Gespräche standen mehrmals vor dem Scheitern. Den Durchbruch machte schließlich die Kommissionspräsidentin Ursula von der Leyen möglich, weil sie ihre frühere Drohung zurücknahm, die EU werde sofort Sanktionen verhängen, sobald Großbritannien von den gemeinsamen Umweltstandards, Arbeitsbedingungen und Regeln für staatliche Subventionen abwich. Dank der Einigung blieben Produzenten, allen voran Autoherstellern, mit Werken in Großbritannien wenigstens Zölle für Exporte in den Binnenmarkt erspart. Barrierefrei, wie Johnson nicht müde wurde zu behaupten, ist der Handel zwischen den beiden Märkten deshalb aber nicht. Zolldokumente müssen ausgefüllt, veterinäre Prüfungen und Gesundheitskontrollen vorgenommen werden und besonders aufwendig ist die Verpflichtung, den Ursprung der Güter zu dokumentieren, die über die Grenze in die EU transportiert werden sollen (The Economist 2021a). Exporteure müssen belegen, dass ein Produkt zu mindestens 50 Prozent im Vereinigten Königreich gefertigt wurde, bevor es per Fähre, Lkw oder Flugzeug zum Kunden im europäischen Binnenmarkt gebracht werden darf. Das setzt unter anderem die britische Automobilindustrie unter Druck, die nach EU-Vorgaben bis 2026 Elektroautos auf dem Kontinent nur dann verkaufen darf, wenn die Batterien, die 40 Prozent des Produktpreises ausmachen, nicht aus Drittländern bezogen, sondern in Großbritannien hergestellt werden (Collingridge 2021). Noch mehr als das produzierende Gewerbe klagen Dienstleister, deren Anteil an der nationalen Exportbilanz 80 Prozent beträgt, über die Folgen des Brexits und den enttäuschenden Handelsvertrag, in dem nicht einmal die Anerkennung ihrer fachlichen Qualifikation durch die EU in Aussicht gestellt wird. Das schließt sie weitgehend von Geschäften im EU-Binnenmarkt aus (The Economist 2022). Produzenten, Dienstleister sowie exportierende und importierende Industrie benötigen künftig eine Vielzahl von Einzelvereinbarungen, die ihre Arbeit mit Partnern und Kunden in der EU, Zugang zum Markt und die gegenseitige Anerkennung von Standards regeln. Dafür wurden 25 Arbeitsgruppen, Runden mit Ministern und regelmäßige Treffen von Fachleuten vereinbart, die in den nächsten Jahren die Zusammenarbeit regeln und immer wieder nachjustieren. Das ist viel Detailarbeit und erinnert darin an das Verhältnis, das die Schweiz mit der EU unterhält.

Die Rückkehr von Unzen und Pfund

Das sind Details, für die sich Minister gewöhnlich weniger interessieren und Premierminister Johnson bekannterweise überhaupt nicht. Die Auswirkungen des Handelsvertrages mit der EU blendet er wie gewohnt aus, wenn er in seinen Post-Brexit-Reden zelebriert, dass „das Schicksal dieses großen Landes nun wieder fest in unserer Hand liegt" (Makoni 2020). Zweifel, ob dieses Schicksal und die nationalen ökonomischen Interessen ausgerechnet in Boris Johnsons Händen gut aufgehoben sind, äußerte seine Amtsvorgängerin Theresa May: „Wir haben einen Vertrag für den Handel im Interesse der EU, aber keinen Vertrag über Dienstleistungen im Interesse des Vereinigten Königreiches" (Parker 2021). Das waren Einwände, von denen die überzeugten Brexit-Anhänger in der Fraktion der Tories nichts wissen wollten. Sie gefielen sich eher darin, den Regierungschef in der Debatte über seinen Verhandlungserfolg mit Margaret Thatcher, Winston Churchill und Alexander dem Großen zu vergleichen (Parker 2021). Johnsons Parteigänger pflegten lieber ihre ideologischen Steckenpferde, als sich mit den lästigen Anliegen der Unternehmer zu beschäftigen. Daran erinnert eine skurrile Episode aus dem September 2021, als Lord David Frost in einem Ausschuss des Parlaments auf die Frage antwortete, welche Vorteile der Austritt aus der EU und dem gemeinsamen Binnenmarkt für Geschäftsinhaber und Gewerbetreibende gebracht habe. „Unzen und Pfund," war die spontane Antwort des Ministers, der für die Regierung sowohl den Brexit als auch den Handelsvertrag in Brüssel verhandelt hatte. Damit war gemeint, dass Händler nun wieder die imperialen Gewichtsmaße Pfund und Unze zur Auspreisung ihrer Waren nutzen konnten und sich nicht mehr an die EU-Vorgabe zu halten brauchten, in Kilogramm und Gramm zu rechnen (Foster und Parker 2021). Eine absurde Antwort über einen Pseudoerfolg just zu dem Zeitpunkt, als die Nachrichtenagentur Reuters das Ergebnis einer neuen Branchenumfrage unter Finanzdienstleistern meldete, wonach New York London im Vergleich der beliebtesten Standorte überholt habe (MacAskill 2021). Bereits zu Jahresbeginn hatte die Londoner Börse zwei Drittel ihres in Euro abgewickelten Aktiengeschäfts an die Konkurrenten in Amsterdam und New York verloren. Doch die Briten hatten Glück in ihrem Unglück, weil das Personal nicht mehr dem Geschäft folgt, seit Händler ihre Arbeit vor Computerbildschirmen im Büro erledigen und ihre Präsenz auf dem Parkett der Börse nicht mehr nötig ist. Deshalb meldeten die Personalabteilungen, dass viel weniger Mitarbeiter London verlassen würden, als zunächst erwartet worden war. In einer Umfrage teilten zehn Banken im April 2021 mit, dass sie Angestellte nur im unteren einstelligen Bereich an Standorte im EU-Binnenmarkt versetzen wollten. JP Morgan hatte im Sommer 2016 noch gewarnt, 4000 Mitarbeiter auf den Kontinent beordern zu wollen. Nun waren es gerade noch 400. Stanley Morgan wies sogar nur 150 Angestellten eine neue Aufgabe an einem Finanzplatz innerhalb der Union zu. Die Beharrung am Standort London mag auch mit persönlichen Präferenzen zu tun haben, wie eine Untersuchung der Boston Consulting Group und der digitalen Personalagentur The Network ergab, die im März 2021 Manager in 190 Ländern befragten, wohin sie am liebsten umziehen wollten. Beim Ergebnis lag London deutlich vor Amsterdam und Paris. Gerade Personal in den höheren Gehaltsklassen zeigt keine Neigung, das Leben in der britischen Hauptstadt, die exzellenten Schulen und das Kulturangebot dort einzutauschen gegen eine Zukunft in Frankfurt. Die Zahlen sprechen für sich: Der Norden Englands ist erfolgreicher bei der Ansiedlung von Finanzdienstleistern als ganz Frankreich und Londons Fintech-Firmen beschäftigen mehr Mitarbeiter als Frankfurts gesamter Finanzsektor (The Economist 2021b).

Womöglich aber verrät der Blick auf die Personalstatistik und etwaige Abwanderung vom Standort London nicht den wahren ökonomischen Schaden, den der Brexit verursacht, weil die Auswirkungen nicht sofort sichtbar sind und erst langfristig ihre Wirkung entfalten. Zu diesem Schluss kommen Nauro Campos und Fabrizio Coricelli vom Centre of Economic Policy Research. Sie verweisen darauf, dass Großbritanniens Volkswirtschaft in den 1960er-Jahren an schwächelnder Produktivität, Konflikten zwischen Gewerkschaften und Arbeitgebern und schlechtem

Management litt (Campos und Coricelli 2017). Erst die Mitgliedschaft im gemeinsamen europäischen Wirtschaftsraum setzte britische Unternehmen seit den 1970er-Jahren dem Wettbewerb eines leistungsfähigen, produktiven und innovativen Marktes aus und zwang sie, argumentiert der Wirtschaftshistoriker Nicholas Crafts, zur Steigerung ihrer Produktivität (Crafts 2016). Das war ein wirkungsvolles Rezept – gemeinsam mit Margaret Thatchers Liberalisierungspolitik – zur Beendigung einer Spirale volkswirtschaftlichen Niedergangs in Großbritannien. Nun steht zu befürchten, dass sich nach dem Abschied vom Binnenmarkt diese Entwicklung in ihr Gegenteil verkehren könnte. Die öffentliche Agentur für verantwortungsvolle Haushaltsführung, von der die Regierung ihre ökonomischen Statistiken und Prognosen bezieht, hält diese Thesen für realistisch und sagt einen langfristigen Produktivitätsverlust von vier Prozent voraus (The Economist 2022). Aber Sorgen machen nicht nur diese Trends, sondern auch die aktuellen Zahlen und Berichte. Die Föderation kleiner Unternehmen teilte mit, dass 17 Prozent ihrer exportorientierten Mitglieder Ausfuhren in den EU-Binnenmarkt eingestellt haben, weil die Formalitäten an der Grenze für sie nicht zu bewältigen sind. Gleichzeitig stoppten auch Unternehmen in der EU Lieferungen über die Grenze, weil der britische Absatzmarkt nicht groß genug ist, um den 25prozentigen Kostenanstieg zu rechtfertigen, den zusätzliche Zollbürokratie verursacht. Einige Unternehmen, berichtet die britische Vereinigung der chemischen Industrie, verlagern ihre Produktion von der Insel in die EU, um ihre Kunden auf dem Kontinent weiterhin bedienen zu können. JD Sports, ein Textilunternehmen, betreibt nun ein Warenhaus in Belgien und die Supermarktkette Marks & Spencer bezieht Produkte für seine Filialen in der EU nun aus der Republik Irland. Weitaus dramatischer sind die Nachrichten aus der Dienstleistungsbranche, deren Exporte und Importe laut Erhebungen des UK Trade Policy Observatory, einer Denkfabrik, in der ersten Jahreshälfte 2021 um 11,5 Prozent beziehungsweise um 37 Prozent zurückgingen (Ayele et al. 2021). Die Zahlen sind bittere Lektüre für die Brexiteers um Boris Johnson. Doch in einer so tragischen wie ironischen Wendung kam das Schicksal dem Premierminister zur Hilfe. Die Covid-19-Pandemie stürzte das Land in seine schlimmste ökonomische Krise seit 1709, als der Große Frost, der kälteste Winter in einem halben Jahrtausend, überall in Europa Missernten verursachte und die Menschen hungern ließ. 2020 sank Großbritanniens volkswirtschaftliche Leistung um nahezu zehn Prozent (Narwan 2021). Die Anhänger des Brexits können nun auf die Pandemie verweisen, wenn die ökonomischen Statistiken in den kommenden Jahren enttäuschend ausfallen. Deshalb braucht Boris Johnson die Gründe für Gas-Krise, Energiearmut, Benzinknappheit, rasant steigende Inflationsrate, Mangel an Erntehelfern in der Landwirtschaft, Sorge vor leeren Regalen in den Supermärkten und andere dramatische Meldungen nicht bei sich zu suchen. Die Sprachregelung in 10 Downing Street steht längst fest: Es war Covid, nicht Brexit.

Literatur

Abell S (2019) How Britian really works. Murray, London

Ambrose J (2022) British households face record 54 % energy bill rise as price cap is raised. The Guardian, 3. Februar. https://www.theguardian.com/money/2022/feb/03/uk-households-face-record-54-energy-bill-rise-as-price-cap-is-lifted. Zugegriffen am 09.02.2022

Ayele Y, Larbalestier G, Tamberi N (2021) Post-Brexit: trade in goods and services (II) November. UK Trade Policy Observatory. https://blogs.sussex.ac.uk/uktpo/publications/post-brexit-ii-trade-in-goods-and-services/. Zugegriffen am 20.12.2021

Bardalai A (2021) Key facts about the UK as an international financial centre. CityUK, Dezember. https://www.thecityuk.com/assets/2021/Reports/faf7c14e57/Key-facts-about-the-UK-as-an-international-financial-centre-2021-v2.pdf. Zugegriffen am 28.12.2021

BBC News (2016) How much gold is there in London and where is it? 17. Mai. https://www.bbc.co.uk/news/magazine-36311989. Zugegriffen am 21.11.2021

Campos N, Coricelli F (2017) The economics of UK-EU relations. Palgrave Macmillan, London

Collingridge J (2021) Electric shock for the UK's car industry. 16 Mai. The Sunday Times. https://www.thetimes.co.uk/article/electric-shock-for-the-uks-car-industry-wkhw75bbw. Zugegriffen am 09.12.2021

Crafts N (2016) The impact of EU membership on UK economic performance. Polit Q 86(2):262–268

David D (2021) Brexit: London loses out as Europe's top share trading hub. BBC News, 11. Februar. https://www.bbc.co.uk/news/business-56017419. Zugegriffen am 14.10.2021

Fisher RW (2015) Suggestions after a decade at the Fed. Federal Reserve Bank of Dallas, 11. Februar. https://www.dallasfed.org/news/speeches/fisher/2015/fs150210.cfm. Zugegriffen am 09.10.2021

Foster P, Parker G (2021) EU kilos to take pounding in reform. Financial Times, 17. September, S 2

Hunt J (2019) Jeremy Hunt. I would tell bust businesses no deal Brexit was worth it. BBC Andrew Marr Show, 30. Juni. https://www.politico.eu/article/trump-brexit-deal-precludes-us-uk-trad-agreement/. Zugegriffen am 02.09.2021

Hutton G, Shalchi A (2021) Financial services. Contribution to the UK economy. House of Commons Library, 8. Dezember. https://researchbriefings.files.parliament.uk/documents/SN06193/SN06193.pdf. Zugegriffen am 29.12.2021

Kynaston D (2017) Till time's last sand: a history of the Bank of England 1694–2013. Bloomsbury, London

MacAskill A (2021) London loses top spot to New York in financial survey due to Brexit. Reuters, 12. September. https://www.reuters.com/article/us-britain-eu-financialcentres-idUSKCN1LS16I. Zugegriffen am 09.08.2021

Makoni A (2020) Brexit: PM says UK's destiny is ‚in our hands' as trade deal enters law. Evening Standard, 31. Dezember. https://www.standard.co.uk/news/uk/brexit-trade-deal-boris-johnson-b590140.html. Zugegriffen am 09.01.2021

Narwan G (2021) Economy's 10 per cent fall was worst for three centuries. The Times, 13. Februar, S 2

Neate R (2019) Superyachts and private jets. Spending of corrupt super-rich revealed. The Guardian, 24. Oktober. https://www.theguardian.com/uk-news/2019/oct/24/superyachts-and-private-jets-spending-of-corrupt-super-rich-revealed. Zugegriffen am 20.08.2021

O'Sullivan M (2021) Boris, Brexit and the winter of discontent. Forbes, 16. Oktober. https://www.forbes.com/sites/mikeosullivan/2021/10/16/boris-brexit-and-the-winter-of-discontent/?sh=334a675227c6. Zugegriffen am 19.10.2021

OECD (2021) National accounts of OECD countries. OECD iLibrary, 10. Dezember. https://doi.org/10.1787/d57d1be0-en. Zugegriffen am 21.12.2021

Parker G (2021) How will Boris Johnson use Britain's hard won ‚freedom' from Brussels? Financial Times, 1. Januar. https://www.ft.com/content/36879c76-d33a-4136-9883-4466423591e9. Zugegriffen am 09.01.2021

Partington R (2022) UK household incomes facing biggest decline since mid-70s, says thinktank. The Guardian, 8. März. https://www.theguardian.com/business/2022/mar/08/uk-household-incomes-decline-resolution-foundation-ukraine-conflict-energy-prices. Zugegriffen am 10. März

Peachey K (2021) Pensions: what is the triple lock and why has it been 'suspended'? BBC News, 7. September. https://www.bbc.co.uk/news/business-53082530. Zugegriffen am 09.09.2021

Shrimsley R (2018) Boris Johnson's Brexit explosion ruins Tory business credentials. Financial Times, 25. Juni. https://www.ft.com/content/8075e68c-7857-11e8-8e67-1e1a0846c475. Zugegriffen am 09.09.2021

Simpson F (2017) Brexit could leave 200,000 financial sector jobs at risk, experts warn. Evening Standard, 10. Januar. https://www.standard.co.uk/news/uk/brexit-could-leave-200-000-financial-sector-jobs-at-risk-experts-warn-a3437331.html. Zugegriffen am 09.02.2021

The Economist (2021a) Not with a bang but a whimper. 16. Januar, S 19–20

The Economist (2021b) Erste Brexit Bilanz. 11. Mai, S 23

The Economist (2022) Happy now? 1. Januar, S 19–20

Treanor J (2021) Brexit and the city. Is this the end of the party? The Times, 2. Januar. https://www.thetimes.co.uk/article/brexit-and-the-city-is-this-the-end-of-the-party-r98rlrbzf. Zugegriffen am 09.07.2021

Turner D (2014) Banking in crisis: the rise and fall of British banking stability, 1800 to the present. Cambridge University Press, Cambridge

Ziegler P (2011) Edward Heath. The authorized biography. Harper Collins, New York

25

Scheidung nach 300 Jahren – Schottland will raus

James Ogilvy, der 1. Earl of Seafield und Lordkanzler in der Regierung in Edinburgh, war voreilig, als er 1707 bei der Unterzeichnung des Vertrages über die staatliche Union zwischen Schottland und England notierte: „Das ist nun der Schlusspunkt längst vergangener Zeiten", die von Rivalität, Misstrauen und Konflikt bestimmt worden seien (Murdoch 2007). Entgegen der Prognose erleben gut 300 Jahre später die alten Zeiten eine Renaissance. Es braut sich ein politisches Unwetter am Horizont zusammen, dem Kommentatoren den wenig melodischen Namen Indyref2 gegeben haben, kurz für Independence Referendum Two, die zweite Abstimmung über Schottlands nationale Unabhängigkeit. Beim ersten Durchgang 2014 triumphierten die Unionisten noch mit schmaler Mehrheit. Das Vereinigte Königreich blieb zwar vereint. Doch nichts war mehr wie zuvor. Der Geist der Sezession war aus der Flasche. Schon bald forderten die Verlierer in Edinburgh einen neuen Anlauf und immer wieder liegen sie in Umfragen über den Ausgang einer zweiten Volksabstimmung vorne. Seit sich Demoskopen mit dem Thema beschäftigen, war der Wunsch, sich von London loszusagen, noch nie so groß. Die Wortführer der Kampagne berufen sich darauf, dass das Ringen Schottlands um politische Eigenständigkeit tief verwurzelt ist in der Geschichte der Nation. Schon in der Antike widersetzten sich hier die Pikten dem römischen Kaiser Septimius Severus, der im Jahr 208 mit 50.000 Legionären nach Schottland marschiert war, um die unbotmäßigen Kämpfer der Highlands zu unterwerfen und ihr Land der Provinz Britannia, dem heutigen England, einzugliedern (Smith 2018). Severus scheiterte, der Konflikt zwischen der englischen und der schottischen Nation blieb. Diese anhaltende politische Entfremdung erklärt der Journalist und Autor Tim Marshall mit geografischer Distanz. Von Großbritanniens Hauptstadt ist Balmoral, die Sommerresidenz der Windsors, so weit entfernt wie Stuttgart oder das Schweizer Bern. „Wir sind alle Gefangene der Geografie," argumentiert Marshall in seinem gleichnamigen Buch, das mit Landkarten politische Zeitläufte und historische Wendungen erklärt (Marshall 2015). Es gibt zu denken, dass der Londoner per Bahn und Flugzeug schneller nach Brüssel, Paris und Amsterdam kommt als nach Edinburgh, Stirling und Dundee. Selbst den Mittelmeerhafen Marseille erreicht er dank des Eurostars rascher als Inverness, die Hauptstadt der Highlands. Und während er in Den Haag den Geburtsort des britischen Königs Wilhelm von Oranien besuchen oder in Waterloo das Quartier des Herzogs von Wellington besichtigen kann, begrüßen den reisenden Engländer in Schottland mehr als 20 Statuen in Erinnerung an den Freiheitskämpfer William Wallace, der noch heute von seinen Landsleuten in Ehren gehalten wird dafür, dass er im Jahr 1297 an der Spitze seiner Kämpfer ein englisches Heer bei der Brücke von Stirling niedermetzelte. Erst 1745 endete das Blutvergießen zwischen den beiden Nationen mit der Niederlage von Bonnie Prinz Charly. Der letzte schottische Anwärter auf den englischen Thron war mit seinen Anhängern, den Jakobiten, in den Highlands bei Culloden von den englischen Truppen des Herzogs von Cumberland vernichtend geschlagen worden (Lynch 1992). Nie mehr würden die Schotten englische Soldaten in einer offenen Feldschlacht herausfordern. Was folgte war zunächst englische Vergeltung, später für viele Jahre misstrauische Rivalität zwischen den beiden Nationen. 80 Jahre nach Culloden reiste König George IV. nach Schottland – das erste Mal, dass ein englischer Monarch in friedlicher Absicht den nördlichsten Teil seines Königreiches besuchte (Smith 2000). Aber es ist nicht die allmähliche Versöhnung, sondern die Erinnerung an den Kampf, den heute die SNP wachhält, Schottlands Nationalpartei, deren erklärtes Ziel die Unabhängigkeit ihrer Nation ist, also die Abspaltung von England. Auf ihren Parteitagen appellieren Redner an den Sieg ihres Nationalhelden Robert the Bruce im Jahr 1312 über die Armee des englischen Königs Edward II. im Sumpfland von Bannockburn unweit des Flusses Forth. Als sei es gestern gewesen, zitieren dann SNP-Politiker aus der Deklaration von Abroath, der nach einer Benediktinerabtei in der Grafschaft Angus benannten und von den schottischen Earls unterzeichneten Unabhängigkeitserklärung aus dem Jahr 1320 (Bagehot 2021).

Nationalisten, das liegt in ihrer Natur und passt in ihre politische Weltanschauung, mögen diese Art der dramatischen Zuspitzung. Nüchterne Beobachter merken an, dass die Union der beiden Nationen in all den Jahren sicher nicht zu Schottlands Ungunsten ausfiel. Die katholischen Iren hatten allen Grund, sich über die Unterdrückung durch protestantische Engländer zu beklagen – die Schotten nicht. Für hundert Jahre regierten sogar Mitglieder der schottischen Stuarts als Könige auf dem Thron Englands und als Premierminister Callaghan 1979 den schottischen Wählern in einem Referendum die Chance gab, für ihre Nation einen Autonomiestatus und Selbstverwaltung innerhalb des britischen Staates zu erlangen, hielten mehr als 60 Prozent der Wahlberechtigten nördlich des Grenzflusses Tweed die Frage für nicht wichtig genug, um sich an dem Votum zu beteiligen. Als die Regierung Tony Blairs das Angebot Gallaghans 1997 erneuerte, griffen die Schotten zu. Mit einer Mehrheit von 75 Prozent sicherten sie sich ein Mandat für eine eigene Regierung und ein Regionalparlament, dessen 129 Abgeordnete über Energiepolitik, Fragen der Gesundheitsfürsorge, der Kommunalverwaltung sowie Verkehr ebenso entscheiden können wie über Angelegenheiten des Justiz- und Rechtssystems. Wenn das Budget, das zu 90 Prozent vom Londoner Finanzministerium überwiesen wird, nicht ausreicht, kann die Regierung in der Hauptstadt Edinburgh ein Zuschlag auf die Einkommenssteuer beschließen. Nur wenn Außen- und Verteidigungspolitik, das Rentenniveau und volkswirtschaftliche Entscheidungen auf der Agenda stehen, hat das letzte Wort noch immer die Zentralregierung in London. Deren Autorität beugen sich die schottischen Nationalisten nur widerwillig, die seit 2007 in dem von Königin Elizabeth II. drei Jahre zuvor im Edinburgher Stadtteil Holyrood eröffneten Parlamentsneubau die stärkste Fraktion stellen. Bei den Parlamentswahlen am 6. Mai 2021 verfehlten sie nur hauchdünn die absolute Mehrheit und waren auf die Stimmen der Grünen angewiesen, um Nicola Sturgeon, die aus dem Städtchen Irvine im Bezirk Ayrshire stammende SNP-Vorsitzende, zur Ersten Ministerin, so der offizielle Titel der Regierungschefin, zu wählen. Gemeinsam mit Alex Salmond, ihrem Vorgänger im Amt, stand sie auch in vorderster Reihe der Kampagne für das erste, erfolglose Referendum über Schottlands Unabhängigkeit im Jahr 2014. Nationale Eigenständigkeit, die seit Jahren zur politischen DNA der SNP gehört und zur zentralen Mission des jeweiligen Parteivorsitzenden geworden ist, wurde seinerzeit von der schottischen Wählerschaft vor allem deshalb abgelehnt, weil es den Unionisten gelungen war, in ihrer Kampagne Furcht zu säen vor den Unwägbarkeiten, die ein Auseinanderbrechen des Staates mit sich bringt (Abell 2019). Ihr Scheitern an den Urnen brach den Willen der Nationalisten seinerzeit nicht, die sich seither immer wieder von den Analysen der Meinungsforscher bestätigt sehen. Sir John Curtice, Doyen dieser Disziplin und Professor für Politik an der Universität Strathclyde in Glasgow, bestätigt, dass 56 Prozent der Schotten ihre vorrangige Loyalität gegenüber Schottland sehen und nur 12 Prozent die Selbstbeschreibung britisch bevorzugen (Allardyce et al. 2020).

Ein Schaulaufen der beiden Protagonisten

Aber von einer Neuauflage des schottischen Referendums will die Regierung in London nichts wissen und Premierminister Boris Johnsons hat klargestellt, dass aus seiner Sicht mit der Abstimmung 2014 die Angelegenheit für diese Generation entschieden ist. Seine Juristen in 10 Downing Street bestätigen ihm, das Schottlandgesetz aus dem Jahr 1998 auf seiner Seite zu haben, wonach Entscheidungen über „die Einheit der Königreiche Schottland und England" im Parlament von Westminster getroffen werden, wo die große Mehrheit der Abgeordneten dem Wunsch der SNP nicht nachkommen will (Holden 2021). Nicola Sturgeon widerspricht und so wird der Streit vor dem Verfassungsgericht enden. Schon erinnert der Zwist über das Recht der Schotten, über ihre Zukunft erneut abzustimmen, an den Showdown in Barcelona, wo eine ähnliche Konfrontation zwischen Zentral- und Regionalregierung 2017 eskalierte.

Unterdessen wird in der SNP hitzig darüber diskutiert, ob eine informelle Befragung, für die in London keine Erlaubnis einzuholen ist, womöglich eine gute Idee wäre. Denn auch ein rechtlich nicht bindendes Votum, ginge es im Sinne der Nationalisten aus, würde belegen, dass es der Regierung in Westminster an demokratischer Legitimation in Schottland fehlt. Während Juristen in Hinterzimmern das Für und Wider der nächsten rechtlichen Schritte erwägen, hat sich die Auseinandersetzung um die nationale Zukunft Schottlands zu einem Schaulaufen der beiden Protagonisten entwickelt. Dabei ist Sturgeons stärkster Trumpf die große Unterstützung, die sie in der Bevölkerung erfährt. Johnsons Stimme hingegen zählt nördlich von Berwick und Carlisle wenig. Seit Jahren sind seine Tories abgeschlagen im Ringen um Sitze im Regionalparlament von Holyrood. Die Konservativen verkörpern für viele Schotten das überhebliche englische Establishment, von dem man spätestens seit den 1980er-Jahren nichts Gutes erwartet. Damals machte Johnsons Vorgängerin in Downing Street, Margaret Thatcher, den Norden des Landes zum Experimentierfeld für unpopuläre politische Projekte, etwa als sie eine verhasste Kopfsteuer einführte (Ross 2014). Ihre Partei wurde für Jahre in den Lowlands und Highlands unwählbar und hat sich von der Erinnerung an jene Jahre bis heute nicht erholt.

Die tiefe Antipathie gegenüber den Konservativen stärkt Sturgeons Argument für nationale Eigenständigkeit. Dass sich Schottland nicht weiter von den Tories regieren lassen sollte, deren Mehrheit im Parlament von Westminster ausschließlich dank der Stimmen englischer Wähler zustande kommt, triff auch bei Menschen auf Zustimmung, die sich nicht als traditionelle Unterstützer der SNP bezeichnen. Gegen englische Tory-Herrschaft lautet der Kampfruf, mit dem sich ein Bündnis der Nationalisten mit sozialdemokratisch und sozialistisch gesinnten Wählern schmieden lässt (Levy 1995). Diese Allianz bestärkt die SNP in ihrer Vision für ein sozialliberales Schottland mit einer sozialdemokratischen Wirtschaftsordnung (Beland und Lecours 2016). Mehr noch als der schlechte Ruf der Tories gilt unter Nationalisten das verheerende Image Boris Johnsons als Pfund, mit dem sie im Kampf um die Zukunft der Nation wuchern (McQuillan 2021). Nicola Sturgeon erinnert bei jeder Gelegenheit daran, dass der Premierminister sich bisher weder für politische Prinzipienfestigkeit noch professionelle Verlässlichkeit einen Namen machen konnte. Bleibt Johnson Regierungschef, halten 37 Prozent der Schotten Unabhängigkeit für wahrscheinlich. Folgt ihm in 10 Downing Street allerdings der so sachliche wie kompetente Oppositionsführer Sir Keir Starmer von der Labour-Partei, sinkt dieser Wert auf 27 Prozent (Allardyce et al. 2020). Sollte der Staat entzweibrechen, sind Johnsons Ruf für Inkompetenz und Charakterlosigkeit womöglich dennoch nicht die entscheidenden Gründe gewesen. Denn viel schwerer wiegt ein Argument, das ausgerechnet die englischen Wähler den Kampagnenchefs der SNP lieferten, als sie mit ihren Stimmen am 23. Juni 2016 der Brexit-Kampagne den Sieg sicherten in dem Referendum über Großbritanniens Zukunft in der EU. Die in Schottland abgegebenen Stimmen waren mehrheitlich für einen Verbleib in der europäischen Staatengemeinschaft. Als wäre es nicht bitter genug, in einer existenziellen politischen Frage von den Engländern überstimmt zu werden, fühlten sich die Menschen nördlich des Flusses Tweed zudem betrogen. Schließlich hatten 2014 die Befürworter der Union mit England noch darauf verwiesen, dass die Abspaltung vom Vereinigten Königreich (damals noch ein EU-Mitglied) gleichbedeutend wäre mit einem Austritt Schottlands aus der Europäischen Union. Zwei Jahre später galt genau das Gegenteil: Nun erwies sich gerade die Treue zur Union als Schottlands Exit-Ticket aus dem Club der 27 mitsamt Binnenmarkt und Zollunion. Wie sehr die Enttäuschung darüber dem Anliegen der SNP zupass kommt, dafür hat John Curtice den Beleg gefunden: Die 53 Prozent schottischer Wähler, die sich für ihre Nation eine Mitgliedschaft in der EU wünschten, sind heute die zuverlässigsten Verfechter nationaler Unabhängigkeit, die Voraussetzung für einen Antrag auf Wiedereintritt (Allardyce et al. 2020).

Der Graben zwischen den beiden Nationen hat sich während der Monate der Covid-19-Pandemie sogar noch vertieft. Das hat mit dem sehr unterschiedlichen Krisenmanagement zu tun, das Edinburgh und London verfolgten. Im Sommer 2020 bemühte man sich im Norden darum, Neuinfektionen mit dem Virus ganz zu stoppen, während der englische Nachbar sich längst damit abgefunden hatte, mit Covid-19 langfristig leben zu müssen (Ellison 2021). Auch die Regeln für die Einreise nach Schottland mit dem Flugzeug und die Verpflichtung zur Quarantäne waren gewöhnlich strenger als die Vorschriften, die das Kabinett Johnson erließ. Autonomierechte ließen Nicola Sturgeon Entscheidungsspielraum, den sie nutzte, um sich als die gewissenhaftere und effektivere Managerin der Krise darzustellen. Mit Erfolg. 42 Prozent der Schotten vertraten zeitweise die Ansicht, ihre Regierung habe die bessere Covid-19-Bekämpfung betrieben. Lediglich 23 Prozent sahen das anders. Daraus folgte für 53 Prozent der Befragten, dass künftig in ähnlichen Krisen Entscheidungen besser in Edinburgh zu treffen seien, während nur 14 Prozent Vorgaben aus London favorisierten. Grund für diese unterschiedliche Einschätzung ist wie so oft das tiefe Misstrauen gegenüber dem Vorsitzenden der Konservativen, dem nur 22 Prozent der schottischen Wähler attestierten, einen guten Job bei der Pandemiebekämpfung gemacht zu haben. Der Vergleichswert für die Erste Ministerin Schottlands lag bei 61 Prozent (Allardyce et al. 2020). Sturgeon nutzte diese Welle der Unterstützung und das Grundvertrauen, das ihr die Bevölkerung entgegenbrachte, für gezielte Provokationen gegenüber dem Regierungschef in London. Wenn der sich aufmachte, um Krankenhäuser, Labore und Freiwillige in den Highlands zu besuchen während des Höhepunkts der Pandemie, wies die Erste Ministerin der schottischen Regierung öffentlich darauf hin, dass ihre Verfügung zur Infektionsvermeidung, wonach Berufstätige ihrer Arbeit von zu Hause aus nachgehen und Reisen vermeiden sollten, auch für den Gast aus London gelte (Ekhator 2021). Dann wieder, wenn die Pandemielage Begegnungen zuließ, drängte sie geradezu darauf, an ihrem offiziellen Amtssitz Johnson wie einen ausländischen Regierungschef formal zu empfangen. Das Begrüßungszeremoniell zielte darauf ab, dem heimischen Publikum den britischen Premierminister als einen fremden Staatsgast zu präsentieren, den man protokollarisch auf Augenhöhe empfängt, ihn dann aber auch wieder auf die Reise in seine (englische) Heimat verabschiedet. So ließ die Covid-19-Pandemie sehr sichtbar die Exekutive des Vereinigten Königreichs schrumpfen zu einer Regierung Englands, die akzeptieren musste, dass die wichtigsten Entscheidungen in anderen Landesteilen während jener Monate von den Regionalregierungen in Schottland und ihren Pendants in Wales und Nordirland getroffen wurden.

Johnson als „größte Gefahr für die Einheit des Landes"

Boris Johnson zeigte sich derweil sichtlich genervt von der Widerborstigkeit des politischen Establishments in Edinburgh. So lässt sich seine Äußerung bei einem Treffen mit Parteifreunden deuten, wonach die Einrichtung eines schottischen Parlaments 1998 ein Desaster und der schlimmste Fehler der Regierung Blair gewesen sei. Die Zeilen schlugen Wellen der Empörung und das nicht nur unter Anhängern der SNP. Der Oppositionsführer Sir Keir Starmer, Anführer der Labour-Partei im Parlament von Westminster, reagierte prompt und bezeichnete Johnson als die größte Gefahr für die Einheit des Landes, „wann immer er den Mund aufmacht" (Kirkaldy 2020). Dabei hatte Starmers Vorgänger Tony Blair, der politische Vater der regionalen politischen Institutionen in Schottland, ebenfalls bekannt, er „beginne, den Defekt der Regionalisierung zu erkennen," den er darin sehe, dass die Regional- und die Zentralregierung sich weigerten, konstruktiv zusammenzuarbeiten, wie er das seinerzeit bei Verteilung von Entscheidungskompetenz von London auf die Regionen erwartet hatte (Abell 2019, S. 79). Eine zusätzliche Bruchstelle im innerstaatlichen Verhältnis ist seit dem Brexit hinzugekommen, weil die Verpflichtung für die Regionalparlamente entfallen ist, sich bei der Produkt- und Dienstleistungsregulierung an die Vorgaben aus Brüssel zu halten. Stattdessen können Abgeordnete in London, Cardiff, Belfast und Edinburgh unterschiedliche Vorgaben machen in der Produktsicherheit oder abweichende Standards für die Nutztierhaltung setzen, um sich gegenseitig zu unterbieten (Wright 2021). Mit einem Gesetz für den internen Markt will die Regierung in London gegensteuern und regionale Alleingänge stoppen. Gelingt das nicht, so die Befürchtung, droht die Spaltung des britischen Wirtschaftsraums die politische Teilung des Landes vorwegzunehmen. Auch in anderer Hinsicht weist die Bilanz weitgehender politischer Selbstverwaltung für Schottland Schwächen auf. Denn die Regionalregierung scheitert an ihren selbst gesteckten Zielen, die Qualität von Schulen und die Zufriedenheit mit dem Gesundheitswesen zu steigern. Stattdessen sind in den acht Jahren seit Sturgeons Amtsübernahme die Leistungen der Pennäler schwächer geworden im

Vergleich mit den Resultaten an englischen Schulen. Derweil klagen laut einer in der Tageszeitung Herald veröffentlichten Umfrage die meisten Schotten über die klägliche Versorgung in den Kliniken ihres regionalen Gesundheitsdienstleisters (The Herald 2019). Der Kritik begegnet die SNP mit Versuchen, die Sympathie der Wähler zu kaufen und so den Boden zu ebnen für das große Ziel der Unabhängigkeit. Teil dieser Strategie, mit generösen Geschenken die politische Konkurrenz aus London auszustechen, war etwa die Einführung der kostenfreien Sozialfürsorge. Ein anderes Beispiel ist die Abschaffung der Studiengebühren in Schottland, die sichtbar kontrastiert mit der Verdreifachung der Beiträge für Kommilitonen in England und somit gerade junge Wähler in dem Gefühl bestärkt, es als Schotte besser zu haben (Bagehot 2021). Nicht zufällig bekennen sich 71 Prozent junger Erwachsener bis 34 Jahren zu dem Ziel nationaler Unabhängigkeit. 2014 lag der Wert noch bei 52 Prozent. Ein Trend, der sich fortsetzt, weil sich jedes Jahr 55.000 Jungwähler mit Sympathie für die Politik der SNP ins Wahlregister eintragen, schätzt Angus Robertson, ein ehemaliger stellvertretender SNP-Vorsitzender. Im selben Zeitraum wird die gleiche Zahl älterer Wähler, die dem Fortbestand der Union zuneigen, gestrichen (Massie 2021).

Die Zahlen bestätigen die Nationalisten darin, mit Beharrlichkeit und langem Atem ihr Ziel zu verfolgen. Beides sind Eigenschaften, mit denen die Anhänger der Union in der Vergangenheit nicht aufgefallen sind. Seit ihrem Erfolg im ersten Referendum bemühten sich Regierungschefs in London wenig darum, die Schotten mit ihrer Rolle im Vereinigten Königreich zu versöhnen. Erst, seit ein neues Referendum droht, hat Johnson das Verhältnis der beiden Nationen zur Chefsache erklärt und sich selbst zum Sonderminister für das Thema berufen. Seine rechte Hand ist Stephen Barclay, der Kanzleichef im Ministerrang, zu dessen Aufgabenbeschreibung es gehört, die Sympathien der Schotten zu gewinnen für eine Zukunft in einem gemeinsamen Staat (Bagehot 2021). Zu diesem Zweck appelliert er an die Herzen der Menschen, nicht ihren Verstand, der in Debatten über nationale Empfindungen und kollektive Identität eher eine nachgeordnete Rolle spielt. Barclays Vorgänger reaktivierten in der letzten schottischen Kampagne 2014 Gordon Brown, als die Umfragen zu kippen drohten. Der ehemalige Premierminister und Vorsitzende der Labour-Partei mit Wahlkreis in Kirkcaldy nördlich von

Edinburgh konnte in seiner Heimat, so das Kalkül in London, für sein Plädoyer zugunsten der Union mit mehr Aufmerksamkeit rechnen als englische Regierungspolitiker, die mit der gleichen Botschaft über die Highlands tourten. Selbst die Queen hatte sich seinerzeit in der Not für die Einheit in Szene setzen lassen. Dezent natürlich, weil ihr die Verfassung des Landes jede Einmischung in aktuelle politische Diskussion untersagt. Dafür hörte man bei Elizabeth II. besonders gut hin, als sie ihre Landsleute bat, ganz genau über Ihre Zukunft nachzudenken (McIntosh 2014). Die Royals sind zwar Teil des Establishments, aber in Schottland so sehr zu Hause wie in England. Schließlich wuchs die Mutter Elizabth II., Elizabeth Bowes-Lyon, eine Tochter des schottischen Earls of Strathmore, in Glamis Castle am Rande der Highlands auf (Wilson 2021). Die Windsors verbindet seit fast 200 Jahren eine enge familiäre Beziehung zu jenem Teil ihres Reichs. Damals kaufte Prinzgemahl Albert für seine Frau, Königin Victoria, das Landhaus Balmoral Castle mitsamt Einrichtung und Personal, wo die Royals seit 1848 und bis heute jedes Jahr ihre Sommer verbringen. Das gute Verhältnis zwischen Schottland und den Royals erstreckt sich bis zur jungen Generation. Von Prinz William, der seine spätere Ehefrau als Student an der Universität in Aberdeen kennenlernte, haben 69 Prozent der Schotten eine positive Meinung (Wilson 2021). Die britische Regierung, die Mitglieder der königlichen Familie mit diplomatischen Missionen beauftragt, wird diese Popularitätswerte des Herzogs von Cambridge berücksichtigen, wenn es gilt, die Einheit des Königreichs zu verteidigen. Die königliche Ermahnung alleine wird allerdings nicht ausreichen, wenn es im Ringen über die Zukunft Schottlands eng wird. Weil sich ein neues Referendum mittelfristig wohl kaum verhindern lassen wird, wollen die Unionisten in der Regierung Johnson wenigstens die Spielregeln umschreiben und alle Briten mitbestimmen lassen über die Zukunft Schottlands. Ihr Argument: Die Aufspaltung des Landes sei eine Angelegenheit, die Engländer, Nordiren und Waliser ebenso betreffe wie die Schotten. Unter Sturgeons Anhängern findet man den Vorschlag erwartungsgemäß inakzeptabel. Subtiler ist die Idee, die Sir John Major, Thatchers direkter Nachfolger in 10 Downing Street, ins Spiel brachte. Er rät Johnson zu einem Trick, mit dem die Freunde der EU gerne den Brexit verhindert hätten. Man solle den Schotten ihr Votum nur zugestehen, empfiehlt Major, unter der

Bedingung, die Abstimmung nach Beendigung der Vorbereitungen für die Trennung der Landesteile zu wiederholen. Sein Kalkül ist so zynisch wie einleuchtend: Die Verhandlungsrunden zur Abspaltung nach 300jähriger Union werden quälend und im Vergleich die Brexit-Gespräche mit Michel Barnier wie entspannten Small-Talk erscheinen lassen. Am Ende gebe es nur Verlierer, von denen viele die zweite Abstimmung als Chance nutzten, ihr ursprüngliches Votum zu korrigieren (Settle 2020).

Soundbites lösen keine politischen Probleme

Für Majors Prognose spricht vieles. Die Streitfragen und kniffligen Themen bei der Spaltung eines Staates sind kompliziert, unüberschaubar und gerade für ein kleines Land wie Schottland in vieler Hinsicht existenziell. Das erfordert ungezählte verwaltungstechnische Entscheidungen etwa zur Aufteilung der BBC auf die beiden Landesteile. Viel komplexer wird es, eine schottische Währung zu etablieren. Dafür ist eine Zentralbank nötig, die Zinssätze festlegt und die Geldmenge reguliert. Die Risiken eines radikalen Bruchs mit dem Pfund Stirling sind kaum abzuschätzen. Sicher ist nur: Das Pfund kann als Zahlungsmittel nicht bleiben, wenn die Schotten – was im Falle ihrer Unabhängigkeit als sicher gilt – in die EU zurückkehren wollen, deren Neumitglieder sich verpflichten müssen, mittelfristig den Euro als Währung zu übernehmen. Viele Unternehmer fürchten das Szenario, weil sie bei einer Rückkehr in den europäischen Binnenmarkt den freien Zugang ihrer Produkte in die Länder Kontinentaleuropas tauschten gegen Handelsbeschränkungen und Kontrollen an einer dann neuen Grenze zu England, ihrem wichtigsten Absatzmarkt, der heute 60 Prozent ihres Exports abnimmt. Für die schottische Volkswirtschaft ist es die Wahl zwischen Scylla und Charybdis. Wenn Geschäftsleute, die dieses Szenario fürchten, Zweifel an der ökonomischen Klugheit nationaler Eigenständigkeit äußern, antwortet ihnen Nicola Sturgeon lakonisch: „Ich bin Überzeugungspolitikerin" (Adam und Mertens 2020; Lloyd 2021). Die Erste Ministerin weiß natürlich längst, dass sich mit Soundbites dieser Art ihr womöglich größtes Problem in einem unabhängigen Schottland nicht bewältigen lässt. Die Geldgeschenke – etwa im Jahr 2021 eine Sonderüberweisung in Höhe von 500 Pfund als

Dankeschön an jede Krankenschwester –, mit denen die SNP in der Regierung Sympathiewerbung betreibt, sind auf Pump finanziert. Im Jahr 2019–2020 gab die Regierung in Edinburgh für jeden Bürger 14,829 Pfund aus und damit 12,4 Prozent mehr als im britischen Durchschnitt, der bei 13,196 pro Kopf lag. Die Freigiebigkeit der Regierung Sturgeon berücksichtigt nicht, dass die Einnahmen ihrer Finanzbehörden (einschließlich der Steuern aus der Ölforderung in der Nordsee) 2019–2020 lediglich bei 12.058 Pfund pro Person lagen und damit um 2,5 Prozent unter dem britischen Durchschnitt von 12,367 (Smith 2021). Noch stopft das Londoner Schatzamt die Lücke und überweist aus englischen Steuereinnahmen 1633 Pfund pro Bürger in den Norden. Als Regierungschefin eines unabhängigen Landes wird Nicola Sturgeon einen Weg finden müssen, das jährliche Haushaltsdefizit von 15 Milliarden Pfund oder 8,6 Prozent des Bruttoinlandsprodukts drastisch zu senken. Für äußerst unwahrscheinlich halten es Beobachter, dass Sturgeon nach einem Votum für die Unabhängigkeit die Steuern deutlich erhöhen und die Ausgaben radikal senken könnte. In dem Fall bliebe allerdings das Missverhältnis zwischen Einnahme- und Ausnahmeseite in Schottland dramatischer als in Griechenland und Italien. So wird das Land das Konvergenzkriterium von drei Prozent und damit eine wichtige Bedingung für die Aufnahme in den Euroraum sicher verfehlen (Lloyd 2021). Ein weiteres Konvergenzkriterium für Mitglieder der gemeinsamen Währung in der EU setzt der Schuldenhöhe eines Landes Grenzen. Das lässt erwarten, dass die Regierung in Edinburgh sich bei Gesprächen über die Aufteilung der britischen Staatsschuld als besonders hartnäckiger Gesprächspartner erweisen wird. Die Diskussion über den Staatshaushalt erinnert daran, wie sehr Schottland in den vergangenen Jahren von den tiefen Taschen des Londoner Schatzamtes profitierte. In der Bankenkrise 2008 hätte sich die kleine Nation mit überschaubaren Steuereinnahmen die Rettung der Royal Bank of Scotland durch Teilverstaatlichung nicht leisten können und war deshalb auf Finanzierung durch englisches Steuergeld angewiesen. Um Schottlands Zahlungskräftigkeit zu dokumentieren, wurde lange Zeit auf die Einkünfte aus dem vor der Küste geförderten Nordseeöl verwiesen. Doch spätestens in 30 Jahren sind die Vorkommen erschöpft und Investoren interessieren sich schon jetzt mehr für Projekte nachhaltiger Energiegewinnung (Thomas 2020). In den schottischen

Hafenstädten werden bald Unternehmen gebraucht, die sich auf den Abbau der Förderplattformen im Meer spezialisieren.

Aber nicht nur ökonomische und fiskalpolitische Fragen einer schottischen Unabhängigkeit verursachen der Regierung in Edinburgh Kopfzerbrechen. Auch die militärisch-strategische Dimension ist gewaltig: Strittig ist vor allem die künftige Rolle des Hafens Faslane am Firth of Clyde an der Halbinsel Kintyre. Dort an der zerklüfteten wilden Westküste hat die Royal Navy einen sicheren Ort für ihre Atom-U-Boote gefunden, von wo aus sie im Ernstfall unbemerkt in den Atlantik auslaufen können. Die Basis mit ihren Bunkern, Stegen und Hallen, in denen die britische Regierung mehrere Megatonnen atomarer Waffen lagern lässt, wäre ein idealer Standort für eine schottische Marine, ist Stewart McDonald überzeugt, Sprecher der SNP für Verteidigungspolitik (The Economist 2020). Aber nicht nur für die Royal Navy wäre der Verlust Schottlands bitter. Das Verteidigungsministerium nutzt derzeit 115.000 Quadratkilometer Luftraum über dem entlegenen Archipel der Hebriden, um dort sein Raketenabwehrsystem zu testen. Müssten die britischen Streitkräfte ihre Infrastruktur ab- und anderswo wieder aufbauen, kämen auf den Steuerzahler Kosten zu, die Malcolm Chalmers von der Denkfabrik Royal United Services Institute auf vier Milliarden Pfund beziffert (The Economist 2020). Ähnlich vertrackt, dafür aber viel preisgünstiger verspricht die Neuordnung der Monarchie in einem selbstständigen Schottland zu werden. Nicola Sturgeon ist nie als Gegnerin der Monarchie und Anhängerin einer republikanischen Regierungsform aufgefallen. Über Elizabeth II. spricht sie mit Hochachtung und spart nicht mit Lob (MacMahon 2015) Kommt es zum Bruch mit England, wird Schottlands Thron allerdings vakant. Schließlich kann niemand Prinz Charles zumuten, als unparteiisches Oberhaupt zweier Staaten zu fungieren, die sich über Jahre, womöglich Jahrzehnte in bürokratischen und politischen Kleinkriegen miteinander verheddern über die Aufteilung des Erbes Großbritanniens. Zudem steht den Windsors die Krone nicht einmal zu, sondern den Nachkommen der Stuarts, deren Vorfahre Bonnie Prinz Charly seinerzeit dafür in den Krieg zog. Seine Rechte auf den Thron gingen enger verwandtschaftlicher Bande über an Carl Emanuel IV. von Savoyen, den König von Sardinien, einen Ur-Ur-Enkel von Henriette Stuart, der Schwester James II., des letzten regierenden Monarchen aus der Familie. Nach weiteren familiären Volten ist die Adresse des aktuellen Thronprätendenten Schottlands heute ein Seitentrakt des Nymphenburger Schlosses in München, wo Franz Bonaventura von Bayern residiert (Schäfer 2014). Schottische Nationalisten müssten sich also gegen die Monarchie entscheiden, oder mit dem Gedanken vertraut machen, dass die Flagge des Oberhauptes der bayerischen Familie Wittelsbach in Edinburgh weht. Alles nur eitle Gedankenspiele und historische Kuriositäten, die mit der Zukunft Schottlands wenig zu tun haben? Wer das so sieht, der missversteht, dass Schottlands aktuelle Diskussion und zukünftiger Weg weniger mit ökonomischen Vorhersagen und statistischen Wahrheiten zu tun hat, sondern mit nationaler Identität, kollektivem Stolz, kulturellen Empfindlichkeiten und dem historischen Gedächtnis eines Volkes, das sein Schicksal wieder selbst bestimmen will.

Aber vielleicht nimmt die Geschichte doch noch eine andere Wendung und die Schotten erinnern sich der Seiten in ihren Geschichtsbüchern, von denen die Nationalisten nur ungern reden. Dann stoßen sie auf Geschichten davon, wie über Jahrhunderte ihre Vorfahren danach strebten, ihr Land zu einer anerkannten Großmacht zu entwickeln mit Besitzungen in Amerika. Misswirtschaft, schlechte Planung und mangelnde Finanzierung vereitelten seinerzeit Schottlands Weg. Erst nach der Vereinigung mit England wendete sich das Blatt. Schottland war nun Teil des größten Weltreichs der Geschichte. Ehrgeizige Männer aus Edinburgh und Glasgow, den Highlands, von den Hebriden und den Shetlands machten jetzt Karriere in London, reüssierten als Beamte in der Kolonialverwaltung, zogen als Premierminister in Downing Street ein, regierten als Vizekönige den indischen Subkontinent und bestimmten die Politik in Europa und der Welt mit (MacKenzie und Devine 2011). Die Lehre aus ihrer Vergangenheit könnte pragmatische Schotten davon überzeugen, dass ihre finanziellen Möglichkeiten und ihr politischer Einfluss den Verbund mit den Engländern in einem Vereinigten Königreich voraussetzt. Soweit die Geschichte. Aber was muss heute passieren, um die Einheit künftig zu bewahren? Zweifelhaft ist, ob Symbolisches, etwa die Umbenennung der britischen Zentralbank von Bank of England in Bank of the United Kingdom, noch ausreicht, die Stimmung zu kippen und die Entwicklung zu stoppen. Wirkungsvoller wäre es, wenn ein gemäßigter Linker wie der Labour-Vorsitzende Sir Keir Starmer in Westminster regierte. Das beruhigte die für ihre sozialdemokratischen Neigungen bekannten schottischen Gemüter und Nicola Sturgeon könnte nicht mehr den Unmut ihrer Anhänger gegen den – in ihren Worten – „rücksichtslosen und inkompetenten" Johnson mobilisieren (Andrews 2020).

Aber es sind nicht nur die nationalen Fliehkräfte in Schottland, denen die Unionisten in London begegnen müssen. Sie benötigen auch eine Antwort auf die lauter werdenden Forderungen der Waliser nach Unabhängigkeit und die Erwartung der Katholiken in Ulster, ihre Provinz solle in einem Referendum über die Vereinigung mit der Republik Irland entscheiden. Die Etablierung eines föderalen Staats aus den vier Nationen, England inbegriffen, und die systematische Übertragung exekutiver und legislativer Gewalt von London nach Cardiff, Belfast und Edinburgh, gilt vielen Beobachtern als Mittel, das Land vor dem Auseinanderbrechen zu bewahren. Das Szenario ist ein Déjà-vu: Als im 19. Jahrhundert in Irland eine Nationalbewegung hartnäckig mehr Rechte einforderte, schlug der Abgeordnete Joseph Chamberlain 1886 ein Statut vor, das weitgehende politische Autonomie, eine Regierung in Dublin sowie ein eigenes Regionalparlament innerhalb des Vereinigten Königreichs zugestanden hätte. Lord Birkenhead widersprach seinerzeit vehement und verwies darauf, dass die Briten sich für zwei Jahrhunderte auch ohne formale Anerkennung nationaler Autonomierechte ganz gut gemeinsam durchgewurschtelt hätten. Die Nachfolger Birkenheads werden bald erkennen: Durchwurschteln reicht heute nicht mehr aus (Bagehot 2021).

Literatur

Abell S (2019) How Britian really works. Murray, London
Adam G, Mertens G (2020) Brexit-Revolution. Springer, Wiesbaden
Allardyce J, Bothman J, Shipman T (2020) Scots independence is possible – we must stop it being inevitable. The Sunday Times, 24 Januar. S 6
Andrews K (2020) Nicola Sturgeon lays into „reckless and incompetent" No 10. The Times, 9. September. https://www.thetimes.co.uk/article/nicola-

sturgeon-lays-into-reckless-incompetent-no-10-f76gmzlph. Zugegriffen am 09.11.2021

Bagehot (2021) Scottish nationalism and the politics of patience. The Economist, 7. Januar. https://www.economist.com/britain/2021/01/09/scottish-nationalism-and-the-politics-of-patience. Zugegriffen am 15.11.2021

Beland D, Lecours A (2016) The 2014 Scottish referendum and the national social policy nexus. Can Polit Sci Rev 10(1):1–30

Ekhator E (2021) Stay out of Scotland – Nicola Sturgeon tells Johnson. The Standard Gazette, 28. Januar. https://tstga.com/world/united-kingdom/stay-out-of-scotland-nicola-sturgeon-tells-johnson/. Zugegriffen am 03.11.2021

Ellison M (2021) What happened to Scotland's „free from Covid" hopes? BBC News, 7. Juli. https://www.bbc.co.uk/news/uk-scotland-57742212. Zugegriffen am 09.10.2021

Holden M (2021) Explainer. Can Scotland hold another independence referendum? Reuters, 8 Mai. Zugegriffen am 22.08.2021

Kirkaldy L (2020) Boris Johnson a threat to the UK „every time he opens his mouth", warns Keir Starmer. Holyrood, 18. November. https://www.holyrood.com/news/view,boris-johnson-a-threat-to-the-uk-every-time-he-opens-his-mouth-warns-keir-starmer. Zugegriffen am 09.08.2021

Levy R (1995) Finding a place in the world economy. Party strategy and party vote. The regionalization of SNP and Plaid Cymru support. 1979–1992. Polit Geogr 14(3):295–308

Lloyd J (2021) The push for independence is putting off Scotts business. Financial Times, 10. April. S 12

Lynch M (1992) Scotland. A new history. Pimlico, London

MacKenzie JM, Devine TM (2011) Scotland and the British Empire. Oxford Scholarship Online, January. https://oxford.universitypressscholarship.com/view/10.1093/acprof:oso/9780199573240.001.0001/acprof-9780199573240. Zugegriffen am 09.08.2021

MacMahon P (2015) Sturgeon. Republican or royalist? ITV, 9. September. https://www.itv.com/news/border/2015-09-09/sturgeon-republican-or-royalist. Zugegriffen am 25.05.2021

Marshall T (2015) Prisoners of geography: ten maps that tell you everything you need to know about global politics. Elliott und Thompson, London

Massie A (2021) Scotland's future hinges on identity – and many young votes just don't feel British. The Sunday Times, 24. Januar. S 7

McIntosh L (2014) The Queen tells Scottish voters „to think very carefully". The Times, 14. September. https://www.thetimes.co.uk/article/the-queentells-scottish-voters-to-think-very-carefully-mw8t30bnbcv. Zugegriffen am 29.09.2021

McQuillan R (2021) Would disavowing Johnson save Scots Tories? Backing him would sink them forever, says Rebecce McQuillan. The Herald, 12. November. https://www.heraldscotland.com/politics/19711488.disavowing-johnson-save-scots-tories-keeping-sink-forever-says-rebecca-mcquillan/. Zugegriffen am 14.11.2021

Murdoch A (2007) England, Scotland and the Acts of Union. Oxford Dictionary of National Biography, 4. Januar. https://www.oxforddnb.com/view/10.1093/ref:odnb/9780198614128.001.0001/odnb-9780198614128-e-96282. Zugegriffen am 30.09.2021

Ross C (2014) Secret files confirm Margaret Thatcher used Scotland for poll tax experiment. The Press and Journal, 30. Dezember. https://www.pressandjournal.co.uk/fp/politics/uk-politics/434833/secret-files-confirm-thatcher-used-scots-for-poll-tax-experiment/. Zugegriffen am 02.12.2021

Schäfer A (2014) Franz von Bayern könnte Schottlands König werden. Die Welt, 16. September. https://www.welt.de/regionales/bayern/article132301373/Franz-von-Bayern-koennte-Schottlands-Koenig-werden.html. Zugegriffen am 25.02.2021

Settle M (2020) John Major floats idea of not one but two referenda on Scottish independence. The Herald, 9. November. https://www.heraldscotland.com/news/18858771.john-major-floats-idea-not-one-two-referenda-scottish-independence/. Zugegriffen am 10.02.2021

Smith D (2021) England's great river of cash keeps nations afloat. The Sunday Times, 24. Januar. S 6

Smith EA (2000) George IV. Yale University Press, New Haven

Smith L (2018) The honest truth. How the Romans came close but ultimately failed to conquer Scotland under Septimius Severus. The Sunday Post, 16. Mai. Zugegriffen am 03.01.2021

The Economist (2020) How Scottish independence would threaten Britain's defence. 7 November. https://www.economist.com/britain/2020/11/05/how-scottish-independence-would-threaten-britains-defence. Zugegriffen am 09.11.2021

The Herald (2019) Poll: most Scots think SNP handling NHS badly. 5. Dezember. https://www.heraldscotland.com/news/18081474.poll-scots-think-snp-handling-nhs-badly/. Zugegriffen am 09.11.2021

Thomas N (2020) Scotland considers a future without oil and gas. Financial Times, 20. Januar. https://www.ft.com/content/d984e6ea-2258-11ea-b8a1-584213ee7b2b. Zugegriffen am 19.06.2021

Wilson A (2021) Royal couple are the Union's trump card. The Times, 12. Juni. S 31

Wright O (2021) Imposing post-Brexit trading rules is putting the Union in danger. The Times, 24. Juni. S 8

26

Die arme Verwandtschaft – Wales und Nordirland

Ende Mai 2020: Der Strand von Gwynedd bei der Ortschaft Barmouth im Nordwesten von Wales war menschenleer an jenem Wochenende, der Himmel wolkenlos und die Temperatur mild. Besser hätte sie es nicht treffen können, dachte sich die Touristin, die mit ihrer Familie aus den West Midlands angereist war, eine Tour von 160 Kilometern mit dem Auto. Dann kamen zwei Polizisten über den Strandweg heran und teilten unmissverständlich mit, dass dieser wie alle anderen Strände in Wales geschlossen sei. Der Covid-19-Vorschriften wegen seien Besuche der Seebäder nicht gestattet. Irritiert entgegnete die Touristin den Beamten: „Boris sagt, ich könne ans Meer fahren!" Das mag ja sein, antworteten Ordnungshüter, und klärten das Missverständnis auf: Premierminister Boris Johnson bestimme die Regeln zur Pandemiebekämpfung nur in England – nicht aber in Schottland, Nordirland und auch nicht in Wales, wo der Erste Minister Mark Drakeford die Verhaltensregeln im Kampf gegen die Covid-Pandemie festlege. Diesen walisischen Vorschriften zufolge war nun mal im Mai 2020 die Fahrt ins Grüne oder ans Meer nicht gestattet. Journalisten erzählte die vertriebene Touristin später, sie habe nicht gewusst, dass Wales anders als Cornwall oder das Lake District nicht zu England gehöre (Ng 2020). Daniel Kawczynski, der konservative Abgeordnete, der den Wahlkreis Shrewsbury und Atcham in Westminster vertritt, findet, die Menschen seien dieser Art von regionaler Selbstbestimmung in Wales überdrüssig, die gerade in den Zeiten der Pandemie für Durcheinander und Verwirrung gesorgt habe, wenn die Anordnungen des Ersten Ministers in Cardiff abwichen von den Entscheidungen des Premierministers in London (Jones et al. 2022). Diese Sicht der Dinge entspricht der traditionellen englischen Perspektive, wonach Wales nie als vollwertige Nation galt. In seinen Anfängen im 13. Jahrhundert war das Fürstentum kaum mehr als ein Flickenteppich aus Marken, deren Herren mit den Verwaltern der Kronlande um Einfluss konkurrierten. Seine geografische Form erhielt die Herrschaft erst zwischen 1536 und 1542 in Verträgen, mit denen König Henry VIII. aus der Familie Tudor den eigenständigen Rechtscodex des kleinen Nachbarn durch den englischen ersetzen ließ und versuchte, die walisische Sprache zu verbieten. Während die Engländer mit Schottland 1707 den Unionsvertrag abschlossen, aus dem Großbritannien hervorging, und ein knappes Jahrhundert später per Staatsvertrag mit Irland das Vereinigte Königreich entstehen ließen, gab sich mit dem Fürstentum Wales in London niemand vergleichbare Mühe. Im Gegenteil, die Erinnerungen an Unterdrückung und Erniedrigung durch die Engländer sind über die Jahrhunderte bis heute sichtbar geblieben. Die imposanten Burgen von Beaumaris, Caernarfon, Conwy und Harlech, die Englands König Edward I. nach einem erfolgreichen Feldzug zur dauerhaften Sicherung seiner Herrschaft erbauen ließ, durfte kein Waliser betreten (Morris 2009). Mit der politischen Eigenständigkeit des Landes war es schon im Mittelalter vorüber. Was blieb, war die eigene Kultur, die sich vor allem in der Sprache manifestierte. Französisch, später Englisch, blieben derweil die Idiome des Feindes. Deshalb soll Edward I. als scheinbare Geste der Versöhnung seinen neuen Untertanen zugesagt haben, als Herren über ihr geschlagenes und unterworfenes Fürstentum einen Prinzen zu ernennen, der nicht die Sprache des Siegers sprach. Er hielt Wort und ernannte mit bitterem Spott seinen neugeborenen Sohn, den späteren König Edward II., zum Prinzen von Wales (Spinks 2017).

Erst im 19. Jahrhundert, als nationale Bewegungen in ganz Europa den Freiheitskampf unterdrückter Völker und besetzter Länder befeuerte, wuchs auch in Wales eine gemeinsame Identität, die in Westminster

26 Die arme Verwandtschaft – Wales und Nordirland

Unterstützer fand in den Reihen der Liberalen Partei. Deren Vorsitzender William Gladstone drängte darauf, Wales als Nation innerhalb des Vereinigten Königreichs anzuerkennen. Mit David Lloyd George, auch er ein Liberaler, stieg während des Ersten Weltkriegs sogar ein Waliser zum Regierungschef in London auf. In Lloyd Georges Heimat entstand in jenen Jahren die erste Nationalbibliothek sowie ein Nationalmuseum und die britische Armee rekrutierte damals, auch das hatte es bisher nicht gegeben, ein Waliser Regiment. 1925 gründete sich Plaid Cymru, die Waliser Nationalpartei, aus der bald Stimmen laut wurden, die neben politischen Rechten auch Selbstverwaltung für ihr Land verlangten. Nach dem Zweiten Weltkrieg anerkannte Winston Churchills Innenminister Gwilym Lloyd George, der Sohn des früheren Regierungschefs, Cardiff als Hauptstadt. Dort bezog 1964 in einem schmucklosen Zweckbau das sogenannte Welsh Office seine Außenstelle. So nannte sich das neue Ministerium der Regierung in London, das sich ausschließlich Waliser Angelegenheiten widmete und der kleinen Nation erstmals eine eigene Stimme am Kabinettstisch gab. Sein Aufgabenportfolio wuchs mit den Jahren und umfasste zuletzt Landwirtschaft, Umwelt und Planung, Wohnungsbau, Finanzen, Gesundheit sowie Bildung. Verglichen mit dem Außen- oder dem Innenministerium war das Welsh Office trotzdem ein bescheidenes Ressort. Hier Minister zu sein, galt bestenfalls als eine Sprosse auf der politischen Karriereleiter, aber nicht als Herausforderung, für die es in Westminster Lorbeeren zu verdienen gab. John Major, konservativer Regierungschef in den 1990er-Jahren machte sich nicht einmal die Mühe, Waliser an die Spitze des Welsh Offices zu berufen, sondern vergab die Stelle immer wieder an Engländer, deren Interesse an und Kenntnis von walisischen Angelegenheiten überschaubar war. Die Empörung darüber war verständlich und erreichte ihren Höhepunkt, als John Redwood, der für Wales zuständige Minister mit Wahlkreis in Berkshire, nordwestlich von London, bei einem öffentlichen Termin wortlos die Lippen bewegte, als die Waliser Nationalhymne angestimmt wurde (Gayle 2015). Hätte es eines Belegs bedurft für die Achtlosigkeit, mit der englische Konservative die kleine Nation im Westen behandelten, hätte Redwood ihn geliefert. Doch längst fanden die walisischen Nationalisten ihre eigene Stimme dank ihrer Abgeordneten im Parlament von Westminster. Ende der 1970er-Jahre waren es ihre Stimmen, die den strauchelnden Premierminister James Callaghan an der Macht hielten, dessen

Labour-Partei alleine keine Mehrheit im Unterhaus mehr hatte. Jahre später war Labour der beste Verbündete der Nationalisten, als 1997 Tony Blair ein Referendum zusagte über die Etablierung einer Regionalregierung und eines Parlaments in Cardiff. Heute überblickt der futuristische Glasbau mit dem scheinbar freischwebenden Flachdach des Senedd Cymru, wie die Versammlung auf Walisisch heißt, den Hafen der Hauptstadt. Bei den Wahlen seit 2003 hat Labour stets mit großem Abstand die Nase vorn. Erstaunlich ist, dass Plaid Cymru den Konservativen immer wieder den Platz als zweitstärkste Fraktion streitig macht. Das sagt viel über die Stimmung im Land und den Wunsch der Nationalisten, London noch mehr politische Eigenständigkeit abzutrotzen.

Der Drache soll auf seinen eigenen Beinen stehen

Längst wachsen die Ambitionen und staatliche Unabhängigkeit für Wales ist nicht mehr nur ein Thema, das von politischen Sonderlingen und Außenseitern an patriotischen Stammtischen auf die Tagesordnung gesetzt wird. In den vergangenen Jahren haben sich prominente Simmen zu dem Ziel bekannt. Zum Beispiel Neville Southall aus Llandudno, einem Küstenort, der im 19. Jahrhundert als die „Königin unter den Seebadeorten" bekannt wurde. Als Torwart des Fußballclubs Everton zwischen 1981 und 1998 brachte Southall es zu noch weitaus mehr Anerkennung als sein Geburtsort und bis heute gilt der Waliser als einer der besten Goalkeeper in der Geschichte des Fußballs. Mit Politik hatte Big Nev, wie ihn seine Fans nennen, allerdings nie etwas zu tun – bis jetzt. Nun steht er bei Kundgebungen für walisische Unabhängigkeit auf dem Podium und ruft seinem Publikum zu, dass der Drache – das Wappentier der Nation – endlich auf seinen eigenen Beinen stehen müsse. Seine Begründung ist einfach und überzeugend: „Ich glaube nicht, dass sich in Westminster jemand für uns interessiert" (Harri 2021). Charlotte Church, TV-Moderatorin aus Llandaff, einem Stadtteil von Cardiff, verkaufte als Sängerin zehn Millionen Tonträger. Als politische Aktivistin unterstützt sie YesCymru, die Kampagne für walisische Unabhängigkeit, und erinnert die Zuschauer ihrer Videobotschaften daran, dass 50 Staaten auf der ganzen Welt sich von der Regierung in Westminster losgesagt haben, um dann keck hinzufügen: „Keiner davon wollte wieder zurückkommen!" (Church 2021). David Buttress passt nicht in das Bild der Streiter für staatliche Eigenständigkeit, die sich vor allem durch Leidenschaft und Emotionen auszeichnen. Er ist Vorstandschef von Just Eat, einem Unternehmen mit Hauptquartier in London, das in 13 Ländern per Online-Bestellung Mahlzeiten ausliefert und einen Umsatz von fünf Milliarden Pfund in der Firmenbilanz ausweist. Unternehmer warnten in der Vergangenheit vor politischer Selbstständigkeit mit dem Argument, ein kleines Land sei ökonomisch nicht überlebensfähig. Buttress sieht das anders und glaubt, die Volkswirtschaft in Wales werde langfristig zurückfallen, die Nation verarmen, wenn die Unabhängigkeitsbewegung ohne Erfolg bliebe (Barry 2019).

Immerhin 42 Prozent der Wähler, das ergab eine Umfrage der Meinungsforscher von Savanta: ComRes im April 2021, würden für staatliche Eigenständigkeit stimmen, wenn sie die Wahl hätten. 49 Prozent bleiben skeptisch (Savanta: ComRes 2021). Zwar reicht das noch nicht, doch die Tendenz ist eindeutig. Schließlich glaubten neun Jahre zuvor nur 10 Prozent der Befragten, dass ihre Nation auch ohne England gut klarkomme (WalesOnline 2012). Die Zahlen belegen, was seine Kritiker schon vor 25 Jahren geargwöhnt hatten: Tony Blairs Versuch, Unabhängigkeitsbewegungen den Zulauf zu nehmen mit der Verlagerung von politischer Entscheidungskompetenz in die Regionen, scheint in Wales (ähnlich wie in Schottland) gescheitert zu sein. Gerade junge Wähler befeuern die Entwicklung und lassen die Landesteile immer weiter auseinanderdriften. Die Waliser schauen voraus und fragen sich, ob es klug ist, als kleiner Anhang in einem englischen Rumpfstaat zu bleiben, wenn Schottland und Nordirland erst einmal für sich die Unabhängigkeit erkämpft haben (Harri 2021). Sicher ist es dennoch nicht, dass die Abspaltung von Wales kommen wird – im Gegenteil. Grund dafür sind die generösen Überweisungen, mit denen der Schatzkanzler in London die Einnahmen der Regierung in Cardiff aufstockt. Die Fördersummen für die zweitärmste Region des Vereinigten Königreiches werden berechnet nach der Barnett-Formel, benannt nach ihrem Erfinder, Joel Barnett, der in den 1970er-Jahren in der Labour-Regierung von James Callaghan als Chefsekretär des Schatzamtes diente. So konnte es sich die walisische Regionalregierung im Haushaltsjahr 2018–2019 leisten, für jeden Bürger durchschnittlich 13.698 Pfund auszugeben – immerhin 6,7 Prozent mehr als im britischen Landesdurchschnitt. Die Einnahmen der Regierung in Cardiff (ohne die Hilfe aus London) lagen pro Person allerdings nur bei 9391 Pfund und damit nur bei 77 Prozent des statistischen Durchschnitts im Vereinigten Königreich. Ein unabhängiges Wales, wollte es den Staatsbankrott vermeiden, müsste radikal öffentliche Ausgaben zusammenstreichen. Es ist diese Aussicht, die auch enthusiastische Anhänger staatlicher Eigenständigkeit nachdenklich werden lässt (Smith 2021).

Auch in der britischen Provinz Nordirland dürfte die prekäre Haushaltssituation die Begeisterung für eine Abspaltung vom Vereinigten Königreich dämpfen. Wie in Wales sehen auch in Ulster Parteien und Bürger London als Zahlmeister für Wünsche, die sie sich ohne die Überweisungen aus England nicht leisten könnten. So liegen die Ausgaben der Regionalregierung in Belfast für die Bürger im Norden Irlands um 15 Prozent über den Beträgen, die im britischen Landesdurchschnitt für Leistungen und Investitionen pro Kopf bereitstehen (Smith 2021). Die Überweisungen nach Nordirland steigen zudem noch an, wenn die Stimmen nordirischer Abgeordneter im Parlament in Westminster gebraucht werden, um einer schwachen Regierung bei wichtigen Abstimmungen die Mehrheit zu garantieren. So war es zuletzt, als Theresa May und ihre Tories in den Wahlen 2017 die Kontrolle im Unterhaus verlor und nur mit den Voten der konservativen Demokratischen Unionisten (DUP) ihre Amtszeit fortsetzen konnte. Für dieses Geschäft auf Gegenseitigkeit wies May ihren Schatzkanzler an, im Verlauf der folgenden zwei Jahre eine zusätzliche Milliarde Pfund an die nordirische Finanzverwaltung zu überweisen. Die Subventionen aus London sind ein Grund dafür, dass Ulster heute der wohlhabendste Teil der Insel ist, obwohl internationale Geschäftsleute der niedrigen Unternehmenssteuern wegen seit Jahren in den Standort Irland investieren (Bew 2021).

Hinge die Diskussion um die nationale Identität und politische Zukunft von Ulster vom Geld ab, fiele ein Votum über die Zukunft der britischen Provinz deshalb wohl eindeutig aus und Rufe nach dem Ende der Union mit Großbritannien und für eine Eingliederung in die Repu-

26 Die arme Verwandtschaft – Wales und Nordirland

blik Irland blieben in der Minderheit. Aber Geld ist nur ein Thema und nicht einmal das wichtigste im Verhältnis der beiden Länder, das seit dem Mittelalter im Zeichen von Ausbeutung und Unterdrückung steht. Die politische Haltung und die Gefühle der Iren erklärt sich daraus, dass die Rolle der Ausbeuter und Unterdrücker immerzu englischen Monarchen und Feldherren zukam, seit Heinrich II. im Jahr 1171 an der Spitze einer Armee einen großen Teil der Insel unterwarf und die neuen Gebiete in Personalunion mitregierte. Seither rangen beide Seiten erbittert um die Vorherrschaft, die Heinrich VIII. 1542 zu sichern versuchte, indem er sich zum König Irlands ausrief und gleich auch noch die irische Kirche enteignete. Es war die Zeit der ersten Plantations, das ist der englische Begriff für Pflanzungen und eine euphemistische Bezeichnung für die systematische Ansiedlungen von britischen Auswanderern auf irischem Boden, dessen rechtmäßige Besitzer zuvor vertrieben worden waren (Bartlett 2011). Anglikanische und puritanische Gutsherren aus England waren unter den katholischen Iren so verhasst wie calvinistische und presbyterianische Schotten, die von der Londoner Regierung ebenfalls rekrutiert und als Verwalter auf die Insel entsandt wurden. Unter ihnen arbeiteten die Katholiken als Tagelöhner. Doch die Herrschaft war zerbrechlich und immer wieder brachen Aufstände los gegen die Besatzer. 1593 riefen Hugh O'Neill und Hugh Roe O'Donnell, irische Edelleute und Vorsteher ihrer jeweiligen Clans, die Bevölkerung zu den Waffen. Es war der Anfang des neunjährigen Krieges, in dem England siegreich blieb, sich aber finanziell ruinierte. Um die Kontrolle langfristig zu sichern, befahl König James I. Stuart, englische und schottische Landsleute in Ulster, der rebellischsten der Provinzen, auf einer Fläche von 2000 Quadratkilometern Ackerland anzusiedeln. Ausgewählt wurde, wer englisch sprach, sich zum Protestantismus bekannte und loyal gegenüber dem König war. Für die Sicherheit ihres Besitzes sorgte die englische Armee, die 1649 für einen Rachefeldzug auf die Insel zurückkehrte, diesmal auf Befehl Oliver Cromwells, des puritanischen Lordprotektor Englands, der den Kampf gegen die Katholiken mit religiösen Motiven rechtfertigte, aber auch erkannte, dass die Einheimischen mit Royalisten, die er im Bürgerkrieg gerade aus England vertrieben hatte, gemeinsame Sache machten. Vierzig Jahre später wies Englands neuer König William III. an, Iren von allen öffentlichen Ämtern auszuschließen, nachdem sie sich auf die Seite seines entthronten Rivalen James II. Stuart geschlagen hatten. Nicht weniger wichtig für den weiteren Verlauf der Ereignisse ist aber der Sieg Williams III. in der Schlacht am Fluss Boyne, der längst eine mythische Rolle einnimmt in der Historie der Protestanten (Best 2021). Zur Erinnerung marschieren deren Traditionsvereine von Spielmannszügen begleitet bis heute jedes Jahr am 12. Juli durch die Straßen. Dabei paradieren sie entlang der Häuser der Katholiken mit Flaggen und Schärpen in der orangenen Farbe jenes aus der niederländischen Familie der Oranier stammenden Königs. Schon in der Nacht zuvor gehen an mehr als 200 Orten in der Provinz meterhohe Scheiterhaufen in Flammen auf und mit ihnen verbrennen Fahnen und Symbole der katholischen Republik Irland (Vardy 2021).

Als gegen Ende des 18. Jahrhunderts die Franzosen im Namen der Freiheit, Gleichheit und Brüderlichkeit auf die Barrikaden gingen, sahen die Iren den Moment für den Befreiungsschlag gekommen und rebellierten 1798 gegen ihre englischen Herren. Aber nicht Freiheit war das Resultat, sondern das Gegenteil. 1801 verloren die Iren jede legislative Autonomie, mussten ihr Parlament aufgeben und sahen ihre Angelegenheiten von nun an in Westminster diskutiert und entschieden. Die Hoffnung auf rechtliche Emanzipation der Katholiken als Kompensation für den Verlust ihrer begrenzten politischen Eigenständigkeit, erfüllte sich nach einem Veto König George III. nicht (Bartlett 2011). Selbst die Wahlrechtsreform 1832 setzte die systematische Diskriminierung fort, weil sie Eigentum zur Voraussetzung machte für das Stimmrecht zum Parlament in Westminster. Dem katholischen Landarbeiter war damit nicht geholfen, dem anglikanischen Großgrundbesitzer umso mehr. Zwischen 1845 und 1852 war der Tiefpunkt der Verhältnisse erreicht, als das politische Establishment in London zusah, wie eine Million Iren verhungerte, nachdem die Kartoffelfäule die Ernte des wichtigsten Grundnahrungsmittels zerstört hatte. Premierminister Lord John Russell glaubte, die Kräfte des Marktes würden den Mangel an Lebensmitteln überwinden helfen, und stoppte die Hilfslieferungen an Getreide seines Vorgängers Robert Peel (Ross 2002). Zwei Millionen Menschen sahen in ihrer irischen Heimat keine Zukunft mehr und wanderten aus. Wer blieb, der hoffte auf die Unterstützung der Liberalen von William Gladstone, der, wie schon in der Diskussion um den Status von Wales, sich in dem immer wieder aufflackernden Streit um die Zukunft Irlands auf die Seite der Nationalisten stellte, die Selbstverwaltung für ihre Insel forderten. Als die britische Regierung schließlich einem Kompromiss zustimmte, war es dafür zu spät. Nach einem weiteren Aufstand in Irland und einem Bürgerkrieg in der nördlichen Provinz Ulster wollten die Iren den radikalen Bruch mit London. 1922 gründeten sie den Freistaat Irland, dem sich 26 Verwaltungsbezirke auf der Insel anschlossen. Nur die protestantische Mehrheit in den sechs Distrikten im Nordosten entschied sich, Teil des Vereinigten Königreichs zu bleiben. Wie ernst es den Iren damit war, mit dem verhassten Großbritannien zu brechen, wurde während des Zweiten Weltkriegs offensichtlich. Als Engländer und Schotten sich bis zum Äußersten gegen deutsche Invasionspläne wehrten, bot die Regierung in Dublin keine Hilfe an und blieb neutral. Nach Kriegsende verließ Irland auch das Commonwealth, den Zusammenschluss der Länder, die einst Teil des Empires waren, und erklärte sich zur Republik. In Westminster wurde die Trennung bis heute nicht ganz nachvollzogen und Iren werden nach wie vor die Rechte eines britischen Staatsbürgers zugestanden, das Wahlrecht zum Parlament inklusive (Keeley 2019).

Auswanderung als Weg aus der Misere

Zur Eröffnung des nordirischen Regionalparlaments in Belfast vor 100 Jahren empfahl König George V. seinen Landsleuten Entgegenkommen beider Seiten. „Ich wende mich an alle Iren mit der Bitte innezuhalten und die Hände zu reichen mit Nachsicht und Versöhnung, um zu vergeben und vergessen und um für das Land, das sie lieben, eine neue Ära des Friedens zu beginnen" (The Economist 2021). Die protestantischen Unionisten, obwohl königstreu, ignorierten den Wunsch des Monarchen. Auf ihr Drängen waren die Grenzen des britischen Nordirland so gezogen worden, dass sie über eine sichere Mehrheit verfügten, die so wichtig ist in einer Gesellschaft, in der Zugang zu Macht, Privilegien und Recht nach konfessioneller Zugehörigkeit geregelt werden. David Trimble, Protestant, ehemaliger Vorsitzender der konservativen Ulster Unionists (UUP) und zur Jahrtausendwende Erster Minister der nordirischen Regionalregierung, beschrieb die Provinz einmal als „ein kaltes Haus" für

Katholiken, was so viel bedeutet wie: Nicht sehr einladend (Murray 2019). Von Stellenausschreibungen für den öffentlichen Dienst waren sie ausgeschlossen, in der Industrie fanden sie nur schwierig Arbeit und die Polizei gängelte sie. Auch Wohnungen wurden nach Konfession zugeteilt und die Wahlkreisgrenzen so gezogen, dass Protestanten die größtmögliche Zahl der Mandate gewannen. Wieder einmal sahen viele in der Auswanderung den einzigen Ausweg aus der Misere. Der protestantischen Mehrheit sollte es recht sein, stärkte das doch die Mehrheitsverhältnisse zu ihren Gunsten in einer Zeit, als die Kontroversen und Konflikte der amerikanischen Bürgerrechtsbewegung Nordirland erfassten. Während in den USA die Schwarzen gegen Diskriminierung und für gleiche Rechte auf die Straße gingen, protestierten in Derry und Belfast die Katholiken. Für die Demonstranten ging es nicht um religiöse Feinheiten ihrer Konfession. Für sie bedeutet die Zugehörigkeit zur Kirche politische Identität und verkörpert bis heute ihre Geschichte, die zwischen Unterdrückern und Unterdrückten trennt: Auf der einen Seite die protestantischen Royalisten, auch Loyalisten genannt, die politische Entscheidungen seit jeher diktierten mit dem Ziel, Nordirland in der Union mit Großbritannien zu halten. Auf der anderen die katholischen Nationalisten mit republikanischer Gesinnung, Gegner einer Monarchie, die aus ihnen über Jahrhunderte hinweg die Opfer englischen Imperialismus gemacht hatte. Ihre Hoffnung bleibt die Vereinigung Ulsters mit der katholischen Republik Irland. Mit übergroßen Wandgemälden und Flaggen an Häusern zeigen die Bewohner in Belfast und vielen anderen Städten der Provinz auch heute die Loyalitäten ihrer jeweiligen Straße oder Nachbarschaft, stacheln die eigene Seite auf und provozieren die andere. Die Motive dieser Fassadenpropaganda sind immer die gleichen: Maskierte Männer, Krieger im Kampfanzug, die Gesichtszüge der Gefallenen, die als Märtyrer verehrt werden und den Jugendlichen als Vorbilder gelten. Die Bilder lehren schon Kinder zu hassen, noch bevor sie zur Schule gehen, die katholischen Schüler in die eine, die Protestanten in die andere. Freundschaften über die konfessionellen Grenzen hinweg sind noch heute oft nicht einfach. Mauern, offiziell und euphemistisch Friedenslinien genannt, schlängeln sich durch die Städte und trennen die Wohngebiete der Loyalisten von den Nachbarschaften der Nationalisten. In einer Umfrage der BBC 2015 wollte ein Drittel der Bewohner Belfasts, vor allem auf der protestantischen Seite, die Mauern erhalten sehen, nicht aus nostalgischen Gründen, sondern aus Angst vor denen, die auf der anderen Seite wohnen (Meredith 2015).

Zu tief sitzen die Erinnerungen an die Schrecken der Zeit, die in die Geschichtsbücher als The Troubles – die Unruhen – eingegangen sind. Es war Ende der 1960er-Jahre, als die fortwährende Konfrontation und der Hass zwischen Katholiken und Protestanten in Ulster in grauenhaftes Morden umschlugen. Es war der Beginn einer Terrorwelle, die das Vereinigte Königreich über Jahrzehnte erschütterte. Die Irisch-Republikanische Armee, kurz IRA, attackierte Polizisten, protestantische Zivilisten und Symbole britischer Autorität in Nordirland, ließ in Parks, Innenstädten sowie Einkaufszentren großer englischer Städte Bomben explodieren. Am 12. Oktober 1984 detonierte ein Sprengsatz im Grand Brighton Hotel an der englischen Südküste. Es war just der Tag, an dem die konservative Partei in den Badeort in der Grafschaft Sussex zu ihrem jährlichen Parteitag geladen hatte. Das Hotel beherbergte die Premierministerin Margaret Thatcher und ihr Kabinett. Die Medien sprachen von Terrorismus, die Politiker der Nationalistenpartei Sinn Fein bezeichneten die Attacken hingegen als Freiheitskampf gegen die britischen Unterdrücker. Dieser Eindruck hatte sich verstärkt, als 1969 die Regierung von Harold Wilson das Militär entsandte, um die nordirische Provinz vor dem Bürgerkrieg zu bewahren (McKittrick 2012). Die Operation endete im Desaster, als britische Fallschirmjäger am 30. Januar 1972 in Derry das Feuer auf eine Gruppe unbewaffneter Demonstranten eröffneten. Es gab dreizehn Tote, fünf davon minderjährig, an jenem Tag, der als Blutsonntag in das Bewusstsein beider Seiten einging. Die Londoner Regierung stand hinter ihren Soldaten und ließ keinen Zweifel an der Rechtmäßigkeit ihres Einsatzes aufkommen. Erst drei Jahrzehnte später beauftragte die Regierung Tony Blairs Lord Mark Saville mit einer Untersuchung der Ereignisse. Savilles Bericht von 5000 Seiten landete auf dem Schreibtisch von Blairs Nachfolger David Cameron. Der entschuldigte sich bei den Opfern des Blutsonntags – 38 Jahre nach der Tat (Shirbon und Graham 2010). Nicht lange nach jenem Schreckenstag in Derry trat Lord Grey of Naunton ab, der letzte königliche Gouverneur von Nordirland. An seine Stelle sollten ein Regionalparlament und eine Exekutive treten. Doch Selbstverwaltung erfordert die Bereitschaft zur Zusammenarbeit – ein Fremdwort für die verfeindeten Parteien auf dem Höhepunkt der Unruhen, in deren Verlauf in den 1970er- und 1980er-Jahren 3000 Menschen starben. 50.000 Menschen wurden verletzt im Kampf zwischen der IRA, paramilitärischen Gruppen der Loyalisten und der britischen Armee. Anschlägen folgte militärische Vergeltung, die wiederum Anschläge provozierte.

Das Vereinigte Königreich ist ökonomisch geteilt

Der Teufelskreis wurde erst 1998 durchbrochen mit Hilfe aus dem Ausland. Senator George J. Mitchell, der Sonderbeauftragte des amerikanischen Präsidenten Bill Clinton, brachte die drei wichtigsten Protagonisten an einen Tisch. Gerry Adams, dessen Partei Sinn Fein als das politische Sprachrohr der IRA galt, John Hume, den Vorsitzenden der nordirischen Sozialdemokraten und David Trimble, den Anführer der Ulster Unionists (UUP), stellvertretend für die protestantischen Interessen. Einigten sich die drei auf Prinzipien der Zusammenarbeit, so Mitchell, würden die USA die Provinz großzügig finanziell unterstützen (Mitchell 1999). Das motivierte die Beteiligten, die des Konfliktes, den keine Seite gewinnen konnte, überdrüssig waren. Gemeinsam entwarfen sie eine Vereinbarung, in der eine Regierung für die Provinz unter Beteiligung der Loyalisten und Nationalisten vorgesehen wurde. Die Protestanten als die größere religiöse Gruppe sollten den Regierungschef stellen, die Katholiken dessen Stellvertreter. Jede Seite konnte mit ihrem Veto Entscheidungen stoppen, die ihre fundamentalen Interessen verletzten. Über die Zukunft Nordirlands, also auch eine Vereinigung mit der Republik Irland, so wurde vereinbart, könne zukünftig in einer Volksabstimmung entschieden werden. Unbotmäßiger Einflussnahme Dritter auf die Angelegenheiten in Ulster wurde vorgebeugt, indem Irland auf seine Verfassungsklausel verzichtete, wonach die Wiedervereinigung der Insel als Staatsziel galt. Die Vereinbarung zwischen den drei Partnern wurde am 10. April 1998 unterzeichnet und ist in katholischen Kreisen als Karfreitagsabkommen und unter Protestanten als Belfast-Übereinkunft bekannt (Kelly 2019). Geld gab es für den historischen Friedensschluss aber nicht nur aus den USA, auch die Europäische Union beteiligte sich mit Direktinvestitionen und weitere 12 Milliarden Pfund überwies die Regierung in London, deren Premierminister Tony Blair für seine Rolle als Mitinitiator der Verhandlungen international Anerkennung und Lob erfuhr. Kurz darauf erhielt der Deal in einer Volksabstimmung überwältigende Unterstützung von 71,1 Prozent bei einer Beteiligung von 81,1 Prozent der Stimmberechtigten. Seither brach der Mechanismus der Eigenverwaltung in der Koalitionsregierung immer wieder zusammen. Zwischen 1998 und 2007 und dann wieder zwischen 2017 bis 2020 gab es regierungslose Jahre, bis der für nordirische Angelegenheiten zuständige Minister in der Londoner Regierung die beiden Lager wieder an einen Tisch und schließlich in eine gemeinsame Regierung bringen konnte (Fenton 2018).

Die protestantische Seite wurde in jüngster Vergangenheit sichtbar nervöser. Zum einen hat das mit einer schon lange absehbaren demografischen Entwicklung zu tun. In naher Zukunft werden die Katholiken erstmals die Mehrheit stellen in Ulster. Ihr Anteil an der Bevölkerung wächst stetig. Waren 1922 noch 65 Prozent der Bewohner der Provinz Protestanten, liegt der Anteil heute nur noch bei 48 Prozent. Die Katholiken haben in der Zwischenzeit bis auf 45 Prozent aufgeholt, während diejenigen, die sich keinem Lager zugehörig fühlen, sieben Prozent ausmachen. In Umfragen über das Schicksal für Ulster werden die politischen Auswirkungen dieser Gewichtsverschiebung sichtbar. 2020 unterstützten noch 29 Prozent der Wähler die Wiedervereinigung der Insel. Im Januar 2021 waren es bereits 42 Prozent (The Economist 2021). Kippt das Mehrheitsverhältnis zwischen den Konfessionen, lässt sich ein Votum über die Zukunft nicht mehr vermeiden. Ein anderer Grund für die Unruhe in den Reihen der Loyalisten ist hausgemacht. Der Vorwurf richtet sich an Arlene Forster, die langjährige Anführerin der nordirischen protestantischen Regierungspartei Democratic Unionists (DUP). Sie habe die Interessen der Provinz – so sehen es viele ihrer Wähler – verraten, als sie naiv Premierminister Boris Johnson vertraute. Dabei sah es lange so aus, als gehörten Forster und ihre Partei zu den Gewinnern. 2016 waren sie Unterstützer des Brexit. Ein Jahr später, als Theresa May nach einer herben Wahlniederlage nur mit den Stimmen der DUP in Westminster weiterregieren konnte, war Forsters Partei mit einem Mal so mächtig wie nie zuvor. Betrunken vom Erfolg stellten Forster und die DUP sich gegen Mays Plan für einen weichen Brexit der eine Assoziation mit der europäischen Zollunion vorsah. Die Alternative, ein harter Brexit, erforderte Kontrollen des Warenverkehrs an der neuen Außengrenze der EU zwischen Irland und Großbritannien. In London, Dublin und Brüssel wusste man, dass solch eine harte Grenze zwischen der Republik Irland und dem britischen Ulster nicht in Frage kam. Darauf beharrten besonders die Nationalisten mit Verweis auf Zusicherungen im Karfreitagsabkommen. Von dessen Einhaltung, argumentierten sie überzeugend, hänge der Frieden in der Provinz ab. Inzwischen hatte Boris Johnson, Mays Nachfolger im Amt des Premierministers, Arlene Forster sowie den traditionellen Freunden der Unionisten in seiner eigenen Partei aber ebenfalls zugesagt, dass es Zollschranken entlang der Irischen See, die einzige machbare Alternative zu Kontrollen auf dem irischen Festland, nicht geben würde (Ward 2019). Dann aber erkannte Johnson, dass sein Versprechen an seine englischen Wähler, endlich einen unterschriftsreifen Deal mit der EU zum Vollzug des Brexit zu präsentieren, nur zu halten war, wenn er seine Zusage an Forster und die Unionisten brach und einer harten Zollgrenze an den Häfen zwischen Nordirland und Großbritannien zustimmte (Kane 2019). Seit Januar 2021 ist das Vereinigte Königreich damit ökonomisch geteilt. Nordirland verbleibt im Binnenmarkt sowie der Zollunion der EU und Großbritannien ist draußen. Diese Regelung, da sind sich Analysten sicher, beschleunigt das Entstehen eines gesamtirischen Wirtschaftsraums. Ein Albtraum für die Unionisten, die Boris Johnson des Verrats bezichtigen und ihrer Anführerin Forster Naivität vorwerfen dafür, sich auf das Wort eines notorischen Lügners verlassen zu haben. Für die Loyalisten ist das keine neue Erfahrung. 1921 richtete Baron Edward Carson, die Personifizierung des militanten loyalistischen Widerstandes, im House of Lords das Wort an die britische Regierung: „Ulster hat sich immer treu verhalten. Diese Loyalität lässt euch glauben, ihr könntet uns herumstoßen, wie es euch passt" (Massie 2019).

In den Monaten nach Inkrafttreten der Grenzkontrollen zwischen Nordirland und Großbritannien Anfang 2021 stellten britische Exporteure der neuen aufwendigen Zollkontrollen wegen Lieferungen an Kunden in Ulster ein. Regale in den Supermärkten blieben leer. Die Empörung überschlug sich. Auf einmal wurde jedem in der Provinz klar, was es bedeutete, durch Johnsons Brexit-Vertrag und dem Handelsabkommen mit der EU von Großbritannien abgeschnitten worden zu sein. Unter jungen Loyalisten in Belfast kannte die Wut keine Grenzen. Sie zündeten Autos an, lieferten sich Straßenschlachten mit Katholiken und der Polizei, der sie unterstellen, mit den Nationalisten zu sympathisieren. Viele der Gewalttäter sind Teenager, einige kaum zwölf Jahre alt. Sie kommen aus den Quartieren der verarmten weißen Arbeiterklasse, wo der Bildungsgrad der Jugendlichen niedriger ist und die Lebensaussichten schlechter sind als irgendwo sonst in Europa (Powell 2021). Für sie sind Krawalle auf den Straßen ein Ruf nach Aufmerksamkeit. Es ist alles, was ihnen bleibt. Hoffnung auf eine bessere Zukunft macht sich hier niemand. Seit langem schon ist das Gefühl verbreitet, von der DUP und den anderen unionistischen Parteien verraten und vergessen worden zu sein. Symbole für das nahende Ende einer Ära sind nicht zu übersehen. So entschied der Rat von Belfast, die Union Flagge am Rathaus einzuholen. Andere Gemeinden in der Provinz errichten Straßenschilder in irischer Sprache. Es sind Vorboten für das, was Umfrageinstitute für die Wahlen zum Regionalparlament 2022 voraussagen (Breen 2021). Die DUP und die anderen unionistischen Parteien liegen weit abgeschlagen hinter Sinn Fein. Geht es so aus, werden Katholiken die Regierung in Ulster anführen – zum ersten Mal in der Geschichte Nordirlands.

Literatur

Barry S (2019) Wales would be better off as an independent country says one of its most successful entrepreneurs. WalesOnline, 2. Mai. https://www.walesonline.co.uk/business/business-news/wales-would-better-independent-country-16214870/. Zugegriffen am 22.12.2021

Bartlett T (2011) Ireland. A history. Cambridge University Press, Cambridge

Best B (2021) William of Orange and the fight for the crown of England: the glorious revolution. Frontline, London

Bew P (2021) There will be no poll on a united island soon, but don't take the province for granted. The Sunday Times, 24. Januar, S 7

Breen S (2021) DUP battling back, but Sinn Fein's Michelle O'Neill still on course for First Minister. Belfast Telegraph, 12. November. https://www.belfasttelegraph.co.uk/news/politics/dup-battling-back-but-sinn-feins-michelle-oneill-still-on-course-for-first-minister-41047391.html/. Zugegriffen am 09.12.2021

Church C (2021) ‚Independence is normal' says Charlotte Church in YesCymru's New Year tune. Nation Cymru, 1. Januar. https://nation.cymru/news/independence-is-normal-says-charlotte-church-in-yescymrus-new-year-tune/. Zugegriffen am 09.01.2021

Fenton S (2018) The Good Friday agreement. Biteback, London

Gayle D (2015) To sing or not to sing: a history of national anthem controversies. The Guardian, 16. September. https://www.theguardian.com/uk-news/2015/sep/16/to-sing-or-not-to-sing-a-history-of-national-anthem-gaffes. Zugegriffen am 09.09.2021

Harri G (2021) Wales. Celebrities are fired up to unleash Welsh dragon. The Sunday Times, 24. Januar, S 7

Jones B, Norton P, Hertner I (2022) Politics UK. Routledge, London

Kane A (2019) Boris Johnson's betrayal will leave the DUP with one option – to back remain. The Guardian, 28. Oktober. https://www.theguardian.com/commentisfree/2019/oct/28/boris-johnson-dup-remain-arlene-foster-union-northern-ireland. Zugegriffen am 22.10.2021

Keeley B (2019) IRISH CITIZENS who are residents in the UK are eligible to vote in the upcoming UK general election on December 12th. Irish Post, 22. November. https://www.irishpost.com/news/irish-citizens-eligible-vote-upcoming-uk-elections-heres-register-174116. Zugegriffen am 09.10.2021

Kelly B (2019) Good Friday Agreement: the peace deal that ended the Northern Ireland Troubles 20 years ago. Independent, 21. Januar. https://www.independent.co.uk/news/uk/politics/good-friday-agreement-what-is-it-northern-ireland-belfast-1998-sinn-fein-the-troubles-a8278156.html. Zugegriffen am 23.12.2021

Massie A (2019) Unionism loses when it gets in the way of Brexit. The Times, 20 Oktober. https://www.thetimes.co.uk/article/unionism-loses-when-it-gets-in-the-way-of-brexit-qw50t0bmp. Zugegriffen am 22.11.2021

McKittrick D (2012) Making sense of the troubles: a history of the Northern Ireland conflict. Penguin, London

Meredith R (2015) Northern Ireland interfaces: more residents want peace walls to stay. BBC News, 15. Dezember. https://www.bbc.co.uk/news/uk-northern-ireland-35102164. Zugegriffen am 09.11.2021

Mitchell G (1999) Making peace: the inside story of the making of the Good Friday Agreement. Heinmann, Portsmouth

Morris M (2009) A great and terrible king: Edward I and the forging of Britain. Windmill, London

Murray C (2019) Brexit: David Trimble's legal challenge to the Irish backstop is a hiding to nothing. The Conversation, 5. Februar. https://theconversation.com/brexit-david-trimbles-legal-challenge-to-the-irish-backstop-is-a-hiding-to-nothing-111233. Zugegriffen am 29.09.2021

Ng K (2020) ‚Boris Johnson said I could': woman stopped by police on Welsh beach claims she thought it was in England. Independent, 25 Mai. https://www.independent.co.uk/news/uk/home-news/coronavirus-lockdown-wales-gwynedd-beach-england-boris-johnson-a9531271.html. Zugegriffen am 02.04.2021

Powell J (2021) Peace in Northern Ireland is in danger – Johnson's lies and inaction offer no help. The Guardian, 11. April, S 43

Ross D (2002) Ireland: history of a nation. Geddes & Grosset, New Lanark

Savanta:ComRes (2021) Wales voting intentions. 29. April. https://2sjjwunnql41ia7ki31qqub1-wpengine.netdna-ssl.com/wp-content/uploads/2021/04/Final_38028217-Wales-Poll-20210429_Private.pdf. Zugegriffen am 09.05.2021

Shirbon E, Graham I (2010) Cameron apologises for bloody Sunday. Reuters, 15. Juni. https://www.reuters.com/article/uk-britain-irish-bloodysunday-idUKTRE65D62L20100615. Zugegriffen am 08.10.2021

Smith D (2021) England's great river of cash keeps nations afloat. The Sunday Times, 24. January, S 6

Spinks S (2017) Principe Wallie: the first English Prince of Wales. fourteenthcenturyfiend.com, 24. Juni. https://fourteenthcenturyfiend.com/2017/06/24/principe-wallie-the-first-english-prince-of-wales-1301/. Zugegriffen am 11.11.2020

The Economist (2021) Unhappy anniversary. 17. April, S 23–24

Vardy E (2021) Northern Ireland: moment giant bonfire collapses. BBC News, 12. Juli. https://www.bbc.co.uk/news/av/uk-57810745. Zugegriffen am 09.10.2021

WalesOnline (2012) Voters would say „No" to an independent Wales. 2. Februar. https://www.walesonline.co.uk/news/wales-news/voters-would-say-no-independent-2040972. Zugegriffen am 29.11.2021

Ward EJ (2019) Boris Johnson says absolutely ‚no border down the Irish sea.' LBC, 15. November. https://www.lbc.co.uk/politics/elections/general-election-2019/boris-johnson-says-absolutely-no-border-down-the-i/. Zugegriffen am 22.11.2021

27

The Wind of Changes – Was bleibt vom Empire?

Arthur Percival wurde die Hauptfigur in einem tragischen Kapitel der britischen Geschichte, die nicht wenige für den Wendepunkt in der Historie des Empires halten. Als Schüler und Student war er bestenfalls Mittelmaß, für Griechisch und Latein fehlte es ihm an Begabung und Interesse an anderen akademischen Fächern ließ er auch nicht erkennen. Dafür reüssierte er im Sport: Kricket, Tennis und Querfeldeinläufe waren seine Stärke und auch im Schießverein seiner Schule, dem Privatinternat Rugby, tat er sich mit guten Resultaten hervor. Freiwillig meldete Percival sich gleich zu Beginn des Ersten Weltkrieges, den er als vielfach dekorierter Offizier und Kommandeur einer Brigade beendete. Während des Zweiten Weltkrieges befehligte er die stärkste britische Festung in Südostasien – Singapur, das als uneinnehmbares Bollwerk im Krieg gegen das imperiale Japan galt. Die Garnison mit 85.000 Soldaten und imposanten Kanonenbatterien oberhalb des Hafens war der Stolz der Kolonialverwaltung. Bis zum Februar 1942, als der japanische General Tomoyuki Yamashita sich mit 30.000 Soldaten durch den malayischen Dschungel schlug und von der Landseite kommend die unvorbereiteten Verteidiger überraschte (Hall 1983). Nach Tagen heftiger Abwehrgefechte entschied sich Percival zur Kapitulation der Garnison. Churchill sprach von der „größten Niederlage" in der Geschichte des Landes (Langworth 2017). Noch Wochen später hielt er immer wieder inne, starrte auf den Boden, und murmelte: „Über Singapur komme ich nicht hinweg" (zitiert in Moran 1966, S. 29). Dabei trieb den Premierminister mehr um als die strategische Rolle der Festung Singapur und die Konsequenzen der Niederlage für den Fortgang des Krieges gegen Japan. Churchill, der Autor einer mehrbändigen monumentalen Geschichte der englischsprachigen Völker, dachte in längeren Perspektiven. Seine politische Leidenschaft von der Jugend an galt dem Empire, dessen Stärke und Integrität er erhalten wollte. Er war aufgewachsen in einer Zeit, als britische Expeditionsarmeen keine Grenzen und Hindernisse kannten. Zu verschiedenen Zeitpunkten zwischen dem 18. und 20. Jahrhundert waren 171 der 193 Staaten, die heute den Vereinten Nationen angehören, von Soldaten besetzt, die ihre Befehle aus London erhielten (Brown 2017). Die Niederlage gegen Japan in Singapur änderte mit einem Mal für jeden sichtbar diese Machtverhältnisse, erschütterte das Empire und setzte Kräfte frei, die dessen Untergang beschleunigten. Der Mythos europäischer Überlegenheit war spätestens 1942 gebrochen, die Zeiten, in denen sich 200 Millionen Inder von nur 6000 britischen Soldaten kontrollieren ließen, endgültig vorüber. Bei den Anhängern der lange unterdrückten nationalen Freiheitsbewegungen in den Kolonien setzte sich die Einsicht durch, dass die weißen europäischen Herren verwundbar waren. In den Korridoren des Regierungsviertels Whitehall in London machte sich unterdessen Nervosität breit wie nie zuvor. Die klassisch gebildete Elite war in Sorge, dass dem Empire das gleiche Ende bestimmt sein könnte wie dem Römischen Reich vor ihm. Die Wiederholung der Geschichte zeichnete sich am Horizont ab (Paxman 2012). Denn auch in Europa lieferte der Weltkrieg ein Beispiel für die erstaunliche ökonomische und militärische Schwäche des Empire: Churchill musste bei Präsident Roosevelt um militärische Hilfe betteln. Sein Nachfolger in 10 Downing Street, Clement Attlee, konnte den Staatsbankrott nur abwenden, weil ihm die USA und Kanada 1946 einen Kredit gewährten. Der Preis für die Hilfe war hoch. Die amerikanischen Geldgeber verlangten für ihre Unternehmen vollen Zugang zu Großbritanniens kolo-

27 The Wind of Changes – Was bleibt vom Empire?

nialen Märkten. Das war nichts anderes als eine Aufforderung zur Dekolonialisierung, wie sie in der Atlantik-Charta zwischen London und Washington und später in den Grundsätzen der Vereinten Nationen festgeschrieben wurde (Louis 1978). Die indische Unabhängigkeitsbewegung nutzte die Gelegenheit und trieb Großbritanniens Kolonialverwaltung und den Vizekönig Lord Mountbatten of Burma zum Abzug. Premierminister Attlee gab dem Druck auf dem Subkontinent nach und überzeugte sein Kabinett von der Klugheit eines Abzugs aus Indien mit einem strategischen Argument: Seit die Sowjetunion Großbritannien mit Atomraketen bedrohte, sei die Stationierung von Marine und Infanterie in den militärischen Stützpunkten der Kolonien nur noch von geringer Bedeutung für den Schutz des Mutterlandes. Deshalb ließen sich die Kosten für den Verbleib kaum mehr rechtfertigen gegenüber der Bevölkerung zu Hause, die unter Lebensmittelrationierung und Wohnungsnot litt. So bewilligte das Kabinett auch den hastigen und ungeordneten Rückzug aus Palästina, wo Terroristen mit Bombenanschlägen den Briten das Leben schwermachten (Brendon 2008).

Der Anfang vom Ende des Empire reichte noch eine weitere Generation zurück. Großbritannien hatte im Ersten Weltkrieg gegen das Deutsche Reich gewonnen und unterzeichnete 1919 in Versailles einen Vertrag, in dem sich die Vertragspartner verpflichteten, auf die Selbstbestimmung der Völker hinzuarbeiten. Die Autoren der Klausel wollten damit vor allem die Rückgabe Elsass-Lothringens an Frankreich und die Aufspaltung des Kaiserreichs Österreich-Ungarn rechtfertigen. Aber ein Prinzip, das die britische Regierung in Europa erdachte, ließ sich auf Dauer nicht den Menschen der Kolonien in Afrika, Asien und den Amerikas vorenthalten (Brendon 2008). Auch für die britischen Inseln waren die Folgen dramatisch. Die Irisch-Republikanische Armee erhob sich in einem blutigen Bürgerkrieg gegen das brutale Regime der Londoner Regierung, unter dem Iren für Jahrhunderte gelitten hatten, und etablierte 1921 den unabhängigen Freistaat Irland. Fünf Jahre später gestand London in der Balfour-Erklärung Australien, Neuseeland, Kanada und Südafrika politische Souveränität und konstitutionelle Gleichberechtigung mit dem Vereinigten Königreich zu. Die Verbundenheit mit London reduzierte sich nun auf die Loyalität zum König, den die jetzt unabhängigen Territorien auch weiterhin als Staatsoberhaupt anerkannten. Nach dem Zweiten Weltkrieg war nun auch die militärische Schwäche Großbritanniens nicht mehr zu übersehen. Nachdem die Regierung in London einen sich über Jahre hinziehenden Bürgerkrieg gegen malay-chinesische Kommunisten in der Kolonie Malaya offenbar nicht mehr gewinnen zu können glaubte, überantwortete sie die volle politische Verantwortung für das Territorium an die Regionalregierung und zog ihre Beamten und die Garnison ab. Etwa zur gleichen Zeit, es war das Jahr 1956, erfuhr die Welt eindrucksvoll, wie sehr die Machtverhältnisse durcheinandergeraten waren. Kurz zuvor hatte Gamal Abdel Nasser, der Präsident Ägyptens, den Suez-Kanal verstaatlicht, dessen Kontrolle sich Frankreich und Großbritannien bis dahin teilten. Daraufhin griff die israelische Armee am 29. Oktober in geheimer Absprache mit London und Paris Ägypten an, um Franzosen und Briten einen Vorwand zu bieten, Fallschirmjäger zur Besetzung der Kanalzone in das Kriegsgebiet zu entsenden. Britische Soldaten überrannten Port Said und brauchten noch 24-Stunden zur Sicherung des Kanals, als die Sowjetunion und die USA empört protestierten. US-Präsident Dwight D. Eisenhower drohte mit Sanktionen, vor allem den Verkauf amerikanischer Devisen-Vorräte in Pfund Sterling, was einen Kollaps der britischen Währung provoziert hätte. Auf Druck der USA stellten Saudi-Arabien und NATO-Verbündete den Export von Rohöl nach Großbritannien ein. Schatzkanzler Harold Macmillan warnte, in wenigen Wochen sei der Import von Lebensmitteln nach Großbritannien nicht mehr finanzierbar (Kyle 2003). Dem Druck konnte Großbritannien nicht standhalten. Wenige Tage vor Weihnachten 1956 gab Eden den Befehl zum Rückzug aus der Kanalzone. Gedemütigt trat er nur Wochen später zurück. Winston Churchill ließ von seinem Alterssitz, dem Landhaus Chartwell in der Grafschaft Kent, ausrichten, es sei „Wahnsinn" gewesen, die Intervention auf Wunsch der USA vorzeitig zu stoppen (Alteras 1993, S. 243). Aber auch ihm war nicht entgangen, dass gegen den ausdrücklichen Willen der Regierung in Washington keine eigenständigen militärischen Operationen mehr möglich waren.

„Ein Wind des Wandels weht durch diesen Kontinent"

Unterdessen trieben Freiheitsbewegungen in den afrikanischen Kolonien die Kosten des Empire in die Höhe. Nicht ohne Grund befürchtete man in London, ähnlich wie Frankreich in Algerien in verlustreiche Bürgerkriege verwickelt zu werden. Immerhin beschäftigte die Niederschlagung des Mau-Mau-Aufstandes in Kenia die Kolonialverwaltung fünf Jahre. Im Februar 1960 kam der so radikale wie unvermeidbare Bruch mit der bisherigen Politik. Premierminister Harold Macmillan kündigte während eines Besuchs im südafrikanischen Cape Town die Abwicklung des Empire an. „Ein Wind des Wandels weht durch diesen Kontinent", bemerkte Macmillan ominös und konstatierte, dass das Vereinigte Königreich einen hohen moralischen Preis zu zahlen hätte, wenn es gegen den Willen der Menschen an seinen kolonialen Besitzungen festhielte (zitiert in Boddy-Evans 2019). Es folgte die dramatischste Phase der Dekolonialisierung: Innerhalb von nur acht Jahren würde die britische Regierung Nigeria, Britisch Somaliland, Sierra Leone, Südkamerun, Tanganyika, Uganda, Sansibar, Kenia, Nordrhodesien, Nyasaland, Rhodesien, Gambia, Basutoland, Bechuanaland, Swasiland, Jamaika, Trinidad, Guyana, Barbados und andere Kolonien in die Freiheit entlassen. Nicht wenige Briten waren konsterniert, einige empört über den plötzlichen Abschied von all dem, was über Generationen zu einem Bestandteil des nationalen Selbstbildes, um nicht zu sagen Selbstbewusstseins, geworden war. „Großbritannien hat ein Empire verloren und noch keine neue Rolle gefunden," bemerkte Amerikas ehemaliger Außenminister Dean Acheson mitleidig (zitiert in Deliperi 2015). Zwischen 1946 und 1962 hatten zwei Millionen junge Briten als Soldaten in den Kolonien gedient mit dem Auftrag – so die offizielle Lesart –, aus den Einheimischen zivilisierte Menschen und gute Christen zu machen. Ungezählte persönliche Erfahrungen prägten die kollektive Haltung gegenüber dem Empire. Ein Pilot der Royal Air Force erzählte: „In der Schule feierten wir Empire-Tag und jeder dachte, das Kolonialreich sei eine famose Sache. Als Großbritannien entschied, seinen Überseebesitz aufzugeben, waren wir doch sehr enttäuscht. Dabei genossen die Menschen in den Kolonien doch so viele Segnungen britischer Herrschaft und schickten uns trotzdem am Ende so schnöde weg" (Schindler 2012, S. 92). Dieser RAF-Pilot und andere Nostalgiker des Empire sollten 1982 einen letzten Anlass zum patriotischen Jubel bekommen, weil der Chef der argentinischen Militärjunta General Leopoldo Galtieri den Fehler beging, am 2. April die Malvinas-Inseln im südlichen Atlantik zu besetzen, ein Archipel aus 800 Inseln rund 500 Kilometer vor der Küste Patagoniens. Was folgte, war das letzte Hurra des Empire zur Rückeroberung der Inseln, die der englische Kapitän John Strong Ende des 17. Jahrhunderts nach dem Geldgeber für seine Expedition, Anthony Cary, dem 5. Viscount of Falkland, benannt hatte. Jetzt entsandte Premierministerin Margaret Thatcher 127 Kriegs- und Versorgungsschiffe, darunter Flugzeugträger, Zerstörer und U-Boote sowie das Kreuzfahrtschiff Queen Elizabeth II. als Quartier für die 5. Infanterie-Brigade (Mercau 2019). Nach der größten See- und Luftschlacht seit dem Zweiten Weltkrieg kapitulierte am 14. Juni Galtieri und die Autorität der Krone war wieder hergestellt über rund 3000 Falkländer, eine Million Schafe und eine Inselgruppe, die der Schriftsteller und Lexikograf Dr. Samuel Johnson 1771 beschrieben hatte als „dunkle und traurige Einsamkeit … stürmisch im Winter und karg im Sommer … die nicht einmal die Wilden der Südsee bewohnen wollten … deren Kosten dauerhaft sind, deren Nutzen aber begrenzt" (Johnson 1771; The Cattle Site 2011). 15 Jahre später markierte den endgültigen Schlusspunkt des Rückzugs vom Empire eine Zeremonie, an deren Ende um Mitternacht des 1. Juli 1997 die Kronkolonie Hongkong an die Volksrepublik China übergeben wurde und mit ihr 6,5 Millionen Einwohner. Am Anfang britischer Präsenz in China im 19. Jahrhundert hatte ein militärischer Sieg gestanden. Dank ihrer wirtschaftlichen, technologischen und militärischen Überlegenheit zwangen die Briten China zur Öffnung seiner Märkte für in Indien angebaute Opium-Produkte und trotzten dem machtlosen Kaiser Daoguang das Gebiet der Kowloon-Halbinsel ab, auf dem Hongkong entstand. 180 Jahre später haben sich die Machtverhältnisse verkehrt. Als Außenminister Dominic Raab 2020 sich über die Verletzung der Menschenrechte in Hongkong beklagte, warnte Chinas Botschafter in London Liu Xiaoming die britische Regierung davor, sich in Angelegenheiten anderer Staaten einzumischen. Und Premierminister Boris Johnsons Entscheidung, mittelfristig keine chinesische Kommunikationstechnologie im modernen 5G-Netzwerk mehr zuzulassen aus Angst vor Spionage im Auftrag der kommunistischen Staatspartei, kommentierte Xiaoming mit einem ominösen Hinweis auf die Geschichte. 1793 habe der 150jährige Niedergang Chinas damit begonnen, dozierte der Botschafter, dass Kaiser Quianlong London ausrichten ließ, sein Land habe nicht den geringsten Bedarf an britischer Industrie und Technik. Heute verweigere sich Großbritannien chinesischer Technologie. „Wir werden sehen, was aus ihrem Land in den kommenden 150 Jahren wird", fügte Xiaoming vielsagend hinzu (CGTN 2020). Die Worte des Botschafters erinnerten sein britisches Publikum daran, wie sich die Machtverhältnisse verschoben haben zwischen der aufstrebenden Großmacht China und dem Vereinigten Königreich, dem von seinem Empire 14 winzige Überseegebiete – den Begriff Kolonien verwendet aus politischer Rücksichtnahme niemand mehr – geblieben sind, deren Namen bestenfalls aus Fernsehsendungen über malerische Badestrände und Investigativberichte über Briefkastenfirmen und Steueroasen bekannt sind: So etwa Bermuda, die Turks und Caicos Inseln, Anguilla, und die britischen Virgin Inseln. Andere, wie das winzige Pitcairn im Pazifik, das den Verkauf von Briefmarken an eine Handvoll Touristen als Hauptexportgeschäft angibt, ist seiner strategisch günstigen Lage wegen nicht ganz unwichtig. Durch die Hoheitsgewässer des Eilands mit seinen 47 Einwohnern – den Nachkommen des Fletcher Christian und seinen Getreuen, die sich nach der Meuterei auf der Bounty 1789 in diesem verlassenen Flecken vor Verfolgung und Bestrafung durch die Admiralität versteckten – verlaufen heute Kabel für die Internetkommunikation. Nicht weniger wichtig und näher zu Hause liegt Gibraltar, ein Felsen mit 34.000 Einwohnern im Süden der iberischen Halbinsel, der am Ende des Spanischen Thronfolgekrieges im Vertrag von Utrecht 1713 an Großbritannien ging. Klaustrophobisch wie in einer belagerten Garnison fühlte sich das Leben dort an, klagte der Autor und Komponist Anthony Burgess während seiner Stationierung im Zweiten Weltkrieg. Aber auch ihm war klar, dass der kleine Landfleck heute noch ein wichtiger britischer Außenposten ist: „Von der Spitze des Felsens sieht man die Zeit auf dem Uhrturm im afrikanischen Ceuta. Wer Gibraltar kontrolliert, behält einen Blick auf alle, die ins Mittelmeer segeln" (Grigson 1967/2017). Das Erbe des Empires lebt auch in einem imposanten Londoner Stadtpalais weiter direkt neben dem St. James Palast. In die vormalige Stadtresidenz von John Churchill, dem 1. Herzog von Marlborough, ist 1965 das Commonwealth Sekretariat eingezogen. Die monumentalen Gemälde an den Wänden erinnern an den größten Sieg Churchills, der 1704 in der Zweiten Schlacht bei Höchstädt an der Donau im Landkreis Dillingen eine französisch-bayerische Armee besiegte. Das martialische Dekor und die gewaltigen Kriegsszenen kontrastieren mit der bleiernen Ruhe in den Räumen, in denen wenig daran erinnert, dass hier das Hauptquartier eines Staatenbundes mit 54 Mitgliedern zu Hause ist, die eine gemeinsame Geschichte als ehemalige britische Kolonien verbindet. Die Ruhe ist symbolisch für die Impotenz, Bedeutungslosigkeit und Inhaltsleere dieses freien Zusammenschlusses unabhängiger Staaten unter dem Vorsitz der britischen Monarchin, der sich die Förderung von Menschenrechten, Demokratie und Rechtsstaatlichkeit weltweit zum Ziel gesetzt hat. Werte, um die sich nicht einmal alle Mitglieder des Staatenbundes bemühen, die etwa per Gesetz Homosexuelle diskriminieren und nach wie vor Zwangsehen zulassen (Cheadle 2011).

„Europa ist am Ende – es geht unter"

Die Konturen des Empire sind heute allenfalls noch zu erahnen, wenn die besten Athleten des Commonwealth alle vier Jahre zu Sportwettkämpfen, den Commonwealth Games, aufeinandertreffen. Im Sommer 2022 ist Birmingham der Gastgeber. Die Spiele sind eine bittersüße Erinnerung an den rasanten strategischen und politischen Abstieg eines Landes, das noch vor 100 Jahren 25 Prozent der Erdoberfläche beherrschte. Spätestens seit Ende des Zweiten Weltkrieges ist die Angst vor dem Niedergang zum dominierenden Thema der Politik geworden (The Economist 2021). Für Harold Macmillan, den späteren Premierminister, spiegelte sich die Unfähigkeit, den Zerfall des Empire zu stoppen und den Bedeutungsverlust der europäischen Mächte in der internationalen Politik umzukehren, in tiefem Pessimismus wider. Hugh Dalton, der Labour Vorsitzende, erinnerte sich, wie Macmillan 1950 in den Auswirkungen des Vernichtungskriegs zwischen den europäischen Staaten historische Parallelen erkannte, die ihn sorgten: „Ich fürchte, Europa ist am Ende. Es geht unter. Es ist wie in Griechenland nach dem zweiten peloponnesischen Krieg. Athen und Sparta bekämpften sich und Philip von Makedonien wartete nur darauf, zuzuschlagen. Ich habe jüngst bei Thucydides nachgeschlagen und wurde an unsere heutigen Zeiten erinnert," analysierte Macmillan beklommen und schlug dabei einen historischen Bogen, der nicht unüblich war für jemanden, der zunächst in der Grundschule, später in Eton und anschließend am Balliol College in Oxford griechische Epen im Original zu lesen gewohnt war. Eine strahlende Zukunft vermutete er in den USA, nicht auf den britischen Inseln: „Wenn ich ein junger Mann wäre, dann emigrierte ich nach Amerika" (Jenkins 1989). Ähnlich pessimistisch ist bis heute eine Mehrheit der Bevölkerung. Laut einer Studie des Meinungsforschungsinstituts Ipsos Mori für das Wochenmagazin The Economist gaben in jüngster Zeit 65 Prozent der Befragten an, ihr Land sei ein Absteiger und falle strategisch und ökonomisch im Vergleich zu anderen Nationen zurück. Laut derselben Ipsos Mori Studie sind 57 Prozent der Eltern überzeugt davon, dass ihre Kinder ein schlechteres Leben haben werden als sie es hatten (The Economist 2021). Diese Sorge ist unter den Wählern der Labour-Partei übrigens ausgeprägter als unter Anhängern der Tories, die womöglich eher empfänglich sind für patriotische Töne und Parolen vom Wiederaufstieg. Mittel zu ersinnen, um den relativen Abstieg zu bremsen, wenn nicht sogar umzukehren, zählte seit den 1940er-Jahren zu den Hauptaufgaben von Premierministern beider großer Parteien. Deshalb bestärkte Macmillan seinen Regierungschef Eden darin, mit Säbelrasseln die ökonomische und militärische Schwäche zu überspielen. Um nicht auf das geopolitische Format der Niederlande zu schrumpfen, ermunterte er ihn zum Suez-Abenteuer. Dieser Demonstration der Stärke ließ Macmillan die passende Rhetorik folgen: „Hören wir auf mit diesem defätistischen Gerede davon, wir seien eine zweitrangige Macht und großes Unglück stünde uns bevor. Großbritannien war bedeutend, ist bedeutend und wird bedeutend bleiben, wenn wir zusammenstehen und unsere Arbeit machen" (Jenkins 1989). Gejault vor Lachen habe er Macmillans affektierter Sprechweise und lächerlicher Gesinnung wegen, berichtete später Robert Murphy, ein hoher Beamter im amerikanischen Außenministerium. Ernst habe man den Briten in Washington schon deshalb nicht nehmen können, weil er schon nach der ersten amerikanischen Warnung seinen Mut verlor und bei Anthony Eden auf einen Abbruch der Intervention am Suez-Kanal drang.

In den 1960er-Jahren sprach Harold Wilson von der weißen Glut einer neuen technologischen Revolution, um das Land aus der Stagnation zu holen. Ohne Erfolg. Ein Jahrzehnt später galt Großbritannien als „kranker Mann Europas" (The Economist 2005) Die Inflationsrate erreichte einen Höchststand von 26,9 Prozent und die Gewerkschaften drohten Regierungen immer wieder mit Generalstreiks, sollten die ihre Lohnforderungen nicht erfüllen. Im Winter 1979 verschärfte sich die Krise, als Mitarbeiter des Gesundheitsdienstes, der Straßenreinigung sowie Leichenbestatter die Arbeit niederlegten. Als die Fernfahrer sich dem Streik anschlossen, wurden Kohle und Heizöl knapp. Bürger waren in Sorge, Geschäfte erlebten Hamsterkäufe. Nach dieser Erfahrung wollte Margaret Thatcher in den 1980er-Jahren die Macht der Gewerkschaften brechen. Darin sah sie die Voraussetzung für gesellschaftlichen Frieden und volkswirtschaftliche Erholung (Campbell 2012). Doch der relative Abstieg im Vergleich mit anderen Staaten setzte sich seither fort. Auch eine militärische Operation wie die gegen Argentinien um die Falkland-Inseln wäre heute nicht mehr denkbar, weil es sowohl an Gerät als auch an Personal fehlt. Auf der Suche nach einer Erklärung für den Abwärtstrend des Landes glaubt der Militärhistoriker Correlli Barnett, dass den Eliten die Härte fehle, die sie im 19. Jahrhundert ausgezeichnet habe. Für den Journalisten Anthony Sampson liegt das Problem am Personal in der Regierung. Die Privatschulabsolventen im Kabinett seien Blender, behauptet er, und dringend seien an den Schalthebeln der Macht wissenschaftlich ausgebildete Technokraten nötig (Sampson 2004). Eine Ansicht, die Jahre später Dominic Cummings, einst Boris Johnsons engster Berater in Downing Street, wiederholte. Auch der Beitritt zur Europäischen Wirtschaftsgemeinschaft 1973 war eine Reaktion auf den scheinbar unaufhaltsamen Verlust an Bedeutung und Lebensstandard. In den 1960er-Jahren verhieß Europa Modernität, Dolce Vita und Citroen DS, während Britannien für Campingurlaub und den Vauxhall Victor stand. Der Diplomat Sir Con O'Neill, der die Mitgliedschaft in der Europäischen Wirtschaftsgemeinschaft verhandelte, warnte, dass ein Großbritannien außerhalb der EWG sich mittelfristig auf der internationalen politischen Bühne mit dem Status eines großen Schweden begnügen müsse. Diese Angst vor der eigenen geopolitischen Verschrumpfung nannten vier Jahrzehnte später die Brexiteers als Grund für den Wunsch, die EU wieder zu verlassen. Sie klagten, die Gemeinschaft sei mittlerweile zu einem Art Seniorenheim für vergreiste Volkswirtschaften geworden, aus dem sich verabschieden müsse, wer den Anschluss an die jungen Konkurrenten in Ostasien nicht verlieren wolle. Das sehen die Freunde der EU bis heute anders. 76 Prozent von ihnen vertritt die Ansicht, gerade der Brexit beschleunige den britischen Niedergang nur noch weiter (The Economist 2021). Anders Boris Johnson, bekannt als Brexit-Befürworter, notorischer Optimist und unermüdlicher Prediger gegen den Abstieg: „Wer gegen Großbritannien wettet, verliert sein letztes Hemd", ist sich der Premierminister mal wieder sicher (Goldstein 2019). Sicher ist aber auch, dass die Vorgänger Johnsons keinen Erfolg dabeihatten, im Konkurrenzkampf mit anderen Staaten verlorenen Boden gutzumachen trotz wiederholter politischer Neuausrichtungen und dramatischer strategischer Kehrtwendungen. Oft verhielt sich die politische Kaste in London wie der Protagonist in einem Horrorfilm, der panisch eine unüberlegte Fehlentscheidung nach der anderen trifft, nur um den Schreckgespenstern zu entkommen. Impulsives Verhalten ist in Staatsgeschäften oft kein guter Ratgeber und der Brexit ist nur ein Beispiel dafür.

Literatur

Alteras I (1993) Eisenhower and Israel: U.S.-Israeli relations, 1953–1960. University Press of Florida, Gainesville

Boddy-Evans A (2019) „Wind of change" speech. ThoughtCo, 3. Juli. https://www.thoughtco.com/wind-of-change-speech-43748. Zugegriffen am 22.06.2021

Brendon P (2008) The decline and fall of the British Empire. Vintage, New York

Brown G (2017) My life. Our times. Bodley Publishing, London

Campbell J (2012) The Iron Lady. Margaret Thatcher. From grocer's daughter to Iron Lady. Vintage, New York

CGTN (2020) Liu Xiaoming says UK missing the chance to be leading country, warns of ‚tit-for-tat' situation. 19. Juli. https://news.cgtn.com/

news/2020-07-19/Chinese-envoy-on-Huawei-ban-UK-missing-chance-to-be-leading-country-SfPTc3wSyY/index.html. Zugegriffen am 22.06.2021

Cheadle B (2011) Commonwealth leaders still haggling over human rights reforms. Toronto Star, 29. Oktober. https://www.thestar.com/news/canada/2011/10/29/commonwealth_leaders_still_haggling_over_human_rights_reforms.html. Zugegriffen am 11.06.2021

Deliperi R (2015) Dean Acheson's observation of Great Britain in 1962. E-International Relations, 9. August. https://www.e-ir.info/2015/08/09/dean-achesons-observation-of-great-britain-in-1962/. Zugegriffen am 05.06.2021

Goldstein S (2019) Boris Johnson: ‚people who bet against Britain will lose their shirts'. Market Watch, 24. Juli. https://www.marketwatch.com/story/boris-johnson-people-who-bet-against-britain-will-lose-their-shirts-2019-07-24. Zugegriffen am 02.06.2021

Grigson G (1967/2017) Gibraltar. In: search of Anthony Burgess, 1. Mai. https://burgessodyssey.wordpress.com/category/gibraltar/. Zugegriffen am 25.06.2021

Hall T (1983) The fall of Singapore 1942. Routledge, London

Jenkins P (1989) Unflappable old magician. New York Times, 5. März. https://www.nytimes.com/1989/03/05/books/the-unflappable-old-magician.html. Zugegriffen am 08.07.2021

Johnson S (1771) Thoughts on the late transactions respecting Falkland's Islands. https://www.samueljohnson.com/falklands.html. Zugegriffen am 02.06.2021

Kyle K (2003) Suez: Britain's end of Empire in the Middle East. I.B. Tauris, London

Langworth R (2017) 75 years ago: Churchill and the fall of Singapore. The American Spectator, 22. Februar. https://spectator.org/75-years-ago-churchill-and-the-fall-of-singapore/. Zugegriffen am 03.07.2021

Louis WR (1978) Imperialism at bay. The US and the decolonization of the British Empire 1941–1945. Oxford University Press, New York

Mercau E (2019) Falklands war. An imperial history. Cambridge University Press, Cambridge

Moran CW (1966) Churchill taken from the diaries of Lord Moran: the struggle for survival 1940–1965. Houghton Mifflin Company, Boston

Paxman J (2012) Empire. What ruling the world did to the British. Penguin, London

Sampson A (2004) Who runs this place? An anatomy of Britain in the 21st century. John Murray, London

Schindler EC (2012) National service. From Aldershot to Aden: tales of the conscripts from 1946–1962. Little, Brown Books, London

The Cattle Site (2011) Farming in the Falklands, 29. November. https://www.thecattlesite.com/articles/2948/farming-in-the-falklands/. Zugegriffen am 17.06.2021

The Economist (2005) The real sick man of Europe. 21. Mai. https://www.economist.com/leaders/2005/05/19/the-real-sick-man-of-europe. Zugegriffen am 15.05.2021

The Economist (2021) Declinism is booming in Britain. 7. Januar. https://www.economist.com/britain/2021/01/07/declinism-is-booming-in-britain. Zugegriffen am 14.05.2021

28

Die Obsession mit den Deutschen – Zwischen Nazis und Currywurst

Die Union Flagge ist drapiert in der Auslage von Geschäften in den besseren Lagen deutscher Einkaufsstraßen, die sich auf Importwaren von der Insel spezialisieren. Das Angebot reicht von Mobiliar über Saccos aus Tweet, altmodisch gestreiften Krawatten bis roten Bussen im Miniaturformat sowie Küchenschürzen mit dem Streckenplan der Londoner U-Bahn. Jacken von Barbour & Sons, Schals von Burberry und Kleider im Blütenmuster aus dem Hause Laura Ashley sind gefragt bei einer Klientel, die klassischen Stil und rustikale Aufmachung schätzt. Unter dem Nachwuchs betuchter Eltern ist ein Schuljahr am englischen Privatinternat beliebt und die Veranstalter der Tennismeisterschaften in Bad Homburg lassen auf Rasen spielen, der aus original Wimbledon-Grassamen gewachsen ist (Streicher 2021). Man spaziert durch englische Gärten, bestellt in Hotels zwischen Garmisch und Kieler Förde zum Frühstück Rührei und gegrillten Speck, als wäre es eine B&B-Pension in Swindon oder Sunderland. In den Fußgängerstraßen deutscher Großstädte wird in englischen Pubs Ale gezapft, während im Hintergrund auf dem Großbildschirm die Spieler von Tottenham Hotspur und Leicester City um einen Sieg in der englischen Premier League kämpfen. Jedes Jahr zu Weihnachten findet Little Lord Fauntleroy nach dem Roman von

Frances Hodgson Burnett sein verzücktes TV-Publikum und die Neujahrsnacht kulminiert immer wieder in der Geburtstagsfeier der Miss Sophie Warden, die sich in einer Produktion des NDR seit 1962 zum Dinner for One mit ihrem Butler James trifft. Ein besonderer Ausdruck der Wertschätzung fand sich am 24. Februar 2021 auf der Titelseite der BILD-Zeitung: „Liebe Briten, we beneiden you!", war in charakteristisch überdimensionierten Buchstaben zu lesen, als bekannt wurde, dass das Impfprogramm gegen die Covid-19-Pandemie auf der Insel so erfolgreich angelaufen war, dass das Land schon im Juni mit einer zumindest vorläufigen Rückkehr zur Normalität rechnen durfte. Es sind Beispiele für eine nostalgische und – wie das so ist mit großen Gefühlen – irrationale Liebe zu allem Britischen. Dabei ist die Empfindung einseitig. Das Beste, worauf die Deutschen hoffen können bei ihren Nachbarn, ist ausgeprägtes Desinteresse, das sich in Zahlen widerspiegelt. So entschieden sich 2021 an weiterführenden Schulen 37.000 Kinder für Deutsch als Fremdsprache. Spanisch büffelten 111.000 Pennäler und sogar 128.000 französisch. Die Zahl der Schüler im Fach Deutsch sank im vergangenen Jahr noch einmal um fünf Prozent, während die Anmeldungen für Irisch, Walisisch, Gujarati, Bengali und Polnisch Höchststände erreichten (Yeomans und Bello 2021).

Wenn es im Königreich um die Deutschen geht, ist die Konnotation gewöhnlich nicht gut. Gert Fröbe, Klaus Maria Brandauer und zuletzt Christoph Waltz sind Generationen des Kinopublikums bekannt als die deutschen Mimen ruchloser Bösewichter, die in den Bond-Thrillern darum wetteifern, dem Agenten ihrer Majestät den Garaus zu machen. Dass der Böse deutsch spricht, preußische Uniform oder Hakenkreuz trägt und Unlauteres im Schilde führt, daran haben die Londoner Boulevardzeitungen ihr Publikum nie im Zweifel gelassen. „Achtung. Kapituliere! Für Dich, Fritz, ist die 1996 Europameisterschaft vorbei" titelte die Boulevardzeitung Daily Mirror – voreilig, wie wir heute wissen – am 24. Juni, dem Vortag des deutschen Sieges im Halbfinale des Fußball-Europameisterschaftsspiels gegen Englands Nationalteam (Khaleeli 2011). Sechs Jahre zuvor hatte Industrieminister Nicholas Ridley in einem Interview mit der Wochenzeitung Spectator die Öffentlichkeit gewarnt, eine Währungsunion diene dem alten Plan der Deutschen zur Machtübernahme in Europa. Als er im Dezember 2021 während der Covid-19-Pandemie auf Nachfrage eines BBC-Journalisten den Grund nennen sollte für den Widerstand von rund 100 Tory-Parlamentariern gegen Regierungspläne für die Ausgabe von Impfpässen, zögerte Marcus Fysh, der konservative Abgeordnete für den Wahlkreis Yeovil in der Grafschaft Somerset, nicht einen Moment mit der Antwort: „Wir leben hier doch nicht in Nazi-Deutschland!" (Fysh 2021). Man sei schließlich nicht in Nazi-Deutschland – ist in der politischen Auseinandersetzung längst zur Standardfloskel geworden, die ins Spiel gebracht wird, wenn ein Kontrahent seine Empörung über die Haltung des politischen Gegners unmissverständlich machen will. Das erlebte auch die Regierung Tony Blairs. Der Premierminister und Vorsitzender der Labour-Partei wollte nach deutschem Vorbild Personalausweise an alle Bürger ausgeben. Die mussten zur Feststellung ihrer Identität, etwa zum Kauf einer Immobilie oder für die Eröffnung eines Bankkontos, beim Notar oder vor Gericht eine aktuelle Rechnung des Strom- Gas- oder Wasserversorgers vorzeigen, auf dem Name und Adresse des Empfängers notiert sind. Ein ziemlich umständliches und recht sonderbares Verfahren der Personenerkennung im 21. Jahrhundert fand Blair. Gegner der Initiative für Personalausweise verfielen auf das Argument, die Regierung wolle einen deutschen Polizei- und Überwachungsstaat mit Gestapo-Methoden etablieren (Campaign 2006). Die Tageszeitungen griffen das Thema auf, die Tories orchestrierten den Protest und wer heute am Schalter bei Barclays oder der Post gebeten wird, seine Identität nachzuweisen, sollte eine aktuelle Gas- oder Stromrechnung bei sich tragen.

Infanteristen der Wehrmacht in Plauderrunde

Die Erinnerung an das Dritte Reich und den Zweiten Weltkrieg fasziniert noch Jahrzehnte nach Ende des Grauens und ist längst prominenter Teil der britischen Populärkultur geworden. Buchhändler ordnen auch heute noch Monografien zur Landesgeschichte in ihren Regalen nach den Kategorien USA, Frankreich, Italien, Deutschland, Nazis, Spanien und so weiter. Lange Zeit war eine feuilletonistische Analyse der britischen Sicht auf die Deutschen kaum denkbar, ohne Basil Fawlty zu erwähnen, die Hauptfigur der TV-Komödie Fawlty Towers. Die schelmische Rolle des überforderten Hoteldirektors im stilvollen Badeort Torquay spielte in den 1970er-Jahren John Cleeves, der wild fuchtelnd im Stechschritt durch den Frühstücksraum paradiert und Belegschaft wie deutsche Urlaubsgäste dabei unentwegt ermahnt: „Don't mention the war"- „Erwähnt den Krieg nicht." Der Weltkrieg als Gesprächsthema ist natürlich kein Tabu und nicht zuletzt dank des Verbs „to blitz" Bestandteil der Umgangssprache geworden. Wer sich gründlich über etwas hermacht oder etwas in einem Mixer zerkleinert, der redet von „to blitz". Dass der Begriff vom Blitzkrieg stammt, der Konzentration von motorisierten Verbänden der Wehrmacht zum schnellen Überraschungsangriff auf den Feind, ist vermutlich den Werbeprofis nicht immer bewusst, wenn sie davon reden, ihre Zielgruppe mit Werbung einzudecken und dabei ganz selbstverständlich formulieren: „We blitz our audience with advertising." Wie sehr der ehemalige Weltkriegsgegner Deutschland und die nationalsozialistische Periode bis heute eine Obsession vieler Briten sind, daran erinnern nicht zuletzt auch Fotos von Prinz Harry, der es 2005 für eine witzige Idee hielt, zu einer Kostümparty in einer Verkleidung zu erscheinen, die als Uniform eines Nazi-Offiziers erkannt werden sollte (O'Leary 2020). Was in Deutschland ein Fall für den Staatsanwalt wäre, ist auf der Insel ein Hobby für viele Militaria-Begeisterte, die sich an Wochenenden in Messehallen und auf Campingplätzen zu Kostümtreffen versammeln, und in ausgelassener Stimmung ihre originalgetreuen Weltkriegs-Outfits vorführen. Auf den Fotos der Lokalpresse und den Facebook-Profilen der Teilnehmer sieht man schon mal liebevoll kostümierte britische Fallschirmjäger, amerikanische Pioniere und Infanteristen der Wehrmacht in entspannter Plauderrunde grillen. Familienfest-Atmosphäre versprechen auch die Mitglieder des historischen Kostümvereins Second Battle Group, in einer Dokumentation der BBC so ironisch wie kritisch als Wochenend-Nazis bezeichnet, die sich seit 1978 als Grenadiere der 1. SS-Panzerdivision Leibstandarte Adolf Hitler verkleiden, wenn sie auf Feldern in den englischen Midlands die Ardennen-Offensive oder an den Stränden von Wales die D-Day-Landung nachspielen (Awford 2015).

Diese wache Erinnerung an den Zweiten Weltkrieg prägte über Jahrzehnte die kritische Haltung zu Deutschland. Dabei hat die üble Stimmung und irritierte Ablehnung gegenüber den Deutschen viel ältere

Wurzeln. Schon die Hannoveraner Kurfürsten, die einer glücklichen Erbfolge wegen seit 1714 als Könige auf dem englischen Thron saßen, mussten ihrer nationalen Herkunft wegen üble Nachrede ertragen. Prinz Ernst August, der Bruder von König George IV., wurde in The Satirist, einer auf Skandale und Enthüllungen spezialisierten Zeitung, als „miserabler Dahergelaufener" beschimpft und verglichen mit einem Wesen aus Aalhaut, gestopft mit deutscher Räucherwurst (Satirist 1840, S. 34). Die gleiche Publikation verbreitete, dass Prinz Albert von Sachsen-Coburg und Gotha, immerhin der Ehemann Königin Victorias, von einer ausgehungerten Dynastie abstamme und auf einer mit Ungeziefer verseuchten Burg aufgewachsen sei. Nach seiner Ankunft in England, lässt Barnard Gregory, der Herausgeber der Gazette, seine Leser wissen, musste man Albert im Schlaf mit Schwefel desinfizieren, sein Haar abrasieren und die Klamotten backen, um den schmuddeligen deutschen Prinzen von den Läusen zu befreien, mit denen er über Jahre hinweg sein Quartier geteilt hatte. Diese beklagenswerten Lebensverhältnisse – so klärte seinerzeit die Presse auf –, sei den britischen Slums und deutschen Palästen gemein (Satirist 1840, S. 34). Prinz Alberts Enkel, Englands König George V. von Hannover, Sachsen-Coburg und Gotha wusste daher nur zu gut um den Argwohn und die Häme, die seine Untertanen den Deutschen schon zu Friedenszeiten entgegenbrachten. Als 1914 auch noch der Krieg gegen das Deutsche Reich ausbrach, war der Monarch daher gut beraten, seinen Familiennamen zu wechseln und sich Windsor als neue Dynastiebezeichnung zuzulegen. Auch seine Titel als Feldmarschall der preußischen Armee und Admiral der kaiserlichen Flotte gab er auf.

Stechschritt, Säbelrasseln und teutonische Großmannssucht sind längst Vergangenheit. Die Geschichte britischer Verstimmung aber setzt sich fort. Daran konnte nicht einmal Bundeskanzlerin Angela Merkel etwas ändern, die in Europa während ihrer 16jährigen Amtszeit im Ruf stand, mit Verbindlichkeit und Ruhe unterschiedliche Meinungen anzuhören und Standpunkte zusammenzuführen. In den Verhandlungen um den Brexit-Vertrag war die Enttäuschung über die Bundeskanzlerin besonders groß. „Über zerbrochenes Glas" lasse sie die Verhandler aus London kriechen, titelte die Boulevardzeitung Sun, obwohl ihr aus Sicht von 10 Downing Street die Rolle hätte zukommen sollen, die anderen EU-Mitglieder für Kompromisse zu gewinnen (Hill 2020). Eine grobe

Fehleinschätzung, die auf der naiven Annahme beruhte, in Berlin akzeptiere man jede Verhandlungsforderung Johnsons, um nach dem Brexit nicht den Zugang zum britischen Markt für deutsche Autoexporte zu verlieren. Die Verstimmung mit der ersten Frau im Kanzleramt hatte einige Jahre zuvor ihren Anfang, als Premierminister David Cameron versuchte, Großbritanniens Verpflichtungen gegenüber der EU neu zu verhandeln und dabei auf eine Ausnahme von der Personenfreizügigkeit drang. Camerons Team missverstand, dass im Bundeskanzleramt tatsächlich die Absicht bestand, die Regeln der EU in ihrer Gesamtheit zu verteidigen und den Wunsch einzelner Staaten abzulehnen, nach Vorliebe und Bedarf bestimmte Klauseln auszusetzen. Auch eine Einladung nach Chequers ins Landhaus des Regierungschefs und ein Termin auf Tee und Kuchen mit der Queen reichten nicht aus, um die Bundeskanzlerin für das Anliegen der britischen Regierung zu gewinnen (Buchsteiner 2020). Je öfter in den Kreisen der EU-Sympathisanten in London Angela Merkel ihrer sachlichen, unaufgeregten, effektiven und europhilen Haltung wegen als Gegenentwurf zu Boris Johnson gelobt wurde, desto mehr nahmen die Brexiteers die deutsche Regierungschefin als Gegnerin wahr, der sie unterstellten, einen erfolgreichen Brexit vereiteln zu wollen. Merkel agiere eben immer noch, ätzte der konservative Journalist Douglas Murray, wie eine FDJ-Funktionärin, die in der SED-Jugendorganisation für Propaganda zuständig gewesen sei (Murray 2020).

Bei denjenigen, die ihre Sicht der Dinge nicht vom leidigen Streit um den Brexit und seine langen Nachwehen bestimmen lassen und die Stichworte für ihr Urteil über die Deutschen auch nicht in Geschichtsbüchern des 19. und 20. Jahrhunderts suchen, gibt es noch ein anderes Bild vom deutschen Nachbarn, das geprägt ist von den Szenen aus dem Sommer 2006. Die Fußball-Weltmeisterschaft in Deutschland bleibt in Erinnerung für die Szenen eines so farbenfrohen wie ausgelassenen Volksfestes (Khaleeli 2011). Die Deutschen können Spaß haben auch jenseits des Oktoberfests, war eine überraschende Einsicht, zu der in den Wochen der WM ein größeres Publikum auf der Insel gelangte. Es war eine neue Facette, die sich zu den lobenden Zeilen gesellte, mit denen britische Konsumenten seit jeher schon deutsche Produktqualität, Professionalität und Gründlichkeit beschreiben. Vorsprung durch Technik – das Motto des Autoherstellers BMW wird auch ohne Übersetzung von den

Kunden auf der Insel verstanden und geschätzt. Ausstattung von Miele, Grohe und Bosch gehört ohnehin seit Jahren in eine englische Wohnung, wenn der Besitzer seine Wertschätzung von Qualität und Sinn für Zuverlässigkeit dokumentieren will. Aber auch deutsche Lebensart und sogar Esskultur haben zwischen London und den Midlands ihr Publikum gefunden. So organisiert die Tourismus-und-Kongress-GmbH der Stadt Frankfurt am Main vor dem Rathaus in Birmingham jeden Winter den beliebtesten Weihnachtsmarkt der Region und die wachsende Popularität von Laugenbrezeln in England wäre ohne die Filialen der Mainzer Bäckerei Ditsch kaum denkbar (BBC News 2014). Ähnlich beliebt waren in London die Buden einer Fast-Food-Kette, die sich auf Curry-Wurst, Schnitzel und Sauerkraut spezialisierte. 2008 schlug Florian Frey aus dem Schwarzwald mit der Geschäftsidee auf, eben diese Spezialitäten in England populär zu machen. Bis der Brexit und Covid-19 ihm 2020 das Geschäft kaputt machten, firmierten seine Filialen unter dem ironischen Namen „Herman ze German", der nicht nur an den Germanenführer Hermann den Cherusker erinnert, sondern selbstironisch auch an die Probleme deutscher Sprachschüler mit der Aussprache des „th" (McAllister 2020).

Sympathie für Wagner und die duale Berufsbildung

Auch jenseits des wachsenden Appetits auf Currywürste und Brezeln macht sich mehr Anerkennung und Wertschätzung für Deutsche und ihr Land bemerkbar. Dieser Wandel hat sogar in einem Buch Ausdruck gefunden, das der Journalist John Kampfner 2020 unter dem Titel „Why the Germans do it better" – Warum die Deutschen es besser können – veröffentlichte (Kampfner 2021). Der Verkaufserfolg von Kampfners Buch sagt viel über die Gemütsverfassung seiner Landsleute und der regierenden Elite. Als die Schwächen des eigenen Gesundheitskoordinators Public Health England während der Covid-19-Krise nur zu offensichtlich wurden, kündigte die Regierung dessen Schließung und die Neugründung einer Behörde nach dem Vorbild des Berliner Robert Koch

Instituts (RKI) an, das zuletzt im Kampf gegen das Virus eine prominente Rolle spielte. Aus Sicht von James Kirkup, dem Leiter der Social Market Foundation, einer der führenden Denkfabriken des Landes, kann das nur ein Anfang sein. Er fordert, dass Großbritannien mehr wie Deutschland werden sollte. Andere pflichten ihm bei und analysieren die Vorzüge des deutschen Marktes für Sozialversicherungen oder loben die duale Berufsausbildung. Momente, in den die Briten von den Stärken ihres Nachbarn lernten, gab es im Verlauf der Geschichte immer wieder. Vor dem Ersten Weltkrieg wurden Forderungen lauter, Staat und Volkswirtschaft müssten im internationalen Wettbewerb effizienter werden und dafür sei es nötig, nach deutschem Vorbild in Wissenschaft und Bildung zu investieren. In den 1960er-Jahren befürwortete die Labour-Partei mehr Kooperation zwischen Arbeitgebern und Gewerkschaften. Die Blaupause für ihre Vorschläge fanden sie im deutschen Modell der Sozialpartnerschaft. Dass nun selbst Protagonisten der Konservativen warme Worte finden für Deutschland ist allerdings neu. Von Michael Gove, einem Kabinettsmitglied und Vertrauten des Premierministers, ist die Vorliebe für Wagner bekannt, seit er von seinen Besuchen der Festspielwochen in Bayreuth erzählte (Higgins 2012). Dominic Cummings, der Leiter der Brexit-Kampagne und vormalige rechte Hand Johnsons in 10 Downing Street, findet die Inspiration für seine Arbeit in der Lektüre von Biografien über Bismarck. Simon Case und Alex Chisholm, die Spitzenbeamten im Kabinettssekretariat, gelten beide als germanophil. Womöglich ist der Grund für die aufflackernde Bereitschaft, von Deutschland zu lernen, der natürliche Reflex eines Landes, das den Anschein macht, seine Zukunft zu verspielen: Dem Verlust der EU-Mitgliedschaft droht – glaubt man den Umfragen- die Abspaltung Schottlands zu folgen. Die Covid-19-Pandemie kostete in Großbritannien besonders viele Opfer und kaum eine Woche vergeht, in der Premierminister Johnson nicht ein neues Beispiel liefert für seine Überforderung und Inkompetenz. Seine Pläne für ein britisches Robert Koch Institut etwa unterstellen, dass eine neue Behörde ausreicht, die Qualität der Pandemiebekämpfung zu verbessern. Dabei ist der Erfolg des RKI abhängig von der Arbeit der vielen lokalen Kreisgesundheitsämter, föderalen Entscheidungswegen und dezentraler Expertise. Diese Strukturen zu verstehen und davon lernen zu wollen, verlangt aber Geduld, Beharrlichkeit und Zusammenarbeit, also Eigenschaften, für die der Premierminister und sein Kreis nicht bekannt sind (Bagehot 2020).

Irritation mit Boris Johnson erklärt auch, wieso die Sympathie der Deutschen für Großbritannien in den vergangenen Jahren deutlich abgekühlt ist. Laut einer Umfrage für die ARD hielten 2019 nur 37 Prozent der Bürger Großbritannien für einen vertrauenswürdigen Nachbarn. Die Körber-Stiftung ermittelte, dass Frankreich nach Ansicht von 54 Prozent der Befragten Deutschlands wichtigster Partner ist, gefolgt von den USA, China und Russland. Am Ende der Rangliste steht Großbritannien, das nur ein Prozent in dieser Rolle sieht (Moody 2021). Angela Merkel, erzählen ihre Mitarbeiter, habe ihren Kollegen in 10 Downing Street als irritierend empfunden, habe ihn für unzuverlässig und unseriös gehalten. Seine Versuche während der Brexit-Verhandlungen, den EU-Unterhändler Michel Barnier zu umgehen und die einzelnen Mitgliedsstaaten gegeneinander auszuspielen, sind in Berlin in schlechter Erinnerung. Ein gequältes Lächeln rang sich die ehemalige Bundeskanzlerin ab, als Johnson sich den Scherz erlaubte, 2019 den Stand der schwierigen Verhandlungen zwischen dem Vereinigten Königreich und der EU in Berlin mit den Worten „Wir schaffen das!" zu kommentieren (Oltermann und Chrisafis 2019). Im Kanzleramt heißt es, die Zusammenarbeit mit Johnson sei schwieriger als seinerzeit mit Donald Trump, der ausnehmend freundlich und geschäftsmäßig sein konnte, wenn keine Kameras im Raum waren. Dem gegenseitigen Verständnis half es sicher nicht, dass der Parteichef der Konservativen zu maßlosem Optimismus, abenteuerlichen Ausflüchten, rhetorischer Fantasie und plötzlichen melodramatischen Anwandlungen neigt, während Bundeskanzler Olaf Scholz ähnlich wie seine Vorgängerin viel von Verlässlichkeit, Gründlichkeit und Diskretion hält. Der Regierungschef in Berlin lässt nun keinen Zweifel daran, dass er Frankreichs Präsidenten Emmanuel Macron als Deutschlands engsten Verbündeten betrachtet, ausgerechnet den Staatschef, der im Gespräch mit seinen Mitarbeitern Johnson immer wieder als „Clown" bezeichnet (Ambrose 2021). Unter Journalisten ist der Ton längst zynisch. Peter Tiede etwa, leitender Politikredakteur bei BILD, ließ wissen, dass nun wenigstens egal sein könne, was in Großbritannien künftig passiere. Zumindest in wirtschaftlicher Hinsicht scheint Tiede richtig zu liegen. In den zwölf Monaten nach dem Brexit ging der Handel zwischen beiden

Länder um elf Prozent zurück. Setzt sich der Abwärtstrend fort, gehören die Briten schon 2022 nicht mehr zu den zehn wichtigsten Handelspartnern Deutschlands – zum ersten Mal seit 70 Jahren (Moody 2021). Als das Parlament in Westminster 2019 für Monate mit sich über die Zukunft des Landes rang, eine Mehrheit für den Austrittsvertrag im Unterhaus nicht in Sicht war und eine Wiederholung des Referendums von 2016 eine Möglichkeit schien, veröffentlichten prominente Deutsche einen offenen Brief in der Tageszeitung The Times. Unterschrieben war er unter anderem von den Politikern Annegret Kramp-Karrenbauer, Andrea Nahles, Annalena Baerbock, Robert Habeck und Norbert Röttgen, den Unternehmern Dieter Zetsche von Daimler-Benz, Thomas Enders von Airbus, dem DGB-Vorsitzenden Reiner Hoffmann, dem EKD-Ratsvorsitzende Heinrich Bedford-Strohm, Jens Lehmann, dem Ex-Torwart der Fußball-Nationalmannschaft und Campino von den Toten Hosen. Darin baten sie die Briten, ihre Entscheidung zu überdenken und den Brexit doch noch im letzten Moment abzublasen: „Wir wollen aus tiefstem Herzen, dass Sie bleiben!" Der Brief hat am Ausgang der Geschichte nichts geändert. Er ist ein Dokument enttäuschter Hoffnungen und gegenseitiger Entfremdung (Kielinger 2019).

Literatur

Ambrose T (2021) Macron privately called Boris Johnson a „clown", says French magazine. The Guardian, 2. Dezember. https://www.theguardian.com/uk-news/2021/dec/02/macron-privately-called-boris-johnson-a-clown-says-french-magazine. Zugegriffen am 09.12.2021

Awford J (2015) It is D-day all over again as 500 history buffs and 200 vehicles gather for re-enactment of invasion of Normandy 70 years ago. Mail online, 24. Mai. https://www.dailymail.co.uk/news/article-3095285/D-Day-enactment-Hampshire.html. Zugegriffen am 19.11.2020

Bagehot (2020) Learning German. The Economist, 29. August, S 24

BBC News (2014) Birmingham Christmas market. How German is it? 15. November. https://www.bbc.co.uk/news/uk-england-birmingham-30006242. Zugegriffen am 02.01.2021

Buchsteiner J (2020) Mr. Brexit und Frau Nein. FAZ, 27. Dezember, S 6

Campaign (2006) „Blair as Hitler" ad from anti-ID card group escapes ban. 29. November. https://www.campaignlive.co.uk/article/blair-hitler-ad-anti-id-card-group-escapes-ban/606931. Zugegriffen am 09.02.2021

Fysh M (2021) BBC News at Ten. 13. Dezember. https://www.bbc.co.uk/iplayer/live/bbcone. Zugegriffen am 14.12.2021

Higgins C (2012) Michael Gove and George Osborne love Wagner. So why doesn't passion turn into policy? The Guardian, 13. November. https://www.theguardian.com/culture/charlottehigginsblog/2012/nov/13/michael-gove-wagner-ring. Zugegriffen am 22.06.2021

Hill B (2020) Feeling shattered. Angela Merkel „wants UK to walk across broken glass". The Sun, 12. Dezember. https://www.thesun.co.uk/news/13461552/angela-merkel-uk-broken-glass-no-deal-brexit/. Zugegriffen am 13.12.2020

Kampfner J (2021) Why the Germans do it better. Atlantic, London

Khaleeli H (2011) Achtung. Not more Anti-German headlines. The Guardian, 13. Dezember. https://www.theguardian.com/media/shortcuts/2011/dec/13/anti-german-headlines. Zugegriffen am 09.04.2021

Kielinger T (2019) Liebeserklärungen an die Briten sind immer etwas Heikles. Die Welt, 18. Januar. https://www.welt.de/politik/ausland/article187329928/Deutsche-Politiker-und-Unternehmer-bitten-Briten-um-Brexit-Verzicht.html. Zugegriffen am 09.08.2021

McAllister J (2020) Herman ze German to close all London sites. BigHospitality, 27. April. https://www.bighospitality.co.uk/Article/2020/10/13/Fast-casual-sausage-specialist-Herman-Ze-German-to-close-all-London-sites-Coronavirus-Brexit. Zugegriffen am 09.05.2021

Moody O (2021) Boris Johnson and the undermining of Britain's close ties with Germany. The Times, 7. Oktober. https://www.thetimes.co.uk/article/after-brexit-two-rivals-work-on-establishing-a-new-relationship-857djv25d. Zugegriffen am 09.10.2021

Murray D (2020) Authoritarian. Unyielding. Merkel gets it so wrong because her arrogance is boundless. Mail on Sunday, 12. Dezember. https://www.dailymail.co.uk/debate/article-9047117/DOUGLAS-MURRAY-Merkel-gets-wrong-arrogance-boundless.html. Zugegriffen am 15.12.2020

O'Leary A (2020) Prince Harry „to open up racially insensitive past" including Nazi uniform. Mirror, 17. August. https://www.mirror.co.uk/news/uk-news/prince-harry-open-up-controversial-22532387. Zugegriffen am 22.09.2021

Oltermann P, Chrisafis A (2019) Merkel gives Johnson 30 days to find solution to avoid no-deal Brexit. The Guardian, 21. August. https://www.theguardian.com/politics/2019/aug/21/merkel-gives-johnson-30-days-to-find-solution-to-avoid-no-deal-brexit. Zugegriffen am 21.07.2021

Streicher J (2021) Traum von Klein-Wimbledon in Bad Homburg. Frankfurter Rundschau, 6. Juni. https://www.fr.de/rhein-main/hochtaunus/bad-homburg-ort47554/traum-von-klein-wimbledon-in-bad-homburg-90791009.html. Zugegriffen am 10.09.2021

The Satirist (1840) Preparations for the Royal nuptials, 2. Februar, S 34

Yeomans E, Bello A (2021) High-flyers at GCSE quadruples. The Times, 13. August, S 7

29

Die amerikanischen Freunde – Ein ganz spezielles Verhältnis

1991 war Ghislaine Maxwells Existenz ruiniert. Gerade hatte die Polizei den Leichnam ihres Vaters gefunden. Die Medien berichteten, der Verleger Robert Maxwell sei auf der nach seiner Tochter benannten Yacht im Meer vor den Kanarischen Inseln gekreuzt und auf ungeklärte Weise ums Leben gekommen. Das Familienunternehmen stand vor dem Konkurs, die Staatsanwaltschaft ermittelte wegen Betrugs, der Name Maxwell war ruiniert. Nur wenige Jahre später war Ghislaine zurück und verkehrte in den besten Kreisen New Yorks. Jetzt war die feine Gesellschaft der Upper East Side, Manhattans beste Nachbarschaft, ihr Zuhause. Hier ging sie einen dunklen Pakt ein mit dem Billionär Jeffrey Epstein, einem Investor und Pädophilen, für den sie Treffen mit Minderjährigen organisierte. Ghislaines Esprit und Charm war für sie als Neuling in der New Yorker Schickeria ein Türöffner wie auch ihre englische Herkunft. Die Medien beschrieben sie als in Oxford erzogene britische Gesellschaftsdame. Sehr bewusst streute sie spleenige britische Begriffe ein in die Konversation mit ihren amerikanischen Freunden und Geschäftspartnern und beeindruckte mit den Kontakten in ihrem Adressbuch, vor allem der Telefonnummer Prinz Andrews, des Sohnes der Königin (Brown und Alexander 2020). Wie Ghislaine Maxwell machten sich in den 1990ern und 2000ern viele Briten auf in die USA, getrieben von Ehrgeiz, Talent und dem Willen, mit den Besten zu konkurrieren, auf die sie in New York, Washington DC, Los Angeles und dem Silicon Valley trafen. Viele Briten jener Generation brachten es tatsächlich bis ganz nach oben im Journalismus und als Kulturschaffende, leiteten etwa die Chefredaktion der Magazine Vogue und New Yorker oder wurden mit der Leitung des Metropolitan Museums betraut. Der Schriftsteller und Essayist Christopher Hitchens aus Portsmouth und der aus der Grafschaft Surrey stammende Blogger und Kommentator Andrew Sullivan wurden zu Amerikas führenden politischen Querdenkern. Die Historiker Simon Schama und Niall Ferguson hatten genug von mageren Einkommen und erdrückender Unterrichtsverpflichtung an britischen Hochschulen und folgten Berufungen an die Columbia University und nach Stanford. Befördert wurden diese Karrieren von einer anglophilen Haltung des amerikanischen Establishments sowie regelmäßigen Einladungen der New Yorker Denkfabrik Council of Foreign Relations. Oft reichte ein britischer Akzent als Beleg für Intelligenz und Scharfsinn. Ein Missverständnis, das oft auch dem Mittelmaß half, in der Neuen Welt zu reüssieren (Bagehot 2020). Tatsächlich trägt die englische Sprache maßgeblich dazu bei, die geografische Distanz zwischen den beiden Ländern zu überwinden und berufliche Lebenswege auf beiden Seiten des Atlantiks anschlussfähig zu machen. Oft zitierte Unterschiede zwischen amerikanischem und britischem Englisch sind vor allem folkloristischer Natur. Dazu gehört etwa der Hinweis, wonach die Briten von „Football" reden, der in den USA „Soccer" heißt, und auch die Trainers bleiben nicht unerwähnt, die an den Füßen auf der anderen Seite des Atlantiks Sneakers sind. Mit seiner Beobachtung, dass Großbritannien und die USA durch ihre gemeinsame Sprache getrennt seien, hat der Satiriker George Bernard Shaw zweifelsohne übertrieben. Viel schwerer als etwaige Missverständnisse und sprachliche Eigenheiten wiegen die Prinzipien der liberalen Demokratie, die protestantischen Wurzeln und ein Glaube an die ökonomische Überlegenheit eines freien Marktes, auf die sich beide Nationen berufen.

Mehr noch als diese weltanschaulichen Gemeinsamkeiten gelten als Geburtshelfer des ganz speziellen Verhältnisses zwischen Washington DC und London die Not in den Jahren des Zweiten Weltkrieges und der geteilte Wille, Nazi-Deutschland niederzuringen. Präsident Franklin

29 Die amerikanischen Freunde – Ein ganz spezielles Verhältnis

D. Roosevelt und Premierminister Winston Churchill etablierten seinerzeit die engste militärische Zusammenarbeit, die es bis dahin zwischen zwei souveränen Staaten gab. 1700 Briefe schrieben sich die beiden Regierungschefs in den Jahren des Krieges und verbrachten 120 gemeinsame Tage während ihrer elf Treffen. Sie einigten sich etwa darauf, einen vereinigten Generalstab einzurichten, um die militärischen Operationen beider Länder zu koordinieren. 1946 kam der Begriff von der „Special Relationship", dem ganz speziellen Verhältnis beider Staaten, erstmals vor in einer Rede Churchills, dessen Interesse an Amerika, dem Geburtsland seiner Mutter Jenny Jerome, neben strategischen Absichten auch eine emotionale Seite hatte (Churchill 1946). Charles de Gaulles, dem Anführer seines alten Verbündeten Frankreich, sagte er am 4. Juni 1944 ins Gesicht: „Merken Sie sich, (…) jedes Mal, wenn ich mich zwischen Roosevelt und Ihnen zu entscheiden habe, wähle ich immer Roosevelt" (Capet 2015). Die Freundschaft mit Amerika ist seither nicht nur eine der wenigen langfristigen Konstanten britischer Außenpolitik, sondern auch das wichtigste Argument für Londons Anspruch, eine Rolle unter den führenden Mächten der Welt zu spielen. Während des Kalten Krieges versicherten sich Diplomaten in London: Die Sowjetunion fürchtet uns nicht, ist aber besorgt über unsere engen Beziehungen mit den USA. Doch der Weg zu dieser engen Allianz war nicht leicht und nach Freundschaft sah es lange nicht aus. Im 18. Jahrhundert hatten sich die 13 amerikanischen Provinzen der britischen Krone noch einen erbitterten Unabhängigkeitskrieg mit den Truppen König George III. geliefert. Schon 1812 befanden sich beide Staaten erneut im Konflikt und auch diesmal ging die Kriegserklärung von der amerikanischen Seite aus, deren Präsident James Madison sich Hoffnung machte auf die Annexion der kanadischen Kolonien Großbritanniens. Der Krieg endete mit einem Unentschieden und bleibt allenfalls dafür in Erinnerung, dass Generalmajor Robert Ross britische Soldaten bis in die Hauptstadt Washington führte und den Amtssitz Madisons – das Weiße Haus – niederbrannte. Ein Jahrzehnt später warnte Präsident James Monroe europäische Mächte vor künftiger Einmischung in die Angelegenheiten Nord- und Südamerikas. Den Briten kam diese Ansage gelegen, wollten sie doch ihre lukrativen Handelsstationen in der Neuen Welt vor neuer internationaler Konkurrenz schützen. Der Schwäche der amerikanischen Marine ist denn auch die Ironie geschuldet, dass ausgerechnet die Royal Navy zunächst zum Garanten der Monroe-Doktrin wurde (Renehan 2007). Im Ersten Weltkrieg erkannte die Regierung Premierminister David Lloyd-Georges den Wert eines Bündnisses mit den USA, um das Deutsche Reich zur Kapitulation zu zwingen. Die Stimmung in der amerikanischen Öffentlichkeit begann zu kippen zugunsten eines Kriegseintritts auf britischer Seite, nachdem die Regierung in London Präsident Woodrow Wilson über die Zimmermann-Depesche berichtet hatte, einem von Codebrechern entschlüsselten Telegramm des Auswärtigen Amtes in Berlin mit der Zusage, Deutschland werde Mexiko beistehen, wenn es die im Vertrag von Guadalupe Hidalgo 1848 an die USA abgetretenen Gebiete zurückerobern wolle (Tuchman 1958).

Die unverzichtbare Rolle an der Seite der Supermacht

Die amerikanisch-britische Allianz würde sich im 20. Jahrhundert fortsetzen und neben gegenseitigem Beistand in militärischen Konflikten, Geheimdienstzusammenarbeit, gemeinsame Beschaffung und Stationierung nuklearer Waffentechnologie auch Koordination der Handels- und Wirtschaftspolitik umfassen. In dieser Special Relationship, begonnen als Partnerschaft unter Gleichen, wurde Großbritannien während der Not im Zweiten Weltkrieg ein Bittsteller und Empfänger von Kriegsschiffen, Treibstoff und Lebensmitteln, die die amerikanische Regierung noch vor ihrem eigenen Kriegseintritt sendete zur Unterstützung des Widerstandes in Europa. Als 1950 der Konflikt auf der koreanischen Halbinsel entflammte, stürzte Amerikas Ruf nach britischer Solidarität den Partner zunächst in eine politische, dann in eine volkswirtschaftliche Krise. Um seine Bündnistreue zu demonstrieren, setzte Premierminister Clement Attlee eine Verdopplung des Militärbudgets durch gegen die Linke in seiner Labour-Partei und den Protest seines Finanzministers Stafford Cripps, der Verteidigungsausgaben kürzen wollte zugunsten von Sozialhilfe und Wohnungsbau. Als die Ausgaben für den Krieg an der Seite der USA auch Gebühren für Patienten des staatlichen Gesundheitsdienstes (NHS) nötig machten, trat auch noch Aneurin Bevin, der Begründer des

Systems freier medizinischer Versorgung, von seinem Kabinettsposten zurück. Die Zahlen bestätigen Bevans Befürchtung, wonach das Land sich die Teilnahme an einem weiteren teuren Krieg nicht leisten konnte. Hatte 1950 der nationale Haushalt noch einen Überschuss ausgewiesen, musste Großbritannien nur ein Jahr später zur Begleichung seiner finanziellen Verpflichtungen Kredite aufnehmen. Als über den kostspieligen Beistand zu den USA im Parlament 1950 abgestimmt werden sollte, setzte Attlee Ambulanzen ein, um Abgeordnete von ihren Krankenbetten abzuholen und seine knappe Mehrheit von fünf Sitzen nicht zu verlieren (Pearce 1993). 1956 zeigte Präsident Dwight D. Eisenhower den Briten auf, dass er das innige Verhältnis zwischen den beiden Staaten nicht mehr auf Augenhöhe praktizierte, als er Premierminister Anthony Eden schwerste Sanktionen androhte, sollte der seine Truppen nicht sofort zurückbeordern und die britisch-französische Militärintervention in der Suez-Kanalzone Ägyptens beenden. Eden war gedemütigt und machte seinem Nachfolger Harold Macmillan Platz, der sich nach der Schmach von Suez bestätigt sah in seiner Einsicht, wonach die USA auf Dauer der weitaus Mächtigere der beiden Partner bliebe. Daraus formulierte Macmillan, der einst am Balliol College in Oxford antike Literatur und Geschichte studiert hatte, eine Rolle für Großbritannien, wie sie die Griechen einst im Verhältnis zu Rom einnahmen. Seinerzeit brachten die kultivierten hellenischen Sklaven ihren mächtigen, aber ungehobelten römischen Herren die Vorzüge ihrer Zivilisation nahe (Thorpe 2011). Diese Symbiose wurde zur praktischen Fiktion für beide Seiten: In London hatte man auch weiterhin das Gefühl, eine unverzichtbare Rolle an der Seite der Supermacht USA zu haben. Die Elite in Washington DC hingegen konnte sich einreden, ihre internationalen Entscheidungen gingen über das enge nationale Interesse hinaus.

Die Special Relationship wurde wiederbelebt während der 1980er-Jahre, als mit Margaret Thatcher und Ronald Reagan ideologische Geschwister im Geiste die internationale Politik bestimmten. Es war eine Zeit der Globalisierung sowie der Liberalisierung der Finanzmärkte, die von den Regierungsparteien beider Staaten befördert wurde mit dem Ergebnis, dass bald London und New York um den Rang des weltgrößten Finanzzentrums konkurrierten. Ein Jahrzehnt später stand Tony Blair als Premierminister während der umstrittenen Invasion des Irak 2003 fest an der Seite Amerikas, obwohl ihm seine Unterstützung für die Interventionspolitik des Republikaners G. W. Bush Massenproteste, Hass und Verachtung unter Kriegsgegnern in seiner eigenen Partei einbrachte (Hopkins 2016). Seither verwiesen Barack Obama und David Cameron sowie in jüngster Zeit Donald Trump und Boris Johnson auf die außerordentliche Freundschaft beider Länder. Donald Trumps Interesse an Großbritannien war immer wieder geprägt von persönlichen Vorlieben und geschäftlichem Eigennutz. Schließlich ist der 45. Präsident der Vereinigten Staaten Besitzer eines Golfhotels bei Balmedie im schottischen Aberdeenshire. Seine Sympathie für die britische Regierung strich er aber vor allem dann heraus, wenn er mit seinem Lob für Premierministerin Theresa May und ihren Nachfolger Boris Johnson während der kontroversen Brexit-Verhandlungen in Brüssel, Paris oder Berlin provozieren konnte. Vornehme Zurückhaltung im gegenseitigen Umgang war sicher keine Spezialität, für die Trumps Präsidentschaft in Erinnerung bleiben wird. So mischte sich der Herr des Weißen Hauses auch immer wieder in die britische Innenpolitik ein, etwa als er 10 Downing Street über die Medien ausrichten ließ, dass er sich Nigel Farage, den Chef der Brexit-Partei als britischen Botschafter in den USA wünschte (Barbash 2016). In jenen Monaten wandelte sich die Freundschaft über den Atlantik hinweg erneut und ähnelte nun einer ideologischen Kameradschaft rechtspopulistischer Bewegungen, zu denen Trump mit seiner Entourage ebenso zählte wie die Brexit-Anhänger um Farage und auch Boris Johnson, der sich im Sommer 2019 anschickte, den Vorsitz der konservativen Partei zu übernehmen. Für den Vorschlag, ihn als Botschafter nach Washington DC zu entsenden, revanchierte sich Farage, indem er Donald Trump für den Friedensnobelpreis vorschlug für dessen historisches Treffen mit Nordkoreas Diktator Kim Jong-un. Das einigende Band zwischen Trump, Farage und Johnson bestand aus einem Hang zur politischen Gewissenlosigkeit, administrativer Oberflächlichkeit und dem unbändigen Drang zum Populismus. Vom Weißen Haus aus erreichte 10 Downing Street der Ratschlag, die EU vor Gericht zu bringen und anzuklagen, und als Nigel Farage Höreranrufe während seiner Radioshow bei Londons größtem Privatsender LBC entgegennahm, wählte sich aus Amerika der Präsident ein und schlug vor, der Vorsitzende der Brexit-Partei solle sich mit Johnson und den Tories verbünden und gegen die

Europäer gemeinsame Sache machen (Weston 2019). Was wie die absurde Idee eines willkürlichen Präsidenten erscheinen mag, hatte schon allein deshalb politisches Gewicht, weil zahlreiche führende Konservative in London sich seinerzeit um die Sympathie und das Wohlwollen des Mannes im Weißen Haus bemühten (Bagehot 2021). Michael Gove, zeitweise leitender Minister des Kabinettssekretariats in Johnson Regierung, reckte die Daumen in die Höhe, als er sich lächelnd neben Trump fotografieren ließ. Seine Nähe zum Präsidenten betonte bei jeder Gelegenheit auch der damalige Handelsminister der Tories, der gelernte Arzt Dr. Liam Fox. Baron Daniel Hannan, ein langjähriger Streiter für den Brexit und Mitglied der Tories im House of Lords, ist regelmäßiger Kolumnist in der rechten amerikanischen Publikation Washington Examiner, deren Leitartikler in der Manier Donald Trumps die Verantwortung des Menschen für den Klimawandel bis heute in Zweifel ziehen. Ein anderer prominenter Gegner der EU, der langjährige Abgeordnete Douglas Carswell, verließ die Konservativen und übernahm nach einem Zwischenspiel bei der Brexit-Partei inzwischen die Präsidentschaft der neoliberalen Denkfabrik Mississippi Centre for Public Policy. Bei Sarah und Matthew Elliott schließlich mischen sich ideologische Präferenzen mit sentimentalen. So war er für die konservativen Geschäftsführer der Pro-Brexit-Kampagne, während seine Ehefrau die britische Auslandsgeschäftsstelle von Donald Trumps Republikanischen Partei leitete.

Die Freundschaft des mächtigsten Mannes der Welt

Diese Nähe zu den Rechtspopulisten in Trumps Weißem Haus bestärkte und versicherte die britischen Brexiteers darin, einen starken Verbündeten auf ihrer Seite zu wissen, wenn sie sich von der Europäischen Union abwandten. Freundschaft des „mächtigsten Mannes der Welt", wie es Michael Gove formulierte, bot nach dem Austritt aus der EU die Aussicht auf eine neue geopolitische Heimat (Bagehot 2021). Aber auch innenpolitisch hatten sich die Regierungsparteien Trumps und Johnson viel zu sagen, denn hier wie dort verloren ihre jeweiligen Parteien junge, gebildete Mitglieder. Und hier wie dort rekrutierten sie stattdessen ältere, gering gebildete Arbeiter. Daraus entstand für den Republikaner Trump ein Dilemma, an dem nun auch der Tory Boris Johnson zu verzweifeln scheint: Wie kann eine Partei, die traditionell im Sinne ihrer wohlhabenden Klientel einen kleinen Staat, niedrige Steuern und individuelle Verantwortung predigt, nun auf einmal die Wünsche der Schwächsten in der Gesellschaft nach höheren Sozialausgaben und finanzieller Umverteilung erfüllen. Sowohl Republikaner als auch Tories versuchten, den Konflikt zwischen Eliten und Arbeitern zu überdecken, indem sie ökonomische Themen ausblendeten und sich nationalistischer Rhetorik verschrieben, mit der sich Wähler aller Schichten, Regionen und Berufsgruppen gewinnen ließen. Selten gab es zwischen den regierenden Parteien über den Atlantik hinweg derart große ideologische Seelenverwandtschaft. Das sichtbarste Opfer dieser gegenseitigen Verbundenheit wurde am 10. Juli 2019 Kim Darroch, Großbritanniens Botschafter in den USA. Als dessen vertrauliche Berichte an 10 Downing Street, in denen er Donald Trump als „unsicher und unfähig" bezeichnete, einer Zeitung zugesteckt wurden, ließ das Weiße Haus verkünden, mit dem Diplomaten nicht mehr zusammenarbeiten zu wollen. Boris Johnson, der Theresa May nur Tage später als Premierminister folgen sollte, weigerte sich, dem Botschafter öffentlich seines Vertrauens zu versichern. Darauf blieb Darroch keine Alternative zum Rücktritt. Johnson hatte sich gegen die Loyalität eines britischen Beamten und für seinen ideologischen Partner in den USA entschieden (Sengupta und Merrick 2019).

Seit Jahrzehnten sind die Auguren der Special Relationship damit beschäftigt, die Temperatur der Freundschaft zu messen, gerade dann, wenn ein Wechsel im Oval Office ansteht und sich ein neuer Präsident an den schweren aus dem Holz des Expeditionsschiffes HMS Resolute gefertigten Schreibtischs setzt, den 1880 Königin Victoria dem Präsidenten Rutherford B. Hayes schenkte als Dankeschön dafür, dass Amerikaner das britische Segelschiff 1855 im Arktischen Ozean geborgen hatten. Seit dem 20. Januar 2021 sitzt dort Joe Biden. Als an dem Sieg des Demokraten aus Delaware bis auf Donald Trump niemand mehr zweifelte, klingelte in 10 Downing Street das Telefon. Es schien ein gutes Zeichen, dass der Neue sich bei Boris Johnson meldete, bevor er sich mit Präsident

29 Die amerikanischen Freunde – Ein ganz spezielles Verhältnis 549

Emmanuel Macron und Bundeskanzlerin Angela Merkel verbinden ließ (Cooper und Dallison 2020). Es ließ hoffen, dass der Demokrat im Weißen Haus Boris Johnson seine Anbiederung an Trump ebenso wenig nachtragen würde wie die Entgleisung des Briten gegenüber Barack Obama. Dem hatte er vorgeworfen, seiner kenianischen Familie wegen einen lebenslangen Groll gegen die ehemalige Kolonialmacht zu hegen. Die Bemerkung aus London war eine Reaktion auf Obamas Warnung kurz vor dem Brexit-Referendum 2016, nach einem Austritt aus der EU könne Großbritannien nicht sofort auf ein Freihandelsabkommen mit den USA hoffen und müsse sich stattdessen hinter anderen Interessenten am Ende der Schlange einreihen. Nicht ohne Grund nannte Biden den britischen Regierungschef einen „Trump-Klon", der schließlich länger auf sein erstes persönliches Treffen mit dem Präsidenten warten musste als irgendein Premierminister seit dem Zweiten Weltkrieg. Erst beim G7-Treffen in der Grafschaft Cornwall im Juni 2021 ließ sich für Johnson ein Platz im Terminplan finden (Frazin 2019; Stephens 2021).

Inzwischen hat sich die Special Relationship erneut gewandelt – zu Großbritanniens Ungunsten. Das sieht jedenfalls Boris Johnson so, der in dem Ausdruck die Konnotation für „Schwäche und Bedürftigkeit" zu erkennen glaubt. Deshalb will 10 Downing Street den Begriff am liebsten nicht mehr verwendet sehen, heißt es in einem Beitrag des Magazins Atlantic. Doch an außenpolitische Sprachregelungen, noch dazu solche, die aus der Feder Boris Johnsons stammen, mag sich Joe Biden nicht halten und sprach nach seiner Abreise aus Cornwall mit der Washington Post demonstrativ davon, wie sehr sein Besuch die guten Beziehungen zum Vereinigten Königreich und die Special Relationship gestärkt hätten (Woodcock 2021). Derweil sind Johnsons Bedenken zutreffend, wie die Zahlen eindrucksvoll belegen: Die Wirtschafskraft der USA beträgt das Siebenfache der britischen. Diese Überlegenheit nutzt die amerikanische Regierung, wenn London sich um ein Freihandelsabkommen bemüht. Als das Thema bei Donald Trump zur Sprache kam, drang der auf besseren Zugang zum britischen Gesundheitsmarkt für amerikanische Pharmaunternehmen und forderte zudem den Wegfall von Exportbeschränkungen für landwirtschaftliche Produkte, was unter Briten die Sorge wachsen ließ, in den Regalen der Supermärkte bald Chlorhühner aus Iowa, Indiana oder Ohio zu finden. In solchen Momenten, wenn nationale Interessen aufeinanderstoßen, zeigt sich, wie viel Wert die gegenseitigen Versicherungen der Freundschaft sind. Donald Trumps Zusicherung, mit den Briten einen erstklassigen Handelsvertrag vereinbaren zu wollen, blieb ohne Ergebnis und Joe Biden zeigt wenig Neigung, der Angelegenheit besondere Aufmerksamkeit zu widmen. Ihre Schwäche und Bedürftigkeit erlebt die britische Regierung nicht nur in Verhandlungen über gegenseitigen Marktzugang. Als in den Tagen nach der Machtübernahme der Taliban in der afghanischen Hauptstadt Kabul am 15. August 2021 das amerikanische Verteidigungsministerium den Flughafen der Stadt für weitere zehn Tage offenhielt zur Etablierung einer Luftbrücke und Evakuierung von eigenen Staatsangehörigen und gefährdeten Ortskräften, hoffte der britische Verteidigungsminister Ben Wallace inständig auf eine Verlängerung der Frist für zusätzliche zwei Wochen, um tausend weitere Menschen in Sicherheit bringen zu können. Als ihre Bitte abgelehnt wurde, fügte sich die Regierung in London in den aus ihrer Sicht viel zu knappen Zeitplan. Wieso eine britische Fortsetzung der Operation mit eigenen Mitteln nicht in Frage kam, daran erinnerte US-Außenminister Antony Blinken dem Verbündeten: „Nur die USA sind in der Lage, eine Mission von dieser Dimension und Komplexität auszuführen" (Kraemer 2021).

Eine Elite, der es an Weitblick und Klugheit mangelt

Bis heute lässt sich die Special Relationship besonders treffend beschreiben mit einer Formulierung, die Walter Lippmann, einer der renommiertesten amerikanischen Journalisten und Kommentatoren, zu Beginn des 20. Jahrhunderts prägte, als er von der disharmonischen Vertrautheit zwischen den beiden Staaten sprach (Van der Pijl 1984). Wie in der Vergangenheit wird wohl auch in kommenden Jahren bisweilen die Disharmonie die Vertrautheit übertönen. Dennoch stehen die Zeichen für die Zusammenarbeit der Regierungen Johnsons und Bidens nicht schlecht, wenn die Prognose auf einem nüchternen Abgleich der politischen Programme basiert. In vielen wichtigen Fragen steht der Premierminister dem jetzigen Präsidenten näher als seinem Vorgänger. Die Vorgaben des Pariser Klimaabkommens sehen beide als verbindlich an und in beiden Hauptstädten wird daran gearbeitet, das Atomabkommen mit dem Iran, das von Donald Trump aufgekündigt wurde, zu erneuern. Die Regierungschefs sind sich auch einig in ihren völkerrechtlichen Bedenken gegen den Drohnenangriff auf den Befehlshaber der iranischen Quds-Einheiten Qasem Suleimani im Januar 2020. Im Sinne Bidens war es ebenso, dass die britische Botschaft in Tel Aviv verblieb, nachdem Donald Trump den Umzug der amerikanischen Diplomaten nach Jerusalem angeordnet hatte. Diese Gemeinsamkeiten bleiben auch Grundlage für eine enge Zusammenarbeit, wenn Johnsons Stern sinkt und die Konservativen nach vier Wahlsiegen in Folge ihre Parlamentsmehrheit verlieren sollten. Die Labour-Partei sieht in Joe Biden und seinen Demokraten seit Jahren einen natürlichen Partner und versucht beim Blick über den Atlantik Hinweise über die Zukunft linksliberaler Politik zu erspähen (The Economist 2021). Tony Blairs Erneuerung der politischen Agenda und Transformation von Labour zu New Labour war inspiriert von Bill Clintons Neuen Demokraten (Carr 2019). Ed Miliband, der Labour nach 2010 anführte, schaute bei Barack Obama Ideen ab für die eigene Wahlkampagne und schließlich sind Jeremy Corbyn und Bernie Sanders, die beiden Linksaußen der britischen und amerikanischen politischen Arenen, gegenseitige Bewunderer. Amerikanische Politik ist zweifelsohne faszinierend für die Führung der Labour Partei und taugt mehr zum Vorbild als linke Parteien auf dem europäischen Kontinent. So finden sich in den Regalen der Kampagnenmanager und Politikberater im Umfeld von Labour die Biografien des amerikanischen Historikers Robert Caro und die DVDs der Kultserie West Wing. Aber es gibt noch mehr Parallelen: Sowohl den Demokraten als auch der Labour-Partei liefen in den vergangenen Jahren die weißen, älteren Wähler in den traditionellen Industriestädten weg, um ihre Stimme rechten Populisten zu geben. So erklären sich Corbyns Verluste 2017 und 2019 im Norden Englands und Donald Trumps Sieg über die Demokratin Hillary Clinton in den Rust Belt genannten Gegenden in Wisconsin, Michigan und Pennsylvania. Vier Jahre später empfand Labour den Erfolg von Joe Biden bei den Präsidentschaftswahlen 2020 als nachträgliche Bestätigung dafür, den moderaten Keir Starmer zum Nachfolger im Parteivorsitz für den Sozialisten Jeremy Corbyn gewählt zu haben (The Economist 2021).

Ob nun Tories oder Labour in Westminster den Ton angeben und den Premierminister stellen, ist nicht alleine entscheidend für die Qualität des Verhältnisses zu den USA und die Zukunft ihrer Special Relationship. Die parlamentarischen Mehrheiten und die ideologischen Präferenzen sind eingebettet in größere kulturelle Trends, sich wandelnde nationale Präferenzen und kollektive Empfindlichkeiten. Dazu gehört beispielsweise, dass die veröffentlichte Meinung in den USA das Vereinigte Königreich in jüngster Zeit weitaus kritischer sieht. Es scheint, als habe Britannien viel von seinem alten Prestige verloren und sei dabei, ein Land zu werden, das in amerikanischen Medien sowie den Reden von Präsidenten als Schreckensvision dargestellt wird, als eine Gesellschaft geplagt von Armut und Verbrechen (Grierson 2018). Gleichzeitig verliert in den USA die Gruppe mit angelsächsischen Vorfahren an Status und Einfluss, während der hispanische und der asiatische Bevölkerungsteil rasant wachsen, denen es an emotionaler Bindung zu England, Schottland, Wales und Irland fehlt. Die Wurzeln nach Großbritannien werden zudem immer öfter absichtlich gekappt, wenn die Lehrpläne an Schulen und Hochschulen dekolonisiert, also von britischer und englischer Literatur befreit werden. Nicht zuletzt hat Großbritannien mit dem Austritt aus der EU seine politische und kulturelle Vermittlerrolle zwischen den USA und Europa eingebüßt, in der es früher beschwichtigend einwirken konnte auf Verstimmungen zwischen Washington DC und Brüssel. Seit dem Brexit ist es damit vorbei und liberale Medien bezweifeln immer öfter die konventionelle Vorstellung, in London seien bedachte Politiker und eine kompetente Beamtenschaft am Werk. Auf seiner Titelseite stellte der New Yorker das britische Establishment als Lemminge mit Bowlerhüten dar, die sich auch am Rande des Abgrunds keines Besseren besinnen (Mouly 2016). Das Bild kommt nicht von ungefähr nach zwei verschlissenen Premierministern in drei Jahren und einem dritten, der sich längst für seine offenkundige exekutive Inkompetenz international einen Namen gemacht hat. Die Auflösung des Parlaments im Sommer 2019 mit der Absicht, die parlamentarische Debatte zu unterbinden, bestätigte beim amerikanischen Publikum den Verdacht, der alte Partner habe die Orientierung verloren. Ein Eindruck, der sich in den folgenden

Monaten bestätigen sollte, als sich das Pandemie-Management während der Covid-19-Krise im Großbritannien Boris Johnsons vor allem durch seine Fehler auszeichnete und die Todesrate auf der Insel die in den USA des Präsidenten Trump sogar noch übertraf. Vielleicht deutet gerade dieses jüngste Kapitel auf die Zukunft der Special Relationship hin und suggeriert, was die Amerikaner künftig von den Briten lernen können. Die haben nämlich in den vergangenen 100 Jahren erfahren, wie es sich mit Stagnation und Niedergang lebt. Heute erinnern die Vereinigten Staaten in vieler Hinsicht an das alte Empire, das zu Beginn des 20. Jahrhunderts von einem effizienteren und disziplinierteren Deutschland überholt wurde. Den Briten ist es zwar bis heute nicht gelungen, ihren wirtschaftlichen Niedergang zu stoppen und die neo-feudalistischen Tendenzen einer ökonomischen und politischen Elite zu überwinden (Bagehot 2020). Aber sie hatten viel Zeit, um darüber nachzudenken, und taugen daher ihren amerikanischen Partnern als warnendes Beispiel für das, was aus einer Weltmacht werden kann, deren Elite es an Führungsstärke, politischem Weitblick und pragmatischer Klugheit mangelt.

Literatur

Bagehot (2020) Fading Anglophilia. The Economist. 11. Juli, S 23

Bagehot (2021) Trump? Don't think I know him. The Economist. 16. Januar, S 25

Barbash F (2016) Trump, breaching protocol, suggests his buddy Nigel Farage as ambassador to US. The Washington Post, 22. November. https://www.washingtonpost.com/news/morning-mix/wp/2016/11/22/british-p-m-dismisses-trumps-extraordinary-suggestion-of-nigel-farage-as-ambassador-to-u-s/. Zugegriffen am 09.08.2021

Brown M, Alexander H (2020) The rise and fall of socialite Ghislaine Maxwell, Jeffrey Epstein's „best friend". The Sydney Morning Herald, 31. Januar. https://www.smh.com.au/national/the-rise-and-fall-of-socialite-ghislaine-maxwell-jeffrey-epstein-s-best-friend-20200103-p53omx.html. Zugegriffen am 22.11.2020

Capet A (2015) Finest Hour 157. International Churchill Society, 7. März. https://winstonchurchill.org/publications/finest-hour/finest-hour-157/churchill-proceedings-how-charles-de-gaulle-saw-the-anglo-saxon-relationship/. Zugegriffen am 19.03.2021

Carr R (2019) March of the moderates. Bill Clinton, Tony Blair, and the rebirth of progressive politics. Tauris, London

Churchill W (1946) The sinews of peace. International Churchill Society, 5. März. https://winstonchurchill.org/resources/speeches/1946-1963-elder-statesman/the-sinews-of-peace/. Zugegriffen am 10.01.2021

Cooper C, Dallison P (2020) Joe Biden hits the phones, calls European leaders. Politico, 10. November. https://www.politico.eu/article/boris-johnson-joe-biden-first-conversation/. Zugegriffen am 15.11.2020

Frazin R (2019) Biden calls Johnson a „physical and emotional clone" of Trump. The Hill, 13. Dezember. https://thehill.com/homenews/campaign/474419-biden-calls-boris-johnson-a-physical-and-emotional-clone-of-trump. Zugegriffen am 09.03.2021

Grierson J (2018) Trump's knife crime comments are ridiculous, says London surgeon. The Guardian, 5. Mai. https://www.theguardian.com/uk-news/2018/may/05/trump-knife-comments-ridiculous-says-london-surgeon. Zugegriffen am 22.12.2020

Hopkins N (2016) When Blair met Bush. How the UK went to war in Iraq. The Guardian, 9. Juli. https://www.theguardian.com/uk-news/2016/jul/09/iraq-war-after-blair-and-bush-met-the-tempo-changed. Zugegriffen am 22.11.2021

Kraemer D (2021) Afghanistan. Why can't the UK hold Kabul airport without the US? BBC News, 27. August. https://www.bbc.co.uk/news/world-58305185. Zugegriffen am 29.08.2021

Mouly F (2016) Cover story: Barry Blitt's „Silly walk off a cliff." The New Yorker, 24. Juni. https://www.newyorker.com/culture/culture-desk/cover-story-2016-07-04. Zugegriffen am 09.12.2021

Pearce R (1993) Attlee's Labour governments 1945–1991. Routledge, London

Renehan EJ (2007) The Monroe doctrine. The cornerstone of American foreign policy. Chelsea House Publishing, Broomall

Sengupta K, Merrick R (2019) Kim Darroch resigns. Ambassador to US decided to quit after Boris Johnson refused to back him. Independent, 10. Juli. https://www.independent.co.uk/news/uk/politics/kim-darroch-resigns-trump-leak-boris-johnson-reason-why-quits-a8998626.html. Zugegriffen am 29.11.2021

Stephens F (2021) What Biden should tell Johnson about Northern Ireland? Financial Times, 17. September, S 23

The Economist (2021) Learning from Joe. The Economist, 16. Januar, S 22
Thorpe DR (2011) Supermac. The life of Harold Macmillan. Pimlico, London
Tuchman BW (1958) The Zimmermann Telegram. Macmillan, New York
Van der Pijl K (1984) Making of an Atlantic ruling class. Verso, London
Weston K (2019) „EU is hurting your country", Trump says he will use his "magic wand" to get deals done. The Express, 1. Oktober. https://www.express.co.uk/news/uk/1198386/Trump-news-Nigel-Farage-LBC-show-EU-Brexit-deal-UK-election-radio-tonight-today-live. Zugegriffen am 09.05.2021
Woodcock A (2021) Boris Johnson ditches „special relationship" tag for UK-US bond. Independent, 7. Juni. https://www.independent.co.uk/news/uk/politics/boris-johnson-biden-special-relationship-b1861073.html. Zugegriffen am 09.11.2021

30

Global Britain – Außenpolitik ohne Kanonenboote

Seinen Namen möchte die Regierung nicht in der Zeitung lesen. Wenn er spricht, dann anonym. Ja, es gibt ihn noch, den Hauch von Geheimnis und die Aura von James Bond. Auch wenn den Mann im mittleren Alter mit dem beigen Blazer und den 20 Jahren Berufserfahrung in einem Büro von GCHQ, dem Hauptquartier des britischen Geheimdienstes für Kryptografie und Datenübertragung, nichts umgibt, das an den Glamour des fiktiven Agenten 007 erinnern lässt. Der Geheimdienstler, um den es hier geht, ist verantwortlich für die Abteilung für Cyberoperation, also Kriegsführung mit Daten und Codes. Damit soll die Landesverteidigung revolutioniert werden, wünscht sich Ben Wallace. Dessen Name ist kein Geheimnis. Der Abgeordnete für den Wahlkreis Wyre und Preston Nord ist ein Freund Boris Johnsons und Verteidigungsminister zu einer Zeit, als der Geldhahn für militärische Projekte aufgedreht wird wie zuletzt in der Ära von Margaret Thatcher vor mehr als 30 Jahren. 46,5 Milliarden Pfund und ein jährliches Wachstum um 0,5 Prozent stehen im Budgetplan seines Ministeriums und im November 2020 kam die Zusage aus 10 Downing Street, den Betrag noch einmal gewaltige 16,5 Milliarden Pfund zu erhöhen. In der NATO geben nur die USA mehr Geld aus für die Ausstattung ihrer Soldaten. Dafür soll es bald mehr neue Kriegsschiffe geben und Geld für Missionen des Flugzeugträges HMS Queen Elizabeth, das Flaggschiff der Flotte, für Fahrten bis Ostasien und ins Südchinesische Meer (Warrell 2021). Dort will Großbritannien seine Rolle als Europas bedeutendste Seemacht demonstrieren. Nicht weniger wichtig ist der Regierung der Startschuss für ein Weltraumkommando, das in den kommenden Jahren Gefahren durch feindliche Satelliten abwehren soll. Deshalb wird jetzt vor allem in neue Technologien wie Drohnen und Laserwaffen investiert und eine Agentur für künstliche Intelligenz etabliert. Wachsen wird auch die Abteilung für Cyberoperation, von einigen hundert auf bald 3000 Mitarbeiter, unterstützt durch Abordnungen von MI6, dem Auslandsgeheimdienst, sowie dem Labor für Technologie und Verteidigungswissenschaft. Die Aufgabe des Teams für Cyberoperation besteht darin, die Kommunikationskanäle von Terroristen zu unterbrechen und potenzielle Attentäter von ihren Plänen abzubringen, wie etwa 2017 bei einer Operation gegen den Islamischen Staat. Für die Regierung ist der Einsatz von Cybertechnologie in der Landesverteidigung vor allem aus zwei Gründen attraktiv: Zum einen sind die Kosten geringer als bei einem konventionellen militärischen Einsatz, zum anderen sind die Mittel wirkungsvoll auch gegen mächtige Gegner. Zwar will niemand im zuständigen Ministerium über Einsätze gegen China und Russland sprechen. Aber Mark Sedwill, der ehemalige Nationale Sicherheitsberater, lässt keinen Zweifel daran, dass der Dienst längst in beiden Staaten tätig ist (The Economist 2020c).

Von der Freigiebigkeit Regierungschefs und seines Verteidigungsministers hat allein das Heer bisher nicht profitiert, das traditionell in Friedenszeiten vom politischen Establishment als Stiefkind behandelt wird. Dazu passt, dass sich Boris Johnson im Oktober 2021 mit Sir Tony Radakin für einen Admiral entschied, als es die vakante Position des Chefs der Streitkräfte zu besetzen galt (Parker 2021). Radakin fand beim Amtsantritt Warnungen und Klagen des Heeres auf dem Schreibtisch, wonach es 32 von 33 Bataillonen der Infanterie an gefechtsbereiten Soldaten fehle. Oft sei die Lage so dramatisch, heißt es in einem internen Bericht, dass die halbe Kaserne leer stehe. Grund dafür seien der dürftige Sold, aber auch die erbärmliche Unterbringung und Verpflegung der Mannschaften. Auch die Zivilisten der Firma Capita tragen Schuld daran, dass das Land auf den Verteidigungsfall nicht vorbereitet ist. Denn die Mitarbeiter der Unternehmensberatung, die sich auf das Management von Outsourcing-Projekten in der öffentlichen Verwaltung spezialisieren, hätten sich um die Anwerbung von Rekruten kümmern sollen. Für einen Zehnjahresvertrag zahlt ihnen das Verteidigungsministerium immerhin rund 1,3 Milliarden Pfund (Stewart 2021).

Ein roter Teppich für Xi Jinping

Noch höhere Wellen der Empörung unter Außen- und Sicherheitspolitikern schlug die Entscheidung des Premierministers, das Ministerium für Entwicklungszusammenarbeit aufzulösen. In der offiziellen Stellungnahme der Regierung ist zwar von einer Zusammenlegung mit dem Außenministerium die Rede, doch trifft es der Begriff „Demontage des Ministeriums" vermutlich besser, zürnt Andrew Mitchell, ein Konservativer, der bis heute als engagierter Anwalt des Hauses auftritt, dessen Ende er jetzt nicht verhindern konnte (The Economist 2020b). Wer nun vermutet hatte, das neue Superministerium für Äußeres, Commonwealth und Entwicklung würde mehr Geld für seine Aufgaben zur Verfügung haben, sah sich getäuscht. Die Mittel für britische Hilfe in den ärmsten Ländern wurde um fast ein Drittel zusammengestrichen. Dabei hatten die Tories 2015 noch ins Gesetz geschrieben, der Betrag solle jedes Jahr 0,7 Prozent des Bruttoinlandsprodukts entsprechen, 2019 waren das immerhin 15 Milliarden Pfund. Mit dieser Selbstverpflichtung wollte Premierminister David Cameron seinerzeit das Image seiner Partei aufpolieren, die als egoistisch, gewissen- und verantwortungslos galt. Inmitten der Covid-19-Pandemie hatte sein Nachfolger Boris Johnson weniger Skrupel und wies eine Kürzung auf 0,5 Prozent des Bruttoinlandsprodukts an. Bei der Begründung des radikalen Schnitts halfen ihm die Populisten in seiner Partei, die fanden, das Steuergeld ihrer Wähler sei besonders in Zeiten einer nationalen Krise besser im eigenen Land zu investieren als in Äthiopien, Nigeria, Somalia, Afghanistan und dem Jemen, den wichtigsten Empfängern britischer Hilfe (Taylor 2021). Die Gegner freigiebiger Zahlungen für Zwecke der Entwicklungshilfe weisen zudem darauf hin, dass andere Mitglieder der G7, der Kreis der führenden Industrienationen, sich ihre Verantwortung für Notleidende deutlich weniger kosten ließen. Tatsächlich greift Großbritannien auch nach der jüngsten Kürzungsrunde noch tiefer in die Tasche für Hilfe an die Ärmsten als Frankreich und Japan, ist allerdings um ein Drittel weniger generös als Deutschland (Taylor 2021). Zahlen, wonach Luxembourg, Norwegen und Schweden gemessen an ihrer jeweiligen Wirtschaftsleistung gebefreudigere Entwicklungshelfer sind als die Briten, versucht die Regierung in Westminster mit einem Rechentrick in der Statistik zu begegnen, in der sie auch einige Ausgaben des Ministeriums für internationalen Handel und die improvisierte Aufbauhilfe der Streitkräfte an ihren jeweiligen Einsatzorten verbucht (The Economist 2020b). Dass britische Entwicklungshelfer künftig in einigen Teilen der Welt seltener anzutreffen sind, ist für die Außendarstellung des Landes deshalb besonders schmerzlich, weil ihnen eine wichtige diplomatische Rolle zufällt in Regionen, in denen das Außenministerium nach mehreren Sparrunden sein Personal verringert oder Botschaften geschlossen hat. In den 1990er-Jahren, erzählt Rory Steward, der frühere Abgeordnete und Kabinettsminister, habe man sich noch 25 Diplomaten in Sambia geleistet. Heute reiche das Budget nur noch für den Botschafter und zwei Mitarbeiter (The Economist 2021b). In der Hälfte der afrikanischen Länder südlich der Sahara ist London nur mit einem oder zwei Diplomaten vertreten, in 14 Staaten Afrikas unterhält das Außenministerium überhaupt keine Botschaft. Auf dem Kontinent ist es heute wahrscheinlicher, eine diplomatische Außenstelle der Türkei zu finden als eine britische. In Ländern, aus denen sich das Außenministerium zurückgezogen hat, konnten sich Regierungspolitiker bisher immer noch an britische Mitarbeiter vor Ort wenden, die für Entwicklungsprojekte arbeiteten. Die verfügten nicht nur über diplomatische Sensibilität, sondern brachten auch Geld mit, woran ihren Gastgebern mindestens ebenso sehr gelegen ist. Nach der umstrittenen Zusammenlegung der Ministerien sind Botschafter, wo es sie noch gibt, künftig zuständig für die Überweisung der Hilfszahlungen (The Economist 2020b). Als Vertreter nationaler Interessen werden sie die Forderung der Populisten auf den Hinterbänken der konservativen Fraktion erfüllen, Entwicklungshilfe vor allem an befreundete Staaten, militärische Verbündete und umgängliche Handelspartner zu überweisen.

Wie sich finanzielle Förderung von Entwicklungsprojekten mit außenpolitischen Zielen verknüpfen lässt, dafür bietet China Beispiele. Die Volksrepublik baut Häfen, Fabriken, Terminals und Bahntrassen in Ländern, die knapp bei Kasse sind, und sichert sich im Tausch für diese finanziellen Geschenke ökonomische Abhängigkeit und politische Hörigkeit. Das konnte Premierminister David Cameron und seinen engsten Vertrauten, Schatzkanzler George Osborne, nach Regierungsübernahme 2010 nicht davon abhalten, sich um ein goldenes Zeitalter in der Zusammenarbeit mit China zu bemühen und Staatspräsident Xi Jinping den roten Teppich auszurollen für eine Audienz bei der Königin (Reuters 2015). Nach dem Brexit hoffte die Regierung erneut, eine enge Zusammenarbeit mit China könne Absatzmärkte ersetzen, die für Exporteure in dem EU-Binnenmarkt gerade verloren gingen. Bei diesen Bemühungen sah man Deutschland als Vorbild, wenn es sich in den Korridoren Whitehalls auch nicht ziemt das zuzugeben. Denn die Exporte deutscher Unternehmen nach China sind fast so umfangreich wie die Ausfuhren nach Amerika, in Großbritannien dagegen liegen sie bei einem Drittel des USA-Geschäfts (Adam und Mertens 2020). Dass Boris Johnson sich gute Handelsbeziehungen und ein entspanntes politisches Verhältnis zum Reich der Mitte wünschte, ist bekannt. Als „leidenschaftlich sinophil" beschreibt er sich (Wheeler und Pogrund 2021). Eine Haltung, die in der Familie Johnson Tradition zu haben scheint. Sein Vater, Umweltaktivist Stanley, ist regelmäßiger Gast in der chinesischen Botschaft London und traf sich mit dem vormaligen Botschafter Liu Xiaoming mehrmals zu Gesprächen über den Einsatz neuer Technologie, die mit Schlickwatt Kohlendioxid absorbiert. Max, ein Bruder des Premierministers, der als Unternehmensberater in Hongkong arbeitet und chinesische Investitionen in Großbritannien vermittelt, spricht wohl auch im Sinne seiner Kunden, wenn er Außenpolitiker dafür kritisiert, diplomatische Entscheidungen der Einhaltung von Menschenrechten unterzuordnen (Wheeler und Pogrund 2021). Für den Regierungschef in Downing Street hingegen lässt sich der Konflikt mit der chinesischen Führung längst nicht mehr vermeiden. Die Streitthemen reichen von der systematischen Unterdrückung der Uiguren bis zu den Menschenrechtsverletzungen in Tibet. Verärgerung gibt es zudem über die Aushebelung von demokratischen Freiheitsrechten in der ehemaligen britischen Kolonie

Hongkong und die Bedrohung der staatlichen Souveränität Taiwans. Nicht zu vergessen ist das Dauerärgernis chinesischer Wirtschaftsspionage. Johnson und seine Vorgängerin Theresa May schlugen ganz andere Töne an als seinerzeit David Cameron und sekundierten bereitwillig Donald Trump, als der einen Handelskrieg mit China ausrief. Aus Sorge um die Interessensverquickung großer Unternehmen und der Kommunistischen Partei widerrief die Londoner Regierung auch die Zusage an das Technologieunternehmen Huawei zu einer maßgeblichen Beteiligung am Aufbau des Telekommunikationsnetzwerks 5G. Auch die Finanzierung des neuen Kernkraftwerks nahe des Küstenorts Sizewell in Suffolk übernimmt die Regierung lieber selbst, als – wie zunächst geplant – sich auf Investoren aus China zu verlassen. Als das Außenministerium dann auch noch 2,9 Millionen Bewohnern Hongkongs die britische Staatsbürgerschaft anbot, um der Unterdrückung durch die chinesischen Sicherheits- und Justizbehörden zu entgehen, war das Maß für die Staatsführung in Peking voll (Allegretti 2020). Seither ist die Außenpolitik der beiden Staaten von gegenseitigen Drohungen geprägt. Der Abzug aller chinesischer Studenten von britischen Universitäten – deren Zahl liegt bei 140.000 – wäre ein bitterer Schlag für die Hochschulen, deren Budgets ohne die Gebühren ihrer ostasiatischen Klientel tief in die roten Zahlen rutschten. Diese Abhängigkeit nutzt das Personal in Pekings Londoner Botschaft, wenn es Hochschulleitungen kontaktiert und empfiehlt, Redner auszuladen, deren Thesen der Kommunistischen Partei missfallen könnten (Lucas 2020). Aber nicht nur der Hochschulsektor ist auf chinesisches Geld angewiesen. Unternehmen exportierten im Jahr 2019 Waren im Wert von 23,4 Milliarden Pfund nach China und bezogen umgekehrt Güter und Dienstleistungen für 44,9 Milliarden Pfund (Collingridge 2021). Gerade aus den Bilanzen großer Markenhersteller wie Burberry und Jaguar Land Rover sind die Einkünfte aus Verkäufen in der Volksrepublik nicht mehr wegzudenken. Zudem gewährten dem in Not geratenen Autohersteller ausgerechnet chinesische Banken auf dem Höhepunkt der Pandemie im Juni 2020 eine Finanzspritze in Höhe von 705 Millionen Dollar, als das Wirtschaftsministerium in London Hilfe verweigerte (Sun und Goh 2020). Chinesische Unternehmen und der von der Kommunistischen Partei kontrollierte Staatsfonds erwarben in den Jahren zwischen 2000 und 2019 Anteile britischer Firmen im Werte von als 50.3 Milliarden Euro. Auf der Einkaufsliste standen unter anderem der Wasserversorger Thames Water, der Flughafen Heathrow und ein Unternehmen, das landesweit die Erdgasleitungen betreibt (Collingridge 2021).

Vergleichbare ökonomische Abhängigkeit britischer Unternehmen von russischen Investoren und Absatzmärkten ist kein Thema, das Diplomaten im Außenministerium in Whitehall umtreibt. Schon vor dem Angriff Putins auf die Ukraine machte der Warenverkehr mit Russland nicht mehr als ein Prozent des Außenhandels aus, was im Jahr 2019 einem Wert von rund 15 Milliarden Pfund entsprach. Zum Vergleich, der Handel Deutschlands mit dem östlichen Nachbarn war seinerzeit mehr als dreimal so umfangreich (Adam und Mertens 2020). Weil der russischen Sicherheits- und Außenpolitik seit Jahrzehnten der volkswirtschaftliche Muskel fehlte, spezialisierte sie sich auf subtile Einflussnahme, dirigierte Cyberattacken, säte Zwietracht und weckte Zweifel an demokratischen Institutionen. Dabei wurde Großbritannien zum Schlachtfeld eines hybriden Stellvertreterkriegs aus Propaganda- und Desinformationskampagnen, bei dem das eigentliche Ziel die Vereinigten Staaten sind, Londons engster Verbündeter (The Economist 2020a). Millionäre mit Geschäftsinteressen in Russland und Beziehungen zu Vertrauten Wladimir Putins galten bis zum Kriegsausbruch in der Ukraine als mächtige Schattengestalten in der britischen Politik, nicht zuletzt dank ihrer großzügigen Geldspenden an die konservative Partei, auf deren Fundraising-Dinners sie gern gesehene Gäste waren. Aber nicht nur die Tories zogen Kritik auf sich ihrer politischen Gewissenlosigkeit wegen. Empörung schlug auch Alex Salmond entgegen, dem vormaligen Ersten Minister Schottlands, der bis zum Beginn des Krieges gegen die Ukraine als Gastgeber auftrat in einer wöchentlichen Fernsehshow des Senders RT, zuvor bekannt als Russia Today, dessen Budget aus den Kassen des Kremls finanziert wird. Mit Hilfe von RT machte sich Salmond, der ehemalige Chef der schottischen Nationalisten, immer wieder zum Sprachrohr für Europas Separatistenbewegungen. Neben dieser sichtbaren Propaganda betreibt Russland verdeckte Aktivitäten. Dass davon über Jahre hinweg wenig bekannt wurde, liegt einerseits in der Natur der Sache, aber auch daran, dass Regierungspolitiker das Thema lange Zeit gerne kleinredeten und kein ausgeprägtes Interesse an geheimdienstlichen Untersuchungen zeigten. So erklärt zumindest Sir David Omand, der ehemalige Chef des GCHQ, der Behörde für Fernmeldeaufklärung und Kryptografie, warum der Inlandsgeheimdienst MI5 sein Personal lange Zeit vor allem auf die Beobachtung islamistischer Terroristen und nordirischer Extremisten ansetzte und nur 13 Prozent seiner Agenten für die Überwachung russischer und chinesischer Machenschaften im Land abstellte (The Economist 2020a). Gerade Mitglieder des House of Lords, die seit Jahrzehnten unternehmerisch in Russland unterwegs sind, hätten ebenso wie die Schatzmeister der regierenden Tories es als hinderlich empfunden, wenn ihre Geschäftspartner und Geldgeber von britischen Agenten zu etwaigen Kontakten in den Kreml befragt worden wären. Doch die Stimmung gegenüber Russland drehte sich bereits 2020, als nach langer Verzögerung ein Regierungsbericht über Russlands Einmischung in britische Parteipolitik, Wahlkämpfe sowie die Kampagne für das Brexit-Referendum 2016 veröffentlicht wurde. Seither haben die Falken unter den Außenpolitikern in Whitehall Oberwasser, die dem Regime Putins mit tiefstem Misstrauen begegnen (Sabbagh et al. 2020). Sie verweisen darauf, dass der Kreml auch in jüngster Vergangenheit nicht davor zurückschreckte, Agenten wie in schlimmsten Zeiten des Kalten Krieges zu Mordkommandos nach Großbritannien zu entsenden. Angebliche Regierungsgegner der russischen Führung sollten sich auch in London nicht sicher fühlen. Besonders dramatisch war die Operationen 2018 gegen Sergei und Julija Skripal, die einen Anschlag mit einem Nervenkampfstoff in Salisbury nur knapp überlebten. Für Entsetzen hatte schon 2005 der Fall des Alexander Litwinenko gesorgt, der nach einer Vergiftung mit radioaktivem Plutonium im Krankenhaus des University Colleges in der britischen Hauptstadt verstarb. Die Autoren des Ermittlungsberichts identifizierten Täter, die im Dienst des russischen Geheimdiensts FSB stehen. Spätestens jetzt hatten Verteidigungs- und Außenpolitiker keinen Zweifel mehr daran, dass Russland von einem schwierigen Partner längst zu einem gefährlichen und unberechenbaren Gegner geworden war. Für General Sir Mark Carleton-Smith, den Chef des Generalstabes, geht von Russland eine weitaus größere Gefahr aus als von islamistischen Terroristen. Der Kreml sei bereit, sagte er 2018 in einem Zeitungsinterview, auch militärisch jede Schwäche seiner Gegner auszunutzen in einem Konflikt, der dem Augenschein nach längst begonnen hat (Kerr 2018). Am 24. Februar 2022 wurde die düstere Prognose zur schrecklichen Realität.

Die weiche Macht von James Bond und Adele

Im Umgang mit Konflikten in China, Russland und anderswo auf der Welt stellt sich die Frage nach der Rolle, die Großbritannien auf der Weltbühne in den kommenden Jahren innehaben will. Die Autoren der 2018 veröffentlichten Regierungsstrategie Global Britain wollen, dass Großbritannien auch im 21. Jahrhundert einen Platz in der ersten Reihe der Weltpolitik beanspruchen kann – trotz begrenzter finanzieller Mittel (Foreign & Commonwealth Office 2018). Wie schwierig das Vorhaben ist, verrät der Rückblick und die Erkenntnis, dass politische Macht von Staaten seit jeher eng verknüpft war mit militärischen Mitteln, die wiederum volkswirtschaftlicher Stärke bedurften, denn stehende Armeen und Kriegsflotten sind teuer. So lag denn auch das Bruttoinlandsprodukt Großbritanniens 1870, als die Royal Navy auf der Welt keinen Rivalen zu fürchten brauchte, vor dem der USA und die Industrieproduktion im Königreich übertraf noch 1950 bei weitem die Leistung jedes europäischen Mitbewerbers. Im selben Jahr besoldete das Land 861.000 Seeleute, die auf Schiffen der Royal Navy auf allen Ozeanen präsent waren. Als 2017 erneut gezählt wurde, waren noch 29.000 Männer und Frauen im Dienst und Finanzpolitiker mahnten zu weiteren Einsparungen bei der Flotte als probates Mittel im Kampf gegen die ausufernden Staatsschulden. Nicht einmal einen Krieg gegen eine bankrotte lateinamerikanische Diktatur, wie Margaret Thatcher ihn 1982 im Atlantik zur Rückeroberung der Falklandinseln geführt hatte, halten Experten heute noch für militärisch machbar. In zu vielen Sparrunden wurden Army, Navy und Air Force gerupft. Die Folgen lassen sich in den Zahlen ablesen. Verfügte die Royal Navy 1982 noch über 13 Zerstörer, sind heute noch zwei einsatzfähig. Von vier Flugzeugträgern ist noch einer im Dienst (Adams 2019). Die Statistiken von Verteidigungs- und Wirtschaftsministerium entwickeln sich spiegelbildlich. Zuletzt vermeldeten die Ökonomen, dass zwischen 2005 und 2021 der Anteil britischer Firmen an der weltweiten Marktkapitalisierung von sieben auf drei Prozent sank. Keine andere europäische Volkswirtschaft ist in dieser Zeit ähnlich dramatisch zurückgefallen (The Economist 2021b). Eine derart triste wirtschaftliche Entwicklung bleibt nicht ohne Auswirkungen auf die militärische Schlagkraft und Durchsetzungskraft in Europa und darüber hinaus. Da erscheinen die zusätzlichen Milliarden, die Boris Johnson seinen Militärs derzeit überweist, schon eher wie ein letztes finanzielles Aufbäumen, das sich das Land kaum noch leisten kann. Außerdem dürfte es keine Mehrheit geben unter den Wählern für weltpolitische Ambitionen, vor allem dann nicht, wenn sie mit hohen Kosten verbunden sind. Schließlich sind 38 Prozent der Briten der Ansicht, ihr Land solle aufhören so zu tun, als habe es einen Platz am Tisch der großen Mächte. Dagegen hätten nur 28 Prozent der Befragten in dieser Studie des Instituts Ipsos Mori ein Problem damit, wenn sich Außenpolitiker ihres Landes künftig Dänemark zum Vorbild nähmen (Beaver et al. 2020). Gegen dieses Szenario spricht derzeit noch Großbritanniens führende militärische Rolle in der NATO, sein ständiger Sitz im Sicherheitsrat der Vereinten Nationen, die Mitgliedschaften bei den Runden der G20 und G7 sowie seine wichtige Stimme in der Gemeinschaft des Commonwealth, einem politischen Interessenverband von 54 Staaten, die ehemals zum Empire gehörten. Zudem ist das Land größter freiwilliger Beitragszahler der Weltgesundheitsorganisation. Hier ist außerdem die Anglikanischen Gemeinschaft zu Hause, einer der bedeutenden christlichen Kirchen der Welt, und die Queen wird noch in 14 anderen Staaten als Oberhaupt anerkannt. Andererseits ist es im Widerstreit der Großmächte China, Russland und Amerika für Mittelmächte nicht leicht, sich Gehör zu verschaffen. Die Leistung Margaret Thatchers und Tony Blairs bestand deshalb auch darin, ihrer Nation auf der internationalen Bühne mehr Aufmerksamkeit und Gewicht zu verschaffen, als es die wirtschaftliche Stärke und militärische Macht rechtfertigt hätten (The Economist 2021a). Das Gegenteil trifft heute zu: Der Austritt aus der EU, miserables Management der Covid-19-Krise, ein erbärmliches Gesundheitssystem, der drohende Bruch mit Schottland und Dauerstreit mit den europäischen Nachbarn über Nordirland schwächen Reputation und Status Londons in den Augen der internationalen Staatengemeinschaft.

Diese Nachrichten konterkarieren die Bemühungen der Beamten in den Gängen des vormaligen Kolonialamtes, die positive Images des Landes und die Sympathien der Menschen auf allen Kontinenten als politischen Hebel für Großbritanniens politische Anliegen nutzen wollen. Es geht ihnen um öffentliche Diplomatie, ein Konzept aus der Feder von Edmund Gullion, einem Politikwissenschaftler der amerikanischen Tufts Universität (Cull 2008). Der popularisierte in den 1960er-Jahren den Begriff der Public Diplomacy, womit gemeint ist, vor internationalem Publikum um Unterstützung für die nationalen Interessen eines Landes zu werben. Amerikanische Militärs erkannten den Nutzen des Konzepts, als sie einsahen, dass Bomben allein den Vietnamkrieg nicht zu ihren Gunsten entscheiden würden. Vielmehr war es nötig, die Herzen und Köpfe der Vietnamesen und ihrer Unterstützer weltweit zu gewinnen für die Ideen, Werte und Ziele Amerikas. Die harte Macht der Bomben wurde ergänzt durch die weiche Macht der Bilder und Gefühle. Daran dachte auch die Regierung Blair, als sie Ende der 1990er-Jahre die Kampagne Cool Britannia startete, um das Land für junge Menschen, Kreative und Investoren attraktiver zu machen (Harris 2017). Dafür ließ Blair die Mode- und Technologiebranche bewerben, den Standort London preisen und die Fluggesellschaft British Airways enthüllte ein aufgepepptes Logo. Das British Council, das staatliche Kulturinstitut, mit Büros, Beratern, Sprachlehrern und Bibliotheken in mehr als 100 Ländern vertreten, ist Teil der Regierungsstrategie mit dem Ziel, Interesse an und Sympathie für britische Kultur zu fördern. Auch die boomende Kulturindustrie, fiktive Charaktere wie Harry Potter und James Bond, das Musikidol Adele, die Band One Direction sowie Sportstars von Lewis Hamilton bis Emma Raducanu machen die Marke Great Britain begehrt. Den Anliegen britischer Außenpolitik ist es sicher nicht abträglich, dass 2018 58 Staats- und Regierungschefs Absolventen britischer Universitäten waren. Und schließlich gehört zur weichen Macht der öffentlichen Diplomatie das weltweite Programm der BBC und natürlich auch die Monarchie. So gibt denn mehr als ein Drittel der Befragten in Rumänien, Malaysia, Saudi-Arabien und Indien an, die königliche Familie habe ihr Bild von Großbritannien stark geprägt. Wie wirkungsvoll Mittel der weichen Macht sein können, haben Wissenschaftler der Universität von Southern California untersucht. In einem jährlichen Vergleich der weltweiten Attraktivität von Staaten kamen sie zu dem Ergebnis, dass Großbritannien ganz oben mit Frankreich und den USA um Platz eins kämpft. Oder anders gesagt – Lebensart, Bildungssystem, Hoch- und Populärkultur (vom Opernhaus in Covent Garden bis zur Fußball Premier League), Architektur, Rechtsstaatlichkeit, demokratische Tradition und gesellschaftliche Freiheit verschaffen Großbritannien im Ausland Achtung und Respekt, wecken Neugier und Zuneigung sowie das Wohlwollen vieler Menschen. So wurde das Land zu einem kulturellen Marktführer, einer Großmacht, und die außenpolitische Strategie eines Global Britain zur Realität – ganz ohne Kanonenboote.

Literatur

Adam R, Mertens G (2020) Brexit-Revolution. Springer, Wiesbaden

Adams J (2019) The pathetic size of the once great royal navy. MailOnline, 22. Juli. https://www.dailymail.co.uk/news/article-7271855/Britain-mourns-Royal-Navy-took-Falklands-Ex-admirals-join-growing-criticism-cuts.html. Zugegriffen am 09.06.2021

Allegretti (2020) Hong Kong. Dominic Raab offers citizenship rights to 2,9 million British nationals. SkyNews, 1. Juli. https://news.sky.com/story/amp/citizenship-rights-offered-to-all-british-nationals-in-hong-kong-raab-says-12018810. Zugegriffen am 22.11.2020

Beaver K, Skinner G, Garrett C (2020) Britons lose confidence in Great Britain's position and influence in the world. Ipsos Mori, 28. September. https://www.ipsos.com/ipsos-mori/en-uk/britons-lose-confidence-great-britains-position-and-influence-world. Zugegriffen am 29.07.2021

Collingridge J (2021) Jack Ma feels the bite of China's latest crackdown. The Sunday Times, 10. Januar. https://www.thetimes.co.uk/article/jack-ma-feels-the-bite-of-chinas-latest-crackdown-mg00zdkb7. Zugegriffen am 20.01.2021

Cull N (2008) Public diplomacy before Gullion. In: Snow N, Taylor P (Hrsg) Routledge handbook of public diplomacy. Routledge, London

Foreign & Commonwealth Office (2018) Global Britain. Delivering on our international ambition. 13. Juni. https://www.gov.uk/government/collections/global-britain-delivering-on-our-international-ambition. Zugegriffen am 10.12.2020

Harris J (2017) Cool Britannia. Where did it all go wrong? New Statesman, 1. Mai. https://www.newstatesman.com/politics/2017/05/cool-britannia-where-did-it-all-go-wrong. Zugegriffen am 21.11.2020

Kerr C (2018) Vlad Danger. Russia is a bigger threat to UK security than ISIS. The Sun, 24. November. https://www.thesun.co.uk/news/7816635/russia-uk-security-isis-british-army-chief-threat/. Zugegriffen am 19.02.2021

Lucas E (2020) Our universities have sacrificed academic liberty for Chinese cash. Financial Times, 16. Oktober. https://www.thetimes.co.uk/article/our-universities-have-sacrificed-academic-liberty-for-chinese-cash-hltnh8395. Zugegriffen am 09.12.2021

Parker G (2021) Navy Chief Radakin to be UK's top military official. Financial Times, 7. Oktober. https://www.ft.com/content/8f15bfc6-38bb-478c-8722-34792b1855ac. Zugegriffen am 02.12.2021

Reuters (2015) China, Britain to benefit from „golden era" in ties. 1. Oktober. https://www.reuters.com/article/us-china-britain-idUSKCN0SB10M20151017. Zugegriffen am 09.12.2020

Sabbagh D, Harding L, Roth A (2020) Russia report reveals UK government failed to investigate Kremlin interference. The Guardian, 21. Juli. https://www.theguardian.com/world/2020/jul/21/russia-report-reveals-uk-government-failed-to-address-kremlin-interference-scottish-referendum-brexit. Zugegriffen am 04.12.2020

Stewart S (2021) Scots Guards regiment „dangerously short of combat ready troops". Daily Record, 6. Februar. https://www.dailyrecord.co.uk/news/scottish-news/scots-guards-regiment-dangerously-short-23453380. Zugegriffen am 09.04.2021

Sun Y, Goh B (2020) Jaguar Land Rover raises $705 million loan from Chinese banks. Reuters, 5. Juni. https://www.reuters.com/article/us-jaguar-land-rover-china-loans-idUSKBN23C0YX. Zugegriffen am 09.06.2021

Taylor L (2021) Britain's foreign aid cut. Who will feel the impact? Thomson Reuters Foundation, 28. Oktober. https://news.trust.org/item/20201120164622-38et5/. Zugegriffen am 29.11.2021

The Economist (2020a) See no evil. 25. Juli. S 17–18

The Economist (2020b) Shotgun wedding. 21. November. S 32

The Economist (2020c) Use of force. 5. Dezember. S 30

The Economist (2021a) Britain's place in the world. 2. Januar. S 7

The Economist (2021b) Amazing journey. 13. Januar. S 13

Warrell H (2021) First sea lord navigates choppy waters. Financial Times, 28. Januar. S 2

Wheeler C, Pogrund G (2021) Meet China's best British friends. The Sunday Times, 28. Februar. S 9

Nachwort. So geht es weiter – Wetten auf Great Britain

Wer empfänglich ist für Verschwörungstheorien und unerwartete historische Volten für das Ergebnis geheimer Steuerung und dunkler Absichten hält, findet womöglich auch Gefallen an der kruden Geschichte, die Brexiteers in der Regierung freuen sich klammheimlich über die Covid-19 Pandemie, weil sie umfassend und dauerhaft die Spuren des ökonomischen Schadens verwischt, den der Ausstieg aus dem europäischen Binnenmarkt mit sich bringen wird. Arbeitslosigkeit, Firmeninsolvenzen, Stagnation und Einkommensverlust hatte eine breite Phalanx von Wirtschaftsführern und Ökonomen prognostiziert für den Fall, dass Produzenten und Dienstleister auf der Insel den schrankenlosen Zugang zu Lieferanten und Kunden auf dem Kontinent verlieren. Nun werden enttäuschende volkswirtschaftliche Daten bei den Freunden des Brexits allenfalls Achselzucken hervorrufen mit einem Verweis auf die ökonomischen und sozialen Verwerfungen in Folge der Covid-19-Epidemie. Gleichzeitig werden sie ihr altes Mantra wiederholen, wonach die Briten nichts zu fürchten hätten und auf eine goldene Zukunft hoffen dürften. Das Ironische daran ist, dass sie vermutlich recht behalten werden mit ihrer Vorhersage. Denn das Land scheint allen offenkundigen Schwächen zum Trotz besser gerüstet für die nächsten Aufgaben als seine europäischen Nachbarn und internationalen Konkurrenten. Daran erinnerte nicht zuletzt die Reaktion auf die Pandemie, die in den vergangenen Monaten Volkswirtschaften erbeben ließ wie seit einem Jahrhundert nicht mehr. Es waren die Humangenetiker und Virologen des Jenner Instituts der Universität Oxford, die im Wettlauf um die Entwicklung eines Impfstoffes den rund 200 anderen Forschungsteams auf der Welt schon bald enteilt waren. Selten wurde so offensichtlich, wie sehr Wettbewerbsfähigkeit von Volkswirtschaften und unser Wohlstand, aber auch unser Leben und auch Überleben von Innovation, Forschung und Bildung abhängen, die seit jeher zu den Stärken des Standorts Großbritannien zählen. Auf eine weitere Stärke verweisen Ökonomen, die von der steigenden Bedeutung der Dienstleister für die volkswirtschaftliche Wertschöpfung reden. Die Prognose hört man in London gern, wo die Finanzbranche für Wachstum und Wohlstand des Landes ein ähnliches Zugpferd geworden ist wie die Automobilindustrie es für Jahrzehnte in Deutschland war. Noch optimistischer sind die Manager des norwegischen Pensionsfonds, die nicht nur den Bankenstandort London für Jahrzehnte gesichert sehen, sondern darüber hinaus den Unternehmen im Land eine gute Prognose stellen. Der mit einem Anlagevermögen von einer Billion Dollar weltweit größte Staatsfonds mit Anteilen an der Supermarktkette Marks & Spencer, dem Energieversorger BP und der Barclays Bank kündigte daher inmitten des Chaos um die Brexitverhandlungen an, sein Portfolio an britischen Unternehmen in den nächsten Jahren weiter auszubauen. Investoren, die sich um Stabilität und Planbarkeit sorgen, anerkennen mit ihren Entscheidungen ebenso, dass das britische Wahlrecht fast immer klare parlamentarische Mehrheitsverhältnisse produziert und somit stabile Regierungen garantiert. Ein kulturell tief verwurzelter Pragmatismus tut ein Übriges und prägt die Arbeit der Exekutive, die – sieht man von den Auseinandersetzungen über Europa mal ab – im Ruf steht, auch in kritischen Momenten den Blick für das Machbare nicht zu verlieren. Oft leidenschaftlich, manchmal idiosynkratisch, aber gewöhnlich mit der Bereitschaft zum Kompromiss begegnen Entscheider in Westminster auch den beiden wichtigsten innenpolitischen Aufgaben der kommenden Jahre, dem Wunsch Schottlands nach nationaler Selbstständigkeit und der Neujustierung des Verhältnisses mit der EU. Schotten und Engländer, soviel ist klar, wollen es nicht zu einem erbitterten Showdown und offener Konfrontation wie in Katalonien kommen lassen. Und wenn das politische London auch eine Rückkehr in die EU für die nächste Generation ausschließt, wird zwischen der Union und dem Vereinigten Königreich in den kommenden Jahren doch ein umfassendes Vertragsgeflecht über enge Zusammenarbeit in Sicherheit, Forschung und Handel wachsen. Jenseits dieser kühlen, berechnenden und zutiefst realpolitischen Kultur sowie der Qualität der öffentlichen Verwaltung und der Zuverlässigkeit seines Rechtssystems bringt Großbritannien auch einen geografischen Vorteil mit, der sich im Umgang mit den beiden großen internationalen Herausforderungen des Jahrhunderts als nützlich erweisen wird. Vor den Migrationswellen aus Asien und Afrika, mit denen Europa fertig werden muss, schützen Ärmelkanal und, mehr noch, die Lage im Nordwesten Europas weit entfernt von den wichtigsten Flüchtlingsrouten. Und die Klimaerwärmung, die gerade im Süden des Kontinents längst Missernten verursacht, das Trinkwasser knapp werden und trockene Landstriche verwüsten lässt, wird in den Gärten Kents, den nebligen Tälern Yorkshires und den grünen Hügeln Schottlands auf lange Zeit viel weniger Schaden verursachen. Wer also wetten wollte, welches Land der Welt im Wettbewerb um Wohlstand und Lebensqualität, politische Stabilität und Krisenfestigkeit in den kommenden Jahrzehnten die Nase vorne haben wird, ist nicht schlecht beraten, seinen Einsatz auf Großbritannien zu setzen.

GPSR Compliance

The European Union's (EU) General Product Safety Regulation (GPSR) is a set of rules that requires consumer products to be safe and our obligations to ensure this.

If you have any concerns about our products, you can contact us on

ProductSafety@springernature.com

In case Publisher is established outside the EU, the EU authorized representative is:

Springer Nature Customer Service Center GmbH
Europaplatz 3
69115 Heidelberg, Germany